Zeitbilder

POLNISCHE SPUREN IN DEUTSCHLAND

EIN LESEBUCHLEXIKON

Dieter Bingen, Andrzej Kaluza, Basil Kerski, Peter Oliver Loew (Hrsg.)

Impressum

Bonn 2018

© Bundeszentrale für politische Bildung / bpb

Adenauerallee 86, 53113 Bonn, www.bpb.de

Bestellungen: www.bpb.de/shop > Zeitbilder

Bestellnummer: 3988

ISBN 978-3-8389-7171-1

Redaktionsschluss: Januar 2018

Projektleitung: Hildegard Bremer, bpb,
in Kooperation mit dem Deutschen Polen-Institut, Darmstadt
Lektorat und Redaktion: Yvonne Paris, Bad Neuenahr
Bildredaktion: Andrzej Kaluza, Peter Oliver Loew,
Leitwerk. Büro für Kommunikation

Grafische Konzeption und Umsetzung sowie Illustrationen:
Leitwerk. Büro für Kommunikation, www.leitwerk.com
Druck: Bonifatius GmbH, Paderborn

In allen Fällen, wo Zitate in den Stichworteinträgen aus fremdsprachigen Originalquellen übersetzt wurden, ist in den Fußnoten ein entsprechender Hinweis auf den Übersetzer angebracht. In Fällen, wo Übersetzer/in und Autor/in nicht identisch sind, wird die/der Übersetzer/in mit vollem Namen genannt.

Alle Beiträge von Nawojka Cieślińska-Lobkowicz wurden aus dem Polnischen übertragen von Peter Oliver Loew.

Fotocollagen (Umschlag und Kapitel): Leitwerk. Büro für Kommunikation, verwendetes Bildmaterial siehe Bildnachweis

Inhaltsverzeichnis

Verblichene Fassaden-Inschrift der einstigen polnischen Arbeiterbank *Bank Robotników*
in Bochum, Im Kortländer 2, 2009

Vorwort

Dieter Bingen, Andrzej Kaluza, Basil Kerski, Peter Oliver Loew

—

Die kulturelle und die sprachliche Vielfalt Deutschlands sind keine Phänomene des 21. Jahrhunderts. Das Land, das heute Deutschland ist und das einst in einem Reich aufgehoben war, das sich heilig-römisch und seit 1871 deutsch nannte, war seit Jahrhunderten „multikulturell" geprägt. Die Menschen, die hier lebten und leben, die Kulturen, die dieses Land geprägt haben und prägen, die Idiome, die hier gesprochen wurden und werden, und nicht zuletzt die Geschichte dieses Landes – sie sind nicht als ausschließlich „deutsch" zu bezeichnen. Dabei hat das, was sich mit dem Polnischen, den Polinnen und Polen, der polnischen Sprache, der polnischen Kultur in Deutschland verbindet, durchaus nicht den geringsten Anteil an den vermeintlich „fremden" Einflüssen. Es genügt schon, an all die polnisch klingenden Namen in deutschen Telefonverzeichnissen zu erinnern oder an polnische Wörter, die in die deutsche Sprache „eingewandert" sind, oder auch an die große Zahl deutsch-polnischer dynastischer Verflechtungen und Ehen, um zu verdeutlichen, wie viele nicht deutsche Spuren es in Deutschland gibt – und wie viele davon polnisch sind.

Unser Buch möchte diesen Spuren nachgehen. Die mehr als tausend Jahre währende Nachbarschaft Deutschlands und Polens, Wanderungen von Menschen aus polnischen in deutsche Gebiete haben die deutsche Gesellschaft weitaus stärker geprägt, als dies den Anschein hat. Die Vielzahl der polnischen Spuren ist geradezu verblüffend: Nicht immer treten sie offen zutage, manchmal sind sie tief verschüttet.

Wahrscheinlich hat die polnische Kultur in Deutschland mehr Spuren hinterlassen als irgendeine andere Kultur: Frankreich ist gewiss vielfach präsent, doch kam es in der deutsch-französischen Geschichte nie zu solchen Massenmigrationen, wie es sie seit dem Mittelalter in der deutsch-polnischen Nachbarschaft gegeben hat (die Zuwanderung der Hugenotten einmal ausgenommen). Und diese Migrationen gingen in beide Richtungen. Freilich lassen sich auch italienische, niederländische, böhmisch-tschechische Spuren in Deutschland finden, doch sind sie entweder verstreuter oder konzentrieren sich eher auf einzelne Bereiche, beispielsweise die Kunst. Die deutsch-jüdische Nachbarschaft bis zur kurzzeitigen Symbiose mit der nahezu vollständigen Assimilation der deutschen Juden im 19. Jahrhundert war anderer Natur. Jüdische Spuren in Deutschland wurden im 19. und 20. Jahrhundert oft als deutsche Spuren wahrgenommen, jedenfalls nicht als solche, die in erster Linie von Fremdheit zeugten – bis zu dem mit der NS-Herrschaft einhergehenden Kulturbruch. Spanische, portugiesische, jugoslawische, türkische, kurdische oder griechische Spuren werden in der Regel vor allem mit der Anwerbung der sogenannten Gastarbeiter in den 1950er- und 1960er-Jahren in Verbindung gebracht. Noch jüngeren Datums sind arabische und viele andere Spuren.

Dieses Buch wirft den Blick auf die polnischen Spuren in Deutschland bis in die jüngste Gegenwart. Es reiht aber nicht etwa (nur) lexikalisches Wissen aneinander, sondern gewährt ebenso überraschende Einblicke in Unbekanntes und Spannendes, und es erzählt, im Idealfall, auch Geschichten. Es ist sozusagen ein „Lesebuchlexikon", das informativ *und* unterhaltend sein will. Und es will staunen machen.

> Wahrscheinlich hat die polnische Kultur in Deutschland mehr Spuren hinterlassen als irgendeine andere Kultur.

Doch jedes Buch hat Grenzen, zum Beispiel Grenzen des Umfangs. Rund 250 Beiträge, so schien es den Herausgebern, müssten genügen, selbst wenn dieses Lesebuchlexikon doppelt oder auch zehnmal so viele Texte enthalten könnte. Aber es gibt auch andere Grenzen, zum Beispiel geografische. So haben wir bei unserer Spurensuche Deutschland in den Grenzen von heute zugrunde gelegt: Die sehr zahlreichen polnischen Spuren in den historischen deutschen Gebieten im Osten – in Schlesien, Pommern oder (Ost-)Preußen – spielen hier somit keine Rolle, ebenso wenig wie polnische Spuren etwa im Elsass und in Lothringen. Auch wenn es da einiges zu erzählen gäbe, etwa über den Aufenthalt des abgesetzten und exilierten Königs Stanisław Leszczyński in Weißenburg / Wissembourg und Nancy. Außerdem bleibt der gesamte deutsch-österreichische Raum außen vor und blitzt nur gelegentlich auf, so wenn es etwa um Józef Poniatowski geht und um dessen Wiener Jugend.

Sehr viel schwieriger gestaltet sich die Frage, was als „polnische Spur" identifiziert und bezeichnet werden kann – und bleibt in dem einen oder anderen Fall streitig. So mag das, was die Herausgeber als polnische Spur in Deutschland ausmachen, von anderen kaum so benannt werden, nehmen wir etwa das Beispiel Günter Grass. Grass, der aus dem kulturell stark deutsch geprägten Danzig stammte und sich zum kaschubisch-polnischen Teil seiner Familie bekannte, hätte sich selbst nicht als „polnisch" beschrieben. Dennoch hat er polnische Spuren in Deutschland hinterlassen, denn seine Schilderungen deutsch-polnischer Milieus im Danzig der Zwischenkriegszeit und die Bedeutung, die er dem deutsch-polnischen Dialog zumaß, haben die deutsche Nachkriegskultur maßgeblich geprägt und unter dem Deckmantel deutscher Literatur Wissen über Polen in eine Gesellschaft „geschmuggelt", die von Polen lange nichts wissen wollte.

> Sehr viel schwieriger gestaltet sich die Frage, was als „polnische Spur" identifiziert und bezeichnet werden kann.

Das Dilemma des „Polnischen" erstreckt sich auf viele weitere Gruppen, etwa die sogenannten Ruhrpolen: Die protestantischen Masuren hielten sich im Ruhrgebiet oft von ihren katholischen Sprachgenossen fern, polnisch-katholische Arbeitsmigranten aus dem preußischen Osten waren ebenfalls bestrebt, sich rasch an die neue Lebensumwelt in Westfalen mit ihrer deutschsprachigen Mehrheitsgesellschaft anzupassen. Polnische Juden kamen zwar im 19. Jahrhundert und bis in die Zwischenkriegszeit aus den polnischen Gebieten, sprachen aber oft gar kein Polnisch, sondern Jiddisch, und selbst wenn sie polnischsprachig waren, haben manche Polen bis heute Mühe, sie als „wahre Polen" zu akzeptieren, ein prominentes Beispiel dafür ist Rosa Luxemburg. Aus- und Umsiedler wiederum, die in den Jahrzehnten nach dem Zweiten Weltkrieg aus der Volksrepublik Polen in die beiden deutschen Staaten kamen, empfanden sich häufiger als Deutsche denn als Polen, ja waren nicht selten darum bemüht, alles Polnische möglichst rasch abzulegen. Doch sie alle trugen auch Polnisches in eine deutsche Umgebung hinein, und oft waren ihre Identitäten hybrid – deutsch, polnisch, vielleicht auch oberschlesisch, kaschubisch, masurisch, jüdisch oder sonst wie gemischt.

Was die Auswahl der Beiträge anbelangt, so haben wir zum einen versucht, die wichtigsten Personen, Orte, Ereignisse, Phänomene aufzunehmen, zum anderen haben wir uns darauf verlegt, Unbekanntes, Vergessenes oder auch Skurriles aufzuspüren. Scheinbar Marginales sollte gleichermaßen zur Sprache kommen. Keineswegs musste das Geschilderte „identitätsrelevant" für die deutsche und / oder die polnische Gesellschaft sein, es sollte nicht darum gehen, über weitere „deutsch-polnische Erinnerungsorte" zu schreiben: Damit hat sich in den vergangenen Jahren ein anderes Herausgeberteam ausführlich beschäftigt und fünf voluminöse Bände vorgelegt.[1]

---

[1] Hans Henning Hahn / Robert Traba / Peter Oliver Loew (Hrsg.): *Deutsch-Polnische Erinnerungsorte*, 5 Bde. Paderborn 2012 – 2015.

Auch hat das gedruckte Buch nicht die Grenzenlosigkeit des Internets, wie etwa das Projekt „Porta Polonica", das die polnische Präsenz in Deutschland in der virtuellen Welt ausbreitet. [2]

Jedenfalls erforderte die Begrenzung des Umfangs den Mut zur Lücke. So hätte man beispielsweise fast jeder deutschen Klein- und Mittelstadt, von den Großstädten ganz zu schweigen, einen eigenen Beitrag widmen können, um all die hier verborgenen polnischen Geschichten ans Tageslicht zu holen. Wir haben uns aber für die Auswahl einiger weniger Städte entschieden, und zwar solcher, in denen sich nicht nur zahlreiche polnische Spuren finden, sondern die zudem über Strukturen verfügen, wie sie ähnlich in vielen anderen Städten vorhanden sind (etwa Vereine, Geschäfte); Berlin, Bremen, Dresden, Hamburg, Leipzig und München stehen somit stellvertretend für diese. Doch wer etwas genauer sucht, der erfährt auch etwas über Köln (zum Beispiel unter den Einträgen „Richeza" oder „Botschaften"), Regensburg („Mieszko", „Piontkowski") oder Frankfurt am Main („Auschwitz-Prozesse", „Schwesta Ewa"). Und noch eine Eingrenzung haben die Herausgeber vorgenommen: Die Mehrzahl der ausgewählten Beiträge bezieht sich auf die vergangenen beiden Jahrhunderte, während die Geschichte der Präsenz von Polnischem in Deutschland im Mittelalter und in der Frühen Neuzeit mit relativ wenigen Einträgen auskommen muss.

Die Arbeit an solch einem Lesebuchlexikon kann mit Fug und Recht als höchst komplex bezeichnet werden. Entscheidend für das Gelingen war, dass das Konzept, welches nach vielen Beratungen der Herausgeber zutage trat, bei der Bundeszentrale für politische Bildung nicht nur auf offene Ohren, sondern bereits bei der ersten Vorstellung auf spontane Begeisterung stieß. Damit konnte das Deutsche Polen-Institut (DPI) einen Gutteil der über das Redaktionelle hinausgehenden Arbeit abgeben, was jedoch keinesfalls heißt, dass es nichts mehr zu tun gab. Autorinnen und Autoren waren bald gefunden und wurden auf eine gemeinsame Linie eingeschworen. Die Koordination des redaktionellen Teils im DPI lag in den Händen von Andrzej Kaluza und Peter Oliver Loew. Die Kolleginnen und Kollegen in der Bundeszentrale für politische Bildung – insbesondere Hans-Georg Golz und Hildegard Bremer – begleiteten das Projekt sehr kooperativ, die Lektorin Yvonne Paris erwies sich als ein Geschenk des Himmels und das Büro Leitwerk hat Texte und Bilder zu einem Lesebuch verbunden, das erfrischend innovativ gestaltet ist. Ihnen allen sei herzlich gedankt, darüber hinaus auch allen anderen an dem Projekt Beteiligten, die hier namentlich nicht erwähnt werden – *dziękujemy bardzo!*

Darmstadt und Berlin im Januar 2018

So haben wir zum einen versucht, die wichtigsten Personen, Orte, Ereignisse, Phänomene aufzunehmen, zum anderen Unbekanntes, Vergessenes oder auch Skurriles aufzuspüren.

[2] Siehe www.porta-polonica.de

„Weiht er doch jedes Bildnis, das er malt,
Mit dichterischer, großer Harfenschrift
Seinem jungen Gotte Zebaoth."[1]

Else Lasker-Schüler

Adler, Jankel

Der ostjüdische Avantgardist

Nawojka Cieślińska-Lobkowicz

—

Jankel Adler, *Porträt Else Lasker-Schüler*,
1924, Von der Heydt-Museum, Wuppertal

Zeitlebens betonte der Künstler, → Ostjude zu sein, aus einer kinderreichen chassidischen Familie aus der Nähe von Lodz zu stammen. Seinen Vornamen Jakub ersetzte er durch Jankel, was nur im Jiddischen bekannt ist, seiner – vor Polnisch und Deutsch – ersten Sprache. Bis 1933 verbrachte Jankel Adler (1895 – 1949) 20 Jahre im Rheinland, in Barmen (das heute zu Wuppertal gehört), wo einige seiner elf Geschwister lebten. Hier studierte er Kunst, später dann in Düsseldorf, wo er seit 1921 / 22 lebte und arbeitete. Auch in Berlin, Lodz und Warschau hielt er sich auf. In Deutschland zählte er zu den Mitbegründern der linken Avantgarde mit übernationalen Idealen. In Polen war er Gründungsmitglied der Gruppe „Jung Jidysz" („Jung Jiddisch"), die neue Ausdrucksformen und ein künstlerisches Bürgerrecht für die Kultur der polnischen Juden anstrebte.

In seinem Werk verwirklichte Adler dieses Ziel konsequent. Befreundet mit Otto Dix und Paul Klee, gehörte Adler zeitweilig auch der Berliner „November-gruppe" an, war Mitglied der Gruppe „Das Junge Rheinland" und der „Kölner Progressiven". In seinen Bildern verarbeitete er Anregungen verschiedener Avantgardeströmungen zu einem eigenen künstlerischen Idiom, in das er den Mystizismus und das Alltagsleben des Chassidismus integrierte. Seine wachsende Anerkennung drückte sich unter anderem im Ankauf seiner Werke durch deutsche Museen aus. Adler verließ Deutschland unmittelbar nach der NS-Machtübernahme. Seine Arbeiten wurden aus den öffentlichen Sammlungen entfernt und auf den Ausstellungen als Beispiele der „entarteten Kunst" diffamiert. Während des Zweiten Weltkriegs kämpfte er in der polnischen Exilarmee in Frankreich und starb wenige Jahre nach Kriegsende in England, mit nur 54 Jahren, ohne Deutschland je wiedergesehen zu haben. Seine große Familie in Polen fiel fast ausnahmslos dem Holocaust zum Opfer.

---

[1] Else Lasker-Schüler: *Jankel Adler* (Gedicht), Berliner Tageblatt. Jg. 53, Nr. 326 (Morgen-Ausgabe) vom 11.07.1924, zit. nach: *Jankel Adler*. *1895 – 1949*, Köln 1985, S. 52 [Ausstellungskatalog Städtische Kunsthalle Düsseldorf u.a.].

Anderson, Anna

Die vermeintliche Zarentochter

Peter Oliver Loew

—

Als am 17. Februar 1920 eine unbekannte Frau aus dem Landwehrkanal in Berlin gezogen wurde, konnte niemand ahnen, dass die knapp vor dem Selbstmord Gerettete über Jahrzehnte hin dankbaren Stoff für unzählige Illustrierte der westlichen Welt abgeben würde. Niemand kannte die Frau, die einen gestörten Eindruck machte und bald eine schier unglaubliche Geschichte auftischte: Sie sei die jüngste Zarentochter Anastasia, die den Mord an der russischen Herrscherfamilie durch die Bolschewiki überlebt habe und mithilfe eines Polen aus Russland habe fliehen können.

Eine gewisse Ähnlichkeit mit der wirklichen Anastasia Nikolajewna Romanowa (1901–1918) war nicht von der Hand zu weisen – zwar sprach die angebliche Anastasia kein Russisch, aber nach dem, was sie durchgemacht hatte, schien das verständlich. Doch ihr „russischer" Akzent war in Wahrheit ein polnischer, denn wie sich nach Jahren herausstellte, handelte es sich um die 1896 nahe des Städtchens Karthaus (Kartuzy) westlich von Danzig geborene Landarbeitertochter Franciszka Anna Częstkowska (Schanzkowsky). Mit Geschick, dem Zutun vieler Monarchisten und Sensationsreporter hielt die psychisch labile, „furchtbar eigensinnig[e] und widerspenstig[e]"[2] Person die Maske zeit ihres Lebens aufrecht. Sie lebte, meist von Gönnern unterhalten, in Deutschland, den USA (wo sie den Namen Anna Anderson annahm), dann wieder in Deutschland – nach dem Krieg lange bei Bad Liebenzell im Nordschwarzwald –, ehe sie Ende der 1960er-Jahre in die USA übersiedelte, wo sie einen 18 Jahre jüngeren Geschichtsprofessor heiratete. Schwer krank und verwahrlost starb sie 1984 in Virginia. Jahrzehntelang hatte sie um die Vermögenswerte der Zarenfamilie prozessiert, was sie fortwährend in den Schlagzeilen hielt, bis der Bundesgerichtshof schließlich gegen sie entschied (sogenannte Anastasia-Entscheidung).

1956 bot Anna Andersons Geschichte den Stoff für gleich zwei Spielfilme in Deutschland und den USA. In der Rolle der vermeintlichen Romanow-Prinzessin waren Lilli Palmer beziehungsweise Ingrid Bergman zu sehen, die für ihre Darstellung einen Oscar erhielt.

A

1 / Anna Anderson, 1931

2 / Die Großfürstin Anastasia von Russland mit 13 Jahren, 1914

---

[2] Harriet von Rathlef-Keilmann: *Anastasia. Ein Frauenschicksal als Spiegel der Weltkatastrophe. Ermittlungen über die jüngste Tochter des Zaren Nikolaus II.*, Leipzig / Zürich 1928, S. 24.

Annaberg (Sachsen)

Lieblingsort einer polnischen Herzogin

Hans-Christian Trepte

—

Die im Erzgebirge gelegene Stadt Annaberg verdankte ihren Aufstieg zu einer der wohlhabendsten Städte Sachsens dem Silberbergbau und der Förderung durch Herzog Georg von Sachsen und dessen polnische Gattin Barbara (1478–1534), Tochter des polnischen Königs Kasimir IV. und Schwester der Prinzessin Hedwig (→ Landshuter Hochzeit).

1491 waren in der Umgebung reiche Silberlager entdeckt worden und auf Geheiß des Landesherrn wurde 1496 eine „neue Stat am Schrekenbergk" gegründet. Es begann das „bergmännische, silberne, glückliche Jahrhundert" von „St. Annabergk" mit eigenem Münzrecht; die Silbermünzen trugen die ineinander verschlungenen Anfangsbuchstaben der Vornamen Georg und Barbara.

Das Herrscherpaar förderte die Stadtplanung, den Bau einer mächtigen Kirche, die von Baumeistern aus Böhmen 1499 errichtet und nach der Lieblingsheiligen der Herzogin benannt wurde: der „verehrten Mutter Anna, Beschützerin von Gold und Silber". Bis heute beeindruckt die St. Annenkirche mit ihrer Größe und prächtigen Innenausstattung, etwa dem wunderschönen Gewölbe und dem Bergaltar. Weitere Zeugnisse, die an das sächsisch-polnische Herzogpaar erinnern, sind ein Wappenschild in der Kirche sowie die seit 1577 dort befindliche „Schöne Pforte". Geschmückt mit den Wappen Polens und Sachsens (→ Sachsen und Polen), gehörte diese einst zu dem 1502 vom Herrscherpaar gestifteten (und 1539 aufgelösten) Annaberger Franziskanerkloster.

Dass Annaberg der polnischen Herzogin sehr am Herzen lag, davon zeugen auch ihre Reliquiengaben für das Annaberger Heiltum, darunter ein besonders wertvolles Stück, ein Finger der Hl. Anna. Die Annenreliquie verdankte die Herzogin ihrem Bruder, dem böhmisch-ungarischen König Vladislav. Der Reliquienschatz machte Annaberg zu einem Frömmigkeitszentrum in Sachsen.

Es heißt, Georg habe sich nach dem Tod seiner Gemahlin aus Trauer den Bart wachsen lassen, dem er seinen Beinamen „der Bärtige" verdankt. Beigesetzt sind der Herzog und die Herzogin im Meißner Dom. Das Altargemälde (1534 datiert) in der dortigen Grabkapelle stammt von Lucas Cranach dem Älteren. Es zeigt im Mittelbild Christus als Schmerzensmann, über dem zahlreiche Putten schweben, auf den Seitenflügeln den knienden Herzog und die Herzogin, hinter denen je zwei Apostel stehen.

Wer sich in der St. Annenkirche umblickt, findet zahlreiche Hinweise auf die polnische Herzogin Barbara.

Asyl

Auf der Suche nach dem Glück in Deutschland

Andrzej Kaluza

—

Die Wahrnehmung von „Polen in Deutschland" war in der Bundesrepublik der 1980er-Jahre lange Zeit von einer Debatte geprägt, in der die Begriffe Asylrecht und Asylmissbrauch im Fokus standen. Damals hatten viele junge Polinnen und Polen aufgrund der Krise in ihrem Land den Wunsch, ihre Heimat in Richtung Westen zu verlassen. Eine der ersten Stationen auf diesem Weg war aus wirtschaftlichen und geografischen Gründen die Bundesrepublik Deutschland, vor allem West-Berlin, in das polnische Bürgerinnen und Bürger ohne Visum einreisen konnten. Um im Westen bleiben zu dürfen, mussten die Betroffenen einen Asylantrag stellen.

Viele junge Polen wollten wie Ewa und Jerzy in Michael Kliers Film *Überall ist es besser, wo wir nicht sind* (1989) ihr Heimatland in Richtung Westen verlassen und machten zunächst Station in West-Berlin.

Diese – zahlenmäßig eher unbedeutende – Zuwanderung aus Polen und anderen Ostblockstaaten über das Asylverfahren galt bis Anfang der 1980er-Jahre als eine Trumpfkarte des Westens im Kampf der politischen Systeme. Die Flucht aus dem „Osten" war ein Nachweis für die Anziehungskraft der westlichen Freiheitsordnung. Auch der Asylstatus war damals verhältnismäßig leicht zu bekommen.

Aufgrund der immer weiter ansteigenden Einwandererzahlen ab Mitte der 1980er-Jahre, eine Folge der Lockerung der Ausreisebestimmungen in Polen, änderte sich die bundesdeutsche Politik jedoch rasch, vor allem unter dem Druck der öffentlichen Meinung gegenüber polnischen Asylsuchenden. Wurden diese in der Zeit der „Solidarność" (→ Solidarność im Exil) und kurz nach der Verhängung des Kriegsrechts 1980/81 noch als Freiheitskämpfer gegen den Kommunismus willkommen geheißen, so wurden sie später immer deutlicher in die Ecke der „Wirtschaftsflüchtlinge" und „Scheinasylanten" gedrängt. Die Zahlenbasis ist dabei heute nur schwer zu rekonstruieren: Zwischen 1980 und 1990 stellten polnische Bürgerinnen und Bürger in der Bundesrepublik und West-Berlin über 100.000 Asylanträge; wie viele davon positiv beschieden wurden, lässt sich heute nicht genau beziffern, jedoch war die Anerkennungsquote relativ niedrig (in den 1980er-Jahren durchschnittlich unter 10 Prozent). Bei Ablehnung des Asylantrags erhielten die polnischen Flüchtlinge einen Status als „Geduldete", was formaljuristisch „Aussetzung der Abschiebung" bedeutete. So konnten migrationswillige Polinnen und Polen zunächst hierzulande bleiben, denn in die Länder des Ostblocks wurde aus humanitären und politischen Gründen bis zur Wende 1989 nicht abgeschoben. Auch die Anzahl dieser „geduldeten" Personen ist schwer mit konkreten Zahlen belegbar. In diesem Zusammenhang wurden die Schattenseiten einer politisch mit harten Bandagen geführten Asyldebatte virulent, subsummiert unter Stichwörtern wie Asylmissbrauch, Illegalität, Schwarzarbeit, Menschenhandel und organisierte Kriminalität, mit denen Asylsuchende aus Polen durch die Politik, Medien und Nachbarn konfrontiert wurden. „Die ersten sozialen Kontakte waren schnell geknüpft", erinnert sich ein Asylbewerber von damals, „natürlich nicht zu den Deutschen. Die bestaunten mich entweder aus einem Sicherheitsabstand von mindestens fünf Metern wie ein exotisches Tier oder schüttelten missmutig den Kopf, wenn sie mich von weitem aus dem Heim kommen sahen."[3] So wurden Tausende Menschen diskreditiert, die größtenteils eine hohe Motivation mitbrachten, sich in dem für sie neuen Land einzurichten und sozial wie gesellschaftlich zu integrieren.

Dennoch fanden viele polnische Zuwandererinnen und Zuwanderer, deren Aufenthaltsstatus mit oder ohne Asylrecht schließlich gesichert werden konnte, in Deutschland einen Weg zum persönlichen Erfolg. Prominente Beispiele dafür sind die Unternehmerin Katarzyna → Mol-Wolf, der Stabhochsprungweltmeister Władysław → Kozakiewicz und Piotr Mordel, Mitgründer des → Clubs der polnischen Versager.

[3] Zit. nach Adam Gusowski/Piotr Mordel: *Der Club der polnischen Versager*, Reinbek 2012, S. 15.

Alexander Fehling als Staatsanwalt Johann Radmann in einer Szene des Films *Im Labyrinth des Schweigens* (2014), der die Vorgeschichte der Auschwitz-Prozesse schildert.

Auschwitz-Prozesse

Späte Gerechtigkeit

Andrzej Kaluza / Markus Krzoska

—

„Dass ein deutscher Staatsanwalt nicht weiß, was in Auschwitz passiert ist, ist eine Schande!" – schimpft ein Journalist der „Frankfurter Rundschau" in dem Film *Im Labyrinth des Schweigens* von Giulio Ricciarelli (2014), während ein anderer Protagonist hinzufügt: „Dieses Land will Zuckerguss, es will die Wahrheit nicht wissen."[4] Beide Aussagen belegen das geistige und gesellschaftliche Klima der Bundesrepublik in der Zeit des „Wirtschaftswunders" der 1950er-Jahre und das grundsätzliche Desinteresse an einer juristischen (oder auch wie auch immer gearteten) Aufarbeitung der damals jüngsten Geschichte – bis 1959 schließlich der hessische Generalstaatsanwalt Fritz Bauer (1903 – 1968) die Ermittlungen zu den Auschwitz-Prozessen anstieß.

Die drei zwischen 1963 und 1968 in Frankfurt am Main durchgeführten Strafverfahren gegen ehemaliges Personal des deutschen Vernichtungslagers Auschwitz-Birkenau, das die Nationalsozialisten im besetzten Polen errichtet hatten, stellten einen Wendepunkt dar in der öffentlichen Wahrnehmung der NS-Verbrechen in der Bundesrepublik. Im Zuge der Prozessvorbereitungen entwickelte sich eine gewisse Zusammenarbeit zwischen westdeutschen und polnischen Stellen. So wurden Unterlagen des im März 1947 in Polen geführten Prozesses gegen den Lagerkommandanten Rudolf Höß verwendet, und Mitglieder des Gerichts, Vertreter der Presse (aber nur ein Angeklagter) fuhren 1964 zum Ortstermin auf das ehemalige Lagergelände.

Insgesamt 80 polnische Zeugen – ehemalige Lagerhäftlinge – nahmen an den Verfahren teil, sechs von ihnen traten im ersten der drei Prozesse als Nebenkläger auf. Ihre Aussagen während der Gerichtsverhandlungen verdichtete der Schriftsteller Peter Weiss (1916 – 1982) in seinem Theaterstück *Die Ermittlung: Oratorium in 11 Gesängen*. Weiss wohnte den Verhandlungen selbst tageweise auf der Zuschauertribüne bei und nahm überdies als Journalist an dem Ortstermin in Polen teil. Sein weltweit beachtetes Stück wurde am 19. Oktober 1965 parallel auf 15 Bühnen in der Bundesrepublik und der DDR uraufgeführt. Der „Spiegel" schrieb damals: „In dieser Woche wird das zweigeteilte Deutschland zu einer einzigen moralischen Anstalt."[5]

[4] Siehe den offiziellen Trailer zum Film vom 10.06.2014 unter: www.youtube.com/watch?v=MQyrHxDr4cM (Aufruf am 20.01.2018).

[5] Zit. nach Lazar Backovic: *Theaterstück zum Auschwitz-Prozess – „Wer den Stock berührte, kam ins Gas"*, in: Spiegel Online, 18.12.2013, www.spiegel.de/einestages/peter-weiss-theaterstueck-die-ermittlung-zum-auschwitz-prozess-a-951421.html (Aufruf am 20.01.2018).

Aussiedler

Deutsche, Polen, deutsche Polen, polnische Deutsche?

Andrzej Kaluza

—

Das Bild, auf dem etwa 30 Kinder in dunklen Uniformen mit weißen Kragen zu sehen sind, zeigt eine erste Grundschulklasse im oberschlesischen Beuthen (Bytom) zu Beginn der 1970er-Jahre. In der ersten Reihe sitzt Andrzej Klamt, Jahrgang 1964, der 40 Jahre später einen Filmbeitrag über seine damaligen Mitschülerinnen und Mitschüler drehen wird. Seine Dokumentation *Die geteilte Klasse / Podzielona klasa* erzählt davon, wie Kinder von einem Tag auf den anderen in der Klasse fehlten und nie mehr zurückkamen. „Man wusste nichts Offizielles, nur Gerüchte", so Klamt. Die Mehrheit der Schüler wanderte damals nach Westdeutschland aus, nur wenige blieben in Polen. Auch Andrzejs Eltern, die sich als Deutsche fühlten, stellten einen Ausreiseantrag. Als sie schließlich 1978 die Erlaubnis bekamen, Polen zu verlassen, gingen sie mit ihrem Sohn ins Rhein-Main-Gebiet.

Bis Ende der 1980er-Jahre verließen mehr als eine Million Menschen aus Polen das Land als → Aussiedler. In der Bundesrepublik angekommen, bedurfte es ihrerseits eines „Bekenntnisses zum Deutschtum", um als Deutsche dauerhaft aufgenommen und integriert zu werden.

Es klingt verwunderlich, aber die Geschichten dieser Generation von Migrantinnen und Migranten aus Polen sind zum großen Teil noch nicht erzählt. Klamts Film gab einigen von ihnen zum ersten Mal eine Stimme: Sie erzählen von der deutschen Identität ihrer Eltern, den kleinen Schikanen und Beschimpfungen, die sie als Kinder in einer polnischen Schule erlebt hatten. „In der Bundesrepublik angekommen", erinnert sich Klamts Klassenkameradin Klaudia Slotta, „war alles wie ein Märchen!"; andere, wie sein einstiger Mitschüler Kornel Ryss, erwähnen den großen Anpassungsdruck, das Auf-sich-selbst-gestellt-Sein, und manch einer mag wohl rückblickend wie Marian Stolarski denken: „Wenn ich gewusst hätte, was mich hier erwartet, hätte ich es mir vielleicht anders überlegt."[6] Aber sie blieben, passten sich an, integrierten sich so gut, dass man heute lange suchen muss, um sie ausfindig zu machen.

A

In seiner Dokumentation *Die geteilte Klasse* von 2011 zeigt der Regisseur Andrzej Klamt die Geschichte seiner Klassenkameraden aus dem oberschlesischen Beuthen (Bytom), von denen die meisten in den 1970er-Jahren mit ihren Eltern als Aussiedler in die Bundesrepublik kamen.

6 Zit. nach Andrzej Klamt: *Die geteilte Klasse*, halbtotal film / TheFilm.pl / RBB 2011, 79 min. Online abrufbar unter: www.die-geteilte-klasse.de/ (Aufruf am 20.01.2018).

Alice Bota (Mitte), eine der drei Autorinnen von *Wir neuen Deutschen*, kam 1988 mit ihren Eltern aus Polen nach Deutschland. In dem Buch beschreibt sie ihre Erfahrungen als „Migrantenkind".

„Vielleicht bin ich ein Deutsch-Pole oder ein Polen-Deutscher. Ich weiß nicht, was ich dazu sagen kann."

Cyprian Golebiewski

Aber wer sind überhaupt die „Aussiedler"? Im Amtsdeutsch handelt es sich um Personen mit deutscher Volks- oder Staatszugehörigkeit und deren Nachkommen, die als Deutsche im Sinne des Art. 116 GG und des Bundesvertriebenengesetzes (BVFG) Anspruch auf „Aufnahme" in der Bundesrepublik haben. Aussiedler kamen aus verschiedenen mittel- und osteuropäischen Ländern in die Bundesrepublik, aber gerade in den Beziehungen zwischen Deutschland und Polen spielen sie bis heute eine bemerkenswerte Rolle.

Wissenschaftler wie Publizisten beider Länder versuchen, die Ausreisemotive der Aussiedler aus Polen zu ergründen und ihre heutige rechtliche wie soziale Lage zu definieren. Nicht außer Acht lassen darf man dabei die komplizierten Identitätsfragen, die im deutsch-polnischen Grenzgemenge immer wieder für Überraschungen und Irritationen für die eine oder andere Seite sorg(t)en. „Umkämpft" werden die Aussiedler einfach deswegen, weil sie im staatsbürgerlichen Sinne zum großen Teil Deutsche und Polen zugleich sind. Die Frage nach ihrer ethnischen oder kulturellen Identität steht dabei noch auf einem anderen Blatt. Während Kornel Ryss, Andrzej Klamts einstiger Klassenkamerad, bekennt: „Ich bin zu 110 Prozent Deutscher!", fragt sich die Journalistin Alice Bota: „Mein Vater ist ein Chamäleon. Seine letzte Wandlung war die vom deutschen Polen zum polnischen Deutschen. Ich weiß immer noch nicht, ob sie ihm gelungen ist"[7], und Cyprian Golebiewski, Sohn der → Gdańska-Gründer und ein Vertreter der zweiten Aussiedler-Generation, meint: „Vielleicht bin ich ein Deutsch-Pole oder ein Polen-Deutscher. Ich weiß nicht, was ich dazu sagen kann."[8]

Die Aussiedler rekrutierten sich zunächst aus „ethnischen" Deutschen, die nach 1945 aus zumeist wirtschaftspolitischen Gründen (etwa als technische Kader in wichtigen Produktionswerken) in Polen bleiben mussten, und den sogenannten Autochthonen (altgriechisch: einheimisch, alteingesessen). Als solche wurde die einheimische Bevölkerung der ehemaligen deutsch-polnischen Grenzgebiete bezeichnet, hier sind vor allem die Oberschlesier, Masuren und Ermländer gemeint. Ihre Zahl wurde 1950 auf circa 1,1 Millionen geschätzt. Die offizielle Haltung des polnischen Staates, die in politischen Stellungnahmen, aber auch in Gesetzesform, Wissenschaft, Schule und Propaganda allgegenwärtig war, trennte die Autochthonen von den „ethnischen" Deutschen, verschonte sie größtenteils vor Vertreibungen und betrachtete sie als „verlorene Kinder des Mutterlandes Polen", die jahrhundertelang der Germanisierung getrotzt hätten und die nun bereitwillig das neue Polen in den „wiedergewonnenen Gebieten" unterstützen würden. Die Existenz dieser slawischen Bevölkerungsgruppe in den Grenzen des Deutschen Reichs, deren Vertreter unter anderem oberschlesische Aufständische der Jahre 1919 – 21 (die Aufstände führten zum Anschluss eines Großteils Oberschlesiens an Polen) und später Mitglieder des → Bundes der Polen in Deutschland (bis 1940) waren, sollte nicht zuletzt den historischen Anspruch auf die „ewig polnischen Gebiete an Oder und Neiße" untermauern. In Wirklichkeit konnte – wie das in Grenzgebieten der Fall ist – keine saubere Trennung zwischen der deutschen und der polnischen Ethnie und der individuellen nationalen Überzeugung vorgenommen werden. In mehreren Anläufen wurden die Autochthonen, offiziell auf eigenen Antrag, zu polnischen Staatsbürgerinnen und Staatsbürgern und all diejenigen, die sich weigerten, wurden 1951 „zwangspolonisiert". Die „ethnischen" Deutschen, die zumeist in Niederschlesien lebten, wurden dagegen als „staatenlos" betrachtet und durften bis Ende der 1950er-Jahre in beide deutsche Staaten emigrieren.

[7] Alice Bota in: Özlem Topçu / Alice Bota / Khuê Pham: *Wir neuen Deutschen*, Reinbek 2012, S. 108.
[8] Zit. nach *Dzień dobry, Deutschland*, Film von Barbara Strupp in der Dokumentationsreihe „Unternehmen Deutschland", ARD / WDR 2012.

A

Das Aufnahmelager Friedland bei
Göttingen (hier im Jahr 1958)
wurde zum Symbol der ersehnten
Übersiedlung für Generationen von
Deutschen aus Polen und anderen
Ländern Mittel- und Osteuropas.

„Während man als Deutscher bis 1948 das Land eher zu verlassen hatte, als dass man dort bleiben konnte, änderte das Land im Zuge der Stalinisierung radikal seine Politik"[9], konstatierte der Migrationshistoriker Dariusz Stola. Sobald sich jedoch die Möglichkeit bot, das Land zu verlassen, stimmten gerade die Autochthonen mit den Füßen ab. Stola beschreibt in seinem Buch über die Reisepass-Politik der Volksrepublik Polen die offiziellen Möglichkeiten, einen Ausreiseantrag zu stellen. Sie erschöpften sich im Prinzip in einem Bekenntnis zum Deutschtum und dem Wunsch, zu Familienangehörigen im Westen zu ziehen. Beide Gründe galten als Voraussetzung bei der Erfassung der Ausreisewilligen – zunächst durch das Internationale Rote Kreuz, später durch staatliche (polizeiliche) Stellen. Der anschwellende Strom der Autochthonen, die mit dem Argument der „Familienzusammenführung" das Land 1957 – 58 und in den drei Jahr-

zehnten danach verließen, glich, so Stola, einer „Kettenreaktion auf widrige Umstände", bei der immer neue Personen aus der Gruppe der Betroffenen erfasst wurden.[10] Die nach 1950 in die Bundesrepublik eingewanderten Aussiedler aus Polen stellen somit bis heute keine homogene Gruppe dar. Sie unterscheiden sich in vielfacher Hinsicht: nach dem Zeitpunkt ihrer Ausreise, ihrer Herkunftsregion, vor allem aber nach Alter, Sozialisierung und den emotionalen Bindungen, die ihre persönliche Ausreisemotivation und Identität prägten.

Vordergründig waren es also die ersehnten Familienbande, die die Gruppe als solche an einen neuen Ort verpflanzten, wobei vor allem die familiäre Netzwerkfunktion von großer Bedeutung für die jeweils neuen Auswanderer war. Familienangehörige boten ein Stück emotionale „Heimat" im neuen Land, Schutz vor Unsicherheit in der unbekannten Umgebung und viele Tipps, die

in der ersten Zeit von hohem praktischem Wert waren. Neben den familiären Bindungen nannten die meisten Aussiedler den Aspekt der deutschen Nationalität als wichtigste zur Migration bewegende Kraft („als Deutscher unter Deutschen" leben). Die Überzeugung der neuen polnischen Machthaber nach 1945, „alle Autochthonen seien Polen", wich somit schnell einer Ernüchterung, denn gerade diese kehrten dem Land nach und nach den Rücken. Aber auch die „deutsche Option" greift in dem Falle zu kurz. Mit Sicherheit gab es viele unter ihnen, so Stola, deren deutsche Identität stark ausgeprägt war. Sie stellten schon in den 1950er-Jahren die Mehrheit der Ausreisewilligen dar, später aber nahm ihre Zahl jedoch immer weiter ab, obwohl der Ausreisestrom nicht schmaler wurde.

Heute überwiegt die Auffassung, dass die autochthone slawische Bevölkerung der deutsch-polnischen Grenzgebiete (Oberschlesien, Masuren) keine

[9] Dariusz Stola, *Kraj bez wyjścia* [Land ohne Ausweg], Warszawa 2010, S. 69 [Übers. AK].
[10] Vgl. ebd., S. 121 ff.

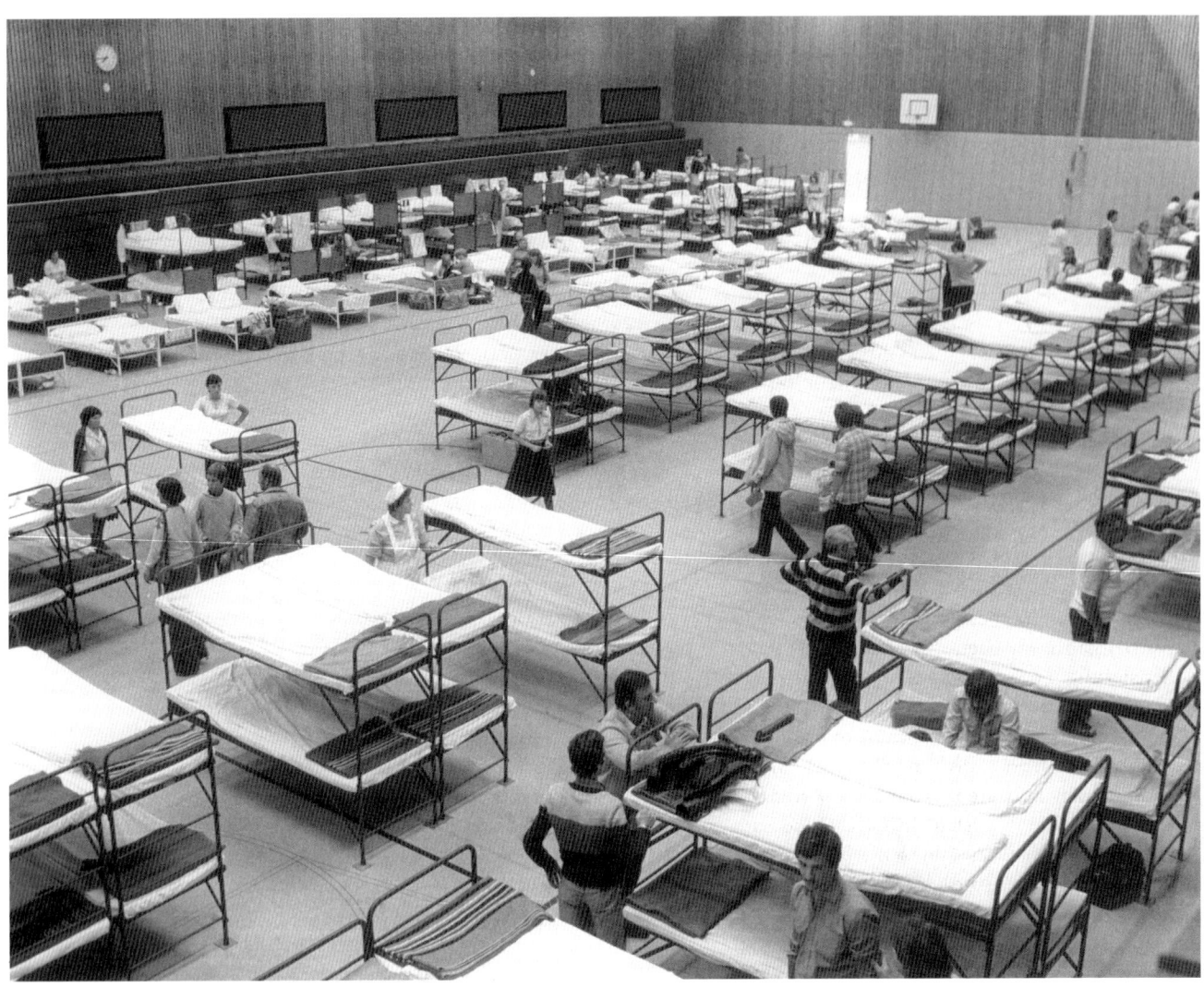

Als die Kapazitäten nicht mehr ausreichten: Aus Beständen der Bundeswehr wurden Doppelstockbetten in einer Sporthalle in Göttingen aufgestellt, einem Ausweichquartier für das überfüllte Lager Friedland, 1981.

klaren und schon gar nicht dauerhaften nationalen Präferenzen herausgebildet hatte, geschichtlich in dieser Hinsicht nicht selten mehrgleisig verfuhr und sich – ganz allgemein – mal als Polen, mal als Deutsche „ausgab". Stola führt einige Gründe an, warum die einheimische Bevölkerung nach Kriegsende auf Distanz zu dem neuen polnischen Staat ging, gleichermaßen zu dessen kommunistischen Machthabern wie zu den „neuen Nachbarn", die entweder aus den polnischen Ostgebieten, die Stalin 1944 der Sowjetunion einverleibte, vertrieben worden waren oder aus Zentralpolen kamen. Die meisten Autochthonen waren bis 1945 deutsche Staatsbürger und betrachteten die Schikanen und Gewalttaten der Polen als Ausdruck einer ihnen zugeschriebenen Kollektivschuld und als Vergeltung für die Gräueltaten der Deutschen im Zweiten Weltkrieg, fühlten sich aber für diese nicht persönlich verantwortlich. Die „Rache der Polen" empfanden sie deswegen als willkürlich und unangemessen. Darüber hinaus können die ersten Nachkriegsjahre aus heutiger Sicht als eine Art Kolonisierung der „West-Gebiete" betrachtet werden, in denen der polnische Staat eine ganze Reihe von Maßnahmen ergriff, um die materielle und kulturelle Identität der einheimischen Gruppe gewaltsam zu zerstören: vom Einsperren der unliebsamen „Revanchisten" in Lagern wie Lamsdorf (Łambinowice) in Oberschlesien über das Verbot der deutschen Sprache und die vorsätzliche Zerstörung deutscher Kulturdenkmäler bis hin zu tagtäglicher Diskriminierung in der Schule, am Arbeitsplatz oder in der Öffentlichkeit. Antideutsche Einstellungen waren nach dem Krieg in Polen allgegenwärtig und vor allem die Gruppe der Autochthonen – leicht identifizierbar durch ihre Sprache, Kleidung und Sitten – fiel ihnen (in Ermangelung anderer Deutscher) zum Opfer.

Mit der wachsenden Diskrepanz in der wirtschaftlichen Entwicklung Polens und der Bundesrepublik kamen ökonomische Gründe als Ausreisemotivation hinzu: Die Ausreise nach (West-) Deutschland versprach ein Leben im Wohlstand. Der Westen im Allgemeinen und die Bundesrepublik mit ihrer freiheitlich-demokratischen Verfassung und einer konsumorientierten Marktwirtschaft im Besonderen waren für die Menschen aus allen osteuropäischen Ländern attraktive Migrationsziele. Es wäre unseriös, die ökonomischen Aspekte außer Acht zu lassen, auch wenn sie für die frühen Aussiedler keine derart fundamentale Rolle spielten wie vielleicht für die Gruppe der Menschen, die Polen in den krisenhaften 1980er-Jahren verließen. „Wenn meine Eltern auf den Ämtern nach ihren Ausreisegründen gefragt wurden, sagten sie nicht: wirtschaftliche Not. Perspektivlosigkeit. Stillstand. Sie sagten, sie seien Deutsche und gehörten nach Deutschland", so erinnert sich die Journalistin Alice Bota, die mit ihren Eltern 1988 aus Polen nach Deutschland auswanderte.[11]

Die Bundesrepublik Deutschland empfing die Aussiedler offiziell mit offenen Armen und einer Fülle von sozialpolitischen Maßnahmen, die eine Eingliederung in die neue Gesellschaft ermöglichen sollten. Das Grundgesetz garantierte ihnen eine schnelle Zuerkennung der deutschen (nie verlorenen) Staatsbürgerrechte. Geld- und Sachleistungen, vom „Begrüßungsgeld" über Entschädigungen für zurückgelassene Vermögenswerte bis hin zu einer sofortigen Aufnahme in alle Sozialversicherungssysteme, sorgten für eine schnelle Integration. Das Wichtigste aber war eine schnelle Eingliederung in den Arbeitsmarkt, der die in der Regel gut ausgebildeten Fachkräfte bereitwillig aufsog. Diese Politik traf zu Beginn auf integrations-, ja assimilationswillige Menschen, die noch zum großen Teil die deutsche Sprache beherrschten und sich stark mit Deutschland identifizierten. Und dennoch kamen die Aussiedler in eine echte „Einwanderersituation", mit der sie in vielfältiger Weise zurechtkommen mussten. Dies wurde seitens der Aufnahmegesellschaft nicht selten unterschätzt, glaubte doch die Politik lange an die vermittelnde Kraft ethno-nationaler Bindewirkungen und der erwähnten Integrationsmaßnahmen. Die Wahrnehmung der sozialen „Wohltaten" wird heute von den Aussiedlern unterschiedlich erinnert: Während für viele frühe Ankömmlinge die symbolhafte „Glocke von Friedland" (das sogenannte Grenzdurchgangslager Friedland wurde 1945 als Erstanlaufstelle für Flüchtlinge, Vertriebene und Heimkehrer gegründet)

Während für viele frühe Ankömmlinge die symbolhafte „Glocke von Friedland" als Verheißung eines neuen, selbstständigen und erfüllten Lebens verstanden wurde, beklagten die Aussiedler der 1980er-Jahre vor allem die räumliche Enge und eine Art „Migrations"-Depression in den Übergangslagern.

A

---

[11] Bota (wie Anm. 7), S. 23.

Peter Härtlings 1979 erschienener Jugendroman *Ben liebt Anna* erzählt die Geschichte des Mädchens Anna, das mit seiner Familie aus Polen nach Deutschland auswandert.

als Verheißung eines neuen, selbstständigen und erfüllten Lebens verstanden wurde, beklagten die Aussiedler der 1980er-Jahre vor allem die räumliche Enge und eine Art „Migrations"-Depression in den Übergangslagern: „Empfangen wurden wir vor allem von einem unermesslichen Gestank. Er drang aus den bröckelnden Putzschichten der spinatgrünen Wände, an denen ein Muster aus Schimmelpilz emporkroch (…). Ich warf mich Mama in die Arme und schluchzte hemmungslos, die Augen vergrub ich in die Kratzhaare ihres Pullovers. Ich konnte nicht ertragen, meine Träume sterben zu sehen", so die Schriftstellerin Alexandra Tobor, Jahrgang 1981, die bis zu ihrem achten Lebensjahr in Polen lebte, bevor sie mit ihrer Familie nach Deutschland kam.[12] Viele dieser Menschen empfanden Kälte, Distanz und Abneigung der einheimischen Deutschen ihnen gegenüber: „Sie denken, da kommt der arme polnische Schlucker rüber, kriegt vorn und hinten alles reingeschoben und baut sich dann hier ein schönes weißes Haus!"[13], oder sie mussten sich, wie der in den späten 1970er-Jahren ausgewanderte Kornel Ryss aus Andrzej Klamts „geteilter Klasse", mit dem „Aussiedler-Dilemma" abfinden: „In Polen waren wir die Deutschen, in Deutschland sind wir nun die Polen."

Die deutsche Politik und Gesellschaft reagierten in der Regel desinteressiert: Eine öffentliche Debatte – wenn es sie gab – mündete allzu oft in Panikmache oder Stammtischparolen, bei denen die deutsche Identität der Aussiedler teilweise offen infrage gestellt wurde. Der Mainstream der Politik vernachlässigte in den 1970er- und 1980er-Jahren die Aussiedler und „überließ" diese zunächst mehr oder weniger den Vertriebenenverbänden, die jedoch aufgrund unterschiedlicher Perspektiven – Generation, Erfahrung, Sprache – kaum eine Reso-

nanz unter den Betroffenen fanden. Die bundesdeutsche Politik fand damals auch keine programmatische Antwort auf die speziellen soziokulturellen Bedürfnisse der Aussiedler aus Polen. Ganz im Gegenteil: Letztere wurden zum Spielball der deutschen Migrationspolitik. Irritiert nahmen sie zur Kenntnis, dass es Politiker von links bis rechts gab, die mit dem Argument des Kostenfaktors einen weiteren Zuzug beschränken oder sie gegenüber anderen Einwanderergruppen nicht mehr „privilegieren" wollten.[14] Das sogenannte Abstammungsprinzip bei der großzügigen Vergabe der deutschen Staatsbürgerschaft sollte nach dem Dafürhalten der Politiker anderen, „moderneren" Kriterien, wie etwa hoher Motivation, Integrationsbereitschaft und Flexibilität, einer liberalen multikulturellen Gesellschaft weichen. Dass aber die Aussiedler aus Polen gerade diese Kompetenzen mitbrachten, die auch heute in einer modernen Einwanderungsdebatte eingefordert werden, bemerkte man erst viel später.

Der Autor Krzysztof Maria Załuski, 1963 in Danzig geboren, hat die damalige deutsche „Willkommenskultur" in einem beengten Übergangslager in Süddeutschland auf den Punkt gebracht: „Die Distanz von hunderttausend Lichtjahren, die uns von ihnen [den Deutschen] trennte, führte dazu, dass sie uns nicht bemerkten, wir waren für sie im besten Falle wie unbedeutende Fäulnisbakterien, die Abfälle in ihren Müllkörben zersetzten."[15]

Eine Ausnahme stellte das Jugendbuch *Ben liebt Anna* dar, von Peter Härtling 1979 veröffentlicht. Es erzählt Geschichte des Mädchens Anna, das mit Eltern und sechs Geschwistern aus dem oberschlesischen Kattowitz (Katowice) nach Deutschland ausgesiedelt ist, wo sie in die 4. Klasse kommt und sich mit

[12] Alexandra Tobor: *Sitzen vier Polen im Auto*, München 2012, S. 96.
[13] Ebd., S. 163.
[14] Siehe Scott McCormack: „*Für mich sind das keine Deutschen*", in: Die Zeit, Nr. 11, 08.03.1996. Online abrufbar unter: www.zeit.de/1996/11/Fuer_mich_sind_das_keine_Deutschen (Aufruf am 20.01.2018).
[15] Krzysztof Maria Załuski: *Wypędzeni do raju* [Vertrieben ins Paradies], Gdańsk 2000, S. 57 [Übers. AK].

ihrem Klassenkameraden Ben anfreundet. Mit seinem Buch warb Härtling bei Kindern und Jugendlichen für Verständnis gegenüber der Lebenssituation ihrer aus Polen zugewanderten Altersgenossen: „Es kann jedem von euch passieren, dass er in eine andere Stadt und in eine andere Schule kommt. Und jeder von euch wäre erst einmal fremd. Bei Anna ist das noch viel schlimmer. Sie ist in einem anderen Land, in Polen, aufgewachsen und zur Schule gegangen. Dort, in der Schule, hat sie nur Polnisch gesprochen. Zu Hause Deutsch und Polnisch. Ihre Eltern haben in Polen gelebt, aber sie sind Deutsche. Sie haben den Antrag gestellt, in die Bundesrepublik umzuziehen. Nun sind sie da. Sie wollen endlich zu Hause sein. Anna auch."[16] Allerdings blieben die Aussiedler auch lieber unter sich. Kaum einer hatte sich in der Öffentlichkeit einen Namen gemacht, die ersten landesweiten „Sympathieträger" traten erst ab Ende der 1980er-Jahre ins Rampenlicht, unter ihnen vor allem Sportlerinnen und Sportler wie die Turnerin Magdalena Brzeska, der Tischtennisspieler Andrzej Grubba (†2005), später die Fußballidole Miroslav Klose und Lukas → Podolski.

Mutter und Tochter einer aus Polen eingetroffenen Aussiedlerfamilie im Durchgangslager Unna-Massen, 1981

Unter sozialen und wirtschaftlichen Aspekten war die Integration der Aussiedler insgesamt sicher ein großer Erfolg. Stellvertretend für viele steht hier Kornel Ryss' Aussage in der Dokumentation *Die geteilte Klasse*: „Meine Eltern hatten es hier zu was gebracht, ein kleines Haus, ein Auto, Urlaub in einem anderen Land. Das hätten sie in Polen nie erreicht." Aber viele Aussiedler erlebten auch die andere Seite, einen sozialen Abstieg, sei es, weil ihre Bildungsabschlüsse nicht anerkannt wurden, sei es, weil ihnen die Sprachkompetenz oder auch das soziale Kapital fehlte, um in Deutschland gleiche Positionen wie in Polen beanspruchen zu können.

Infolge der akuten wirtschaftlichen Krise in Polen kamen von 1986 bis 1989 nochmals fast eine halbe Million Aussiedler in die Bundesrepublik, die in der Regel nicht zur Gruppe der Autochthonen gehörten und somit auch keine wie auch immer geartete historische oder kulturelle Nähe zu Deutschland spürten. Beobachter wie Christoph Pallaske betrachten diese „letzten Aussiedler" als vollkommen polnisch sozialisierte Menschen, die einen Ausweg suchten, das wirtschaftlich kriselnde Polen zu verlassen.[17] Deutschland als Zielland war eine Option für sie, aber keine zwingende. Entscheidend für den Verbleib in der Bundesrepublik war eher die Möglichkeit, hier legal Fuß zu fassen. Die Dokumente, die diesen Menschen den Aussiedlerstatus sicherten, waren in Deutschland selbst nicht unumstritten: so etwa die „Deutsche Volksliste"[18] und ähnliche Nachweise aus der Zeit des Zweiten Weltkriegs, die die Großeltern der betroffenen Personen bis dahin lieber versteckt gehalten hatten. Dass sich die „neuen Aussiedler" ausgerechnet auf diese „völkischen" Regelungen berufen konnten, war, wie der britische Historiker Timothy Garton Ash angemerkt hat, kein

[16] Peter Härtling: *Ben liebt Anna*, Weinheim / Basel 1997, S. 14.
[17] Siehe Christoph Pallaske: *Migrationen aus Polen in die Bundesrepublik Deutschland in den 1980er und 1990er Jahren*, Münster / New York / München / Berlin 2002, S. 98 ff.
[18] Die „Deutsche Volksliste" (DVL) teilte die Bevölkerung in den vom Deutschen Reich im Zweiten Weltkrieg annektierten Territorien Polens in Bevölkerungsgruppen mit unterschiedlichem Rechtsstatus. Die DVL diente dazu, die Bevölkerung dieser Gebiete zu differenzieren und deren „eindeutschungsfähige" Teile zu germanisieren.

A

„Missbrauch der geltenden Vorschriften, sondern ein ironischer Kommentar dazu"[19]. Lagen die Herkunftsgebiete der Aussiedler früher in den Grenzen des Deutschen Reiches von 1937 (Ostpreußen, Oberschlesien), so verschob sich der geografische Herkunftsraum der Ankömmlinge der späten 1980er-Jahre gen Osten und erreichte die alten Reichsgrenzen von 1914 (z. B. Danzig, Thorn, Bromberg, Posen). Die „neuen Deutschen" sprachen in der Regel kein Deutsch, hatten typisch polnische Biografien, waren verhältnismäßig jung und gut ausgebildet, viele hatten einen Hochschulabschluss. Das unterschied sie von den früheren Aussiedlern „aus Oberschlesien" und aus anderen osteuropäischen Ländern wie der Sowjetunion und Rumänien.

Über die dramatischen Migrationsentscheidungen von damals polnisch sozialisierten Menschen, die zu Aussiedlern werden wollten, berichten einige Autoren dieser Generation. Wie Krzysztof Maria Załuski erlebten sie gleich im „Aussiedlerheim" ein mehrfaches Trauma. Sie wunderten sich zunächst über die für Polen untypischen Vornamen – wie Helmut, Rita oder Edeltraud – der Autochthonen und deren merkwürdigen Dialekt, den sie für „schlechtes Polnisch" hielten, sowie über die Tatsache, dass diese in Polen völlig sprachlose Gruppe nun ungewöhnliche und zum Teil sie schockierende antipolnische Überzeugungen an den Tag legte. Hinzu kam die persönliche Unsicherheit – angesichts der misstrauischen Behörden und Zimmernachbarn –, die eigene Identität unter den neuen Umständen definieren zu müssen.[20]

Der polnische Autor Wojciech Stamm lässt seinen Helden Włodzimierz Wolek zittern: „Wer ist dieser Aussiedler? Das ist ein Verräter, ein Abtrünniger, ein Volksdeutscher, der es nicht einmal wert ist, bespuckt zu werden. Es ist jemand, der sich für Geld seines Heimatlandes entledigt, seine Mutter verrät, ihr ins Gesicht spuckt!"[21] Alleine das Anerkennungsverfahren für Aussiedler erinnert die Protagonisten an Krieg und Besatzung, an alles, was sie bisher abgelehnt hatten, und das in einer Sprache, die sie verabscheuen: „Die Fragen droschen auf ihn wie Hagel: schwer, scharf und von allen Seiten

Unter sozialen und wirtschaftlichen Aspekten war die Integration der Aussiedler insgesamt sicher ein großer Erfolg.

gleichzeitig: ‚Warum sind Sie erst jetzt nach Deutschland gekommen?'", fragen Beamte den Protagonisten Grzegorz Smętek in einem Roman von Krzysztof Mik.[22] Und Stamms Held Wolek bekennt: „Ich war darauf nicht vorbereitet. Ich schwieg und absolvierte eine Reise in den Mittelpunkt der Erde und wieder zurück. Auf dem Stuhl saß auf einmal mein Doppelgänger. Ich wusste nicht mehr, wie ich heiße (…). ‚Wissen Sie, wenn ich kein Deutscher wäre, säße ich wohl nicht hier', hörte ich mich im reinsten Deutsch sprechen. Im Inneren hörte ich dabei einen Stimmenchor sprechen, ‚nein, nicht doch, überhaupt nicht'."[23] Diese Sichtweise offenbaren damals viele junge Migrantinnen und Migranten mit polnischer Sozialisierung. Für sie bedeutete die „Ausreise für immer", verbunden mit dem freiwilligen Erwerb des „deutschen" Aussiedlerstatus, einen innerlich leidvollen Weg. Die neue Lebenssituation brachte sie dazu, zahlreiche Anpassungsstrategien zu entwickeln.

Aus den Eliten dieser Migrationsbewegung der späten 1980er-Jahre rekrutieren sich heute unter anderem die verdienten „Brückenbauer" – Mitglieder der → Deutsch-Polnischen Gesellschaften, der Förderkreise für deutsch-polnische Städtepartnerschaften oder Aktivisten für die polnische Sprache und Kultur – wie auch die Vertreter der national orientierten „Polonia"-Organisationen in Deutschland, die den Status einer „nationalen Minderheit" einfordern. Allerdings stellen die erwähnten aktiven Gruppen heute nur eine Randerscheinung dar: Die meisten Aussiedler, egal wie unterschiedlich ihre Lebensverläufe in Polen gewesen waren, haben sich erfolgreich integriert und lassen bis heute ihre polnische Teil-Identität lediglich im Privaten an die Oberfläche. Ihre Kinder sprechen nur selten Polnisch, sie wurden zu Deutschen und beklagen heute den Übereifer, mit dem ihre Eltern die polnischen Biografien ablegten und deutsche oder quasi-deutsche Identitäten annahmen (→ Aussiedler 2.0). Der Journalist Adam → Soboczynski hat in diesem Zusammenhang davon gesprochen, dass seine Eltern „integrationstechnisch einen dritten Weg gewählt" hätten: „Weder haben sie sich integriert, noch kann man sagen, dass sie sich nicht integriert hätten. Sie haben sich einfach unsichtbar gemacht."[24]

[19] Zit. nach Stola (wie Anm. 9), S. 360.
[20] Siehe Załuski (wie Anm. 15), S. 20.
[21] Wojciech Stamm: *Czarna Matka* [Schwarze Mutter], Warszawa 2008, S. 216 [Übers. AK].
[22] Krzysztof Mik: *Wiegenlied für die Zuspätgekommenen*, zit. nach: Ansichten. Jahrbuch des Deutschen Polen-Instituts, Wiesbaden 2000, S. 204.
[23] Stamm (wie Anm. 21), S. 230 [Übers. AK].
[24] Adam Soboczynski: *Polski Tango*, Berlin 2006, S. 29.

Aussiedler 2.0

Podolski-Klose-Generation plus Junge Migranten gleich Neue Mittler

Andrzej Kaluza

—

In den 1980er-Jahren konnte man polnische Einwanderer in Deutschland anfänglich leicht an der typischen Jeans-Kleidung aus türkischer Produktion und einem unsicheren Laufschritt erkennen. Charakteristisch war zudem, dass sie sich im Flüsterton unterhielten – niemand sollte merken, dass sie Polnisch sprachen. Sie wurden, vor allem die → Aussiedler unter ihnen, schnell „unsichtbar" und zogen ihre Kinder ebenfalls in diese „Unsichtbarkeit" hinein: Neue Klei-

Lukas Podolski und Miroslav Klose – diese beiden Fußballer stehen für den Erfolg von Aussiedler-kindern in der heutigen Bundesrepublik, hier nach dem Gewinn des WM-Titels 2014.

dung wurde bei C&A angeschafft, die „polnischen" Schnurrbärte abrasiert, die Treppenhäuser nach deutscher Art geputzt. Manch eines dieser Kinder der sogenannten Podolski-Klose-Generation, die damals mit ihren Eltern Polen verlassen hatten, schämte sich recht bald seiner Herkunft, weigerte sich, Polnisch zu sprechen, und brach früher oder später die Kontakte zur Heimat der Eltern ab. Über diese Zeit schreibt der Autor und Journalist Adam → Soboczynski: „Es war kurz vor der Wende, als ich es endlich geschafft hatte, meinen polnischen Akzent auszumerzen. Nur mein sperriger Nachname erinnerte meine pubertierenden Mitschüler daran, dass ich aus dem Land mit notorisch leeren Wursttheken und endlosen Schlangen vor winzigen Lebensmittelgeschäften stamme. Nichts, womit man als 14-Jähriger in einer rheinischen Provinz-stadt für sich werben konnte."[25]

Auch wenn diese Haltung für die mittlerweile erwachsenen Kinder vieler Aussiedler bis heute bezeichnend ist, so trifft sie doch nicht auf alle zu. Einige von ihnen, in der Realität des neuen Hei-matlandes sozial und beruflich längst ange-kommen, fordern heute den polnischen Teil ihrer eigenen Biografie ein. So geschehen auch bei den beiden berühmten Fußballern, die der ganzen Generation den Namen gaben: Während Lukas → Podolski sich früh zum „Respekt" gegenüber seinem Geburtsland bekannte und 2006 nach seinem Tor in einem Länderspiel der DFB-Elf gegen Polen demonstrativ den Kopf senkte, galt Miroslav Klose lange Zeit als ein „deutscher Mus-terknabe". Heute weist er in Interviews in polni-scher Sprache darauf hin, dass er „zwei Nationali-täten in sich" trage und dass Polen für ihn „wichtig" sei.[26] Dies ist bemerkenswert, gerade für die Nach-kommen oberschlesischer Aussiedler. Auch unter ihnen kommt es nämlich immer wieder zu eigenar-tigen Coming-outs. Die aus dem Oppelner Land stammende „Zeit"-Journalistin Alice Bota hat ihre Erfahrungen dazu beschrieben: „Ich ging für ein Studienjahr nach Polen. (…) Die anderen wussten über meine Herkunft Bescheid, und ich bereitete mich darauf vor, mich erklären zu müssen. Aber sie fragten nie. Nie wollten sie wissen, warum meine Familie weggegangen ist oder weshalb ich so schlecht Polnisch spreche. Sie nahmen mich ein-fach als eine der ihren auf. In diesem Jahr fühlte ich mich daheim."[27] Die zweite Generation spricht oft von einer „Überanpassung" ihrer Eltern an die deutsche Umwelt und nimmt kritisch unter die Lupe, was diese unreflektiert hingenommen hatten.

A

---

25 Soboczynski, ebd., S. 33.

26 Siehe dazu Paweł Rzekanowski: *Mirosław kopie po niemiecku* [Mirosław kickt auf Deutsch], in: Gazeta Wyborcza, 11.07.2014 [Übers. AK]. Online abrufbar unter: wyborcza.pl/magazyn/1,139525,16311664,Miroslaw_kopie_po_niemiecku.html (Aufruf am 22.01.2018).

27 Bota (wie Anm. 7), S. 27 – 28.

Organisatorinnen der Polnisch-Deutschen Initiative für Kulturkooperation „agitPolska e.V." in Berlin. 2005 gegründet von Magdalena Ziomek-Frackowiak (1. von links), bietet der Verein jungen und talentierten Künstlerinnen und Künstlern aus Polen und Deutschland eine Plattform.

Sie stellt dabei die Migrations-Entscheidung der Eltern nicht grundsätzlich infrage, sondern die Art und Weise ihrer Integration, die nicht selten nach dem Muster eines „Turbo-Deutschen" in Assimilation mündete und zu schmerzhaften Brüchen in den eigenen Biografien führte. Alice Bota dazu: „Wenn ich heute über den Preis nachdenke, den das Deutschwerden gekostet hat, dann spüre ich Wut", und weiter: „Wir haben das getan, was viele Politiker fordern: Wir haben uns angepasst. Das verlangte von uns Kindern, dass wir unsere Eltern ein Stück weit verleugneten, weil wir alles, was polnisch war, verleugneten."[28] Ähnlich ergeht es den Mitgliedern der Berliner Blogger-Gruppe „Zwischen den Polen", deren Eigenporträt sich wie ein Generationenmanifest lesen lässt: „Wir sind Migrantinnen der zweiten Generation, wurden entweder in Polen geboren oder haben Eltern, die aus Polen stammen. In den 1980er-/1990er-Jahren begann für uns eine deutschsprachige Schulzeit – und irgendwann fragten wir uns nach der Rolle der polnischen Sprache und nach unserer Zugehörigkeit." Und weiter: „Unsere Erfahrung ist, dass es in unserer Gesellschaft ein überambitioniertes Festhalten an der Perspektive der ‚erfolgreichen Integration' gibt. Als deutsch-polnische Jugendliche sind wir häufig für unsere Integrationsleistungen gelobt worden, während Erfahrungen von Ausgrenzung und Überanpassung kaum zur Sprache kamen. Tatsächlich streift Integration nur unseren Erfahrungshorizont, denn viel mehr als wir selbst waren es unsere Eltern, die Integrationsarbeit leisteten. Und selbst unsere Eltern lassen sich nicht immer gut aus der Integrationsperspektive beschreiben – etwa wenn sie gut ausgebildet waren, sozial stark ver-netzt und in einer gemischten Partnerschaft lebten."[29] Diese Zeilen zeugen von einem neuen, selbstbewussten Geist großstädtischer Milieus mit akademischem, medienbezogenem oder künstlerischem Hintergrund, bei denen der Publizist Basil Kerski, Jahrgang 1969, „hybride Identitäten"[30] feststellt, die sich in ihrer postnationalen Denkweise herkömmlichen deutschen oder polnischen Identitätsmustern entziehen. Und sie haben sich eben auch in puncto Nationalbewusstsein an den europäischen Diskurs „angepasst" und operieren heute mit postnationalen Begriffen einer bi- oder multikulturellen Identität. So sagt der Journalist Jan Opielka in einem Beitrag zur deutschen Integrationsdebatte, man müsse sich Identität heute als ein dynamisches Modell vorstellen: „Man erwerbe sie, indem man sie mehre."[31] Beide Seiten in der Integrationsdebatte, Aufnahmegesellschaft wie Einwanderer, sollten die für die zweite Generation so typischen „hybriden Identitäten" als Normalfall akzeptieren.

Die Stimmen dieser zweiten Generation werden zunehmend in der deutschen Öffentlichkeit hör- und sichtbar, ob in der Politik, wie Paul →Ziemiak (*1985), seit September 2014 Bundesvorsitzender der Jungen Union, in den Medien Alice Bota (*1979), in der Literaturlandschaft Sabrina Janesch (*1985) und Matthias Nawrat (*1979) oder in der Musik-Szene Thomas Godoj (*1978). Allein 2014 wurden mehrere weibliche Vertreterinnen dieser Gruppe von einer breiten Öffentlichkeit in Deutschland wahrgenommen: So gewann die RTL-Castingshow *Deutschland sucht den Superstar*, nach Thomas Godoj 2008, erneut eine Sängerin mit polnischen Wurzeln: Aneta Sablik. Vivien Konca, deren Mutter aus Polen stammt, wurde als „Miss Germany" zur

A

Die zweite Generation spricht oft von einer „Überanpassung" ihrer Eltern an die deutsche Umwelt und nimmt kritisch unter die Lupe, was diese unreflektiert hingenommen hatten.

[28] Ebd., S. 26.
[29] Zit. nach *Zwischen den Polen – Ein Blog von Migrantinnen der zweiten Generation*. Online abrufbar unter: zwischendenpolen.wordpress.com/about/ (Aufruf am 20.01.2018).
[30] Basil Kerski: *Hybride Identitäten. Migrationen aus Polen – Geschichte und Gegenwart*, in: Jahrbuch Polen 2010 – Migration, Wiesbaden 2010, S. 9 ff.
[31] Zit. nach Kerski, ebd., S. 27.

In Oberschlesien geboren,
in Deutschland erfolgreich – der
Rock-Musiker Thomas Godoj

schönsten Deutschen gekürt, und die Frontfrau der Band Elaiza, die Deutschland im Mai 2014 beim European Song Contest in Kopenhagen vertrat, Elżbieta (Ela) Steinmetz, verbrachte ihre Kindheit mit ihrer polnischen Mutter in Breslau – und spricht darüber in der Öffentlichkeit.

Diese Mischung hat es in sich: Die in Deutschland sozialisierten polenaffinen Aussiedlerkinder („Aussiedler 2.0") treffen heute auf viele junge polnische Migrantinnen und Migranten, die zumeist nach dem EU-Beitritt Polens im Jahr 2004 zum Studium oder zur Arbeit nach Deutschland kamen. Anders als in den 1980er-Jahren, seien junge Polen „heute von Deutschen nicht zu unterscheiden", wie die Fernsehjournalistin Magdalena Szaniawska-Schwabe konstatiert, „diejenigen, die nach Polens EU-Beitritt nach Berlin kamen, das ist eine völlig andere Generation, ohne Minderwertigkeitskomplexe, offen, gut ausgebildet. Sie flüstern nicht mehr!"[32] Beide Gruppen suchen und finden einander in Großstädten oder im Internet, wo sie gemeinsam kulturelles, soziales und künstlerisches Engagement an den Tag legen, bei dem ihre doppelte Identität eine wichtige Rolle spielt. Gemeinsam mit Emilie Mansfeld hat Magdalena Szaniawska-Schwabe 2012 einen Bericht über diese jungen Akteure veröffentlicht, denen sie den Namen „neue Mittler" gaben. In ihnen sehen die Autorinnen künftige Akteure des bilateralen Dialogs: „Schon heute sind sie gleichsam Botschafter der deutsch-polnischen Partnerschaft. Sie identifizieren sich – ob mit oder ohne deutschen Pass – über ihre regionale Zugehörigkeit und über ihre Arbeit. In erster Linie verstehen sie sich als Europäer, da sie sich im vereinten Europa ohne Grenzen zwischen Deutschland und Polen frei bewegen können."[33]

Laut dem Bericht arbeiten die neuen Mittler häufig „projektbezogen", engagieren sich von Fall zu Fall, wie es ihnen das Berufs- und Privatleben erlaubt. Beispiele sind Initiativen wie „agitPolska e. V." oder „Kosmopolen e. V." oder auch Unternehmungen wie die deutsch-polnische Buchhandlung „buch | bund" im Berliner Stadtteil Neukölln. Mit ihrem Interesse an „innovativen, internetbezogenen, interkulturellen Initiativen" zeigen diese Mittler sich als typische Vertreter der sogenannten iGeneration – von Grund auf undogmatisch, provozieren sie nicht selten in ihren Werken und Manifesten. So haben sie das Potenzial, die multikulturelle Gesellschaft in Deutschland zu bereichern und insbesondere auch der deutsch-polnischen Zusammenarbeit neue Impulse zu geben.

[32] Magdalena Szaniawska-Schwabe zit. nach Anna Tyszecka: *Podwójności* [Doppelseitigkeiten], in: Polityka, Nr. 28, 09.07.2014, S. 96 [Übers. AK].

[33] Emilie Mansfeld / Magdalena Szaniawska-Schwabe: *Neue Mittler – Junges polnisches Engagement in Deutschland / Nowi pośrednicy – O młodych formach polskiego zaangażowania w Niemczech* (ifa-edition Kultur und Außenpolitik), Stuttgart 2012, S. 8. Online abrufbar unter: www.ifa.de/fileadmin/pdf/edition/edi_polen.pdf (Aufruf am 20.01.2018).

Avelon, Natalia

Polnische Emotionen im deutschen Film

Andrzej Kaluza

—

Die deutsch-polnische Schauspielerin Natalia Avelon (* 1980 als Natalia Siwek in Breslau) kam im Alter von acht Jahren nach Deutschland. Als Jugendliche begeisterte sie sich für den Film und sammelte erste schauspielerische Erfahrungen in den TV-Soaps *Verbotene Liebe* und *Marienhof*, später auch in Krimiserien wie *Tatort*, *Rosa Roth* oder *Der Bulle von Tölz*. 2014 war sie in Doris Dörries erfolgreicher Komödie *Alles inklusive* zu sehen. Avelon hat in München Theaterwissenschaften studiert und arbeitet nicht nur hinter der Kamera, sondern gelegentlich auch als Model und Sängerin.

Ihre erste große Hauptrolle spielte Avelon 2007 in dem deutschen Spielfilm *Das wilde Leben* von Regisseur Achim Bornak, in dem das Leben von Uschi Obermaier verfilmt wird. „Spiegel-Online" schrieb damals, das Beste an dem Film sei die Hauptdarstellerin. Ähnlichkeiten mit Obermaier, die als Ikone der 68er-Bewegung und Verfechterin der sexuellen Revolution gilt, seien aber rein äußerlich, betonte Avelon in einem Interview 2011: „Ich verkörpere nicht das Frauenbild der 70er-Jahre, sondern vor allem das Bild der modernen Frau von heute und morgen. Ich bin finanziell absolut unabhängig, arbeite, seit ich zwölf bin, bestimme in meinem Leben zu 100 Prozent alles selbst und bin dabei sehr gern Frau. Und zwar auch im Sinne der klischeehaften Definition von früher. Ich koche gern, ich putze, ja, ich bin gern mal die Frau am Herd."[34]

Plakat zum Film *Das wilde Leben* (2007) über die „Kommune 1" mit Natalia Avelon in der Rolle der Uschi Obermaier

> „Ich verkörpere nicht das Frauenbild der 70er-Jahre, sondern vor allem das Bild der modernen Frau von heute und morgen."

Auf ihre polnische Herkunft angesprochen, unterstrich Avelon im gleichen Gespräch: „Ich stelle fest, dass ich die Melancholie in mir trage, die Polen stark ausmacht. Aber ich habe auch 22 Jahre in Deutschland verbracht. Das heißt, ich bin ganz klar eine Deutsche. Mit polnischen Wurzeln, polnischer Geschichte und polnischer Familie."

---

[34] *„Ich muss meine Erotik nicht verstecken"*, Natalia Avelon im Interview mit David Baum, in: GQ.de (27.04.2011). Online abrufbar unter: www.gq-magazin.de/unterhaltung/gq-frauen/interview-ich-muss-meine-erotik-nicht-verstecken (Aufruf am 15.01.2018).

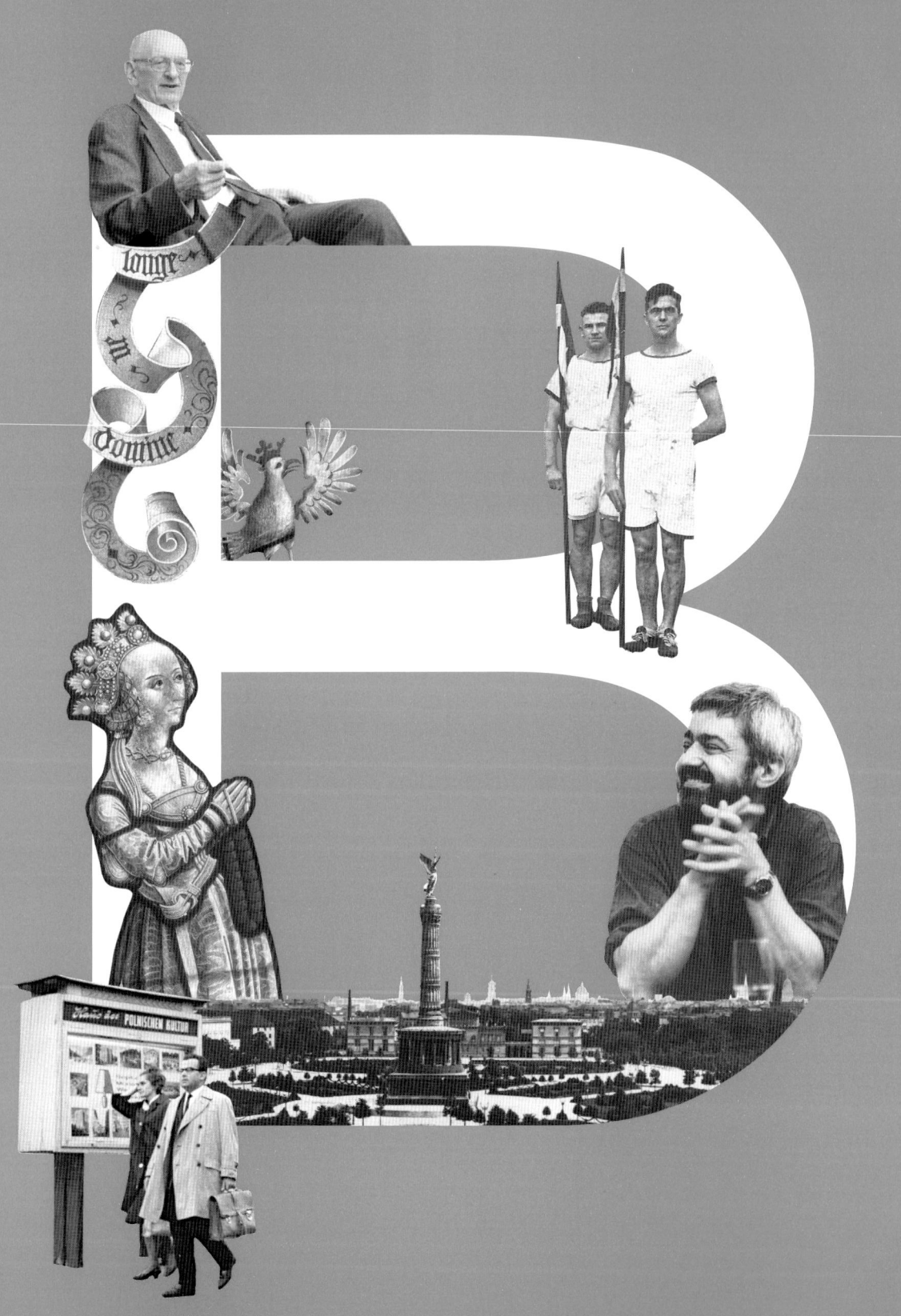

Baranowski, Henryk

Theater-Guru in Berlin

Andrzej Kaluza

—

Der 1943 im ostpolnischen Tarnopol geborene Henryk Baranowski war ein herausragender Theater- und Opernregisseur. Er führte Regie bei zahlreichen preisgekrönten Inszenierungen an einer Reihe von Bühnen in Polen, Deutschland, im asiatischen Teil Russlands und sogar in den USA. Auch schauspielerisch betätigte sich Baranowski und wirkte in international erfolgreichen Produktionen mit. So verkörperte er die männliche Hauptrolle in Krzysztof →Kieślowskis Fernsehfilm *Dekalog, Eins* (1989); in dem mit polnischen Filmpreisen vielfach prämierten Spielfilm *Pan Tadeusz* (1999) von Andrzej →Wajda spielte er Napoleon Bonaparte. In Margarethe von Trottas filmischem Porträt der Sozialistin und Pazifistin Rosa →Luxemburg (1986) übernahm Baranowski die Rolle des Josef, Rosas Bruder.

Baranowski, der Polen 1980 auf der Suche nach mehr künstlerischer Freiheit verlassen hatte, gründete 1981 zusammen mit seiner Partnerin, der Regisseurin Bettina Wilhelm, das Transformtheater – einige Jahre

Henryk Baranowski während der Proben der Schostakowitsch-Oper *Lady Macbeth von Mzensk* im Theater von Nowosibirsk, Dezember 2006

das „Kraftzentrum der Freien Szene in (West-)Berlin", wie es der mit Baranowski befreundete Journalist und Kritiker Rüdiger Schaper beschrieben hat.[1] Die erste Transformtheater-Produktion war *Die Zofen* nach Jean Genet als expressives Körpertheater, es folgten Inszenierungen nach Franz Kafka, George Tabori, Tadeusz Różewicz und Helmut Kajzar. Baranowskis Theaterwelt war geprägt von den Erfahrungen mit der Diktatur und der Fremde. In einem Artikel anlässlich des Todes seines Freundes erinnerte sich Rüdiger Schaper: „Henryk baute in Kreuzberg das Transformtheater auf, und mit ihm kamen damals viele polnische Künstler, die vor dem Kriegsrecht in ihrer Heimat flohen, die Wege fanden, hin- und herzufahren und einen künstlerischen Transfer von Warschau in den Westen organisierten. Schüler und ehemalige Mitarbeiter von [Jerzy – AK] Grotowski, von Henryk Tomaszewski, dem berühmten Pantomimen, Künstler, die mit Tadeusz Kantor gearbeitet hatten."[2] Später etablierte Baranowski, ebenfalls gemeinsam mit Bettina Wilhelm, in Berlin-Kreuzberg im Künstlerhaus Bethanien die Internationalen Regieseminare für Film und Theater. Hier gehörten Heiner Müller, Andrzej Wajda und Andrej Tarkowskij zu den renommierten Dozenten. 2013 starb Baranowski im Alter von 70 Jahren in Warschau.

[1] Rüdiger Schaper: *Der Mann aus Reisen*, in: Der Tagesspiegel, 17.02.2004. Online abrufbar unter: www.tagesspiegel.de/kultur/der-mann-aus-reisen/491704.html (Aufruf am 20.01.2018).

[2] Ders.: *Ein weißes Taschentuch ist die ganze Zauberei. Zum Tod von Henryk Baranowski*, in: Der Tagesspiegel, 28.07.2013. Online abrufbar unter: www.tagesspiegel.de/kultur/zum-tod-von-henryk-baranowski-ein-weisses-taschentuch-ist-die-ganze-zauberei/8559896.html (Aufruf am 20.01.2018).

Bartoszewski, Władysław

Der große Versöhner

Nawojka Cieślińska-Lobkowicz

–

B

Ohne ihn wäre Polen heute schlechter dran, die deutsch-polnischen Beziehungen wären schwieriger und Deutschland um einen klugen Freund ärmer. Der 1922 in Warschau geborene Władysław Bartoszewski war 1939 erst 17 Jahre alt. Bei einer Straßenrazzia wurde er festgenommen und kam 1940 ins Konzentrationslager Auschwitz, aus dem er 1941 wie durch ein Wunder freigelassen wurde. Später gründete er gemeinsam mit anderen katholischen Intellektuellen den Judenhilfsrat „Żegota", betätigte sich im Untergrund als Soldat der polnischen Heimatarmee (Armia Krajowa) und nahm 1944 am Warschauer Aufstand teil. Von 1947 bis 1954 Gefangener des kommunistischen Regimes in Polen, blieb er in konsequenter Opposition zu ihm. Mehr als 400 Beamte der Sicherheitsdienste und 60 Informelle Mitarbeiter bespitzelten ihn. Nach der Verhängung des Kriegsrechts 1981 interniert, wurde er nach einigen Monaten freigelassen und verbrachte die folgenden acht Jahre in Westdeutschland: Zunächst lehrte er am Berliner Wissenschaftskolleg, später als Gastprofessor an den Universitäten in München, Eichstätt und Augsburg. Bayern wurde ihm zum zweiten Zuhause, wie er selbst sagte. Nach 1990 beteiligte er sich im freien Polen aktiv in der Politik. Zweimal (1995 und von 2000 bis 2001) war er polnischer Außenminister, außerdem bekleidete er bis ans Ende seines langen Lebens 2015 viele andere verantwortungsvolle und ehrenvolle Ämter.

Von Beruf Journalist, Autor, Verleger und Historiker, Verfasser zahlreicher Bücher, darunter viele auch auf Deutsch erschienen, etwa *Uns eint vergossenes Blut. Juden und Polen in der Zeit der Endlösung* (1970), war Bartoszewski ein Mann, der sich voll und ganz der Aufgabe verschrieb, die

Erinnerung an die Vernichteten und Gefallenen zu bewahren. Er sah es als seine Pflicht an, Zeugnis abzulegen: „Die Erfahrungen dieser wenigen furchtbaren Jahre, das Wissen um die Konzentrationslager, die Folterstätten und Gaskammern, haben ein für alle Mal meinen weiteren Lebensweg entscheidend geprägt: gegen Hass, gegen Diskriminierung von Menschen, aus welchen Gründen auch immer – sei es Rasse, Klasse, Nationalität oder Religion – wie auch gegen intellektuelle Gewalt, wozu die Lüge in der Geschichte gehört und der Mangel an Toleranz gegenüber Andersdenkenden", sagte er in seiner Rede zum Gedenken an das Ende des Zweiten Weltkrieges und der nationalsozialistischen Gewaltherrschaft vor den Mitgliedern des Bundestags und Bundesrats am 28. April 1995 in Bonn.[3] Diese Rede hielt Bartoszewski dreißig Jahre nach seinem ersten Aufenthalt in der Bundesrepublik. Deutschland und die deutsch-polnischen Beziehungen waren (neben den polnisch-jüdischen Beziehungen) das Thema seines Lebens. Die Zahl seiner deutschen Freunde und engen Bekannten innerhalb mehrerer Jahrzehnte dürfte mehrere

---

[3] Wladyslaw Bartoszewski: *Kein Frieden ohne Freiheit. Betrachtungen eines Zeitzeugen am Ende des Jahrhunderts*, hrsg. v. Nina Kozlowski, Baden-Baden 2000, S. 168. Die Rede ist als Video online abrufbar unter: www.bundestag.de/kulturundgeschichte/geschichte/gastredner/bartoszewski/ (Aufruf am 15.01.2018).

1986 erhielt Władysław Bartoszewski (rechts) den „Friedenspreis des Deutschen Buchhandels". Hier gratuliert ihm Bundespräsident Richard von Weizsäcker.

Hundert betragen. Darunter befanden sich Schriftsteller, herausragende Intellektuelle, Vertreter beider Kirchen und führende Politiker. Nicht nur sie konnten Helmut Kohls Meinung zustimmen, demzufolge Bartoszewskis „freimütiges Wort (...) hierzulande Heimatrecht" habe. [4]

Geehrt als „Gerechter unter den Völkern", Ehrenbürger Israels, Träger hoher und höchster Orden Polens, der Bundesrepublik Deutschland und anderer Staaten, Empfänger zahlreicher Ehrendoktorwürden, Auszeichnungen und Preise – Bartoszewski war dennoch alles andere als ein Bronzedenkmal auf hohem Sockel oder ein polnischer Heiliger. Er war berühmt für seinen geistreichen Humor. Er liebte das gesprochene Wort, und zwar in Maschinengewehrgeschwindigkeit – noch dazu in beiden Sprachen, Deutsch und Polnisch. Er liebte Auseinandersetzungen, in die er sich gelegentlich fast bis zur Übertreibung verbiss, aber stets seinen Überzeugungen treu blieb. Mit Sicherheit ist sein Leben ein großartiger Beweis dafür, dass eine These Gültigkeit hat: Es lohnt sich, anständig zu sein – so übertitelte er auch seine Erinnerungen (1983 zuerst erschienen). Bartoszewski war und bleibt einzigartig.

---

[4] Zitat aus einem Brief von Bundeskanzler Helmut Kohl an Bartoszewski zu dessen 65. Geburtstag, zit. nach *Władysław Bartoszewski. Freiheit – Wahrheit – Frieden. Ansprachen bei der akademischen Feier zum 65. Geburtstag W. Bartoszewskis in der Ludwig-Maximilians-Universität München am 19. Februar 1987*, hrsg. v. Heinz Laufer, München 1987, S. 2.

Becker, Artur

Der große Masuren-Erzähler

Dorota Danielewicz

—

Endlich ist ein aus Polen stammender Autor Chamisso-Preis-
träger geworden! 2009 war es so weit: Artur Becker erhielt für
sein Werk den Preis der Robert Bosch Stiftung für deutsch-
schreibende Autoren mit „Migrationshin-
tergrund". Er selbst bezeichnet sich als
einen „polnischen Autor deutscher Sprache".

Becker stammt aus Bartenstein (Barto-
szyce), einer Stadt im ehemaligen Ostpreußen,
wo er 1968 geboren wurde. In Deutschland
lebt er seit 1985. Heute ist Verden seine
Heimat, ein kleiner Ort in Niedersachsen. Er
lebt gerne dort, wo es keinen Literaturbetrieb
gibt und wo er, wie er selbst betont, der einzige Schriftsteller ist.

Ganz bewusst hat sich Artur Becker entschieden, in deutscher Sprache zu schreiben, was ihm nicht von Anfang an
leicht fiel. Die Liste seiner Romane ist lang, noch länger die
der Essays, Gedichte, Lieder, Blogs und Zeitungsartikel.

Was Beckers Prosa so herausragend macht – außer, dass sie
sich einfach großartig liest –, ist die Tatsache, dass er den
„Mythos Masurens" in die deutsche Prosa einbringt, des Masurens der 1980er-Jahre und der Gegenwart. Denn obwohl Becker
deutsch schreibt, den Stoff für seine Romane wie *Onkel Jimmy,
die Indianer und ich* oder *Der Lippenstift meiner Mutter* liefert
ihm das magische Land seiner Kindheit, der Dadajsee und
seine Umgebung (Beckers erster Roman trägt den Titel *Der
Dadajsee*). In Beckers schriftstellerischem Schaffen verbinden
sich der deutsche und polnische Kulturraum wieder. Seine
Sprache ist voll Poesie, zieht den Leser in ihren Bann, besticht
durch ihre Melodie, den besonderen „Becker-Sound".

Artur Becker wirkt darüber hinaus als publizistischer Ver-
mittler zwischen den Kulturen, so durch seine engagierten
Zeitungs-Kommentare zum politischen und kulturellen
Leben in Deutschland und Polen.

„Ich war ein Schüler von Wanda Wasilewska,
ein Fischerkind, und ich wuchs auf einer Koppel
mit Kühen und Misthaufen auf,
mit Berührung und Liebkosung
der elektrischen Zäune und Ufer."[5]

B

---

[5] Artur Becker: *Ein Kiosk mit Elf Millionen Nächten*, Bremen 2008, S. 120.

Becker, Jurek

Vom Sprachverlust und Sprachgewinn

Peter Oliver Loew

—

„Ich bin in Polen geboren, in der unschönen Stadt Lodz, als Kind von Eltern mit, wie man sagt, jüdischem Hintergrund. Der ist, ob ich will oder nicht, somit auch mein Hintergrund. Und wenn nicht bald nach meiner Geburt die deutsche Wehrmacht gekommen wäre, wenn sie nicht das Land besetzt und meine Eltern und mich in ein Ghetto und später in verschiedene Konzentrationslager gesteckt hätte, wenn die Rote Armee nicht das Lager Sachsenhausen, wo ich zuletzt weilte, befreit hätte, dann möchte ich nicht wissen, als was und vor wem ich heute stehen würde.“[6]

Oft kreist sein Schreiben um jüdisches Schicksal – so schon in seinem Erstlingsroman *Jakob der Lügner* (1969), der in einem fiktiven Ghetto in Polen spielt.

Jurek Becker, geboren am 30. September 1937 als Jerzy Bekker in Lodz, wird im Februar 1944 mit seiner Mutter zuerst in das KZ Ravensbrück deportiert, dann nach Sachsenhausen. Das Kind verliert seine Mutter und seine Muttersprache („er erinnerte sich, Polnisch gesprochen zu haben“[7]) und lernt eine neue Sprache – Deutsch. Sein Vater, Überlebender des KZ Auschwitz, findet ihn mithilfe einer amerikanischen Suchorganisation, sie bleiben in Deutschland, aber nie sprechen sie über das Vergangene.

Ab 1945 lebt Jurek Becker in Ost-, ab 1977 in Westberlin. Mit seinen Romanen und Drehbüchern wird er zu einem viel beachteten Schriftsteller, der zahlreiche Preise und Auszeichnungen erhält. Oft kreist sein Schreiben um jüdisches Schicksal – so schon in seinem Erstlingsroman *Jakob der Lügner* (1969), der in einem fiktiven Ghetto in Polen spielt. Am 14. März 1997 stirbt Jurek Becker in Schleswig-Holstein an Krebs.

---

[6] Jurek Becker: *Mein Vater, die Deutschen und ich,* in: Ders.: *Mein Vater, die Deutschen und ich. Aufsätze, Vorträge, Interviews,* Frankfurt am Main 2007, S. 247–268, hier S. 247.

[7] Sander L. Gilman: *Jurek Becker. Die Biographie,* Berlin/München 2002, S. 34.

Bereska, Henryk

„Ich wurde Fährmann, übertrug kostbare Fracht"

Hans-Christian Trepte

—

„Wie oft hat man mir, der zwischen zwei Stühlen saß, einen bequemen Sessel ange-boten. Ich lehnte dankend ab."[8] Dieser Aphorismus stammt von dem Lyriker und Übersetzer Henryk Bereska, der damit sein Leben zwischen Staaten, Systemen und Identitäten pointierte. Die Zahl der von ihm ins Deutsche übertragenen Werke der polnischen Literatur von der Renaissance bis zur Gegenwart lässt sich auf circa 200 beziffern, darunter Autoren wie Jan Kochanowski, Adam → Mickiewicz, Cyprian Kamil Norwid, Tadeusz Różewicz und Adam → Zagajewski. Seine Übersetzungen machten ihn zu einem Brückenbauer, zu einem Mittler zwischen den Sprachen und Literaturen. Nicht umsonst hat er sich selbst als „Fährmann"[9] bezeichnet.

Bereska wurde 1926 in einer zweisprachigen Arbeiterfamilie in Kattowitz im pol-nischen Teil Oberschlesiens geboren. Als 18-Jähriger wurde er 1944 in die Luftwaffe eingezogen. Nach Entlassung aus amerikanischer Gefangenschaft kam er zunächst in seine Heimatstadt zurück. 1947 flüchtete er vor dem polnischen Geheimdienst in das „Berliner Vierländereck", studierte an der Humboldt-Universität Germanistik und Slawistik, arbeitete bis 1955 als Lektor für polnische Literatur im Ostberliner Auf-bau-Verlag. Aus politischen Gründen kündigte er beim Staatsverlag der DDR und wählte die „unsichere Existenz" eines freischaffenden Übersetzers, was in der DDR eine Ausnahme war. Die Tatsache, dass er Literatur aus dem „Bruderland" übersetzte, war wahrscheinlich der Grund, warum ihn die Stasi nie verhaften ließ, denn Bereska war ein intellektueller Querkopf, der sich gegen jede Propaganda und Ideologie ver-wahrte, der Kontakt sowohl zu polnischen Oppositionellen wie auch zu ostdeutschen Intellektuellen unterhielt, die verhaftet wurden oder aus der DDR flohen. Er blieb „zwischen den Stühlen", was sich nicht nur in seinen Lebensorten, Berlin und das mär-kische Kolberg, ausdrückte, sondern auch darin, dass er seinen Vornamen in der polnischen Version Henryk verwendete.

Für sein umfassendes übersetzerisches Werk wurde Bereska mehrfach ausgezeichnet, unter anderem mit dem Offizierskreuz des Ordens „Polonia Restituta" (1971), dem Verdienstkreuz der Bundesrepublik Deutschland (1997) und dem „Transatlantyk"-Preis des Krakauer Buchinstituts 2005. Seine eigenen Gedichte, Aphorismen und Essays weisen ihn mit ihren oberschlesisch-polnisch-deutschen Themen und Bezügen als einen typischen Vertreter des kulturellen Grenz-landes aus, so etwa seine „verstreuten" Gedichte, die 2002 unter dem Titel *Das schwer verwischbare Zeugnis* erschienen sind, und die tagebuchartigen *Kolberger Hefte* (2008). Henryk Bereska starb 2005 in Berlin.

Tauschte einen sicheren Redakteursposten gegen eine freiberufliche Übersetzerkarriere: Henryk Bereska, September 2003

B

> Bereska war ein intellektueller Querkopf, der sich gegen jede Propaganda und Ideologie verwahrte, der Kontakt sowohl zu polnischen Oppositionellen wie auch zu ostdeutschen Intellektuellen unterhielt, die verhaftet wurden oder aus der DDR flohen.

---

[8] Henryk Bereska zit. nach Brygida Helbig-Mischewski: *Henryk Bereska – Antiheld des Sozialismus. Tagebücher, Lyrik, Lebenskunst*, in: Zarys Kulturmagazin, Nr. 8, Messel b. Darmstadt o.J., S. 87.
[9] Henryk Bereska: Fährmann, in: *Henryk Bereska: Der Himmel legt die Stirn in Falten. Gedichte – Aphorismen – Texte*, hrsg. v. Gilda Bereska, Berlin 2006, S. 50.

Berlin

Die deutsch-polnische Kulturmetropole

Basil Kerski

—

Wer durch die Straßen Berlins flaniert, wird oft die polnische Sprache hören. Die Spreemetropole ist heute sozusagen eine Stadt der deutsch-polnischen Grenzregion, die viele Polen anzieht, um dort zu leben, zu arbeiten, zu studieren, aber auch zum Shopping oder Kulturkonsum. Polnische Besucherinnen und Besucher sind zu einem wichtigen ökonomischen Faktor für Berlin geworden. In der Bundeshauptstadt, in der West- und Ostdeutschland, das alte und das neue Europa zusammenwachsen, treffen sie auf Altbekanntes, zugleich aber auf vollkommen neue Entwicklungen. Dieser Kontrast wirkt auch auf viele polnische Künstler und Intellektuelle inspirierend, die immer wieder zu Aufenthalten nach Berlin kommen.

Wer den Berliner Palimpsest genauer untersucht, entdeckt nicht nur in der Wilhelmstraße signifikante polnische Spuren. So befand sich an der Stelle des Reichstagsgebäudes bis 1883 das spätklassizistische Palais des Grafen Athanasius Raczyński.

In den letzten drei Jahrzehnten haben sich viele Polinnen und Polen dauerhaft in Berlin niedergelassen. Mit rund 55.000 Einwohnern stellen sie die größte Gruppe von zugewanderten EU-Bürgern dar. Zählt man noch diejenigen mit deutschem Pass dazu, so wundert es nicht, dass die Zahl der polnischsprachigen Berlinerinnen und Berliner auf über 100.000 geschätzt wird.

Wer die heutige deutsch-polnische Vielfalt der Spreemetropole beobachtet und zur alten Berliner Presse aus der Zeit vor dem Ersten Weltkrieg greift, den mag ein Déjà-vu-Erlebnis überkommen. Vor über hundert Jahren, am 23. Januar 1910, veröffentlichte der „Berliner Börsen-Courier" ein kurzes Porträt des polnischen Berlin. Die Metropole des Kaiserreiches, heißt es darin, sei zu einer der größten polnischen Städte des europäischen Kontinents aufgestiegen: „Mit seinen nahezu 100.000 Polen und Einwohnern unzweifelhaft polnischer Provenienz lässt Berlin die großen Polenstädte Lemberg, Krakau und Posen hinter sich. Zu Hunderten, ja Tausenden finden wir die bekannten konsonantenreichen Namen, deren Aussprechbarkeit für deutsche Zungen in den meisten Fällen ein Ding der Unmöglichkeit ist, hier vertreten." [10]

Viele der in dem Artikel formulierten Beobachtungen und aufgeführten Fakten ließen sich auf die polnische Bevölkerungsgruppe in der heutigen Bundeshauptstadt übertragen. Der „Börsen-Courier" fährt fort: „Es ist nicht gerade schwierig, den Ursachen nachzuspüren, die zu diesem Polenreichtum Berlins geführt haben. Neben politischen Gründen haben in erster Linie das bessere wirtschaftliche Fortkommen des polnischen Elements und seine größere Bewegungsfreiheit in Berlin dazu geführt. Aber auch ästhetische Beweggründe, wie der Genuss größeren und verfeinerten Komforts und die leichtere und bequemere Befriedigung des dem Slaventum eigentümlichen Bildungsbedürfnisses haben ohne Frage den Anstoß zu dem ungewöhnlich starken Zuzug des Polentums nach der deutschen Reichshauptstadt gegeben. (…) Auch die polnische Aristokratie, die früher ausschließlich in Paris ihr Mekka fand (…), hat mit dem Wachsen der soliden Eleganz und des Komforts in Berlin längst angefangen, ihr Domizil hier aufzuschlagen. Mitglieder des polnischen

---

[10] *Polnisches Berlin*, in: Berliner Börsen-Courier, 23. Januar 1910.

B

Der Königsplatz in Berlin-Tiergarten (heute Platz der Republik), auf dem damals noch die Siegessäule stand;
im Hintergrund das Palais Raczyński, das in den frühen 1880er-Jahren abgerissen wurde, Fotografie um 1880

„My, berlińczycy! / Wir Berliner!" hieß
die 2009 im Ephraim-Palais gezeigte
Ausstellung über polnisches Leben
in der deutschen Hauptstadt.

Hochadels sind in unserer Gesellschaft seit Langem keine seltenen Erscheinungen mehr."

Die große Bedeutung, die der polnischen Kultur in Berlin vor hundert Jahren zukam, war eine späte Folge der Teilungen Polens, durch die ein Großteil der alten polnischen Adelsrepublik an Preußen fiel. So bestand nach der dritten Teilung Polens knapp die Hälfte Preußens aus ehemals polnischen Territorien. Preußen wurde Ende des 18. Jahrhunderts de facto zum Zweinationenstaat, Berlin zum politischen Zentrum für einen großen Teil Polens, polnische Adelsgeschlechter siedelten sich in der Spreemetropole an. Vor allem zwei prominente polnische Familien spielten in der Berliner Geschichte eine bedeutende Rolle: die Radziwiłłs und die Raczyńskis. Wer ihre Spuren in Berlin verfolgt, gelangt an zentrale Orte der Spreemetropole und entdeckt verschüttete deutsch-polnische Verbindungen.

Der aus dem polnisch-litauischen Magnatengeschlecht stammende Fürst Anton Heinrich → Radziwiłł heiratete Ende des 18. Jahrhunderts die Hohenzollernprinzessin Luise von Preußen (1770 – 1836). Das Paar wählte Berlin zu seinem Wohnort und erwarb 1796 in der Wilhelmstraße 77, der heutigen Nummer 93, ein barockes Palais. Das „Palais Radziwiłł" wurde zu einem Treffpunkt für zahlreiche renommierte Persönlichkeiten, Gelehrte und Künstler, unter ihnen Fryderyk → Chopin.

Ihr Palais in der Wilhelmstraße gaben die Radziwiłłs 1875 auf. Die Wilhelmstraße 77 sollte aber für lange Zeit eine der wichtigsten Adressen in Berlin bleiben. Das Deutsche Reich erwarb das Gebäude, um es zur Arbeits- und Wohnstätte des ersten Reichskanzlers, Otto von Bismarck, umzubauen, der bis 1890 hier lebte und wirkte. Von 1934 bis 1939 waren hier die Wohn- und Arbeitsräume von Adolf Hitler. Im Garten des ehemaligen Palais Radziwiłł entstand während des Zweiten Weltkrieges ein großer Luftschutzbunker für den NS-Diktator. Heute stehen an der Stelle der sogenannten Alten Reichskanzlei Wohnblocks, die unmittelbar vor dem Mauerfall errichtet wurden. Eine Glastafel erinnert am Straßenrand an die Alte Reichskanzlei, die polnisch-preußische Familie Radziwiłł bleibt jedoch unerwähnt.

Wer den Berliner Palimpsest genauer untersucht, entdeckt nicht nur in der Wilhelmstraße signifikante polnische Spuren. So befand sich an der Stelle des Reichstagsgebäudes bis 1883 das spätklassizistische Palais des Grafen Athanasius →Raczyński. Das Palais Raczyński spielte in der Kulturgeschichte Berlins im 19. Jahrhundert eine bedeutende Rolle. Zwischen 1847 und 1874 beherbergte es eine private Bildergalerie des polnischen Grafen und preußischen Diplomaten, die zu den größten öffentlichen Kunstsammlungen an der Spree zählte. Bevor Athanasius Raczyński an den damaligen Königsplatz (den heutigen Platz der Republik) zog, wohnte er in einem Palais Unter den Linden 21, das er vom preußischen Baumeister Karl Friedrich Schinkel umbauen ließ, um dort seine erste, öffentlich zugängliche Galerie einzurichten, die neben älteren italienischen und holländischen Kunstwerken vor allem zeitgenössische deutsche Kunst beherbergte. 1842 – 44 ließ er dann sein Palais am Königsplatz errichten, um seine Kunstsammlung auszubauen. Nach dem Tod Raczyńskis verkaufte sein Sohn dem Deutschen Reich 1881 das Palais, das abgerissen wurde, um an seiner statt das Reichstagsgebäude zu errichten (→Reichstag).

Mit der zunehmenden Industrialisierung Preußens und dem wirtschaftlichen Aufschwung nach der Gründung des Kaiserreiches 1871 nahm die Zuwanderung von Menschen mit polnischer Muttersprache nach Berlin rasant zu. Die Berliner Hochschulen wurden zu attraktiven Ausbildungsorten für polnische Akademiker aus dem Posener und dem pommerellischen Raum. Unter den Berliner Hochschulabsolventen und Dozenten fanden sich vor 1914 zahlreiche bedeutende Polen, so die Slawisten Wojciech Cybulski und Aleksander →Brückner. Mit seiner in deutscher Sprache verfassten Studie über →Nietzsche und →Chopin begann in Berlin Ende des 19. Jahrhunderts auch die Karriere des polnisch-deutschen Schriftstellers Stanisław →Przybyszewski.

Doch bestand die polnische Kolonie in Berlin zu jener Zeit hauptsächlich aus Arbeitern. Im Zuge der Industrialisierung suchten vor allem Landarbeiter und Kleinstadtbewohner aus den östlichen Provinzen des Deutschen Reiches ein besseres Auskommen. Sie spielten eine beträchtliche Rolle beim Aufbau der modernen Infrastruktur der Stadt, beim Bau von Straßen und Schienenwegen, Kanälen, der Untergrundbahn oder bei der Trockenlegung von Sumpfgebieten.

B

Ihr Palais in der Wilhelmstraße gaben die Radziwiłłs 1875 auf. (…) Das Deutsche Reich erwarb das Gebäude, um es zur Arbeits- und Wohnstätte des ersten Reichskanzlers, Otto von Bismarck, umzubauen, der bis 1890 hier lebte und wirkte. Von 1934 bis 1939 waren hier die Wohn- und Arbeitsräume von Adolf Hitler.

Es waren nicht nur polnische Katholiken (und wenige polnischsprachige Protestanten), die es in die ökonomisch und kulturell aufstrebende Spreemetropole zog. Die Großstadt wurde Ende des 19. Jahrhunderts auch zum Migrationsziel polnischer Juden aus den von Russland und Österreich besetzten Gebieten der alten polnischen Adelsrepublik. Zu den prominenten Vertreterinnen und Vertretern dieser Gruppe gehörten die in Zamość geborene Sozialistin und Wirtschaftswissenschaftlerin Rosa →Luxemburg und der galizische Schriftsteller Karl Emil Franzos (1848 – 1904). Die jüdisch-polnische Zuwanderung ins Kaiserreich war vor allem eine Transitwanderung, denn die meisten emigrierten über die deutschen Überseehäfen weiter nach Amerika, nur einige Tausend blieben in Deutschland. Obwohl es nur wenige ostjüdische Migranten waren, die im Kaiserreich lebten, löste ihre europäische Wanderung eine massive fremdenfeindliche Debatte aus. Die angeblich „schmutzigen", „kulturell rückständigen" und mit revolutionären Ideen „infizierten" Juden wurden von nationalkonservativen Politikern und Publizisten als Gefahr für die junge deutsche Nation angesehen. Antijüdische und antipolnische Vorurteile heizten die politische Stimmung an.

Die wachsende Attraktivität nationalistischer und rassistischer Denkströmungen in Deutschland (wie auch in anderen europäischen Staaten) konnte dennoch die Entwicklung Berlins zu einer multikulturellen Metropole von Weltgeltung nicht aufhalten. In der aufstrebenden Spreemetropole repräsentierte die polnischsprachige Gruppe etwa die Hälfte aller Einwanderer. Beachtlich waren Vielfalt und Zahl der polnischen Initiativen in Berlin zu Beginn des 20. Jahrhunderts. So gab es 31 akademische Vereinigungen, 20 Verbände von Kaufleuten, Handwerkern und Gewerbetreibenden, acht politische Organisationen, drei Arbeitervereine, zwei Gewerkschaften, 18 Frauen-, 25 Gesangs- und 28 Sportvereine. Zudem existierten sechs polnische Schul- und Bildungsvereine, 13 Spar-, Leih- und Lotterieverbände sowie 24 Kirchengemeindekomitees. Es gab allerdings kein Siedlungszentrum von Polen in Berlin, sondern sie lebten über die ganze Stadt verstreut. Über die großen sozialen Probleme informierte auch der Korrespondent der liberalen „Nowa Reforma", die in Krakau ihren Sitz hatte, in einem Artikel vom 10. November 1895: „Die Mehrheit der [Polen – BK] hingegen, die zehntausende der Landsleute verbringen ein jämmerliches, in sowohl geistiger als in materieller Beziehung gleich elendes Leben. (…) Die Crème sammelt sich von Zeit zu Zeit zum Tanze oder zu einer Liebhaber-Vorstellung, doch ist das ein enger Kreis, welcher sich von der Masse der hier lebenden Polen abschließt. Und diese geht, zusammengepfercht in die elendsten Gassen, zugrunde oder geht gehorsam dem Nachahmungsinstinkt im Ozean unter, assimiliert sich mit dem Feinde. Es sind dies Arbeiter, die Ärmsten der Armen, vom heimischen Boden verdrängte, hier Verdienstsuchende, es sind unqualifizierte Arbeiter, die sich darum den niedrigsten Arbeiten unterziehen."[11]

In seiner umfassenden Studie über die polnische Zuwanderung nach Berlin hat der Historiker Gottfried Hartmann auf das widersprüchliche Bild der polnischen Kolonie in Berlin am Vorabend des Ersten Weltkrieges verwiesen: „Je nach ihrer sozialen Lage und der Länge ihres Aufenthaltes in der Stadt bildeten sich innerhalb der polnischen Zuwanderer beträchtliche, von ihnen selbst wahrgenommene Unterschiede heraus. Sie äußerten sich in den Formen sprachlichen Umgangs und kultureller Identität.

Die Pfadfindergruppe „Zawisza Czarny",
Ende der 1920er-Jahre

---

[11] Vgl. „Nowa Reforma" vom 10. November 1895 [Übers. BK].

40

So bildete die gemeinsame Muttersprache zwar noch die Klammer zum nationalen Selbstbewusstsein, besonders in Zeiten, die sich durch scharf antipolnische Maßnahmen und Stimmungslagen auszeichneten." [12] Von einem einheitlichen polnischen Milieu, einer polnischen Subkultur, wie sie sich vor dem Ersten Weltkrieg im Ruhrgebiet herausbildete, konnte, so Hartmann, im gleichen Zeitraum an der Spree nicht die Rede sein. In seiner Analyse stellte er zudem einen relativ hohen Grad der Distanzierung der polnischen Migranten zu ihrem Herkunftsland fest sowie das Entstehen einer regionalen Identität: 1914 verstand sich bereits gut ein Drittel der polnischen Migranten nicht mehr in erster Linie als Polen, sondern vielmehr als Berliner. Ob sie sich deshalb bereits als Deutsche einstuften, stellte Hartmann allerdings in Zweifel, ungeachtet der spezifischen, tief eingewurzelten Loyalität vieler von ihnen gegenüber dem preußischen Staat, die hervorzuheben sei. [13] Mit dem Untergang des Deutschen Kaiserreiches schwand auch Berlins Anziehungskraft. Nach 1918 kehrten viele nach Berlin zugewanderte Polen, vor allem die sozial besser gestellten Kaufleute, Handwerker, Facharbeiter und Vertreter der Intelligenz, in den wiedergeborenen polnischen Staat, die Zweite Polnische Republik, zurück. Das neu errichtete polnische Konsulat berichtete zu Beginn der Weimarer Republik, dass etwa 12.000 Polen Berlin Richtung Heimat verließen. Selbst Vertreter des polnisch-preußischen Hochadels, die Radziwiłłs und Raczyńskis, kehrten Berlin den Rücken und suchten nach neuen politischen Aufgaben in der wiedererstandenen Republik Polen. So eröffnete 1919 der greise, 85-jährige Ferdinand Radziwiłł (1834 – 1926), langjähriger Abgeordneter und Chef der polnischen Fraktion im deutschen Reichstag, als Alterspräsident die erste Sitzung des verfassungsgebenden Parlaments (Sejm) der Republik Polen (→ Polnische Parlamentarier in Berlin).

1925 gaben nur noch 15.000 der Einwohner Berlins Polnisch als ihre Muttersprache an. Dennoch verschwand das rege polnische Organisationsleben nicht, die Spreemetropole wurde eines der wichtigsten politischen Zentren der polnischsprachigen Minderheit in der Weimarer Republik. In Berlin erschienen Tageszeitungen und Zeitschriften wie „Dziennik Berliński" (Berliner Tageszeitung) oder „Polak w Niemczech" (Der Pole in Deutschland). Als Kultur- und Wirtschaftsmetropole von Weltrang zog

Titelblatt der Tageszeitung „Dziennik Berliński" aus dem Jahr 1922 mit einem Aufruf an die „Landsleute"

Berlin auch in der ökonomisch und politisch turbulenten Zeit der Weimarer Republik junge Polinnen und Polen an die Spree. Hier begann die Filmkarriere der Schauspielerin Pola → Negri, die in kurzer Zeit zum Stummfilmstar avancierte und Mitte der zwanziger Jahre ihre Karriere in Hollywood fortsetzte. Auch der polnisch-jüdische Pianist Władysław Szpilman, dessen Schicksal während des Zweiten Weltkrieges in Warschau durch die oscarprämierte Verfilmung von Roman Polański (Der Pianist) weltweit Beachtung fand, studierte Anfang der 1930er-Jahre an der Berliner Akademie der Künste.

Nach dem Ende der Weimarer Republik wurde das Leben für die in Berlin lebenden Polen jedoch immer schwieriger. Im Zuge der antisemitischen Pogrome wurden im Herbst 1938 viele Juden mit polnischer Staatsbürgerschaft nach Polen zwangsausgewiesen (→ Polenaktion). Hitlers NS-Regime betrieb vor dem Zweiten Weltkrieg eine zweischneidige

---

[12] Gottfried Hartmann: Polen in Berlin, in: Steffie Jersch-Wenzel / Barbara John (Hrsg.), *Von Zuwanderern zu Einheimischen. Hugenotten, Juden, Böhmen, Polen in Berlin,* Berlin 1990, S. 769.
[13] Ebd., S. 208.

Polen-Politik. Es verfolgte aus Polen stammende Juden und Funktionäre polnischer Organisationen in Deutschland; gleichzeitig führte es große Propagandaktionen durch, die der Welt zeigen sollten, wie Hitler mit den revisionistischen Zielsetzungen der deutschen Polen-Politik der Weimarer Republik brach. Im Januar 1934 schloss der Diktator ein Nichtangriffsabkommen mit Polen. Neben propagandistischen waren für diesen Schritt auch antikommunistische Motive maßgebend, denn Polen sollte sich an einem geplanten Angriffskrieg gegen die Sowjetunion beteiligen. Im Rahmen dieses Abkommens sollten zudem die bilateralen Kulturbeziehungen gefördert werden. So fand am 25. Februar 1935 im überfüllten Marmorsaal am Zoo die feierliche Eröffnung des Deutsch-Polnischen Instituts in Berlin statt, bei der auch der polnische Sänger und Schauspieler Jan →Kiepura auftrat, damals neben Pola Negri der größte polnische Star in der deutschen Unterhaltungsbranche.

Das Deutsch-Polnische Institut organisierte in Berlin vor allem Vorträge von polnischen Wissenschaftlern, unter ihnen der Philosoph Roman Ingarden und der Historiker Oskar Halecki. Das Institut ging 1938 in der „Deutsch-Polnischen Gesellschaft" auf, die am 4. November 1938 im Beisein des Staatssekretärs des Auswärtigen Amtes, Ernst von Weizsäcker (Vater des späteren Bundespräsidenten Richard von Weizsäcker), und des polnischen Botschafters Józef Lipski gegründet wurde. Der Sitz der Gesellschaft befand sich in der Kurfürstenstraße 58, gegenüber dem heutigen „Café Einstein". Doch sie konnte kaum noch aktiv werden, denn 1939 kühlten sich die Beziehungen zwischen Nazi-Deutschland und dem polnischen Nachbarn merklich ab. Da Polens Regierung es endgültig abgelehnt hatte, eine exterritoriale Verkehrsverbindung zwischen Pommern und Ostpreußen einzurichten und als Juniorpartner dem deutsch-japanischen Antikominternpakt beizutreten, brach Hitler mit Warschau und initiierte im Sommer 1939 einen Nichtangriffspakt mit der Sowjetunion („Hitler-Stalin-Pakt"), der zum Überfall Deutschlands und der Sowjetunion auf Polen und zur neuerlichen Teilung des polnischen Staates führte.

Mit Beginn des Zweiten Weltkriegs wurden führende Vertreter der Polen in Deutschland verhaftet, polnische Institutionen enteignet. Während des Krieges waren zahlreiche polnische Widerstandskämpfer in Berliner Gefängnissen inhaftiert, unter ihnen der legendäre Befehlshaber der polnischen Heimatarmee (Armia Krajowa) General Stefan Grot-Rowecki, der 1943 in Warschau verhaftet worden war und schließlich in das Konzentrationslager Sachsenhausen kam, wo er 1944 ermordet wurde. 2,8 Millionen polnische Männer und Frauen wurden während des Krieges zur →Zwangsarbeit nach Deutschland verschleppt. Im Herbst 1942 bildeten in Berlin 45.000 Polinnen und Polen die zweitgrößte Gruppe der NS-Sklavenarbeiter. Sie wurden nicht nur in kriegswichtigen Fabriken eingesetzt, sondern arbeiteten auch in vielen Berliner Privathaushalten. Ihre Arbeitskraft wurde extrem ausgebeutet. Täglich mussten sie mindestens zwölf Stunden arbeiten, und sie erhielten nur ein Viertel des Lohnes eines deutschen Arbeiters. Auch bekamen sie lediglich die Hälfte der Lebensmittelrationen zugeteilt, die Deutschen zustanden. Bei Luftangriffen durften die Fabrikzwangsarbeiter nicht in die Luftschutzanlagen. Eine Polizeiverordnung schrieb schon 1940 vor, dass die polnischen Zwangsarbeiterinnen und Zwangsarbeiter ein auf der Spitze stehendes Quadrat mit einem violetten „P" an der Kleidung zu tragen hatten. Wer dieses Abzeichen nicht trug, wurde mit Haft bestraft.

2,8 Millionen polnische Männer und Frauen wurden während des Krieges zur Zwangsarbeit nach Deutschland verschleppt.

Eugeniusz Banaszak kam als 14-Jähriger in die Hauptwerkstatt der Lufthansa in Berlin-Staaken, neben seinem Foto der Aufnäher, den alle polnischen Zwangsarbeiter tragen mussten.

Die meisten polnischen Überlebenden des NS-Regimes, die in Berlin Ende April 1945 befreit wurden, kehrten nach Polen zurück oder zogen weiter Richtung Westen. In der Ruinenlandschaft Berlins schien die Zukunft unsicher zu sein. Dennoch entstand in den ersten zwei Jahrzehnten nach dem Krieg im Westteil der Stadt eine kleine polnischsprachige Gemeinschaft. Sie bestand hauptsächlich aus Nachkommen in Berlin alteingesessener polnischer Familien, die den NS-Terror überlebt hatten, und aus ehemaligen NS-Opfern, die aus gesundheitlichen oder finanziellen Gründen nicht in der Lage waren, nach Übersee auszuwandern. Polnischsprachige Juden, Überlebende der Shoah, wie der Filmproduzent Artur → Brauner, beteiligten sich nach dem Krieg maßgeblich am Wiederaufbau der jüdischen Gemeinde in Berlin.

Vor dem Mauerbau war Berlin als Brennpunkt des Ost-West-Konflikts ein Ort für politische Zusammenkünfte antikommunistisch gesinnter Intellektueller. Polnische Exilanten reisten nach Westberlin zu Symposien und Kongressen, die sich mit der sowjetischen Bedrohung des Kontinents befassten. So nahmen auch die legendären Gründer der ab 1947 in Paris erscheinenden polnischen Exilzeitschrift „Kultura", Jerzy Giedroyc (1906–2000) und Józef Czapski (1896–1993), im Juni 1950 am internationalen „Kongress für Kulturelle Freiheit" teil. Gemeinsam mit Czapski knüpfte Giedroyc in Berlin Kontakte zu deutschen Sozialdemokraten, amerikanischen Intellektuellen und aus Osteuropa stammenden Exilanten. In den Westteil der Stadt entsandte Giedroyc 1951 einen „Kultura"-Korrespondenten, musste diese Stelle aus finanziellen Gründen Ende 1952 zwar wieder aufgeben, doch danach übernahm der ukrainische Publizist Bohdan → Osadczuk für viele Jahrzehnte die Rolle des „Kultura"-Botschafters in Berlin.

Der Bau der Mauer stürzte Berlin 1961 in eine tiefe Krise. Um den Westteil der Stadt vor Lethargie zu schützen und das vielschichtige Kulturleben aufrechtzuerhalten, versuchte der West-Berliner Senat mit der Unterstützung durch amerikanische Stiftungen und bundesdeutsche Mittel international renommierte Künstlerinnen und Künstler nach Berlin zu holen. Im Rahmen eines solchen Programms kamen 1963 als erste prominente Stipendiaten der polnische Exilschriftsteller Witold → Gombrowicz und die österreichische Dichterin Ingeborg Bachmann für ein Jahr an die Spree. In den Jahren darauf folgten ihnen weitere prominente polnische Autoren, viele sogar aus der Volksrepublik Polen, im Rahmen des DAAD-Künstlerprogramms, unter ihnen Kazimierz Brandys, Sławomir → Mrożek, Zbigniew Herbert, Tadeusz Różewicz, Adam → Zagajewski und Ryszard Krynicki. Viele von ihnen bauten hier dauerhafte Verbindungen zu deutschen Verlegern und Intellektuellen auf.

Eine große Rolle für die deutsch-polnischen Beziehungen spielte vor 1989 die Berlinale, die damals verstärkt Künstler aus dem Ostblock einlud, um sich als ein Ost-West-Filmfestival zu profilieren. Prominente polnische Regisseure wie Roman Polański, Jerzy Skolimowski und Andrzej → Wajda waren häufig Gäste dieser internationalen Filmfestspiele. Neben Filmschaffenden kamen vor dem Mauerfall auch zahlreiche polnische Theatermacher, unter ihnen Konrad → Swinarski, Helmut Kajzar und Tadeusz → Kantor, nach Westberlin, um mit den dortigen Bühnen zusammenzuarbeiten oder ihre Produktionen zu präsentieren. Durch diese Befruchtung der West-Berliner Kulturlandschaft entstanden enge deutsch-polnische Kulturverbindungen, die bis heute wirksam sind.

B

Das „Haus der Polnischen Kultur" in der Friedrichstraße in Ost-Berlin, 1963

Das liberale kulturelle Klima West-Berlins und der durch die Präsenz der Westalliierten neu erwachte Kosmopolitismus machten die Stadt seit den 1970er-Jahren zu einem attraktiven Lebensort für politische Flüchtlinge aus Polen. Renommierte polnische Künstlerinnen und Künstler wie der Komponist Witold →Szalonek, der Grafiker Jan →Lenica, die Schriftsteller Witold →Wirpsza, Maria Kurecka und Christian →Skrzyposzek zogen nach West-Berlin.

In den 1980er-Jahren führte die Niederschlagung der Freiheitsbewegung „Solidarność" durch das kommunistische Regime zu einer großen Auswanderungswelle aus der Volksrepublik Polen: 30.000 Menschen, viele von ihnen →Aussiedler, kamen damals in den Westteil Berlins, das neben Paris und London zum maßgebenden politischen und kulturellen Zentrum der Exilpolen in Europa wurde. Hier gründeten sie Zeitschriften („Archipelag", „Pogląd" und „Słowo" →Kulturzeitschriften), die in ganz Europa von polnischen Exilanten gelesen (und auch nach Polen geschmuggelt wurden), verlegten polnischsprachige Bücher, eröffneten Galerien und Theater. Vor allem Andrej →Worons Off-Bühne „Teatr Kreatur" fand mit ihren von Tadeusz →Kantor inspirierten Aufführungen weit über die Grenzen Berlins Beachtung bei deutschen Theaterzuschauern- und -kritikern. Neben Kulturinitiativen entstanden in Berlin polnische Selbsthilfeorganisationen, wie der →Polnische Sozialrat in Kreuzberg, die sich auch für die Interessen anderer Einwanderergruppen einsetzten.

Das „Teatr Kreatur" des polnischen Regisseurs Andrej Woron hatte seine Spielstätte bis 2000 in Berlin-Kreuzberg.

Die Zeit des Zerfalls des Sowjetblocks Ende der 1980er-Jahre bedeutete in Berlin eine harte Probe für das Verhältnis zwischen Deutschen und Polen. Der Zusammenbruch des realsozialistischen Wirtschaftsystems und die damit einhergehende Hyperinflation stürzten Polen 1989 in eine tiefe wirtschaftliche und soziale Krise. Zehntausende Polen kamen in den Jahren 1989 und 1990 nach Berlin, um Handel zu treiben. Auf dem verwaisten Gelände des Potsdamer Platzes entstand in kurzer Zeit ein gigantischer →Polenmarkt, auf dem polnische Besucher Waren aus ihrer Heimat verkauften. Mit den Einnahmen erwarben sie Konsumgüter wie Videorekorder und Hifi-Anlagen, die sie in Polen weiterverkauften. Ganz Berlin wurde zu einem großen Ost-West-Basar. Viele Berliner empfanden diesen Zustand als unangenehm und bedrohlich, antipolnische Stereotype hatten wieder Konjunktur. Doch mit zunehmender ökonomischer Stabilisierung Polens veränderte sich die Situation erneut, die einfachen polnischen „Händler" verschwanden. Zum großen Streitthema wurden dann Mitte der 1990er-Jahre die „polnischen Billigbauarbeiter", vor allem auf der größten Baustelle Europas, dem Potsdamer Platz. Übersehen wurde dabei, dass diese „polnischen Arbeiter" meist legal angestellt waren. Die meisten stammten aus Oberschlesien und hatten, als Angehörige der deutschen Minderheit in Polen, nach 1989 einen deutschen Pass erhalten, lebten als Doppelstaatsbürger in Polen und arbeiteten in Deutschland. Berliner Geschichte wiederholte sich: Wie über hundert Jahre zuvor wurden Schlesier abermals zu wichtigen Arbeitskräften, die nun am Aufbau der neuen Weltmetropole Berlin mitwirkten.

Ende der 1990er-Jahre wurde deutlich erkennbar, dass es nicht nur Arbeiter, Handwerker, Krankenschwestern und Haushaltshilfen aus Polen nach Berlin zog – mit dem sozialen Aufstieg breiter Teile der polnischen

B

Der Polenmarkt am
Potsdamer Platz, 1989

Gesellschaft kamen und kommen zunehmend zahlungskräftige Touristen. Berlin ist zudem ein wichtiger Messe- und Verkehrsknotenpunkt für Polen geworden und für junge Menschen aus Westpolen zu einem gefragten Ausbildungsstandort. Andererseits ziehen viele polnische Einwanderer, die sich bereits in Westdeutschland niedergelassen hatten, nach Berlin, um in der Nähe ihrer alten Heimat zu leben. Insbesondere auch die Nachkommen der polnischen Einwanderergeneration der 1980er-Jahre zieht es an die Spree. Durch diese Binnenwanderung von jungen Bundesbürgern mit polnischem Hintergrund einerseits und andererseits den Zuzug von Jugendlichen aus Polen ist ein neues deutsch-polnisches Kulturleben an der Spree entstanden, eine lebendige Kulturszene, in der mit viel Ironie und selbstkritischer Reflexion eine Auseinandersetzung mit polnischen Mythen wie ebenso mit deutschen Vorurteilen stattfindet. Wichtige Anlaufpunkte dieser Szene sind der → Club der polnischen Versager im Bezirk Mitte, die Kunstgalerie „Żak-Branicka" oder die Neuköllner Buchhandlung „buch | bund".

Nimmt man die Aktivitäten der Berlinerinnen und Berliner mit polnischem Hintergrund, die zahlreichen deutsch-polnischen Initiativen, die Angebote des Polnischen Instituts in Berlin-Mitte (→ Polnische Institute in Deutschland), des Zentrums für historische Forschung in Pankow, die Veranstaltungen von Berliner Hochschulen, Museen, Literaturhäusern, Theatern, Opern, Konzerthallen, Galerien, Stiftungen zusammen, so entsteht ein reiches Bild, das die Präsenz von Polen und polnischer Kultur in Berlin spiegelt – ein Angebot, mit dem keine andere Kulturmetropole außerhalb Polens konkurrieren kann. Und wie es schon vor über hundert Jahren der „Berliner Börsen-Courier" beschrieben hat, so könnte man auch heute meinen, Berlin sei wieder zu einer der größten polnischen Städte in Europa angewachsen.

Bettelstudent und Polenblut

Polen als Operettenstaat

Peter Oliver Loew

—

Johannes Heesters mit Carola Höhn in *Der Bettelstudent*, 1936

„Ich knüpfte manche zarte Bande, studierte die Pariserin, die schönsten Frau'n im Sachsenlande, in Deutschland, Ungarn und in Wien. (...) Noch schöner schien mir die Kreolin, doch all die Schönheit schnell verbleicht, wenn man dagegen hält die Polin – der Polin Reiz bleibt unerreicht!"

„Ich knüpfte manche zarte Bande, studierte die Pariserin, die schönsten Frau'n im Sachsenlande, in Deutschland, Ungarn und in Wien. (...) Noch schöner schien mir die Kreolin, doch all die Schönheit schnell verbleicht, wenn man dagegen hält die Polin – der Polin Reiz bleibt unerreicht!" Wer kannte sie nicht, diese Zeilen aus Carl Millöckers Operette *Der Bettelstudent*? Mit einem Libretto von Friedrich Zell und Richard Genée – „schlechthin (...) das beste der gesamten Operettenliteratur"[14] – 1882 im Theater an der Wien uraufgeführt, wurde sie ein sensationeller Erfolg wie wenige Wochen später auch im Berliner Friedrich-Wilhelmstädtischen Theater – bis Sommer 1884 war sie hier 399 Mal zu hören und gehört heute immer noch zu den meistaufgeführten Werken ihres Genres. Die 1704 in Krakau spielende Verwechslungsgeschichte mit armen Studenten, polnischen Gräfinnen und sächsischen Offizieren (in Polen herrscht gerade mit August II. ein sächsicher Wettiner) macht sich einen Spaß daraus, die verbissenen Nationalismen der Zeit zu durchbrechen; die unruhigen Mazurken geben dem lustigen Treiben die nötige Portion Verve. Unter den vielen Verfilmungen sticht die aus dem Jahr 1936 hervor mit Johannes Heesters und Marika Rökk in den Hauptrollen, eine jener kulturellen Produktionen, die die politische Annäherung zwischen NS-Deutschland und Polen seit dem Nichtangriffsabkommen von 1934 untermauern sollten.

14 Bernhard Grun: *Die leichte Muse. Kulturgeschichte der Operette*, München 1961, S. 225.

In der goldenen und silbernen Zeit der Operette, die von der Mitte des 19. Jahrhunderts bis Anfang der 1920er-Jahre reichte, galt es, immer wieder mit neuen feurigen Ideen aufzuwarten, um das Publikum bei Laune und bei der Stange halten zu können. Auf der Suche nach Handlungsplätzen schauten Komponisten und Librettisten deshalb gelegentlich auch in Polen vorbei, wo sich die Nationaltänze Mazurek, Polonaise und Krakowiak geradezu aufdrängten. Diese Operetten hinterließen polnische Spuren auf fast allen deutschsprachigen Bühnen und vermittelten ein Bild der Polen als ein tanzwütiges, leichtlebiges Volk: „Den Krakowiak zu hören, Wie er bei uns zu Haus, Und dabei sitzen bleiben, Das hält kein Pole aus!" [15] singt Bolo (Graf Boleslaw Baranski) in Oskar Nedbals *Polenblut* (1913), einem Kassenschlager an vielen deutschen Bühnen bis in die 1920er-Jahre. Operetten wie Louis Roths *Der Polengraf* (1899), die 1890 inszenierte *Polnische Wirtschaft* und die weitaus erfolgreichere gleichen Titels (1910 in Berlin uraufgeführt) oder auch Oscar Straus' *Der letzte Walzer* (1920) schlachten Exotik und Folklore Polens aus, ohne großen Tiefgang an den Tag zu legen; geistreich allenfalls Franz Lehárs *Die blaue Mazur*, die 1920 in Wien reüssierte – hier versucht ein polnischer Graf mit jeder Menge Mazurken einer Walzer tanzenden Wiener Gräfin beizukommen. „Die Operette in ihrem göttlichen Idiotismus, ihrer himmlischen Sklerose, ihrer herrlichen Beflügeltheit" [16], wie der große Witold → Gombrowicz schrieb, hat zwar noch nicht restlos ausgedient, doch das Polenbild der Deutschen wird heute – anders als vor hundert Jahren – wohl durch andere Eindrücke geprägt.

B

„Den Krakowiak zu hören,
Wie er bei uns zu Haus,
Und dabei sitzen bleiben,
Das hält kein Pole aus!"

Titelblatt des Notendrucks
von Oskar Nedbals
Operette *Polenblut* aus
dem Jahr 1914

[15] *Polenblut.* Operette in drei Bildern von Leo Stein. Musik von Oskar Nedbal, Leipzig 1913, S. 10.

[16] Witold Gombrowicz: *Operette*, in: Ders.: *Gesammelte Werke*, Bd. 5: *Theaterstücke*, München / Wien 1997, S. 364.

Bienek, Horst

Der Oberschlesien-Chronist

Peter Oliver Loew

—

Kaum ein deutscher Schriftsteller hinterließ so viele polnische Spuren im Nachkriegsdeutschland wie der 1930 im oberschlesischen Gleiwitz geborene Horst Bienek. Dabei verstand er sich selbst als Deutscher, doch noch seine Eltern sprachen fließend Polnisch. Nichtdeutsches hörte er überall in der Familie, etwa bei den Großeltern, aber auch auf der Straße, etwa in der Gleiwitzer Bahnhofsgegend: „Dort wurde ein hartes, grobes Deutsch mit vielen polnischen Fluchwörtern gesprochen, und wir lernten solche Wörter (...), die wir zu Hause nicht laut sagen durften." [17]

Lange nach dem Krieg, als Horst Bienek über die DDR und sibirische Straflager in die Bundesrepublik gekommen war und seine Berufung in der literarischen Rekonstruktion seiner verlorenen Heimat erkannte, begann er, solche oberschlesischen Polonismen zu sammeln – und in seiner vielfach ausgezeichneten Gleiwitzer Romantetralogie (1975–82) verarbeitete er sie: „Bieda – Armut, Geldnot. Bloblik – kleiner Junge. Dupa – Arsch; auch dummer, unbeholfener Mensch. (...) Pierunie auch Pierunje – ein eher liebenswürdiger Fluch; richtig aussprechen kann das nur jemand, der in Oberschlesien geboren und aufgewachsen ist." [18] Was die deutsche Kritik überwiegend positiv, ja begeistert aufnahm, stieß viele aus Oberschlesien Vertriebene vor den Kopf. Bienek resümierte: „Eine Attacke von Hupka [19] gegen mich. Der Hauptvorwurf: ich würde das deutsche Oberschlesien zu polnisch machen. Eine Lehrerin schreibt: sie habe zwanzig Jahre in Gleiwitz gelebt und kein einziges Wort polnisch gesprochen oder gehört. – Darauf ist diese Madame noch stolz!" [20] Diese Angriffe waren symptomatisch für die deutsch-deutschen Erinnerungskonflikte: Die einen erzählten das Polnische in die deutsche Geschichte hinein, die anderen erzählten es heraus. Leider starb Bienek schon 1990, zu früh, um die erstaunliche Annäherung der Nachbarländer noch zu erleben.

1 / *Die erste Polka* ist Teil von Bieneks Gleiwitzer Romantetralogie.

2 / Der Erzähler Horst Bienek flocht Polnisches in seine Oberschlesien-Romane ein.

[17] Horst Bienek: *Reise in die Kindheit / Podróż w krainę dzieciństwa*, Gliwice o. J., S. 74 f.

[18] Ders.: *Die erste Polka*, München 1979, S. 253. Zu der Tetralogie gehören außerdem die Romane *Septemberlicht*, *Zeit ohne Glocken* und *Erde und Feuer*.

[19] Herbert Hupka (1915–2006) war u. a. von 1968 bis 2000 Bundesvorsitzender des Vertriebenenverbandes „Landsmannschaft Schlesien – Nieder- und Oberschlesien e.V."

[20] Horst Bienek: *Beschreibung einer Provinz. Aufzeichnungen. Materialien. Dokumente*, München 1983, S. 76.

Binationale Ehen

Viele Lieben in Deutschland

Peter Oliver Loew

—

Deutsch-polnische Ehen gibt es, solange es deutsch-polnische Nachbarschaft gibt. Aufgrund der Quellensituation ist aus dem Mittelalter allerdings vor allem etwas über die Heiraten der Herrscher bekannt. Und siehe da, schon → Mieszko I. († 992), Polens erster historisch nachweisbarer Herrscher aus der Dynastie der Piasten, ehelichte um das Jahr 980 mit Oda eine Tochter Dietrichs, des Markgrafen der sächsischen Nordmark. Da Oda zuvor Nonne im Kloster Calbe gewesen war, zürnte der Chronist Thietmar: „(…) groß war ihr Vergehen. Verschmähte sie doch den himmlischen Bräutigam, um ihm einen Kriegsmann vorzuziehen." Weil sie jedoch viel Gutes getan haben soll, fiel die Bilanz ihres Wirkens bei Thietmar letztlich dann doch positiv aus: „beliebt bei ihrer Umgebung und segensreich für die Menschen ihrer Heimat"[21]. Bald nach dem Tod ihres Mannes wurde Oda allerdings aus Polen vertrieben und verbrachte ihre letzten Lebensjahre wahrscheinlich in Quedlinburg.

Bemerkenswert ist, dass dieser erste dokumentierte deutsch-polnische Ehebund zwischen einer deutschen Frau und einem polnischen Mann geschlossen wurde und sich auch in den folgenden Generationen zahlreiche Piastenherzöge mit deutschen Prinzessinnen vermählten. 47 derartige Ehen soll es gegeben haben, darunter die Verbindung von Mieszko II. (990 – 1034) mit → Richeza, der Tochter eines lothringischen Pfalzgrafen. Doch spätestens an der Schwelle zur Neuzeit kehrte sich die Lage um: Nun waren es polnische Frauen, vor allem Prinzessinnen aus dem Königshaus der Jagiellonen, die deutschen Fürsten gefielen. Die prächtigen Brautzüge der Prinzessinnen (→ Landshuter Hochzeit) machten im Reich Eindruck, ließen ein neues Bild von Polen entstehen und verknüpften bedeutende deutsche Adelsgeschlechter auf Generationen eng mit Polen. Aus der 1479 in Frankfurt an der Oder mit „großem gebreng und köstlichait"[22] geschlossenen Ehe des Markgrafen Friedrich des Älteren (1460 – 1536) aus dem Hause Hohenzollern mit der Jagiellonenprinzessin Sophie, Tochter des Königs Kasimir IV. von Polen, gingen nicht weniger als 17 Kinder hervor.

Bekannt ist ebenso, dass viele österreichische Beamte, die nach den Teilungen Polens nach Galizien versetzt wurden, den Reizen polnischer Frauen erlagen – wovon noch heute die deutschen Nachnamen alter Krakauer Familien zeugen. Auch Heinrich Heines Rede von den „Weichsel-Aphroditen" wird häufig zitiert – der in Düsseldorf geborene Dichter verstieg sich zu Lobpreisungen wie dieser: „wer in ihre Gazellenaugen blickt, glaubt an den Himmel"[23]. Und Carl Göhring, ein Zeitgenosse Heines, verlieh 1845, stellvertretend für viele, der Bewunderung für die polnische Frau seine Stimme: „In dem allerdings sehr angenehmen Gesicht der polnischen Frau findet das deutsche Auge einen berauschenden Reiz. Dieser Reiz aber liegt nicht in der Schönheit, sondern darin, daß der Bau der Physiognomie der polnischen Frau ein

Aus der deutschen in die polnische Provinz: Der Unternehmer Frieder (Christian Ulmen) heiratet die junge Polin Gosia (Katarzyna Maciąg) in Lars Jessens Komödie *Hochzeitspolka* (2010).

B

[21] Thietmar von Merseburg: *Chronik*. Neu übertragen und erläutert von Werner Trillmich, Darmstadt 2011, S. 173, 175.
[22] Zit. nach Agnieszka Gąsior: *Dynastische Verbindungen der Jagiellonen mit den deutschen Fürstenhäusern*, in: Małgorzata Omilanowska / Thomas Torbus (Hrsg.): *Tür an Tür. Polen – Deutschland. 1000 Jahre Kunst und Geschichte*, Berlin 2011, S. 212 – 217, hier S. 214.
[23] Heinrich Heine: *Über Polen*, in: Ders.: *Vermischte Schriften*, Hamburg 1867, S. 131 – 182, hier S. 154.

Nun waren es polnische Frauen, vor allem Prinzessinnen aus dem Königshaus der Jagiellonen, die deutschen Fürsten gefielen.

anderer ist, als der der deutschen. Dieses Andersalsdeutsch, das dem deutschen Auge etwas Neues ist, erhebt täuschend die wirklich vorhandene Hübschheit zur wundervollen, hinreißenden Schönheit. (…) Allgemein hört man die Deutschen in Polen die Schönheit der Polinnen preisen und weit über die ihrer Landsmänninnen schätzen." Und vielsagend komplettierte er seine Analyse: „Heirathslustige Deutsche in Polen wählen allermeist Polinnen; hierfür aber besteht das Gegentheil nicht, und gewiß nur in äußerst seltenem Falle dürfte ein Pole eine Deutsche zur Gattin wählen."[24]

Tatsächlich wurden die meisten der historisch belegten, mithin von Angehörigen der Eliten geschlossenen deutsch-polnischen Ehen zwischen deutschen Männern und polnischen Frauen geschlossen. Über die Gründe kann viel spekuliert werden, ein gewisser kolonialer Habitus des deutschen Mannes und der Wunsch polnischer Frauen (oder verarmender Adelsfamilien) nach einer soliden Partie dürften jedenfalls eine Rolle gespielt haben. Mit Armut und Solidität hatte allerdings der Ehebund des Offiziers Ludwig von Württemberg (1756 – 1817) mit der polnischen Aristokratentochter Maria Anna Czartoryska (1768 – 1854) nichts zu tun. Beide waren vermögend, Ludwig aber alles andere als solide – er lebte über seine Ver-

hältnisse und paktierte als polnisch-litauischer Generalmajor mit dem Feind. Kurz nach der Geburt eines gemeinsamen Sohnes ließ sich das Paar 1793, im Jahr der zweiten Teilung Polens, scheiden. Während Ludwig den Trennungsschmerz allerdings bald an der Seite einer Prinzessin von Nassau-Weilburg vergaß, zog sich Maria Anna mit ihrer Mutter aufs Land zurück und wurde als Romanautorin berühmt.

Eine schwierige Beziehung bestand auch zwischen Ernst Theodor Amadeus (E.T.A.) Hoffmann und seiner polnischen Frau Michalina („Mischa") Rorer-Trzcińska. Die Tochter eines polnischen Stadtschreibers, die Hoffmann 1802 in Posen heiratete, hielt es geduldig an der Seite des kapriziösen, genialen und den Frauen zugetanen Multitalents aus. Auch Hoffmanns Dichterkollege Zacharias Werner war in dritter Ehe mit einer Polin verheiratet, die bei der Hochzeit 1801 gerade 18 Jahre alt war. Der in Frauendingen sehr erfahrene Werner schätzte seine Gattin außerordentlich, so bekannte er: „außer meiner seligen Mutter kenne ich kein Weib von einer so glühenden Phantasie"[25]. Fantasien des deutschen Publikums erregte zu Beginn des 19. Jahrhunderts jedoch eine ganz andere Polin – Eliza → Radziwiłł (1803 – 1834), die erste Liebe von Prinz Wilhelm, dem späteren deutschen Kaiser Wilhelm I.

[24] Carl Göhring: *Reisebilder aus Polen*, III, in: Die Grenzboten, Jg. 4 (1845), II. Semester, II. Band, S. 7 – 15, hier S. 8 f.
[25] Zit. nach *Allgemeine Deutsche Biographie*, Bd. 42 (1897), S. 66 – 74, hier S. 68.

B

Friedrich d. Ä. von Brandenburg und Sophie
von Polen, Glasmalerei aus der Pfarrkirche
zu Langenburg (Hohenlohe), 1499

Eliza, die Tochter des polnischen Fürsten Anton Radziwiłł und seiner Gattin Luise Friederike von Preußen, wuchs in Berlin auf, ihre Eltern verkehrten mit dem preußischen Königspaar. Auf dem Hofball 1815 verliebten sich Eliza und Prinz Wilhelm, doch nach jahrelangen Querelen um die geplante Heirat wurde die Beziehung 1826 – offiziell wegen fehlender Ebenbürtigkeit – beendet. Statistiken über das deutsch-polnische Heiratsverhalten im 19. Jahrhundert gibt es nicht, doch dürften binationale Ehen, auch in bürgerlichen Kreisen, keine Seltenheit gewesen sein (ein Thema, das noch erforscht werden müsste).

Ein Sprung von hundert Jahren: Die beiden Jahrzehnte zwischen den Weltkriegen mit ihrer forcierten nationalen Segregation verpassten den deutsch-polnischen Eheschließungen einen Dämpfer. Das spiegelte sich etwa in den Romanen der Weimarer Zeit, welche die vor 1918 entstandene Ostmarkenliteratur weiterentwickelten – die Liebe eines Deutschen zu einer Polin wurde hier zumeist als „Vaterlandsverrat" dargestellt.[26] Die Tatsache, dass seinerzeit eine Vielzahl von deutschsprachigen Romanen gegen derartige Verbindungen anschrieb, deutet jedoch auch auf die anhaltende Faszination hin, die polnische Frauen auf deutsche Männer ausübten. Der Zweite Weltkrieg verursachte dann völlig widersprüchliche Entwicklungen: Zehntausende deutscher Männer kamen im besetzten Polen in Kontakt mit polnischen Frauen – durch Liebe, Kaufkraft oder schiere Gewalt –, und Tausende deutscher Frauen ließen sich mit polnischen → Zwangsarbeitern ein, unglückliche Männer fern der Heimat, die ihr Verhältnis, wurden sie denunziert, oft mit dem Tod büßen mussten.

Nach dem Zweiten Weltkrieg waren die deutsch-polnischen Beziehungen nicht nur auf der politischen, sondern auch auf der privaten Ebene erheblich gestört. Doch fanden sich, trotz aller Trennung, Männer und Frauen aus beiden Ländern nach wie vor zu Paaren. Zwei prominente Beispiele waren die Verbindungen des polnischen Schriftstellers Marek → Hłasko, der die deutsche Starschauspielerin Sonja Ziemann ehelichte, und des polnischen Starschauspielers Daniel → Olbrychski, der seine deutsche Kollegin Barbara Sukowa heiratete. Diese Künstlerlieben blieben keine Einzelfälle: Schon in den 1960er-Jahren wurden alleine in der Bundesrepublik jährlich 200 bis 300 Ehen zwischen deutschen und polnischen Staatsbürgerinnen und Staatsbürgern geschlossen, und seit den 1980er-Jahren schossen die Zahlen weiter nach oben: Über den gesamten Zeitraum der 1990er-Jahre betrug ihre Zahl pro Jahr über 5.000,

---

[26] Siehe dazu Dorothea Friedrich: *Das Bild Polens in der Literatur der Weimarer Republik*, Frankfurt am Main u.a. 1984, S. 174.

und in den letzten Jahren waren es jeweils noch rund 3.000. Insgesamt wurden zwischen 1960 und 2014 in Deutschland mehr als 130.000 deutsch-polnische Ehen registriert. In 90 Prozent dieser Verbindungen waren die Ehepartner ein deutscher Mann und eine polnische Frau. Polinnen liegen denn auch seit zwei Jahrzehnten unangefochten auf Platz 1 der beliebtesten ausländischen Ehepartnerinnen deutscher Männer. Die Gründe hierfür sind vielschichtig: Geografische Nachbarschaft und kulturelle Nähe, aber auch das materielle Gefälle, das eine Ehemigration nach Deutschland attraktiv machen kann, oder kulturelle Unterschiede, die eine Wanderung aus kleinstädtisch-traditionalistischen Lebensformen in eine liberalere, emanzipiertere Gesellschaft begünstigen. Polnische Frauen gelten nach wie vor als eleganter als deutsche Frauen, sodass das Äußere sogar zu einem Autostereotyp polnischer Frauen in Deutschland geworden ist, wie es die Stimme einer aus Polen stammenden 30-jährigen Hausfrau Ende der 1990er-Jahre spiegelt: „Die polnischen Frauen sind bestimmt schöner als die deutschen. Das habe ich schon bemerkt. Die deutschen Frauen sind irgendwie dicker und breiten sich so schrecklich in den Hüften aus."[27]

Die interkulturellen Schwierigkeiten und Bereicherungen in deutsch-polnischen Paarbeziehungen heute sind vielfältiger Natur. Ein kleiner Fischzug im World Wide Web bringt eine ungeahnte Fülle positiver wie negativer Erfahrungsberichte zum Vorschein. Zwei Beispiele: In einem Forum schreibt der User Thoodoo: „Ich war 8 Jahre mit einer Frau aus Polen verheiratet. Die konnte den Hals nicht voll bekommen."[28] Möglicherweise hatte dieser Mann falsche Vorstellungen von der vermeintlichen Anspruchslosigkeit polnischer Frauen. Auf pilzforum.eu berichtet ein anderer deutscher Mann: „Bin vor ca. 8 Jahren, durch meine polnische Ehefrau, zum begeisterten Pilzsammler geworden, und möchte es nicht mehr missen."[29] Und so gibt es über die polnischen Ehepartner einen nicht zu unterschätzenden Wissens- und Erfahrungsaustausch in die deutsche Mehrheitsgesellschaft hinein. Eine immer größer werdende Schar bilingual aufgewachsener deutsch-polnischer Kinder weiß ein Lied von den unterschiedlichen Traditionen in ihren Familien zu singen – oder auch zwei: eins auf Deutsch und eins auf Polnisch.

> **Insgesamt wurden zwischen 1960 und 2014 in Deutschland mehr als 130.000 deutsch-polnische Ehen registriert.**

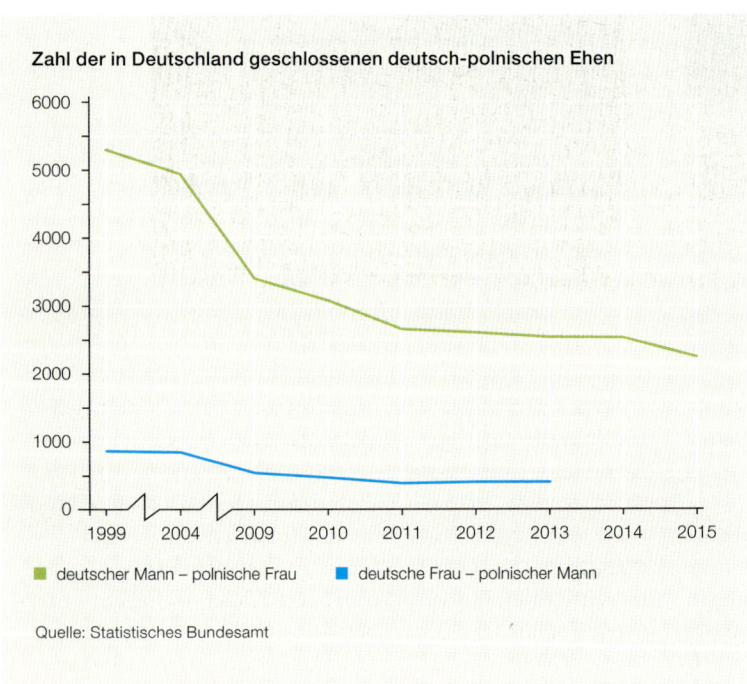

Zahl der in Deutschland geschlossenen deutsch-polnischen Ehen

■ deutscher Mann – polnische Frau   ■ deutsche Frau – polnischer Mann

Quelle: Statistisches Bundesamt

[27] Zit. nach Piotr Świątkowski: „Gott sei Dank, mein Mann ist kein typischer Deutscher!" Gegenseitige kulturelle Wahrnehmungen in deutsch-polnischen Familien. Ergebnisse einer empirischen Untersuchung zur interkulturellen Kommunikation, in: Klaus Roth (Hrsg.): Nachbarschaft. Interkulturelle Beziehungen zwischen Deutschen, Polen und Tschechen, Münster u.a. 2001, S. 255–288, hier S. 264.
[28] Zit. nach www.gutefrage.net/frage/wer-hat-schon-erfahrungen-mit-einer-rumaenischen-oder-moldawischen-frau-gemacht (Aufruf am 15.01.2018).
[29] Zit. nach www.pilzforum.eu/board/thema-steinpilzvorkommen-2012-im-sauerland (Aufruf am 15.01.2018).

Bitterfeld

Geschichte einer Zuwanderung nach Mitteldeutschland

Peter Oliver Loew

—

B

Der „Sokół"-Verein, ein Turnverein in Sandersdorf bei Bitterfeld, um 1930

Es gibt zahlreiche solcher Städte in Deutschland, Städte, in die zu einem bestimmten Zeitpunkt viele Polen einwanderten, in denen es ein polnisches Leben gab und bis in die Gegenwart Nachkommen der einstigen Migranten. Bitterfeld, die Braunkohlen- und Industriestadt in Sachsen-Anhalt, ist eine von ihnen. Johannes Frackowiak (* 1968), Nachfahre Bitterfelder Polen, hat die Geschichte dieser polnischen Gruppe in seiner Dissertation aufgeschrieben [30]: Seit den 1880er-Jahren fanden sich immer mehr Zuwanderer vor allem aus der Provinz Posen in der Stadt und den umliegenden Orten ein; bis zum Ersten Weltkrieg wuchs ihre Zahl auf mehrere Tausend. Wie anderswo auch, organisierten sich viele Bitterfelder Polen in katholischen und nationalen Vereinen, die von der preußischen Obrigkeit misstrauisch beäugt wurden. Nach mehreren Jahrzehnten begannen sich viele Polen anzupassen – etwa durch die „Eindeutschung" ihrer Namen –, andere wanderten zwischen den Kriegen nach Polen zurück, wieder andere bemühten sich um Erhalt der polnischen Identität, etwa durch den Aufbau von Abend- oder Wochenendschulen für den → Polnischunterricht. Während des Zweiten Weltkriegs zur forcierten Assimilation gezwungen, entschlossen sich nach 1945 einige zur Rückwanderung nach Polen – um nach leidvollen Erfahrungen oft schon innerhalb weniger Jahre als → Aussiedler wieder zurück nach Deutschland zu wandern.

In Bitterfeld selbst erinnert nach dem Aussterben der ersten Zuwanderergeneration in den 1960er- und 1970er-Jahren heute „außer den polnischen Familiennamen an den Haustüren und vor allem auf den Grabsteinen der Friedhöfe nichts mehr an die polnische Zuwanderung" [31]: keine Vereine, keine polnische Sprache, auch nur noch wenige Familienerinnerungen.

---

[30] Johannes Frackowiak: *Wanderer im nationalen Niemandsland. Polnische Ethnizität in Mitteldeutschland von 1880 bis zur Gegenwart*, Paderborn u. a. 2011.
[31] Ebd., S. 208.

Blachnicki, Franciszek

Licht und Leben in der Pfalz

Thomas Kycia

—

Pater Franciszek Blachnicki bei Jugendexerzitien im pfälzischen Carlsberg, 1980er-Jahre

Frankfurt am Main 1981, ein Schnellimbiss im Hauptbahnhof. Ein 60-jähriger Mann mit schwarzer Brille, schwarzem Mantel und mehr als leichter Glatze stellt seinen Reisekoffer und seine Aktentasche ab und geht an die Theke, um etwas zu bestellen. Als er nach einem Augenblick zurückkommt, sind seine Sachen verschwunden. [32] Er ist bestohlen worden. Ein Zufall? Nein, denn der bestohlene Mann ist Franciszek Blachnicki, ein katholischer polnischer Priester. Und Blachnicki glaubt nicht an Zufälle im Leben, weshalb sein Leben in Deutschland von nun an vorgezeichnet ist. Zwar kehrt der Pastoraltheologe nach Polen zurück, doch nur, um erneut auf Reisen zu gehen. Am 10. Dezember 1981, drei Tage vor Verhängung des Kriegsrechts in Polen, reist er in die Bundesrepublik und wird diesmal auch länger bleiben müssen.

Dabei ist Blachnicki Härte gewohnt. 1921 im oberschlesischen Rybnik (Polen) geboren, wird er mit 19 Jahren von der Gestapo verhaftet und in das Konzentrationslager Auschwitz gebracht. 1942 zum Tode verurteilt, wartet er sechs Monate im Gefängnis von Kattowitz auf die Urteilsvollstreckung. In dieser Zeit erlebt er seine Bekehrung zum Glauben an Christus und entscheidet sich, katholischer Priester zu werden. Nach der Begnadigung und der Befreiung 1945 studiert er Theologie in Krakau, 1950 wird er in Kattowitz zum Priester geweiht. In den 1950er-Jahren entstehen aus seiner Arbeit mit Kindern und Jugendlichen sogenannte Oasen der Kinder Gottes und Oasen der lebendigen Kirche, eine Exerzitienform, die auf direktem Erleben des Glaubens basiert. Auf dieser pädagogischen Erfahrung gründet Blachnicki die „Bewegung Licht-Leben", die 1973 von seinem Freund, dem Krakauer Erzbischof Kardinal Karol Wojtyła, dem späteren Papst → Johannes Paul II., unterstützt wird. Seine zahlreichen sozialen wie pastoralen Aktivitäten sind den regierenden Kommunisten ein Dorn im Auge, der Sicherheitsdienst lässt ihn bespitzeln und wegen Aktionen gegen Alkoholismus muss er zeitweilig ins Gefängnis.

Seit 1982 in Carlsberg (Rheinland-Pfalz) lebend, gründet Blachnicki dort das „Internationale Evangelisationszentrum der Bewegung Licht-Leben" im → Marianum, dessen Leiter er wird. Er ist überzeugt, dass die Befreiung der osteuropäischen Staaten vom Einfluss der Sowjetunion nur durch die innere Befreiung des Menschen in seiner Würde vor Christus geschehen kann. Deshalb ruft Blachnicki 1982 auch den „Christlichen Dienst für die Befreiung der Völker" ins Leben und organisiert zahlreiche „Märsche für die Befreiung der Völker" zum Hambacher Schloss.

Nach seinem ungeklärten Tod 1987 in Carlsberg stellt sich heraus, dass er von einem Agentenehepaar der polnischen Staatssicherheit bespitzelt worden war. Ein in den 1990er-Jahren durchgeführter Prozess kann den Verdacht seiner Vergiftung jedoch nicht bestätigen. 1995 beginnt sein Seligsprechungsprozess in der katholischen Kirche.

---

[32] Siehe Franciszek Blachnicki: *Charyzmat i wierność* [Charisma und Glauben], Carlsberg 1986, S. 7.

Błaszczykowski, Jakub („Kuba")

Ein Name, der nicht passen wollte

Dietmar Osses

—

Im Juli 2007 stellte der Ballspielverein Borussia Dortmund (BVB) seinen Neuzugang vor: den Mittelfeldspieler mit der Nummer 16 und dem Namen „Kuba" auf dem Trikot. „Kuba"– das klang für viele Fußballfans irgendwie verwegen, erinnerte an Südamerika und Revolution – bestimmt ein brasilianischer Ballkünstler und kommender Fußballstar! Tatsächlich verbarg sich hinter dem Kurznamen der damals 22-jährige, aus der Nähe von Tschenstochau (Częstochowa) stammende Jakub Błaszczykowski, der vom damaligen polnischen Vizemeister Wisła Krakau in die Bundesliga wechselte. Der Name sei „ein Zungenbrecher" und würde wegen seiner Länge gar nicht aufs Trikot passen, begründete der BVB damals die Wahl des Kurznamens. So spielte sich der Mann mit dem in Deutschland exotisch klingenden Namen „Kuba" in die Herzen der BVB-Fans. In Polen gilt der Name schlicht als gebräuchliche Koseform für „Jakub", den Vornamen des Mittelfeldspielers.

Große Aufmerksamkeit erhielt „Kuba" in Deutschland und in Polen bald wegen seiner fußballerischen Erfolge – sei es als Kapitän der polnischen Nationalmannschaft, sei es als Stammspieler

Der Name sei „ein Zungenbrecher" und würde wegen seiner Länge gar nicht aufs Trikot passen, begründete der BVB damals die Wahl des Kurznamens.

des BVB, der 2011 die deutsche Fußballmeisterschaft, 2012 sogar den DFB-Pokal und die Meisterschaft holte. Gemeinsam mit den beiden anderen polnischen Nationalspielern Robert Lewandowski und Łukasz Piszczek im Dienst des westfälischen Bundesligisten bildete „Kuba" 2012 die erfolgreiche „Polonia Dortmund".

Zu Beginn der Saison 2011/12 entschied Jakub Błaszczykowski allerdings, dass künftig sein richtiger Nachname das Trikot zieren sollte. Und siehe da: Dieser passte nicht nur wider Erwarten – er wird mittlerweile auch von den meisten deutschen Sportreportern korrekt ausgesprochen. 2016 wechselte Błaszczykowski zum VfL Wolfsburg.

1 / 2 / So lang ist der Name dann auch wieder nicht: Aus „Kuba" wurde „Błaszczykowski", 2011 und 2015.

Bobrowski, Johannes

Der sarmatische Lyriker

Peter Oliver Loew

—

Einen polnischen Namen trug er, aus dem Osten stammte er, allerdings nicht aus Polen: 1917 in Tilsit, jener im Norden Ostpreußens an der Grenze zu Litauen gelegenen Stadt geboren, zog es Johannes Bobrowski aber immer wieder in den Osten – zunächst erzwungenermaßen im Krieg und in der sowjetischen Gefangenschaft, dann, aus der DDR heraus, literarisch.

An Weihnachten 1949 kehrt Bobrowski aus der Kriegsgefangenschaft zu seiner Frau nach Berlin zurück, arbeitet dann als Lektor in Ostberlin. Sein erster Gedichtband erscheint 1961 in beiden deutschen Staaten und trägt den Titel *Sarmatische Zeit*: Bobrowskis „Sarmatien" ist – einer antiken Bezeichnung folgend – das Gebiet zwischen Weichsel und Wolga, Ostsee und Schwarzem Meer.

> „Man weiß also, was man erwarten kann: ein vielleicht etwas melancholisches Buch, in dem Deutsche mit ihren Nachbarn agieren, diesmal den Polen."

Zu Bobrowskis literarischem Durchbruch aber wird sein Roman *Levins Mühle. 34 Sätze über meinen Großvater* (1964): Diese Geschichte aus dem jungen deutschen Kaiserreich, angesiedelt in der Provinz Westpreußen, die Geschichte eines deutschen Mühlenbesitzers, der die Mühle seines jüdischen Konkurrenten Levin wegschwemmt und damit auch viel polnisches Volk gegen sich aufbringt, kurzum eine modellhafte Schilderung deutsch-polnisch-jüdischer Auseinandersetzungen in einer Zeit aufkeimender Nationalismen, machte Bobrowski auf einen Schlag zu einem Brückenbauer zwischen Polen und Deutschen. Er malte sich selbst aus, wie man seinen Roman wohl aufnehmen würde: „Der Autor, verhältnismäßig bekannt als Gedichtschreiber mittleren Schwierigkeitsgrads, gilt als Vertreter eines gemäßigten Exotismus: er hat es mit den östlichen Nachbarvölkern. Man weiß also, was man erwarten kann: ein vielleicht etwas melancholisches Buch, in dem Deutsche mit ihren Nachbarn agieren, diesmal den Polen."[33]

Leider sollte Johannes Bobrowski nicht mehr lange leben: Der Dichter „sarmatischer" Lyrik, melancholischer Beschreibungen jener ostmitteleuropäischen Lebenswelten – darunter auch ein Gedicht über den großen polnischen Dichter Adam → Mickiewicz –, die Bobrowski als junger Mann kennengelernt hatte, starb 1965 in Berlin-Köpenick an einem Blinddarmdurchbruch.

---

[33] Johannes Bobrowski: *Zu meinem Buch Levins Mühle, 34 Sätze über meinen Großvater*, in: Ders.: *Gesammelte Werke 4*, Stuttgart 1987, S. 337.

Borowski, Tadeusz

Deutschland als steinerne Welt

Agnieszka Kowaluk

—

Heute gehören Borowskis Texte zu den bedeutendsten literarischen Zeugnissen der Schreckenszeit der Naziherrschaft und als „geradezu unmenschliche psychische und literarische Leistung". [34]

B

Tadeusz Borowski wurde 1922 in der damals sowjetischen Ostukraine als Kind einer polnischen Familie geboren, die erst Anfang der 1930er-Jahre nach Polen repatriiert wurde. 1943 verhaftete ihn die Gestapo in Warschau. Er kam als politischer Häftling ins Konzentrationslager Auschwitz, später nach Dachau. Nach der Befreiung aus dem KZ 1945 verbrachte er ein Jahr in München, wo seine ersten Kriegserzählungen entstanden, die der Kritiker Tadeusz Drewnowski als „Dokumente der Infizierung mit dem Tod" [35] bezeichnet hat.

Sein Prosa-Debüt hatte Borowski 1946, dem Jahr seiner Rückkehr nach Polen, mit dem Erzählband *U nas w Auschwitzu* (dt. *Bei uns in Auschwitz. Erzählungen*, 1963). Seine Texte verstörten, ihm wurden Nihilismus, Zynismus und Amoralität vorgehalten. In der in dem Band enthaltenen Erzählung *Bitte, die Herrschaften zum Gas!* [36] begleitet der Leser einen KZ-Häftling bei der Aufgabe, auf der Rampe Menschen aus den Güterwaggons zu treiben, ihnen vor ihrem Tod in der Gaskammer die letzten Habseligkeiten abzunehmen, Frauen und Kinder auf die Lastwagen zu pferchen, und dessen einziges Gefühl dabei die Ungeduld ist. Um in dieser „steinernen Welt" – so der Titel eines weiteren Erzählbandes – zu überleben, brauchten KZ-Insassen selbst ein Herz aus Stein. Ganz und gar nicht „heldenhaft" beschrieb Borowski die Wirklichkeit der in ehemaligen SS-Kasernen eingepferchten polnischen sogenannten →Displaced Persons (DPs), deren Alltag – wie in Borowskis Erzählung *Die Schlacht von Grunwald* – weiterhin von den Verhaltensmustern in den Konzentrationslagern beherrscht war. Er selbst hatte nach seiner Befreiung aus dem KZ Dachau einige Monate in einem solchen DP-Lager verbracht.

Heute gehören Borowskis Texte zu den bedeutendsten literarischen Zeugnissen der Schreckenszeit der Naziherrschaft und als „geradezu unmenschliche psychische und literarische Leistung". Sein Erzählband *Bei uns in Auschwitz* wurde von der Wochenzeitung „Die Zeit" in den Kanon der wichtigsten nach 1945 erschienenen Bücher aufgenommen.

Der Schriftsteller nahm sich, knapp 29-jährig, 1951 in Warschau das Leben.

---

[34] Zit. nach www.schoeffling.de/buecher/tadeusz-borowski/bei-uns-in-auschwitz (Aufruf am 15.01.2018).
[35] Tadeusz Drewnowski: *Ucieczka z kamiennego świata* [Die Flucht aus der steinernen Welt], Warszawa 1992.
[36] In: Tadeusz Borowski: *Bei uns in Auschwitz. Erzählungen*, Frankfurt am Main ⁶2006, S. 190–221.

Botschaften und Gesandtschaften

Polnische Diplomaten in Deutschland

Dieter Bingen

—

Bereits in der Frühen Neuzeit verlangten die Interessen des polnischen Königshofs im römisch-deutschen Reich und dessen Fürstentümern (auch im Deutschordensland / Preußen) sowie zahlreiche dynastische Verbindungen mit deutschen Herrscherhäusern nach diplomatischer Präsenz bei den westlichen Nachbarn, insbesondere am Hof des Kaisers und auf den Reichstagen. So fand die polnische Gesandtschaft aus Krakau auf dem Reichstag von 1486 in Frankfurt und Köln Aufmerksamkeit im Reich. Bischof Johannes Dantiscus (1485 – 1545), ein geborener Danziger, diente zwischen 1518 und 1532 als polnischer Gesandter am kaiserlichen Hof Karls V. Der Theologe und Fürstbischof Martin Kromer (1512 – 1589) residierte von 1558 bis 1564 am Hof Ferdinands I. Diese Persönlichkeiten besaßen eine sehr gute Kenntnis der Reichspolitik. Bis zum Ende der alten Rzeczpospolita (des polnisch-litauischen Reichs) im ausgehenden 18. Jahrhundert professionalisierte sich die europäische Diplomatie ständig, und polnische Gesandtschaften waren an den bedeutenden Höfen, in Wien, Potsdam und Dresden, bis zur Auflösung Polens Ende 1795 akkreditiert.

Nach der staatlichen Wiedergeburt Polens im November 1918 hatte die neu eingerichtete polnische Gesandtschaftskanzlei in der Kurfürstenstraße 136 im Berliner Stadtteil Schöneberg ihren Sitz. Unter den Gesandten beziehungsweise Botschaftern der Zwischenkriegszeit ragte der im Oktober 1933 akkreditierte Józef Lipski (1894 – 1958) heraus. Mit der Erhebung der Gesandtschaften in → Berlin und Warschau zu Botschaften nach dem Abschluss des deutsch-polnischen Nichtangriffspakts 1934 erlangte er den Status des Botschafters und blieb dies bis zum deutschen Angriff auf Polen. Lipski gehörte in den 1930er-Jahren zum gesellschaftlichen Leben der Reichshauptstadt und war selbstverständlich auch zugegen, als 1935 in Anwesenheit von Adolf Hitler und höchster NS-Prominenz in der Sankt-Hedwigs-Kathedrale ein Requiem zu Ehren des verstorbenen polnischen Staatschefs Józef → Piłsudski zelebriert wurde.

Nach der Zerschlagung Polens 1939 wurde das Botschaftsgebäude konfisziert. 1945 richtete Polen in Berlin eine Militärmission ein, die bei der Alliierten Hohen Kommission, einer Einrichtung der westlichen Siegermächte, akkreditiert war. Sie hatte ihren Sitz in der Lassenstraße im Berliner Stadtteil Grunewald. 1946 arbeitete dort Marcel → Reich-Ranicki für einige Monate.

Mit der DDR hatte Polen bereits unmittelbar nach der DDR-Staatsgründung und der Anerkennung der Oder-Neiße-Linie 1950 als deutsch-polnische Grenze diplomatische Beziehungen aufgenommen. Zuerst residierte der polnische Botschafter in der Luisenstraße, später in einem Gebäude in der Pankower Berliner Straße und von 1967 bis 1994 Unter den Linden, in der Nähe des Brandenburger Tors. Für den Bau aus DDR-Zeiten ist ein Abriss schon lange geplant; an gleicher Stelle soll ein neues Gebäude entstehen als repräsentativer Botschaftssitz, der das bisherige, seit 1994 genutzte Behelfsquartier in der Lassenstraße ersetzt.

Zur Aufnahme diplomatischer Beziehungen mit der Bundesrepublik Deutschland kam es erst nach der Ratifizierung des Warschauer Vertrags von 1970. Im September 1972 bezog der erste polnische Botschafter, der Parteiapparatschik Wacław

> Die seitdem in Deutschland amtierenden polnischen Botschafter leisteten beziehungsweise leisten, jeder mit seinem Stil und Temperament, wichtige Beiträge zur Verständigung zwischen beiden Staaten.

Piątkowski, das Gebäude in der Pferdmengesstraße in Köln-Marienburg, in dem bis dahin die seit 1965 existierende Handelsmission angesiedelt war. Später zog die polnische Botschaft in die Villa Neuerburg an der Lindenallee in Köln-Marienburg. Nach dem Umzug der Bundesregierung von Bonn nach Berlin war hier bis 2013 das größte der polnischen Generalkonsulate in Deutschland untergebracht. Das denkmalgeschützte Gebäude erzielte in der Geschichte der diplomatischen Vertretungen der Republik Polen in Deutschland zweifellos die größte Ausstrahlung in die Gesellschaft hinein, nicht zuletzt wegen der vielen hier stattfindenden Ausstellungen, Vorträge oder Konzerte. Ganz anders als die polnischen Botschafter in Ostberlin und Köln (Bonn) zwischen 1950 und 1989: Keiner von ihnen hinterließ einen nachhaltigen Eindruck in seiner jeweiligen politischen und gesellschaftlichen Umgebung. Das änderte sich nach 1990. Die seitdem in Deutschland amtierenden polnischen Botschafter leisteten beziehungsweise leisten, jeder mit seinem Stil und Temperament, wichtige Beiträge zur Verständigung zwischen beiden Staaten und wurden beziehungsweise werden in der deutschen Politik, Kultur und Gesellschaft positiv wahrgenommen. 2016 kam Andrzej Przyłębski, Philosophieprofessor aus Polen, als neuer Botschafter nach Berlin.

B

Die p bn olnische Botschaft in der Kurfürstenstraße 136, Berlin, um 1930

Brauner, Artur

Berliner Filmproduzent von Weltrang

Andrzej Kaluza

—

„Ich glaubte zu spüren, wie sie mich langsam akzeptierten. Mich, den Ausländer. Und als sie später aus meinem Vornamen Artur den Spitznamen *Atze* machten, da wußte ich, daß das so eine Art Ritterschlag war."

Mit sieben Jahren besuchte der kleine Abraham (später Artur) Brauner, Jahrgang 1918, Tag für Tag das Kino in seiner Geburtsstadt Lodz, sonntags sogar zweimal. Seine Liebe galt den frühen Abenteuerstreifen, insbesondere den Wildwest-Produktionen. Schon damals träumte er von einem Leben für den Film. Nach dem Krieg, den der jüdischstämmige Brauner in Polen und in der Sowjetunion überlebte, ging er auf der Suche nach seinen Eltern in das besetzte Berlin und gründete 1946 in Spandau die Produktionsgesellschaft CCC (Central Cinema Company) Film GmbH (CCC Filmkunst GmbH), die die Filmlandschaft der jungen Bundesrepublik wie kaum eine andere prägte. Brauner arbeitete mit vielen berühmten Regisseuren und Schauspielern zusammen, verpflichtete bekannte Hollywood-Stars wie Orson Welles und Omar Sharif für den deutschen Film. Ein Oscar als Koproduzent, vier Oscarnominierungen und zwei Golden Globes trugen ihm seine Produktionen ein.

Dabei war der Erfolg des Filmunternehmens im zerbombten Nachkriegsdeutschland zunächst keinesfalls sicher. Doch Brauner gelang es, einen Kassenschlager nach dem anderen auf die Leinwand zu bringen, darunter in den 1960er-Jahren einige Filme nach Karl-May-Stoffen mit Pierre Brice und Lex Barker in den Hauptrollen. Mit den Über-

schüssen aus den Heimat- und Abenteuerfilmen finanzierte Brauner mehrere Dutzend Produktionen, die sich mit dem Zweiten Weltkrieg, dem NS-Regime und dem Holocaust auseinandersetzten. Zu diesen Filmen, die sein Herzensanliegen waren, gehörten auch etliche deutsch-polnische Koproduktionen, darunter Aleksander Fords *Der achte Wochentag* (1958) nach einer Erzählung von Marek →Hłasko, *Eine Liebe in Deutschland* von Andrzej →Wajda (1983) und *Hitlerjunge Salomon* der polnischen Regisseurin Agnieszka →Holland. Die Verfilmung der Geschichte des Juden Salomon („Sally") Perel, der als Hitlerjunge das Dritte Reich überlebte, erhielt 1992 einen Oscar für das beste Drehbuch.

Die Zahl der Filme, die in den 1948/49 von Brauner in Berlin-Spandau errichteten CCC-Studios gedreht wurden, wird mit weit über 500 beziffert. Nach dem Krieg fühlte sich Brauner immer der Metropole Berlin zugehörig, die er auch in den schwierigen Zeiten der politischen Krisen und Wirtschaftsblockaden nicht im Stich lassen wollte. „Die Leute hier an der Spree lagen mir", schrieb er 1976 in seinen Memoiren. „Ich glaubte zu spüren, wie sie mich langsam akzeptierten. Mich, den Ausländer. Und als sie später aus meinem Vornamen Artur den Spitznamen *Atze* machten, da wußte ich, daß das so eine Art Ritterschlag war." [37]

---

[37] Artur Brauner: *Mich gibt's nur einmal. Rückblende eines Lebens*, München/Berlin 1976, S. 190.

Bremen

Schlummernde Identitäten

Rüdiger Ritter

—

Seit jeher beruhten Bremens Beziehungen zu Polen auf zwei Grundlagen: Zum einen war Bremen als Missionsbistum für den europäischen Norden gegründet worden, von hier aus wurden aber auch gemeinsam mit den Hamburger Bischöfen Unternehmungen nach Osten in den slawischen Raum gestartet. Zwar erfolgte die Gründung der ersten polnischen Bistümer Gnesen und Posen nicht von Bremen aus, Bremer Kleriker waren aber daran beteiligt. Zum anderen unterhielt Bremen seit dem Mittelalter Verbindungen in den Ostseeraum, wobei vor allem die Handelsbeziehungen mit der Stadt Danzig hervorzuheben sind. Die damals nationenübergreifende Hansekultur hinterließ ihre Spuren in der Alltagskultur wie in der Sprache. Beispiele sind der sogenannte Schapp, ein repräsentativer, schwerer Eichenschrank mit reichem Zierrat, der in der Barockzeit gleichermaßen in Bremen, Hamburg, Lübeck wie auch in Danzig bekannt war, und im polnischen Sprachschatz das Wort für Schrank, „szafa", eine Ableitung aus dem Niederdeutschen.

Die Anwesenheit von Polen war in Bremen jedoch, sieht man einmal von einzelnen Kaufleuten oder Honoratioren ab, jahrhundertelang eher die Ausnahme. Das änderte sich erst im 19. Jahrhundert, als die Industrialisierung eine länderübergreifende Arbeitsmigration bewirkte. Die in den norddeutschen Großstädten ansässige verarbeitende Industrie und die Häfen zogen immer mehr Arbeitskräfte aus den polnisch besiedelten östlichen Provinzen des Deutschen Reichs an – so auch nach Bremen. In der zweiten Hälfte des 19. Jahrhunderts waren viele polnische Zuwanderer als Arbeitskräfte in der Bremer Wollkämmerei in Blumenthal, im Bremer Norden, beschäftigt. Zwischen 1884 und 1886 kamen etwa 1.000 Arbeiterinnen und Arbeiter an, davon 300 mit ihren Familien. Sie stammten überwiegend aus Adelnau (Odolanów, Provinz Posen) und Konitz (Chojnice, Westpreußen). Bald wuchs der Anteil der Polen an der Bevölkerung in Blumenthal auf bis zu 30 Prozent an.

Sortiersaal der Bremer Wollkämmerei „Blumenthal", die schon Ende des 19. Jahrhunderts polnische Arbeitskräfte beschäftigte. Hier eine Aufnahme aus den 1950er-Jahren.

Ein mithilfe von polnischen Zwangsarbeitern errichtetes militärisches Großbauwerk war der sogenannte Bunker Valentin an der Unterweser, den die Nazis als Schutz für ihre U-Boote vorgesehen hatten.

Das Zusammenleben mit den Deutschen gestaltete sich keineswegs konfliktfrei – obwohl es sich in beiden Fällen um Bürger des Deutschen Reichs handelte. Einer der Streitpunkte war der katholische Gottesdienst, den die Polen nach ihren Gewohnheiten gestalten wollten. Im Pfarrer der Gemeinde St. Marien in Blumenthal, Karl Keller, hatten sie einen aktiven Fürsprecher. Als jedoch im Jahre 1903 Kaplan Kayser mit den polnischen Gemeindemitgliedern in Streit geriet, wurde der Landrat des Kreises Blumenthal eingeschaltet. Es ging nicht mehr nur um die Gestaltung des Gottesdienst, sondern auch um Betätigung der Polen in der Öffentlichkeit. Die Kirche, im Verein mit Arbeitgeber, der Bremer Wollkämmerei, und Staat versuchten, „nationalpolnische Agitation" der Arbeiter zu unterbinden. Zu einer Entschärfung der Probleme trug die Assimilation der Polen in der nächsten Generation bei: 66 Prozent der Kinder der polnischen Zuwanderer gingen Ehen mit Deutschen ein, und die aus diesen Verbindungen hervorgegangenen Kinder fühlten sich bereits als deutsch und nicht mehr als polnisch. Doch auch nach dem Ersten Weltkrieg blieb das deutsch-polnische Verhältnis angespannt, allerdings kam es in der Zwischenkriegszeit in Bremen zu keinem nennenswerten Nationalitätenstreit.

Während des Zweiten Weltkriegs waren in Bremen viele → Zwangsarbeiter aus Polen eingesetzt, in den bremischen Häfen wie in vielen sonstigen Betrieben. Ein mithilfe von polnischen Zwangsarbeitern errichtetes militärisches Großbauwerk war der sogenannte Bunker Valentin an der Unterweser, den die Nazis als Schutz für ihre U-Boote vorgesehen hatten, der aber aufgrund des Kriegsendes nicht mehr fertiggestellt wurde.

Das Kriegsende bedeutete für die polnischen Zwangsarbeiter in Bremen die Befreiung. Ihre Rückkehr nach Polen gestaltete sich jedoch schwierig (→ Displaced Persons). Viele verweigerten eine Rückführung, weil sie nicht im nunmehr kommunistischen Polen leben wollten, keine familiären Bindungen mehr hatten, eine sichere Versorgung durch die alliierten Besatzungsmächte einer vollkommen unsicheren Zukunft vorzogen, vor allem aber hofften viele auf eine Möglichkeit, nach Übersee auszuwandern. Das führte dazu, dass das Leben in den Übergangslagern in Bremen zu einem Dauerzustand wurde, was sich auch auf die Beziehungen zu den Deutschen auswirkte. Unter den Deutschen entstand ein Feindbild von plündernden Ausländern, obwohl die Kriminalitätsrate bei den „Displaced Persons" (DPs) nicht höher war als bei den Deutschen. Polen galten als besonders „gefährlich", wobei die Nachwirkungen der von den Nationalsozialisten geschürten Vorurteile eine wesentliche Rolle spielten.

General Stanisław Maczek (Mitte), August 1944

Angefacht wurden die Spannungen zwischen Deutschen und Polen zudem, als der Verdacht aufkam, die amerikanische Besatzungsmacht würde die Polen bevorzugen. Dieser Verdacht wurde durch die Tatsache genährt, dass auch in Bremen immer wieder Polen in Uniformen der alliierten Streitkräfte auftauchten. Diese stammten von der Division des polnischen Generals Stanisław Maczek, die in den letzten Kriegstagen von den Niederlanden bis Wilhelmshaven vorgedrungen war, den großen deutschen Marinestützpunkt kampflos eingenommen hatte und im Auftrag der Briten als Besatzer fungierte. Von dieser polnischen Sonderrolle wussten die Bremer nichts, was ihr Misstrauen nur noch mehr anfachte.

B

Bau des U-Boot-Bunkers Valentin in Bremen-Farge, Häftlinge auf dem Arbeitsgelände, 1944

Die Geschichte polnischer DPs in Bremen reicht noch bis 1952 (→ Haren/Maczków). Da viele Polen nicht in ihre Heimat hatten zurückgeführt werden können, nahm sich die „International Refugee Organization" ab 1948 der Angelegenheit an. Das Tirpitz-Lager, ein ehemaliges Zwangsarbeiter-Lager in Bremen-Gröpelingen, und die ehemaligen Flakkasernen in Bremen-Grohn wurden als Übergangslager hergerichtet. Aus dem gesamten westlichen Deutschland wurden hierher ausreisewillige DPs gebracht und versorgt, um sie über Bremen und Bremerhaven zu verschiffen, unter ihnen viele Polen und aus dem östlichen Europa stammende Juden. In den Lagern entwickelte sich ein kulturelles Leben mit Lesungen und Musikabenden, es wurden eine Schule, eine Krankenstation und eine Kirche gebaut. Die DPs konnten sich frei bewegen, und in den Straßen rund um die Lager entwickelte sich der „Grohner Budenzauber", ein schwunghafter Schwarzmarkthandel, an dem sich die deutschen Einwohner ebenso beteiligten wie die Lagerbewohner.

Gegen Ende der 1950er-Jahre hatte sich die Situation beruhigt. Polnische Präsenz in Bremen wie überhaupt Beziehungen zu Polen waren zunächst einmal kein Thema in der Öffentlichkeit mehr, auch wenn nun keineswegs alle DPs restlos verschwunden waren. Bremens Politiker hingegen suchten im Einklang mit der neuen Ostpolitik der Bundesregierung nach Möglichkeiten, zunächst vor allem offizielle Kontakte mit Polen aufzubauen, wobei hier auch bremische Handelsinteressen eine Rolle spielten. Als sehr förderlich für die Idee einer deutsch-polnischen Annäherung erwies sich das traditionell sozialdemokratische und linksorientierte politisch-kulturelle Milieu der Stadt, der in den 1970er- und 1980er-Jahren das Etikett „das rote Bremen" anhaftete.

Im Mai 1972 entstand anlässlich einer Polenreise des damaligen Bremer Bürgermeisters Hans Koschnick die Idee zu einer Städtepartnerschaft Bremens mit Danzig. Erst 1976 jedoch konnten die offiziellen Dokumente unterschrieben werden. Bereits ein Jahr zuvor war die „Deutsch-Polnische Gesellschaft Bremen" gegründet worden, die ihren Sitz in einem Bremer Haus in repräsentativer Lage am Osterdeich fand, das von polnischen Restaurateuren (→ Denkmalpflege) aus der neuen Partnerstadt instand gesetzt und in „Janusz-Korczak-Haus" umbenannt wurde. Im Jahr 1980 kam es zur Unterzeichnung des Kooperationsvertrages zwischen der Hochschule Bremen und der Technischen Universität Danzig (Politechnika Gdańska).

Der Bremer Bürgermeister Hans Koschnick (links) und Danzigs Bürgermeister, Andrzej Kaznowski (rechts), unterzeichnen am 12. April 1976 in Danzig die Partnerschaftsurkunde beider Städte.

Wie in vielen anderen westdeutschen Städten auch, beantworteten die Bremer Bürger die Entstehung der Gewerkschaftsbewegung „Solidarność" im Sommer 1980 und die Nachrichten vom wirtschaftlichen Mangel im Nachbarland mit Unterstützungsaktionen, die von allen gesellschaftlichen Gruppierungen getragen wurden. In Bremen taten sich insbesondere die Vertreter des örtlichen DGB-Landesverbandes hervor, die bereits vor Ausrufung des Kriegsrechts in Polen Kontakt zu polnischen Gewerkschaftsführern suchten. Am 12. Dezember 1981 reiste schließlich eine Delegation polnischer Gewerkschafter aus Danzig nach Bremen mit dem Auftrag, sich über westdeutsche Gewerkschaftsarbeit zu informieren. Einen Tag später wurde die Delegation von der Verhängung des Kriegsrechts in Polen überrascht, was dort die Verhaftung führender Köpfe der „Solidarność" und die Zerschlagung ihrer Strukturen zur Folge hatte. Die Delegation blieb daher vorerst in Bremen und fasste den Plan, ein Koordinationsbüro zur Organisation der Hilfe für die nun verbotene polnische Gewerkschaft zu gründen. In Bremen führte das zu einem politischen Streit darüber, wie mit der Gruppe umzugehen sei. Nach einem wochenlangen Hin und Her über den Status der polnischen Delegation und den möglichen Standort eines Büros erhielt sie schließlich Räume in der Innenstadt zugewiesen und wurde vom Bremer Senat, dem Deutschen Gewerkschaftsbund (DGB) und dem DGB-Landesverband Bremen finanziell und materiell unterstützt. Der Schriftsteller Günter → Grass, der kurz zuvor die Stadt Bremen wegen ihrer Kulturpolitik scharf angegriffen hatte, lobte den Senat für sein Verhalten.

Einladungskarte zur Eröffnung des Bremer „Solidarność"-Büros am 19. April 1982

Die intensive Beschäftigung mit dem Schicksal der polnischen Bevölkerung und der Gewerkschaft „Solidarność" blieb in Bremen nicht ohne Nachwirkungen.

Nur kurzzeitig allerdings erhielt Bremen als Standort für die Auslandsarbeit der „Solidarność" eine überregionale Bedeutung, denn bald stellte sich heraus, dass das Bremer Büro seinen ihm so unverhofft zugefallenen Aufgaben nicht gewachsen war. Hinzu kamen Kompetenzstreitigkeiten mit anderen „Solidarność"-Auslandsorganisationen in Deutschland, Paris und Brüssel, sodass das Bremer Büro geschlossen wurde (→ Solidarność im Exil).

Die intensive Beschäftigung mit dem Schicksal der polnischen Bevölkerung und der Gewerkschaft „Solidarność" blieb in Bremen nicht ohne Nachwirkungen. An der Bremer Universität entstand die bis heute existierende Forschungsstelle Osteuropa mit einem Archiv zur Untergrundliteratur und -kultur im ehemaligen Ostblock. Ihre Einrichtung war seinerzeit ein Politikum, das ebenso hohe Wellen schlug wie die Unterstützung der polnischen Gewerkschaft.

Um über das heutige polnische Leben in Bremen etwas zu erfahren, gestaltet sich eine Suche im Stadtbild schwierig. Vielfach sind aus den Bremer Polen polnische Bremer geworden, die an polnischen wie deutschen Unternehmungen gleichermaßen teilnehmen. Die aktuellen Formen polnischer Präsenz in Bremen und Umgebung kann man am besten mithilfe des Internetportals www.poloniabremen. de erkunden. Hier finden sich in polnischer und deutscher Sprache Informationen zum polnischen Leben in Bremen; sei es zu Institutionen wie der Polnischen Katholischen Mission und dem Honorarkonsulat der Republik Polen, oder zu alltäglichen Lebensbereichen, etwa Namen von polnischsprachigen Ärzten, Adressen von polnischen Lebensmittelgeschäften, bis hin zu Kleinanzeigen.

Nach Daten des Statistischen Landesamts Bremen lebten 2015 in Bremen etwa 7.200 Menschen mit polnischer Staatsangehörigkeit; etwa 24.000 besaßen einen polnischen Migrationshintergrund. In Bremen gab es laut Handelskammer 2013 rund 170 Firmen, die Exportbeziehungen mit Polen haben. Rund 80 Unternehmen importieren Waren aus Polen. Etwa 60 Bremer Unternehmen haben Vertretungen in Polen. Mit 290 (im Jahr 2014) ist die Zahl der Gewerbeanmeldungen polnischer Bürger in Bremen am höchsten unter den Anmeldungen von Zugewanderten.

Sieht man genauer hin, dann zeigt sich polnisches Leben in Bremen auf vielfältige Weise: So gibt es Geschäfte mit polnischen Spezialitäten wie etwa den „Lukullus"-Spezialitätenmarkt mit über 3.500 polnischen Produkten in der Nimweger Straße im Stadtteil Huchting. Daraus entstand inzwischen deutschlandweit eine kleine Franchise-Kette. Seit 1995 wird in Bremer Schulen → Polnischunterricht angeboten; zeitweilig gab es Überlegungen, sogar spezialisierte Kurse wie etwa Wirtschaftspolnisch anzubieten.

Vielleicht nicht untypisch für die Polonia in Bremen ist, dass ihre Mitglieder zum einen ganz selbstverständlich am Leben in der Stadt partizipieren, aber immer auch die Möglichkeit haben, zu einem Familienfest eine Musikgruppe zu buchen, die die Feier mit polnischen Liedern gestaltet. Polnische und deutsche Identitäten bestehen nebeneinander, sie bilden keine Gegensätze. Die polnische Identität in Bremen könnte man als eine „schlummernde" bezeichnen, die immer wieder einmal zum Leben erweckt wird.

„Lukullus"-Spezialitätenmarkt im Bremer Stadtteil Huchting

Bremerhaven

Polens Tor in die Welt

Rüdiger Ritter

—

Mit Dampfern wie diesem zogen Hunderttausende Polen von Bremerhaven in die Neue Welt.

„Fahren Sie nach Polen – Ihr Auto ist schon dort" – so lautete vor einigen Jahren ein populärer Polenwitz in Bremerhaven, einem der weltweit größten Fahrzeugumschlagplätze mit einem Hafen, in dem Autotransportschiffe mit bis zu 5.000 Fahrzeugen anlanden. Die ironische Anspielung auf die zweifelhaften Praktiken einiger – keineswegs nur aus Polen stammender – „Autohändler" kennzeichnet aber nur einen kleinen Teil der polnischen Aktivitäten in der Hafenstadt.

Bremerhavens großes Thema, die Auswanderung nach Übersee im 19. und bis zur Mitte des 20. Jahrhunderts, ist auch ein polnisches, denn unter den Millionen Ausreisewilligen waren zahlreiche Polen, für die Bremerhaven ihr persönliches Tor in die Welt werden sollte.

Während des Zweiten Weltkriegs waren polnische Zwangsarbeiter vor allem im Hafen eingesetzt. In der Nachkriegszeit stellten die in Bremerhaven und anderen Regionen in Norddeutschland verbliebenen ehemaligen polnischen Zwangsarbeiter und Häftlinge ein politisches und soziales Problem dar, da ihre Rückführung in das nunmehr kommunistisch gewordene Polen umstritten war: Sollte man Menschen im besten Alter in den gegnerischen Block abschieben, selbst gegen ihren Willen? Gerüchte über polnisch dominierte Schmuggler-organisationen machten die Polen bei der deutschen Bevölkerung unbeliebt. 1954 übernahm Bremerhaven eine Patenschaft für die am Frischen Haff gelegene Stadt Elbing (Elbląg), die der Integration der Vertriebenen dienen sollte. Seit 1979 gibt es auch in Bremerhaven eine Deutsch-Polnische Gesellschaft. Sie machte sich vor allem die Betreuung von Aussiedlern aus Polen zur Aufgabe und organisiert „deutsch-polnische Wochen" mit zahlreichen Kulturveranstaltungen.

Unter den Millionen Ausreisewilligen waren zahlreiche Polen, für die Bremerhaven ihr persönliches Tor in die Welt werden sollte.

Heute leben fast 1.500 Menschen mit polnischem Pass in Bremerhaven; die Anzahl derjenigen mit familiären Bezügen zu Polen dürfte aber erheblich größer sein. Im protestantisch dominierten Bremerhaven werden in immerhin zwei katholischen Gemeinden, nämlich St. Ansgar und St. Marien, polnischsprachige Gottesdienste angeboten.

F. A. Brockhaus

Ein deutscher Verlag als Mittler polnischer Literatur

Hans-Christian Trepte

—

Seit 1837 verlegte das Leipziger Verlagshaus „F. A. Brockhaus" (in Amsterdam gegründet und 1817 nach Leipzig übergesiedelt) polnischsprachige Bücher, so im selben Jahr noch Joachim Lelewels *Dzieje Polski potoczne* (Allgemeine Geschichte Polens). Der Verleger Heinrich Brockhaus (1804–1874), Sohn des Verlagsgründers Friedrich Arnold Brockhaus, zählte schon in der ersten Hälfte des 19. Jahrhunderts zu den bedeutendsten Vermittlern polnischsprachiger Literatur in Deutschland. Zunehmend fand diese auch Widerhall in der deutschen Presse. So erschienen Besprechungen polnischer Publikationen beispielsweise in der von Brockhaus herausgegebenen Zeitschrift „Blätter für literarische Unterhaltung".

1859 wechselte der Pole Erazm Łukasz Kasprowicz (1835–1922), ein gelernter Buchhändler von der ebenfalls in Leipzig ansässigen „Polnischen Verlags- und Commissions-Buchhandlung" des Musikers Jan Nepomucen Bobrowicz zu F. A. Brockhaus, wo er 50 Jahre lang die Abteilung „Slawische Literatur und Antiquariat" leiten sollte.

Seit 1860 verantwortete Kasprowicz auch die Herausgabe der Reihe *Biblioteka pisarzy polskich* (Bibliothek Polnischer Schriftsteller). Hier erschienen zwischen 1835 und 1886 mehr als 80 Bände schöngeistiger und politischer Schriften, darunter Werke von Ignacy →Krasicki, Zygmunt Krasiński, Juliusz Słowacki, Józef Ignacy →Kraszewski sowie eine sechsbändige Ausgabe der Schriften von Adam →Mickiewicz. Vervollständigt wurde die Reihe durch die dreibändige Lyrikanthologie *Lutnia* (Laute), erschienen 1863–74, sowie 1884 die polnische Übersetzung des ersten Bandes von Karl Marx' *Kapital*. 1864 gründete Kasprowicz in der Leipziger Querstraße 13 die „Slawische Buchhandlung", die erste ihrer Art in Deutschland, die zu einem wichtigen Zentrum polnischer Kultur in Leipzig und in ganz →Sachsen wurde.

POEZJE

WŁADYSŁAWA BEŁZY.

WYDANIE ZUPEŁNE.

LIPSK:
F. A. BROCKHAUS.
1874.

1 / Setzersaal im Verlag F. A. Brockhaus, Holzstich, um 1870

2 / Titelblatt eines bei F. A. Brockhaus verlegten polnischen Gedichtbandes

Broder, Henryk M.

Der Berufspolemiker

Peter Oliver Loew

—

Mit seinem polnischen Vornamen muss Henryk Marcin Broder, geboren 1946 als Sohn von Holocaust-Überlebenden in Kattowitz, ebenso leben wie mit seinen Erinnerungen an Polen: „Wir verbrachten die Sommerferien in einer gemieteten Wohnung in Zoppot. An einem Abend, ich muß damals acht oder neun Jahre alt gewesen sein, klingelte es an der Tür. Draußen standen zwei Männer und fragten: ‚Wohnen hier irgendwelche Juden im Haus?' Der Ton, in dem sie diese Frage stellten, und die Haltung, die sie dabei einnahmen, wirkten nicht so, als wollten sie mit uns Matzenbrei essen. Meine Mutter sagte: ‚Nein, natürlich nicht!' und machte die Tür schnell wieder zu. Viel später erzählte sie mir, dieses Ereignis sei der letzte Anstoß gewesen, aus Polen wegzugehen."[38] Im April 1957 zog die Familie über Wien nach Köln, ins Land der Täter, nicht ohne Zweifel, doch letztlich getrieben von dem Wunsch, dem polnischen Antisemitismus zu entkommen und zumindest den Kindern ein sicheres Leben im Westen zu ermöglichen. Ob sie mit der schillernden Existenz ihres Sohnes zufrieden gewesen wären?

„Die polnische Kultur beruht im Wesentlichen auf Antisemitismus und Alkoholismus."[39]

Henryk M. Broder wurde zu einem der großen bundesdeutschen Provokateure: als Mitarbeiter der linken Erotikpostille „St. Pauli-Nachrichten", als einer der zunächst wenigen prominenten Juden in der deutschen Öffentlichkeit, als unerbittlicher Kritiker von Antisemitismus bei Rechten wie Linken, als Gegner von Antiamerikanismus und Mahner vor dem Islam, als oft polemischer Kommentator großer deutscher Zeitschriften und Zeitungen, vor allem des „Spiegels". Und trotz seines polnischen Vornamens gefällt sich der gut Polnisch sprechende Broder auch in seiner Rolle als Kritiker Polens, insbesondere wenn es um das Verhältnis Polens zu den Juden geht. Zwar schießt er dabei mitunter weit über sein Ziel hinaus, doch kann man ihm, der mit den Traumata der Shoah aufwuchs, wirklich einen Vorwurf daraus machen?

---

[38] Henryk M. Broder: *Warum ich lieber kein Jude wäre; und wenn schon unbedingt – dann lieber nicht in Deutschland*, in: Ders. / Michel R. Lang (Hrsg.): *Fremd im eigenen Land. Juden in der Bundesrepublik*, Frankfurt am Main 1979, S. 82–102, hier S. 83.

[39] Broder in seinem Blog-Artikel *Alkoholismus, Antisemitismus und Beleidigtsein*, 13.08.2001. Online abrufbar unter: www.henryk-broder.com/hmb.php/blog/article/1306 (Aufruf am 15.01.2018).

Brońska-Pampuch, Wanda

Kommunismus- und Polenexpertin in der jungen Bundesrepublik

Basil Kerski

—

Wanda Brońska-Pampuchs
autobiografischer Roman
Ohne Maß und Ende erschien 1963.

Es war eine Zugreise, die Europa verändert hat. Im April 1917 verließ der russische Revolutionär Wladimir Iljitsch Lenin in einem plombierten Zug das Schweizer Exil Richtung Russland. Die Reise führte zunächst über Deutschland, dann auf dem Schiffsweg nach Schweden und weiter Richtung Osten. Unter den Mitreisenden Lenins befanden sich Kampfgefährten aus dem Schweizer Exil und deren Kinder, unter ihnen die sechsjährige Polin Wanda Brońska, Tochter des 1882 in Lodz geborenen Sozialdemokraten Mieczysław Broński.

Wandas Vater machte Karriere in der Sowjetunion. Er wurde Volkskommissar, also Minister, für Handel und Industrie. Von 1920 bis 1922 war er sowjetischer Botschafter in Österreich und ließ sich danach in Moskau als marxistischer Wirtschaftsprofessor nieder. 1937 im Zuge der stalinistischen Säuberungen verhaftet, kam er ein Jahr später durch Erschießung ums Leben. Die sowjetischen Machthaber erschossen auch Wandas Mutter Helena Brońska, eine Chemikerin und Kommunistin. Wanda wurde 1938 zur Zwangsarbeit ins fernöstliche Magadan verbannt. Polnische Kommunisten befreiten sie aus dem sowjetischen Lager. Sie ging nach Berlin, wo sie in Diensten der Volksrepublik Polen als Journalistin arbeitete. 1948 war sie in der kommunistischen Polnischen Militärmission in Berlin tätig. 1949 wandte sie sich vom Kommunismus ab und flüchtete in den Westen Deutschlands.

In der jungen Bundesrepublik zählte sie, neben Wolfgang Leonhard, ihrem zehn Jahre jüngeren Halbbruder († 2014), zu den prominentesten Ex-Kommunisten, die als Kritiker des Sowjetimperiums einer breiten Öffentlichkeit bekannt wurden. Als Kommunismus- und Polenexpertin war Wanda Brońska-Pampuch häufig im Radio und Fernsehen präsent. Als Publizistin arbeitete sie, teilweise unter dem Pseudonym Alfred Burmeister, mit westdeutschen Printmedien zusammen, vor allem mit der Wochenzeitung „Die Zeit". Auch trat sie als Übersetzerin polnischer Literatur hervor, darunter Werke von Leszek Kołakowski, Kazimierz Brandys, Stefan Kisielewski. Enge Kontakte pflegte sie zu der in Paris erscheinenden polnischen Exilzeitschrift „Kultura". 1958 veröffentlichte Brońska-Pampuch ihr erstes Buch *Polen zwischen Hoffnung und Verzweiflung*. Fünf Jahre später erschien ihr autobiografischer Roman *Ohne Maß und Ende*. Im Alter von 60 Jahren starb sie 1972 in München.

Brückner, Aleksander

Ein polnischer Slawist in Berlin

Erika Worbs

—

1856 im habsburgischen Galizien geboren, absolvierte Aleksander Brückner schon das deutsche Gymnasium in Lemberg (Lwów / Lwiw) mit Auszeichnung. Auch seine akademische Karriere ist imponierend: 1872 begann er in Lemberg sein Studium der Philologie, das er in Wien fortsetzte, wo er 1876 mit einer Dissertation über *Die slavischen Fremdwörter im Litauischen* promovierte. Seine slawischen Studien führte er in Leipzig weiter, und dort habilitierte er sich 1878. Im Alter von 25 Jahren wurde er 1881 zum Professor für Slawistik an die Berliner Universität berufen, 1892 Ordentlicher Professor. In Berlin wirkte er bis zu seinem Tod 1939, hier sind fast ausnahmslos seine in polnischer und deutscher Sprache verfassten wissenschaftlichen Arbeiten entstanden, und hier fand er auch seine letzte Ruhestätte. Zeit seines Lebens blieb er ein überzeugter Pole, verhielt sich aber gemäß seinem Beamteneid gegenüber den preußischen Behörden loyal und erntete dafür in Polen nicht immer Verständnis.

Brückner hinterließ über 1.500 Publikationen, darunter eine Reihe grundlegender Werke zur Literatur, den Sprachen und Kulturen im östlichen Europa, die bis heute nichts an Ausstrahlung und Frische eingebüßt haben. Mit der deutschsprachigen *Geschichte der polnischen Litteratur* [sic!] von 1901 wollte er das deutsche Publikum erreichen, ebenso wie er mit seinem *Lehrbuch Polnisch für Schule, Beruf und Reise* (Leipzig / Berlin 1921) das deutsche Lesepublikum ermunterte, sich „im eigensten Interesse (…) das Polnische anzueignen".

Heute sind die wissenschaftlichen Leistungen Brückners als Vermittler polnischer Kultur und Sprache in Deutschland unbestritten. Ausdruck der Wertschätzung und Aktualität seines Werkes ist die Gründung des Aleksander-Brückner-Zentrums für Polenstudien an den Universitäten Halle-Wittenberg und Jena im Jahre 2012.

B

Aleksander Brückner,
1895

Mit der deutschsprachigen *Geschichte der polnischen Litteratur* von 1901 wollte er das deutsche Publikum erreichen, ebenso wie er mit seinem *Lehrbuch Polnisch für Schule, Beruf und Reise* (Leipzig / Berlin 1921) das deutsche Lesepublikum ermunterte, sich „im eigensten Interesse (…) das Polnische anzueignen".

Bund der Polen in Deutschland

Verbandsarbeit zwischen den Weltkriegen

Peter Oliver Loew

—

Vorstand des Landesverbands II (Berlin und Hinterpommern) des „Bundes der Polen in Deutschland", um 1930

Nach dem Ersten Weltkrieg veränderte sich die Situation der in Deutschland lebenden Polen: Große Teile der alten, im Zuge der Teilungen an Preußen gekommenen polnischen Siedlungsgebiete waren an die neu entstandene (zweite) Republik Polen gefallen, und so kam es in den ersten Nachkriegsjahren zu einer massenhaften Rückwanderung von Polen in ihre unabhängig gewordene Heimat. Die in Deutschland verbliebenen Polen waren tendenziell die weniger gebildeten, weniger mobilen und weniger ehrgeizigen – oder aber die bereits besser angepassten.

Gemäß der Weimarer Reichsverfassung durften „fremdsprachige Volksteile (…) durch die Gesetzgebung und Verwaltung nicht in ihrer freien, volkstümlichen Entwicklung, besonders nicht im Gebrauch ihrer Muttersprache beim Unterricht"

beeinträchtigt werden.[40] Im Alltag war Diskriminierung jedoch an der Tagesordnung, zumindest gegenüber denjenigen, die sich offen als Polen zu erkennen gaben oder sich in polnischen Organisationen engagierten. Davon hatte es bereits vor dem Krieg viele gegeben, doch erst jetzt, zu Beginn der 1920er-Jahre, gelang es, einen stabilen Dachverband zu schaffen: Am 27. August 1922 wurde in Berlin der „Bund der Polen in Deutschland" (*Związek Polaków w Niemczech*) gegründet, zu dessen erstem Vorsitzenden der westpreußische Gutsbesitzer Stanisław Sierakowski gewählt wurde, dem 1931 der katholische Pfarrer Bolesław Domański nachfolgte. Der in fünf Landesverbände untergliederte Verband hatte maximal 45.000 Mitglieder – nur ein Bruchteil der seinerzeit etwa 1,5 Millionen Polnischsprachigen im Lande. Als wichtigstes Ziel

[40] Zit. nach Roland Baier: *Der deutsche Osten als soziale Frage. Eine Studie zur preußischen und deutschen Siedlungs- und Polenpolitik in den Ostprovinzen während des Kaiserreichs und der Weimarer Republik*, Köln / Wien 1980, S. 221–223.

B

schwebte den Verbandspolen schon 1922 vor: „Die Regierung muss uns die Rechte einer nationalen Minderheit verleihen, wie sie schon der deutschen Minderheit in Polen zuerkannt worden sind", so formulierte es ein Artikel in der polnischsprachigen Zeitung „Dziennik Berliński" (Berliner Zeitung). Diesem Zweck galten die Aktivitäten des Verbandes, dazu zählte die Organisation von Sprachunterricht ebenso wie die wirtschaftliche Unterstützung in Deutschland lebender Polen.

Als sich mit der Weltwirtschaftskrise im Gefolge des Börsenkrachs 1929 die politische Stimmung in Deutschland radikalisierte, mehrten sich Übergriffe auf die im Deutschen Reich lebenden Polen. Nach der Machtübernahme durch die Nationalsozialisten gewannen die polnischen Organisationen dennoch an Attraktivität, da sie im rasch gleichgeschalteten deutschen öffentlichen Leben eine gewisse Freiheit der Meinungsäußerung erlaubten. Angesichts des totalitären Umbaus des deutschen Staates zum „Dritten Reich" legte sich auch der Polenbund ein markanteres Selbstbild zu, charakterisiert durch das 1933 eingeführte Symbol „Rodło", ein stilisierter Weichsellauf. Doch auch in den Jahren der deutsch-polnischen Entspannung zwischen 1934 und 1938 gelang es nicht, einen Minderheitenstatus für die Polen in Deutschland durchzusetzen, weshalb man trotzig bemüht war, polnische Präsenz symbolisch zu manifestieren: Am 6. März 1938 fand in Berlin ein Kongress der Polen in Deutschland statt mit über 5.000 Teilnehmern, aber selbst dieser konnte die wieder zunehmenden Repressionen – Ausweisungen, Geschäftsboykotte, Überfälle auf polnische Einrichtungen – nicht verhindern. Seit Juni 1939 stellte die Gestapo Karteien besonders aktiver Polen zusammen und besetzte am 17. August 1939 schließlich die Berliner Zentrale des Polenbundes. Gleich nach Kriegsbeginn wurde die Infrastruktur des Verbandes in Deutschland beseitigt, das Verbandsvermögen beschlagnahmt. 1.200 führende polnische Aktivisten wurden in Konzentrationslager deportiert, 136 von ihnen kamen ums Leben. Ermordet wurde auch der langjährige Vorsitzende des Polenbundes, Stanisław Sierakowski.

Schon 1945 wurde der „Bund der Polen in Deutschland" wiederbelebt, diesmal mit Zentrum in Bochum. Er existiert – mit allerdings nur noch geringer Mitgliederzahl – bis heute.

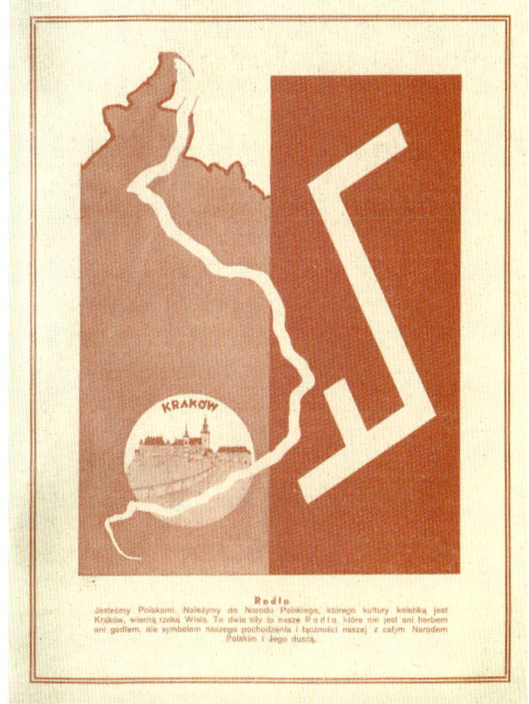

Das 1933 von der jungen Grafikerin Janina Kłopocka entworfene Symbol „Rodło" stellt den Verlauf der Weichsel mit Krakau als kultureller Wiege Polens dar.

Chodowiecki, Daniel

„Abkömmling einer Braven Nation"

Peter Oliver Loew

—

Chodowiecki besucht die Gräfin Czapska, um sie zu malen, links der Graf im polnischen Nationalkostüm, Danzig, 8. Juli 1773. Federzeichnung, laviert, aus der Folge *Tagebuch einer Reise von Berlin nach Danzig*

„Wie heißen Sie? Schodowiki? Schreibt man das, wie man es spricht?" – mit derlei Fragen musste sich der Grafiker und Illustrator Daniel Chodowiecki gewiss herumplagen; noch heute werden sie Trägern eines solchen „nicht deutsch" klingenden Namens gestellt. Eine Strategie war und ist es, diese zu vereinfachen, zu „verdeutschen". Chodowiecki aber blieb seinem Namen treu.

Der Künstler wurde 1726 im damals zu Polen gehörenden, aber deutschsprachigen Danzig geboren. Er stammte aus einer Familie, die, obschon bis zur Mitte des 16. Jahrhunderts in der Provinz Großpolen ansässig, schon seit mehreren Generationen deutsch- beziehungsweise französischsprachig war. Seine Mutter, eine Hugenottin, brachte Chodowiecki von klein auf Französisch bei; Polnisch sprach er nicht. Als er 1743 mit 17 Jahren – der Vater war längst gestorben – nach Berlin kam, fand er Heimat in der calvinistischen französischen Gemeinde, heiratete die Tochter eines französischen Goldstickers und gelangte im preußischen Staat vor allem als Kupferstecher zu Ruhm. Ab 1764 war er Mitglied der Königlich Preußischen Akademie der Künste, ab 1797 bis zu seinem Tod deren Direktor. Als treuer Untertan des preußischen Königs vergaß er seine Herkunft jedoch nicht: 1773 begab er sich auf eine Reise in seine Geburtsstadt, die er in Zeichnungen und einem Tagebuch festhielt, in seinem Skizzenbuch porträtierte er auch eine Reihe der in Danzig ansässigen polnischen Adligen. 1793, als Polen kurz vor seiner endgültigen Teilung stand, bekannte er in einem Brief: „(…) von meinem Vater her bin ich ein Pole, ein Abkömmling einer Braven Nation, die bald nicht mehr existiren wird". [1]

1801 starb Chodowiecki in Berlin. In Deutschland erinnert man sich seiner als guten Preußen, in Polen gilt er als guter Pole, Straßen, die nach ihm benannt sind, gibt es hier wie dort (→ Straßennamen). Dabei war er von allem ein bisschen und irgendwie auch Franzose.

[1] Zit. nach Maria Bogucka: *Daniel Chodowiecki, seine Familie und Danzig*, in: Ernst Hinrichs / Klaus Zernack (Hrsg.): *Daniel Chodowiecki (1726–1801). Kupferstecher, Illustrator, Kaufmann*, Tübingen 1997, S. 23–42, hier S. 33.

Chopin, Fryderyk

„Hut ab, ihr Herren, ein Genie!"

Rüdiger Ritter

—

Wer für den Weg nach oder aus Polen das Flugzeug nimmt, wird von der polnischen Fluglinie LOT meist mit Musik von Chopin empfangen, in einer seichten, einschläfernden Form. Kaum glaublich, dass die Musik dieses Komponisten zu seinen Lebzeiten als politisch brandgefährlich eingestuft wurde – und zwar von keinem Geringeren als Robert Schumann. Der bezeichnete die Werke des großen Klaviervirtuosen als „unter Blumen eingesenkte Kanonen", womit er auf ihre Funktion als Symbol für das Selbstbewusstsein der polnischen Nation angesichts der russischen Fremdherrschaft im 19. Jahrhundert anspielte. Kaum jemand weiß allerdings, dass Chopin seine berühmte zwölfte Etüde, die sogenannte *Revolutionsetüde*, unter dem Eindruck des niedergeschlagenen polnischen Freiheitsaufstandes von 1830/31 in Stuttgart komponierte, einer Zwischenstation auf seinem Weg nach Paris, wohin er sich 1831 aufmachte und wo er bis zu seinem frühen Tod 1849 lebte.

In Deutschland erregte der 1810 in dem polnischen Dorf Żelazowa Wola geborene Chopin auch mit anderen Werken Aufsehen. Erneut war es Robert Schumann, der 1831 auf den polnischen Komponisten aufmerksam machte: In der renommierten, in Leipzig erscheinenden „Allgemeinen musikalischen Zeitung" veröffentlichte er seine Rezension zu Chopins Variationen über „Là ci darem la mano" aus Mozarts Oper *Don Giovanni* unter der vielsagenden Überschrift „Hut ab, ihr Herren, ein Genie!". Der Dichter Heinrich Heine sagte über Chopin: „Polen gab ihm seinen chevaleresken Sinn und seinen geschichtlichen Schmerz, Frankreich gab ihm seine leichte Anmut, seine Grazie, und Deutschland gab ihm den romantischen Tiefsinn."[2]

In der zweiten Hälfte des 19. Jahrhunderts waren neben Werken von Felix Mendelssohn-Bartholdy, dem heute vergessenen Sigismund Thalberg und vielen anderen auch Chopins Klavierwerke integraler Bestandteil der Hausmusik in den bürgerlichen Salons ganz Europas und der Neuen Welt, die vor allem die sprichwörtliche Tochter aus gutem Hause darbot (→ Mazurka und Polonaise). Der Aufstieg Chopins in den Kanon der „großen Komponisten" begann erst mit der Aktivität deutscher Verleger. Die Gesamtausgabe seiner Werke durch den renommierten deutschen Musikverlag Breitkopf & Härtel in den Jahren 1878 bis 1880 machte aus dem bis dahin beliebten Salonkomponisten einen Komponisten von Weltrang. Damit einher gingen Publikationen von Chopins Briefen und

„Polen gab ihm seinen chevaleresken Sinn und seinen geschichtlichen Schmerz, Frankreich gab ihm seine leichte Anmut, seine Grazie, und Deutschland gab ihm den romantischen Tiefsinn."

Heinrich Heine über Chopin

C

[2] Heinrich Heine: *Über die französische Bühne.* Zehnter Brief, in: *Heines Werke.* Säkularausgabe, Bd. 7, Berlin/Paris 1970, S. 288.

Bronzestatue des berühmten Komponisten im
Dichtergarten an der Münchner Galeriestraße.
Das Werk des deutsch-polnischen Künstlers
Jozek Nowak wurde 2010 aufgestellt.

Biografien über ihn, die Hugo Leichtentritt, Adolf Weißmann und andere deutsche Musikkritiker verfassten und dazu beitrugen, Chopin als virtuosen Pianisten und Komponisten von Klaviermusik im Weltbewusstsein zu verankern.

Im Zuge der weltweiten Chopin-Verehrung entstanden nach dem Zweiten Weltkrieg in Ost- wie in Westdeutschland Chopin-Gesellschaften, und zwar zuerst 1962 in Chemnitz, 1970 dann in Darmstadt (Maciej →Łukaszczyk). Auch in anderen deutschen Städten gründeten sich Chopin-Gesellschaften, deren Anliegen die Musik- und Kulturförderung wurde, wobei diese nicht nur dem Klavierwerk Chopins galt, sondern darüber hinaus auch der polnischen Kunst allgemein. Besonders in den 1970er-Jahren kam den Gesellschaften vor dem Hintergrund der damals schwierigen deutsch-polnischen Beziehungen eine wichtige Funktion im Dialog beider Staaten zu. Heute sind die Chopin-Gesellschaften Teil eines weltweit operierenden Netzwerks aus zahlreichen Organisationen, die sich der Pflege des Chopin'schen Werks widmen.

Club der polnischen Versager

Schräge Töne aus dem polnischen Berlin

Dorota Danielewicz

—

Heute macht nur Piotr Mordel den Club auf, denn viele der Gründungsmitglieder sind inzwischen andere Wege gegangen. Seit 2008 ist das Domizil des Clubs die Ackerstraße 168 in Berlin-Mitte, zuvor befand er sich in der Torstraße. Immer helfen auch Freunde des Clubs aus, sei es beim Getränkeausschank oder beim Abwasch in der Küche. Die Veranstaltungen kommen von selbst in diese außergewöhnliche Location. Und bei den „Versagern" geht einfach alles, Hauptsache originell und schräg.

Die Geschichte des Clubs ist lang und wechselvoll. An ihrem Beginn steht eine Gruppe aus Polen stammender, in Berlin lebender Migrantinnen und Migranten mittleren Alters, die 2000 beschloss, einen Club zu gründen und ihn unter dem Namen „Club der polnischen Versager e. V." (*Klub Polskich Nieudaczników*) ins Vereinsregister eintragen zu

lassen. Sie behaupteten von sich, in der Emigration völlig gescheitert zu sein: Weder ein Haus in Polen noch ein schickes Auto konnten ihren Lebenserfolg bezeugen, die Ehen zerbrochen, geregelte Arbeit nicht in Sicht … In dem Club wollten sie ihre eigenen Herren sein, selbst entscheiden, welche Werke ausgestellt, welche Theaterstücke aufgeführt und welche Bücher sie verlegen wollten. Wojciech Stamm alias Lopez Mausere, Piotr Mordel, Leszek Oświęcimski, Roman Lipski, Joanna Bednarska, Tomasz Sosinski und Adam Gusowski machten den harten Kern des Clubs aus. Nachdem sie passende Räumlichkeiten gefunden und die ersten Veranstaltungen – Lesungen, Theater, Vernissagen – stattgefunden hatten, überschlug sich die Presse förmlich – gleichermaßen vor Verwunderung und Begeisterung: „Polnisch versagen ist cool" titelte

C

Adam Gusowski (links) und Piotr Mordel vor dem Club in der Ackerstraße in Berlin-Mitte, 2012

2002 ein Lifestyle-Magazin.[3] Denn wie konnte man sich öffentlich zu „Versagern" erklären und dazu noch polnischen? Piotr Mordel und Wojciech Stamm wurden sogar zu der angesagten Talkshow *Boulevard Bio* mit Alfred Biolek eingeladen, wo sie neben Britney Spears über das Versagen im Allgemeinen und im Besonderen sinnierten. Die Versager gaben auch die unregelmäßig erscheinende Zeitschrift „Kolano" (Knie) unter der Leitung von Leszek Oświęcimski heraus (→ Kulturzeitschriften). Darin erschien das Manifest der polnischen Versager, in dem sie bekundeten, die eigene künstlerische Arbeit keineswegs ernst zu nehmen.

Der Club wurde für zahlreiche Berliner, mit Migrationshintergrund und ohne, rasch zu einem Treffpunkt, in dem sie sich wie zu Hause fühlten. Man kam schnell ins Gespräch, egal welche Sprache man vorrangig beherrschte. Die Besucher redeten angeregt miteinander, spielten diverse Instrumente, sangen und tranken, die Nachbarn beschwerten sich. Deshalb zog der Club 2008 in die Ackerstraße um, wo seitdem das Feiern eher am Wochenende stattfindet.

Zu den „Experimenten" der Versager mit diversen Medien gehören der 2010 entstandene Film *Die Ostseeerweiterung* (Regie: Pawel Podlejski), eine Selbstdarstellung des Clubs. Einmal im Monat wurde außerdem im Radio Multikulti des RBB (später Funkhaus Europa, heute Radio COSMO), die Satiresendung *Gaulojzes Golano* ausgestrahlt, an bestimmten Samstagen moderierten Adam Gusowski und Piotr Mordel die schräge *Leutnant-Show*, unzählige kleine Filme produzierten die Versager außerdem für die RBB-Sendung *Kowalski trifft Schmitt*. 2012 erschien das Buch *Club der polnischen Versager* von Adam Gusowski und Piotr Mordel, in dem die beiden Protagonisten ihre Wege in Deutschland beschreiben.

In Adam Gusowskis und Piotr Mordels Buch geht es um das Verhältnis zwischen Deutschen und Polen, 2012.

„Wir brauchen wieder Abstand voneinander. Und zwar mindestens dreitausend Kilometer! Erst dann ist Polen ein Land, von dem man in Deutschland träumen will."[4]

Die wichtigsten Dinge passieren jedoch abends, im Club. In den künstlerisch gestalteten Räumen, in denen eine Riesenpappnase an der Wand hervorsticht, treffen sich immer noch junge (und jung gebliebene) Bohemiens aus Deutschland, Polen, Europa und anderswo, es werden Kontakte geknüpft und niemand ist besonders verwundert, wenn ein ehemaliger Minister oder eine berühmte Sopranistin vorbeischaut. In den dunklen, verwinkelten Räumen des Clubs hört man nach wie vor alle möglichen Sprachen. Manchmal wird dort ein Geburtstag gefeiert, ein anderes Mal ein Seminar über die Wurzeln des Islam veranstaltet. Es gelingt hier nahezu alles, weil niemand Angst vor dem Versagen haben muss. Und das, was nicht gelingt, wird würdig behandelt, als respektabler Beweis des ewigen Scheiterns des Menschen angesichts seiner oft pathetischen Ansprüche an die Kunst und das Leben.

[3] Elisabeth Schwiontek: *Coole Versager. Niemals aufgeben – eine Haltung, die junge Lebenskünstler aus Polen eint*, in: Magazin 6, 07.–20.03.2002.
[4] Adam Gusowski/Piotr Mordel (mit Thomas Mahler): *Der Club der polnischen Versager*, Reinbek 2012, S. 221.

Colditz

Kühne Fluchtversuche aus dem Schloss

Markus Krzoska

—

Am 12. Mai 1941 war es so weit. Der polnische Offizier Mikołaj „Miki" Surmanowicz und sein Mitgefangener Mietek Chmiel wagten den Ausbruch aus ihren Einzelzellen. Sie seilten sich aus den Fenstern ab, und vielleicht wäre ihre Flucht sogar gelungen, doch nur einer der beiden trug Schuhe mit Gummisohlen. Der andere verriet sich durch die Geräusche, die er machte, beide Ausbrecher wurden gefasst. Insgesamt sind 18 Fluchtversuche von polnischen Gefangenen aus dem Schloss Colditz während des Zweiten Weltkriegs überliefert, nur in einem einzigen Fall gelang das Unternehmen.

Schloss Colditz, in der Nähe der sächsischen Stadt Grimma oberhalb der Zwickauer Mulde gelegen, ist ein ehemaliges Jagdschloss der sächsischen Kurfürsten, das im Renaissancestil erhalten ist. Ab Beginn des 19. Jahrhunderts als Armen- und Arbeitshaus, später als „Irrenhaus" (bis 1926) genutzt, diente es zwischen 1939 und 1945 unter der Bezeichnung „Oflag (Offizierslager) IV C" als Kriegsgefangenenlager für westalliierte Offiziere. Bekannt wurde Colditz durch die spektakulären Fluchtversuche britischer und niederländischer Soldaten während des Krieges, die mehrfach verfilmt wurden, darunter 2005 der zweiteilige Fernsehspielfilm *Colditz – Flucht in die Freiheit* des britischen Regisseurs Stuart Orme, durch den das Schloss internationale Berühmtheit erlangte.

Dagegen ist kaum bekannt, dass insgesamt auch etwa 400 polnische Offiziere und Soldaten zeitweise hier gefangen gehalten wurden. Dabei handelte es sich zunächst um Gefangene aus dem Polenfeldzug von 1939, die bis 1943 in andere Lager verlegt wurden, sowie später auch um Kombattanten des Warschauer Aufstands 1944 unter den Anführern Tadeusz Komorowski (1895 – 1966) und Antoni Chruściel (1895 – 1960), die von Februar bis April 1945 zeitweilig hier untergebracht waren. Seit 2005 erinnert eine Gedenktafel daran.

1 / Unter den prominenten Lagerinsassen befand sich auch der polnische Admiral Józef Unrug (Dritter von links, sitzend), hier als Zuschauer bei einem von den polnischen Gefangenen initiierten Sportwettkampf, 1943.

2 / Das sächsische Schloss Colditz, im Zweiten Weltkrieg Schauplatz spektakulärer Fluchtversuche

D

Dąbrowski, Jan Henryk

Sächsischer Offizier und polnischer Nationalheld

Hans-Christian Trepte

—

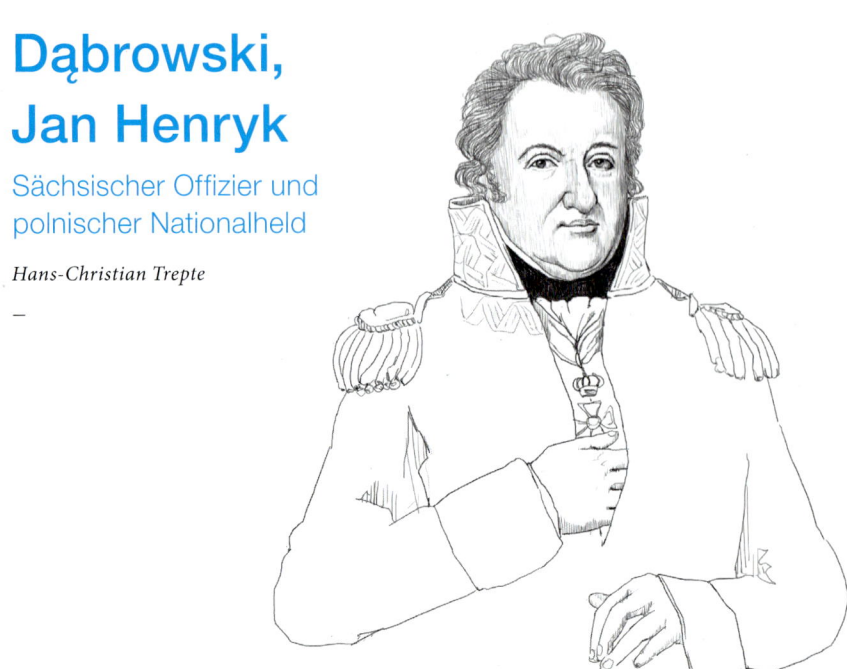

Jan Henryk Dąbrowski (auch Johann Heinrich Dombrowski), 1755 nahe Krakau geboren, wuchs in Hoyerswerda als Sohn des kursächsischen Obersten Johann Michael Dombrowski (Dąbrowski) auf und erlangte eine deutsche Bildung; so besuchte er die Schule im sächsischen Kamenz und durchlief anschließend in der Königlich-Sächsischen Garde eine profunde militärische Ausbildung. Von 1770 bis 1792 diente er in der sächsischen Armee (unter anderem in Lübben und Dresden). 1780 heiratete er die aus der Oberlausitz stammende Gustava von Rackel; er selbst soll Polnisch mit sächsischem Akzent gesprochen haben.

1792 folgte Dąbrowski dem patriotischen Aufruf der Nationalversammlung in Warschau, der alle Landsleute in fremden Diensten zur Rückkehr in die Heimat aufforderte, und nahm auf der Seite Polens unter König Stanisław August Poniatowski (1732–1798) am russisch-polnischen Feldzug teil. Unter der Führung von General Tadeusz Kościuszko beteiligte er sich 1794, inzwischen Generalleutnant, am gegen Russland gerichteten Aufstand im polnischen Freiheitskampf nach der zweiten Teilung Polens. Nach der gewaltsamen Niederschlagung des Kościuszko-Aufstandes und dem Ende des polnischen Staates ließ sich Dąbrowski 1796 von dem Politiker, Schriftsteller und Mit-Aufständischen Józef Wybicki (1747–1822) überreden, eine im Dienste der Französischen Republik stehende polnische Legion in Italien aufzustellen, um so den Kampf um Polens Freiheit weiterzuführen. 1797 schrieb Wybicki, der ebenfalls nach Italien gegangen war, das Lied der Polnischen Legionen *Jeszcze Polska nie zginęła* (Noch ist Polen nicht verloren), in dem Dąbrowski als Nationalheld gefeiert wird und das heute als *Dąbrowski-Marsch* (*Mazurek Dąbrowskiego*) die Nationalhymne der Republik Polen ist.

In der Armee des von Napoleon abhängigen Großherzogtums Warschau nahm Dąbrowski am Russlandfeldzug von 1812 teil. In der Völkerschlacht bei Leipzig deckte er 1813 den Rückzug Napoleons. Bis heute erinnern (in und bei Leipzig) Gedenksteine an den großen polnischen Feldherrn, der, nachdem er 1816 seinen Dienst in der Armee quittiert hatte, 1818 auf einem seiner Landgüter im Großherzogtum Posen starb.

Darmstädter Ferienkurse

Ein polnischer Ton in der Neuen Musik

Rüdiger Ritter

—

In Zeiten, als noch nicht einmal kühne Visionäre von einem auch nur halbwegs guten deutsch-polnischen Verhältnis zu träumen wagten, spielten die seit 1946 in Darmstadt stattfindenden „Internationalen Ferienkurse für Neue Musik Darmstadt", kurz „Darmstädter Ferienkurse" genannt, eine zwar ungeplante, aber dafür umso wichtigere Rolle für den Beginn der Verbesserung dieser Beziehungen.

Polnische Komponisten hatten seit dem ab etwa 1949 einsetzenden Sozialistischen Realismus in ihrer Heimat kaum eine Möglichkeit, den Anschluss an die Moderne oder auch nur an ihre Musiktraditionen der Zwischenkriegszeit zu finden. Sobald es möglich war, besuchten die jungen unter ihnen daher nicht nur die „Darmstädter Ferienkurse", sondern auch andere Stätten der Neuen Musik in Westdeutschland wie die „Donaueschinger Musiktage".

In den Jahren 1956 bis 1976 wurden insgesamt 19 neue Werke der Neuen Musik von acht polnischen Komponisten in Darmstadt vorgestellt, unter ihnen Henryk Mikołaj Górecki (1933 – 2010), Włodzimierz Kotoński (1925 – 2014), Witold Lutosławski (1933 – 1994), Krzysztof → Penderecki, Bogusław Schaeffer (* 1929), Kazimierz Serocki (1922 – 1981), Witold → Szalonek und Zbigniew Wiszniewski (1922 – 1999). Allein 1957 reisten acht polnische Komponisten zu den Veranstaltungen an, in den darauffolgenden Jahren waren es bis zu 15. Die Konsolidierung der polnischen Komponistengeneration um Krzysztof Penderecki, die europa-, ja weltweit bald Furore machen sollte, ist ohne diese westdeutschen Keimzellen kaum denkbar. Bis heute gehört Darmstadt für junge polnische Tonsetzer zu den wichtigsten Stationen einer aufstrebenden Karriere.

D

Bis heute gehört Darmstadt für junge polnische Tonsetzer zu den wichtigsten Stationen einer aufstrebenden Karriere.

Komponisten im Gespräch: Andrzej Markowski, Henryk Schiller und Tadeusz Baird (von links) bei den „Darmstädter Ferienkursen", 1958

Dedecius, Karl
Nestor der deutsch-polnischen Übersetzer

Andrzej Kaluza / Peter Oliver Loew

—

Karl Dedecius, eine „polnische Spur" in Deutschland? Ja und nein, je nachdem, wie man es betrachtet. Natürlich war der bedeutende Übersetzer ein Deutscher, und er verstand sich auch als solcher. Dabei wurde er 1921 in Polen geboren, in der polnisch-deutsch-jüdisch bevölkerten Industriestadt Lodz, die nach dem Ende des Ersten Weltkrieges Teil der neuen polnischen Republik geworden war. Seine deutschen Eltern schickten ihn auf das polnische Stefan-Żeromski-Gymnasium – und nicht etwa auf das Lodzer Deutsche Gymnasium. Nachdem er das Abitur abgelegt hatte, wurde sein „polnisches" Leben unterbrochen: Der Krieg brach aus. Als Soldat in die deutsche Wehrmacht eingezogen, wurde er bei Stalingrad verwundet und geriet in sowjetische Kriegsgefangenschaft. Stets vom Interesse am Fremden getragen, begann er hier, aus dem Russischen, später auch aus dem Polnischen zu übersetzen. Nach seiner Freilassung kam er 1950 nach Weimar, später ging er in die Bundesrepublik und unterschied sich zunächst kaum von Millionen anderen Kriegsheimkehrern und Entwurzelten. Auch seine „Wirtschaftswunderkarriere" in der Versicherungsbranche passte in diese Zeit.

Die polnische Nobelpreisträgerin Wisława Szymborska mit ihrem langjährigen Übersetzer Karl Dedecius in Frankfurt am Main, 1997

Doch Dedecius blieb sowohl in der deutschen als auch in der polnischen Kultur verankert. So begann er damals, als Übersetzer und Kulturmittler Brücken zu bauen und Fenster zum Nachbarn zu öffnen. 1959 erschien die bedeutende Anthologie mit von Dedecius aus dem Polnischen übertragenen Gedichten unter dem Titel *Die Lektion der Stille. Neue polnische Lyrik.* Mit dem Ausmaß des Erfolges hatte er sicher nicht gerechnet, nachdem ihn Peter Suhrkamp, mit dessen Verlag er später zusammenarbeiten sollte, gewarnt hatte: „Nach diesem Krieg wird sich in Deutschland niemand mehr für slawische Literatur interessieren!"[1] Das Gegenteil war der Fall – voller Unkenntnis über Polen, sich gleichzeitig aber großer deutscher Schuld bewusst, stürzte sich das intellektuelle Westdeutschland auf Dedecius' Übersetzungen. Autorinnen und Autoren wie Krzysztof Kamil Baczyński (1921–1944), Tadeusz Gajcy (1922–1944), Zbigniew Herbert (1924–1998), Tadeusz Różewicz (1921–2014), und nicht zuletzt die Literaturnobelpreisträger Wisława Szymborska (1923–2012) und Czesław Miłosz (1911–2004) fanden ein beispielloses Interesse in der westdeutschen Öffentlichkeit. Dedecius' Anthologie wurde vielfach besprochen und rezensiert, deutsche Autoren „antworteten" ihren polnischen

---

[1] Zit. nach Karl Dedecius: *Ein Europäer aus Lodz*, Frankfurt am Main 2006, S. 190.

Zeitgenossen, wodurch es zu einem Kulturdialog eigener Art in einer Zeit kam, in der politische wie kulturelle Kontakte zwischen den beiden Ländern nur sehr eingeschränkt möglich waren.

Beflügelt durch diesen ungeahnten Erfolg, vertiefte Dedecius die polnischen Spuren in der deutschen Literaturlandschaft, gab weitere Anthologien heraus, machte Autoren wie Stanisław Jerzy →Lec berühmt und dachte schon früh daran, ein „polnisches" Kulturinstitut zu gründen. Schließlich empfahl das erste „Deutsch-Polnische Forum"[2], das im Juni 1977 in Bonn stattfand, die Umsetzung dieser Pläne. Dedecius gewann dafür nicht nur die Stadt Darmstadt, die dem Institut eine Jugendstilvilla zur Verfügung stellte, es gelang ihm auch, die damaligen hessischen und rheinland-pfälzischen Landesregierungen sowie die Kultusministerkonferenz unter Beteiligung der Bundesregierung für die Finanzierung zu erwärmen. 1980 wurde er dann zum Gründungsdirektor des Deutschen Polen-Instituts in Darmstadt, das er bis 1997 leitete.

Als Dedecius' Hauptwerk gilt die zwischen 1982 und 2000 im Suhrkamp-Verlag erschienene, von ihm herausgegebene *Polnische Bibliothek* in 50 Bänden, eine Art „Kanon" der polnischen Literatur vom Mittelalter bis zur Gegenwart, nicht wenig davon selbst von ihm übersetzt. Auch das mehr als 7.000 Seiten umfassende *Panorama der polnischen Literatur des 20. Jahrhunderts*, das Texte von 250 Autorinnen und Autoren vereint, gehört zu Dedecius' bedeutenden Unternehmungen, der polnischen Literatur in Deutschland, ja in der Welt Gehör zu verschaffen. Dedecius wurde so zu einer Schlüsselgestalt des Kulturdialogs zwischen Deutschen und Polen. Zu den vielen Ehrungen und Auszeichnungen, die er erhielt, zählt der „Friedenspreis des Deutschen Buchhandels" (1990). Im Februar 2016 starb er nach kurzer Krankheit.

[2] Am 11. Juni 1976 wurde die „Gemeinsame Erklärung über die Entwicklung der Beziehungen zwischen der Bundesrepublik Deutschland und der Volksrepublik Polen" unterzeichnet. Diese sah die Abhaltung eines „Deutsch-Polnischen Forums" wechselweise in Deutschland und Polen vor. Diese Foren finden bis heute statt.

[3] Karl Dedecius: *Überall ist Polen*, Frankfurt am Main 1974, S. 84.

D

„Die Andersartigkeit der polnischen Literatur ist also kein überzeugender Grund, diese Literatur zu meiden, sondern umgekehrt ein Reiz, sie zu entdecken."[3]

Denkmal Friedrichshain

Wie erinnern – und an wen?

Dieter Bingen

—

Polnisches Ehrendenkmal
im Volkspark Friedrichshain,
Berlin

„Denkmal des polnischen Soldaten und des deutschen Antifaschisten" – so lautete die offizielle Bezeichnung des 1972 im Berliner Volkspark Friedrichshain errichteten Mahnmals. Mit einem monumentalen Denkmal im Stile des sozialistischen Heroismus erinnerten die DDR und die verbündete Volksrepublik Polen an die polnischen Soldaten, die an der Seite der Sowjetunion für die Befreiung Europas vom Nationalsozialismus und für die kommunistische Umgestaltung Polens kämpften, und an kommunistische deutsche Widerstandskämpfer – wie es die Inschriften in polnischer, deutscher und russischer Sprache auf einer monumentalen Bronzetafel am Fuße der Anlage bekunden.

Ursprünglich hatte die polnische Regierung einen Standort in der Mitte Berlins gewünscht, die DDR-Verantwortlichen boten ihn im Volkspark Friedrichshain an. Mit Rücksicht auf die Sowjetunion musste auch noch ein Rotarmist zu dem polnischen Volksarmisten und dem deutschen Antifaschisten auf einer Reliefplatte hinzugefügt werden. In einer groben Geschichtsverfälschung sprach SED-Generalsekretär Erich Honecker bei der Einweihung des Denkmals am 15. Mai 1972 von einer „deutschpolnischen Waffenbrüderschaft", als habe es einen gemeinsamen militärischen Kampf von Deutschen und Polen gegen die nationalsozialistische deutsche

Terrorherrschaft gegeben. Potenziell widerborstig gegen die kommunistische Geschichtspolitik war das Motto aus den Freiheitskämpfen des 19. Jahrhunderts in Deutsch und Polnisch in das mächtige Steinband der Anlage gehauen: „Za naszą i waszą wolność / Für eure und unsere Freiheit". Unübersehbar mit seinem symbolischen Fahnenmast, ruft das aus seiner Zeit gefallene Denkmal seit dem Ende der kommunistischen Diktatur nach einer Antwort auf die Frage: Was tun mit diesem Zeugnis kommunistischer Geschichtsdeutung? Es umdeuten? Es überformen? Es abreißen? Wie soll in Berlin der polnischen Opfer der deutschen Gewaltherrschaft und des Freiheitskampfes der Polen gedacht werden? In einem ersten Schritt, der die veränderte Geschichtspolitik sinnfällig machte, ergänzen seit 1995 zwei Kupfertafeln mit Inschriften in polnischer und deutscher Sprache die alte Tafel, mit denen auch der nicht kommunistischen Widerstandskämpfer und Soldaten, die im Untergrund für ein freies Polen kämpften, der → Zwangsarbeiter, Häftlinge und Kriegsgefangenen sowie des gesamten deutschen Widerstandes gegen den Nationalsozialismus gedacht wird. Es gibt Vorschläge, das Denkmal neu zu gestalten, den Anteil Polens an dem Kampf der Deutschen für Freiheit, Demokratie und Einheit ins Zentrum zu stellen.

Denkmalpflege

Polen machen Deutschland fein

Nawojka Cieślińska-Lobkowicz

—

Gleich nachdem im Dezember 1970 der Vertrag über die Normalisierung der (bundes)deutsch-polnischen Beziehungen unterzeichnet wurde, beauftragte der damalige Oberbürgermeister von München, Hans-Jochen Vogel, das polnische Unternehmen „Pracownie Konserwacji Zabytków" (Werkstätten für Denkmalpflege, PKZ) damit, dem während des Kriegs beschädigten Isartor seinen gotischen Charakter zurückzugeben. Im Laufe der folgenden 20 Jahre führten die PKZ in beiden deutschen Staaten rund zweihundert, oft komplexe, mehrjährige Restaurationsprojekte aus.

Das staatliche Unternehmen PKZ war 1950 gegründet worden, um die Arbeiten zu koordinieren, die die Restaurierung und Rekonstruktion historischer Gebäude in Polen betrafen, die während der deutschen Besatzung zerstört worden waren. Anders als in der Bundesrepublik und in der DDR (wenn auch jeweils aus verschiedenen Gründen) betrachtete der kommunistische polnische Staat den Wiederaufbau von Baudenkmälern als vorrangiges Ziel der Kulturpolitik, da man hierin eine Chance sah, die Regierung in den Augen der größtenteils antikommunistischen Bevölkerung zumindest teilweise zu legitimieren. Da die Aufgaben äußerst umfangreich waren, wuchsen die PKZ rasch. Mit über 20 regionalen Zweigniederlassungen und zahlreichen Werkstätten wurde das Unternehmen zu einer Art „Denkmalpflegeinstitut (...), das Tätigkeiten wie vorbereitende Untersuchungen, Dokumentationserstellung, Planung und Ausführung von Restaurierungen von Baudenkmälern und Kunstwerken

D

Durch die PKZ intensivierte sich die deutsch-polnische kulturelle Zusammenarbeit bereits lange vor dem Fall der Berliner Mauer.

Sommerseminar mit polnischen Restauratorinnen und Restauratoren im Gartensaal des Schlosses Nischwitz bei Leipzig, 1988

zu einem geschlossenen Investitionszyklus vereinigte".[4] Die Fachleute wurden in den unterschiedlichsten Gebieten des Denkmalschutzes an Hochschulen in Warschau, Krakau und Thorn ausgebildet. Man pflegte aussterbende historische Handwerks- und Bautechniken, schulte die Handwerker und entwickelte neue Technologien für den Denkmalschutz. Grundlage der Arbeiten war jeweils die interdisziplinäre Untersuchung des Baudenkmals – ein damals weltweit beispielhaftes Vorgehen, das als „Polnische Schule des Denkmalschutzes" bekannt wurde.

Die eindrucksvollsten Ergebnisse der PKZ-Arbeiten finden sich – abgesehen vom Warschauer Königsschloss – paradoxerweise in Deutschland, wo PKZ-Fachleute in den 1970er- und 1980er-Jahren moderne Techniken und Materialien nutzen konnten, die es in der Volksrepublik Polen nicht gab. Die polnischen Denkmalschützer stellten zwei Schlossanlagen mitsamt den umgebenden Parks wieder her, die später als UNESCO-Weltkulturerbe anerkannt wurden: Schloss Augustusburg im nordrhein-westfälischen Brühl mit seinen zahlreichen Plastiken und Stuckdekorationen sowie Sanssouci in Potsdam mit dem Palast Neue Kammern, den Gartenterrassen und dem Marstall. Die PKZ haben sich außerdem um die Revitalisierung der Altstädte von Quedlinburg, Stralsund und Braunschweig verdient gemacht, um die Wiederherstellung von Kircheninnenräumen, so in Trier (Dom), Frankfurt am Main (Karmeliterkirche mit Wandmalereien aus dem 14. Jahrhundert), Koblenz (St. Kastor und St. Laurentius), Bonn (Pilgerkirche auf dem Kreuzberg), Lübeck (Ägidienkirche), Oberbreisig (romanische Fresken in St. Viktor) und Niederhausen (gotische Wandmalereien in der Evangelischen Pfarrkirche). Auch Museumsobjekte wurden von den PKZ restauriert.

Durch die PKZ intensivierte sich die deutsch-polnische kulturelle Zusammenarbeit bereits lange vor dem Fall der Berliner Mauer. Ideologische Unterschiede spielten keine Rolle – in der DDR nannte man die Arbeit der polnischen Denkmalpfleger „brüderliche Hilfe", in der Bundesrepublik verdiente das kommunistische Polen schlicht und einfach Devisen.

Brühl, Schloss Augustusburg, Detail des Deckengemäldes *Apoll und die Musen* von Carlo Carlone im Musiksaal: Auch hier waren polnische Denkmalschützer am Werk.

[4] Andrzej Tomaszewski: *Das gemeinsame Kulturerbe von Deutschen und Polen in Europa und seine Erhaltung – eine gemeinsame Aufgabe*, in: ders./Dethard von Winterfeld (Hrsg.): *Wspólne dziedzictwo. Polsko-niemiecka współpraca konserwatorska 1970–2000/Das gemeinsame Kulturerbe. Die deutsch-polnische Zusammenarbeit in der Denkmalpflege 1970–2000* [Gniezno] 2001, S. 24.

Deutsch-Polnische Gesellschaften

Basisengagement für Polen

Basil Kerski

—

Die Bedeutung Polens für Deutschland ist unter anderem an der Vielzahl von Deutsch-Polnischen Gesellschaften (DPG) abzulesen, die sich überall in der Bundesrepublik, nicht nur im grenznahen Raum, für die Vermittlung der polnischen Kultur und die Begegnung zwischen Deutschen und Polen einsetzen. Ein Teil dieser Vereinigungen (45 mit knapp 3.000 Mitgliedern) gehört einem bundesweiten Dachverband an, der „Deutsch-Polnischen Gesellschaft Bundesverband e.V." Diese seit 1986 bestehende Lobbyorganisation gibt unter anderem das zweisprachige Deutsch-Polnische Magazin →DIALOG heraus,

Die „Solidarność"-Bewegung löste 1980 eine neue Welle des Interesses an Polen aus, von der die Deutsch-Polnischen Gesellschaften profitieren konnten. Nachdem die Verhängung des Kriegsrechts im Dezember 1981 zu einer humanitären Katastrophe in Polen geführt hatte, wurde die Organisation von Hilfstransporten nach Polen (→Polenhilfe) in den 1980er-Jahren eine der Hauptaufgaben der DPGs. Die Niederschlagung der „Solidarność"-Bewegung hatte in den 1980er-Jahren eine Ausreisewelle aus Polen zur Folge. Der Mitgliederkreis der Deutsch-Polnischen Gesellschaften in der

D

Hier kamen Westdeutsche zusammen, die fasziniert waren von der Universalität der polnischen Kultur der Nachkriegszeit, des Films und Theaters, der Lyrik, Plakatkunst oder Jazzmusik.

verleiht jährlich den „DIALOG-Preis" unter anderem an Personen und Institutionen für ihr Engagement zur Vertiefung der deutsch-polnischen Beziehungen und organisiert Jahreskongresse der Gesellschaften. Neben dem „Deutsch-Polnischen Forum" und den „Deutsch-Polnischen Medientagen" ist der jährliche Kongress der Deutsch-Polnischen Gesellschaften (DPGs) das bedeutendste Forum des bilateralen politischen und gesellschaftlichen Dialogs in Deutschland. Einige der regionalen und lokalen Gesellschaften, vor allem aus dem norddeutschen Raum, wie Hamburg, Bremen, Kiel, Hannover, Göttingen oder Berlin, können auf ein über 40-jähriges ehrenamtliches Engagement zurückblicken. Sie waren im geteilten Europa Vorreiter des Dialogs zwischen Ost und West.

Der Streit um die Ostverträge und die Anerkennung der Oder-Neiße-Grenze hat in den 1970er-Jahren die Aufmerksamkeit einer breiten bundesdeutschen Öffentlichkeit auf deutschpolnische Themen gelenkt. Befürworter der sozialliberalen Ostpolitik, die sich für die Aussöhnung mit Polen engagieren wollten, gründeten damals erste Deutsch-Polnische Gesellschaften. Hier kamen Westdeutsche zusammen, die fasziniert waren von der Universalität der polnischen Kultur der Nachkriegszeit, des Films und Theaters, der Lyrik, Plakatkunst oder Jazzmusik. Initiatoren waren aber auch Kommunalpolitiker, die mit der Gründung erster Städtepartnerschaften die Grenzen zwischen den politischen Blöcken öffnen wollten. Um diese Partnerschaften in der Gesellschaft zu verwurzeln, entstanden deutsch-polnische Vereine. Zulauf bekamen die DPGs auch von Deutschen mit familiären Wurzeln östlich von Oder und Neiße, denen der Revisionismus der Vertriebenenverbände fremd war.

Bundesrepublik wurde dadurch um polnische Einwanderer erweitert. Noch vor den europäischen Revolutionen von 1989 schlossen sich die Deutsch-Polnischen Gesellschaften dann zu einer Dachorganisation zusammen, um ihre Interessen bundesweit besser vertreten zu können. Wichtigstes Ziel war die Gründung einer den bilateralen Beziehungen gewidmeten Zeitschrift. Bereits 1987 erschien die erste Nummer des Magazins „DIALOG".

Infolge der deutschen Wiedervereinigung konnten die Deutsch-Polnischen Gesellschaften ihre Arbeit auf die neuen Bundesländer ausweiten. So entstanden entlang der deutschpolnischen Grenze mitgliederstarke regionale Deutsch-Polnische Gesellschaften, die sich vor allem für den Abbau von Stereotypen und die Popularisierung der polnischen Sprache in Deutschland einsetzten. Die DPG Brandenburg wurde zum Beispiel zu einem Vorreiter der grenzüberschreitenden Zusammenarbeit von Journalisten, die DPG Sachsen ist in der deutsch-polnisch-tschechischen Kooperation von Gewerkschaftern aktiv. Und noch vor Polens NATO- und EU-Beitritt traten die DPGs für die politische Westintegration des östlichen Nachbarn ein.

Die europäische Integration ist auch heute ein zentrales Thema der DPGs. Sie treten vor allem ein für die Weiterentwicklung des „Weimarer Dreiecks", des außenpolitischen Gesprächsforums zwischen Deutschland, Frankreich und Polen, und der Beziehungen mit den östlichen Nachbarn. Wie schon vor 1989, verstehen sich die Deutsch-Polnischen Gesellschaften nicht nur als Förderer der bilateralen Zusammenarbeit, sondern auch als europäische Brückenbauer.

„Democracy under Construction",
ein deutsch-polnisch-tschechisches
Projekt des DPJW in Danzig, 2015

Deutsch-Polnisches Jugendwerk

Polsko-Niemiecka Współpraca
Młodzieży

Matthias Barełkowski

—

Was ist eigentlich eine Jugendbegegnung? Der Kurzfilm *Geschichte eines Kusses. Begegnung mit dem Deutsch-Polnischen Jugendwerk* [5] beginnt mit einem Kuss zwischen Franziska aus Deutschland und Paweł aus Polen, die sich auf dem Krakauer Marktplatz küssen wollen. Im Weiteren schildert der 15-minütige Streifen anschaulich und unterhaltsam, welche Arbeit des Deutsch-Polnischen Jugendwerks (DPJW) „hinter den Kulissen" notwendig ist, damit es zu diesem Kuss kommen kann – jedoch nicht muss.

Hauptaufgabe der in Potsdam und Warschau angesiedelten Organisation ist die Initiierung und Förderung des deutsch-polnischen Jugendaustauschs. Vielfältig sind dabei die Formen der Begegnungen: vom Musik- oder Theaterworkshop über Sportwettbewerbe und Ökoprojekte bis hin zu Gedenkstättenfahrten. Seit der Gründung 1991 durch die Regierungen Polens und Deutschlands wurden so Jugendprojekte mit mehr als 2,7 Millionen Teilnehmenden gefördert. In den letzten Jahren nahmen jährlich circa 52.000 Jugendliche aus Polen und ebenso viele aus Deutschland am Austausch teil. Zunehmend kommen auch trilaterale Begegnungen hinzu, darunter an erster Stelle mit Jugendlichen aus der Ukraine.

Neben der finanziellen Förderung von schulischem und außerschulischem Jugendaustausch hat das DPJW, das 2016 über einen Etat von rund 10 Millionen Euro für seine Arbeit verfügen konnte, in den vergangenen Jahren auch großen Wert gelegt auf die Erarbeitung von Publikationen und Arbeitsmaterialien sowie Fortbildungsveranstaltungen für Multiplikatoren der Jugendarbeit. Hervorzuheben sind hier das in deutscher und polnischer Sprache erhältliche Buch *Deutschland, Polen und der Zweite Weltkrieg. Geschichte und Erinnerung* [6] und die dazugehörige zweisprachige Datenbank *Erinnerungssorte an den Zweiten Weltkrieg in Deutschland und in Polen* [7], die erstmalig gemeinsames Grundwissen über dieses nach wie vor sehr präsente Kapitel in den deutsch-polnischen Beziehungen vermitteln wollen.

Wie viele deutsch-polnische Küsse dank der Förderung des DPJW bisher ausgetauscht wurden und was daraus noch alles resultierte, ist unbekannt – erzählenswerte Geschichten sind es allemal.

---

[5] Siehe unter www.dpjw.org/publikationen/informationen-zum-dpjw/

[6] Jerzy Kochanowski/Beate Kosmala (Hrsg.): *Deutschland, Polen und der Zweite Weltkrieg. Geschichte und Erinnerung/ Polska – Niemcy. Wojna i Pamięć*, Potsdam 2013. Siehe auch unter www.dpjw.org/publikationen/geschichte-landeskunde/

[7] Siehe unter www.dpjw.org/publikationen/geschichte-landeskunde/ (Aufruf der Webseiten am 15.01.2018).

DIALOG

Das Magazin für deutsch-polnische Debatten

Manfred Mack

—

Die erste Ausgabe der Zeitschrift „DIALOG" erschien im Juni 1987 als Sprachrohr der →Deutsch-Polnischen Gesellschaften, die sich nach 1970 im Gefolge und zur Unterstützung der sozialliberalen Ostpolitik gegründet hatten. Mit dem zweisprachigen Magazin schuf man sich ein Organ, das den Informationsaustausch untereinander beförderte und zugleich durch seine hohe Auflage (bis zu 20.000 Exemplare) und seine attraktive grafische Gestaltung neue Sympathisanten für die deutschpolnische Verständigung gewinnen konnte. Drei Faktoren trugen zum Erfolg dieses Unternehmens bei: erstens der erste Chefredakteur Günter Filter. Er war politisch sehr gut vernetzt und sicherte dem Magazin die notwendige politische und finanzielle Unterstützung. Zweitens der Co-Chefredakteur Adam →Krzemiński, ein erfahrener Journalist, der vielleicht beste polnische Deutschlandexperte und ein leidenschaftlicher Befürworter der deutsch-polnischen Verständigung. Drittens der Hersteller Willi Wilczek, dem es gelang, ein Team von professionellen Layoutern und Redakteuren sowie überragenden Illustratoren wie Zygmunt →Januszewski und Wiesław →Smętek für die Mitarbeit zu gewinnen und dem Magazin ein unverwechselbares Gesicht zu geben.

Für Tausende von Polenfreunden in Deutschland und Deutschlandfreunden in Polen wurde das zweisprachige Magazin zur wichtigsten Informationsquelle für ihr deutsch-polnisches Engagement. Natürlich gab es auch Neider und Kritiker: Vor 1989 war die Zeitschrift bei offiziellen Vertretern der Volksrepublik Polen nicht unbedingt gut angesehen, man befürchtete, durch die offenen Diskussionen die Deutungshoheit in deutsch-polnischen Fragen zu verlieren, auch Vertreter der „alten" Deutsch-Polnischen Gesellschaften waren nicht gut auf die „Konkurrenz" zu sprechen, neideten die staatliche Unterstützung der deutschen Regierung.

Die Verbesserung der deutsch-polnischen Beziehungen nach der friedlichen Revolution von 1989 und dem Abschluss des deutsch-polnischen Freundschaftsvertrags von 1991 führte nicht etwa zu einem Aufblühen des Magazins, im Gegenteil, sie führte zu einer Krise, da die bisherigen Geldgeber offensichtlich der Meinung waren, die deutsch-polnischen Beziehungen hätten sich so weit normalisiert, dass eine weitere Förderung des Magazins im bisherigen Umfang nicht mehr notwendig wäre. Anstelle der bis dahin zwei Chefredakteure wurde 1998 Basil Kerski als neuer Chefredakteur berufen, die Redaktion verschlankt und die Auflage verringert. Heute liegt sie zwischen 7.000 bis 8.000 Exemplaren. Das Profil der Zeitschrift hat sich seither verändert, aber sie hat es geschafft, mit neuer Schwerpunktsetzung das wichtigste Informations- und Diskussionsforum der deutsch-polnischen Verständigung zu bleiben.

Dies ist nicht zuletzt das Verdienst Kerskis. Der 1969 in Danzig geborene Kerski, der in Berlin studiert hat, vereinte aufgrund seiner deutsch-polnischen intellektuellen und politischen Sozialisation das Gefühl für deutsche und polnische Befindlichkeiten. Im Rückblick charakterisiert er den Weg des Magazins folgendermaßen: „In den Anfangszeiten (war) der ‚Dialog' vor allem ein Medium für Reflexionen und Diskussionen zur aktuellen politischen, kulturellen und wirtschaftlichen Entwicklung der deutschpolnischen Beziehungen". Als Aufgabe für die Gegenwart formuliert Kerski: „Nicht Informationsvermittlung steht heute im Mittelpunkt unserer Redaktionsarbeit, sondern Perspektiverweiterung. (...) Wir versuchen, neue Themen in die deutsch-polnische Debatte einzubringen oder in den populären Medien oberflächlich behandelte Themen zu vertiefen."[8]

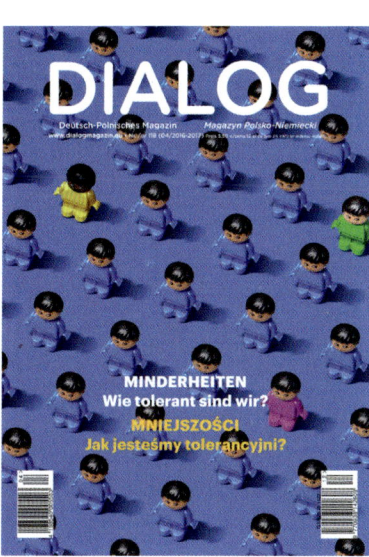

Das Deutsch-Polnische Magazin „DIALOG" erscheint seit 1987.

D

---

[8] Basil Kerski: *Europäisches Projekt: 25 Jahre Deutsch-Polnisches Magazin DIALOG*, in: DIALOG, Nr. 100 (2012), S. 9–12.

Dora Diamant, aufgenommen um 1920

Diamant, Dora

Kafkas letzte Liebe

Peter Oliver Loew

—

„Ich kam aus dem Osten, als ein dunkles Geschöpf voller Träume und Vorahnungen"[9] – Dora Diamant wusste, was dem 15 Jahre älteren Franz Kafka an ihr gefiel.

Geboren wurde Dora 1898 in Pabianice nahe Lodz. Als sie acht Jahre alt war, starb ihre Mutter, und Dora zog mit ihrem Vater, einem jüdischen Kleinunternehmer, nach Bendzin, eine kurz vor der Grenze zum preußischen Schlesien gelegene Industriestadt. Orthodox aufgewachsen, floh sie aus einem jüdisch-orthodoxen Lehrerinstitut in Krakau nach Breslau und ging 1920 nach Berlin. Der bereits tuberkulosekranke Kafka hatte sie im Sommer 1923 beim Urlaub an der Müritz kennengelernt; wenig später zogen sie in Berlin in eine gemeinsame Wohnung. Sie war die einzige Frau, mit der Kafka jemals zusammenlebte. Dora Diamant dankte es ihm und sorgte sich sehr um den Schriftsteller, dessen Gesundheitszustand immer schlechter wurde. Im März 1924 begab er sich – und Dora folgte ihm bald – über Prag in österreichische Sanatorien, wo den Ärzten bald klar wurde, dass sie es mit einem unheilbar Kranken zu tun hatten. Dennoch hielt Kafka bei Doras Vater brieflich um ihre Hand an, dieser verweigerte ihm aber nach Beratung mit einem Rabbi die Zusage. Franz Kafka starb am 3. Juni 1924 im Beisein seiner polnisch-jüdischen Lebensgefährtin in Kierling bei Klosterneuburg – Dora hatte ihn bis zu seinem Tod dort gepflegt. Seine Briefe an sie sind verloren gegangen.

Nach Kafkas Tod arbeitete Dora eine Zeit lang als Schauspielerin, heiratete 1932 einen KPD-Funktionär und floh 1936, ein Jahr nach ihrem Mann, vor den Nationalsozialisten in die Sowjetunion. Während ihr Mann nach Sibirien deportiert wurde, gelangte sie 1940 nach Großbritannien, wo sie 1952 starb.

„Ich kam aus dem Osten, als ein dunkles Geschöpf voller Träume und Vorahnungen"

---

[9] Zit. nach Nicholas Murray: *Kafka und die Frauen – Felice Bauer, Milena Jesenská, Dora Diamant*, Düsseldorf 2007, S. 304.

Displaced Persons

Neue Heimat für heimatlose Polen

Dietmar Osses

—

Polnisch-jüdische „Displaced Persons"
im amerikanischen Sektor in Berlin, 1946

„Displaced Persons" oder abgekürzt „DPs" – so lautete nach Ende des Zweiten Welt-krieges die offizielle Bezeichnung vor allem für Zivilpersonen, die während des Krieges zumeist unfreiwillig aus den unter deutsche Besatzungsherrschaft gerate-nen Ländern Europas wie Polen nach ganz Deutschland versprengt worden waren. Aufgrund der in Jalta verhandelten Bestimmungen der Alliierten sollten diese DPs nach Kriegsende wieder in ihre Heimat repatriiert werden.

Schätzungsweise 2,3 Millionen Polen waren während des Zweiten Weltkriegs als ausländische Zivilarbeiter, Zwangsarbeiter, KZ-Häftlinge (→ Zwangsarbeiter aus Polen, → Konzentrationslager) oder Kriegsgefangene nach Deutschland gebracht worden. Von den fast eine Million polnischen Displaced Persons, die sich bei Kriegsende in den drei westlichen Besatzungszonen aufhielten, blieben nach 1951 schließlich ca. 80.000 dauerhaft in der Bundesrepublik. Während die Versorgung der polnischen DPs für die Westalliierten ein logistisches und moralisches Problem darstellte, wurden die in der Sowjetischen Besatzungszone verbliebenen DPs rela-tiv rasch nach Polen zurückgeführt.

Bereits ab dem Frühjahr 1945 hatte das Alliierte Oberkommando unmittelbar hinter den deutschen Frontlinien Sammellager für die befreiten DPs eingerichtet, in denen diese medizinisch versorgt und auf ihre Repatriierung vorbereitet wurden. Die Betreuung und Rückführung der DPs übernahm die UNO-Hilfsorganisation UNRRA („United Nations Relief and Rehabilitation Administration"). In der Regel wurden die Sammellager in ehemaligen Zwangsarbeiterlagern oder Wehr-machtskasernen eingerichtet, in einigen Fällen räumten die Alliierten jedoch auch ganze Stadtteile, so etwa im westfälischen Haltern und im emsländischen Haren (→ Haren / Maczków), um dort DP-Lager zu installieren.

Bis September 1945 kehrten etwa 90.000 Polen aus den westlichen Besatzungszonen in ihre Heimat zurück, was einem Anteil von gerade einmal 10 Prozent der polnischen DPs entsprach. Mit dem frühen Wintereinbruch 1945 kam die Repatriierung nahezu zum Erliegen. Gleichzeitig nahm die Bereitschaft der Polen zur Rückkehr rapide ab: Viele befürchteten Repressalien durch die neuen kommunistischen Machthaber. Und diejenigen, die aus den an die Sowjetunion abgetretenen Gebieten Ostpolens stammten, sahen sich ihrer alten Heimat gänzlich beraubt und wussten nicht, wohin sie in Polen hätten gehen sollen. Immerhin 90 Prozent der in Westdeutschland verbliebenen DPs erklärten nun, in naher Zukunft nicht nach Polen zurückkehren zu wollen. Das stellte die Verantwortlichen in den Militärverwaltungen der westlichen Besatzungszonen vor große Probleme. Die notwendige Versorgung mit Lebensmitteln, Kleidung und Medizin war im kriegszerstörten Deutschland nicht ohne Weiteres über einen längeren Zeitraum aufrechtzuerhalten.

Die polnischen DPs richteten sich nun auf einen längeren Aufenthalt ein und gründeten mit Unterstützung der Alliierten in den DP-Lagern in den Besatzungszonen der Westalliierten eigene Organisationen, die den Alltag strukturierten. Neben einem Kommandeur, meist einem ehemaligen polnischen Offizier, einem Lagerrat sowie einer polnischen Lagerpolizei kümmerten sich weitere Selbstorganisationen um die kulturellen Angebote. Im Mittelpunkt standen die Einrichtung von polnischen Schulen, die Gründung von Lagerzeitungen sowie die Zusammenstellung von Amateurtheatern und Gesangsgruppen. Ein besonderer Stellenwert kam der religiösen und seelsorgerischen Betreuung zu (→ Polnische Katholische Mission).

In den einzelnen Besatzungszonen gründeten sich Verbände, die die Interessen der polnischen DPs über die einzelnen Lager hinaus koordinierten: In der britischen Zone war dies die „Hauptkommission zur Verständigung

polnischer Kreise" *(Główna Komisja Porozumiewawcza Środowisk Polskich)*, in der US-amerikanischen Zone die „Polnische Vereinigung" *(Zjednoczenie Polskie)*, und in der französischen Zone bildeten sich die „Polnischen Kreiszentren" *(Powiatowe Ośrodki Polskie)*, da dort die Mehrheit der polnischen DPs nicht in Lagern, sondern in städtischen Privatwohnungen untergebracht war. Als Dachverband gründete sich 1946 die „Polnische Vereinigung in Deutschland" *(Zjednoczenie Polskie w Niemczech)*. Ein Zusammenschluss mit den Organisationen der alten Polonia wie dem → Bund der Polen in Deutschland erfolgte jedoch nicht.

Bis Anfang 1947 wurden mehrere Hundert polnische Schulen in Deutschland eingerichtet, dazu eine Hochschule der UNRRA unter polnischer Leitung, die in den Räumen des Deutschen Museums in München betrieben wurde. Einige Hundert polnische DPs studierten an deutschen Universitäten. Große Bedeutung als Informationsmittel erlangten die zahlreichen Zeitungen unter der Herausgeberschaft polnischer DPs. Während in München, wo eine eigene Nachrichtenagentur der polnischen DPs für die US-Zone in Betrieb war, DP-Zeitungen zonenweit erschienen, erreichten dagegen die polnischen DP-Zeitungen in der britischen Zone in der Regel nur eine lokale Leserschaft.

Schließlich bildeten sich für fast alle Bereiche des kulturellen Lebens zahlreiche Vereine und Verbände wie etwa der „Verband der polnischen Bühnenkünstler in Deutschland" *(Zrzeszenie Artystów Sceny Polskiej w Niemczech)*. Aufgrund der steigenden Fluktuation der Mitglieder waren viele dieser Zusammenschlüsse jedoch nur von kurzer Dauer.

Im krassen Gegensatz zu diesem differenzierten Kulturleben stand die Wahrnehmung der Polen seitens der deutschen Bevölkerung. Bei ihr stießen die DP-Lager zunehmend auf Ablehnung. So häuften sich Klagen über polnische Banden, Gewalt und Kriminalität. Ohnmacht und Wut über Zwangsräumungen

Für viele polnische DPs erschien eine Auswanderung in die USA attraktiv, da Nordamerika bereits um 1900 neben dem Ruhrgebiet das wichtigste Ziel der polnischen Migration gewesen war.

D

Ins kommunistisch werdende Polen zurückkehren? Da waren sich viele polnische „Displaced Persons" unsicher. Diese Aufnahme aus dem Jahr 1946 zeigt einige von ihnen vor einem Zug von Dortmund nach Lübeck, von wo aus sie mit Frachtschiffen in ihre Heimat gebracht werden sollten.

und Abgaben verbanden sich in der Wahrnehmung vieler Deutscher mit überkommenen Vorurteilen und Stereotypen der völkischen Rassenlehre aus der Zeit des NS-Regimes.

Das Hauptinteresse der Alliierten Militärregierung galt der Lösung der Frage der in Westdeutschland verbliebenen DPs. Aber erst 1947 brachte die Politik der Neuansiedlung („Resettlement") den gewünschten Durchbruch. Angesichts der zunehmenden Verschlechterung des Verhältnisses zwischen den Westalliierten und der Sowjetunion einerseits sowie einem steigendem Bedarf an Arbeitskräften in den westlichen Industrieländern andererseits erhielten die DPs nun die Möglichkeit, dauerhaft in die USA, nach Kanada oder nach Australien auszuwandern. Für viele polnische DPs erschien eine Auswanderung in die USA attraktiv, da Nordamerika bereits um 1900 neben dem Ruhrgebiet das wichtigste Ziel der polnischen Migration gewesen war und seither viele verwandtschaftliche Beziehungen dorthin bestanden. Rund 712.000 polnische DPs konnten die strengen gesundheitlichen Anforderungen der Aufnahmeländer erfüllen und erfolgreich nach Übersee auswandern. In Deutschland blieben vor allem ältere und kranke DPs mit ihren Familien zurück.

Die → polnischen Juden, von denen sich viele nunmehr stärker als Juden denn als Polen fühlten, wanderten mehrheitlich nach Palästina / Israel aus. Unter ihnen war neben den rund 76.000 Überlebenden des Holocaust eine Gruppe von mehreren Zehntausend jüdischen Flüchtlingen, die nach dem Pogrom in der polnische Stadt Kielce 1946 über die grüne Grenze nach Westdeutschland in die US-amerikanische Zone geflohen waren.

Nach Gründung der Bundesrepublik Deutschland 1949 übertrugen die Alliierten die Verantwortung für die noch verbliebenen gut 80.000 polnischen DPs von der „International Refugees Organisation" (IRO) auf die Regierungen des Bundes und der Länder. Mit dem „Gesetz über die Rechtsstellung heimatloser

Ausländer im Bundesgebiet" (HAuslG) wird 1951 das Bleiberecht der DPs geregelt: Das Gesetz garantiert den heimatlosen Ausländern Religions-, Schul- und weitgehende Gewerbefreiheit, schließt jedoch das Wahlrecht aus. Der Status des „heimatlosen Ausländers" wird an die nächste Generation weitergegeben, sofern der Betroffene seine Staatsangehörigkeit nicht ändert.

Beschäftigung fanden die DPs vor allem bei den Wachbataillonen und technischen Einrichtungen der Besatzungstruppen sowie in Industrie und Bergbau. Als Maßnahme zur Integration errichtete beispielsweise das Land Nordrhein-Westfalen mit Unterstützung durch die Vereinten Nationen 16 große Siedlungen, um den Displaced Persons eine dauerhafte Bleibe zu bieten.

Eine dieser Siedlungen entstand in Dortmund-Eving, nahe der Zeche „Minister Stein". 1951 zog auch Anastasia Janik mit ihrer Familie dort ein. Sie war 1942 aus ihrem Heimatdorf Tysowiec in der Nähe von Lemberg von Deutschen verschleppt und zur Zwangsarbeit nach Westfalen deportiert worden. Das Kriegsende brachte für Anastasia Janik die Befreiung aus der Zwangsarbeit und die Hoffnung auf eine schnelle Rückkehr in die Heimat. Während sie mit ihrem Mann, ebenfalls ein ehemaliger polnischer Zwangsarbeiter, in einem DP-Lager auf die Möglichkeit zur Rückkehr nach Tysowiec wartete, mehrten sich die Berichte über die Internierung und Verfolgung heimgekehrter ehemaliger Zwangsarbeiter durch die kommunistische Regierung in Polen. Aufgrund dieser Bedrohung schien ihnen, wie vielen ihrer Landsleute, eine Rückkehr nach Polen nun nicht mehr möglich. In Deutschland zu bleiben, in dem Land, das ihr die bittersten Erfahrungen ihres Lebens gebracht hatte, war für Anastasia Janik aber auch undenkbar. Nach Jahren der Ungewissheit und mehreren Verlegungen in andere DP-Lager fasste die Familie Janik schließlich den Entschluss, nach Kanada auszuwandern. Probleme mit den Ausweispapieren machten die Pläne der Familie jedoch zunichte, sie musste wieder ins DP-Lager zurück. Schließlich wurde ihr eine Wohnung in der neu errichteten DP-Siedlung in Dortmund-Eving zugeteilt. Die ersten Monate waren für die Siedlungsbewohner schwer. Nach anfänglichen Konflikten untereinander und mit der Nachbarschaft etablierte sich langsam ein polnisches Alltagsleben mit polnischsprachigen Gottesdiensten, einem Chor und einer Tanzgruppe. Anastasia fand eine Anstellung als Haushaltshilfe. Sie hielt beständig an der Hoffnung fest, eines Tages nach Polen zurückkehren zu können. Mit ihren Kindern sprach sie ausschließlich Polnisch, damit diese sich später in Polen zurechtfinden würden. Das führte im Laufe der Jahre zu Konflikten mit den Kindern, die zu Hause nur Polnisch, in der Schule aber nur Deutsch sprechen durften. Während die Eltern sich eine polnische Enklave schufen in einem Land, in dem sie eigentlich nicht leben wollten, suchten die Kinder ihre Zukunft in Deutschland, dem Land, in dem sie geboren waren.

D

Während die Eltern sich eine polnische Enklave schufen in einem Land, in dem sie eigentlich nicht leben wollten, suchten die Kinder ihre Zukunft in Deutschland, dem Land, in dem sie geboren waren.

Nach Jahrzehnten ist Anastasia Janik heute eng mit der polnischen Siedlung in Dortmund verwurzelt. Hier hat sie nun den größten Teil ihres Lebens verbracht, hier lebt ihre Familie, hier ist sie zu Hause. Ihre Heimat bleibt jedoch Polen – Polen, wie sie es in ihrer Jugend verlassen musste und in ihrer Erinnerung bewahrt hat. Die Siedlung in Dortmund-Eving ist heute immer noch polnisch geprägt, aber die Spuren verwischen langsam. Polnische Gottesdienste finden hier nur noch gelegentlich statt, die Gemeinde ist vor einigen Jahren in die Innenstadt gezogen. Nur wenige Nachkommen der DPs sind in der Siedlung geblieben. Neue Impulse hat das polnische Leben in der Siedlung noch einmal durch die Welle der → Aussiedler aus Polen in den 1980er-Jahren erhalten.

Während viele DPs an ihrer polnischen Identität und ihrem Rechtsstatus als „Heimatlose Ausländer" lange festhielten und keinen deutschen Pass beantragten, haben ihre Kinder großenteils die deutsche Staatsangehörigkeit angenommen. Ihre Heimat ist Deutschland. Einige von ihnen versuchen, die Erinnerung an das Schicksal ihrer Eltern wachzuhalten. Die Geschichte der polnischen Displaced Persons ist in der Erinnerungskultur in Deutschland bisher jedoch kaum präsent.

Weiterführende Literatur

Wolfgang Jacobmeyer: *Vom Zwangsarbeiter zum Heimatlosen Ausländer. Die Displaced Persons in Westdeutschland 1945 – 1951*, Göttingen 1985.

Angelika Königseder / Juliane Wetzel: *Lebensmut im Wartesaal. Die jüdischen DPs (Displaced Persons) im Nachkriegsdeutschland*, Frankfurt am Main 1994.

Andreas Lembeck unter Mitarbeit von Klaus Wessels: *Befreit, aber nicht in Freiheit. Displaced Persons im Emsland 1945 – 1950*, Bremen 1997.

Jan Rydel: *Die polnische Besatzung im Emsland 1945 – 1948*, Osnabrück 2003.

Stefan Schröder: *Displaced Persons im Landkreis und in der Stadt Münster 1945 – 1951* (Veröffentlichung der Historischen Kommission für Westfalen, Band XXII), Münster 2005.

DJ Tomekk

oder ein lebensrettender Traum

Andrzej Kaluza

—

Deutschlands prominentester DJ wurde am 11. Oktober 1975 als Tomasz Kuklicz in Krakau geboren. Nachdem seinem Vater 1985 die Flucht in den Westen gelungen war, sollten schwierige Zeiten vergehen, ehe er den Sohn in West-Berlin wieder in die Arme schließen konnte. In dieser Zeit entdeckt der junge Tomek(k) (Koseform von Tomasz) sein Faible fürs DJ-ing: Der Flow liegt ihm im Blut. Bereits mit zehn Jahren beschäftigt er sich lieber mit Vinyl und Backspinning als mit „Nintendo". Mit 15 nimmt Tomekks Leben eine Wendung: Sein Vater stirbt, er ist in Berlin auf sich allein gestellt. Als Halbwaise landet er im Kinderheim. Doch Aufgeben ist schon damals nicht sein Ding. Er schlägt sich durch, kauft Platten, feilt weiter am DJ-Handwerk und träumt von einem Leben als DJ. „Anstatt Drogen zu dealen, wollte ich DJ werden. Musik machte mir Spaß, das Auflegen war mein Traum. Deswegen beschloss ich, nicht nur meinen Lebensunterhalt damit zu verdienen, ich wollte dann lieber gleich der beste DJ der Welt werden. Träume erhalten uns am Leben – und dieser Traum hat mein Leben gerettet", bekennt Tomekk heute. [10]

DJ Tomekk – ein musikalisches Multitalent, Berlin 2017

---

[10] Zit. nach www.tonight.de/duesseldorf/news/szene/live-am-27-maerz-clap-your-hands-kurtis-blow-dj-tomekk-im-the-attic.985592 (Aufruf am 15.01.2018).

„Ich wollte dann lieber gleich der beste DJ der Welt werden. Träume erhalten uns am Leben – und dieser Traum hat mein Leben gerettet."

D

Mit 16 unterschreibt er seinen ersten Plattenvertrag. Mit 18 wird er von der Rap-Legende Kurtis Blow entdeckt, dem ersten Rap-Millionär und legendären „Father of Hip Hop", den Tomekk in einem Berliner Radiosender trifft. Kurtis Blow hatte nie zuvor einen weißen Jungen erlebt, der gleichzeitig perfekt das Cutting beherrscht und dabei ein Interview führen kann. Er nimmt Tomekk kurzerhand als seinen neuen DJ mit in die USA. In den Staaten sorgt Tomekk für so viel Furore, dass er als erster Nicht-Amerikaner für den „1st Annual Rap Music Award" in Las Vegas nominiert wird.

Zurückgekehrt nach Deutschland verschanzt er sich im Studio und präsentiert 1999 das Ergebnis seiner Schaffensphase: *1, 2, 3 Rhymes Galore*, einen grandiosen Mix aus amerikanischem und deutschem Hip-Hop. *Ich lebe für Hip Hop!* – mit diesem Bekenntnis stürmt DJ Tomekk 2000 die deutschen Charts. Mit seiner Hip-Hop-Hymne setzt er seine erste Marke als Interpret im internationalen Musikbusiness, das er seitdem als

einer von Deutschlands Top-Produzenten und DJs mitprägt. Branchengrößen wie die Rapperin Lil' Kim, die US-Rapper Xzibit oder Ice-T klopften bereits an Tomekks Studiotür, um mit seinen Beats erfolgreich zu sein. Wichtige Musikpreise wie der „Comet" des Musiksenders Viva in der Kategorie „Best Newcomer", mehrere Bravo-„Ottos" sowie weitere Auszeichnungen, zum Beispiel durch den Berliner Senat für seine Integrationsarbeit, sind Lohn und Anerkennung seiner außergewöhnlichen Leistungen. 2006 gründet er schließlich sein Plattenlabel „Boogie Down Berlin", unter dem er Künstler wie Kyss Major, Trooper Da Don und Vanessa S unter Vertrag nimmt und auch, wie den deutschen Rapper Sido, von Beginn ihrer Karriere an begleitet.

Seit 2008 macht sich Tomekk für gefährdete Kids und Jugendliche stark. Seitdem tourt er immer wieder mit seiner karitativen Arbeit durch Europa und versucht in Workshops, Jugendlichen Mut und Hoffnung zuzusprechen. „Glauben ist alles!", so seine Devise.

Doliwo-Dobrowolski, Michał

Über die Schwierigkeit nationaler Zuschreibungen

Peter Oliver Loew

—

Ob dieser Pionier des Wechselstroms tatsächlich Pole war, ist umstritten – womit er eines jener vielen Beispiele ist, die belegen, wie schwierig nationale Zuschreibungen oft sind. Michail Dolivo-Dobrovolskij, wie sein Name aus dem Russischen transkribiert wird, wurde 1862 bei Sankt Petersburg geboren, seine Eltern und Großeltern waren Russen, doch seine Vorfahren väterlicherseits dürften aus Polen stammen (obschon das nicht sicher ist). Nach einigen Semestern am Polytechnikum in Riga ging er 1883 nach Darmstadt, wo er an der Technischen Hochschule Elektrotechnik studierte, am weltweit ersten Lehrstuhl für dieses Fach, und später forschte, ehe er für Jahrzehnte als Chefkonstrukteur bei der „Allgemeinen Elektricitäts-Gesellschaft" (AEG) arbeitete. 1889 entwickelte er einen Drehstrom-Asynchronmotor, der dem Dreiphasen-Wechselstrom als moderne Antriebstechnik zum Durchbruch verhalf und seiner Firma Weltruhm einbrachte. 1919 starb er in Heidelberg. Seine letzte Ruhestätte fand er in Darmstadt, wo auch eine nach ihm benannte Straße und ein TU-Seminargebäude an ihn erinnern.

Nun hat nicht nur Russland, sondern auch Polen diesen bedeutenden Wissenschaftler und Ingenieur für sich entdeckt. Der polnische Verband der Elektrotechniker erklärte das Jahr 2012 zum „Doliwo-Dobrowolski-Jahr" und sorgte für die Aufhängung von Gedenktafeln; ein Platz direkt neben der Stettiner Technischen Universität trägt seinen Namen. Insofern ist Doliwo-Dobrowolski ein Beispiel für eine jener zahlreichen verwischten polnischen Spuren in Deutschland, die auf die komplexe Geschichte wandernder Menschen, wandernder Ideen und nationaler Besitzansprüche in Mittel- und Osteuropa verweisen. Entweder man schaut genau hin – Michał ist Polnisch, Michail Russisch – oder man lässt es und sieht den Drehstrom-Pionier ganz einfach als ein übernationales Mitglied der gelehrten Welt an.

Erasmus Kittler, Professor für Elektrotechnik, im Kreise seiner Schüler an der TH Darmstadt (1884), rechts Michał Doliwo-Dobrowolski

Dygat, Stanisław

Der Bodensee-Erzähler

Hans-Christian Trepte

—

Stanisław Dygat, 1962

D

Der Feuilletonist, Prosaiker und Dramatiker Stanisław Dygat (1914 – 1978) hatte in Warschau unter anderem Philosophie studiert. Da er neben der polnischen auch die französische Staatsbürgerschaft besaß, wurde er nach der Niederlage Polens im Septemberfeldzug 1939 für ein halbes Jahr in einem Ausländerlager in Konstanz am Bodensee interniert, ehe er nach Warschau zurückkehren konnte. Nach dem Krieg lebte er in Krakau, Lodz und Breslau, seit 1950 wieder in Warschau. Dort arbeitete er für verschiedene Zeitschriften, darunter „Przegląd Kulturalny", wo unter anderem seine *Rozmyślania przy goleniu* (Überlegungen beim Rasieren) erschienen.

Dygats literarische Figuren, die in der Tradition des polnischen Schriftstellers Witold → Gombrowicz stehen, entziehen sich nationalen, gesellschaftlichen und politischen Konventionen durch Spott, Provokation, Skandal und Flucht. Letztere unternimmt der in einem „Ausländerlager" in Konstanz am Bodensee inhaftierte Protagonist in Dygats bedeutendstem – bis heute nicht ins Deutsche übertragenen – Roman *Jezioro Bodeńskie* (Bodensee, 1946) den der Autor bereits im November 1942 zu schreiben begonnen hatte. Zentrale Motive dieses Werkes, so die Auseinander-

> ## „Der Pole würde dem Deutschen die Schuhe nicht putzen, selbst wenn er dafür den Tod erleiden müsste."[11]

setzung mit polnischen Mythen und Masken, nahm Dygat später in seinem psychologisch-soziologischen Roman *Dworzec w Monachium* (Der Bahnhof in München, 1973) wieder auf. Ein zufälliger Aufenthalt auf dem Münchner Hauptbahnhof wird für den Erzähler zum Anlass, sich aus der Perspektive eines Angehörigen der Kriegsgeneration mit der Rolle und Funktion des Einzelnen im sozialistischen Volkspolen nach dem Zweiten Weltkrieg auseinanderzusetzen. Beide Werke wurden von polnischen Regisseuren verfilmt: *Jezioro Bodeńskie* im Jahr 1985 (von Janusz Zaorski) und *Palace Hotel* 1977 (von Ewa Kruk).

---

[11] Das sagt ein junger Pole, Protagonist in Stanisław Dygats: *Jezioro Bodeńskie,* Warszawa 1987, S. 34 – 35 [Übers. HCT].

Elsner, Sławomir

Made in Germany / Made in Poland

Andrzej Kaluza

—

Hat moderne Kunst eine Nationalität? Diese Frage könnte man bei dem deutsch-polnischen Künstler Sławomir Elsner stellen, ohne dass sie sich beantworten ließe. Der 1976 im oberschlesischen Loslau (Wodzisław Śląski) geborene Elsner kam als Kind mit seinen Eltern in die Bundesrepublik. Ab 1995 studierte er freie Malerei an der Kunsthochschule Kassel, wo er Meisterschüler von Norbert Radermacher wurde. Seit 2001 erhielt Elsner zahlreiche Preise und kann auf eine Vielzahl an internationalen Einzel- und Gruppenausstellungen zurückblicken. In seinen Arbeiten reflektiert er die mediale Vermittlung von Bildern. Als Grundlage für sein Schaffen dienen ihm oftmals Fotografien, die er häufig Zeitungen entnimmt, aus dem Zusammenhang reißt und durch den Akt der Übertragung in ein anderes Medium verfremdet. Charakteristisch sind dabei Serien, so etwa die frühe Arbeit *Slawomir* (1999), in der der Künstler sich selbst in verschiedenen beruflichen Rollen fotografisch inszeniert hat. Augenscheinlich geht es ihm weniger um die Darstellung der Realität als vielmehr darum, offenzulegen, „in welchem Maße Bilder die Wirklichkeit deformieren und zu völlig unabhängigen visuellen Tatsachen werden", wie er es 2011 in einem Interview formulierte. [1]

Elsners Werke hängen in vielen namhaften Galerien und Kunstsammlungen. 2007 war sein Bild *Panorama*, eine Hommage an die gleichnamige, in den 1970er-Jahren populäre polnische Wochenzeitung, das „Gesicht" der programmatischen Ausstellung „Made in Germany", die der Kunstverein Hannover, die Kestnergesellschaft und das Sprengel Museum Hannover in ihren Häusern zeigten. Das gleiche Bildmotiv zierte im Januar 2009 auch das Cover des Kunstmagazins „ART" mit dem Titelthema „Made in Poland". Auf diese Doppelvereinnahmung angesprochen, erklärte der Künstler lakonisch: „Ich bin in Polen, in Schlesien, geboren und lebe jetzt in Berlin."

---

[1] *Crossing Boundaries: A Conversation with Artist Slawomir Elsner*, Anna M. Antoniak im Gespräch mit Sławomir Elsner, in: GALO Magazine, 19.07.2011 [Übers. AK]. Online abrufbar unter: www.rastergallery.com/wp-content/uploads/2013/02/Crossing-Boundaries.-A-Conversation-with-Artist-Slawomir-Elsner-19.07.2011-galomagazine.com_.pdf (Aufruf am 22.01.2018).

Fałat, Julian

Des Kaisers polnischer Maler

Nawojka Cieślińska-Lobkowicz

—

E/F

Julian Fałat,
*Winterlandschaft
in Polesien,* 1910,
Museum für Moderne
Kunst Krakau

Kaum zu glauben, dass die erste Gemeinschaftsausstellung polnischer Künstler in Europa in der Hauptstadt des für seine antipolnische Politik bekannten Preußens stattfand: 1891 waren hier Werke von Malern aus allen drei Teilungsgebieten Polens zu sehen, was nationale Einheit ebenso demonstrieren sollte wie künstlerische Vielfalt. Diese Ausstellung ging auf Julian Fałat (1853 – 1929) zurück, den Sohn eines galizischen Dorforganisten.

Fałat, der an der Krakauer Kunstakademie studiert hatte, verdankte seine Karriere an der Spree einer Begegnung mit dem preußischen Prinzen Wilhelm 1886 anlässlich einer Jagd in den litauischen Wäldern des Fürsten Anton von → Radziwiłł. Fałats dabei entstandene Aquarelle begeisterten den künftigen Kaiser. Es folgten mehrere Aufenthalte auf Wilhelms Jagdschloss Hubertusstock, bevor Fałat ab 1889 Hofmaler in den Diensten des deutschen Kaisers wurde. Der Maler wusste, dass er seinen Aufstieg Bildern zu verdanken hatte, auf denen „die Jagderfolge des Mitglieds des Herrscherhauses" zu sehen waren, fuhr aber fort: „abgesehen davon, faszinierten die Schneestudien durch ihre Neuartigkeit"[2]. Fałat war damals bereits ein geschätzter Landschaftsmaler in Polen und in München (→ Münchner Malerschule), wo er ebenfalls an der Akademie studiert hatte.

In seinen Szenen von den Kaiserjagden wie in den Ölbildern für die Berliner High society orientierte sich Fałat am konservativen Geschmack. Seine Aquarellskizzen zeichnen sich hingegen durch eine Spontaneität sowie ein präimpressionistisches Gespür für Licht und Farben aus. Zwischen 1894 und 1896 schuf er zusammen mit Wojciech → Kossak das kolossale Panorama *Napoleons Übergang über die Beresina* (120 Meter Länge, 15 Meter Höhe). Fałat war bei dieser Gemeinschaftsarbeit für die Landschaft, Kossak für die Figuren zuständig. Das monumentale Werk erntete großen, auch kommerziellen, Erfolg. Fałat verabschiedete sich dennoch von Berlin und kehrte zurück nach Krakau, wo er 1894 Rektor der Akademie der Schönen Künste wurde, die unter seiner Leitung eine Blütezeit an der Jahrhundertwende erlebte. Die Akademie wurde zu einem Anziehungspunkt für die kunstliebende polnische Jugend und löste damit nach Jahrzehnten die Münchner Akademie ab.

---

[2] Zit. nach Julian Fałat: *Pamiętniki*, Katowice 1987, S. 161 [Übers. Peter Oliver Loew].

In Deutschland ist Mark Forster seit Herbst 2017 Coach in der RTL-Castingshow *The Voice of Germany*.

Forster, Mark

Sänger, Songwriter und Wahlberliner

Andrzej Kaluza

—

„Die Welt ist klein und wir sind groß" – so lautet eine Zeile in dem Lied *Wir sind groß*, dessen Text aus der Feder des Sängers und Songwriters Mark Forster (*1984) stammt. Das Lied gibt das Gefühl einer selbstbewussten Generation wieder, die an sich und an Deutschland glaubt. Das ZDF sicherte sich das Lied auch als offiziellen EM-Song für die Berichterstattung zur Fußball-Europameisterschaft 2016 in Frankreich.

Hinter dem Lied steht ein junger Mann mit typischem Hipster-Outfit: Bart, Nerd-Brille, Baseball-Kappe und Schlauchschal. Kaum jemand weiß, dass der in der pfälzischen Provinz geborene Popstar, der heute in Berlin lebt, in Wirklichkeit Marek Ćwiertnia heißt und sich dank seiner aus Warschau stammenden Mutter „halb als Pole"[3] fühlt. Sein Fußball-Interesse kommt nicht von ungefähr: Dank Lukas → Podolski wurde sein Lied *Au revoir* bereits 2014 zur inoffiziellen deutschen WM-Hymne. „Wir sind Freunde. Vielleicht sollten wir mal im Duo auftreten? Ich singe und Poldi rappt", scherzt Forster.[4] Nach seinen ersten musikalischen Erfahrungen im Live-Programm des Komikers Kurt Krömer, den er als „polnischer Pianist" begleitete, beschäftigt sich Forster mit dem Komponieren und Song-Schreiben, Konzert- und TV-Auftritten (als Coach bei den RTL-Castingshows *The Voice Kids* und *The Voice of Germany*). Seine melodischen, romantisch angehauchten Rap-Songs, oft in Zusammenarbeit mit Stars wie dem Rapper Sido oder der Singer-Songwriterband Glasperlenspiel entstanden, treffen dabei den Nerv der jungen Generation in Deutschland. In Polen ist er (noch) unbekannt: „Ich warte, dass mich jemand nach Polen einlädt, aber mit deutschen Texten wird es schwer, mich durchzusetzen."[5]

---

[3] Zit. nach Maciej Wiśniewski: *Niemiecka supergwiazda: Czekam na zaproszenie z Polski* [Ein deutscher Superstar: Warte auf eine Einladung aus Polen]. Online abrufbar unter: www.dw.com/pl/niemiecka-supergwiazda-czekam-na-zaproszenie-z-polski/a-19126944 (Aufruf am 15.01.2018) [Übers. AK].

[4] Ebd.

[5] Zit. nach ebd. [Übers. AK].

Frank, Jakob

Der „Polenfürst von Offenbach"

Peter Oliver Loew

—

Wahrlich, so exotisch ging es nur selten zu in der beschaulichen Geschichte von Offenbach am Main: Am 3. März 1787 hielt Jakob Frank, jüdischer Sektengründer und selbsternannter Messias, Einzug in das hessische Städtchen. Viele Legenden und der Ruf sagenhaften Reichtums waren ihm vorausgeeilt, und als er nun, von großem Gefolge umgeben, aus seinem Wagen stieg, staunten die Bürger nicht schlecht: „Es war ein mittelgroßer Herr von gedrungener Gestalt", schmückt achtzig Jahre später ein Lokalhistoriker die Ankunft aus, „in rothem bis zu den Knien herabreichenden, mit Hermelin besetztem seidnen Leibrock und gleich verzierter hoher Pelzmütze, die mit schweren goldenen Schnüren behangen (...). Auf der Brust spielte in tausend Farben ein großer Brillantstern, an goldner Kette um den Hals getragen."[6] Frank bezog das Isenburger Schloss und verbrachte als „Polenfürst von Offenbach" seine letzten vier Lebensjahre im Kreis mehrerer Hundert, aus Polen stammenden Anhänger. Im Dezember 1791 starb er. Damit ging ein bewegtes Leben zu Ende, das 1726 in der zu Polen-Litauen gehörenden Ostprovinz Podolien begonnen hatte.

Aufgewachsen in Czernowitz, versuchte Frank rasch der traditionellen ostjüdischen Welt (→ Ostjuden) zu entkommen, entdeckte den Sabbatianismus für sich und gelangte über Saloniki nach Podolien zurück, wo er seine messianische Glaubensgemeinschaft gründete. Von den Juden verstoßen, konvertierte er zunächst zum Islam, dann zum Katholizismus – und im Laufe der Zeit folgten ihm mehrere Zehntausend Juden. Bald ins Kloster Tschenstochau verbannt, kam er 1772 frei, lebte viele Jahre in Brünn und gelangte nun also nach Offenbach: Nach außen hin gaben er und seine Anhänger sich katholisch, doch nach innen lebte die militärisch strukturierte und uniformierte Gemeinschaft ihr eigenes spirituelles Leben. Kein Wunder, dass man landauf, landab über diese merkwürdigen Zuwanderer sprach, die sich bald nach dem Tod ihres Messias zerstreuten.

E/F

Das Urteil der Nachwelt schwankt zwischen Faszination und Abneigung. Während die polnische Schriftstellerin Olga Tokarczuk (*1962) der schillernden Persönlichkeit einen – auch vor Ort in Hessen recherchierten – Roman widmete (*Księgi Jakubowe* [Die Jakobsbücher], 2014), ließ der Judaist Johann Maier (*1933) kein gutes Haar an ihm: „Frank war kein Gelehrter (…), kein Asket (…), sondern ein eitler Tyrann und eine paradoxe Mischung zwischen Anarchist und Diktator."[7]

---

[6] Zit. nach A. G. Schenck-Rinck: *Die Polen in Offenbach am Main. Historische Erzählung aus den 80er Jahren des vorigen Jahrhunderts bis 1817,* Frankfurt am Main 1866, S. 9.
[7] Johann Maier: *Geschichte der jüdischen Religion,* Berlin 1972, S. 502.

Fußball, Leichtathletik, Boxen & Co.

Deutsch-polnische Sportkarrieren zwischen Nationalismus, Medaillen und Kommerz

Markus Krzoska / Matthias Barelkowski

—

„Das erste deutsche WM-Tor überhaupt schoss 1934 der polnischstämmige Düsseldorfer Stanislaus Kobierski, der im Krieg vorübergehend für einen Besatzerclub in Warschau spielte. Das erste polnische WM-Tor erzielte 1938 der Posener Friedrich Scherfke, ein Angehöriger der deutschen Minderheit, der später als Wehrmachtssoldat mehrere seiner polnischen Clubkameraden aus deutscher Gefangenschaft retten konnte."[8] Allein diese Episode macht deutlich, wie verflochten, aber auch belastet die deutschpolnische Fußballgeschichte mit beziehungsweise von den politischen Ereignissen seit den 1920er-Jahren war und zum Teil auch noch ist. Eine generelle Betrachtung bleibt dabei schwierig, handelt es sich doch immer um die Geschichten von einzelnen Fußballern, deren sportliche Karrieren von den Kriegen, Grenzverschiebungen, Diktaturen und Vertreibungen des 20. Jahrhunderts geprägt wurden und die sich nicht in „nationale" Raster fügen.

Grob unterscheiden lassen sich zwei Arten von Spieler-Karrieren: zum einen gab es die Fußballer, die in Vereinen und Nationalmannschaften beider Länder spielten (und dabei oft zwischen die politischen Fronten gerieten). Zum anderen gab es diejenigen, die zwar polnische Wurzeln hatten, aber ausschließlich in Deutschland Karriere machten, sodass die Geschichte des deutschen Fußballs von vielen erfolgreichen polnischstämmigen Spielern geprägt ist. Umgekehrt erschienen, so etwa in den Aufstellungen der polnischen Nationalmannschaft zwischen 1920 und 1939, auch viele deutsch klingende Namen. Selbst- und Fremdwahrnehmung liefen dabei meist auseinander.

Gerne wird beispielsweise noch heute darauf hingewiesen, dass die legendären Erfolge der Mannschaften des FC Schalke 04, die in den 1930er- und 1940er-Jahren sechs Mal Deutscher Meister wurden, ohne „Polen" nicht denkbar gewesen seien. In der Tat hatten viele der Schalker Spieler familiäre Wurzeln im Osten, als Kinder aus Ostpreußen beziehungsweise Masuren zugewanderter Protestanten, die als Arbeiter ins Ruhrgebiet gekommen waren (→ Ruhrpolen). So verhielt es sich auch bei Friedrich „Fritz" Szepan (Sczepan) und seinem Schwager Ernst Kuzorra, die gemeinsam die berühmte Spieltaktik, den „Schalker Kreisel", entwickelten. Dabei hatten sie sich, neben elf anderen Schalker Spielern, bereits 1934 dagegen verwahrt, dass ihr Club als „Polackenverein" bezeichnet wurde. Gleichwohl kann von Diskriminierung in den Jahren der NS-Diktatur nicht die Rede sein, wurden doch beide 1937 Mitglieder der NSDAP und machten für diese kräftig Propaganda. Szepan kann man auch als „Arisierungsgewinnler" bezeichnen, denn er erwarb 1938 ein jüdisches Kaufhaus zu einem Spottpreis.[9] Als Ironie des Schicksals erscheint es vor dem Hintergrund der Schalker „Polenaffinität", dass ausgerechnet Trainer Kurt Otto, der die Mannschaft in der Saison 1932/33 ins Endspiel um die Deutsche Meisterschaft geführt hatte, 1935 zum Trainer der

8 Thomas Urban: *Schwarze Adler, weiße Adler. Deutsche und polnische Fußballer im Räderwerk der Politik,* Göttingen 2011, S. 10.
9 Siehe dazu Frank Bajohr: *Fritz Szepan. Fußball-Idol und Nutznießer des NS-Regimes,* in: Diethelm Blecking / Lorenz Peiffer (Hrsg.): *Sportler im „Jahrhundert der Lager". Profiteure, Widerständler und Opfer,* Göttingen 2012, S. 110 – 115.

E/F

Das Länderspiel in Bern 1942 zwischen der Schweiz und Deutschland endete 3:5. Der deutsche Mittelstürmer Ernst Willimowski schießt eines seiner vier Tore.

polnischen Fußballnationalmannschaft berufen wurde, die er fast zwei Jahre trainierte. In dieser Zeit traf die polnische Auswahl in zwei Spielen auf die DFB-Elf, wobei in beiden Partien auch der erwähnte Posener Mittelstürmer Friedrich Scherfke zum Einsatz kam, den Otto zum Schlüsselspieler aufbaute.

Während Kurt Otto in Deutschland wie in Polen für seine Arbeit geschätzt wurde, ist die Karriere des 1916 (als Ernst Otto Prandella) im oberschlesischen Kattowitz (damals zum Deutschen Kaiserreich gehörend) geborenen Ernst

Wil(l)imowski ein Beispiel für die Karriere eines Fußballers, der zwischen die Mühlsteine der politischen Ereignisse geriet. Der erfolgreichste oberschlesische Fußballer des 20. Jahrhunderts durchlief ab 1927 eine blendende Vereinskarriere, unter anderem beim 1. FC Kattowitz (Kattowitz gehörte seit der Teilung Oberschlesiens bereits seit 1922 zu Polen), und absolvierte 22 Fußball-Länderspiele für Polen, darunter sein legendärer Auftritt bei der WM 1938, wo er im Achtelfinale gegen Brasilien vier Tore schoss. Als nach Ausbruch des

Zweiten Weltkrieges 1939 die deutschen Besatzer auf polnischem Terrain die sogenannte „Deutsche Volksliste" einführten, entschied sich Willimowski, wie auch andere polnische Nationalspieler, für die deutsche Staatsangehörigkeit. 1941/42 absolvierte Willimowski, wie sein Name sich nun eingedeutscht schrieb, noch acht Länderspiele im Team der deutschen Nationalmannschaft unter ihrem Trainer Sepp Herberger, in denen er 13 Tore erzielte. Sein Einsatz für die deutsche Nationalelf machte nach 1945 eine Rückkehr in seine Heimat für ihn

Die Mannschaft des DDR-Fußball-Oberligisten Hallescher FC, 1988. Star des Teams ist der aus Polen stammende Mittelfeldspieler Dariusz Wosz (unten, links), der es nach der Wende in die bundesdeutsche Nationalmannschaft schaffte.

unmöglich. Dort wurde er als Verräter geächtet. Willimowski blieb in Deutschland, spielte in verschiedenen deutschen Vereinen und versuchte sich auch als Trainer, bis er Mitte der 1950er-Jahre seine Karriere beendete.

Auch in dieser Lebensgeschichte fehlt es nicht an Ironie, denn Willimowski bekam während der Fußball-WM 1974 eine Ehrenkarte des DFB, und zwar ausgerechnet für das als „Wasserschlacht von Frankfurt" in die Annalen der Fußballgeschichte eingegangene Zwischenrundenspiel der bundesdeutschen Nationalelf gegen Polen. Damals siegte die deutsche Mannschaft mit 1:0 und zog ins WM-Finale ein. 1997 starb der einstige „Wunderstürmer" in Karlsruhe. Sein Grab ist noch heute Pilgerstätte für Fans seines alten polnischen Clubs Ruch Chorzów. Und es macht die Verwurzelung des Sportlers in Deutschland wie in Polen augenfällig: Auf dem Grabstein ist sein Vorname in deutscher, sein Nachname in polnischer Schreibweise, mit nur einem „l", zu lesen – Ernst Wilimowski.

Tatsächlich müssen Migrations- und Fußballgeschichte bis fast in die Gegenwart gemeinsam betrachtet werden. Gerade die Chance auf eine Fußballkarriere, die sich Kindern von polnischen Exilanten, ehemaligen → Zwangsarbeitern, Flüchtlingen nach dem Zweiten Weltkrieg oder dann auch von Spätaussiedlern (→ Aussiedler 2.0) hierzulande bot, bedeutete zugleich die so ersehnte Integration – im Westen wie im Osten Deutschlands. Verbindungen

nach Polen bestanden oft zwar weiter, wurden aber selten offen thematisiert, sondern meistens verdrängt und verschwiegen – die Eindeutschung polnischer Namen war ein Zeichen dafür. „Mit dem Erfolg wurden die Arbeitersöhne von den einheimischen Westfalen nicht länger als ‚Polacken und Proleten' angesehen."[10]

Als sich Polen dann in den 1980er-Jahren zunehmend dem Westen öffnete, fanden immer mehr polnische Fußballer ihren Weg in die Bundesliga und sorgten in ihren Vereinen, und manchmal auch darüber hinaus, für Furore.

Dass diese erfolgreiche Integration keineswegs nur für das Ruhrgebiet zutraf, zeigt das Beispiel des Fußballers Dariusz „Darek" Wosz, der 1969 in der oberschlesischen Bergbaustadt Piekary Śląskie geboren wurde und Anfang der 1980er-Jahre mit seiner Familie aus Polen in die DDR kam. Die Familie ging nach Halle, wo Dariusz seine anfänglichen Sprachprobleme in der Schule durch sportliche Leistungen kompensierte. Nach Stationen in verschiedenen Jugendmannschaften spielte er bereits

10 Urban (wie Anm. 8), S. 54.

Als „Wasserschlacht von Frankfurt" ging das Zwischenrundenspiel bei der Fußball-WM 1974 zwischen den Nationalmannschaften der Bundesrepublik Deutschland und Polen in die Annalen des Fußballsports ein, hier der polnische Abwehrspieler Antoni Szymanowski (links) im Zweikampf mit Bernd Hölzenbein.

E/F

als 17-Jähriger in der Oberliga, der höchsten Spielklasse der DDR, so beim Halleschen FC, und auch in der DDR-Nationalelf. Nach der Wiedervereinigung setzte er seine erfolgreiche Karriere in der Bundesliga fort, unter anderem beim VfL Bochum als langjähriger Mannschaftskapitän, und auch in der deutschen Fußballnationalmannschaft (12 Spiele).

Abgesehen von diesen einzelnen Spielerkarrieren war der polnische Fußball als solcher in der Bundesrepublik jedoch lange Zeit kaum wahrgenommen worden. Dies änderte sich erst mit der „Wunderelf", die bei den Olympischen Spielen 1972 in München Gold holte, zwei Jahre später bei der Fußball-WM in Deutschland mit Grzegorz Lato den Torschützenkönig (7 Tore) stellte und den dritten Platz belegte. Als sich Polen dann in den 1980er-Jahren zunehmend dem Westen öffnete, fanden immer mehr polnische Fußballer ihren Weg in die Bundesliga und sorgten in ihren Vereinen, und manchmal auch darüber hinaus, für Furore. Zu den ersten unter ihnen gehörten seinerzeit Włodzimierz Smolarek († 2012), der von 1986 bis 1988 für Eintracht Frankfurt spielte, und Mirosław Okoński, der von 1986 bis 1988 das Trikot des Hamburger SV trug.

Mit der Wende änderte sich zunächst nicht allzu viel, was zum Teil auch an den Restriktionen für den Einsatz ausländischer Spieler in den europäischen Vereinen gelegen haben dürfte. Doch mit der „Bosman-Entscheidung" des Europäischen Gerichtshofs von 1995, die die bestehenden Ausländerregelungen im europäischen Sport kippte, setz-

te auch in der Bundesliga und den anderen deutschen Ligen eine enorme Internationalisierung ein. Seither stehen polnische Fußballer mit Spielern aus aller Herren Länder in einem harten Konkurrenzkampf, und nationale Herkunft (anders als die Hautfarbe und die sexuelle Orientierung!) ist in den Stadien kaum mehr ein Thema, dafür aber umso mehr der Geldbeutel der Vereine. Der Bundesligist Borussia Dortmund (BVB) hatte dabei im ersten Jahrzehnt des 21. Jahrhunderts ein besonders glückliches Händchen, als der Verein offensiv die Verpflichtung dreier polnischer Spieler (Jakub „Kuba" → Błaszczykowski, Robert Lewandowski, Łukasz Piszczek) anging und diese zu Schlüsselspielern aufbaute. Die Erfolgsbilanz des BVB in der Folge spricht für sich: 2011 und 2012 konnte der Verein den Gewinn der Deutschen Meisterschaft feiern und den Sieg im DFB-Pokalwettbewerb (2012), daneben konnte der BVB weitere nationale und internationale Erfolge verbuchen. Der Wechsel des Torjägers Robert Lewandowski zu Bayern München 2014 und die Rolle seines polnischen Managers verursachten in BVB-Fankreisen zwar viel böses Blut, wurden aber nicht nationalistisch interpretiert.

Mit Lukas → Podolski und Miroslav Klose bekleideten auch bei den großen Fußballturnieren in den Jahren zwischen 2001 und 2016 Spieler mit polnischem „Migrationshintergrund" eine wichtige Rolle in der deutschen Nationalmannschaft. Während Podolski geschickt mit seinen polnischen, deutschen und rheinländischen Teilidentitäten jonglierte, weigerte sich Miroslav Klose ganz bewusst, eine Rolle als „Versöhnungsbotschafter"

1 / Dariusz Michalczewski, 1968 in Danzig geboren, nahm 1991 die deutsche Staatsbürgerschaft an. 23 Mal verteidigte er seinen Weltmeister-Titel im Halbschwergewicht.

2 / Der polnischstämmige Handballspieler Bogdan Wenta (Mitte, mit Ball) absolvierte insgesamt 50 Spiele für Deutschland, von 2004 bis 2012 war er Coach der polnischen Handballnational-mannschaft.

aufgezwängt zu bekommen. Obwohl beide Spieler Polen bereits als Kinder mit ihren Eltern als Spät-aussiedler verließen und in Deutschland ihr fuß-ballerisches „Handwerk" erlernten, mussten sie sich gerade in ihrem Geburtsland immer wieder dafür rechtfertigen, dass sie für die deutsche National-mannschaft spielen und nicht für die polnische.

In die umgekehrte Richtung geht der Trend von nicht ganz so erfolgreichen Bundesligaspielern, ihre „polnische Vergangenheit" wiederzuentdecken, um dann international für Polen auflaufen zu kön-nen, wie es bei dem lange für Leverkusen spielen-den Sebastian Boenisch (* 1987 in Gliwice als Sebas-tian Pniowski) und dem bei der TSG 1899 Hoffen-heim unter Vertrag stehenden Eugen Polanski (* 1986 in Sosnowiec, eigentlich Bogusław Eugeniusz Polański) der Fall ist. Beide stammen aus Aussied-lerfamilien, hatten zuvor für verschiedene U-Aus-wahlen des DFB gespielt, sich dann aber wegen mangelnder Aussichten auf Übernahme in das deutsche Nationalteam für das Angebot aus Polen entschieden, in der polnischen Nationalelf aufzu-laufen. Ihre fußballerische „Sozialisation" in Deutschland und ihr deutscher Pass waren dabei keine Hindernisse.

Doch nicht nur im medienbeherrschten und kommerzialisierten Profifußball dürften wohl letztlich Karriereaussichten und Verdienstmöglich-keiten die entscheidende Rolle gespielt haben beim Wechsel von Sportlern aus Polen nach Deutschland, auch wenn diese, zumal in den 1980er-Jahren, offi-ziell politisch begründet gewesen sein mögen. Be-rühmtestes Beispiel aus der Leichtathletik dürfte

der Stabhochspringer Władysław → Kozakiewicz sein, der 1985 in die Bundesrepublik kam, nach-dem er im polnischen Leichtathletikverband seine größten Erfolge gefeiert hatte (Goldmedaille bei den Olympischen Spielen 1980 in Moskau), jedoch da-nach aus politischen Gründen nicht mehr an allen internationalen Wettbewerben teilnehmen konnte (Polens Olympiaboykott der Spiele in Los Angeles 1984). Nach seiner Emigration in die Bundesrepu-blik konnte er mit dem bundesdeutschen National-team zwar nicht mehr an seine internationalen Er-folge anknüpfen, hielt aber noch mehrere Jahre den deutschen Rekord in seiner Disziplin.

Um sehr viel mehr Geld und mediale Auf-merksamkeit ging es mit Sicherheit bei dem Boxer Dariusz → Michalczewski, genannt „Tiger", der seine Boxausbildung in Danzig erhielt und 1988 bei einem Wettkampf in der Bundesrepublik die Seiten wechselte. Schnell mit der deutschen Staatsbürger-schaft ausgestattet, gewann er 1991 Gold im Halb-schwergewicht bei den Europameisterschaften und wechselte anschließend ins Profilager, wo er über ein Jahrzehnt mit zahlreichen gewonnenen Kämp-fen (48 von 50) und Titeln zu den weltbesten seiner Gewichtsklasse gehörte.

Dass nicht nur im Fußball, sondern auch im Handball polnischstämmige Sportler erfolgreich Karriere in Deutschland gemacht haben, das hat Bogdan Wenta (* 1961 in Szpęgawsk) bewiesen. Lan-ge Zeit polnischer Nationalspieler, nahm Wenta 1997 die deutsche Staatsbürgerschaft an, um für Deutschland bei den Olympischen Spielen 2000 in Sydney anzutreten, wo er auch spielte. Insgesamt

E/F

absolvierte Wenta 50 Spiele für Deutschland, bevor er sich als Trainer verdient machte, wiederum in beiden Ländern, von 2004 bis 2012 war er auch Coach der polnischen Handballnationalmannschaft, die unter seiner Leitung 2007 erstmalig in ein WM-Finale einzog, ausgerechnet gegen Deutschland, dem die Polen dann unterlagen.

Auch das weibliche Geschlecht ist mit polnischstämmigen Sportlerinnen sehr erfolgreich in deutschen Vereins- beziehungsweise Nationaltrikots gewesen. Das gilt für medial weniger präsente Sportarten wie die Rhythmische Sportgymnastik – in dieser Disziplin gewann Magdalena Brzeska, 1978 geboren in Gdynia, einer Hafenstadt in der Danziger Bucht, 26 Mal die Deutsche Meisterschaft – ebenso wie für Publikumsmagneten wie das Tennis. Hier sind Sabine Lisicki („Bum-Bum-Biene"), deren Eltern 1979 als Aussiedler aus Polen nach Deutschland kamen, und Angelique → Kerber („Angie") zu nennen. Kerber, die 2016 durch ihren Sieg bei den US Open Nummer 1 der Tennis-Weltrangliste wurde, hat ebenfalls polnische Eltern, besitzt neben der deutschen auch die polnische Staatsbürgerschaft und lebt zum Teil in Polen. Dass ihre Herkunft wahrnehmbare polnische Spuren in Deutschland hinterlassen hat, lässt sich

wohl dennoch verneinen, denn sie wird schlicht kaum thematisiert.

Generell lässt sich wohl sagen, dass nicht nur in Deutschland die Herkunft eines Sportlers / einer Sportlerin in allen Sportarten an Bedeutung verliert. Namen sind heute kein Indiz mehr für die Zugehörigkeit zu einer Nationalmannschaft, was in einem Einwanderungsland wie Deutschland auch nicht verwundern kann. Sportliche Leistung, Doping- und Finanzskandale, Markenwerbung, das Privatleben und nicht zuletzt das Aussehen erregen in den Medien wesentlich mehr Aufmerksamkeit, lassen sich doch damit „die Quote" oder die Auflage und damit der Umsatz steigern. So dürften etwa die meisten deutschen Zuschauer dank der Zeitschrift „Gala" mehr über die Oberweite von Magdalena Brzeska wissen als über deren polnische Wurzeln.

Um am Ende noch einmal den Fußball aufzugreifen: Das Poststadion in Berlin-Moabit, in dem Stanislaus „Tau" Kobierski, dessen Eltern katholische Polen waren, im Dezember 1933 die deutsche Fußball-Nationalelf zum ersten Länderspiel gegen Polen als Mannschaftskapitän anführte, ist heute ein multikultureller Ort des Breitensports – möge es so bleiben.

3 / Magdalena Brzeska, gebürtige Polin, war 26 Mal Deutsche Meisterin in der Rhythmischen Sportgymnastik.

4 / Sabine Lisicki 2017 in Wimbledon

Weiterführende Literatur

Diethelm Blecking / Lorenz Peiffer / Robert Traba (Hrsg.): *Vom Konflikt zur Konkurrenz. Deutsch-polnisch-ukrainische Fußballgeschichte,* Göttingen 2014.

Gänse und andere Exportschlager

Polnische Viktualien in deutschen Mägen

Peter Oliver Loew

—

Die polnische Gans dampft heutzutage, ausgenommen und auf vielerlei Weise zubereitet, zu St. Martin und Weihnachten auf zahlreichen deutschen Tischen. Doch ist sie nicht der erste schmackhafte polnische Exportschlager: Im Spätmittelalter und in der Frühen Neuzeit war es der Ochse – Jahr für Jahr trieben polnische Händler bis zu 50.000 Stück Vieh, etwa aus Podolien, in die Städte Mitteldeutschlands und am Mittelrhein, die eine enorme Nachfrage nach Fleisch hatten; ein wichtiger Umschlagplatz war der Viehmarkt im thüringischen Buttstädt (in dem heute noch alljährlich ein Pferdemarkt stattfindet). Ohne polnisches Getreide hätte auch die Bevölkerung in den niederländischen und niederdeutschen Städten weniger zu beißen gehabt. Und nicht zuletzt erfreuten sich polnische Pferde nicht nur in den deutschen Armeen großer Beliebtheit, auch über den Freibankverkauf fand das Pferdefleisch seinen Weg in deutsche Mägen.

Gänse – und Gänsefedern – wurden spätestens seit dem 18. Jahrhundert aus Polen nach Deutschland geliefert; später versorgten die preußischen Teilungsgebiete Polens die deutschen Länder mit Fleisch und Feldfrüchten. Auch nach dem Zweiten Weltkrieg blieb Polen wichtiger Nahrungsmittellieferant für die beiden deutschen Staaten – neben Fleisch wurden vor allem Obst und Gemüse ausgeführt. Nach 1989 stiegen die Handelsumsätze stetig: Heute geht ein Viertel der polnischen Gemüse- und ein Drittel der Obstausfuhr nach Deutschland. 2013 stammten 11 Prozent des importierten Rindfleischs und 16 Prozent der Geflügeleinfuhren aus Polen; rund 16.000 Tonnen Gänsefleisch passierten die Grenze nach Deutschland, eine vergleichsweise gering anmutende Menge gegenüber den fast 35.000 Tonnen Truthühnern, die tiefgefroren oder zerlegt aus Polen importiert wurden.

Alleine um das Image der polnischen Gans ist es nicht immer zum Besten bestellt. Oft gilt sie als lebend gerupftes Produkt aus Massentierhaltung, das in den Tiefkühlregalen der Discounter landet, wobei altvertraute Stereotype über „Osteuropa" mitschwingen. Dabei heißt es in Internet-Kochforen schon mal überrascht, „das Ding konnte man gut essen"[1], und viele polnische Gänseproduzenten bemühen sich tatsächlich um artgerechte Tierhaltung. Es gilt natürlich auch hier – Gans ist nicht gleich Gans, selbst wenn sie aus Polen kommt. Die lange Tradition polnischen Fleischimports nach Deutschland dürfte ihren Grund jedenfalls nicht nur im Preis, sondern auch in der Qualität haben.

> **Es gilt natürlich auch hier – Gans ist nicht gleich Gans, selbst wenn sie aus Polen kommt.**

[1] Siehe www.chefkoch.de/forum/2,57,432781/Welche-gans-soll-ich-kaufen.html (Aufruf am 15.01.2018).

Gdańska

Polnisches Kulturrestaurant in Oberhausen

Andrzej Kaluza

—

Hunderte Gitarristen vor dem Restaurant „Gdańska"
in Oberhausen, 2013

Auch wenn die Popularität polnischer Küche in Deutschland es (noch) nicht mit der von mediterranen Gaststätten aufnehmen kann, findet man polnische Restaurants mittlerweile doch in vielen deutschen Großstädten. Aber nur eines hat es in Deutschland zu überregionaler Bekanntheit gebracht: das „Gdańska" in Oberhausens Stadtmitte. Gegründet im Jahr 2000 von Maria und Czesław Golebiewski, die Ende der 1980er-Jahre aus Danzig nach Deutschland gekommen waren, nimmt es nicht nur eine kulinarische, sondern vor allem eine kulturelle Sonderstellung im „polnischen" Ruhrgebiet und weit darüber hinaus ein. Das Ehepaar gehört mittlerweile zu den bekanntesten Ruhrpott-Gesichtern – Maria mit ihrem Markenzeichen, dem Zylinderhut, Czesław mit rotem Schal und obligatorischer Melone.

Die Zahl der Veranstaltungen wie auch die Bandbreite des Kulturprogramms haben das „Gdańska" zu einer kulturellen Institution gemacht. In erster Linie setzen sich die Golebiewskis für „polnische" Kultur ein, die in Deutschland, vor allem aber im Ruhrgebiet, entsteht und gelebt wird. So geben sie (noch) unbekannten deutsch-polnischen Autorinnen und Autoren eine Bühne, Künstler stellen ihre Werke aus; Theaterstücke und Musik gehören ebenfalls zum Programm, darunter Auftritte der deutsch-polnischen Ruhrpottbands Syndykat, Nomedia oder Black Bone Company. Aber auch Laien können sich bei den Golebiewskis versuchen, etwa, wenn sie Songs des polnischen Kult-Sängers Czesław Niemen zum Besten geben. Das Renommee der Einrichtung ist so groß, dass auch die „erste Liga" der polnischen Musik- und Comedyszene, wie etwa Tadeusz Drozda, hier zu Gast ist.

Viele „Gdańska"-Kulturformate gehen allerdings über die polnische Fangemeinde hinaus. So treten beim „Jazzkarussell" oder bei den „Deutsch-Polnischen Blueswochen" international gefeierte Musiker wie Nigel Kennedy, aber auch deutsche Originale wie Helge Schneider auf. Eine außergewöhnliche Aktion ist seit 2013 das „Thanks Jimmy Festival", bei dem Hunderte Gitarristen in Oberhausen gleichzeitig mit mehreren Tausend Musikern in Breslau den Song *Hey Joe* des legendären Jimmy Hendrix interpretieren. [2]

„Hier geht es nicht darum, dass die Leute fragen, ob du Deutscher oder Pole bist, sondern welches Instrument du spielst", sagt Czesław Golebiewski. Berühmt über die Stadtgrenzen hinaus sind auch die Silvesterpartys, bei denen alljährlich mehrere Tausend Menschen, nicht nur Polen und Deutsche, vor dem Restaurant auf dem Oberhausener Altmarkt in das neue Jahr feiern.

[2] Siehe dazu z.B. Dirk Hein: *Gitarren-Freunde spielen gemeinsam „Hey Joe"*, in: Der Westen, 29.04.2014. Online abrufbar unter: www.derwesten.de/staedte/oberhausen/gitarren-freunde-spielen-gemeinsam-hey-joe-id9289731.html (Aufruf am 15.01.2018).

Geteilte Städte – gemeinsame Ziele

Deutsch-polnischer Austausch über die Grenze hinweg

Andrzej Stach

—

Anfang der 1990er-Jahre, kurz nach dem Fall des Eisernen Vorhangs und der deutschen Wiedervereinigung. In einer polnischen Kleinstadt, die vor 1945 Ostteil einer an der Neiße liegenden deutschen Stadt gewesen war, treffen sich Vertreter der nun unmittelbar aneinander grenzenden beiden Gemeinden auf polnischer und deutscher Seite. In einem festlichen Akt wollen sie eine Zusammenarbeit über die Grenze hinweg beschließen. Nach einiger Anstrengung kratzt der polnische Verwaltungsleiter für einen Trinkspruch einige Worte aus seinem deutschen Vokabular zusammen, das er vielleicht noch aus den Kriegsfilmen in seiner Kindheit erinnert: „Hände hoch!", wobei er sein Glas zum Anstoßen erhebt. Die deutschen Gäste, zwar etwas verdutzt ob der Aufforderung, wissen die wohlmeinende Absicht zu deuten, und schließlich stoßen alle mit – sowjetischem – Sekt an.

So oder ähnlich mögen damals viele Treffen verlaufen sein, an denen Vertreter der unmittelbar aneinander grenzenden Städte und Gemeinden diesseits und jenseits von Oder und Neiße teilnahmen. Denn im Unterschied zu den grenznahen Regionen im Westen von Deutschland, wo in den meisten Gebieten im Laufe der Zeit nachbarschaftliche Verhältnisse gewachsen waren, wurden an der polnisch-deutschen Grenze 1945 Menschen angesiedelt, die vor 1939 keinen Kontakt zu Deutschen beziehungsweise zur deutschen Sprache gehabt hatten. Zum großen Teil stammten sie aus den ehemals polnischen Ostgebieten oder aus Zentralpolen. Die dann lange Jahre hermetisch abgeriegelte Grenze zwischen der DDR und der Volksrepublik Polen und die „von oben" gestalteten Beziehungen machten eine eigene grenz-

überschreitende Zusammenarbeit der Gemeinden unmöglich. Darüber hinaus erschwerte dies die antipolnische Propaganda der ostdeutschen Regierungspartei SED Anfang der 1980er-Jahre nach der Gründung der antikommunistischen polnischen Gewerkschaft „Solidarność" (→ Solidarność im Exil).

Mit dem EU-Beitritt Polens 2004 und dem Beginn der Schengener Freizügigkeit wuchsen die an den Ufern von Neiße und Oder gelegenen Nachbarstädte immer enger zusammen. Das manifestiert sich zum einen in der steigenden Zahl der Polinnen und Polen aus Zgorzelec, Gubin und Słubice, die sich seitdem in den deutschen Nachbarstädten Görlitz, Guben und Frankfurt (Oder) niedergelassen haben, aber meist weiterhin auf der polnischen Seite der Stadt- und Staatsgrenze arbeiten. Doch auch auf deutscher Seite sind polnische Mitarbeiter in vielen Branchen zu finden, so etwa in Immobilienbüros oder im Handel, wo sie Ansprechpartner für die Kundschaft aus Polen sind – in den Schaufenstern der Geschäfte sind Hinweise auf die Sprachkenntnisse der Mitarbeiter keine Seltenheit.

Görlitz / Zgorzelec

Die heute östlichste Stadt Deutschlands, Görlitz, und das auf der anderen Seite der Neiße gelegene polnische Zgorzelec waren vor 1945 eine Stadt. Nach dem Ende des Zweiten Weltkrieges und der folgenden neuen Grenzziehung entlang des Flusslaufs wurde der einstige Ostteil von Görlitz polnisch und entwickelte sich zu der eigenständigen Stadt Zgorzelec. Jahrzehntelang führten beide Gemeinden ein unauffälliges Kleinstadt-Dasein in der sozialistischen Peripherie. Der zwischen ihnen 1980 geschlossene

Blick auf die Altstadtbrücke, die Görlitz und Zgorzelec verbindet. 2004 wiedereröffnet, wurde die Brücke zu einer wichtigen Verkehrsader zwischen den Städten.

Partnerschaftsvertrag konnte nie mit Leben erfüllt werden, denn kurz danach machte die DDR aus politischen Gründen die Grenze zu Polen dicht. Die erste gemeinsame Sitzung der beiden Stadtverwaltungen sollte schließlich erst 1996 stattfinden. Seitdem arbeiten Görlitz und Zgorzelec immer enger zusammen, seit 1998 bilden sie eine „Europastadt". Gemeinsam haben sie viele Vorhaben verwirklicht, wie etwa 2004 die Wiedereröffnung der Altstadtbrücke für Fußgänger und Radfahrer, die zur zweiten Verkehrsader zwischen den Städten wurde. Schon seit 1991 verbindet eine Buslinie den Görlitzer Bahnhof mit dem Stadtzentrum von Zgorzelec und einem Einkaufszentrum im Osten der Stadt. Die der Stadtverwaltung in Görlitz unterstehende „Europastadt GörlitzZgorzelec GmbH" beschäftigt sich seit 2007 mit der regionalen Wirtschaftsentwicklung, dem Stadtmarketing und dem Tourismus. 2010 bewarben sich die beiden Schwesterstädte gemeinsam um den Titel der „Kulturhauptstadt Europas" 2016, mussten sich allerdings der Stadt Breslau geschlagen geben.

Infolge der Intensivierung der Kooperationen stieg in Görlitz das Interesse der Bürgerinnen und Bürger an der polnischen Sprache beziehungsweise an der deutschen Sprache bei ihren Nachbarn auf der polnischen Seite. Laut Angaben der Fachbereichsleiterin für Sprachen an der Volkhochschule in Görlitz, Marion Seifert, haben 2013 250 Teilnehmende aus Polen Deutschkurse besucht und 400 Deutsche haben Polnischkurse absolviert. Das Interesse an Polnischkursen sei, so Seifert, „stabil auf hohem Niveau. Das sind Leute, die es beruflich brauchen, Verkäufer, Bankangestellte, aber auch manche aus persönlichem Interesse"[3]. Es gibt zudem deutsch-polnische Filmabende sowie Fortbildungen für deutsche und polnische Fremdsprachenlehrende. In ganz Sachsen lernen heute rund 1.700 Schülerinnen und Schüler Polnisch, und zwar von der ersten Grundschulklasse bis zum Abitur (→ Polnischunterricht).

Gegenwärtig hat Görlitz etwa 56.000 Einwohner, Zgorzelec etwa 32.000. In Görlitz ziehen die prachtvoll restaurierten Häuser und Bauwerke, von der Gotik bis zum Jugendstil, in den letzten Jahren immer mehr Besucher an. Für ältere Menschen, zumal aus den west-lichen Regionen Deutschlands, aber auch für polnische Bürger, sind

Deutsch-polnisches Altstadtfest in Görlitz, 2012

die günstigen Mieten ein Anreiz, um sich dort niederzulassen. So waren in Görlitz zwischen 2010 und 2015 im Schnitt rund 1.500 bis 2.000 aus Polen Zugezogene gemeldet. Von der Präsenz polnischer beziehungsweise deutsch-polnischer Familien profitieren in Görlitz die katholischen Gemeinden, so beispielsweise die Gemeinde Heilig Kreuz: 2013 waren 80 Prozent der Erstkommunionkinder polnische Muttersprachler. Kinder aus polnischen oder deutsch-polnischen Familien besuchen auch das deutsch-polnische „Zwergenhaus", in dem die zweisprachige Bildung gefördert wird und das auch eine Kooperation mit dem polnischen Partnerkindergarten „Ulica Brzozowa" in Zgorzelec pflegt. Immer mehr polnische Eltern schicken ihre Kinder auch auf in Görlitz befindliche bilinguale Schulen, so auf das Augustum-Annen-Gymnasium, wo sie das deutsche Abitur ablegen können, das an den polnischen Hochschulen mittlerweile anerkannt wird.

Renata Burdosz, Sprecherin der Stadtverwaltung in Zgorzelec, sieht die beiden Nachbarstädte zunehmend als einen Organismus. Jede Investition, sei es im Bereich Handel, Wirtschaft, Dienstleistung, Tourismus, Kultur, Freizeit oder Schule, mache

---

[3] Die Zitate stammen alle aus Gesprächen, die der Autor persönlich mit den im Text genannten Personen führte. Statistische Angaben beruhen, soweit nicht anders angegeben, auf Recherchen des Autors.

sich positiv auf beiden Seiten bemerkbar. Darüber wacht seit Jahren eine gemeinsame Koordinierungskommission, die einmal im Monat jeweils in Görlitz oder in Zgorzelec tagt. So wurden beispielsweise die Neiße-Ufer auf deutscher und polnischer Seite für Freizeitzwecke parallel ausgebaut. Geplant sind weitere Übergänge zwischen den beiden Städten. Großen Zuspruch bei den Einwohnern finden gemeinsame Stadtfeste und Kulturveranstaltungen. Projekte, Film- und Kulturabende oder Musikklubs bieten weitere Möglichkeiten der Begegnung, auch über den alltäglichen Einkauf auf der polnischen oder auf der deutschen Seite der Neiße hinaus.

Guben / Gubin

Die Geschichte des nördlich von Görlitz gelegenen Guben an der Neiße verlief 1945 und nach dem Ende des Krieges ähnlich. Die Stadt erlitt aber, im Unterschied zu Görlitz, bei den schweren Kämpfen in den letzten Kriegsmonaten große Zerstörungen. Gemäß dem Potsdamer Abkommen wurde aus dem ehemaligen Ostteil Gubens nach der Vertreibung der deutschen Bevölkerung das polnische Gubin. Das dortige historische Stadtzentrum lag zu 90 Prozent in Schutt und Asche. Größtenteils zerstört war auch die wirtschaftliche Struktur, die auf beiden Seiten wiederaufgebaut werden musste. Infolge der Umstrukturierung und Schließung zahlreicher Betriebe nach 1989 verloren beide Städte erneut einen großen Teil ihrer Wirtschaftskraft. Chancen auf einen schnellen Wandel waren auch wegen ihrer peripheren Lage und des fehlenden strukturellen Umfelds östlicher- beziehungsweise westlicherseits gering. Das beschlossen sie jedoch schnell zu ändern. Bereits seit 1991 trägt Guben den Beinamen „Europastadt", im gleichen Jahr kam es zu einem Städtepartnerschaftsvertrag zwischen den beiden Grenzstädten. Als „Euromodellstadt Guben-Gubin" streben sie unter anderem mehr gemeinsame Infrastruktur an.

Gegenwärtig leben in Guben etwa 18.000 und in Gubin 17.000 Einwohner. Die Stadtverwaltungen arbeiten Hand in Hand bei zahlreichen gemeinsamen Projekten, die mit EU-Fördermitteln unterstützt werden. Jana Wilke, Abgeordnete der Stadtverordnetenversammlung von Guben und Mitglied im Ausschuss der Euromodellstadt, be-

fürwortet die Zusammenarbeit: „Noch Anfang 2002 gab es die Tendenz, vor allem die eigenen Industriegebiete zu stärken, und dafür wurde Werbung gemacht. Jetzt gibt es eine gemeinsame Werbebroschüre für deutsche und polnische Gewerbegebiete. Denn auch Gubin partizipiert am Erfolg von Guben und umgekehrt ist es genauso. Auch der deutsche Mittelstand profitiert davon, wenn die Gubiner Arbeit haben." Eine gute Kooperation hat sich zwischen den städtischen Institutionen, etwa Museen oder Wasserrettung, entwickelt; polnische Schüler können am Pestalozzi-Gymnasium in Guben ihr Abitur machen (im Rahmen des seit 2007 von der EU geförderten Deutsch-Polnischen Schulprojekts), deutsche Schüler können hier Polnisch als zweite Fremdsprache lernen. Zufrieden ist Jana Wilke auch mit anderen gesellschaftlichen deutsch-polnischen Initiativen und Kontakten über die Grenze hinweg. Dazu zählt sie etwa verschiedene Vereine, den Stadtchor, mit einer polnischen Dirigentin und deutschen Sängern, sowie den Seniorenverband, der enge Kontakte zum Gubiner Seniorenverband pflegt. Als Vorsitzende des „Fördervereins Wiederaufbau der Kulturlandschaft Gubiner Berge e.V." engagiert sich Jana Wilke auch selbst. Gemeinsam mit den polnischen Partnern geht es dem Verein um die Ausarbeitung neuer Nutzungsmöglichkeiten eines vor 1939 beliebten Ausflugsgeländes, das heute hauptsächlich auf dem Stadtgebiet von Gubin liegt.

Die Neißebrücke an der Frankfurter Straße ist gleichzeitig die Grenze zwischen Guben auf der deutschen Seite und Gubin auf der polnischen.

G

Aber die Stadtverordnete spricht auch negative Entwicklungen an. So gilt ihre Sorge der in den letzten Jahren angestiegenen organisierten Kriminalität an der Grenze, darunter Raubüberfälle und andere Tätlichkeiten. Hier müsse eine größere Sicherheit geschaffen werden, mahnt sie an. Auch Gubins Bürgermeister, Bartłomiej Bartczak, teilt diese Sorgen. Auch er fordert mehr Schutz in Anbetracht der gestiegenen Kriminalität: „Man muss die Sicherheit an der Grenze erhöhen. Deshalb sollen mehr Polizisten in der Umgebung patrouillieren und ein gemeinsames Videoüberwachungssystem installiert werden. Denn meistens sind es Kriminelle, die oftmals aus östlich von Polen liegenden Ländern hierherkommen, klauen, Schaden anrichten und zurückkehren, während wir mit den Folgen leben müssen", beschreibt Bartczak die Situation. Das Problem gebe es auf beiden Seiten, fügt er hinzu, auch polnische Bürger in Gubin beklagen sich über Delikte, die von Deutschen begangen würden, etwa Diebstähle in Geschäften oder Spritdiebstahl an Tankstellen. Diese negativen Vorkommnisse bestimmten aber nicht das Zusammenleben an der Grenze, unterstreicht der Bürgermeister.

In den letzten Jahren ist es Gubin gelungen, durch die Kooperation mit Guben mehrere Millionen Euro für Investitionen aus EU-Mitteln zu erhalten. Damit konnte unter anderem die Museumsinsel restauriert werden, und im Rahmen der grenzübergreifenden Zusammenarbeit wurde auch ein neuer Wanderweg gestaltet.

Bereits seit 1991 trägt Guben den Beinamen „Europastadt", im gleichen Jahr kam es zu einem Städtepartnerschaftsvertrag zwischen den beiden Grenzstädten. Als „Euromodellstadt Guben-Gubin" streben sie unter anderem mehr gemeinsame Infrastruktur an.

Das aktuell wichtigste gemeinsame Projekt der „Euromodellstadt Guben-Gubin" ist der Wiederaufbau der ehemaligen Haupt- und Stadtkirche sowie die Revitalisierung des ehemaligen Stadtkerns an der Lausitzer Neiße. „Das alles mithilfe der EU-Strukturfonds. Gemeinsam versuchen wir, Investoren anzuwerben. Es gibt in Wirklichkeit kein Ereignis hier, wo die andere Seite nicht beteiligt wäre", sagt Bartłomiej Bartczak. Das hervorragende Deutsch, das dem Gubiner Bürgermeister eine

reibungslose Verständigung mit seinen deutschen Partnern ermöglicht, hat er übrigens auf der deutschen Seite gelernt: Nach seinem Abitur an der Europaschule Guben hat er an der Europa-Universität Viadrina in Frankfurt (Oder) Jura studiert.

Frankfurt (Oder)/Słubice

Durch die Festlegung der deutsch-polnischen Grenze entlang der Oder nach dem Zweiten Weltkrieg wurde der ehemalige Frankfurter Stadtteil Dammvorstadt polnisch. Aus ihm ging die Stadt Słubice hervor. Frankfurt an der Oder wurde zur neuen Grenzstadt, die sich zu einer typischen DDR-Stadt entwickelte mit dominierenden Plattenbauten und volkseigenen Betrieben (VEB). Mit dem Untergang der DDR gingen Schließungen von zahlreichen Betrieben einher, der Verlust von Arbeitsplätzen und die Abwanderung eines Teils der Bevölkerung. Allein zwischen 2001 und 2005 wurden infolge dieser Entwicklung Plattenbauten in großem Umfang abgerissen, wodurch 3.500 Wohnungen verloren gingen. Doch bereits 1991 gab es auch Bemühungen der Verantwortlichen, der Stadt als Studien- und Wohnort für junge Leute zu neuer Attraktivität zu verhelfen. Im Zuge dessen wurde im gleichen Jahr die Europa-Universität Viadrina, die in der Tradition der in Frankfurt von 1506 bis 1811 beheimateten ersten brandenburgischen Landesuniversität steht, wieder gegründet. 25 Jahre später zählte die Europa-Universität rund 7.000 Studierende aus achtzig Nationen, darunter auch etwa 600 aus Polen. 1998 eröffnete auf der anderen Seite der Doppelstadt, in Słubice, das Collegium Polonicum. 2011 entstand das Zentrum für Interdisziplinäre Polenstudien, das eine wichtige Form grenzüberschreitender Zusammenarbeit auf dem Gebiet von Forschung und Lehre bildet. Es wird in gemeinsamer Verantwortung von der Republik Polen und dem Land Brandenburg getragen und ist eine gemeinsame Einrichtung der Europa-Universität Viadrina Frankfurt (Oder) und der Adam-Mickiewicz-Universität Poznań (Posen).

Auch mit ihren kulturellen Institutionen wollen Frankfurt (Oder) und Słubice mehr Menschen anziehen und Kultur beiderseits der Oder erlebbar machen. Ein Beispiel ist das Kleist-Museum in Frankfurt (Oder), dessen Neubau 2013 eröffnet wurde. Das Museum birgt die umfangreichste Dokumentation zu Leben und Werk des in Frankfurt geborenen Dichters Heinrich von Kleist. „Die größten Effekte haben wir in den letzten Jahren bei der Kommunalzusammenarbeit der beiden

G

Tag der offenen Tür an der Europa-Universität Viadrina in Frankfurt (Oder), Juni 2002

Große Bedeutung messen die Stadtverantwortlichen in Frankfurt wie in Słubice der Förderung des Polnisch- beziehungsweise Deutsch- unterrichts auf beiden Seiten der Doppelstadt bei.

Stadtverwaltungen, zwischen beiden Stadtverordnetenversammlungen, außerdem in den Bereichen Kultur, Tourismus, beim kommunalen Nahverkehr und bei der Energieversorgung erzielt", erklärt Sören Bollmann, Projektleiter im Frankfurt-Słubicer Kooperationszentrum. Das 2011 gegründete Zentrum mit zwei deutschen und zwei polnischen MitarbeiterInnen hat das Ziel, die gesamte grenzüberschreitende Zusammenarbeit zwischen den beiden Städten, Verwaltungen, Stadtparlamenten zu organisieren, miteinander abzustimmen, sodass die beiden Städte nach außen mit einer Stimme auftreten können. Im Rahmen der kommunalen Zusammenarbeit haben die Stadtwerke in Frankfurt und Słubice 2014 die Fernwärmenetze zu einem gemeinsamen System verbunden. Dem Beispiel soll bald die Radwege-Infrastruktur folgen. Auf Frankfurter Seite war der Wiederaufbau des im Krieg zerstörten Bolfrashauses aus dem 16. Jahrhundert ein Leuchtturm-Projekt des grenzübergreifenden Frankfurt-Słubicer Tourismusmarketings. Im Januar 2015 wurde es denn auch als ein deutsch-polnisches Zentrum eröffnet. Beide Städte vermarkten sich nach außen gemeinsam und arbeiten strategisch in verschiedensten EU-Projekten innerhalb der Euroregion Viadrina eng zusammen. „In allen Bereichen bemühen wir uns gemeinsam um europäische Fördermittel", betont Sören Bollmann.

Große Bedeutung messen die Stadtverantwortlichen in Frankfurt wie in Słubice der Förderung des Polnisch- beziehungsweise Deutschunterrichts auf beiden Seiten der Doppelstadt bei. Denn im Moment lernen in Frankfurt nur 9 Prozent der deutschen Schüler Polnisch, während in Słubice zwischen 60 und 70 Prozent der Schüler Deutsch pauken, so Bollmann. „Positiv ist schon jetzt eine steigende Anzahl von Schülern. Etwa 200 polnische Schüler besuchen aktuell die Schulen in Frankfurt. Vor allem seit der Einführung der Arbeitnehmerfreizügigkeit im Mai 2011 sind die Zahlen gestiegen. Auch dadurch ist der Plan einer bilingualen Grundschule entstanden, weil es eine wachsende Zahl von polnischen, deutsch-polnischen oder deutschen Eltern gibt, die wollen, dass die Kinder zweisprachig aufwachsen. Das ist eine Initiative von Eltern, von einem dazu gegründeten Verein (…), was von der Stadt- und Landesverwaltung unterstützt wird."

Die Einwohnerzahlen in Frankfurt haben sich stabilisiert. Zu den etwa 58.000 hier lebenden Menschen (Słubice: 18.000) kommen jährlich etwa 100 bis 150 Polinnen und Polen, die sich hier wegen der günstigen Mieten niederlassen. Anfang 2015 waren es insgesamt etwa 1.500, darunter auch Studierende der Viadrina beziehungsweise des Collegium Polonicum. Der langfristig angelegte Plan, Frankfurt zu einem internationalen Investitions-, Lern-, Forschungs- und Arbeitsstandort zu machen, scheint langsam aufzugehen. Im Leibniz-Institut für innovative Mikroelektronik zum Beispiel forschen WissenschaftlerInnen aus über 20 Nationen an innovativen Produkten.

Weiterführende Literatur

Elżbieta Opiłowska: *Stadt – Fluss – Grenze. Geteilte Städte an der deutsch-polnischen Grenze*, in: Eurostudia: Transatlantische Zeitschrift für Europäische Studien, Bd. 7 / 2011, Nr. 1–2, S. 153–166.

Uwe Rada: *Die Oder: Lebenslauf eines Flusses*, München 2009.

Tobias Weger: *Historische und aktuelle Identitätsfragen im deutsch-polnischen Grenzgebiet um Görlitz und Zgorzelec*, in: Wilfried Helle (Hrsg.): *Identitäten und Imaginationen der Bevölkerung in Grenzräumen. Ostmittel- und Südosteuropa im Spannungsfeld von Regionalismus, Zentralismus, europäischem Integrationsprozess und Globalisierung*, Berlin 2011, S. 93–106.

Goerke, Natasza

Die polnisch-deutsche Weltenbummlerin

Dorota Danielewicz

—

Wenn man heute auf der Suche nach Natasza Goerke sein sollte, muss man erst einmal kurz überlegen, ob sie noch in Hamburg lebt oder eher in Nepal. Geboren 1960 in Posen, kam sie 1985 nach Deutschland. In Posen und Krakau hatte sie Literaturwissenschaft und Orientalistik studiert, in Hamburg setzte sie ihr Studium später fort. Nach Deutschland gelangte sie über den Umweg Dänemark: „Das eine kam zum anderen, eine Fügung von Ereignissen, und ich landete plötzlich in Deutschland!" In den 1980er-Jahren begann sie, ihre Texte in den legendären polnischen Literaturzeitschriften „Czas Kultury" und „Brulion" zu veröffentlichen. Ihr erstes Buch, *Fractale* (Kurzerzählungen), erschien 1994 und erregte seinerzeit in Polen großes Aufsehen – die kurze, sehr dichte, surreale Prosa erinnerte an den magischen Realismus der südamerikanischen Literatur. Das Buch zählt heute schon zu den modernen Klassikern in Polen.

Drei Bücher von Natasza Goerke sind ins Deutsche übersetzt: *Sibirische Palme* (1997), *Abschied von Plasma* (2000) und *Rasante Erstarrung* (2003). Goerkes Texte sind für die Kritiker schwer zu katalogisieren, ihre Prosa scheint „schwer fassbar, radikal, schräg und widersprüchlich"[4]. Natasza Goerke selbst behauptet, dass sie keine Erzählprosa mag, vertraut den Worten nicht, vertraut nicht der Fabel. In ihren Büchern prallen unterschiedliche Weltanschauungen, Kulturen, Zustände aufeinander. Scheinbar zufällige Konstellationen von Ereignissen, Dingen, Protagonisten erschaffen so ein Universum, in dem eine bestimmte Ordnung herrscht, die dem kreativen und nicht zuletzt humorvollen Geist der Autorin entspringt. Sie schreibt langsam, sehr langsam, wie sie selbst sagt, an einem Satz feilt sie manchmal tagelang, und es vergehen Jahre, ehe ein neues Buch entsteht.

„Es gibt natürlich positive wie negative Seiten, wenn man in Deutschland lebt. Negativ ist ganz klar das Fehlen der polnischen Sprache. Positiv ist – man hat seine Ruhe!"[5]

G

---

[4] Zit. nach Grażyna Borkowska: *Natasza, gorąca polska ryba* [Natasza, heißer polnischer Fisch], in: Kresy, Nr. 21 [Übers. DD].

[5] *Natasza Goerke: Niemcy cały czas mają poczucie winy za wojnę* [Die Deutschen haben stets Gewissensbisse wegen des Krieges], Interview mit Barbara Sola, in: Gazeta Wroclawska vom 9. Dezember 2009 [Übers. Andrzej Kaluza].

Witold Gombrowicz, 1966

„Sich nicht informieren.
Nicht lesen, weder Bücher,
noch Zeitschriften.
Nicht die Mauer besichtigen.
Sich für nichts übermäßig
interessieren. Im Café sitzen
und auf die Straße gucken ..."

Gombrowicz, Witold

Legendärer Aufenthalt in Berlin

Dorota Danielewicz

—

Mai 1963: Die Berliner Mauer ist noch ohne Graffitis, der Westen Berlins immer noch von Kriegsspuren gekennzeichnet, große, weite Flächen in ausgebombten Gebieten werden vom Wind umweht, an den Häusern prangen Einschusslöcher. Witold Gombrowicz steigt am Flughafen Tegel aus dem Flugzeug, das erste Mal seit 1939 ist er in Europa. Er kommt auf Einladung der „Ford Foundation" nach Berlin, die ihm ein Autorenstipendium ermöglicht. Die damals größte Privatstiftung der Welt fördert Wissenschaft und Kultur in der von Mauer umgebenen Stadt, um der Isolation und der Flucht ihrer Einwohner entgegenzuwirken. Witold Gombrowicz ist der erste Stipendiat der Stiftung in West-Berlin. „Sich nicht informieren. Nicht lesen, weder Bücher, noch Zeitschriften. Nicht die Mauer besichtigen. Sich für nichts übermäßig interessieren. Im Café sitzen und auf die Straße gucken ...", notiert der Autor des epochalen Romans *Ferdydurke* in sein Berliner *Tagebuch*.[6] Kein besonders anspruchsvoller Plan, aber da Gombrowicz Berlin als eine Art Kurort empfand, grün, ruhig, beschaulich, „nach dem Pariser Durcheinander – himmlische Ruhe, segensreiche Stille".[7] Zuerst wohnt er am Hohenzollerndamm, in einer Hochparterrewohnung. Dort kauft er ziemlich bald einen Plattenspieler und beginnt Platten zu sammeln, er ist ein leidenschaftlicher Hörer klassischer Musik. Beim Eintritt in die Berliner Gesellschaft ist ihm Bohdan →Osadczuk behilflich, ebenfalls ein Mitarbeiter der Pariser (Exil-)Zeitschrift „Kultura", für die Gombrowicz seine Tagebücher schreibt.

Aus Warschau und Argentinien bringt Gombrowicz die Idee des literarischen Kaffeehauses mit. Seine Wahl fällt auf das „Café Zuntz" am Kurfürstendamm. Ab fünf Uhr nachmittags wartet er dort auf Freunde, um mit ihnen philosophische Gespräche zu führen. Die meisten kommen nicht regelmäßig.

---

[6] Witold Gombrowicz: *Tagebuch (1953–1969)*, München/Wien 1988, S. 852.
[7] Ebd., S. 842.

Unter den jungen Bewunderern von Gombrowicz finden sich jedoch Otto Schily, der spätere Bundesinnenminister, der Dramaturg und Publizist Klaus Völker und die aus Polen stammende Fotografin Susanna Fels. Sie ist Gombrowicz in vielen Alltagsbelangen behilflich, da sie im Gegensatz zu dem Schriftsteller Deutsch spricht. Die Unkenntnis der Sprache hindert Gombrowicz auch daran, einen aktiveren Anteil am künstlerischen Leben der Stadt zu nehmen. Er verständigt sich vor allem auf Französisch, in dieser Sprache führt er auf Spaziergängen durch den Tiergarten lange Gespräche mit Ingeborg Bachmann, ebenfalls Stipendiatin der „Ford Foundation". Nach einigen Monaten bezieht Gombrowicz eine Wohnung am Hansaplatz in einem Hochhaus mit Blick in den Osten. Er hat das Gefühl, durch das Fenster nach Polen schauen zu können. Das Berliner Klima bekommt ihm nicht, die Asthmaanfälle häufen sich, eine schlimme Grippe verbannt ihn für fast zwei Monate ins Krankenhaus. In Berlin bleiben nach seinem Aufenthalt der Plattenspieler und die Kamelhaardecke, die er zum Abschied Susanna Fels vermacht. Im Oktober 1964 erscheint in der „Kultura" der erste Teil seiner *Berliner Notizen*. Witold Gombrowicz wohnt damals schon in Vence, im französischen Süden, wo er die letzten Jahre seines Lebens bis zu seinem Tod 1969 verbringt.

G

Witold Gombrowicz und
Ingeborg Bachmann in Berlin, 1963

Johann Ernst Gotzkowsky,
Kupferstich, 1750

Gotzkowsky, Johann Ernst

Ein preußischer Kaufmann aus Polen

Peter Oliver Loew

—

„Mein Vater war ein Polnischer von Adel und durchgehends als ehrlicher Mann bekannt. Die schrecklichen Kriege, die zu der Zeit ganz Norden entflammet, (…) schlugen meine Eltern gänzlich darnieder, und brachten sie um all das Ihrige. Ich mochte kaum 5 Jahre alt seyn, als ich meine beiderseitigen Eltern in der damals grassirenden Pest verlor (…). Es fand sich niemand, der sich meiner Erziehung annehmen wollte, bis sich endlich einige Anverwandten, die in Dreßden wohnten, über mich erbarmten und dahin kommen ließen. Daselbst ward ich bis in mein vierzehntes Jahr erzogen, doch so, daß ich binnen dieser Zeit kaum etwas lesen und schreiben gelernt habe."[8]

Dem 1710 in Konitz (Chojnice) geborenen Johann Ernst Gotzkowsky (Jan Ernest Gockowski), der im Alter so auf seine wahrlich nicht glückliche Kindheit zurückblickte, war sein späterer Lebenserfolg keineswegs in die Wiege gelegt. Das Schicksal wendete sich, als er mit 14 Jahren nach Berlin kam und dort eine Kaufmannslehre absolvierte. Rasch knüpfte er Kontakte mit dem preußischen Hof und überzeugte Friedrich II. (später als der „Alte Fritz" bekannt) von seinem Können. Der Preußenkönig machte Gotzkowsky nicht nur zum Hoflieferanten für Geschmeide und andere Galanteriewaren, sondern beauftragte ihn auch mit der Gründung neuer Manufakturen, um die heimische Industrie anzukurbeln. Durch die Übernahme und den Ausbau von Samt- und Seidenfabriken und die Gründung einer Porzellanmanufaktur in Berlin wurde Gotzkowsky zum gemachten Mann. Sein Vermögen mehrte er überdies durch Spekulationsgeschäfte.

Ab 1750 betätigte sich Gotzkowsky auch im Kunsthandel, so kaufte er, ebenfalls im Auftrag Friedrichs II., die Gemälde für dessen Schloss Sanssouci in Potsdam ein. Überdies machte er sich vielfach um Berlin und den Hof verdient, so durch die Versorgung der preußischen Armee während der russisch-österreichischen Besetzung Berlins 1760. Doch am Ende des Siebenjährigen Kriegs verlor er alles und ging bankrott. 1775 verarmt gestorben, lebt sein Andenken heute in Berlin durch die nach ihm benannte Gotzkowskybrücke im Stadtteil Moabit weiter, die auch einer U-Bahn-Station ihren Namen gibt.

---

[8] Johann Ernst Gotzkowsky: *Geschichte eines patriotischen Kaufmanns aus Berlin*, Augsburg 1789, S. 2 f.

Grasovka und *Tyskie*

Hochprozentiges aus Polen in deutschen Landen

Peter Oliver Loew

—

Dank Sigmund Freud wissen wir: Polnischer Schnaps hat einen festen Platz im Unterbewusstsein. In seinem 1900 erschienenen Werk zur *Traumdeutung* schildert er folgende Szene: „Ein Patient träumte in einem längeren Zusammenhange, daß er sich in einem Kaffeehaus eine ,Kontuszówka' geben lasse, fragte aber nach der Erzählung, was das wohl sei; er habe den Namen nie gehört. Ich konnte antworten, Kontuszówka sei ein polnischer Schnaps, den er im Traume nicht erfunden haben könne, da mir der Name von Plakaten her schon lange bekannt sei." [9]

Selbst wenn Polen traditionell ein Land war, in das alkoholische Getränke wie Wein importiert wurden, machte es schon früh auch mit eigenen Spirituosen von sich reden: etwa mit dem Honigwein Met sowie Honigschnaps, „der in aller Welt beliebte Polnische Brandewein", wie es in einem Buch von 1699 heißt. [10] Eine Sonderrolle genossen die Danziger Spirituosen, unter denen vor allem das *Goldwasser* bald im Westen berühmt wurde (es wird heute übrigens in Deutschland hergestellt). Im 18. Jahrhundert wurden in Nord- und Osteuropa vor allem klare Schnäpse destilliert, die in deutschen Landen nicht nur konsumiert wurden, sondern zudem als Grundlage für die Parfümproduktion dienten. Die Gebietsverschiebungen infolge der Teilungen Polens brachten es mit sich, dass polnische Spirituosen auch auf nun preußischem Boden hergestellt wurden: Die Posener Likörfabrik Hartwig Kantorowicz hatte zu Beginn des 20. Jahrhunderts Sorten wie den Früchte-Branntwein *Nalewka*, die „Kujawische Magenessenz", oder den „Altpolnischen Reiterlikör" *Podbipieta* im Angebot. Auch die Gnesener Firma Kasprowicz vertrieb ihre Schnäpse bis zum Ersten Weltkrieg in ganz Deutschland, wo nicht zuletzt polnische Arbeitsmigranten zu den Käufern gehört haben dürften.

Erst lange nach dem Zweiten Weltkrieg drang Polen wieder als Wodkaexporteur auf den deutschen Markt vor: 1977 wurde bereits eine halbe Million Liter nach Westdeutschland ausgeführt. Den Wodka *Wyborowa* konnte man ebenso kaufen wie den *Żubrówka* mit seinem charakteristischen Bisongras-Aroma, den der Spirituosenproduzent Emil Underberg 1976 unter dem Markennamen *Grasovka* in Deutschland einführte – bis heute wird er in Białystok hergestellt und in Deutschland abgefüllt. Underberg erfand auch den hochgerühmten Mix von *Grasovka* mit Apfelsaft, wobei er Wert darauf legte, dass der Saft aus Polen

Schnaps aus Posen für das Reich: Der „Litthauer Magenbitter" war eine der hochprozentigen Spezialitäten, die die Likörfabrik Kantorowicz in ganz Deutschland vertrieb.

G

[9] Sigmund Freud: *Traumdeutung. Gesammelte Werke*, Bd. 2 / 3, Frankfurt am Main 1975, S. 14 f.

[10] [Andreas Stübel:] *Aufgefangene Brieffe, welche Zwischen etzlichen curieusen Personen (…)*, Wahrenberg 1699, S. 496.

Experten aus aller Welt sind sich einig: ein Majstersztyk!

Polnisch für Kenner.

BIER BEWUSST GENIESSEN. www.tyskie-pils.de

Vor einigen Jahren sorgte die Biermarke *Tyskie* mit einer originellen Werbekampagne für Aufsehen.

stammte. Heute ist Polen der bedeutendste Wodkaproduzent der EU, doch sind Spirituosen aus Polen vor allem in Frankreich und den USA beliebt, während sie nur 0,6 Prozent der Spirituoseneinfuhr nach Deutschland ausmachen.[11]

Erst in jüngster Zeit hat Polen auch als Bierexporteur auf sich aufmerksam gemacht: Die Übernahme und Modernisierung vieler polnischer Brauereien durch internationale Konzerne sowie der EU-Beitritt des Landes waren Motor für diese Entwicklung. Seit etwa 2010 sind große polnische Biermarken auch in deutschen Supermärkten erhältlich, wobei *Tyskie* den größten Erfolg hat: So wie auch *Żywiec* oder *Okocim* zielt die einem internationalen Konzern gehörende Marke aus dem oberschlesi-

schen Tichau (Tychy) in erster Linie auf polnischstämmige Konsumenten. Eine Werbekampagne in den Siedlungszentren von in Deutschland lebenden Polen spielte denn auch pfiffig mit deutschen Lehnwörtern im Polnischen: „Macht die Feier zur Fajer!" Die Idee dieser Kampagne: „So fühlen sich die Polnischstämmigen hierzulande doppelt bestärkt: in ihrem Stolz auf die polnische Heimat und in ihrem Wohlbefinden in Deutschland zu leben. Dank *Tyskie* sind die beiden Seelen in ihrer Brust im Einklang."[12] Und so ist es heute keineswegs mehr unbedingt das Exotische, was durstige Kehlen in Deutschland nach einem polnischen Trunk greifen lässt, sondern vielmehr das aus der einstigen Heimat Polen Vertraute.

[11] Zahlen nach Angelika Wiesgen-Pick: *Entwicklung des Außenhandels mit Spirituosen nach Ländern und Gattungen 2012 – endgültige Ergebnisse* (Stand Januar 2014). Online abrufbar unter: www.bsi-bonn.de/download/ entwicklungen-des-aussenhandels-mit-spirituosen-nach-laendern-und-gattungen-2012-endgueltige-ergebnisse.pdf (Aufruf am 15.01.2018).

[12] Zit. nach www.intevi.de/fallstudien/fallstudie-bier/ (Aufruf am 15.01.2018).

Grass, Günter

Wechselseitige Inspirationen

Peter Oliver Loew

—

G

Günter Grass, 1927 in Danzig geboren, wuchs in einer weitgehend deutschsprachigen Umgebung auf. Doch die deutschen Fassaden waren hier im Osten oft nur notdürftig geweißt, und wenn man kratzte, kam nicht selten Polnisch-Slawisches zum Vorschein. So stammte auch Grass' Mutter aus einer kaschubisch-polnischen Familie, ihr Bruder war Briefträger für die polnische Post in der Freien Stadt. Als dieser – so wie sein literarisches Abbild Jan Bronski in der *Blechtrommel* – nach Kriegsausbruch 1939 erschossen wurde, schienen in der Familie der „kaschubische Teil der Verwandtschaft und deren stubenwarmes Gebrabbel (…) verschluckt zu sein".[13]

Anders als viele Deutsche erinnerte sich Grass nach dem Krieg dieser „Verschluckten", ja er begann sich regelrecht an Polen und den deutsch-polnischen Beziehungen abzuarbeiten. Dabei spielte seine Herkunft keine geringe Rolle. Einer polnischen Zeitschrift vertraute er schon 1975 an: „Hier in Gdańsk und seiner Umgebung habe ich viele, vielleicht an die hundert Verwandte. So groß ist diese Familie, und diese Mischung des Halb-Kaschuben Günter Grass ist selbstverständlich für mein literarisches Schaffen von entscheidender Bedeutung. Ich unterhalte diese Verbindungen, schreibe von ihnen; wenn Sie meinen ersten Roman *Die Blechtrommel* in die Hand nehmen, begreifen Sie sofort, daß es kein deutscher, daß es ein polnischer Roman ist."[14]

Fakt ist, dass Grass' Danzig-Romane später, seit den 1980er-Jahren, zu einer sehr wichtigen Richtschnur für die Danziger oppositionelle Intelligenz wurden, die mit seinen Büchern ihre Heimatstadt neu entdeckte; als Grass 1999 den Literaturnobelpreis erhielt, war man in Danzig, ja in ganz Polen, stolz: „Unser Grass" titelte damals Polens einflussreiches Nachrichtenmagazin „Polityka".

> „… wenn Sie meinen ersten Roman *Die Blechtrommel* in die Hand nehmen, begreifen Sie sofort, daß es kein deutscher, daß es ein polnischer Roman ist."

[13] Günter Grass: *Beim Häuten der Zwiebel*, Göttingen 2006, S. 16.
[14] Jan Koprowski: *O Gdańsku, historii, literaturze. Rozmowa z Günterem Grassem*, in: Literatura 1975, H. 38, S. 3, zit. nach Norbert Honsza: *„Ich sag es immer, Polen sind begabt". Zur ästhetischen Motivation bei Günter Grass*, in: Gerd Labroisse/ Dick van Stekelenburg (Hrsg.): *Günter Grass: ein europäischer Autor?*, Amsterdam 1992, S. 71–83, hier S. 81.

Gregorowicz, Lucas

Serienstar mit polnischen Wurzeln

Andrzej Kaluza

—

Lucas Gregorowicz (* 1976) gehört zu den bekanntesten deutschen Film- und Fernsehschauspielern. Bis zu seinem zehnten Lebensjahr in Polen aufgewachsen, kam er 1986 als Spätaussiedlerkind (→ Aussiedler 2.0.) mit seiner Familie ins Ruhrgebiet. Seine schauspielerische Ausbildung erhielt er an der Westfälischen Schauspielschule in Bochum. Bereits während dieser Zeit startete seine Karriere am Bochumer Schauspielhaus, wo er 1999 unter der Regie von Leander Haußmann in Shakespeares *Viel Lärm um nichts* spielte. Weitere Theaterstationen waren das Schauspiel Köln und das Wiener Burgtheater. Ab den 2000er-Jahren war Gregorowicz auch in mehreren Kinofilmen zu sehen (so in *Hardcover*, *Solino* oder *Das Wunder von Bern*).

Seine Popularität verdankt Gregorowicz allerdings eher zahlreichen Fernsehproduktionen, darunter seinen Auftritten in Krimi-Serien wie *Adelheid und ihre Mörder*, *SK Kölsch* oder *Tatort* oder seiner Rolle in der von 2007 bis 2010 ausgestrahlten ZDF-Krimi-Reihe *Lutter*, wo er den Kriminaloberkommissar Michael Engels an der Seite von Joachim Król verkörperte.

Dank seiner Polnischkenntnisse wirkte Gregorowicz in der deutsch-polnischen Komödie *Hochzeitspolka* (2010) und in dem vielfach ausgezeichneten ZDF-Dreiteiler *Unsere Mütter, unsere Väter* (2013) mit. Darin spielte er einen Einsatzleiter der polnischen Untergrundarmee (Armia Krajowa, AK), der dem jüdischen Protagonisten Victor das Leben rettet. Der Film führte in Polen wegen der undifferenzierten Darstellung des polnischen Untergrunds zum Eklat: Der Produzent entschuldigte sich. [15] Gregorowicz hat dies nicht geschadet. Auch in der deutsch-polnischen Ermittlergruppe von *Polizeiruf 110* gibt er seit 2015 auf Deutsch wie auf Polnisch den Ton an.

[15] Siehe dazu den Artikel von Brigitte Jaeger-Dabek vom 01.07.2013 unter: www.das-polen-magazin.de/unsere-muetter-unsere-vaeter-produzent-nico-hofmann-entschuldigt-sich-bei-den-polen/ (Aufruf am 15.01.2018).

Grynszpan, Herschel

Mit polnischem Pass ins Verderben

Peter Oliver Loew

—

1 / Herschel Grynszpan nach seiner Festnahme auf dem Weg zum Untersuchungsrichter, November 1938

2 / Postkarte Grynszpans vom 6. November 1938 an seine Eltern: „… das Herz blutet mir wenn ich von eurer Tragödie und 12000 anderer Juden hören muß. Ich muß protestieren das die ganze Welt meinen Protest erhört, … "

G

Er war polnischer Staatsbürger – aber ob er ein Wort Polnisch konnte? Viele der rund 170.000 polnischen Jüdinnen und Juden, die 1932 in Deutschland lebten, sprachen nur Deutsch und – eventuell – Jiddisch. Herschels Eltern waren 1911 aus dem russischen Teilungsgebiet (Russisch-Polen) nach Hannover gezogen, wo Herschel (Hermann) Grynszpan (Grünspan) 1921 geboren wurde und die Schule besuchte; 1936 reiste er illegal nach Paris. Die französischen Behörden verweigerten ihm die Aufenthaltsgenehmigung und wiesen ihn 1938 aus, die deutschen Behörden untersagten ihm als polnischem Staatsbürger die Rückkehr, und da sein polnischer Pass abgelaufen war, ließen ihn die polnischen Behörden auch nicht ohne Weiteres nach Polen.

Als Ende Oktober 1938 das NS-Regime bis zu 17.000 Jüdinnen und Juden mit polnischer Staatsangehörigkeit nach Polen zwangsdeportierte (→ Polenaktion), darunter auch Herschels Eltern, sah der 17-jährige Junge rot. Am 7. November verschaffte er sich Zutritt zum Sitz der deutschen Botschaft in Paris und schoss mehrmals auf den Botschaftssekretär Ernst vom Rath, der zwei Tage darauf seinen Verletzungen erlag. Möglicherweise hatte das Verbrechen einen homoerotischen Hintergrund; so tauchten im Zusammenhang mit den Prozessvorbereitungen Gerüchte auf, vom Rath und Grynszpan hätten eine homosexuelle Beziehung gehabt. Für NS-Propagandaminister Joseph Goebbels kam der Vorfall wie gerufen, er ließ ihn zum Beleg einer angeblichen „jüdischen Weltverschwörung" aufbauschen, gegen die er die Novemberpogrome („Reichspogromnacht") organisierte.

Grynszpan saß bis 1940 in französischer Haft. Sowohl der in Frankreich geplante Prozess als auch später der Schauprozess, den die Nationalsozialisten eröffnen wollten, kamen nicht zustande. Grynszpan wurde ins Zuchthaus Magdeburg gebracht und kam dort vermutlich nach 1942 ums Leben. Herschels Eltern und sein Bruder überlebten den Holocaust, sie wanderten nach dem Krieg nach Israel aus.

H

Hambacher Fest

Polen und Deutsche, „ringend für die Freiheit"

Peter Oliver Loew

—

Hans Mocznay, *Das Hambacher Fest am 27. Mai 1832*, 1977, Öl auf Holz. Da auf keiner zeitgenössischen Darstellung die polnische Fahne zu sehen ist, malte Mocznay das Fest 1977 neu.

„Männer Deutschland's! die Ihr diese polnische Fahne zur Ehre unseres Volkes hier aufgepflanzt habt, bewahrt dieselbe auf!" Viele, die sich an der Hambacher Schloss genannten Burgruine oberhalb des pfälzischen Städtchens Neustadt versammelt hatten, horchten auf, als der polnische Schriftsteller und Publizist Franciszek Grzymała (1790 – 1871) am 1. Juni 1832, dem letzten Tag des Hambacher Festes, diese Worte sprach. Er fuhr fort: „Möge die Vorsehung gestatten, daß bald der Augenblick komme, wo wir, in dem großen Kampfe der Völker gegen den Absolutismus, von Euren Händen dieses theure Banner wieder erhalten, um unter demselben, ringend für die Freiheit, zu siegen oder zu sterben." [1]

Der Aufruf zum gemeinsamen Kampf gegen das Europa von Restauration und Stillstand stieß auf offene Ohren bei einem liberalen deutschen Bürgertum, das nicht mehr nach der Pfeife der Monarchen tanzen wollte, schon gar nicht nach den Marschklängen aus Petersburg und Berlin. Angeregt von einigen fortschrittlichen südwestdeutschen Juristen und Journalisten, waren am 27. Mai 1832 mehr als 20.000 Menschen in Neustadt losmarschiert hinauf zum Schloss. Fahnen wurden gehisst, die polnische und auf dem höchsten Turm die schwarz-rot-goldene mit der Aufschrift „Deutschlands Wiedergeburt". Die polnische Abordnung war aufs Höchste erfreut und ließ sich, kurz nach dem → Polendurchzug, als Freiheitskämpfer gegen die Tyrannei feiern. Nach einigen Tagen, die mit Reden, hitzigen Debatten, aber auch dem einen oder anderen Gläschen Pfälzer Wein vergingen, endete das Fest, das als Geburtsstunde der Demokratie in Deutschland gilt. Die Reaktion der Obrigkeit folgte unmittelbar: Viele Organisatoren und Teilnehmer wurden von den Behörden verfolgt, inhaftiert oder ins Exil getrieben; einige spielten bei der Märzrevolution 1848 wieder eine Rolle, als mit Ludwik → Mierosławski noch einmal ein Pole im Zentrum deutschen Aufbegehrens stehen sollte.

---

[1] Zit. nach Johann Georg August Wirth: *Das Nationalfest der Deutschen zu Hambach*, 2. Heft, Neustadt a. d. H. 1832, S. 95.

Hamburg

Polnisches Zentrum im Norden

Rüdiger Ritter

—

Auch heute noch, in Zeiten des Internets, gehört zu einer Stadt ein Branchen-Telefon-verzeichnis, die sogenannten Gelben Seiten. In Hamburg gibt es nicht nur das, son-dern auch eine polnische Ausgabe, die entsprechend „Żółte Strony" heißt. Dabei handelt es sich aber nicht einfach um die Übersetzung der „Gelben Seiten", sondern um eine Art Leistungsschau der Hamburger Polonia, die auf den ersten Blick gar nicht so sehr hervorsticht, aber dennoch beeindruckend ist: So findet man hier nicht nur Reiseunternehmen, die Reisen von und nach Polen organisieren, Geschäfte mit polnischen Lebensmitteln oder Dolmetscherdienste – also das, was man in einem solchen Adressenverzeichnis erwarten mag –, sondern Einträge aller Sparten von A wie *Apteka* (Apotheke) bis W wie *Weterynarze* (Tierärzte): kleine Privatunternehmen ebenso wie niedergelassene Arztpraxen oder Filialen größerer Einrichtungen, die von einem polnischen Inhaber betrieben werden, aber auch Restaurants, an deren Namen sich ablesen lässt, dass hier polnische Küche angeboten wird.

> Die Zahl derer, die in irgendeiner Form mit Polen
> in Zusammenhang stehen, wird in Hamburg
> mit 80.000 bis sogar 100.000 Menschen angegeben.

Die Zahl derer, die in irgendeiner Form mit Polen in Zusammenhang stehen, wird in Hamburg mit 80.000 bis sogar 100.000 Menschen angegeben, wobei es ganz darauf ankommt, welche Kriterien man zugrunde legt. Die Eckdaten, die die Statistiker präsentieren, sind denn auch mit Vorsicht zu genießen. Ihnen zufolge gibt es seit den späten 1980er-Jahren etwa 20.000 Hamburger mit einem polnischem Pass, eine Zahl, die trotz eines Auf und Ab in den Folgejahren bis heute konstant geblieben ist. Etwas mehr als 40 Prozent sind Anfang der 1990er-Jahre un-ter 30 Jahre, sie leben in allen Stadtteilen Hamburgs – im Gegensatz zur Situation von vor 100 Jahren, als fast ein Drittel allein im Stadtteil Wilhelmsburg wohnte.

Polnische Präsenz in Hamburg beschränkt sich, gerade in den Sommermonaten, jedoch nicht allein auf in der Met-ropole sesshafte Menschen, sondern schließt auch Saisonar-beiter wie Erntehelferinnen und Erntehelfer mit ein. Während im Jahr 2005 Schätzungen zufolge bei der Apfelernte im Alten Land noch circa 3.000 Polen beschäftigt waren, ließ der Zu-strom bald nach, zum einen wegen restriktiver Gesetze und zum anderen wegen der für Polen attraktiveren Arbeitsbe-dingungen in Skandinavien oder Großbritannien.

Erntehelferinnen und -helfer aus Polen bei der Apfelernte im Alten Land bei Hamburg, 2005

Wie in vielen anderen deutschen Städten setzte in Ham-burg eine stärkere polnische Präsenz im 19. und frühen 20. Jahrhundert ein, als der vermehrte Arbeitskräftebedarf zu einer Arbeitsmigration aus dem östlichen Europa nach Westen führte. Vor dieser Zeit hatte es immer wieder sporadische Berüh-rungspunkte gegeben, so etwa Kontakte im Bereich des Handels, der Kultur und der Diplomatie. 1646 weilte der spätere polnische König Johann III. Sobieski

Die „Auswanderer-
hallen" in Hamburg,
1909

(→ München), der sich 1683 in der Schlacht bei Wien gegen die osmanischen Heere einen Namen machen sollte, kurz in Hamburg. Ebenfalls im 17. Jahrhundert nahm Hamburg kurzzeitig Flüchtlinge auf, die als Antitrinitarier verfolgt wurden (→ Lubieniecki). Von 1807 bis 1813, als Hamburg von französischen Truppen besetzt war und das von Napoleons Gnaden geschaffene Herzogtum Warschau existierte, gab es in der Stadt ein polnisches Konsulat sowie eine kleine polnische Garnison. Die polnischen Aufstände von 1830 und 1863 brachten ein weiteres Mal polnische Flüchtlinge nach Hamburg – sogar der Dichter Adam → Mickiewicz hielt sich hier einige Tage auf.

Die Zeit von der Gründung des Deutschen Reichs 1871 bis zum Ersten Weltkrieg 1914 markiert Hamburgs Aufstieg zur Welthandelsmetropole, an dem die zugewanderten polnischen Arbeitskräfte einen erheblichen Anteil hatten. In dieser Zeit verdoppelte sich nicht nur die Einwohnerzahl der Stadt, was auch an dem massenhaften Zustrom polnischer Arbeitsmigranten lag – um die Jahrhundertwende waren es bis zu 20.000 Personen, von denen allein 6.000 im Stadtteil Wilhelmsburg lebten. Sie arbeiteten im Hafen oder in den aufstrebenden Fabrikbetrieben

der Stadt unter denkbar schlechten Arbeitsbedingungen. Wer keine Unterkunft in den werkseigenen Arbeiterwohnheimen fand, musste mit einem Unterschlupf in feuchten Kellern, kalten Dachbodenzimmern und ähnlichem vorliebnehmen. Die anfangs fehlenden deutschen Sprachkenntnisse und die katholische Konfession im protestantisch geprägten Hamburg machten die Polen in dieser Zeit zu einer, im Gegensatz zu heute, deutlich als solche erkennbaren Minderheit. Ein sichtbares Zeichen ihrer Existenz war die im Jahre 1898 fertiggestellte katholische Pfarrkirche St. Bonifatius in Wilhelmsburg. Zu dieser Zeit bildete sich auch ein reges Vereinsleben der Hamburger Polen aus.

Hamburg war gleichzeitig einer der wichtigsten Auswandererhäfen Deutschlands und Mitteleuropas. Einen Großteil der Auswanderer bildeten Angehörige der polnisch-jüdischen Bevölkerung aus dem russischen Zarenreich, die ihre Heimat aufgrund der schlechten Arbeitssituation, vor allem aber wegen der zaristischen Pogrome in den 1880er-Jahren massenhaft verließen. Bis 1910 wanderten in die USA rund 1,5 Millionen osteuropäische Juden und fast eine Million (christliche) Polen ein, ein sehr beträchtlicher Teil hiervon über Hamburg.

Für die ausreisewilligen Ankömmlinge aus dem östlichen Europa richtete die „Hamburg-Amerikanische-Packetfahrt-Actien-Gesellschaft" (kurz HAPAG) die „Auswandererhallen" ein, die heute, originalgetreu nachgebaut, im Hamburger Auswanderermuseum BallinStadt zu besichtigen sind.

Nach dem Ersten Weltkrieg, während dem zahlreiche polnische Zwangsarbeiter auch nach Hamburg verschleppt worden waren, kehrten Polen massenhaft in den nun wieder erstandenen polnischen Staat zurück. Aus dem Hamburger Stadtbild verschwanden die Polen fortan als sichtbare Minderheit, nicht aber als Individuen, da viele weiter polnische Traditionen pflegten, auch wenn sie formal Deutsche waren. Im Jahr 1925 lebten nach offiziellen Angaben nur noch 1.713 polnische Staatsangehörige in der Hansestadt.

Noch 1935 konnte, offenbar auf Vermittlung des Polnischen Generalkonsulats, in Hamburg die Oper *Halka* von Stanisław Moniuszko aufgeführt werden. Nach dem deutschen Überfall auf Polen jedoch wurde das Polnische Generalkonsulat 1939 aufgelöst, das seit 1921 in der Hansestadt angesiedelt gewesen war. Die noch in Hamburg lebenden polnischen Juden waren bereits seit 1933 verfolgt und 1938 in die KZs deportiert worden. Hamburg wurde nun zu einem Zentrum polnischer Zwangsarbeiter, 1944 waren es rund 100.000. Sie wurden in allen Wirtschaftsbranchen beschäftigt, von der Rüstungsindustrie über Spinnereien, Webereien und Kalksandsteinwerke bis hin zu Hotels, Großküchen und Landwirtschaftsbetriebe am Stadtrand. Die Koordinierung der Arbeitseinsätze, Kontrolle und Bespitzelung der Zwangsarbeiter oblag der Gestapo, die auch Deportationen in die KZs anordnete. In das größte norddeutsche Konzentrationslager Neuengamme bei Hamburg wurden insgesamt fast 17.000 Männer und Frauen aus Polen deportiert (→ Konzentrationslager).

Die Anwesenheit von Polen in Hamburg während der Zeit ab dem Ende des Zweiten Weltkriegs bis zum Zusammenbruch des Staatssozialismus in Polen ist in drei Phasen gegliedert: die Zeit unmittelbar nach dem Krieg, die sozialliberale Entspannungspolitik in den 1970er-Jahren und die massenhafte Zuwanderung aus Polen im Gefolge der „Solidarność"-Bewegung in den 1980er-Jahren. In den Jahren nach Kriegsende ging es vorrangig um die Rückführung der ehemaligen polnischen Zwangsarbeiter, Kriegsgefangenen und Lagerinsassen (→ Displaced Persons) in ihre Heimat. Sie sollte über die beiden Lager Ostdorf und Wentorf erfolgen. Viele Polen wollten jedoch nicht mehr in das nunmehr sozialistisch regierte Polen zurückkehren. Sie wurden in sogenannten Nissenhütten und Behelfsheimen untergebracht, die noch bis Anfang der 1960er-Jahre bestanden, als die Hamburger Polen nicht mehr als Displaced Persons bezeichnet wurden, sondern längst den Status „heimatlose Ausländer" innehatten (ab 1951). Ab Mitte der 1950er-Jahre kam eine weitere Gruppe von Zuwanderern aus Polen nach Hamburg: die sogenannten → Aussiedler, die aus den nunmehr zu Polen gehörenden ehemaligen deutschen Ostgebieten stammten. Sie wurden zunächst im Stadtteil Finkenwerder untergebracht und erhielten dann im Rahmen des sozialen Wohnungsbaus Unterkünfte auch in anderen Teilen Hamburgs.

Die Politik der sozialliberalen Koalition in den 1970er-Jahren, die im Zeichen der Ostverträge stand, war auch in Hamburg an dem zunächst starken Zuwachs der Aussiedlerzahlen ablesbar. So kamen zwischen 1971 und 1984 über 11.000 Aussiedler aus Polen nach Hamburg, die Zahl der politisch verfolgten Polen hingegen ging in den 1970er-Jahren nicht über 2.000 hinaus. In Hamburg gab es bereits früh Bemühungen um einen Dialog zwischen Deutschen und Polen. Das schlug sich in diversen Aktionen wie etwa den „Polnischen Tagen" 1971 nieder, aber auch in der Gründung von Organisationen, so 1970 des „Deutsch-Polnischen Arbeitskreises" und 1972 der „Deutsch-Polnischen Gesellschaft Hamburg", die sich mit einem Aufruf zum Frieden

Folklore-Tanzgruppe „Krakowiak"
beim Polnischen Kulturfestival
in Hamburg, 2011

ganz im Geist der Entspannungspolitik positionierte. Auch eine Städtepartnerschaft mit Danzig sollte geschlossen werden, hier aber kam das benachbarte Bremen der Metropole an der Elbe zuvor.

Zu Beginn der 1980er-Jahre führten die Ereignisse in Polen auch in Hamburg zu einer Welle der Solidarität. Das „Hamburger Abendblatt" veröffentlichte die Adresse eines Priesterseminars in Warschau, rief zu Paketsendungen auf und wurde zum Zentrum einer improvisierten, aber intensiven → Polenhilfe. Der Hamburger „Klub Polski" versuchte, mithilfe von Seemannskontakten polnischsprachige Literatur aus dem Westen ins Land zu schleusen und entwickelte sich zur ersten Anlaufstelle für die ankommenden Flüchtlinge. Anders als die Aussiedler mussten die Flüchtlinge Asylanträge stellen und erlangten bis 1989 meist nur einen Duldungsstatus. Einbürgerungen wurden nur in geringer Zahl vorgenommen, dennoch veränderte sich die Struktur der Polonia und des polnischen Lebens in Hamburg nun ganz beträchtlich. Viele Polen richteten sich in Hamburg ein, nahmen eine Arbeit auf oder gründeten Firmen und Geschäfte. In den 1980er-Jahren war der Baumwall geradezu eine kleine „polnische Meile".

Mit der Auflösung des Ostblocks ging auch die Wiedereröffnung des Generalkonsulats der Republik Polen in Hamburg im Juni 1991 einher. Zunächst wuchs auch die Zahl polnischer Vereinigungen an, sie verloren bald aber an Bedeutung, da zunehmend weniger Polen die Notwendigkeit sahen oder den Wunsch verspürten, sich in rein polnischen Einrichtungen zu engagieren. Die polnische Minderheit war sozusagen wieder auf dem Weg in die Unsichtbarkeit, diesmal als Folge der Normalisierung der Beziehungen und des zurückgehenden Wirtschaftsgefälles zwischen beiden Staaten.

Weiterführende Literatur

Michael Joho: *Polnisches Leben in Hamburg – Śladami Polaków w Hamburgu*, Hamburg 2000.

Viola Krizak (Hrsg.): *Deutsch-Polnische Gesellschaft Hamburg 1972 – 2012. Berichte und Erinnerungen aus vier Jahrzehnten Arbeit einer deutsch-polnischen Bürgerinitiative*, Hamburg 2012.

Handwerker

Alleskönner – aber nicht um jeden Preis

Andrzej Kaluza

—

„Schnell, gut und preiswert" – so lautet in aller Regel das Versprechen auf der Visitenkarte eines polnischen Handwerkers. Das hat sich in Deutschland herumgesprochen, denn die Nachfrage nach polnischen „Alleskönnern" steigt, egal ob es sich um Bauarbeiter, Klempner oder Mechaniker handelt. Deutsche Kunden schätzen neben den moderaten Preisen vor allem die Flexibilität und den Einfallsreichtum polnischer Handwerker.

Zunächst, seit den frühen 1980er-Jahren, waren polnische Handwerker in der Regel als „Schwarzarbeiter" tätig und ließen sich an den Ausfallstraßen der großen Städte auf dem sogenannten Arbeiterstrich anwerben. Spätestens seit dem Assoziierungsabkommen (Europa-Abkommen) 1992 durften sich Polen dann überall in der Europäischen Union legal als selbstständige Gewerbetreibende betätigen. In Wirklichkeit aber stellte erst der EU-Beitritt Polens im Jahr 2004 eine wichtige Zäsur dar, als die bis dahin vielfach noch in der „Grauzone" agierenden polnischen Handwerker hierzulande in umfangreicher Zahl ein Gewerbe anmeldeten. Das löste bei Handwerkskammern, Politikern und Medien in Deutschland zum einen Erstaunen aus, aber ebenso die Befürchtung, dass damit eine massive Verdrängung einheimischer Betriebe durch „Lohndumping" einhergehen würde. Man beklagte, dass bisweilen Hunderte von Neuanmeldungen die gleiche Adresse als Firmensitz aufwiesen. In Wirklichkeit war dies ein Indiz dafür, dass nun, anders als befürchtet, osteuropäische Handwerker nicht scharenweise über die Landesgrenzen kamen, sondern es sich um Menschen handelte, die bereits seit Langem da waren und sich Gemeinschaftsunterkünfte teilten. In der Folge holten viele der Handwerker auch ihre Angehörigen aus Polen nach Deutschland, mieteten Wohnungen, investierten kräftig und begannen kleinbürgerliche Karrieren.

> **Deutsche Kunden schätzen neben den moderaten Preisen vor allem die Flexibilität und den Einfallsreichtum polnischer Handwerker.**

Die meisten der gegenwärtig circa 30.000 polnischen Handwerker in Deutschland arbeiten in zulassungsfreien Berufen wie Trockenbauer und Fliesenleger. Die Statistiken des „Zentralverbandes des Deutschen Handwerks" zeigen, dass sie den einheimischen Fachkräften mit Meisterbrief kaum Konkurrenz machen und dass sie überwiegend nicht in grenznahen Gebieten, sondern in den westlichen Industriezentren, in Nordrhein-Westfalen, dem Rhein-Main-Gebiet und in München tätig sind.

An die Zeiten einstiger Illegalität erinnern heute nur noch literarische Texte eines Janusz → Rudnicki, parodistische TV-Einlagen („Der Schwarzarbeiter-Strich" in der Fernsehserie *Pastewka*) oder Satiren des → Clubs der polnischen Versager (*Pole für alles, Die Fliesenleger von Versace*). Der deutsche Kabarettist Steffen Möller, der in Polen eine große Popularität besitzt, findet heutzutage auf der Visitenkarte seines Klempners in Warschau dagegen Erstaunliches: „Langsam, teuer und solide". Trotzdem, so Möller, könne der sich in Polen vor Aufträgen kaum retten. In Deutschland dagegen, sagt Möller, würde man die Ironie wohl weniger verstehen und den Mann nicht anrufen. [2]

---

[2] Siehe „Großartig unperfekt". Interview von Asmus Hess mit Steffen Möller, in: Bilfinger Berger Magazin, 2/2012. Online abrufbar unter: www.agenturzs.de/de/leistungen/text-und-bild/grossartig-unperfekt-bilfinger-berger-magazin-2-2012/article/ (Aufruf am 15.01.2018).

Haren / Maczków

Eine polnische Besatzungszone in Deutschland

Rüdiger Ritter

—

„Gott schütze unser Haren / Vor neuen Polenscharen!" So klang es 1948 durch das kleine emsländische Städtchen Haren, nachdem die unter britischem Oberbefehl stehende polnische Division unter General Stanisław Maczek von dort abgezogen wurde. Fast drei Jahre lang nach Kriegsende war die in Maczków umbenannte und von ihren deutschen Einwohnern geräumte Kleinstadt Hauptquartier für die polnischen Soldaten gewesen. Die Alliierten hatten den polnischen Streitkräften die Verfügungsgewalt über den nordwestlichen Teil der britischen Besatzungszone von der niederländischen Grenze bis einschließlich Wilhelmshaven überlassen, sodass hier eine sogenannte polnische Besatzungszone als Sondergebiet entstand. Die Westalliierten würdigten auf diese Weise die Rolle polnischer Soldaten im Kampf gegen Hitler.

In Maczków entwickelte sich ein eigenständiges polnisches Leben. Es gab einen polnischen Bürgermeister und eine polnische Pfarrei; Schulen und andere kulturelle Einrichtungen wurden gegründet. Im Gegensatz zu Belgiern und Niederländern, die die Polen als Befreier feierten, hegte die deutsche Bevölkerung Ressentiments, die sich sowohl aus negativen Polen-Stereotypen als auch aus den Überresten der NS-Propaganda speisten. Der Unmut der Harener erwuchs zusätzlich aus dem Umstand, dass nach der Räumung des Ortes etwa 1.000 Familien obdachlos wurden und ihr Hab und Gut dort zurücklassen mussten. Maczków war zudem auch ein DP-Lager (→ Displaced Persons) für ehemalige polnische Zwangsarbeiter und KZ-Insassen aus den Emslandlagern.

Im September 1948 wurde Maczków wieder der deutschen Verwaltung unterstellt, und die Stadt erhielt ihren deutschen Namen Haren zurück.

Bis zu Beginn der 1990er-Jahre wollten die Harener von diesem Teil ihrer Geschichte nach dem Zweiten Weltkrieg am liebsten gar nichts wissen, bis auch hier ein Umdenken einsetzte. Ein Symbol für diese Wendung ist die im Jahr 1991 begründete Städtepartnerschaft zwischen der niedersächsischen Kleinstadt und dem polnischen Międzyrzecz.

Polnische Pfadfindergruppe in Haren (Emsland), das von 1945 bis 1948 Maczków hieß

Heimatvertriebene mit polnischer Sprache?

Mutmaßungen über das Unbekannte

Peter Oliver Loew

—

Dieser Text handelt von unsichtbaren Spuren, von Spuren, die es gegeben haben muss, von denen aber so gut wie nichts bekannt ist: nichts, was in der Geschichte von Polen beziehungsweise Polnischsprachigen in Deutschland neu wäre; denn wie oft zwangen kulturelles Gefälle, koloniale Überheblichkeit der einen oder postkoloniale Unterwürfigkeit der anderen dazu, sich zu verstellen, Teile der eigenen Identität zu verleugnen. Und so verhält es sich auch mit den polnischen Spuren unter den deutschen Heimatvertriebenen.

Im Zuge von Flucht und Vertreibung wurden zwischen 1944 und Ende der 1940er-Jahre viele Millionen Menschen dazu gezwungen, das neu entstehende polnische Staatsgebiet zu verlassen. In der Bundesrepublik galten sie als „Vertriebene", in der DDR als „Umsiedler". Die ansässige Bevölkerung beschimpfte sie oft verächtlich als „Polacken", obwohl die meisten von ihnen nie etwas mit Polen zu tun gehabt und seit Generationen in rein deutschsprachigen Gebieten gelebt hatten. Aber eben nur die meisten: Im Zuge der Zwangsmigration müssen auch Zehntausende Menschen mit polnischer Muttersprache in die vier Besatzungszonen der alliierten Streitkräfte geraten sein: Einwohner des südlichen Ostpreußens – die Masuren, sofern sie noch polnischsprachig waren – ebenso wie Oberschlesier, die von Hause aus Polnisch oder oberschlesisch-polnische Mundart sprachen. Außerdem waren während des Kriegs im ehemals polnischen Staatsgebiet 2,7 Millionen Menschen in die „Deutsche Volksliste" eingetragen worden – teils weil sie Deutsche oder deutscher Herkunft waren, teils aus Zwang, um die ans Reich angegliederten Gebiete statistisch möglichst rasch zu „germanisieren" und zugleich Soldaten für die Wehrmacht zu gewinnen.

Wie viele „Volks(listen)deutsche", die eigentlich Polen waren, durch Flucht und Vertreibung ihre Heimat verließen, ist völlig unklar und statistisch nicht erfasst – die Motive liegen aber auf der Hand: Wer engeren Kontakt zu den Besatzern gepflegt hatte, konnte ein Interesse daran haben, bereits vor Ende der Kampfhandlungen zu fliehen. Familiäre Beziehungen konnten ebenso den Ausschlag geben wie wirtschaftliche Beweggründe, politische Abneigungen … Vieles ist denkbar, auch die willkürliche oder böswillige Vertreibung unliebsamer Personen durch die polnischen Behörden in der Nachkriegszeit. Eines aber war klar: Wer als „Vertriebener" in die deutsche Nachkriegsgesellschaft gelangte, musste Deutscher sein, selbst wenn er Pole war oder nicht Deutsch, sondern Polnisch sprach, er oder sie musste möglichst rasch alles Polnische ablegen und sich unauffällig unters Mehrheitsvolk mischen. Verdrängung war das Gebot der Stunde. Ursprünglich polnisch- oder zweisprachige Masuren und Oberschlesier kehrten ihr „Deutschtum" als Vertriebene – so wie vielfach bereits in der NS-Zeit – ebenso hervor wie alle anderen als „Deutsche" Zugewanderten und glaubten bald oft wohl selbst an die Geschichten, die sie ihren eigenen Kindern wie auch in ihrer Umgebung erzählten – aber das sind lediglich Vermutungen. Vielleicht gelingt es einem findigen Forscher, mehr Licht in eines der diffizilsten Kapitel deutsch-polnischer Nachbarschaft zu bringen.

H

> **Dieser Text handelt von unsichtbaren Spuren, von Spuren, die es gegeben haben muss, von denen aber so gut wie nichts bekannt ist.**

Helbig-Mischewski, Brigitta

Literarische Brückenbauerin zwischen Deutschland und Polen

Dorota Danielewicz

—

„Wissenschaftliche Arbeiten schreibe ich auf Deutsch, literarische Texte auf Polnisch."

„Wissenschaftliche Arbeiten schreibe ich auf Deutsch, literarische Texte auf Polnisch", bekannte Brigitta Helbig-Mischewski (*1963) einmal in einem Interview im Hörfunkprogramm von „Funkhaus Europa".

Die Slawistin wurde in Stettin geboren, wo sie Polonistik studierte, bevor sie 1983 ins Ruhrgebiet ging. Dort setzte sie ihr Studium in den Fächern Slawistik und Germanistik an der Ruhr-Universität Bochum fort, wo sie mit einer Dissertation über die polnische Kulturwissenschaftlerin Maria Janion promovierte. Dann zog es sie nach Berlin; dort nahm sie eine Lehrtätigkeit an der Humboldt-Universität auf. Gleichzeitig sprossen, im polnischen Teil ihrer Seele, schon die ersten literarischen Texte – zuerst Gedichte, dann das Prosadebüt *Pałówa* und viele andere.

Das Leben hielt Brygida Helbig, so ihr Geburtsname, unter dem sie auch als Schriftstellerin bekannt ist, weiter in Bewegung: Nach Gastdozenturen in Prag und Stettin habilitierte sie sich 2004 an der Humboldt-Universität zu Berlin mit einer Arbeit über die polnische Dichterin Maria Jakubina Komornicka, heute vermittelt sie polnische Literatur am Collegium Polonicum in Słubice.

2014 wurde ihr Roman *Niebko* (2013) für den renommierten polnischen „Nike"-Literaturpreis nominiert. „Niebko", zu Deutsch „Himmelchen", der Titel des Romans, ist angelehnt an das gleichnamige in Polen bekannte Kinderspiel. Helbigs Protagonistin Marzena, die aus einer Familie mit einer komplizierten deutsch-polnischen Geschichte stammt, begibt sich auf die Spurensuche nach ihrer Familie. In einer Erzählung des Bandes *Enerdowce i inne ludzie* (dt. *Ossis und andere Leute*, 2015) gesteht die Autorin: „Ich komme jenseits vom Bug und ich komme vom Rhein, denn von diesen Flüssen stammen meine Vorfahren mütterlicher und väterlicherseits. Ich komme aus Stettin, vom westlichen Ufer der Oder, und lebe zurzeit in Berlin. Ich vermittle zwischen jenen, die mich dort, und denen, die mich hier lieben, einander aber nicht ausstehen können." [3]

Brigitta Helbig-Mischewski gehört zweifelsohne zu den Brückenbauerinnen zwischen Deutschland und Polen. Gern übernimmt sie Moderationen bei Lesungen mit anderen Autoren, verfasst Rezensionen, betreut Studenten auf eine sehr persönliche Art und Weise. Ihre Bücher spiegeln ihre Auseinandersetzung mit der eigenen Familiengeschichte, mit persönlichen Begebenheiten, die einen tiefen Einblick in die menschliche Seele auf beiden Seiten der Oder eröffnen.

[3] Brygida Helbig: *Ossis und andere Leute.* Aus dem Polnischen von Paulina Schulz, Greifswald 2015, S. 87.

Hłasko, Marek

Der polnische Schriftsteller-Rebell

Hans-Christian Trepte

—

„Im Gefängnis in München ist es nicht schlecht, besonders wenn einer Kontakt zu seiner Muttersprache anknüpfen möchte, die für einen Schreibenden so unerlässlich ist: Jeder dritte Gefangene ist Pole", so beschreibt Hłasko seine ersten Deutschland-Erfahrungen, die er in seiner Autobiografie ironischerweise „stillen Hafen" nennt. Außer Gefängnissen hat der 1934 in Warschau geborene polnische Schriftsteller-Rebell mit Vorliebe deutsche Krankenhäuser, insbesondere psychiatrische Kliniken, besucht, wo in Gesprächen mit Psychiatern „unweigerlich das Problem der Besatzung hochgespült" wurde.[4]

Hłaskos Kindheit war geprägt durch den Zweiten Weltkrieg und schwierige Familienverhältnisse – Scheidung der Eltern, Tod des Vaters. Ausgehungert und mittellos zog er in den späten 1950er-Jahren durch das fein wiederaufgebaute München. Mithilfe eines Stipendiums des polnischen Schriftstellerverbandes war der Autor, der sich selbst oft in der Pose eines „polnischen James Dean" sah, 1956 nach Paris gekommen. 1958 stellte er in West-Berlin einen Antrag auf politisches Asyl, nachdem ihm die polnischen Behörden die Verlängerung seines Passes verweigert hatten. Er ging nach Israel, kehrte nach Europa zurück, zog 1966 in die USA.

Während Israel und die USA in Hłaskos literarischen Werken eine wichtige Rolle spielen, trifft das auf die Bundesrepublik beziehungsweise West-Berlin kaum zu. Über Deutschland schrieb er: „Ich weiß noch, was mir ein deutscher Schriftsteller einmal sagte: ,Sehen Sie zu, daß Sie hier wegkommen. Sie werden nie etwas über Deutschland und über die Deutschen schreiben: ebenso-

Der Schriftsteller
Marek Hłasko
in Berlin, 1960

wenig wie ich etwas schreiben werde. Deutschland ist ein Thema für einen Schlosser; nicht für einen Menschen, der schreibt."[5]

1961 heiratete Hłasko in London die deutsche Schauspielerin Sonja Ziemann (* 1926), die in der polnisch-deutschen Verfilmung seiner Erzählung *Ósmy dzień tygodnia* (1956, dt. *Der achte Tag der Woche*, 1958) die Hauptrolle gespielt hatte. Produzent des Films war Artur →Brauner. Die Ehe zwischen dem Schriftsteller und der Schauspielerin ist jedoch von kurzer Dauer, 1969 lässt sich das Paar scheiden. Kein Wunder, liest man Hłaskos sarkastische Worte, als er von der Heirat sprach: „Ich verließ Israel und (…) hatte im übrigen andere Sorgen: Die deutsche Besatzung, die für die Leute viele Jahre zuvor zu Ende gegangen war – für mich begann sie von neuem."[6]

In mehr als ein Dutzend Sprachen übersetzt, ist Hłasko in Deutschland als skandalträchtiger und trinkfester Autor vor allem durch seine brutal-realistischen Erzählungen bekannt geworden, dazu zählen der Lkw-Fahrer-Roman *Następny do raju* (1958, dt. *Der Nächste ins Paradies*, 1960) – Hłasko selbst hatte zu Beginn der 1950er-Jahre in Polen als Lkw-Fahrer gearbeitet – und seine Erinnerungen *Piękni dwudziestoletni* (1966, dt. *Die schönen Zwanzigjährigen*, 2000); er schrieb aber auch Drehbücher für Fernsehproduktionen, darunter für einen Film über das Grubenunglück von Lengede 1963.

Der sich in beiden Hälften der damaligen Welt zerrissen und unverstanden fühlende Schriftsteller verstarb, nur 34-jährig, am 14. Juni 1969 bei einem Zwischenaufenthalt in Wiesbaden. Die wahren Gründe seines Todes (wahrscheinlich eine Überdosis Schlaftabletten) sind bis heute ungeklärt.

---

[4] Marek Hłasko: *Die schönen Zwanzigjährigen*, Frankfurt am Main 2000, S. 206.
[5] Ebd., S. 113.
[6] Ebd., S. 227.

Holland, Agnieszka

Skandal um eine Oscar-Nominierung

Andrzej Kaluza

—

Agnieszka Holland, 1948 in Warschau geboren, gehört zu den bedeutendsten und einflussreichsten polnischen Filmemacherinnen. Ihren Weltruf – sie drehte mit Stars wie Denzel Washington, Leonardo di Caprio, Ed Harris – begründeten nicht zuletzt zwei ihrer in Deutschland (ko)produzierten Filme.

Nachdem sich Holland nach der Verhängung des Kriegsrechts in Polen 1981 entschieden hatte, in Frankreich zu bleiben, wohin sie kurz zuvor emigriert war, bot ihr der Westberliner Produzent Artur → Brauner an,

Agnieszka Holland bei den Dreharbeiten
zu *Hitlerjunge Salomon*, 1990

den Film *Bittere Ernte* zu drehen. Der ungewöhnliche Blick auf die spannungsreiche Intimität zwischen einem Deutschen und einer Jüdin im Zweiten Weltkrieg wurde 1986 als deutscher Beitrag in der Kategorie „Bester fremdsprachiger Film" für den Oscar nominiert. Holland selbst bemerkte Jahre später lakonisch dazu: „Sie hatten einfach nichts Besseres."[7]

Dagegen führte die Tatsache, dass Hollands *Hitlerjunge Salomon* 1992 von der deutschen Auswahlkommission nicht für den Oscar nominiert wurde, zu einem regelrechten Skandal. Die Feuilletons mutmaßten über widersprüchliche Motive: Einerseits war der Film „nicht deutsch genug" (da „nur" mit deutschem Geld gedreht, Schauspieler, Filmcrew, Drehorte dagegen waren international, zumeist polnisch), andererseits erschien er manch einem Kritiker als „antisemitisch" und „den Krieg verharmlosend". Holland äußerte Befremden und bezichtigte die deutsche Filmwirtschaft der „Arroganz" gegenüber jüdischen Themen. Der Film war in Europa wie in den USA ein Erfolg, 1992 wurde er mit dem Golden Globe als bester fremdsprachiger Film ausgezeichnet, außerdem erhielt er von der amerikanischen Jury eine Oscar-Nominierung in der Kategorie „Bestes Drehbuch nach einer literarischen Vorlage".

2008 versicherte Holland, „sie hege nach so vielen Jahren keinen Groll mehr gegen Deutschland", und erinnerte an einen „sehr schönen" Solidaritätsbrief deutscher Filmkollegen von damals.[8] 2010 drehte sie, in polnischer Sprache, einen weiteren Erfolgsfilm, die deutsch-polnisch-kanadische Koproduktion *In Darkness* (Originaltitel: *W ciemności*). Der Film, der das Schicksal der jüdischen Familie Chiger erzählt, die dem Ghetto im von den Nazis besetzten Lemberg entkommt, trug Holland 2012 eine dritte Oscar-Nominierung ein – und ging damals für Polen ins Rennen um den „Auslands-Oscar".

[7]   Agnieszka Holland: *Magia i pieniądze* [Magie und Geld], Kraków 2002, S. 223.
[8]   Zit. nach „Agnieszka Holland: Regisseurin wird 60", dpa, Warschau, 28.11.2008. Online abrufbar unter: www.mz-web.de/kultur/regisseurin-agnieszka-holland-wird-60-7958668 (Aufruf am 15.01.2018).

Hutten-Czapski, Bogdan

Polnischer Aristokrat und preußischer Offizier

Matthias Barełkowski

—

Polnisch und preußisch zugleich – kann das gut gehen? Es kann, wie sich am Beispiel des Grafen Bogdan von Hutten-Czapski aus Smogulec in Großpolen zeigen lässt. Geboren 1851 auf dem elterlichen Gut, lernte er während seiner Schulzeit fließend Italienisch, Französisch und Deutsch, legte sein Abitur in Paris ab, studierte Jura an deutschen Universitäten, um schließlich ab 1877 als Berufsoffizier in der preußischen Armee zu dienen. Dabei wurde er aufgrund seiner politisch-aristokratischen Verbindungen und seiner Sprachkenntnisse mehrmals mit heiklen diplomatischen Missionen betraut und gewann das Vertrauen von Kaiser Wilhelm II. 1895 ins Preußische Herrenhaus berufen, war er einer der wenigen Konservativen, die sich 1908 vergeblich gegen das polnischen Grundbesitz bedrohende „Enteignungsgesetz" der preußischen Regierung wandten.

Der Diplomat und Mäzen Bogdan Hutten-Czapski, um 1930

Im Ersten Weltkrieg konnte er seine langjährigen diplomatisch-militärischen Erfahrungen nutzen und wurde Berater des deutschen Generalgouverneurs in Warschau. Der Zusammenbruch der deutschen Monarchie 1918 bedeutete auch das Ende des 1916 von Deutschland und Österreich-Ungarn proklamierten sogenannten Regentschaft-Königreichs Polen und der politischen Karriere Hutten-Czapskis. Fortan auf seinem Familiengut in Smogulec lebend, das nun wieder zu Polen gehörte, brachte er sein Vermögen schließlich in eine Stiftung ein, deren Erträge die Warschauer Hochschulen und die dort studierende Jugend unterstützen sollten.

Berühmt wurde der katholische Kosmopolit durch seine Memoiren, die 1936, ein Jahr vor seinem Tod, gleichzeitig auf Polnisch und Deutsch erschienen und bis heute eine wichtige Quelle für die politischen Verhältnisse in Preußen darstellen. Deutlich wird darin leider auch, welchen fatalen Fehleinschätzungen selbst ein so erfahrener Diplomat wie Hutten-Czapski, Kenner Polens und Deutschlands, drei Jahre vor Beginn des Zweiten Weltkrieges unterliegen konnte: „Leider ist mein Streben nach der Herbeiführung eines deutsch-polnischen Bündnisses oder auch nur Einvernehmens damals [1918] gescheitert. Aber die beiden Männer, die das deutsche und polnische Volk als ihre Führer anerkennen [Hitler und Piłsudski], haben unter völlig veränderten Verhältnissen und Voraussetzungen eine Verständigung angebahnt, die Dauer und Erfolg erhoffen lässt und darüber hinaus der gesamten europäischen Politik neue Wege gewiesen hat."[9]

> „Leider ist mein Streben nach der Herbeiführung eines deutsch-polnischen Bündnisses oder auch nur Einvernehmens damals [1918] gescheitert."

---

[9] Bogdan Graf von Hutten-Czapski: *Sechzig Jahre Politik und Gesellschaft*, 2 Bände, Berlin 1936, Band 1, S. XIX.

IGNIS – Europäisches Kulturzentrum

Polnisches Feuer in Köln

Dieter Bingen

—

„Europäisches Kulturzentrum" nannte sich bis zum Jahr 2013 der Veranstaltungsort in einer Villa im Norden des Kölner Stadtzentrums. Europäischen Geist, der nicht nur aus der östlichen Hälfte des Kontinents angelockt wurde, atmete es, ebenso wie ihn die Gründerin und Seele des Unternehmens, Liliana Andrzejewska, für sich beanspruchte. Von Beruf Systementwicklerin, gut verdienend, entschied sie sich Anfang der 1980er-Jahre, etwas anderes zu wagen. Die polnische Achtundsechzigerin, geboren in Kirgisien, Kindheit in Polen, Abitur in Griechenland, Studium in Paris, ging in dem Projekt IGNIS auf. Sie gewann Architekten, Bauingenieure, Handwerker aus unterschiedlichen Ländern und die Unterstützung von Kölner Baufirmen, die halfen, eine marode Art-Déco-Villa zu sanieren, in die das IGNIS einzog. „Villa Ignis" – auch unter diesem Namen war die Stätte viele Jahre eine feste Größe im Kölner Kulturleben.

In den ersten Jahren nach seiner Gründung 1984 wurde das IGNIS zu einem Mekka politischer Emigranten, später auch für Flüchtlinge aus ganz Ostmitteleuropa. Hier gab es Rechtshilfe und persönlichen Beistand. Eine kleine Heimat fand hier der Gast, insbesondere in den Jahren, in denen ihm die Heimat im östlichen Europa verschlossen war. Im IGNIS fühlten sich Polen, Deutsche, Kölner, Russen, Tschechen und viele andere zu Hause.

Mit dem Fall des Kommunismus verlor der politische Akzent an Bedeutung. Das IGNIS nahm die neuen Herausforderungen an, bewies die Multikulturalität seines Programms und gewann neue Freunde. Es war Begegnungsstätte des „Deutsch-polnischen philosophischen Vereins e.V.", hier fanden interreligiöse christlich-jüdisch-islamische Gespräche statt, Vernissagen, Lesungen, Theatervorführungen, ebenso Abende mit polnischer (Rock-)Musik, internationalem Jazz, Chansons und viele andere interkulturelle Begegnungen. Der ursprüngliche Zweck von IGNIS war mit dem Ende der Spaltung Europas – auf den ersten Blick zumindest – im positiven Sinne „erledigt", im Jahr 2000 fielen die Bundeszuschüsse weg, nach der fristlosen Kündigung der Räumlichkeiten durch einen neuen Eigentümer löste sich der Trägerverein von IGNIS Ende 2013 auf und die von einem lange Zeit kaum verlöschenden Feuer (lat. *ignis*) beseelte Gründerin nahm sich eine Auszeit.

Einladung zu einem Jazz-Konzert 1989 im IGNIS, das damals noch „Osteuropäisches Kulturzentrum" hieß. Die Umbrüche in Osteuropa führten dann zur Namensänderung in „Europäisches Kulturzentrum".

IKEA

Möbel für Deutschland „made in Poland"

Peter Oliver Loew

—

Vieles von dem, was das schwedische Möbelhaus IKEA verkauft, ist „Made in Poland". Immerhin 18 Prozent der weltweiten IKEA-Produktion stammen heute aus Polen (berücksichtigt man nur die Möbelproduktion, ist der Anteil noch viel größer) – lediglich 6 Prozent aus Schweden. Und so gehört auch das in vielen bundesdeutschen Haushalten anzutreffende IKEA-Einrichtungsinventar zu den „polnischen Spuren" in Deutschland.

Der Aufstieg des Möbelgiganten wäre ohne den Fertigungsstandort Polen kaum möglich gewesen: Firmengründer Ingvar Kamprad gelang es bereits seit 1961, erhebliche Teile der Produktion ins kommunistische Polen zu verlagern, was ihn nicht nur billiger kam, sondern auch von der heimischen Zulieferindustrie unabhängig machte – gegen Ende der 1960er-Jahre wurde gar die Hälfte des Programms in Polen hergestellt. Die Geschäftsbeziehungen entwickelten sich trotz mancher Probleme prächtig, da Kamprads Streben nach Minimierung der Produktionskosten und der Devisenhunger des planwirtschaftlichen Polens bestens zusammenpassten.

Ab 1992 hat der schwedische Konzern zahlreiche Werke in Polen gekauft, von Sägewerken bis zu Möbelfabriken, und besitzt heute mehr als ein Dutzend Standorte in Polen mit gut 6.000 Beschäftigten. 2013 ließ IKEA in Polen Möbel im Wert von mehr als 900 Millionen Euro herstellen. Übrigens lassen auch deutsche Möbelfirmen seit Jahrzehnten in Polen produzieren: 2015 importierte Deutschland aus Polen Möbel im Wert von mehr als 3 Milliarden Euro, mehr als aus jedem anderen Land.

IKEA. MADE IN POLAND

Raport o Grupie IKEA w Polsce
przygotowany przez Deloitte Advisory.

Ein Großteil der IKEA-Produkte kommt seit Jahrzehnten aus Polen.

Jabłonowski, Fürst Józef Aleksander

Ein Mäzen des sächsischen Geisteslebens

Hans-Christian Trepte

—

Bis heute ist die 1774 in Leipzig von dem polnischen Woiwoden und Fürsten, Historiker, Dichter und Übersetzer Józef Aleksander Jabłonowski (1712 – 1777) ins Leben gerufene „Fürstlich Jablonowskische Gesellschaft der Wissenschaften" tätig, heute unter dem Namen „Societas Jablonoviana". Es war zunächst eine aus privaten Mitteln gegründete „Gelehrtenanstalt", „eine Akademie" und ein „Geschenk für die Leipziger Universität". Jabłonowski gehörte zu den wichtigsten Befürwortern einer engen wissenschaftlichen Zusammenarbeit Polens mit „dem glücklichen und gelehrten Sachsen" (*Saxonia felix ac erudita*).

Jabłonowski selbst veröffentlichte zahlreiche politisch-historische Schriften. 1768 hatte er Leipzig zu seinem Wohnort gemacht, um in Sachsen mit seinen Universitätsstädten – neben Leipzig waren das Halle, Jena und Wittenberg – und anerkannten wissenschaftlichen Gesellschaften sein in Polen begonnenes popularisierendes Mäzenatentum im Geistesleben fortzusetzen. 1846 trug die „Societas Jablonoviana" mit einem Teil ihres Kapitals zur Gründung der Königlich Sächsischen Akademie der Wissenschaften bei. 1948 wurde die Tätigkeit der Stiftung eingestellt, ihr Kapital der Sammelstiftung der Universität Leipzig übertragen. Dreißig Jahre später, 1978, wurde die „Jablonowskische Gesellschaft" dann als eine staatliche Einrichtung der DDR mit neuer Zielsetzung, der Förderung der deutsch-polnischen Beziehungen in Wissenschaft und Kultur, an der Universität Leipzig reaktiviert.

Nach der politischen Wende und der Ausgliederung der Societas aus der Universität Leipzig – seit 1992 ist die Gesellschaft ein eingetragener Verein – gilt ihr vornehmstes Ziel der Pflege des wissenschaftlichen und kulturellen Dialogs zwischen Deutschland und Polen. Auch alte Traditionen wurden wieder belebt: So wird seit 1999 alle zwei Jahre der „Jabłonowski-Preis" vergeben, mit dem Wissenschaftlerinnen und Wissenschaftler aus Deutschland und Polen ausgezeichnet werden. Ein weiterer Schwerpunkt gilt der Organisation wissenschaftlicher Konferenzen sowie der Publikation wissenschaftlicher Texte in Fortsetzungen, womit ebenfalls an die Tradition der Societas wieder angeknüpft wurde.

Fürst Józef Aleksander Jabłonowski förderte den wissenschaftlichen Austausch zwischen Sachsen und Polen.

Janosch

„Polen ist ein Heimwehland"

Hans-Christian Trepte

—

„Dein Name hat keinen Pep. Jetzt wirst du Pole und wirst … na, eben wie heißen?", so soll einst ein Verleger den jungen Horst Eckert gefragt haben, der nach vielen anderen Anläufen, sein Brot zu verdienen, nun versuchte, sich mit von eigener Hand bebilderten Kinderbüchern durchzuschlagen. „Janosch", soll der darauf geantwortet haben. Eine andere Anekdote besagt, dass ein anonymer Schriftsetzer den polnischen Vornamen „Janusz" in eine verständlichere Form gebracht haben soll. [1]

Der heute auf Teneriffa lebende Schriftsteller, Kinderbuchautor und Illustrator Janosch wuchs in Hindenburg (Zabrze) auf, im deutsch-polnisch-oberschlesischen Kohlenpott, wo er 1931 geboren wurde. Diesen magischen Erinnerungsort trägt er bis heute in sich und setzt sich mit ihm auf vielfältige Art auseinander: „Zabrze ist überall, weil Zabrze die Welt ist", heißt es in seinem autobiografischen Roman *Cholonek oder Der liebe Gott aus Lehm* (1970). Über seine Herkunft sagt er: „Wir, die Eckerts, waren eigentlich mehr polnisch. (…) Meine Großeltern sprachen kein Deutsch, Oma und Opa trugen aber den urdeutschen Namen Eckert. Sie kannten keine Zahnbürsten, hatten trotzdem gesunde Zähne. Die anderen Großeltern trugen den polnischen Namen Głodny, sie hatten keinen einzigen Zahn, jedoch verstanden sie Deutsch". [2] Auch das Ein-Personen-Stück *Zurück nach Uskow oder eine Spur von Gott oder der Hund von Cuernavaca* (1992) spielt in der oberschlesischen Industriestadt: In Texten wie diesen versucht sich der Autor von den Traumata seiner Kindheit – väterliche

Unterdrückung und mütterliche Bigotterie – zu befreien. Sein Roman *Polski Blues* (1991) gilt in Deutschland als Klassiker der Einstiegsliteratur zum Thema Polen, Janosch verarbeitet darin auch seine Erinnerungen an das Land seiner Kindheit, nicht ohne Wehmut: „Polen ist ein Heimwehland." [3]

Wie sein Held Staszek Wandrosch, der sich in *Polski Blues* auf die Reise in seine einstige Heimat begibt, hat auch Janosch respektive Horst Eckert nicht lange in Polen gelebt: 1946 flüchten seine Eltern nach Westdeutschland; hier arbeitet er zunächst in der Textilindustrie, besucht eine Textilfachschule und absolviert einen Lehrgang für Musterzeichnen bei dem Paul-Klee-Schüler Gerhard Kadow. In München studiert er an der Kunstakademie bei Ernst Geitlinger, muss aber sein Studium wegen „mangelnder Begabung" abbrechen. Seit 1956 ist Janosch freischaffender Künstler; er schreibt in Feuilletons, zeichnet, vornehmlich aber widmet er sich dem Schreiben von Büchern für Kinder. Häufig thematisiert er darin Erlebnisse aus seiner oberschlesischen Kindheit und Jugend: „Meine Denke hätte ich nie erlernen können, ich habe sie einfach im Blut". [4] 1960 erscheint Janoschs erstes Kinderbuch *Die Geschichte von Valek dem Pferd*; später kommen die Geschichten vom *Auto Ferdinand* und viele andere hinzu. Zu seinen erfolgreichsten Kinderbüchern gehört *Oh wie schön ist Panama* (1978) mit den Figuren Tiger, Bär und Tigerente, die Kultstatus besitzen. Mit seinen in viele Sprachen übersetzten Büchern gehört Janosch heute zu den weltweit bekanntesten deutschen Kinderbuchautoren.

[1] Siehe Angela Bajorek: *Heretyk z familoka* [Häretiker aus dem Arbeiterblock], Kraków 2015, S. 124.
[2] Zit. nach ebd., S. 96 [Übers. AK].
[3] Janosch: *Polski Blues*, München 1991, S. 23.
[4] Janosch zit. nach Bajorek (wie Anm. 1), S. 96 [Übers. AK].

Januszewski, Zygmunt

Zeichner mit spitzer Feder

Nawojka Cieślińska-Lobkowicz

—

„Erstens: Zeichne, wenn dich die Müdigkeit übermannt.
Zweitens: Der erste Schuß reinigt den Lauf.
Drittens: Laß das Weiße denken.
Viertens: Die Linke hilft der Rechten.
Fünftens: Meide das Schweinefleisch.
Sechstens: Die Rechte hilft der Linken.
Siebtens: Je dunkler, desto heller.
Achtens: Hab keine Angst, verrückt zu werden.
Neuntens: Vor dem letzten Strich geh spazieren.
Zehntens: Vergiß schnell, was du gezeichnet hast." [5]

Deutschland: „(...) ein Land, in dem man ein verrückter Künstler sein kann, weil im Hintergrund alles funktioniert." [6]

Zygmunt Januszewski lieferte jahrelang die Titelbilder für das zweisprachige Deutsch-Polnische Magazin „DIALOG".

Der Verfasser dieser „Zehn Gebote" eines Zeichners, Zygmunt Januszewski (1956 – 2013), in Warschau geboren, arbeitete gerne in Deutschland. Er hielt es für „ein Land, in dem man ein verrückter Künstler sein kann, weil im Hintergrund alles funktioniert", und versuchte, das deutsche Bestreben zu verstehen, „alles zu transparenten Schemata und funktionalen Systemen zu ordnen". Doch über Jahre hin stellte gerade er in seinen in der „Süddeutschen Zeitung", der „Welt" oder auch der „Zeit" veröffentlichten Karikaturen dieses Bestreben auf den Kopf, indem er sich eines eigenen, paradoxen Zeichen- und Bedeutungssystems bediente.

Die mit feinem Strich gezeichnete Welt des Künstlers war angefüllt mit bizarren Menschlein und Emblemen, die zwischen übergroßen Gegenständen balancierten. Seine Zeichnungen waren keine Illustrationen, sondern ein selbstständiger Kommentar mit kühnen Assoziationen, Witz und Selbstironie. Im Verein mit kräftigen Farben tauchten sie in seinen Büchern, darunter *Die rote Spur*, das 1990 mit einem Preis beim Wettbewerb „Die schönsten deutschen Bücher" ausgezeichnet wurde, auf Opern- und Theaterplakaten und in zahlreichen Ausstellungen Januszewskis in Deutschland und Europa auf, darunter die große Ausstellung mit dem Titel „Ein Narr zeigt Flagge", die 1989 im Wilhelm-Busch-Museum in Hannover eröffnet wurde.

Aus eigener Erfahrung riet der Künstler seinen Studenten, „bewusst die eigene Individualität zu verteidigen. Nicht aufzugeben. Eher zu treten als zu vertreten. Radikal auf einer eigenen Linie zu bestehen. Die Verfolger in die Irre zu führen. Und umfassend von der Munition Gebrauch zu machen, die der Humor entstehen lässt." [7] Januszewski, der seit 2002 die Illustrationsklasse an der Akademie der Schönen Künste in Warschau geleitet hatte, starb 2013 nach langer Krankheit in seiner Geburtsstadt.

[5] Zygmunt Januszewski: *Zehn einfache Prinzipien des guten Zeichens*, in: Herwig Guratzsch: *Ein Narr zeigt Flagge: satirische Zeichnungen von Zygmunt Januszewski* [Ausstellungskatalog], Bielefeld 1989, S. 6.

[6] Zygmunt Januszewski in einem Gespräch mit dem Goethe-Institut Warschau im September 2010.

[7] Zit. nach Hanna M. Giza: *Zygmunt Januszewski – nauczyciel i przyjaciel. Wspomnienie* [Zygmunt Januszewski – Lehrer und Freund. Eine Erinnerung], Polskie Radio.pl, Program 2, 28.09.2013. Online abrufbar unter: www.polskieradio.pl/8/3049/Artykul/942832,Zygmunt-Januszewski-nauczyciel-i-przyjaciel (Aufruf am 15.01.2018) [Übers. Peter Oliver Loew].

Jogiches, Leo

Der „herzallerliebste Dziodzio"

Peter Oliver Loew

—

Der 1867 in Wilna geborene Leo(n) Jogiches (Pseudonym Jan Tyszka) stammte aus einer wohlhabenden jüdischen Kaufmannsfamilie, Polnisch war nicht seine Muttersprache. Schon in jungen Jahren engagierte er sich für die sozialistische Bewegung. In der Schweiz lernte er Rosa → Luxemburg kennen, mit der er 16 Jahre lang eine leidenschaftliche und schwierige Liebesbeziehung hatte; ihre auf Polnisch geschriebenen Briefe an ihn („Herzallerliebster Dziodzio!" „Ich küsse Dich stürmisch, antworte sofort!!!"[8]) sind berühmt geworden.

1 / Leo Jogiches, um 1890

2 / Leo Jogiches und Rosa Luxemburg (gespielt von Daniel Olbrychski und Barbara Sukowa) in Margarethe von Trottas Film *Rosa Luxemburg* aus dem Jahr 1986

> **In der Schweiz lernte er Rosa Luxemburg kennen, mit der er 16 Jahre lang eine leidenschaftliche und schwierige Liebesbeziehung hatte.**

Seit 1900 lebte Jogiches in Berlin, von wo aus der hervorragende Organisator die Arbeit der Sozialdemokratie des Königreichs Polen und Litauen (*Socialdemokracja Królestwa Polskiego i Litwy*, SDKPiL) koordinierte; seit 1914 gehörte er zum engsten Kreis der „Spartakusgruppe" und war Anfang 1919 Mitgründer und kurzzeitig Vorsitzender der Kommunistischen Partei Deutschlands (KPD). Mehrfach verhaftet, wurde Jogiches am 10. März 1919 im Gefängnis Berlin-Moabit von der Polizei vorgeblich „auf der Flucht" erschossen – knapp zwei Monate nach der Ermordung seiner langjährigen Freundin und Vertrauten Luxemburg.

---

[8] Rosa Luxemburg: *Briefe an Leon Jogiches*. Aus dem Polnischen von Mechthild Fricke-Hochfeld und Barbara Hoffmann, Frankfurt am Main 1971, S. 106 f.

Johannes a Lasco

Reformator in Ostfriesland und Polen

Markus Krzoska

—

Johannes a Lasco wurde 1499 als Jan Łaski wahrscheinlich auf dem Familiengut in Łask in Zentralpolen geboren. Seine Familie gehörte zu den einflussreichsten Hochadelsgeschlechtern des frühen 16. Jahrhunderts, sein Onkel Jan Łaski d. Ä. war sogar Primas von Polen. Die ersten Studien in Krakau setzte Johannes in Italien fort und wurde 1521 nach seiner Rückkehr zum Priester geweiht. Früh kam er mit dem Humanismus in Kontakt, in Basel war er einer der Lieblingsschüler des Erasmus von Rotterdam. Der Übertritt zum protestantischen Glauben reformierter Ausprägung erfolgte endgültig mit seiner Heirat im flämischen Löwen im Jahre 1540.

Zeit seines Lebens reiste Johannes rastlos durch Europa. Neben England und Ungarn war er besonders im deutschen Sprachgebiet unterwegs, so in Leipzig, wo er mit Philipp Melanchthon zusammenarbeitete, und in Frankfurt am Main. Am wirkungsmächtigsten war er aber zweifellos in seiner Zeit als Reformator in Emden zwischen 1542 und 1549; 1543 wurde er Superintendent der reformierten Kirchen in Ostfriesland. In Emden verfasste er unter anderem einen eigenen Katechismus (*Emdener Katechismus*), der zum Ausgangspunkt des späteren *Heidelberger Katechismus* werden sollte, bis heute eine der am weitesten verbreiteten Bekenntnisschriften der Protestanten.

Im Alter kehrte Johannes nach Polen zurück, wo sein Wirken in den letzten Lebensjahren der Organisation der polnischen reformierten Kirche galt. 1560 starb er in der polnischen Reformationshochburg Pińczów bei Kielce.

Die renommierte Johannes-a-Lasco-Bibliothek in Emden ist heute eine international anerkannte Forschungsstätte für den reformierten Protestantismus und dient gleichzeitig als Veranstaltungsort für Konzerte und Ausstellungen.

1 / Johannes a Lasco alias Jan Łaski, Stich aus dem Jahr 1825

2 / Die Johannes-a-Lasco-Bibliothek in Emden, 2016

Johannes Paul II.

Der Papst aus Polen

Dieter Bingen

—

Er bestätigte das Bild vom konservativen polnischen Katholizismus, (…) und gleichzeitig nahm er für sich ein, als Persönlichkeit mit einer Aura, der sich kaum jemand entziehen konnte.

I / J

In Deutschland Spuren hinterlassen hatte Karol Wojtyła, so der weltliche Name des am 16. Oktober 1978 zum Oberhaupt der römisch-katholischen Kirche gewählten Krakauer Kardinals, schon lange vor diesem denkwürdigen Tag. Er kannte die DDR, und er kannte die Bundesrepublik, war noch Ende September 1978 gemeinsam mit dem Primas von Polen, Józef Kardinal Wyszyński, in Fulda Gast der deutschen Bischöfe gewesen. Aber eine größere, die römisch-katholische Welt überschreitende Öffentlichkeit hat sich im Land der Reformation erst seit seiner Wahl zum Papst mit ihm bekannt gemacht.

Zum einen waren es die drei Pastoralreisen von Johannes Paul II. in die Bundesrepublik Deutschland 1980 (der erste Deutschlandbesuch eines Papstes nach fast 200 Jahren), 1987 und 1996. Die Menschen strömten in Massen, das Medienecho war gewaltig – so etwas hatte es seit den Besuchen der Staatsoberhäupter der drei Westalliierten, Charles de Gaulle, John F. Kennedy und Elisabeth II., in den 1960er-Jahren nicht mehr gegeben. Zum anderen hat Johannes Paul II. die Deutschen auch durch sein Wirken in und für Polen beeindruckt, das unter dem Zeichen der „Solidarność"-Bewegung und mit ihm als Schutzpatron den Weg in die Freiheit und Demokratie fand.

Somit bestätigte der Pole auf dem Papstthron mit seiner „typisch polnischen" Mischung aus Messianismus und Mut das in den gebildeten Schichten der Bundesrepublik neben den überkommenen negativen Stereotypen ebenso vorhandene Stereotyp des tapferen freiheitsliebenden Polen, was an die Polenbegeisterung in Deutschland nach 1830 erinnerte (→ Polendurchzug, → Hambacher Fest). Johannes Paul II. legte in Deutschland die Spur frei, die polnisches und deutsches Freiheitsstreben verband. Er hatte einen entscheidenden Anteil am Fall des Kommunismus in Europa und – indirekt, aber höchst wirksam – an der Vereinigung Deutschlands. So war es denn nur folgerichtig,

dass er bei seinem letzten Deutschlandbesuch 1996 das Brandenburger Tor durchschritt und im Berliner Olympiastadion mit 100.000 Gläubigen, darunter 30.000 Polen, sowie 100 Kardinälen und Bischöfen die wiedergewonnene Einheit feierte.

In Deutschland entstand über die Jahre ein mehrschichtiges Bild des polnischen Papstes. Er faszinierte und verstörte viele Deutsche, insbesondere auch deutsche Katholiken. Über ein Vierteljahrhundert war er gemeinsam mit Lech Wałęsa der in Deutschland bekannteste Pole. Er bestätigte das Bild vom konservativen polnischen Katholizismus, von dem, auch kirchentreuen deutschen Katholiken, fremden Marienkult der polnisch-katholischen Kirche, und gleichzeitig nahm er für sich ein, als Persönlichkeit mit einer Aura, der sich kaum jemand entziehen konnte. Auch sein langes Leiden und sein Tod im April 2005, nach fast 27-jährigem Pontifikat, bewegten die deutsche Öffentlichkeit.

Johannes Paul II. suchte die Brüderlichkeit der jüngeren mit der älteren abrahamitischen Religion, mit dem Judentum. Demonstrativ waren seine Gesten gegenüber den Juden und der jüdischen Religion. Dieser Strang seiner Biografie reicht weit zurück in die Lebensgeschichte des 1920 geborenen Karol Wojtyła, die seit 1939 mit Deutschland, mit dem NS-Terror im besetzten Polen und dem Verlust vieler jüdischer Freunde verbunden war. So baute der polnische Pontifex eine Brücke über mehrere Abgründe während seiner zweiten Pastoralreise nach (West-)Deutschland: Am 1. Mai 1987 sprach er in Köln die 1891 im damals deutschen, heute polnischen Breslau geborene Edith Stein selig. Die Ordensschwester aus einer jüdisch-orthodoxen Familie, 1922 zum römisch-katholischen Glauben übergetreten, war 1942 im nationalsozialistischen deutschen Konzentrations- und Vernichtungslager Auschwitz-Birkenau umgebracht worden.

Kalkowska, Eleonore

Polin mit deutscher Feder

Peter Oliver Loew

—

"Polen und Deutschland! Nur wer, wie ich, Substanz dieser beiden Völker im eigenen Blute trägt, kann vielleicht den tragischen Gegensatz in seiner ganzen Tiefe ermessen!" [1]

Es war Eleonore Kalkowska, die sich 1924 so äußerte, obwohl ihre nationalen Identitäten eigentlich noch komplexer waren: geboren 1883 in Warschau als Eleonora Kałkowska, der Vater ein in Kurland geborener Pole, die deutschsprachige Familie ihrer Mutter stammte ebenfalls aus Kurland. Nach dem frühen Tod des Vaters lebte sie mit ihrer Mutter in Breslau und seit 1895 in St. Petersburg. Da ihr in Berlin als Frau das Studium verwehrt wurde, ging sie an die Sorbonne in Paris und heiratete dort bald darauf den jungen polnischen Historiker Marceli Szarota, mit dem sie über München und Krakau nach Breslau zog. Nach der Geburt zweier Kinder begann sie in Berlin als Schauspielerin und Schriftstellerin ein neues Leben. Sie schrieb zunächst expressionistische Lyrik, ehe sie über historische Dramen zum Zeitstück fand. Ihr größter Erfolg war die 1929 in Dortmund uraufgeführte "Zeittragödie" *Josef*, die bald darauf auch in Berlin und Warschau gespielt wurde. Kalkowskas Stück kreist um den skandalösen Prozess gegen den polnischen Landarbeiter Josef Jakubowski, der 1926 in Berlin wegen Mordes an seinem Sohn zum Tode verurteilt wurde, zu Unrecht, denn bald nach der Hinrichtung trat seine Unschuld zutage.

Im März 1933 floh die Autorin – Besitzerin eines polnischen Passes – vor der Verfolgung der Nationalsozialisten nach Frankreich, 1936 versuchte sie sich in London eine neue Existenz aufzubauen, starb aber im Jahr darauf in der Schweiz.

"Polen und Deutschland! Nur wer, wie ich, Substanz dieser beiden Völker im eigenen Blute trägt, kann vielleicht den tragischen Gegensatz in seiner ganzen Tiefe ermessen!"

---

[1] Eleonora Kalkowska zit. nach Agnes Trapp: *Die Zeitstücke von Eleonora Kalkowska*, München 2009, S. 15.

Kantor, Tadeusz

Der Weltenwanderer

Nawojka Cieślińska-Lobkowicz

–

Tadeusz Kantor (1915–1990), sicherlich der wichtigste polnische Künstler der zweiten Hälfte des 20. Jahrhunderts und Erneuerer des modernen Theaters, wurde von den Behörden seiner Heimatstadt Krakau bis fast an sein Lebensende kaum beachtet. Dafür fand er seit Ende der 1960er-Jahre in Nürnberg freundschaftliche Aufnahme. Hier arbeitete er, stellte aus und präsentierte seine Happenings. Hier fand er einen Mäzen in Gestalt von Dr. Karl Schmidt und dessen Institut für moderne Kunst. Hier realisierte er 1985 seine „Revue" *Niech sczezną artyści* (Künstler sollen krepieren), in der Veit Stoß, der große Bildhauer der deutschen Gotik, der ebenfalls in Krakau wirkte, zu Kantors Alter Ego wurde und Stoß' berühmter *Krakauer Altar* in einem höhnischen lebenden Bild erschien. Es war das dritte Stück und der dritte internationale Erfolg des damals bereits berühmten Avantgarde-Untergrund-Theaters „Cricot 2" – nach *Umarła klasa* (Die tote Klasse, 1975) und *Wielopole, Wielopole* (1980).

Wer war Tadeusz Kantor? Kantors weltweite Karriere begann 1966 in Deutschland mit einer Ausstellung in Baden-Baden und dem begleitenden Theaterexperiment *Der Schrank*, das anschließend auch in anderen westdeutschen Städten nachgespielt wurde. Man hat ihn als Magier, Narr, Aufrührer und Provokateur bezeichnet, als großen Exhibitionisten, Aristokraten und Ganoven in einer Person. Er war ein Maler, der Konstruktivismus, Surrealismus und dann die informelle Kunst (frz. *art informel*) aufgegriffen hatte, um anschließend über seine Readymades, die er selbst „Emballages" – Verpackungen – nannte, zurück zum Gegenstand und zur menschlichen Figur zu gelangen. Er war ein Happening-Künstler, der keine Improvisation ertrug und die offene Form ablehnte. Er war ein Theoretiker, dessen kategorische Manifeste und ungezügelte Selbstkommentare in kein Schema passen. Und er war ein Mensch des Theaters, in dem er den wohl ungewöhnlichsten Weg zurücklegte – vom Untergrund-Experimentaltheater während der deutschen Besetzung Krakaus zu seinem

K

„Endlich habe ich
Was ich brauchte:
MEIN
INDIVIDUELLES LEBEN!!
Dadurch ist's hundertfach individuell!
Nun in der Lage zu siegen
Über diese ‚Massenhaftigkeit der Welt'." [2]

[2] Tadeusz Kantor: *Ocalić przed zapomnieniem* [Vor dem Vergessen retten], in: Ders.: *Dalej już nic … Teksty z lat 1985–1990, wybrał i opracował Krzysztof Pleśniarowicz* [Weiter ist nichts mehr … Texte aus den Jahren 1985–1990], hrsg. v. Krzysztof Pleśniarowicz, Wrocław/Kraków 2005, S. 129 (aus dem Programm zu dem Stück *Nigdy tu już nie powrócę* [Ich kehre nicht mehr zurück], 1988) [Übers. Peter Oliver Loew].

Tadeusz Kantor während
einer Aufführung bei den
Berliner Festwochen, 1986

„Theater des Todes", das den Horizont der Avantgarden des 20. Jahrhunderts durchbrach. Dabei verglich er selbst sein Theater mit einer „Jahrmarktsbude", in der er „in seinem schwarzen Anzug, seinen Hosen mit Hosenträgern und dem weichen Filzhut immer auf der Bühne anwesend (…) mit einer leichten Handbewegung, die wie ein Fingerschnippen wirkte, seine Schauspieler wie Charon über den Styx in das Land des Vergessens [setzte], damit sie als Gedächtnis zurückkehrten". [3]

Kantor war ständig unterwegs. Ungeduldig verwarf er immer wieder Etappen und Zugangspunkte. Stagnation und Routine konnte er nicht ausstehen. Dafür reizten ihn Konflikt, Zerrissenheit und Zweideutigkeit. Er hob die Grenzen zwischen darstellender und bildender Kunst auf – Schauspiel, Happening, Performance, Plastik verbanden sich in seinen Stücken. Kunst bedeutete für ihn, wie er zu sagen pflegte, „eine Antwort auf die Wirklichkeit" und keineswegs eine Reflexion oder Projektion

dieser Wirklichkeit. Bei dieser hitzigen, riskanten Suche stellte Kantor jedoch nie den Rang der Kunst und die außergewöhnliche Rolle des Künstlers infrage, darin die prometheische Tradition fortsetzend, die sich von der Romantik über den Symbolismus bis zur Avantgarde erstreckt. Dem Ethos dieser Avantgarde treu, lehnte er ihre Weigerung ab, in die Vergangenheit zu blicken und sich für Einzelschicksale zu interessieren. Er vollbrachte das Unmögliche: Er machte die Erinnerung, das individuelle Schicksal und den Tod zum Gegenstand seines Schaffens.

Seit den *Emballages* und dem Theaterexperiment *Der Schrank* machte die avantgardistische Absicht, etwas neu zu erschaffen, einer Realität des niedrigsten Ranges Platz – fertigen Gegenständen, die aus „Fetzen des eigenen Lebens, der eigenen Vergangenheit" geschaffen sind und sich „in Gestalt von Wracks und Attrappen" materialisieren, wie er selbst immer wieder sagte. Dieses „arme Zimmer der Vorstellung" präsentierte Kantor in seinen Stücken, auch noch in seinen letzten: *Nigdy tu już nie powrócę* (Ich kehre nicht mehr zurück, 1988) und dem unvollendet gebliebenen *Dziś są moje urodziny* (Heute ist mein Geburtstag, 1990), bei dessen Proben Kantor verstarb. Alle waren persönliche Äußerungen, in denen sich Kunst- und Lebensraum vermengten und durchdrangen, „indem sie ein gemeinsames Schicksal teilen". [4] Verwurzelt in den Kindheitserinnerungen an Wielopole, das polnisch-jüdische galizische Städtchen, wo Kantor im Ersten Weltkrieg auf die Welt kam, und denkwürdigen späteren Ereignissen, wurden sie zu einem ergreifend realen Zeugnis des abtretenden Jahrhunderts und mit Kantors Tod 1990 selbst zu einem Theater der Erinnerung.

[3] Jan Kott: *Tadeusz Kantor 1915–1990*, in: Institut für moderne Kunst Nürnberg (Hrsg.): *Tadeusz Kantor. Er war sein Theater*, Nürnberg 2005, S. 217 [Nachruf].
[4] Zit. nach Kantor (wie Anm. 2), S. 129 [Übers. der Zitatstellen Peter Oliver Loew].

Kasimir

Der „Kaiser" von Berlin

Andrzej Kaluza

—

Kaiser Kasimir (* 1945) lebte bis 1989 als Kazimierz Łoś im polnischen Szczecinek (Neustettin, Pommern), wo er zuletzt eine kleine Keramikfabrik betrieb. Zur Wendezeit machte seine Firma Pleite. Als er seine Schulden bei der Bank nicht mehr zahlen konnte, setzte er sich ins Ausland ab und ging zunächst nach Österreich, dann nach Norwegen und schließlich nach Deutschland, zuerst nach München. Später lebte und bettelte er auf den Straßen Süddeutschlands, bis er sich 1999 in Berlin als Künstler neu erfand.

Der gelernte Ofensetzer ist Bildhauer, Keramiker, Schriftsteller, vor allem aber ein Berliner Original, das die Grenze zwischen der eigenen sozialen Bedürftigkeit und der Straßenperformance aufgehoben hat. Jeden Abend dreht der selbstgekrönte „Kaiser von Berlin" in märchenhaftem Talar im Kneipenviertel der Hauptstadt seine Runden: auf dem Ku'damm, Unter den Linden, in der Torstraße, in den Hackeschen Höfen. Mit Rufen, Trillerpfeife und Hupe macht er auf sich aufmerksam; zu seinen „Insignien" gehört auch ein Zepter, das unterschiedlich bekrönt ist, so etwa von einem großen roten Holzherz. „Montags berührt er die Passanten mit einer hölzernen Teufelsfigur, die Unglück von den Betroffenen fernhalten soll. Dienstags ist der Soldatentag, dann kommt es vor, dass der Kaiser in Generaluniform an die Kneipentische tritt und die Gäste mit dem Ruf: Obdachlosenzeitung!!! anschreit. Viele von ihnen salutieren dann und antworten: Jawohl, ich kaufe! Mittwochs versetzt der Kaiser den Leuten mit einer Keramikmaske einen Schrecken. Donnerstags ist die Zeit der Danksagung für all die guten Taten: Sind Sie mein Sponsor? Dann erkläre ich Sie zum guten Menschen! Und am Freitag wird – dank der Zuwendungen – gesoffen. Samstags hetzt niemand, man kann alle mit Liebe beschenken."[5]

Künstler und Clochard:
Kasimir, der „Kaiser" von Berlin,
mit Herz-Zepter

Kasimir ist ein Allround-Talent, das den Kontakt zu seinem Publikum pflegt: Täglich verfasst er Erzählungen, besorgt Keramikpuppen, bedruckt Zettel, Bändchen und Bierdeckel, die er als Gegenleistung für die „Kaisersteuer" an den Mann bringt. Selbst seine eigene Währung, 50-Euro-99-Cent-Scheine mit Kaiser-Konterfei, soll in Berlin im Umlauf sein. Zu Kasimirs „Hofstaat" gehören Künstler, Satiriker, Grafiker, Journalisten; deutsche und polnische Medien berichten über ihn[6], und in der Platoon Kunsthalle in Berlin gab es im Sommer 2015 eine Kaiser-Kasimir-Ausstellung. Seine Autobiografie *Kasimir, Kaiser der Clochards* ist in deutscher und polnischer Sprache erschienen.

---

[5] Natalia Gańko: *Cesarz Łoś Kazimierz* [Kaiser Łoś Kazimierz], in: Polityka, Nr. 28 (2662), 12.07.2008, S. 86–87 [Übers. AK].

[6] Siehe z. B. Daphne Dedus: *Ich bin der Kaiser!*, in: polenplus 02/2007, S. 118–119. Online abrufbar unter: www.kaiserkasimir.pl/presse/polenplus.html (Aufruf am 15.01.2018). Unter www.kaiserkasimir. pl/de_presse.html findet man mehrere Filme über Kasimir in Deutsch und Polnisch.

Kerber, Angelique

Deutsch-polnischer Tennisstar

Andrzej Kaluza

—

2010 schrieb das „Tennis-Magazin" über die deutsch-polnische Tennis-spielerin Angelique Kerber: „Sie ist nicht der Typ, der große Töne spuckt. Sie sagt nicht, dass sie die Nummer 1 der Welt werden will".[7] Sechs Jahre später titelte das gleiche Magazin, nachdem Kerber im September 2016 mit ihrem Sieg bei den US Open den Sprung ganz nach oben geschafft hatte als neue Nummer 1 der Tennisweltrangliste: „Angelique Kerber ist eine Große".[8] 2016 spielte sie in fünf Grand-Slam-Finalen, darunter auch in Wimbledon, von denen sie zwei gewann (Australian und US Open), und errang außerdem die Silbermedaille bei den Olympischen Spielen in Rio.

Kerbers Weg an die Spitze war steinig und durch längere Verletzungspausen ge-prägt. Mehrmals zweifelte sie schon, ob Tennis das Richtige für sie sei. Tennis spielt die 1988 in Bremen geborene und in Kiel aufgewachsene Kerber, Tochter polni-scher Einwanderer, seit sie drei Jahre jung war. Ihre Eltern unterstützten sie dabei sehr. Ihr Vater Sławek, früher selbst polni-scher Tennisspieler, trainierte sie zu Beginn ihrer Karriere, ihre Mutter Beata managt sie bis heute. Ein „zweites Zuhause" – neben Kiel – hat Kerber im polnischen Puszczy-kowo an der Warthe, in der Nähe von Posen, wo ihre Großeltern eine Tennisanlage unter dem Namen „Angie" betreiben. Angelique Kerber lebt und trainiert dort seit einiger Zeit. Sie besitzt zwei Pässe, tourt zwischen ihren beiden Wohnorten, spricht fließend Polnisch und Deutsch. Be-freundet ist sie mit den polnischen Tennisspielerinnen Agnieszka und Urszula Radwańska sowie mit der Dänin Caroline Wozniacki, deren Vater ebenfalls aus Polen stammt.

Angelique Kerber nach ihrem Titelgewinn bei den US Open 2016 in New York, der sie zur Nummer 1 der Weltrangliste machte; 34 Wochen hielt sie die Spitzenposition.

---

[7] Nina Hoffmann: *Angelique Kerber: Deutsch-polnischer Familienbetrieb*, in: Tennis-Magazin, 19.04.2010, S. 14.

[8] Andrej Antic: *Angelique Kerber ist eine Große*, in: Tennis-Magazin, 11.09.2016. Online abrufbar unter: www.tennismagazin.de/kurz-cross/angelique-kerber-ist-eine-grosse/ (Aufruf am 15.01.2018).

Kiepura, Jan

„König der polnischen Tenöre"

Peter Oliver Loew

—

„Ob blond, ob braun, ich liebe alle Frau'n": Spätestens mit diesem Schlager wurde der am 16. Mai 1902 in Sosnowiec geborene Jan Wiktor Kiepura 1935 zum Star der deutschsprachigen Öffentlichkeit. Dabei hatte der Sohn eines Bäckermeisters damals bereits zahlreiche ernste Partien an namhaften Opernhäusern in Europa und Übersee gesungen. Doch erst der Film und dessen Lieder mit leicht eingängigen Melodien und Texten brachten Kiepura die Verehrung der Massen und – auch – der NS-Granden ein. Dabei genoss er zunächst den Vorteil seines Nachnamens, denn diesem war gar nicht anzumerken, dass er aus Polen stammte. So vermeldete die sächsische Presse 1933 gar, der in dem Film *Ein Lied für dich* zu sehende Sängerschauspieler sei Italiener! Aber kaum war 1934 die deutsch-polnische Annäherung besiegelt, war auch die polnische Identität des Tenors kein Problem mehr, im Gegenteil – die NS-Propaganda hofierte ihn, da man in seiner Person eine kulturelle Brücke zum Nachbarn im Osten sah. Mit Erfolgsstreifen wie *Mein Herz ruft nach Dir* (1934) oder *Ich liebe alle Frauen* (1935) sang er sich in die Herzen der Deutschen – vor allem der Frauen. Dass seine Mutter aus einer jüdischen Familie stammte, war zunächst weniger wichtig als sein Beitrag zur Verschleierung der nationalsozialistischen Politik. Doch rechtzeitig genug setzte sich Kiepura mit seiner Frau, der ungarischen Sängerin Marta Eggerth, in die USA ab, gab Anfang 1938 sein erfolgreiches Debüt an der New Yorker Metropolitan Opera und verlegte sich bald vollends aufs Operettenfach.

Nach dem Krieg kehrte Kiepura zeitweise nach Europa zurück und spielte 1952 im deutschen Operettenfilm *Das Land des Lächelns*, später sang er noch häufig auf deutschen und polnischen Bühnen. Am 15. August 1966 starb Jan Kiepura mit nur 64 Jahren in Harrison, New York. Seine letzte Ruhestätte fand er auf dem Powązki-Friedhof in Warschau.

K

„Ob blond, ob braun, ich liebe alle Frau'n.
Mein Herz ist groß! Doch was ich tu,
ich denke immerzu an eine bloß.
Und diese Eine, diese Kleine, die hat Beine!"

Kieślowski, Krzysztof

Das Wesentliche in drei Sätzen

Andrzej Kaluza

—

„Krzysztof und Agnieszka brachten uns bei, dass man ein (…) Film- oder Theaterhandwerk nicht einfach lernen kann. Innerhalb weniger Wochen lernten wir mehr als vorher jahrelang an diversen Filmhochschulen."

Bettina Wilhelm

Der Filmemacher Krzysztof Kieślowski, 1941 in Warschau geboren, gehörte in den frühen 1990er-Jahren zu den bekanntesten ausländischen Filmemachern in Deutschland. Grundlage für seinen Ruhm war der für das polnische Fernsehen mit dem Sender Freies Berlin koproduzierte Fernsehzyklus *Dekalog* (1988 / 89), der sich mit der Aktualität der Zehn Gebote in der Gegenwart auseinandersetzt. Obwohl Kieślowski auch mit dem Spielfilm *Die zwei Leben der Veronika* (1991) und der *Drei-Farben-Trilogie* (1993 / 94) weltweit Aufsehen erregte, machte ihn die *Dekalog*-Filmreihe zum absoluten Regiestar des Autorenkinos. Der Kritiker Georg Seeßlen urteilte: „Was *Dekalog* jedenfalls nicht ist, das ist eine ‚Illustration' der zehn Gebote. Eigentlich sind es ganz einfach zehn moralische Tragödien. Diese Geschichten gehen ans Fundamentale des Menschseins."[9] Der Zyklus erhielt zahlreiche internationale Auszeichnungen, auch im deutschen Fernsehen wurde er über einige Jahre in den Dritten Programmen der ARD ausgestrahlt.

Eine wichtige Rolle im Leben Kieślowskis spielte West-Berlin, wo er das Angebot des polnischen Theaterregisseurs Henryk → Baranowski annahm und von 1983 bis 1984 am Künstlerhaus Bethanien zusammen mit Agnieszka → Holland Film- und Theaterregie lehrte. Seine Lehrtätigkeit erlaubte es Kieślowski, Abstand zu gewinnen von der lähmenden Atmosphäre des Kriegsrechts in Polen. Unter seinen Studierenden waren angehende Regieassistenten, Drehbuchautoren und Schauspieler. Die Regisseurin Bettina Wilhelm berichtete rückblickend: „Das war ein Schock für uns. Krzysztof und Agnieszka brachten uns bei, dass man ein wie auch immer geartetes Film- oder Theaterhandwerk nicht einfach lernen kann. Innerhalb weniger Wochen lernten wir mehr als vorher jahrelang an diversen Filmhochschulen."[10] Der Kurs wurde zu einem unerwartet großen Erfolg. Der Dokumentarfilmer Andres Veiel, Jahrgang 1959, erinnert sich: „Kieślowski bearbeitete jedes Filmprojekt durch einige wenige Fragen. Er lehnte jede Art von Beliebigkeit, Undeutlichkeit, Inkonsequenz ab (…) Dann bat er, das Wesentliche noch einmal in drei Sätzen zusammenzufassen."[11] Kieślowski starb am 13. März 1996 während einer Herzoperation in Warschau. Sein letztes fertiges Drehbuch verfilmte der deutsche Regisseur Tom Tykwer: 2002 war *Heaven* der Eröffnungsfilm auf der Berlinale.

[9] Georg Seeßlen: *Zehn Filme, die unter die Haut gehen*, in: Filmspiegel, 09 / 2009. Online abrufbar unter: www.getidan.de/kritik/film/georg_seesslen/367/dekalog (Aufruf am 15.01.2018).
[10] Zit. nach Stanisław Zawiśliński: *Kieślowski. Ważne, żeby iść …* [Wichtig, dass man geht …], Izabelin 2005, S. 225 [Übers. AK].
[11] Zit. nach ebd., S. 245 [Übers. AK].

Kijowska, Marta

Eine Stimme für die polnische Literatur

Andrzej Kaluza

—

1 / Die Literatur-Expertin Marta Kijowska, 2007
2 / Zu Kijowskas Biografien polnischer
Persönlichkeiten gehört auch die über
Stanisław Jerzy Lec.

Ob am Schreibtisch, im Rundfunkstudio oder vor der Kamera: Die Journalistin Marta Kijowska bleibt immer ruhig, erweist sich als kompetent und kenntnisreich. Lauscht man ihrer Stimme oder liest einen ihrer Artikel, so überzeugt ihre tiefsinnige, aber auch sanfte Art zu argumentieren.

Marta Kijowska, 1955 in Krakau geboren, studierte Germanistik in ihrer Geburtsstadt und später in München, wo sie heute als Journalistin und freie Autorin lebt. Sie arbeitet für Zeitungen, Hörfunk und Fernsehen. Schwerpunkte ihrer publizistischen Arbeit sind die polnische Literatur, Kultur und Geschichte; auch als Übersetzerin aus dem Polnischen ist sie tätig. In den überregionalen deutschsprachigen Medien wie der „Frankfurter Allgemeinen Zeitung", der „Neuen Zürcher Zeitung" oder der „Süddeutschen Zeitung" erscheinen regelmäßig ihre Rezensionen zu wichtigen Neuerscheinungen polnischer Literatur im deutschsprachigen Raum, Porträts polnischer Autoren und Künstler sowie Nachrufe auf bedeutende polnische Zeitgenossen.

Marta Kijowska hat auch mehrere Bücher veröffentlicht, darunter Biografien polnischer Persönlichkeiten wie Andrzej → Szczypiorski (*Der letzte Gerechte*, 2003), Stanisław Jerzy → Lec (*Die Tinte ist ein Zündstoff*, 2009) und Jan Karski (*Kurier der Erinnerung*, 2014).

Klub der Katholischen Intelligenz

Versöhnung mit Wort und Tat

Thomas Kycia

—

Können einige wenige Polen im Ausland etwas zur deutsch-polnischen Versöhnung beitragen? [12] Sie können es, und sie müssen es! Diesem Auftrag verschrieb sich eine Gruppe von etwa 40 polnischen katholischen Intellektuellen, die im Juni 1987 in West-Berlin den Klub der Katholischen Intelligenz (KIK) gegründet hatten, den einzigen seiner Art in Deutschland. Dem ersten Vorstand gehörten unter anderen die Journalistin Lucyna Jachymiak, der Komponist Witold → Szalonek und, als Vorsitzender, Andrzej Szulczyński an, gleichzeitig Chefredakteur der von 1988 bis 2011 in Berlin erschienenen deutsch-polnischen Quartalsschrift „Słowo" (Das Wort).

Der Berliner Klub reihte sich in die lange Tradition der polnischen KIKs (*Kluby Inteligencji Katolickiej*) ein, die seit 1956 bestanden und sich als Orte des bewussten Laienengagements in der Kirche verstanden. Viele ihrer Mitglieder, darunter Tadeusz Mazowiecki (1927 – 2013), der erste Premierminister im demokratischen Polen nach 1989, der Politiker und Publizist Stanisław Stomma (1908 – 2005) sowie der Journalist Jerzy Turowicz (1912 – 1999), wurden zu Symbolfiguren der demokratischen Opposition im kommunistischen Polen und zu Wegbereitern der deutsch-polnischen Aussöhnung nach dem Zweiten Weltkrieg.

Auch der viele Jahre lang aktive Berliner KIK versuchte, offen in der weltanschaulichen Debatte, unabhängig von der Parteipolitik und der kirchlichen Hierarchie, eigene Akzente im deutsch-polnischen Versöhnungsprozess zu setzen. Im Mittelpunkt standen dabei polnische Kunst und Kultur, zum Programm gehörten Ausstellungen, so des Surrealisten Henryk Waniek (*1942), aber auch Vorträge; hier waren der Journalist und Politikwissenschaftler Bohdan → Osadczuk, Jan → Nowak-Jeziorański und der „Solidarność"-Berater und Dominikanerpater Maciej Zięba prominente Redner.

Der Klub der Katholischen Intelligenz gab in Berlin von 1988 bis 2011 die deutsch-polnische Zeitschrift „Słowo" heraus.

[12] Vgl. Stefan Kozłowski: *Nie zmarnować szansy* [Die Chance nicht verpassen], in: Słowo. Kwartalnik, Nr. 1, Berlin 1988, S. 42.

Komasa, Mary

Polnische Filmmusik aus Berlin

Andrzej Kaluza

—

K

„Ich lebe jetzt in Berlin, wo es vielleicht nicht so schön ist, eher rau, dafür aber hat die Stadt der Welt auch wirklich was zu sagen." Diese Einstellung der Sängerin Mary Komasa (* 1985) teilen viele junge Polinnen und Polen, die zum Musikstudium nach Deutschland kamen und hierzulande eine künstlerische Karriere eingeschlagen haben.

Die aus Warschau gebürtige Mary (Maria) Komasa, die sich selbst als eine „300-prozentige Polin" bezeichnet, studierte Jazz-Vocal am Berliner Jazzinstitut, wo sie auch die Musiker aus aller Herren Länder für die Band fand, die ihre eigenen Elektro-Punk-Kompositionen im Studio und auf verschiedenen Festivals spielen.

Schon als Kind lernte Komasa Klavier, Cembalo und Orgel, hinzu kam das Interesse am klassischen Gesang. Ihre vokalen Möglichkeiten stellt sie in ihren kalt und distanziert klingenden Kompositionen gerne unter Beweis. „Ich bin mir nicht sicher, welche Art von Musik ich spiele."[13] Die junge Musikerin zeigt auch Interesse an der Filmkunst, was am familiären Umfeld liegen mag: Ihr Vater Tadeusz ist ein bekannter Schauspieler, ihr Bruder Jan ein Star-Filmregisseur in Polen (*Warschau 1944*). Und auch sie ist in dem Genre erfolgreich: So schuf sie Filmmusik oder war an Soundtrack-Projekten beteiligt, etwa für die deutsch-polnische Komödie *Polnische Ostern* (2011), die Berlin-Filmballade *How to Disappear Completely* (2013) des polnischen Regisseurs Przemysław Wojcieszek und für das Jugenddrama *Hardkor Disco* (2014). Mary Komasas bisher bekanntester Song *I Bugged Your Brain* (2011) ist die Titelmusik der populären polnischen TVP-Serie *Głęboka woda* (Tiefes Wasser, 2011 / 12).

---

[13] Siehe unter www.szene-hamburg.com/dont-panic-were-from-poland/ (Aufruf am 15.01.2018).

Konstanz

Das Konzil – eine Sternstunde polnischer Diplomatie

Matthias Barełkowski

—

Zu Beginn des 15. Jahrhunderts stand Konstanz einige Jahre im Zentrum der polnischen Politik, was sich vor allem Paweł Włodkowic (um 1370 – 1435) verdankte, der auch bekannt ist unter seinem lateinischen Namen Paulus Vladimiri. Der an der Krakauer Universität lehrende Jurist, Theologe, Philosoph, Diplomat und Berater des polnischen Königs Władysław II. Jagiełło spielte eine bedeutende Rolle während des Konzils von Konstanz (1414 – 18), welches das große abendländische Schisma beendete und die Einheit der lateinischen Kirche wiederherstellte.

Prozession von Kardinälen und Bischöfen auf dem Konzil von Konstanz, Reichenthal-Manuskript

Nachdem die polnische Krone 1386 an den litauischen Großfürsten Władysław Jagiełło gelangt war und dieser als christlicher Doppelherrscher über Polen und Litauen 1410 den Deutschen Orden in der Schlacht bei Tannenberg im Ordensland Preußen besiegt hatte, stellte sich für den Orden die Frage, ob er weiterhin im Baltikum „Heiden mit Feuer und Schwert" missionieren sollte. Włodkowic erarbeitete hierzu rechtlich-philosophische Grundlagen, die er als Leiter der großen polnischen Delegation auf dem Konzil in Traktaten vortrug. Er wandte sich darin gegen eine gewaltsame Missionierung, gegen die Heidenverfolgung durch den Deutschen Orden und plädierte für eine Mediation zwischen den beteiligten Konfliktparteien – unter Anerkennung der neuen Staatlichkeit Polen-Litauens. Der Krakauer Gelehrte argumentierte geschickt und hatte damit einigen Erfolg bei dem in Konstanz neu gewählten Papst Martin V., sodass die Machtansprüche des Ordens beschnitten wurden. „Paweł Włodkowic gehört [damit] zu den Vorläufern heutiger Bestrebungen um eine in Konfliktfällen handlungsfähige internationale Gemeinschaft und um ein verbindliches, laufend modernisiertes Völkerrecht."[14]

---

[14] Steffen Huber: *Paweł Włodkowic: Jagiellonischer Universalismus*, in: Ders.: *Einführung in die Geschichte der polnischen Sozialphilosophie. Ausgewählte Probleme aus sechs Jahrhunderten*, Wiesbaden 2014, S. 37 – 71, hier S. 64.

Konzentrationslager

Orte des Leidens und der Erinnerung

Matthias Barełkowski

–

Halb verhungerte Menschen in gestreiften Drillichen hinter Stacheldraht, Leichenberge, in den Unterarm tätowierte Nummern – dies sind die grauenvollen Bilder, die wohl allen sofort vor Augen stehen, wenn sie das Akronym KZ hören, mit dem nationalsozialistische Konzentrationslager bezeichnet werden. „In den 24 Konzentrationshauptlagern und knapp 1.200 Außenlagern waren von 1933 bis 1945 etwa 2,5 bis 3,5 Millionen Menschen eingesperrt. Davon sind schätzungsweise 1,8 bis 2 Millionen umgekommen; die Mehrheit von ihnen im letzten Kriegsjahr."[15] Allein diese Zahlen lassen erahnen, um welch monströses Lagersystem es sich gehandelt hat. Genaue Zahlenangaben sind äußerst schwierig, und auch heute noch gilt: „Es ist nicht bekannt, wie viele Lager unterschiedlichen Typs, unterschiedlicher Bestimmung und in unterschiedlicher Trägerschaft auf deutschem Boden überhaupt existierten."[16]

Seit der deutschen Besetzung Polens wurden auch zunehmend Polinnen und Polen in die Lager in Deutschland verbracht. Häufig waren sie bereits zuvor aus unterschiedlichen Gründen in Gefängnissen oder Lagern in Polen inhaftiert. Viele wurden sogar mehrfach verlegt, sodass man von einer wahren Lagerodyssee sprechen kann.

Im „Prototyp" des deutschen Konzentrationslagers, dem KZ Dachau, stellten die Polen zwischen 1939 und 1945 mit über 40.000 „Schutzhäftlingen" sogar die größte nationale Gruppe im Stammlager, im Frauenkonzentrationslager Ravensbrück und im KZ Mittelbau-Dora zu Kriegsende ebenfalls. In den KZs Sachsenhausen und Buchenwald bildeten polnische Häftlinge nach den sowjetischen die zweitgrößte Gruppe der „Häftlingsgemeinschaft". Nach dem von der SS ersonnenen Kennzeichnungssystem für Lagerhäftlinge in den Konzentrationslagern war der Haftgrund zu erkennen an den Farben der auf die Häftlingskleidung genähten Stoff-Dreiecke („Winkel"). Auf das Herkunftsland der Häftlinge verwies der jeweilige Großbuchstabe, der in das Dreieck eingefügt wurde. Am häufigsten war dabei wohl das „P" auf einem auf der Spitze stehenden roten Dreieck, was einen politischen Gefangenen aus Polen kennzeichnete.

Im Zuge des „totalen Krieges" wurden die KZ-Insassen ab 1942 häufig in der Kriegswirtschaft eingesetzt und in den in großer Zahl entstehenden Außenlagern in der Nähe der Betriebsstätten untergebracht. Unter unmenschlichen Bedingungen mussten sie in Fabriken, in der Landwirtschaft oder in Baubrigaden schuften, wo auch → Zwangsarbeiter eingesetzt waren. Mit dem Vorrücken der Roten Armee gegen Ende des Krieges wurden Tausende polnische Häftlinge in Transporten und Märschen aus den Lagern im Osten nach Westen getrieben. Sofern sie nicht bereits

K

Augenblick der Angst
Ich schlag' gegen die enge Zelle,
wie ein kranker Vogel mit Schwingen.
Die Mauern soll'n sich mir öffnen!
Die Gitter soll'n zerspringen![17]

Zofia Górska (1941 – 1944 im KZ Ravensbrück inhaftiert)

---

[15] Bogusław Kopka: *Konzentrationslager*, in: Jerzy Kochanowski / Beate Kosmala (Hrsg.): *Deutschland, Polen und der Zweite Weltkrieg. Geschichte und Erinnerung*, Potsdam / Warschau 2013, S. 330–332, hier S. 331.

[16] Wolfgang Benz: *Nationalsozialistische Zwangslager. Ein Überblick*, in: Ders. / Barbara Distel (Hrsg.): *Der Ort des Terrors. Geschichte der nationalsozialistischen Konzentrationslager*, 9 Bände, Band 1: *Die Organisation des Terrors*, München 2005, S. 11 – 29, hier S. 11.

[17] Zit. nach Stiftung Brandenburgische Gedenkstätte / Mahn- und Gedenkstätte Ravensbrück (Hrsg.): *Der Wind weht weinend über die Ebene. Ravensbrücker Gedichte*, zusammengestellt und bearbeitet von Christa Schulz, Paris 1995, S. 41.

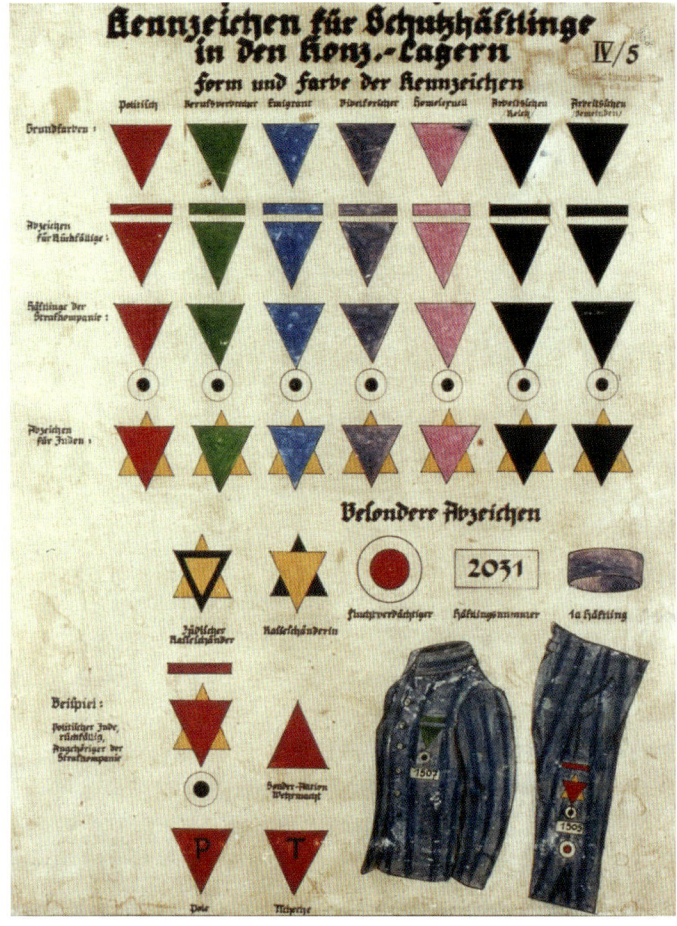

Die KZ-Häftlinge mussten unterschiedliche Kennzeichen tragen. Polnische Gefangene trugen an der Häftlingskleidung ein auf der Spitze stehendes rotes Stoff-Dreieck mit dem Buchstaben „P" darin.

bezeichnete sie als „Heckenschützen" und behandelte sie außerordentlich brutal. Auch in Sachsenhausen und Ravensbrück wurden Angehörige der polnischen Bevölkerungsgruppe in Deutschland inhaftiert.

Eine besonders perfide Aktion der SS-Führung mit dem Ziel der Vernichtung der polnischen Eliten führte im November 1939 zur Inhaftierung von 183 Hochschullehrern aus Krakau, überwiegend Professoren der Jagiellonen-Universität. Diese waren unter dem Vorwand eines Vortrags zur Zukunft der Hochschule in einen Hörsaal eingeladen worden. Dort wurden sie verhaftet und fast alle von der SS ins KZ Sachsenhausen verschleppt, wo sie unter entwürdigendsten Bedingungen gefangen gehalten wurden. Mehrere der Professoren, von denen viele bereits älter waren, überstanden die Lagerstrapazen nicht und starben an Krankheit und Entkräftung. Die SS hatte allerdings nicht mit internationalen Protesten gegen dieses als „Sonderaktion Krakau" bekannt gewordene Verbrechen gerechnet. Den koordinierten Protestaktionen aus dem Ausland schlossen sich auch etliche deutsche Fachkollegen an, die versuchten, mit Petitionen und Bittgesuchen hinter den Kulissen etwas für ihre polnischen Kollegen zu tun. Tatsächlich zeigten die Proteste Wirkung. Bis Oktober 1941 wurden die nichtjüdischen Hochschullehrer freigelassen, einige von ihnen starben jedoch schon kurz nach ihrer Rückkehr an den Folgen der KZ-Haft. „Sie hatten den berüchtigten Frostappell vom 18. Januar 1940 mitmachen müssen, bei dem alle Häftlinge, die keinem Arbeitskommando zugeteilt waren, stundenlang bei minus 25 Grad auf dem Appellplatz stehen mussten."[18] Inhaftiert blieben die drei jüdischen Mitglieder aus der Gruppe der Professoren: Leon Sternbach, Joachim Metallmann und Viktor Ormicki. Sternbach und Metallmann kamen in Buchenwald um, Ormicki wurde 1941 im KZ Gusen ermordet.

auf dem Weg einen grauenvollen Tod erlitten, starben viele bald nach der Ankunft. Unter den Häftlingen waren nun auch zahlreiche polnischsprachige Juden, die an einer eigenen Kennzeichnung erkennbar waren (verschiedenfarbige nach unten zeigende Dreiecke, mit einem gelben nach oben zeigenden Dreieck unterlegt, die zusammen einen Davidstern bildeten).

Bereits kurz nach Kriegsbeginn im September 1939 wurden die ersten polnischen Häftlinge in das KZ Sachsenhausen deportiert. Dabei handelte es sich um Zoll- und Bahnbeamte aus Danzig. Zur gleichen Zeit wurden Funktionäre kultureller und anderer Organisationen der in Deutschland lebenden Polen im KZ Dachau inhaftiert. Die Lagerleitung

18 Vgl. dazu Agnes Ohm: *Vergessene Vernichtung?*, Gedenkstättenbrief Nr. 155, S. 26–35. Online abrufbar unter: www.gedenkstaettenforum.de

Häftlingskolonnen,
KZ Sachsenhausen, 1940

Eine weitere Sondergruppe waren die in den deutschen Konzentrationslagern inhaftierten Geistlichen. Zunächst in unterschiedlichen Lagern untergebracht, wurden sämtliche Geistliche ab Ende 1940 in Dachau, separiert von den anderen Häftlingen, in mehreren Baracken zusammengelegt, dem sogenannten Pfarrer- beziehungsweise Priesterblock. Nach den vorliegenden Zahlen wurden bis zum Ende des NS-Regimes insgesamt 2.720 Priester aus 20 Nationen nach Dachau deportiert – darunter 1.780 Polen, von denen 830, also knapp die Hälfte, umkamen. Die insgesamt größte Gruppe der in die Konzentrationslager deportierten Polinnen und Polen dürften die Zwangsarbeiterinnen und Zwangsarbeiter gewesen sein, die wegen „Vergehen" an ihren Arbeitsstellen zur KZ-Haft verurteilt worden waren.

Nach der Niederschlagung des Warschauer Aufstands im Oktober 1944 stieg die Zahl der polnischen Häftlinge in den Konzentrationslagern noch einmal stark an. In der Folge des Aufstandes wurden 60.000 bis 80.000 Menschen als Arbeitskräfte in Konzentrationslager verschleppt, circa 6.000 nach Sachsenhausen, die meisten in KZ-Außenlager, darunter überwiegend Frauen. Bereits im August 1944 war in Sachsenhausen der dort seit Sommer 1943 inhaftierte

Oberbefehlshaber der polnischen Heimatarmee (*Armia Krajowa*), General Stefan Grot-Rowecki, ermordet worden.

Zu den abscheulichsten Verbrechen in den KZs gehören die (pseudo)medizinischen Menschenversuche der SS-Ärzte. Auch hier waren viele polnische Häftlinge unter den Opfern. So ließ etwa Karl Gebhardt, Leibarzt des Reichsführers SS, in einer Versuchsreihe in Ravensbrück 15 männlichen und 42 polnischen weiblichen Häftlingen Wunden zufügen, die Kriegsverletzungen simulieren sollten.

Trotz all des Grauens gab es in fast allen Lagern auch internationale Solidarität unter den Häftlingen und Versuche des Widerstands. So wirkte beispielsweise der später vor allem als Erkenntnistheoretiker bekannt gewordene polnisch-jüdische Immunologe Ludwik Fleck (1896 – 1961) im KZ Buchenwald an einer Aktion mit, die von der SS in den Lagern initiierte medizinische Forschungen zur „Stärkung der Wehrkraft" sabotierte. Im Auftrag des Hygiene-Instituts der Waffen-SS und unter der Leitung des Lagerarztes Karl Ding-Schuler war Fleck dabei zusammen mit anderen inhaftierten Spezialisten gezwungen, Forschungen zum Fleckfieber-Impfstoff durchzuführen. Der Gruppe gelang es, der SS in großen Mengen einen wirkungslosen

Impfstoff für ihre kämpfenden Truppen unterzuschieben. Der wirksame Impfstoff gegen Fleckfieber wurde dagegen für die Häftlinge im Lager verwendet. Auch in den Internationalen Lagerkomitees (ILK), konspirativen Organen politischer Häftlinge verschiedener Nationalitäten, die den Widerstand in den Lagern organisierten und die Solidarität unter den Häftlingen stärken wollten, waren Polen maßgeblich vertreten, insbesondere bei den Versuchen, Dokumentationen der deutschen Verbrechen in den KZs nach außen zu schmuggeln.

Nach der Befreiung durch die alliierten Truppen verblieben viele der ehemaligen polnischen KZ-Häftlinge und Zwangsarbeiter zunächst als →Displaced Persons (DPs) in den eingerichteten DP-Lagern. Teilweise handelte es sich dabei um die ehemaligen Zwangsarbeits- und Konzentrationslager, wo die „Befreiten" entkräftet, traumatisiert und unsicher darüber, ob sie in ihre von der sowjetischen Armee besetzte Heimat zurückkehren sollten, weiterhin ausharrten.

Schon bald nach Kriegsende gab es Versuche, die erlittenen Qualen und Traumatisierungen in Worte zu fassen und literarisch zu verarbeiten. Zu den bekanntesten Zeugnissen dürften die Gedichte und Erzählungen von Tadeusz →Borowski zählen, die 1963 in einer Auswahl unter dem Titel *Die steinerne Welt* erstmals auf Deutsch erschienen sind. Die Erzählungen verstören und beeindrucken vor allem durch ihre nüchterne, knappe und protokollierende Sprache, mit der die Not der gepeinigten Häftlinge und ihre Entmenschlichung durch die Lagerbedingungen beschrieben werden: „Ich dachte damals, ich würde sterben. Ich lag auf dem kahlen Strohsack, der nach Exkrementen und Eiter meiner Vorgänger stank. Ich war so schwach, daß ich aufgehört hatte, mich zu kratzen, um die Flöhe zu verjagen. Auf meinem Rücken und auf meinem Gesäß waren große offene Stellen. Die Haut, die sich über meine Knochen spannte, war rot und brannte wie frische Verbrühungen. Ich ekelte mich vor meinem eigenen Körper und lauschte erleichtert dem Stöhnen der anderen."[19]

> „Ich dachte damals, ich würde sterben. (…) Ich ekelte mich vor meinem eigenen Körper und lauschte erleichtert dem Stöhnen der anderen."
>
> Tadeusz Borowski

Die in Deutschland vielleicht wirkmächtigste literarische Auseinandersetzung mit dem Thema stellt der 1958 erschienene Roman *Nackt unter Wölfen* von Bruno Apitz (1900 – 1979) dar, der selbst als kommunistischer Gefangener in Buchenwald inhaftiert war. Apitz schildert in seinem Buch das Schicksal eines dreijährigen jüdisch-polnischen Kindes, das versteckt in einem Koffer ins KZ Buchenwald gelangt und bei dessen dramatischer Rettung vor der SS auch polnische Häftlinge eine wichtige Rolle spielen. Das Buch wurde in 30 Sprachen übersetzt. In der DDR wurde es ein Symbol für den kommunistischen Widerstand, der damit gleichzeitig glorifiziert wurde, und gehörte zur Schullektüre. Zumindest ansatzweise vermittelte es jedoch seinen Lesern zugleich, dass in Buchenwald zahlreiche katholische und jüdische Polen gelitten, aber auch Widerstand geleistet hatten. Die DEFA-Verfilmung unter der Regie von Frank Beyer (1963) steigerte die Bekanntheit des Stoffes noch erheblich. 2015 strahlte die ARD anlässlich des 70. Jahrestages der Befreiung des Lagers Buchenwald durch die US-Armee eine TV-Neuverfilmung von Philipp Kadelbach aus, in der mehrere Szenen in polnischer Sprache (mit Untertiteln versehen) gedreht waren, so dass für die deutschen Fernsehzuschauer deutlich wurde, welch großen Anteil polnische Häftlinge im Lager ausmachten.

Neben diesen literarisch-filmischen Aufarbeitungen wurden ehemalige Konzentrationslager wie Sachsenhausen, Ravensbrück und Buchenwald nach und nach zu Gedenkstätten ausgebaut. In der DDR stand dabei der kommunistische Widerstand, unter Ausblendung anderer Opfergruppen, und eine Überbetonung seines Ausmaßes

---

[19] Tadeusz Borowski: *Eine Erzählung, die das Leben schrieb*, in: Ders.: *Die steinerne Welt. Erzählungen*, München 1970, S. 159 – 161, hier S. 159.

im Vordergrund. Deutlich wird dies an einer Geschichte aus Ravensbrück. Polnischen Frauen, keineswegs Kommunistinnen, war es unter großer Gefahr gelungen, Dokumente zum Lagerleben (Briefe, Gedichte, Berichte von Zwangsarbeit, Erschießungen und Folterungen etc.) aus dem KZ herauszuschmuggeln und an polnische Kriegsgefangene zu übergeben, die diese Dokumente in einem Glasbehälter in einem Wald bei Neubrandenburg vergruben. Erst 1975 wurden sie, nach Hinweisen und Bitten von Überlebenden aus Polen, von einem Trupp der DDR-Staatssicherheit ausgegraben und der Führung der kommunistischen Polnischen Vereinigten Arbeiterpartei (PVAP) übermittelt, die sie an die Gedenkstätte in Auschwitz weitergab, wo die bewegenden Dokumente 1980 in kleiner Auflage im Druck erschienen. In der DDR hingegen wurde, wahrscheinlich wegen des häufig religiösen Charakters der Texte und des ohnehin angespannten Verhältnisses zu Polen, nichts davon übersetzt und die Dokumente auch nicht publiziert.

In der Bundesrepublik herrschte vor 1990 vor allem Schweigen zu dem Themenkomplex der in deutschen Konzentrationslagern gefangenen polnischen Häftlinge, obwohl schon 1948 Luise Rinsers Erzählung *Jan Lobel aus Warschau* erschienen war, in der das Schicksal eines polnisch-jüdischen KZ-Überlebenden eine Rolle spielt. Individuelle Entschädigungen für polnische ehemalige KZ-Häftlinge waren nach dem Bundesentschädigungsgesetz von 1956 ausgeschlossen. Dass nicht jüdische Polen in vielen Lagern die größte nationale Häftlingsgruppe ausmachten, blieb so lange weitgehend unbekannt und wurde allenfalls durch die Aussagen der vielen polnischen Zeugen in den wenigen Prozessen gegen die einstigen KZ-Aufseher deutlich. Berühmtestes Beispiel dürfte der erste Auschwitz-Prozess von 1963–65 sein (→ Auschwitz-Prozesse).

Erst nach der Wiedervereinigung setzte in zweifacher Hinsicht eine Neuorientierung ein. Zum einen wurden in bilateralen Verträgen Stiftungen geschaffen, die eine bescheidene „Entschädigung" oder besser humanitäre Hilfe für die noch lebenden KZ-Überlebenden ermöglichte, darunter für Polen die „Stiftung Polnisch-Deutsche Aussöhnung". Zum anderen erfolgte eine Neuausrichtung der Gedenkstättenarbeit, die nun zunehmend zu einer differenzierteren Betrachtung der einzelnen

K

Replik des historischen Lagertors in der heutigen KZ-Gedenkstätte Dachau, 2011

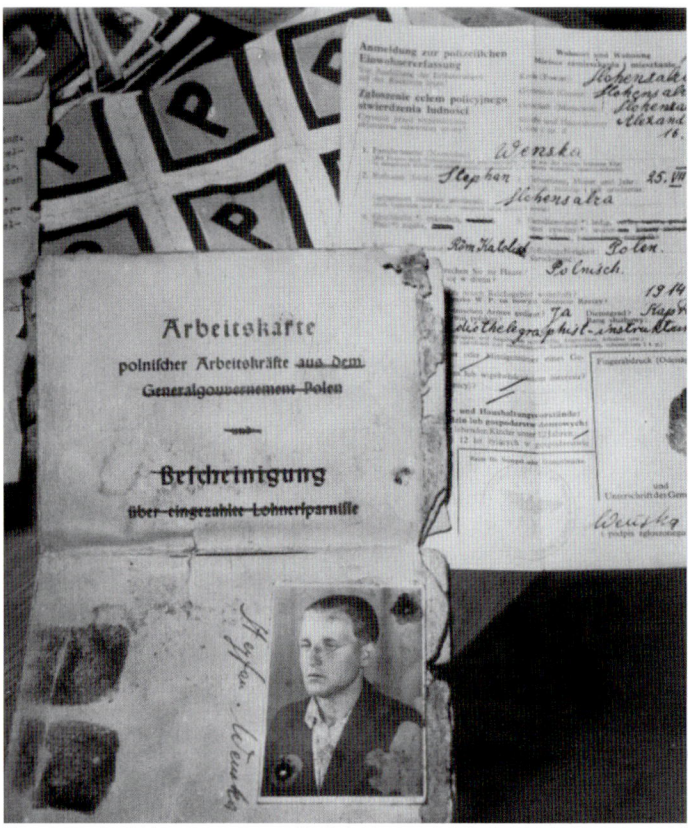

Mit diesen Papieren wurde der Zwangsarbeiter Stefan Wenska 1942 in das KZ Dachau eingeliefert. Zu sehen sind das P-Zeichen für polnische Zwangsarbeiter, eine „Arbeitskarte polnischer Arbeitskräfte" sowie ein polizeilicher Meldebogen.

Opfergruppen gelangte. So setzten sich beispielsweise anlässlich von Jahrestagen Ausstellungen mit der „Sonderaktion Krakau" (2010 / 11) oder dem Thema „Die polnische Minderheit im KZ" (2013) auseinander. Noch lebende ehemalige KZ-Häftlinge wurden eingeladen, um ihre Geschichten zu erzählen und aufzuzeichnen. Auch Originaldokumente, wie die oben erwähnten Texte der Frauen aus Ravensbrück, wurden nun endlich einer breiteren Öffentlichkeit bekannt. Jugendliche aus Dessau gestalteten daraus 2010 unter dem Titel *Damit die Welt es erfährt…"* eine Hörbuch-CD mit didaktischem Begleitmaterial. 2015 erschienen die aus dem Polnischen übersetzten Texte als Buch.[20]

Zudem konnten nun Erinnerungen von KZ-Überlebenden aus Polen publiziert werden, die der Erinnerungspolitik kommunistischer Regierungen konträr gegenübergestanden hatten und deswegen unterdrückt worden waren und nun, zum Teil im Auftrag einzelner Gedenkstätten, auch auf Deutsch herausgegeben wurden. So beschreibt etwa Władysław Kożdoń, der als Jugendlicher nach Buchenwald kam, die Verhältnisse zwischen deutschen und polnischen politischen Häftlingen keineswegs nur als solidarisch, sondern als harten Kampf um die Funktionshäftlingsstellen, in dem deutsche kommunistische Gefangene auch vor der Auslieferung von Mitgefangenen an die SS-Mordmaschinerie nicht zurückschreckten: „Viele der Polen aus Auschwitz fielen der Giftspritze zum Opfer. Die SS erteilte die Befehle. Doch die Gründe dafür lieferten die Kommunisten."[21]

Nachdem die Zeitzeugen fast alle verstorben sind, werden heute als wichtigste Aufgaben von Stiftungen und Gedenkstätten die Bewahrung von deren Erinnerungen und die Bildungsarbeit unter Jugendlichen angesehen. So fördert beispielsweise das → Deutsch-Polnische Jugendwerk Gedenkstättenbesuche von polnisch-deutschen Jugendgruppen. Das DPJW hat zudem neben einer Überblicksdokumentation zum Zweiten Weltkrieg eine Gedenkstättendatenbank entwickelt, die auch kleinere und vergessene Erinnerungsorte wie KZ-Außenlager berücksichtigt und so das Gedenken an die zahlreichen polnischen Opfer des NS-Lagersystems befördern soll.[22]

Weiterführende Literatur

Wolfgang Benz / Barbara Distel (Hrsg.): *Der Ort des Terrors. Geschichte der nationalsozialistischen Konzentrationslager*, 9 Bände, München 2005–2009.

Tadeusz Borowski, *Die steinerne Welt. Erzählungen*, München 1970.

Jerzy Kochanowski / Beate Kosmala (Hrsg.): *Deutschland, Polen und der Zweite Weltkrieg. Geschichte und Erinnerung*, Potsdam / Warschau 2013.

Stiftung Brandenburgische Gedenkstätte / Mahn- und Gedenkstätte Ravensbrück (Hrsg.): *Der Wind weht weinend über die Ebene. Ravensbrücker Gedichte*, zusammengestellt und bearbeitet von Christa Schulz, Paris 1995.

[20] Andrea Genest (Hrsg.): *„Damit die Welt es erfährt…" Illegale Dokumente polnischer Häftlinge aus dem Konzentrationslager Ravensbrück*, Berlin 2015.
[21] Władysław Kożdoń: *„… ich kann dich nicht vergessen" – Erinnerungen an Buchenwald*, Göttingen 2007, S. 89.
[22] Siehe unter: www.erinnerungsorte.org

Korczak, Janusz

Das Nachleben eines polnischen Pädagogen

Manfred Mack

—

Die Deutsche Nationalbibliothek verzeichnet 210 Bücher von und über Janusz Korczak, seit 1967 erscheinen seine pädagogischen Schriften, Kinder- (und Erwachsenen)bücher auf Deutsch. Die Nachfrage ist unvermindert groß. So ist Korczaks pädagogischer Klassiker *Wie man ein Kind lieben soll* 2014 in der 16. Auflage erschienen (polnische Erstausgabe: 1919), sein erfolgreichstes Kinderbuch *König Hänschen der Erste* (polnische Erstausgabe: 1923) erreichte schon 1988 bei der 11. Auflage 96.000 Exemplare. Von 1996 bis 2005 erschien die 16 Bände umfassende Gesamtausgabe der Werke Korczaks in deutscher Übersetzung. Von keinem anderen polnischen Autor gibt es eine vergleichbare deutschsprachige Gesamtausgabe.

Janusz Korczak war das Pseudonym des 1878 in Warschau geborenen polnisch-jüdischen Arztes, Kinderbuchautors und Pädagogen, der eigentlich Henryk Goldszmit hieß. Im August 1942 ging er im deutschen Vernichtungslager Treblinka mit den deportierten Kindern seines Waisenhauses im Warschauer Ghetto in den Tod.

Korczaks Nachleben zeigt sich hierzulande beispielsweise an den etwa 80 Schulen und Kindergärten, die seinen Namen tragen. Sein Leben wurde und ist Gegenstand von Theaterstücken, so schon 1957 in Erwin Sylvanus' Schauspiel *Korczak und die Kinder,* das Korczaks Schicksal erstmals in eine breitere Öffentlichkeit trug und zu einem der meistgespielten Nachkriegsstücke in Deutschland wurde. Auch das Experimentelle Theater Günzburg, dessen Leiter, Siegfried Steiger, viele Jahre Vorsitzender der 1977 begründeten „Deutschen Korczak-Gesellschaft e. V." war, erinnert mit Produktionen an das Wirken Korczaks. Spuren hinterließ Korczak zudem im Film, so in dem von Artur →Brauner und Bar Kochba produzierten und unter der Regie von Aleksander Ford 1975 gedrehten deutsch-israelischen Spielfilm *Sie sind frei, Dr. Korczak*, dem 1988 in der DDR produzierten Dokumentarfilm von Konrad Weiß *Ich bin klein, aber wichtig* und nicht zuletzt in der viel beachteten deutsch-polnischen Koproduktion *Korczak* von Andrzej →Wajda aus dem Jahr 1990.

Die intensive Rezeption von Korczaks Pädagogik setzte in Deutschland ab Mitte der 1960er-Jahre ein. Seine pädagogischen Schriften, darunter *Das Recht des Kindes auf Achtung* (1970 in deutscher Erstausgabe erschienen) und die von ihm vertretenen Anschauungen („Kinder werden nicht erst Menschen, sie sind es bereits", „Die Welt reformieren heißt die Erziehung reformieren") passten zu der damals in Westdeutschland populären Reformpädagogik.

Als Janusz Korczak 1972 posthum mit dem Friedenspreis des Deutschen Buchhandels ausgezeichnet wurde, hielt der Nestor der deutschen Reformpädagogik, Hartmut von Hentig, die Laudatio, und der damals amtierende Bundespräsident Gustav Heinemann würdigte in seiner Rede Korczak als einen der Menschen, „die unserer Zeit als Vorbilder dienen können, weil sie für Menschlichkeit kämpften (…) und weil ihr Denken nach vorn weist".[23]

K

Janusz Korczak mit Kindern in seinem Waisenhaus vor dem Umzug ins Warschauer Ghetto, 1940

---

[23] Gustav W. Heinemann: *Die Zukunft fordert uns alle*, in: Börsenverein des Deutschen Buchhandels (Hrsg.): Friedenspreis des Deutschen Buchhandels 1972 Janusz Korcak, S. 27. Online unter: www.friedenspreis-des-deutschen-buchhandels.de/sixcms/media.php/1290/1972_korcak.pdf

Korfanty, Wojciech (Adalbert)

Ein Oberschlesier am Reichstagspult

Markus Krzoska / Peter Oliver Loew

—

Wojciech Korfanty (Mitte) mit seinen politischen Mitstreitern während des dritten oberschlesischen Aufstandes, 1921

„In der Kleophasgrube bei Kattowitz werden die Arbeiter, die nicht deutsch sprechen können, mit verfluchter Affe, polnischer Ochse, alter Esel angeredet." Als der junge polnische Abgeordnete Wojciech Korfanty am 28. Januar 1904 erstmals im Berliner Reichstag das Wort ergriff, nahm er kein Blatt vor den Mund: „So geht es auf Tritt und Schritt in den Ostmarken: moderne Industrieritter, moderne Hochstapler!" [24] So spektakulär führte er sich ein, der 1873 im oberschlesischen Siemianowitz geborene Bergmannssohn. Er hatte in Berlin-Charlottenburg und dann in Breslau studiert, wo ihn der Ökonom Werner Sombart zu seinen begabtesten Studenten zählte. Geprägt durch seine engen Bindungen an den katholischen Klerus, verband er in seinem politischen Leben sozialistische und nationale Elemente. 1903 eroberte er – für die polnische Nationaldemokratie – das erste polnische Reichstagsmandat in Oberschlesien, das er bis 1912 behielt, dann saß er noch einmal 1918 im deutschen Parlament und im preußischen Landtag. Für die deutsche Öffentlichkeit wurde der redegewandte Politiker immer mehr zum Wortführer polnischer Interessen, etwa als er 1918 im Hohen Haus mit scharfen Worten die Ausbeutung Hunderttausender polnischer Fremdarbeiter in Deutschland anprangerte. Er hatte während des Ersten Weltkriegs wiederholt für die Wiederherstellung Polens plädiert und setzte sich zwischen 1918 und 1921 dafür ein, Oberschlesien auch mit militärischen Mitteln in den polnischen Staat einzubeziehen, beharrte zugleich jedoch auf weitreichender politischer Autonomie. Seine Versuche, auch in Warschau politisch Karriere zu machen, scheiterten an der erbitterten Gegnerschaft Józef → Piłsudskis, der ihn 1930 im Rahmen einer Verhaftungswelle gegen Oppositionspolitiker gefangen setzen ließ und fünf Jahre später ins Exil drängte. Korfanty ging zunächst in die Tschechoslowakei, dann nach Frankreich. 1939 kehrte er bereits schwer erkrankt nach Polen zurück und starb kurz vor Ausbruch des Zweiten Weltkriegs. Außerhalb Oberschlesiens ging die Erinnerung an ihn rasch verloren, dort aber wird er bis heute als Held verehrt.

[24] Zit. nach *Verhandlungen des Deutschen Reichstags und seiner Vorläufer*, Reichstagsprotokolle 1903/05, 1/11. Legislaturperiode, 20. Sitzung, 28. Januar 1904, S. 540 D, 544 D. Online unter: www.reichstagsprotokolle.de

Kossak, Juliusz

Ein polnischer Schlachtenmaler an der Isar

Nawojka Cieślińska-Lobkowicz

—

1865 malte Juliusz Kossak die *Schlacht bei Ignacewo*, bei der zwei Jahre zuvor polnische Aufständische eine Niederlage gegen die Russen erlitten hatten.

K

„Das polnische Pferd (…) stand in ganz Europa im Ruf der Leichtigkeit, Schnelligkeit und Kraft, die man der Schwerfälligkeit der ‚Friesen' entgegenstellte, auf denen die eisernen deutschen Horden saßen." Man sagte, dass „ein Lache [d. h. ein Pole] ohne Pferd wie ein Leib ohne Seele" sei. Und dass „dem Polen der Sohn einer Stute lieber ist als der Sohn Gottes".[25]

Der für die visuelle Entsprechung dieser Faszination verantwortliche Künstler war Juliusz Kossak (1824 – 1899). Er, der Sohn eines ostgalizischen Gutsbesitzers, verlegte sich auf Pferde als bevorzugtes Sujet; Gelegenheit zu Studien boten ihm seine Aufenthalte auf den Gütern des polnischen Landadels. Als Maler ein Autodidakt, entfaltete er hier seine Beobachtungsgabe und brachte es zu einer hervorragenden Beherrschung von Zeichnung und Aquarelltechnik, wobei er sich zugleich eine den Schülern der Akademien unbekannte Freiheit bewahrte. Und so waren es nicht die Akademien, die ihn in München und Paris interessierten, sondern der Kontakt mit bekannten Schlachten- und Pferdemalern, wie zu Franz Adam, bei dem er in München studierte.

Kossak erwarb sich einen Ruf als Pferdemaler. Doch müsste er eigentlich als Patron der polnischen Künstlerkolonie an der Isar (→ Münchner Malerschule) gelten, ja sogar als Vater polnischer Genre- und Schlachtenmalerei. Vor seinem Auftauchen um 1850 hatte es auf diesem Gebiet in Polen „schlichtweg nichts gegeben"[26]. Er schuf ein Alphabet der Themen und Motive, das von seinen jüngeren Kollegen erweitert wurde. Kossak unterstützte junge Maler und besaß das Talent, sich über fremde Erfolge freuen zu können. Als er 1873 nach Krakau zurückkehrte, begleiteten ihn viele der in München ansässigen polnischen Künstlerkollegen zum Bahnhof.

Kavalleristische Fantasie, feurige Pferde, exotisch anmutende Kleidung und grenzenlos weite Landschaften galten in Deutschland lange als typisch für polnisches Temperament und die polnische Malerei. In Verbindung mit dem Namen Kossak stand dabei im Allgemeinen eher Wojciech → Kossak, einer der drei in Paris geborenen Söhne von Juliusz Kossak, obwohl eigentlich der Vater der Urheber dieser Vorstellungswelt war.

---

[25] Stanisław Witkiewicz: *Juliusz Kossak*, Lwów 1906, S. 158 [Übers. Peter Oliver Loew].
[26] Ebd., S. 19. [Übers. POL].

Kossak, Wojciech

Kolossalgemälde für den preußischen Hof

Nawojka Cieślińska-Lobkowicz

—

Kaiser Wilhelm II. besichtigt im Schloss Monbijou das Monumentalgemälde *Die Schlacht bei Zorndorf*, 1899.

Nach dem Erfolg des gemalten Panoramas *Übergang Napoleons über die Beresina* 1896 in Berlin fiel die Gunst des deutschen Kaisers Wilhelms II. auf Wojciech Kossak (1857–1942), der neben Julian → Falat als zweiter Maler an der Riesenleinwand gearbeitet hatte.

Kossak, der sich in Polen bereits einen Ruf als Maler monumentaler Rundgemälde mit Schlachtenszenen gemacht hatte, kam 1895 nach Berlin, wo er am preußischen Hofe verkehrte und sich, zum Ritter geehrt, nun Adalbert von Kossak nannte. Mit Wilhelm II. verband ihn eine Künstlerfreundschaft. Der Kaiser war sehr rücksichtsvoll und bestellte bei Kossak keine Bilder, die einen Polen in Gewissenskonflikte hätte stürzen können – sondern gab Sujets der preußischen Armee in Auftrag. Für das 1899 gemalte Kolossalgemälde *Die Schlacht bei Zorndorf* (1758) richtete der Kaiser dem Künstler sogar eigens ein Atelier im Schloss Monbijou ein. Der wehrte sich gegen Vorwürfe aus der Heimat, er würde sich an den feindlichen preußischen Hof verkaufen und sei daher ein Verräter.

Kossaks Berliner Aufenthalt diente auch dem materiellen Verdienst. Er arbeitete nicht nur im Auftrag Seiner Majestät, sondern auch für preußische Junker und das Großbürgertum. Seine bevorzugten Sujets blieben Schlachtenszenen und – wie schon für seinen Vater Juliusz → Kossak – Pferdeporträts, in denen er malerische Freiheit und Detailtreue kombinierte.

Nach einer Rede Wilhelms II. im Jahr 1902, in der dieser der polnischen Nationalbewegung den Kampf angesagt hatte, verließ Kossak Berlin und kehrte ins heimische Krakau zurück. 1909 malte er einen Zyklus antideutscher Bilder mit dem Titel *Der preußische Geist*. Bald darauf erschienen, auch auf Deutsch, Kossaks Lebenserinnerungen, die belegen sollten, dass er stets ein standhafter polnischer Patriot geblieben war. In seinen letzten 30 Lebensjahren schuf er qualitativ weniger überzeugende Werke zu nationalen Themen, in denen nach wie vor sein Gefallen an Pferden und Uniformen überwog. Wojciech Kossak starb, fast 85-jährig, in Krakau.

Kotyczka, Josef

Ein Pionier des Polnischunterrichts

Erika Worbs

—

Der Name Josef Kotyczka ruft bei vielen deutschen Muttersprachlern, die Polnisch lernen oder gelernt haben, spontan die *Kurze polnische Sprachlehre* ins Gedächtnis, die wohl populärste polnische Schulgrammatik, die seit ihrem Erscheinen 1976 in Ost-Berlin bis zum Jahr 2006 viele Auflagen erlebt hat. Doch darf man Kotyczka nicht allein auf seine Sprachlehre reduzieren. Er hat wesentlich die Entwicklung des →Polnischunterrichts in Deutschland – zumeist in der DDR – mitgestaltet, als Polnischlehrer und als Autor – es gibt kaum ein Lehrwerk für deutschsprachige Polnischlernende, an dem er nicht entscheidend mitgewirkt hätte; als wichtigstes gilt das dreibändige *Mówimy po polsku* (Wir sprechen Polnisch), dessen erste Auflage 1971 im Ost-Berliner Verlag Volk und Wissen erschien.

Kotyczkas Biografie ist typisch für die Umbrüche der Kriegs- und Nachkriegszeit: 1926 in Królewska Huta (Königshütte, später Chorzów) in Oberschlesien geboren und in der polnischen Kultur aufgewachsen, besuchte er nach dem Überfall Nazideutschlands dort die deutsche Schule und wurde kurz vor Kriegsende noch zur Wehrmacht eingezogen. Nach dem Krieg verschlug es ihn nach Magdeburg, wo er am dortigen

Josef Kotyczkas *Kurze polnische Sprachlehre* ist eine der wohl populärsten Schulgrammatiken, hier eine Ausgabe von 1976.

> **Er hat wesentlich die Entwicklung des Polnischunterrichts in Deutschland – zumeist in der DDR – mitgestaltet, als Polnischlehrer und als Autor.**

Lehrerbildungs-Institut 1951 nach einem Neulehrer-Abschluss für Geografie und Sport dank seiner Zweisprachigkeit eine Ausbildung zum Polnischlehrer absolvierte. Ab 1951 lehrte er bis zu seiner Pensionierung 1991 Polnisch an der Immanuel-Kant-Oberschule in (Ost-)Berlin. Wie vielen Menschen er in einem halben Jahrhundert Polen und seine Sprache und Kultur näher gebracht hat, lässt sich schwer sagen; allein die Chronik der Kant-Schule zählt 750 bis 800 Schüler, die bei ihm die Abiturprüfung im Fach Polnisch abgelegt haben.[27] Nicht wenige von ihnen sind der polnischen Sprache und Polen auch beruflich treu geblieben. Josef Kotyczka starb 2007 in der Nähe von Berlin.

---

[27] Siehe Daniela Fuchs: *Josef Kotyczka 1926–2007. Polnischlehrer und „Gerechter unter den Völkern"*, in: POLEN und wir, Heft 2/2008, S. 10.

Kozakiewicz, Władysław

Ein Sprung von Polen nach Deutschland

Andrzej Kaluza

—

1 / Der Olympiasieger Władysław Kozakiewicz 1980 in Moskau mit seiner berühmten Geste

2 / Mit 5,78 Meter stellte Kozakiewicz in Moskau einen neuen Weltrekord auf – trotz der Pfiffe aus dem Publikum.

Władysław Kozakiewicz wurde 1953 in der Sowjetrepublik Litauen geboren und kam im Alter von viereinhalb Jahren mit seiner Familie in die polnische Hafenstadt Gdynia. Seine Leidenschaft galt dem Sport. Mit Anfang 20 gehörte er schon zu den besten Stabhochspringern der Welt. 1973 sprang er mit 5,33 m erstmals einen polnischen Landesrekord, 1975 gelang ihm mit 5,60 m ein Europarekord, im Juni 1980 stellte Kozakiewicz mit 5,72 m seinen ersten Weltrekord auf. Zu den wichtigsten Momenten seiner Karriere gehörten die Olympischen Spiele 1980 in Moskau. Bei den vom Westen wegen des sowjetischen Einmarsches in Afghanistan boykottierten Spielen stellte

Kozakiewicz am 30. Juli 1980 trotz irritierender Pfiffe des russischen Publikums einen neuen Weltrekord (5,78 m) auf. Er revanchierte sich mit der legendären Kozakiewicz-Geste (*gest Kozakiewicza*): Ihr könnt mich mal! – das war die Botschaft, mit der er seine linke Hand auf den rechten Oberarm schlug und die rechte Hand, zur Faust geballt, emporreckte. Die Fotos gingen um die Welt (allerdings durften sie in Polen und der UdSSR nicht publiziert werden).

Danach landete Kozakiewiczs Karriere, trotz Olympia-Goldmedaille, auf dem Abstellgleis. Im kommunistischen Polen durfte er nicht frei über seine Teilnahme an internationalen Leichtathletik-

K

Meetings entscheiden, die Sportfunktionäre machten ihm infolge des Moskauer Zwischenfalls das Leben schwer. Bis er den ständigen Zick-Zack-Kurs leid ist: 1985 setzt er sich in die Bundesrepublik ab. Er nimmt die deutsche Staatsangehörigkeit an und wird drei Mal deutscher Meister (1986, 1987, 1988) im Stabhochsprung, springt mehrere Jahre für den TK Hannover und die deutsche Leichtathletik-Nationalmannschaft, erringt aber keine größeren internationalen Erfolge mehr. Nach Beendigung seiner aktiven Sportlerkarriere wird er Trainer, später Sportlehrer an einer Schule im niedersächsischen Elze, wo er noch heute Nachwuchssportler an den Stabhochsprung heranführt.

Seinen Migrationsentschluss von damals empfindet er heute als richtig und sein Leben in Deutschland als erfüllt. Über die 1980er-Jahre und die Reaktion seiner polnischen Landsleute auf seine Auswanderung spricht er allerdings bis heute voller Verbitterung: „Jetzt spielt Lewandowski für einen deutschen Club, und alle fiebern mit. Und was habe ich damals erfahren? Verräter! Und so gab es für mich keinen Grund mehr zurückzugehen."[28]

28 *Możecie mi skoczyć* [Ihr könnt mich mal], Władysław Kozakiewicz im Gespräch mit Donata Subbotko, in: Gazeta Wyborcza, 26./27.10.2013, S. 24 [Übers. AK].

Krakauer, Karpfen und Co.

Polnische Küche in deutschen Landen

Peter Oliver Loew

—

Die überraschendste Hypothese zum Thema „Polnische Wurst" stammt von Tadeusz →Nowakowski: Der Exilschriftsteller schilderte wenige Jahre nach dem Zweiten Weltkrieg in einer Erzählung, wie einige Polen zur Zeit des Oktoberfests nach München kommen: „Bierdunst hing in der Luft, und die Bratwürste brutzelten verlockend an den Ecken. Seit Generationen erfreute sich die ‚polnische Wurst' gerade hier besonderer Beliebtheit." Einer der Protagonisten schreibt der Wurst denn auch eine fatale Wirkung auf die Deutschen zu: Sie „verleitet die Vielfraße dazu, immer wieder den Marsch gen Osten anzutreten"[29]

Tatsächlich erfreute sich polnische Wurst in deutschen Landen vor und nach dem Krieg, ja sogar während des Kriegs großer Beliebtheit. Das Standardwerk *Die Fabrikation feiner Fleisch- und Wurstwaren* (15. Auflage 1966) von Fleischermeister Hermann Koch nennt beispielsweise folgende Wurstsorten: Polnische Mettwurst, Rohe Krakauer, Rawitscher Würstchen, Brühpolnische und Krakauer, die sich durchweg durch die Beigabe von Knoblauch und anderen Gewürzen auszeichnen. Der deutschlandweite Siegeszug polnischer Würste führte über Schlesien, von wo aus sie den Weg nach Berlin fanden, sowie von Galizien über Wien nach Süddeutschland, wobei sich die Rezepturen allmählich stark veränderten. Wurst nach polnischen Originalrezepten erhält man in Deutschland meist bei „schlesischen Metzgern", die zunächst für das leibliche Wohlbefinden der ersten Vertriebenen- und Flüchtlingsgeneration nach dem Zweiten Weltkrieg und dann auch von Spätaussiedlern aus Oberschlesien sorgten und heute stationär oder in Verkaufswagen vor allem die Nachfrage in Deutschland lebender Polen befriedigen.

Aber nicht nur die Wurst machte deutschen Gaumen Appetit auf Polen: Schon im 16. und 17. Jahrhundert warteten zahlreiche deutsche (und französische) Kochbücher mit „polnischen" Rezepten auf, die durch die starke Beigabe von Gewürzen (Pfeffer, Ingwer, Safran, Muskat, Kardamom), Obst (Äpfel, Zitronen) und Zwiebeln auffallen, auch Zucker und Zimt werden gerne verwendet. Ebenso deftig klingt der „köstliche Rindsbraten auf pohlnische Art" von 1818:

„Köstlicher Rindsbraten auf pohlnische Art. Man stoße ein wenig Wachholderbeere und Feldkümmel, thue solchen in Essig und Salz, baize den Braten darin und lasse ihn über Nacht darinnen liegen. Wenn man ihn braten will, so stecke man ihn an, und brate ihn gemach, daß er durchaus gar wird, und wann er dann gebraten ist, so richte man ihn auf die Schüssel, gieße etwas Fleischbrühe darüber, und bestreue ihn mit Zimmet. Auf diese Art essen ihn die Pohlen und Ungarn."[30]

Moderne Kochbücher für die bürgerliche Küche enthalten ebenfalls zahlreiche „polnische" Rezepte: Sei es „Karpfen polnisch" (in einer dicken, mit Lebkuchenstückchen angereicherten Sauce) oder „Blumenkohl polnischer Art" (mit gekochtem Ei und Semmelbröseln) – Polen hat seinen Platz in der deutschen Küche nie verloren.

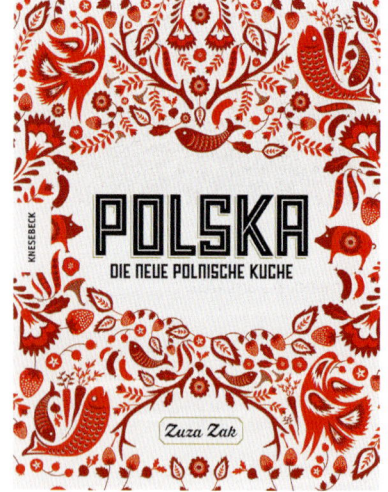

Einen frischen Blick auf die polnische Küche wirft Zuza Zak in ihrem 2017 erschienenen Kochbuch.

[29] Tadeusz Nowakowski: *Grüß Gott!*, in: *16 polnische Erzähler*, hrsg. v. Marcel Reich-Ranicki, Reinbek 1962, S. 183–201, hier S. 184.
[30] *Praktisches Kochbuch für Hausmütter und Köchinnen besonders aber für junge Frauenzimmer (...)*, Nürnberg 1818, S. 35.

Krasicki, Ignacy

Bischof, Dichter und Königsfreund

Matthias Barełkowski

—

Ignacy Krasicki,
Gemälde von Per Krafft d. Ä., um 1767

Geboren in einer Familie, die den Reichsgrafentitel führte, wurde Ignacy Krasicki (1735 – 1801) von den Jesuiten in Lemberg erzogen und 1759 in Warschau zum Priester geweiht. Nach Studien in Italien berief ihn der polnische König Stanisław II. August 1765 zum Hofkaplan. Nur ein Jahr darauf wurde Krasicki Fürstbischof von Ermland. Durch die erste Teilung Polens geriet das Fürstbistum 1772 unter preußische Herrschaft. Noch im gleichen Jahr begab sich Krasicki nach Berlin, wo er dem Preußenkönig Friedrich II. vorgestellt wurde, an dessen Hof er sich in der Folgezeit häufig aufhielt. Beide sprachen (natürlich) Französisch miteinander und teilten ihre Vorliebe für die französische Kultur. Schon 1773 konsekrierte er die erste katholische Kirche in Berlin nach der Reformation, die St.-Hedwigs-Kathedrale. 1786 in die Berliner Akademie der Wissenschaften aufgenommen, wurde er 1795 auf Vorschlag Friedrich Wilhelms II. von Preußen zum Erzbischof von Gnesen (Gniezno) und damit zum Primas von Polen ernannt. Krasicki starb 1801 in Berlin, wo er in der Hedwigs-Kathedrale beigesetzt wurde. 1829 überführte man seine sterblichen Überreste nach Gnesen.

Trotz seiner hohen geistlichen Ämter war Krasicki schon bei seinen Zeitgenossen eher als „Dichterfürst" bekannt, der trotz der Teilungen Polens offensichtlich kein Problem mit den preußischen Königen hatte, sondern in diesen eher verbündete Seelen im Zeitalter der Aufklärung sah. Unter seinen zahlreichen literarischen Werken ist eines seiner berühmtesten die 1778 veröffentlichte Abhandlung *Monachomachia, oder der Mönchen-Krieg*, die er in Berlin für Friedrich II. schrieb. Darin nimmt Krasicki satirisch die Unbildung seiner Glaubensbrüder in den Orden aufs Korn, was gerade in Polen keine geringe Empörung hervorrief. Seinem Ruhm als Dichter und Aufklärer tat dies jedoch keinen Abbruch.

K

Kraszewski, Józef Ignacy

Ein Romancier erklärt den Sachsen ihre Geschichte

Hans-Christian Trepte

—

Um der Verbannung nach Sibirien zu entgehen, begab sich der Schriftsteller, Publizist, Historiker, Buchdrucker und Verleger Józef Ignacy Kraszewski (1812 – 1887) unmittelbar nach der Niederschlagung des Januaraufstands in Polen 1863 nach Dresden. 1869 erhielt er die sächsische Staatsbürgerschaft. In Dresden, wo Kraszewski bis 1883 lebte, organisierte er zahlreiche Hilfsaktionen für polnische Landsleute, betätigte sich vor allem intensiv als Schriftsteller.

Kraszewski, der „Vater des polnischen historischen Romans", trug mit den Stoffen seiner Bücher dazu bei, den kulturellen Austausch zwischen → Sachsen und Polen zu befördern. Dabei stützte er sich auf historische Quellen, die er in seinen Romanen erfolgreich zu einem großen bunten historischen Geflecht zu verweben wusste. So entstanden in Dresden seine populären historischen Romane zu Personen und Ereignissen der sächsischen Geschichte, wie *Gräfin Cosel* (1874, dt. 1952), *Brühl* (1875, dt. 1952) und *Aus dem Siebenjährigen Krieg* (1876, dt. 1953), die auch als *Sachsentrilogie* bekannt sind. Überdies erschienen zwischen 1880 und 1882 zwölf weitere seiner Bücher in deutscher Übersetzung. Sein 1889 veröffentlichter Zyklus über die Geschichte Polens von den Anfängen bis zum 18. Jahrhundert, *Saskie ostatki* (Sächsische Fastnacht), in dem Kraszewski gegen die in Gustav Freytags Werken enthaltenen antipolnischen Ressentiments polemisierte, wurde dagegen nicht ins Deutsche übersetzt.

Auch die sich nach der deutschen Reichsgründung 1871 verschlechternden deutsch-polnischen

Józef Ignacy Kraszewski, fotografiert um 1880

Beziehungen schlugen sich in Kraszewskis literarischen Arbeiten nieder, so etwa in seinem 1883 erschienenen Roman *Krzyżacy 1410* (Die Kreuzritter 1410) in Gestalt eines konstruierten „ewigen" deutsch-polnischen Konflikts. Zunehmend verwischten sich in seinem Schaffen die zuvor noch festgestellten Unterschiede zwischen den einzelnen deutschen Ländern zugunsten einer auf ganz Deutschland bezogenen preußischen Sicht. Zu diesem Wandel trug der Bismarck'sche Kulturkampf ebenso bei wie der gegen Kraszewski angestrengte Prozess von 1883 (wegen Spionage für Frankreich) und seine Inhaftierung in der Festung Magdeburg. Verbittert verließ er nach seiner Entlassung Deutschland und starb 1887 in Genf.

In der DDR war vor allem Kraszewskis *Sachsentrilogie* mit den darin zum Ausdruck gebrachten kritischen Ansichten über den (Hoch)Adel honoriert worden, zugleich avancierten seine Bücher auch zu einem wichtigen Quell, aus dem der sächsische Leser Wissen über die Geschichte Sachsens zu schöpfen wusste. Allein sechs Ausgaben mit mehr als 100.000 Buchexemplaren trugen Kraszewskis historischem Roman *Gräfin Cosel* den dritten Platz auf der Liste der beliebtesten Bücher in der DDR ein, und auch die Verfilmung des Werkes durch den polnischen Regisseur Jerzy Antczak (1968) traf auf ein großes Publikumsinteresse. In den 1980er-Jahren wurde die im Auftrag des Fernsehens der DDR nach Motiven von Kraszewskis *Sachsentrilogie* gedrehte Fernsehserie *Sachsens Glanz und Preußens Gloria* sogar zu einem gesamtdeutschen Erfolg.

In Zusammenarbeit mit dem Warschauer Adam-Mickiewicz-Museum wurde 1960 im einstigen Gartenhaus des Schriftstellers in der Dresdener Neustadt das Kraszewski-Museum eingerichtet, eine wichtige deutsch-polnische Begegnungsstätte. Nachdem 2011 ein Großteil der Museumsstücke an Polen zurückgegeben werden musste, eröffnete 2013 eine neue Dauerausstellung zum Leben und Wirken des Vielschreibers, der in Krakau seine letzte Ruhestätte fand.

Krzemiński, Adam

Der Polenerklärer

Basil Kerski

—

Als sich Adam Krzemiński 1962 mit gerade einmal 17 Jahren um einen Germanistik-Studienplatz an der Warschauer Universität bewarb, fragte ihn die Professorin Maria Szarota während der Aufnahmeprüfung nach seinen Motiven. Er antwortete, dass er wissen wolle, worin sich Deutsche und Polen unterscheiden und worin sich beide Nationen ähneln.[31] Diesen Fragen geht Krzemiński in seiner Publizistik bis heute nach; sie bilden das Leitmotiv seiner zahlreichen Essays und Bücher, die er seit den 1970er-Jahren in polnischer und deutscher Sprache verfasst hat. Unmittelbar kennengelernt hat Krzemiński Deutschland erst 1964, als er die Erlaubnis erhielt, in der DDR, an der Leipziger Universität, sein Germanistik-Studium fortzusetzen. Abgesehen von der Erfahrung des Zweiten Weltkriegs, hatte seine Familie über Generationen hinweg kaum unmittelbare Kontakte mit Deutschen, Krzemińskis Vorfahren waren mit Warschau und Ostpolen verbunden. Als polnische Ostflüchtlinge zogen sie nach Kriegsende Richtung Westen und landeten schließlich in Breslau. Die Spuren deutscher Kultur in Breslau weckten in Adam Krzemiński den Wunsch, die Sprache der vertriebenen Einwohner Niederschlesiens kennenzulernen.

Sein Studium in Leipzig fiel in die Zeit des berühmten „Versöhnungsbriefes der polnischen Bischöfe an ihre deutschen Amtsbrüder" 1965. Viele Polen verstanden damals die weitsichtige Versöhnungsgeste nicht. Die kommunistischen Machthaber nutzten dies zu einer anti-

Seit Jahrzehnten prägt Adam Krzemiński deutsch-polnische Debatten.

kirchlichen und antideutschen Kampagne. Den 20-jährigen Studenten Krzemiński hingegen beeindruckte dieses Dokument tief und es motivierte ihn, an dem damals beginnenden deutsch-polnischen Dialog mitzuwirken. Ein wichtiges Forum dieses Dialogs öffnete sich für ihn in den 1970er-Jahren, als er Redakteur der Wochenzeitung „Polityka" wurde. Die damals von Mieczysław →Rakowski geleitete Zeitschrift galt als Talentschmiede des polnischen Journalismus und im Realsozialismus als liberales Blatt. Mit der „Polityka" ist Krzemiński bis heute verbunden. Unter dem Schutz Rakowskis konnte Krzemiński Ende der 1970er-Jahre Kontakte in die Bundesrepublik knüpfen, vor allem zur Hamburger Wochenzeitung „Die Zeit". Er begann damals für das Hamburger Blatt Artikel zu verfassen und schloss mit „Zeit"-Redakteuren, wie Marion

K

---

[31] Vgl. Adam Krzemiński: *Lekcje dialogu* [Lektionen des Dialogs], Wrocław 2010, S. 8 [Übers. BK].

2006 erhielt Krzemiński den „Viadrina-Preis" der Europa-Universität Viadrina in Frankfurt (Oder), rechts Gesine Schwan, die damalige Präsidentin der Universität.

Gräfin Dönhoff und Gunter Hofmann, intellektuelle Freundschaften für das Leben. Auch für andere deutsche Intellektuelle wurde er zum wichtigsten Vermittler polnischer Geschichte und Kultur und gleichzeitig dank seiner Veröffentlichungen zu einem der bekanntesten mitteleuropäischen Publizisten in der Bundesrepublik.

Einen der Gründe für die deutschpolnische Katastrophe nach den Teilungen Polens sieht Krzemiński in der Entkoppelung der deutschen und der polnischen öffentlichen Meinungen. Lange waren, so Krzemiński, die Deutschen und Polen „siamesische Zwillinge", doch seit dem 17. Jahrhundert entwickelten sich die Kulturen beider Länder in unterschiedliche Richtungen, der intellektuelle Dialog wurde abgebrochen und erst in den 1960er-Jahren wieder aufgegriffen.[32] Noch vor dem Zusammenbruch des Realsozialismus unterstützte er die Tätigkeit der → Deutsch-Polnischen Gesellschaften und war einer der Initiatoren des 1987 in Hamburg gegründeten Magazins → DIALOG. Bis 1998 leitete er die zweisprachige Zeitschrift gemeinsam mit Günter Filter.

Mit seinen Texten, Büchern und Vorträgen will Krzemiński den intellektuellen Dialog zwischen Deutschland und Polen stärken. Den bilateralen Dialog versteht er überdies als Teil einer wachsenden europäischen Öffentlichkeit. Diese sei aber immer noch geprägt von unterschiedlichen kulturellen Chiffren, die das Entstehen einer europäischen Identität erschwerten. Aus diesem Grund brauche Europa Übersetzer, so Krzemiński, nicht nur sprachliche Dolmetscher, sondern Übersetzer der Kultur und Geschichte einer Nation in Kategorien, die verständlich sind für eine andere Nation, um gemeinsame Wege auf dem unebenen europäischen Terrain aufzuzeigen.[33] Ein solcher engagierter „Übersetzer der Kulturen" ist Adam Krzemiński.

[32] Vgl. ebd., S. 69 [Übers. BK].
[33] Vgl. ebd., S. 72 [Übers. BK].

Kubary, Johann Stanislaus

Polnischer Südseeforscher in deutschen Diensten

Andrzej Kaluza

—

Der Ozeanienforscher Johann Stanislaus (Jan Stanisław) Kubary kam 1846 in einer polonisierten ungarisch-deutschen Familie in Warschau zur Welt. Nach der Teilnahme am Januaraufstand ging er 1864 zunächst nach Dresden, dann kehrte er nach Warschau zurück und nahm ein Medizinstudium auf, engagierte sich aber weiterhin in patriotischen Kreisen. Offenbar vom zaristischen Geheimdienst angeworben, entzog er sich weiterer Kontakten, indem er nach Berlin floh, wo er zunächst bei Verwandten seiner Mutter Unterschlupf fand. Später ging Kubary nach Altona. Dort kam er in Kontakt zur Handelsfirma „J. C. Godeffroy & Sohn", die ein eigenes Südseemuseum unterhielt.

Kubary, der Europa den Rücken kehren wollte, heuerte als 22-jähriger „naturwissenschaftlicher Reisender" im Dienst der Hamburger Firma zu seiner ersten Südseereise an. Von nun an sollte er, abgesehen von kurzen Europaaufenthalten, sein Leben in der Südsee verbringen. Kubary widmete sich der Erforschung der zahlreichen Inselgruppen im Pazifik (Tonga, Samoa, Marshall-Inseln, Karolinen). Sein wissenschaftliches Interesse galt der Naturkunde und er beschrieb und entdeckte zahlreiche Insekten- und Vogelarten. Aber auch den Sitten und Sprachen der Inselbevölkerungen galt sein Interesse, so schrieb er Grammatiken und Wörterbücher einzelner Insel-Dialekte, womit er einen wichtigen Beitrag zur Entwicklung der Ethnologie und Ethnografie dieser Gebiete leistete. Nach der Entlassung durch das Hamburger Handelsunternehmen, das in wirtschaftliche Schwierigkeiten geriet, suchte sich Kubary als Kaufmann über Wasser zu halten, später arbeitete er mit dem Museum für Völkerkunde in Berlin zusammen, für das er zahlreiche wissenschaftliche Beiträge verfasste. Seine Bücher und wissenschaftlichen Artikel erschienen zumeist in deutscher Sprache.

Anfang der 1890er-Jahre zog er sich, nach glücklosen Versuchen, für seine Forschungen weitere Geldmittel aus Deutschland zu bekommen, auf seine Plantage in Ponapé auf den Karolinen zurück, wo er sich 1896 das Leben nahm. 1905 wurde ihm dort ein Denkmal gesetzt. Seine Exponate befinden sich heute in zahlreichen Naturkundemuseen der Welt, unter anderem in Berlin, Dresden und London.

K

1 / Jan Stanislaus Kubary auf seiner
ersten Reise auf der Insel Palau, 1869

2 / Illustration aus Kubarys Schrift
*Ethnographische Beiträge zur Kenntnis
des Karolinen-Archipels*, 1889

Stanislaw Kubicki vor seinem Haus in Berlin, 1929

Kubicki, Stanislaw

Ein deutsch-polnischer Avantgarde-Künstler

Nawojka Cieślińska-Lobkowicz

—

das ist meine Sehnsucht
nach Luft und Licht
hinauszuatmen aus enger Zelle
in den freieren Raum[35]

„Zwischen Heimat und Menschheit" erstreckten sich Leben und Werk von Stanislaw Kubicki (1889 – 1942) und dessen Frau Margarete (1891 – 1984). [34]

Geboren im hessischen Ziegenhain und bis zu seinem Lebensende im Besitz eines deutschen Passes, war Kubicki Nachfahre einer verarmten Adelsfamilie aus der Provinz Posen. Er hatte eine antipreußisch-patriotische Erziehung genossen, war aber in beiden Kulturen und Sprachen zu Hause. 1910 studierte er an der Königlichen Kunstschule in Berlin. Während des Ersten Weltkriegs, in dem er als deutscher Soldat in Posen und Warschau diente, ließ sich der angehende Maler und Dichter von der Begeisterung der jungen Künstlergeneration für eine geistige Revolution mitreißen. In Posen wurde er Mitgründer von „BUNT" (Rebellion), der ersten Avantgarde-Künstlergruppe in Polen, der auch seine Frau angehörte. Er wurde zum Bindeglied zwischen der „BUNT"-Gruppe, der Lodzer Vereinigung „Yung Idysz" (Jankel → Adler) und radikalen Künstlergruppen in Berlin, wo sich die Kubickis nach ihrer Rückkehr 1918 niederließen. Hier riss ihn der Sturm der Aktivitäten mit, er publizierte in Franz Pfemferts literarischer und politischer Wochenschrift „Die Aktion" und anderen Zeitschriften und stellte seine Werke in Herwarth Waldens angesehener Avantgarde-Galerie „Der Sturm" aus. In Berlin unterhielt er auch Kontakte zum Kreis der Dadaisten, vor allem zu Raoul Hausmann.

In seinen Arbeiten ging Kubicki von expressionistischen und an den Kubismus angelehnten Arbeiten aus, wendete sich dann aber konstruktivistischen Abstraktionen zu. Enttäuscht beklagten er und seine Frau im *Manifest der Kommune* Anfang der 1920er-Jahre den Opportunismus der

[34] Siehe Lidia Głuchowska: *Avantgarde und Liebe. Margarete und Stanislaw Kubicki. 1910 – 1945*, Berlin 2007, S. 382.

[35] Stanislaw Kubicki: *Psalm der Sehnsucht nach dem Tode*, in: Lidia Głuchowska: *Stanislaw Kubicki. Ein Poet übersetzt sich selbst. Gedichte zwischen 1918 – 1921*, Berlin 2003, S. 86.

einstmals mit ihren revolutionären Ideen angetretenen Künstlergruppen. Das Künstlerpaar schloss sich der „Union fortschrittlicher internationaler Künstler" an, und Stanislaw Kubicki widmete sich theosophischen Studien zum geistigen Element in Natur und Kunst, wofür er in seinen Plastiken Ausdrucksformen suchte. Bis 1934 gehörte er der Kölner „Gruppe progressiver Künstler" an: Nach Schikanen durch die SA emigrierte er 1934 nach Polen. Während des Zweiten Weltkriegs war er Kurier für den polnischen Untergrund, wurde von der Gestapo verhaftet und 1942 im berüchtigten Warschauer Pawiak-Gefängnis ermordet. Seine Frau Margarete überlebte den Krieg und konnte das Werk ihres Mannes retten.

Stanislaw Kubicki, *Der Turmbau zu Babel*, Linolschnitt, 1917

K

Kulczyk, Henryk

Ein bescheidener Millionär und seine Familie

Andrzej Stach

—

Der Unternehmer
Henryk Kulczyk, 2004

„Man muss arbeitsam, ehrlich und pünktlich sein. Vor allem muss man aber Vertrauen gewinnen und Glück haben", verriet einmal der polnische Unternehmer Henryk Kulczyk sein Erfolgsgeheimnis. Geboren wurde er 1925 in Wałdowo unweit von Bromberg (Bydgoszcz) als Sohn eines Kaufmanns. Nach 1945 studierte er an der juristisch-ökonomischen Fakultät der Universität in Thorn (Toruń) und gründete zugleich in Bromberg eine Textilfabrik sowie eine Firma für Wollverarbeitung und -handel. Nachdem seine beiden Unternehmen verstaatlicht worden waren, ließ er sich nach dem Posener Aufstand von 1956 und einer politischen Liberalisierung in West-Berlin nieder. Dank harter Arbeit und gutem Geschäftssinn wurde er binnen kurzer Zeit zum bedeutendsten Repräsentanten einiger großer deutscher Firmen und internationaler Konzerne für die damaligen Ostblockstaaten. Andererseits

verkaufte Kulczyk polnische Waldbeeren und Pilze auf dem deutschen Markt. Mit 70 Jahren trat er die Geschäfte an seinen Sohn Jan ab, blieb aber im Aufsichtsrat der Kulczyk-Holding und als Geschäftsführer der Kulczyk Außenhandel GmbH in Berlin tätig. Auch saß er weiterhin in wichtigen Wirtschaftsgremien in Polen und Deutschland, so in der Berliner IHK. Für seine Leistungen wurde Henryk Kulczyk unter anderem mit dem Verdienstorden des Landes Berlin ausgezeichnet. Als Großspender unterstützte er Krankenhäuser, karitative Organisationen und Institutionen in Polen. Trotz seines großen Erfolgs blieb er stets bescheiden.

Stolz war Kulczyk, der 2013 in Berlin starb, auf seine Tochter Ilona und seinen Sohn Jan, von dem er zu sagen pflegte, „der Schüler hat seinen Meister überholt". Auch der 1950 geborene Jan machte seine ersten Schritte als Geschäftsmann in West-Berlin, studierte gleichzeitig Rechtswissenschaften an der Universität Posen, wo er promovierte. Der reichste Mann Polens beschäftigte in seinen Firmen, darunter polnische Vertretungen mehrerer deutscher Konzerne, einige hunderttausend Menschen. „Ich habe keinen Computer, benutze das Internet nicht und habe keine eigene E-Mail-Adresse. Das kann ich mir nicht leisten. Ich brauche meine Zeit für kreatives und strategisches Denken", offenbarte Jan Kulczyk einen Teil seines Erfolgsgeheimnisses in einem Interview.[36] Er starb im Juli 2015, nur zwei Jahre nach seinem Vater.

---

[36] Zit. nach Matthias Brüggmann: *Jan Kulczyk. Ein Gewinner der Wende kehrt zurück*, in: Handelsblatt, 01.02.2010. Online abrufbar unter: www.handelsblatt.com/unternehmen/management/jan-kulczyk-ein-gewinner-der-wende-kehrt-zurueck/3359540.html (Aufruf am 15.01.2018).

Kulturzeitschriften

Kurze Blüte im deutschsprachigen Exil

Hans-Christian Trepte

—

Das polnische Exil schuf sich in Deutschland eine eigene Infrastruktur, die die kulturelle Kommunikation als Grundbedingung des Exildaseins ermöglichte. So wurden Kultur- und Literaturzeitschriften, neben Verlags- und Rundfunkanstalten, zu wichtigen Meinungsträgern und Vermittlern einer exilspezifischen Wertewelt, auch wenn ihre Auflagen und Leserzahlen nie besonders hoch waren.

Die polnischen Periodika in der Bundesrepublik und in West-Berlin entstanden hauptsächlich im Zusammenhang mit der →Solidarność-Exilwelle in den 1980er-Jahren; sie informierten über die Folgen des Kriegsrechts in Polen, veröffentlichten zugleich aber auch Texte von in Polen verbotenen Autoren sowie von Vertretern anderer mitteleuropäischer Literaturen. Auf Initiative von Edward Klimczak, Publizist und Dozent an der Freien Universität Berlin, wurde die von 1982 bis 1989 bestehende Zeitschrift „Pogląd" (Meinung, Ansicht) von der „Solidarność-Gesellschaft", die polnische Flüchtlinge nach 1981 in West-Berlin unterstützte, herausgegeben. 1983 erschien die erste Ausgabe in deutscher Sprache, einige weitere Hefte folgten. Der Seelsorge polnischer Katholiken widmete sich die vom →Klub der katholischen Intelligenz in Berlin herausgegebene Vierteljahreszeitschrift „Słowo" (Das Wort). Von 1983 bis 1987 erschien in West-Berlin die von dem Dichter und Publizisten Andrzej Więckowski geleitete politisch-kulturelle Monatszeitschrift „Archipelag" mit einem eigenen Verlag, der Biblioteka Archipelagu (Bibliothek des Archipels). Neben Texten bekannter Exilschriftsteller (Gustaw Herling-Grudziński, Włodzimierz →Odojewski, Witold →Wirpsza) erschienen hier auch Werke deutschsprachiger Autoren (Günter →Grass, Horst →Bienek). In der Rubrik „Nad książkami" (Über Büchern) wurden literarische Sendebeiträge von →Radio Freies Europa nachgedruckt, bei dem auch Więckowski in den 1980er-Jahren gearbeitet hatte.

Nach dem politischen Umbruch 1989/90 stellten zahlreiche Exilzeitschriften und Periodika ihr Erscheinen ein, so etwa die von 1993 bis 1998 publizierte literarische Vierteljahresschrift „Bundesstraße 1" (kurz „B1"), initiiert von dem Schriftsteller und Publizisten Krzysztof Maria Załuski, sowie die von Piotr Mordel herausgegebene, in Berlin (1995–2001) erscheinende Zeitschrift „Kolano" (Knie) des →Clubs der polnischen Versager. 1994 wurde der Verein „WIR – Verein zur Förderung der Deutsch-Polnischen Literatur" (das polnische Substantiv „wir" bedeutet Wirbel, Sog, Strudel) von in Deutschland lebenden polnischen und deutschen Autoren gegründet. Innerhalb der gleichnamigen, periodisch erscheinenden zweisprachigen Literaturedition „Wir" (1995–2005) gab es Sonderhefte zu Themen wie Zweisprachigkeit, doppelte Identität/Dwujęzyczność, podwójna tożsamość (1995) oder Träume, Vorahnungen/Marzenia, sny, przeczucia (1997).

In den 2000er-Jahren wurde das zunächst polnische, später zweisprachige gesellschaftlich-literarische Kulturmagazin „Zarys" (Kontur) gegründet, das Roman Ulfik in Messel bei Darmstadt herausgab. 2001 erschien die erste Nummer, ein Almanach, bei dem zahlreiche in Deutschland lebende polnische Publizisten, Schriftsteller und Literaturwissenschaftler zusammenarbeiteten. Ulfik gab 2011 entmutigt auf: „Zunächst habe ich das für mich gemacht, um mir selbst etwas zu beweisen, danach glaubte ich dann, dass wir ein paar Hundert Leser in der deutschen Polonia finden werden. Aber das ein Trugschluss – wie ein Schlag ins Gesicht!" [37]

K

1/ Die Monatsschrift „Archipelag" erschien von 1983 bis 1987 in West-Berlin.

2/ Die letzte Papierausgabe des Kultur-Magazins „Zarys" erschien 2011 in Messel bei Darmstadt.

---

[37] Marek Tinschert im Gespräch mit Roman Ulfik. Online abrufbar unter: www.zarys.de/polski/nowe-teksty/r-ulfik-m-tinschert-wywiad/ (Aufruf am 15.01.2018) [Übers. Andrzej Kaluza].

L

Lachmann, Peter Piotr

Unterwegs zwischen den Kulturen

Manfred Mack

—

Kann man ein deutscher und polnischer Dichter, Übersetzer und Videokünstler zugleich sein? Man kann, wie es das Beispiel von Peter Lachmann zeigt.

1935 in Gleiwitz, der oberschlesischen Grenzstadt des Deutschen Reiches, als Peter Lachmann und deutscher Staatsbürger geboren, muss er 1945 qua Dekret seinen nicht polnisch klingenden Vornamen ablegen und nennt sich fortan Piotr. Er besucht, als deutscher Muttersprachler und ohne Polnisch-Kenntnisse, eine polnische Schule, studiert später an einer polnischen Hochschule in seiner Geburtsstadt, die nun Gliwice heißt. In seiner Freizeit liest er heimlich die deutschsprachigen Bücher seines Onkels, schreibt und publiziert erste Gedichte auf Polnisch.

1958 reist er als → Aussiedler nach Deutschland aus, studiert dort an einer deutschen Hochschule Germanistik, Philosophie, Theaterwissenschaft, Slawistik, arbeitet für führende deutsche Verlage als Lektor und Übersetzer, für Rundfunkanstalten als Kritiker und Hörspielautor. Und weil das noch nicht ausreicht, schreibt er nun Gedichte auf Deutsch, meldet sich in renommierten Zeitschriften zum deutsch-polnischen Dialog zu Wort, veröffentlicht nebenbei noch über 30 Bücher mit Übersetzungen polnischer Literatur, publiziert – gemeinsam mit seiner ersten (deutschen) Frau – eine Anthologie polnischer Lyrik, ein Standardwerk (mit Übertragungen ins Deutsche) – und entscheidet sich schließlich 1985 zur Rückkehr nach Polen. Als Piotr Lachmann schreibt er dort wieder Gedichte auf Polnisch, gründet mit seiner (polnischen) Partnerin Jolanta Lothe ein Videotheater in Warschau und übersetzt (aus politischen Gründen z. T. auch unter Pseudonymen) weiter polnische Literatur ins Deutsche.

Neben seiner Verbindung zu anderen polnischen Autoren pflegte Lachmann vor allem seine Freundschaft mit Tadeusz Różewicz, dessen Verhältnis zu Deutschland und zu anderen Deutschen er in einer Videoproduktion darstellte. Auch seine weiteren Videoinstallationen (unter anderem zu den polnischen Bezügen bei E.T.A. Hofmann) sind Beweise dafür, dass Lachmann über sein übersetzerisches Schaffen hinaus viele deutsche Spuren in Polen und polnische Spuren Deutschland hinterlassen hat, ja mehr noch: Er selbst steht wie ein personifiziertes Beispiel für den Dialog zwischen beiden Ländern.

Deutscher und Pole zugleich: Peter Piotr Lachman, 2010

Landshuter Hochzeit

Rauschendes Fest für eine polnische Prinzessin

Agnieszka Kowaluk

—

„Hast du schon die ‚Landshuter Hochzeit‘ gesehen?" – eine Frage, die man als Pole in Bayern unweigerlich gestellt bekommt. Das alle vier Jahre mit großem Aufwand stattfindende Dokumentarspiel, welches das historische Ereignis vom November 1475 nachstellt, ist Stolz der Landshuter und ein Touristenmagnet.

Die Ankunft der polnischen Prinzessin Hedwig beim historischen Festzug der „Landshuter Hochzeit", 2013.

Jadwiga (1457 – 1503), zu Deutsch Hedwig, die Tochter des polnischen Königs Kasimir IV. Jagiełło und seiner Gattin Elisabeth von Habsburg, eine begehrte Partie unter den europäischen Herrscherhäusern, war nicht die erste Prinzessin, die sich auf das Abenteuer einer deutschpolnischen → binationalen Ehe einließ. Ihre Hochzeit mit Herzog Georg dem Reichen von Bayern-Landshut (reg. 1479 – 1503) erlangte aber den größten Bekanntheitsgrad. Es war eine der prunkvollsten Feiern des mittelalterlichen Abendlandes, mit Ritterturnieren, Festmahlen und Tänzen – und die wohl am besten dokumentierte. Dank der erhaltenen Hauptrechnung weiß man auf das Genaueste, was die Hochzeitsfeierlichkeiten gekostet haben (60.766 Gulden und 73 Pfennige). Die Aufzeichnungen zeitgenössischer Chronisten haben uns überdies so vielsagende Details übermittelt wie etwa, dass die 18-jährige Prinzessin in einem Tross mit 642 Pferden anreiste, ihr Hochzeitskleid aus roter Atlasseide mit kostbaren Perlen bestickt war und sich unter den 9.000 Gästen auch Kaiser Friedrich III. befand. Selbst über die Menge der verzehrten Speisen sind wir genauestens informiert: Beim opulenten Festmahl im Rathaus (32 Gänge) und während der gesamten Festwoche wurden 323 Ochsen, 12.000 Gänse und 194.435 Eier verspeist. Die erhaltenen Berichte zog man auch hinzu, als 1883 die Wände im Prunksaal des Landshuter Rathauses mit Malereien versehen wurden, die das historische Ereignis darstellten. Die prächtigen Gemälde inspirierten dann 1903 die Bürgerinnen und Bürger der Stadt, die Hochzeit samt Einzug der polnischen Prinzessin zum ersten Mal nachzuspielen.

Seit 1903 spielen die Landshuter alle vier Jahre die Hochzeit des Herzogs Georg mit der polnischen Prinzessin Jadwiga (Hedwig) nach.

Lausitz

Polen vor tausend Jahren …

Peter Oliver Loew

—

Die polnischen Spuren der Lausitz liegen ein wenig zurück: Im Jahre 1002 gerieten die Mark Lausitz, also die heutige Niederlausitz, und das Milzener Land, die heutige Oberlausitz, unter die Herrschaft des polnischen Herzogs Bolesław I. Chrobry. Wie der Chronist berichtet, schickte Bolesław „Sturmtruppen voran und bemächtigte sich der Burg Bautzen mit allem, was dazu gehörte".[1] Nach jahrelangen Kriegen bestätigte der deutsche König Heinrich II. im Friedensschluss von Bautzen 1018 schließlich den Verbleib der Gebiete in der Hand Bolesławs. Der war sehr an einer Ausweitung seiner Einflüsse westlich der Neiße interessiert, was sich auch an seiner Heirat mit Emnildis zeigte, einer wahrscheinlich

aus der Lausitz stammenden Adelstochter; später – 1018 – heiratete er Oda, die Schwester des Markgrafen von Meißen, Ekkehard I. Doch schon 1031 verlor Bolesławs Sohn Mieszko II. (→ Richeza) die Gebiete an den ersten Salierkaiser Konrad II. Im 20. Jahrhundert sollte der einstige westliche Besitz des Piastenstaates dazu beitragen, die Westverschiebung der polnischen Grenze zu begründen.

Spuren hinterließen Polen noch einmal 1945 in der Lausitz: Bei der Schlacht um Bautzen vom 21. bis 26. April drängten deutsche Panzerverbände die auf sowjetischer Seite kämpfende 2. Polnische Armee unter General Karol Świerczewski zurück, die vor allem aufgrund taktischer Fehlentscheidungen gewaltige Verluste erlitt und mehr als 5.000 tote Soldaten zu beklagen hatte. Im Dorf Crostwitz (Oberlausitz) erinnert heute ein Mahnmal an die polnischen Gefallenen.

Seit 1980 erinnert dieses Mahnmal in Crostwitz an die polnischen Gefallenen, die im April 1945 in der Schlacht um Bautzen getötet wurden.

---

[1] Thietmar von Merseburg: *Chronik*. Neu übertragen und erläutert von Werner Trillmich, Darmstadt 2011, S. 203.

Lebus

Das Kuriosum an der Oder

Peter Oliver Loew

—

Am deutschen Oderufer liegt das Städtchen Lebus, nach dem auch die polnische Woiwodschaft Lubusz benannt ist.

Lebus ist ein Kuriosum, denn die am Oderufer im Landkreis Märkisch-Oderland (Brandenburg) gelegene Kleinstadt mit ihren gut 3.000 Einwohnern ist in Polen weitaus berühmter als in Deutschland, wo sie – seien wir ehrlich – kaum jemand kennt. Tatsächlich haben Polen hier ihre Spuren hinterlassen, denn die elbslawische Siedlung geriet mit ihrem Umland schon vor dem Jahr 1000 als „Lebuser Land" (*ziemia lubuska*) unter die Herrschaft des Polenkönigs → Mieszko I. Als Teil des Piastenstaates hatte sie große Bedeutung für den Handelserkehr, 1125 gründete Bolesław Krzywousty (Schiefmund) hier ein Bistum. Die polnischen beziehungsweise schlesischen Piastenregenten verloren die Stadt in der Mitte des 13. Jahrhunderts an die Markgrafen von Brandenburg, und schon bald musste sie hinter Frankfurt an der Oder zurückstehen.

Als sich das geteilte Polen im 19. Jahrhundert seiner Nationalgeschichte besann, wurde Lebus zu einem Symbol für die einstige Westausdehnung des Staates. Noch größere Bedeutung kam der Gemeinde im 20. Jahrhundert zu. Nachdem Polens Westgrenzen 1945 bis an die Oder verschoben wurden, konnte der uralte „piastische" Besitz die polnische Herrschaft in den Westgebieten legitimieren.

1999 wurde nach der Verwaltungsreform in Polen sogar eine neu geschaffene Woiwodschaft nach Lebus (Lubusz) benannt. Allerdings musste die deutsche Stadt Lebus auch jetzt wieder den Kürzeren ziehen: Aus naheliegenden Gründen konnte sie nicht Hauptstadt der polnischen Verwaltungsregion werden – diese Ehre teilen sich nun die Städte Landsberg (Gorzów Wielkopolski) und Grünberg (Zielona Góra).

Lec, der König der Aphoristiker, 1959

Lec, Stanisław Jerzy

„Blasen wir selbst in unsere Segel"

Peter Oliver Loew

—

Nachruhm kann problematisch sein, denn: „Die meisten Denkmäler sind hohl."[3] Stanisław Jerzy Lec wird man wohl kaum Hohlheit vorwerfen können: Der große, 1909 in Lemberg als Stanisław Jerzy de Tusch-Letz geborene Aphoristiker lebt in der deutschsprachigen Welt auch ein halbes Jahrhundert nach seinem Tod weiter, in einer Welt, in der er mehrere Jahre seines Lebens verbracht hatte: Als Kind und dann einige Jahre nach dem Zweiten Weltkrieg in Wien, außerdem auf Reisen in Deutschland. Dazwischen wohnte er in Lemberg und Warschau, überlebte das KZ Tarnopol und kehrte nach zwei Jahren Emigration in Israel 1952 zurück ins kommunistische Polen. Hier zückte er alsbald seinen Stift und schrieb kunstvolle kleine Spitzen – Spitzenaphoristik: „Sein Gewissen war rein. Er benutzte es nie."[4]

In Deutschland wurde Lec 1960 schlagartig berühmt, seine von Karl → Dedecius übersetzten „unfrisierten Gedanken" wurden von der Kritik bejubelt und bis heute hunderttausendfach verkauft. Unzählige Zeitungsseiten und Kalenderblätter trugen Aphorismen des widerspenstigen Poeten, die bald ein Eigenleben führten, zu geflügelten Worten wurden, Nachttische bevölkerten, landauf landab Reden würzten. Angespornt von Lec, erinnerten sich auch deutsche Autoren wieder an diese Gattung. „Man würde auf eine beachtliche Namenszahl kommen, wollte man alle deutschen Nachahmer und Konkurrenten von Lec aufzählen."[5] Lec starb 1966 in Warschau.

„In Wirklichkeit sieht alles anders aus, als es wirklich ist."[2]

---

[2] Stanisław Jerzy Lec: *Sämtliche unfrisierte Gedanken. Dazu Prosa und Gedichte.* Aus dem Polnischen von Karl Dedecius, München 2007, S. 88. Zitat in der Überschrift: ebd., S. 46.

[3] Ebd., S. 73.

[4] Ebd., S. 105.

[5] Marta Kijowska: *Die Tinte ist ein Zündstoff. Stanisław Jerzy Lec. Der Meister des unfrisierten Denkens,* München 2009, S. 116.

Leipzig

Messen, Bücher, Institute

Hans-Christian Trepte

—

Slawische Spuren lassen sich bis in die Vorgeschichte der Stadtgründung von „urbe libzi" (Ersterwähnung 1015) an der Kreuzung zweier wichtiger Handelsstraßen, der Via Regia (Königsstraße) und der Via Imperii (Reichsstraße) verfolgen. Die geopolitische und kulturgeschichtliche Nachbarschaft der Stadt mit ihren engen Verbindungen zu den Westslawen war für den überwiegend in den Händen von Polen, Russen und Juden liegenden Osthandel seit dem 13. Jahrhundert (vor allem mit dem Rauchwarenhandel am Leipziger Brühl) von zentraler Bedeutung.

Ein Markstein der Stellung Leipzigs im polnisch-sächsischen Kontext war die mit mehr als 6.000 geladenen Gästen prunkvoll gefeierte Vermählung des ältesten Sohnes des Herzogs von Sachsen, Georg (1471–1539), und der Jagiellonen-Prinzessin Barbara (1478–1534), einer Tochter des polnischen Königs Kasimir IV., die am 21. November 1496 in der Leipziger Thomaskirche stattfand (→ Binationale Ehen). Herzog Georg, in die Annalen der Geschichte eingegangen als Georg der Bärtige, und seine polnische Gattin wurden zu maßgeblichen Förderern von Wirtschaft, Bergbau, Gewerbe, Handel und der Messen in Leipzig (→ Annaberg).

In der Leipziger Münze wurden seit 1698 sächsische und polnische Münzen geprägt (u. a. die polnischen Goldgroschen). Die politische Allianz mit Polen seit dem ausgehenden 17. Jahrhundert brachte den Leipziger Messen große wirtschaftliche Vorteile. So waren Polen und (osteuropäische) Juden in der zweiten Hälfte des 18. Jahrhunderts den Berichten der „Kommerziendeputationen" zufolge zu den wichtigsten Händlern und Besuchern der Leipziger Messe geworden. Auf Goethe übten die Handelsleute aus dem Osten einen außergewöhnlichen Reiz aus. „(…) besonders aber zogen meine Aufmerksamkeit an sich (…) jene Bewohner der östlichen Gegenden, die Polen und die Russen (…)". [6]

Bedingt durch die Polnisch-Sächsische Union (1697–1763) stieg in Sachsen das Interesse an Polen, seiner Sprache, Kultur und Geistesgeschichte. Unter Friedrich August II. hatte sich die *Alma Mater Lipsiensis* zu einem Zentrum der europäischen Aufklärung entwickelt, die sich von hier aus als „sächsische Aufklärung" auch in Polen verbreitete. Kurfürst August III. (er lernte Polnisch aus Staatsinteresse) hatte unter anderem aus Gründen der Staatsraison verfügt, dass an der Leipziger Universität ein Lektorat für polnische Sprache einzurichten sei. Damit wurde die Tradition der Slawistik / Polonistik in Deutschland begründet. (1876 übernahm J. H. August Leskien die erste ordentliche Professur für slawische Philologie in Leipzig).

Jüdische und christliche Händler aus Polen auf der Leipziger Messe. Radierung von Georg Emanuel Opiz, 1825

---

[6] Johann Wolfgang von Goethe: *Dichtung und Wahrheit* (1765), zit. nach: Helgard Hirschfeld: *Polen und die Leipziger Messen,* in: *Polen in Leipzig – damals heute,* Leipzig 2006, S. 69.

Dem ersten Sprachmeister, Alexander Raphael, folgte von 1746 bis 1769 der Sprachwissenschaftler Abraham Michael Trotz (Abram Michał Troc) als *lector publicus*, der auch die Herausgabe polnischsprachiger Bücher in sächsischen Verlagen betreute (→ Polnischunterricht und Polonistik). Nach Gründung der Verlagsreihe „Bibliotheca Polono-Poetica" (1728), unterstützt von aufgeklärten polnischen Magnaten wie Andrzej Załuski oder Fürst Józef Aleksander → Jabłonowski, gab Trotz sein in drei Sprachen verfasstes Wörterbuch *Nouveau dictionnaire français, allemand et polonais* 1744 in Leipzig heraus. Eine wichtige Rolle spielte auch Samuel Bogumił Linde (1771–1847), der nach seinem Studium der Philosophie und klassischen Philologie in Leipzig ab 1792 als Universitätslektor für polnische Sprache, als Gerichtsdolmetscher und Übersetzer arbeitete und hier seine Arbeit am ersten Wörterbuch der polnischen Sprache (1807–1814) begann (→ Wörterbücher).

Mit zahlreichen Druckereien und Verlagen war Leipzig zu einem internationalen Zentrum des Buchdrucks, maßgeblich auch slawischer Literatur geworden. So ließ etwa der in Krakau ansässige Verleger von Druckwerken, Johann (Jan) Haller, seit 1494 Messbücher für die Diözese Krakau in Leipzig drucken. Seit dem 16. Jahrhundert ließen auch immer mehr polnische Verlage ihre Bücher in Leipzig in Deutsch und Polnisch drucken beziehungsweise bezogen auch ihre Druckmaschinen von dort. So geben zum Beispiel die *Leipziger Neuen Zeitungen von gelehrten Sachen* von Jan Daniel Janocki (eigentlich: Johann Daniel Jänisch), Bibliothekar an der Warschauer Załuski-Bibliothek, einen Überblick über den Bildungsstand im Polen des 18. Jahrhunderts. Nach der letzten Teilung Polens (1795) kam dem Druck und Vertrieb polnischsprachiger Bücher in Leipzig eine noch exponiertere Rolle zu. So wurden wichtige, in Leipzig gedruckte Werke der polnischen Literatur unter anderem in (trockenen) Weinfässern nach Polen geschmuggelt. Besondere Bedeutung kam in diesem Kontext auch dem von 1833 bis 1860 in Leipzig wirkenden polnischen Komponisten, Musiker, Verleger und Buchhändler Jan Nepomucen (Nepomuk) Bobrowicz (→ Brockhaus) zu.

Leipzig spielte auch im polnischen Freiheits- und Unabhängigkeitskampf eine wichtige Rolle. Hier waren es die beiden Nationalhelden Fürst Józef → Poniatowski (1763–1813) und vor allem Jan Henryk → Dąbrowski (1755–1818), die in der Völkerschlacht bei Leipzig (1813) kämpften und die Hoffnung Polens auf staatliche Selbstständigkeit verkörperten.

Hinsichtlich der Erforschung der slawischen Geschichte, Literatur und Kultur hat sich Leipzig seit dem 19. Jahrhundert immer mehr zu einem wissenschaftlichen Zentrum mit zahlreichen einschlägigen Institutionen entwickelt (Institut für Slavistik der Universität Leipzig; Geisteswissenschaftliches Zentrum Geschichte und Kultur Ostmitteleuropas; Kompetenzzentrum Mittel- und Osteuropa u. a.).

Horace Vernet, *Tod des Fürsten Józef Poniatowski in der Elster während der Völkerschlacht bei Leipzig 1813*, Aquatinta, koloriert, 1830

So präsentierte sich das Polnische Informations- und Kulturzentrum nach seiner Eröffnung 1969. Heute hat das Polnische Institut seinen Sitz in Leipzig am Markt 10.

Nach der Wiedergewinnung der staatlichen Einheit Polens wurde in Leipzig am 19. Mai 1923 ein polnisches Generalkonsulat eingerichtet. Hier war unter anderem Tadeusz Brzeziński (der Vater von Zbigniew Brzeziński, der als Sicherheits-Berater des US-Präsidenten Jimmy Carter berühmt wurde) als Konsul tätig. Das im September 1939 geschlossene polnische Konsulat wurde 1971 wiedereröffnet und 2008 in ein Honorarkonsulat umgewandelt. Von großer Bedeutung für die deutsch-polnischen Beziehungen ist das Polnische Institut in Leipzig: 1990 aus dem 1969 gegründeten Polnischen Informations- und Kulturzentrum hervorgegangen, ist es heute eine Filiale des Polnischen Instituts Berlin (→ Polnische Institute in Deutschland).

Besondere polnische Impulse erhielt auch das Leipziger Musikleben durch heute weltbekannte Musiker und Komponisten bis in die Gegenwart, unter ihnen Fryderyk → Chopin, Karol Szymanowski, Witold Lutosławski, Henryk Mikołaj Górecki und Krzysztof → Penderecki. Und die Präsenz polnischer Musik im Leipziger Gewandhaus geht auf die Tradition der „Conzerte zum Besten der Polen" nach der Niederschlagung des Novemberaufstandes in Polen 1830 / 31 zurück.

Lem, Stanisław

Aus Polen in die Zukunft

Hans-Christian Trepte

—

Der 1921 als Sohn eines jüdischen Arztes in Lemberg geborene Lem studierte Medizin in seiner Heimatstadt, später – nachdem er dank gefälschter „arischer" Papiere den Krieg überlebt hatte – in Krakau auch Philosophie und Psychologie. Sein 1951 veröffentlichter Romanerstling *Astronauci* (in deutscher Übersetzung 1954 unter dem Titel *Der Planet des Todes* erschienen) machte ihn zum „Vater" der polnischen Science-Fiction-Literatur. 1960 verfilmte die DEFA (in einer Koproduktion der DDR und Polen) das Buch unter dem Titel *Der schweigende Stern*. Der Streifen kam noch im gleichen Jahr in die Kinos der DDR wie auch in der Bundesrepublik (dort unter dem Titel *Raumschiff Venus antwortet nicht*) und war mit über 4 Millionen Besuchern einer der erfolgreichsten DEFA-Filme überhaupt. Lems Werke und literarische Stoffe wurden in der Folgezeit nicht nur in deutschen Fernsehproduktionen – in den 1970er-Jahren beiderseits der deutsch-deutschen Grenze – verfilmt, sondern auch international, so sein Roman *Solaris* 1972 unter der Regie von Andrej Tarkowskij und 2002 von dem Hollywood-Regisseur Steven Soderbergh.

Lems zahlreiche anspruchsvolle Science-Fiction-Romane, die er in den Folgejahren schrieb, wurden in den 1960er- und 1970er-Jahren ins Deutsche übertragen und erschienen in Ost- wie Westdeutschland. Nach der Ausrufung des Kriegsrechts in Polen ging Lem 1982 nach West-Berlin, wo er „Fellow" am Berliner Wissenschaftskolleg wurde. Ein Jahr später übersiedelte er nach Wien und lebte dort bis 1988, dem Jahr seiner Rückkehr nach Polen. In Wien lernte Lem auch seinen langjährigen Literaturagenten Franz Rottensteiner kennen, der Lems Texte in der von ihm herausgegebenen Literaturzeitschrift „Quarber Merkur" veröffentlichte. In seiner österreichischen Zeit verfasste Lem unter anderem die Romane *Pokój na ziemi* (1986, dt. *Frieden auf Erden,* in der DDR erschienen unter dem Titel *Der Flop,* 1988) und *Fiasko* (1986 zuerst auf Deutsch veröffentlicht, ein Jahr später in polnischer Sprache). 1986 wurde Lem mit dem Österreichischen Staatspreis für europäische Literatur, 1991 mit dem österreichischen „Kafka-Literatur-Preis" ausgezeichnet, 2004 wurde er in die Berliner Akademie der Künste aufgenommen.

In circa 60 Sprachen übersetzt, ist Lem im deutschsprachigen Raum mit Werken wie dem Roman *Solaris* (1961, dt. 1972), der Sammlung *Sterntagebücher* (*Dzienniki gwiazdowe,* 1957, dt. 1961) mit den Geschichten um den Raumfahrer Ijon Tichy und den Erzählungen *Robotermärchen* (*Bajki robotów,* 1964, dt. 1969) der wohl meistgelesene Schriftsteller aus Polen. Allein die Auflage seiner deutschsprachigen Übersetzungen beläuft sich auf über 7,5 Millionen Exemplare![7] Lem starb im März 2006 in Krakau.

---

[7] Siehe www.lem.pl/lemopedia/Category:Editions (Aufruf am 15.01.2018).

Lenica, Jan

Plakatkünstler und Trickfilmer mit Weltruhm

Nawojka Cieślińska-Lobkowicz

—

Die Farbe des realen Kommunismus war nicht Rot, sondern ein schmutziges Grau. Vor diesem Hintergrund stachen die farbenfrohen und faszinierenden Plakate hervor, diese „geflügelten Kamele", wie sie Jan Lenica (1928–2001) nannte, einer der wichtigsten polnischen Plakatkünstler. Dieser Verwandte des Pegasus schien die Grundannahme des Marxismus zu widerlegen, dass nämlich die Basis den Überbau bestimme, und bestätigte vielmehr Goethes These, man erkenne den Meister in der Reduktion. Technologisch gesehen war dies eine Folge der zivilisatorischen Verspätung; es fehlte an modernen Fototechniken, Großformaten und Glanzpapier. Ideologie und Zensur zwangen zu inhaltlicher Beschränkung. Reklameplakate waren aufgrund des fehlenden Marktes nicht nötig, politische Plakate waren Regierungspropaganda. So blieb also das Kulturplakat. Die große Karriere dieser Kunst in Polen nahm ihren Ausgang Mitte der 1950er-Jahre: Auf Häuserwänden, Litfaßsäulen und in den Schaufenstern leer stehender Geschäfte wurden die Werke zu einem Manifest künstlerischer Freiheit und zu einer allgemein zugänglichen Galerie.

Im Westen wurden Plakate entworfen, während die polnischen Meister sie nach wie vor „schufen" und dabei einen individuellen Pinselstrich oder Zeichenstil bewahrten. Das Plakat sollte überraschen und Interesse erwecken, sich nicht auf eine visuelle Botschaft oder reine Dekoration beschränken. Die Eigenart der polnischen Plakatkunst und die vielen Talente riefen im Ausland die Anerkennung der Fachwelt und das Interesse der Medien hervor. Seit Beginn der 1960er-Jahre sprach man von der „Polnischen Schule des Plakats" *(Polska szkoła plakatu)*. Neben Lenica zählten zu ihren hervorragenden Vertretern der Grafiker und Maler Henryk Tomaszewski (1914–2005), der sich schon 1948 auf der Internationalen Plakatausstellung in Wien Ruhmeslorbeeren erworben hatte, sowie Roman Cieślewicz (1930–1996).

Auch in der Bundesrepublik wurden die polnischen Plakate rasch bekannt. Die posterbegeisterten „68er" wussten sie zu schätzen. Zu einer ihrer Ikonen und überhaupt zum Vorreiter des psychedelischen Plakats wurde Lenicas *Wozzeck* (1964) zu einer Aufführung von Alban Bergs Oper im „Teatr Wielki", Warschaus größtem Theater. Von der Bedeutung und dem Einfluss der polnischen Plakatkunst in beiden deutschen Staaten zeugt die Sammlung des Deutschen Plakatmuseums in Essen, das 1969 eröffnet wurde, ein Jahr nach dem weltweit ersten Museum dieser Art

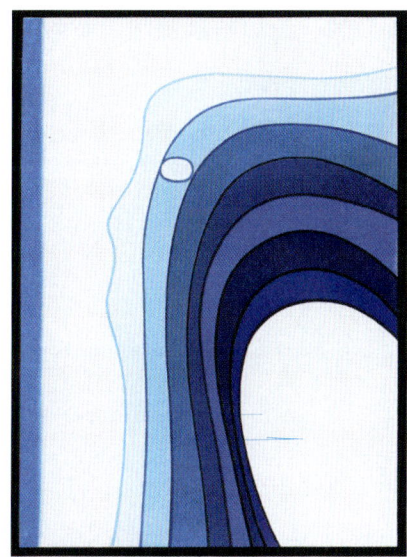

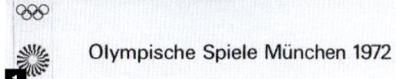

1 / Offizielles Plakat der Olympischen Spiele in München, 1972

2 / Plakat zum sowjetischen Film *Alexander Newski* aus dem Jahr 1938, der 1966 in den deutschen Kinos gezeigt wurde.

1 / Jan Lenica bei der Eröffnung einer Ausstellung mit seinen Plakaten in der Galerie „Warschau" in Berlin, 1970er-Jahre

2 / Der Zeichentrickfilm *Die Nashörner* von Jan Lenica war der deutsche Beitrag zu den X. Westdeutschen Kurzfilmtagen in Oberhausen, 1964.

in Warschau. Die Essener Sammlung polnischer Kulturplakate aus den Jahren 1955 – 1995 ist bis heute die größte derartige Sammlung außerhalb Polens.

Unter den polnischen Plakatkünstlern nimmt Jan Lenica eine Sonderrolle ein. Sein Schaffen blieb nicht nur auf die Plakatentwicklung in seiner Heimat beschränkt. Seitdem er 1963 nach Paris gezogen war, nahm er auch Aufträge aus Westdeutschland an. Lenica schuf außerdem zahlreiche, berühmt gewordene avantgardistische Zeichentrickfilme, darunter die mit Preisen ausgezeichneten *Monsieur Tête* (1959) und *Labyrinth* (1962). Die Filme kommen mit einer reduzierten Handlung aus und beschäftigen sich mit den Absurditäten gesellschaftlicher Wirklichkeit.

Nach einer Gastprofessur in den USA leitete Lenica ab 1979 die Trickfilmklasse an der Kunsthochschule Kassel und war ab 1986 Professor an der Hochschule der Künste in Berlin, wo er in seinen letzten 15 Lebensjahren lebte. Seinen Studenten ließ Lenica freie Hand bei der Auswahl ihres Mediums, stellte ihnen aber Aufgaben, die ihnen beibringen sollten, sich zu entwickeln und Fragen zu stellen, die „man sich selbst stellen muss"[8]. Dabei zitierte er seinen Freund Henryk Tomaszewski: „Alles geht vom AUGE aus. Es muss gebildet, unabhängig – und abstrakt sein. Hand, Pinsel, Meißel, Video, Zeichentrickstudio sind lediglich Werkzeuge, um die Darstellungsmöglichkeiten zu erweitern."[9]

8 Zit. nach Ewa Czerwiakowska / Tomasz Kujawski (Hrsg.): *Jan Lenica. Labirynt*, Ausst.-Kat., Poznań 2002, S. 232 [Übers. Peter Oliver Loew].

9 Henryk Tomaszewski in einem Brief an Jan Lenica vom 8. Januar 1989, in: Czerwiakowska / Kujawski (wie Anm. 7), S. 230 [Übers. POL].

Leszczyński, Stanisław

Ein polnischer Monarch in Zweibrücken

Peter Oliver Loew

—

Am Morgen des 4. Juli 1714 war das pfälzische Zweibrücken in heller Aufregung. Nur wenige Tage zuvor war sensationelle Nachricht eingetroffen: Der Herrscher des kleinen Herzogtums, der nach seiner vernichtenden Niederlage gegen das russische Heer im Großen Nordischen Krieg (1700–1721) ins Osmanische Reich geflohene und dort gefangen gesetzte Schwedenkönig Karl XII., hatte seinem polnischen Verbündeten Stanisław Leszczyński die Stadt als Wohnsitz zugewiesen. Nun hielt der Einzug in die Stadt. Stanisław, 1705 von den Schweden als polnischer König inthronisiert und während des Krieges vom sächsischen Kurfürsten August dem Starken mit russischer Hilfe vom polnischen Thron gestoßen, hatte die 2000 Kilometer aus dem osmanischen Bessarabien, in das er seinem Schutzherrn Karl XII. gefolgt war, bis in diesen entlegenen Winkel des Heiligen Römischen Reichs inkognito zu Pferd zurückgelegt. Ein zeitgenössischer Beobachter schrieb: „Eine unbeschreibliche Menge Volks kam herzugelauffen und jedermann verlangete denjenigen Prinzen zu kennen, den ihr Landes-Herr einer Krone würdig geschätzet, um dessentwillen er so viele Kriege geführet, so weite Märsche gethan, so viel Unglück ausgestanden hatte: denn die meisten hielten dafür, dass ihr König solches alles nur um des Stanislai willen unternommen."[10]

Es dauerte eine Weile, bis das alte Schloss der Stadt für den hohen Herrn und seinen rasch wachsenden Hof renoviert war. Das kleine Herzogtum Pfalz-Zweibrücken führte eigens eine neue Steuer ein, um den Unterhalt der kostspieligen Gäste finanzieren zu können, zu denen im Herbst auch Stanisławs Gemahlin und ihre beiden Töchter stießen. Schließlich umfasste der Hofstaat 150 Personen, ein Drittel davon Polen. Einen besonderen Wunsch erfüllte sich Stanisław – oder Stanislaus, wie er in deutschen Landen genannt wurde –, indem er ab 1715 außerhalb der Stadt das Lustschlösschen Tschifflick errichten ließ, dessen Name und Architektur an den Ort seines Aufenthalts in Bessarabien erinnerten. Die glanzvollen Feste und Bälle, das Schlosstheater und die anwesenden Künstler ließen den Hof rasch zu einer Attraktion für den Adel in der gesamten Umgebung werden. Doch es gab auch schlechte Nachrichten: Im Juni 1717 starb in Zweibrücken Leszczyńskis Lieblingstochter Anna, eine Entführung des Königs durch sächsische Offiziere scheiterte im letzten Moment, das Geld im armen Herzogtum wurde knapp, und als am 11. Dezember 1718 Karl XII. ums Leben kam, ging nicht nur die schwedische Herrschaft im Lande, sondern damit auch die Anwesenheit des polnischen Hofes zu Ende – einen Monat später verließ Stanisław die Stadt. „Der ärmste König Europas"[11] fand zunächst Unterschlupf in Bergzabern und Landau, dann im französischen Städtchen Weißenburg im Elsass, wo ihn bald frohe Kunde überraschte: Der französische König Ludwig XV. gedachte Stanisławs zweite Tochter Maria zu heiraten. 1725 wurde Hochzeit gefeiert, und nachdem auch Stanisławs zweiter Versuch, sich in Polen als König durchzusetzen, 1734 gescheitert war, ernannte sein Schwiegersohn ihn zum Herzog von Lothringen und Bar. Hier regierte er – in Nancy beziehungsweise seinem nahegelegenen prunkvollen Schloss Lunéville – bis zu seinem Tod 1766. Seine letzte Ruhestätte sollte der Ex-König von Polen und Herzog von Lothringen Jahrhunderte später aber in seiner einstigen Heimat finden: 1938 wurden seine Gebeine in der Wawel-Kathedrale in Krakau beigesetzt. In Nancy ist er heute dennoch ebenso wenig vergessen wie in Zweibrücken, das noch immer von den Erinnerungen an die „königliche Zeit" zehrt.

Stanisław I. Leszczyński, König von Polen (1677–1766), porträtiert von Henri Millot (zugeschrieben), um 1719

---

[10] Georg Daniel Seyler: *Leben Stanislai I., Königs von Pohlen,* Stockholm 1737, S. 165 f., zit. nach Lothar K. Kinzinger: *Stanislaus I. Leszczynski – ein polnischer König in Zweibrücken* (1714–1719), in: *Stanislaus Leszczynski. Ein König im Exil,* Ausst.-Kat., hrsg. v. Stadtmuseum Zweibrücken, Blieskastel 2006, S. 11–44, hier S. 20.

[11] Kinzinger (wie Anm. 9), S. 38.

Lindenfelser Gespräche

Deutsch-polnischer Dialog in schwierigen Zeiten

Peter Oliver Loew

—

Das bescheidene, heute längst abgerissene Hotel „Darmstädter Hof" im Odenwaldstädtchen Lindenfels war Schauplatz beispielloser deutsch-polnischer Diskussionen, der „Lindenfelser Gespräche". Initiiert von den Historikern Gotthold Rhode (Mainz) und Jerzy Hauptmann (Parkville, USA), trafen sich an diesem abgeschiedenen Ort zwischen 1964 und 1979 neun Mal jeweils zwischen 20 und 30 Personen: Deutsche, Polen aus vielen Staaten der Welt sowie Gäste anderer Nationalität, die einen internationalen Ruf als Polenkenner genossen.

> „Ich dachte, hier finden deutsch-polnische Gespräche statt. Indessen sah ich, dass sich Polen untereinander streiten und die Deutschen zuhören."

Tadeusz Święcicki

Bei den eingeladenen Polen handelte es sich zumeist um Menschen der Nachkriegsemigration, die stramme Antikommunisten waren, gelegentlich gesellten sich jedoch auch – aus Sicherheitsgründen anonym – Polen aus der damaligen Volksrepublik hinzu. Die Gespräche waren nicht nur der erste dauerhafte deutsch-polnische Gesprächskreis nach dem Zweiten Weltkrieg, sondern auch deshalb bemerkenswert, weil alle Teilnehmer beider Sprachen mächtig waren, was damals für deutsch-polnische Begegnungen etwas völlig Neues war. Einen weiteren Erfolgsgrund der Treffen drückte einer der Teilnehmer so aus: „Ich dachte, hier finden deutsch-polnische Gespräche statt. Indessen sah ich, dass sich Polen untereinander streiten und die Deutschen zuhören." [12]

Rhode und Hauptmann bilanzierten 1972, dass die Symposien „(…) auch ein wenig zum Abbau von Klischees und von einseitigen Sichtweisen beigetragen und einem Kreis von Menschen mehrerer Nationen erneut deutlich gemacht [haben], wieviel Ähnlichkeiten und Gemeinsamkeiten dort bestehen, wo man Gegensätze vermutet". [13] Mit der offiziellen Annäherung zwischen der Bundesrepublik und der Volksrepublik Polen in den 1970er-Jahren entstanden andere Gesprächsformate, bei denen nicht mehr die polnischen Emigranten, sondern offiziell gebilligte Vertreter aus Polen selbst die wichtigste Rolle spielten.

[12] Aussage von Tadeusz Święcicki, zit. nach Hans-Christian Petersen: *Wegbereiter der deutsch-polnischen Verständigung? Die Lindenfelser Gespräche 1964–1979,* in: Lisa Bicknell / Benjamin Conrad / Hans-Christian Petersen (Hrsg.): *Kommunikation über Grenzen. Polen als Schauplatz transnationaler Akteure von den Teilungen bis heute,* Berlin 2013, S. 117–138, hier S. 137.

[13] Nachwort in: Jerzy Hauptmann / Gotthold Rhode: *Lindenfelser Gespräche. Ein Bericht über fünf deutsch-polnische Symposien 1964 bis 1971,* Bonn / Brüssel / New York 1972, S. 142.

Lindenstraße

Urszula – eine Polin als Soap-Star

Andrzej Kaluza

–

Pressetermin zur 900. Folge der *Lindenstraße* im November 2002: Anna Nowak (links), die die sympathische Polin Urszula Winicki spielte, im Kreise einiger ihrer Schauspielkolleginnen und -kollegen aus der TV-Soap

Wie könnte die seit 1985 produzierte ARD-Vorabendserie *Lindenstraße*, eine filmische Langzeitstudie der bundesdeutschen Gesellschaft, ohne polnischen Akzent auskommen? Und tatsächlich: 1990 taucht in Folge 249 die junge Urszula Winicki auf, verkörpert von der damals in Deutschland kaum bekannten polnischen Schauspielerin Anna Nowak. Urszula, hochschwanger, zieht zu ihrem entfernten Verwandten Hubert Koch, dem liebevollen „Onkelchen", und dessen Frau Rosi in die Lindenstraße Nr. 3. Wenige Wochen später erblickt ihre Tochter Irina das Licht der Welt. Zu Irinas Vater besteht kein Kontakt. „Ein Russe – ein Versehen!", sagt Urszula kurz. Der polnischen Provinz entronnen, will sie nun das Leben in der Großstadt München genießen. Wegen ihrer zuvorkommenden, ehrlichen Art wird sie im Laufe der Jahre zur Sympathieträgerin unter den Lindenstraßen-Bewohnern.

In der Serie spielen später auch Urszulas Eltern Jaruslav (sic!) und Wanda eine Rolle, die zeitweise in die Lindenstraße ziehen, aber aus Heimweh nach Polen zurückgehen wollen. Nach einem ausgelassenen Abschiedsfest stirbt Urszulas Vater an Herzversagen, die Mutter bleibt zunächst in München, um ihre Tochter zu unterstützen, kehrt dann aber später doch nach Polen zurück, um die eigene Mutter zu pflegen. Urszulas Privatleben in der Lindenstraße folgt den gängigen Mustern der TV-Soaps: Nach Ausbildung und Berufsstart als Friseurin wird sie Inhaberin eines Frisiersalons, hat etliche Liebesaffären, erlebt Enttäuschungen und bewältigt schwere Schicksalsschläge, so den Tod ihrer zweiten Tochter Paula aus einer Beziehung mit dem verheirateten italienischen Kellner Paolo. Doch schließlich findet Urszula das Glück ihres Lebens: Mit dem Unternehmer Christian Brenner und ihrer Tochter Irina verlässt sie nach langem Hin und Her 2009 in Folge 1242 die Lindenstraße, um nach Neuseeland zu gehen.

Anna Nowak trug die Rolle große Popularität ein: Im September 1998 zierte sie das Titelbild des deutschen „Playboy" – „Anna Nowak, die Urzula (sic!) aus der Lindenstraße" – und wurde damit Vorreiterin für andere TV-Soap-Darstellerinnen.

L

Litewka und andere Kleidungsstücke

Was Deutsche an Polen zu tragen haben

Peter Oliver Loew

—

Litewka, Polrock, Tschapka, Kurtka – es ist erstaunlich, wie viele Kleidungsstücke polnischen Ursprungs deutsche Soldaten im 19. Jahrhundert trugen. Schon Friedrich II. von Preußen war von den polnischen Ulanen (Lanzenreiter) in sächsischen Diensten beeindruckt gewesen. Nachdem polnische Ulanen der Kaisergarde Napoleons I. für Furore gesorgt hatten, stellten zu Beginn des 19. Jahrhunderts viele deutsche Armeen

Königlich-preußischer Garde-Ulan mit seiner Tschapka, 1910

Ulanenregimenter auf. Ihr Kennzeichen war die polnischen Vorbildern nachempfundene Kopfbedeckung mit dem charakteristischen viereckigen Oberteil, Tschapka genannt, als Uniformrock trugen die Ulanen eine Kurtka, die in Preußen 1840 von einem zweireihig geknöpften, kurzschößigen Waffenrock, der Ulanka, abgelöst wurde. Große Verbreitung hatte die Litewka als beliebter Uniformrock, der – vom polnischen Kontusz (ein fast bodenlanges, mantelartiges Gewand) beeinflusst – 1807 in Preußen eingeführt und modifiziert bis in den Ersten Weltkrieg getragen wurde. Der Polrock, ein Waffenrock, der ebenfalls nach den Teilungen Polens seinen Weg ins preußische Heer fand, lebte bis zum Jahrhundertende in den braunschweigischen Regimentern fort, wo er reich mit Schnüren versehen sogar den „Schwarzen Herzog" Friedrich Wilhelm von Braunschweig-Lüneburg selbst schmückte.

Auch Zivilkleidung war in Deutschland von polnischen Einflüssen geprägt: „Polnischer Rock" hieß in den ersten Jahrzehnten des 19. Jahrhunderts ein Herren-Gehrock mit Pelzverbrämung und Schnurbesatz. Schnüre und Bänder – welche den Rock rückwärtig oder an den Seiten hochrafften – zierten auch ein Damen-Oberkleid namens Polonaise (auch Robe à la Polonaise), das um 1859/60 aufkam. Schon im 18. Jahrhundert trugen deutsche Damen ein als Contouche bekannt gewordenes Oberkleid als Negligé, das allerdings nur dem Namen nach an den polnischen Kontusz erinnerte.

Ein besonderes Kapitel schrieben die deutschen Studentenverbindungen, deren Mitglieder sich nach den Napoleonischen Kriegen gerne eine Konfederatka (Konföderatka) mit dem typischen viereckigen Deckel als Studentenmütze aufsetzten. Beginnend mit der Polenbegeisterung (→ Polendurchzug) in den Jahren 1831/32, als der Kampf Polens gegen die russische Despotie zum Fanal für einen demokratischen Aufbruch wurde, wurde auch die Pekesche (polnisch *bekiesza*) Bestandteil der studentischen Tracht in Deutschland. Dieser mit Verschnürungen besetzte Rock aus Tuch oder Samt (auch Flausjacke genannt) wird bis heute bei offiziellen Anlässen von den aktiven Mitgliedern der Verbindungen getragen. Und auch im rheinischen Karneval lebt Polen weiter – das farblich markante Gesellschaftsjackett der Karnevalsgesellschaften heißt dort nach wie vor Litewka.

Löcknitz

Wo die polnische Sprache allgegenwärtig ist

Andrzej Stach

—

Für immer mehr Menschen sei Mecklenburg-Vorpommern „kein attraktiver Ort zum Leben", berichtete 2010 die „Ostsee-Zeitung". Demnach hatten 2009 dem Nordosten Deutschlands weiterhin mehr Menschen den Rücken gekehrt als dorthin zogen, auch waren erneut weniger Kinder geboren worden, bei gleichzeitig steigenden Sterbezahlen. Für das Land bedeutete der Bevölkerungsrückgang nicht zuletzt 18 Millionen Euro aus dem Länderfinanzausgleich weniger. [14] Innerhalb von zwei Jahrzehnten nach der deutschen Einheit verlor die Region insgesamt über 20 Prozent ihrer Bevölkerung. Geblieben sind vielerorts leere Plattenbauwohnungen, verlassene Bauernhäuser und Villen sowie in ihrer Existenz bedrohte Geschäfte, Krankenhäuser, Schulen und Kindergärten.

Die Dorfbäckerei Krüger in Bismark bei Löcknitz erwartet polnischsprachige Kundschaft.

Ganz unerwartet begann sich die Lage mit dem Beitritt Polens zur EU (2004) und zum Schengener Abkommen (2007) ausgerechnet in den wirtschaftlich schwächsten Regionen dicht an der deutsch-polnischen Grenze zu entspannen. Viele, vor allem junge Leute aus dem grenznahen Stettin (Szczecin) und Umgebung erkannten dort ihre Chance auf ein erschwingliches Zuhause. In zahlreichen Ortschaften im Kreis Uecker-Randow wie Penkun, Grambow, Bismark, Retzin oder Löcknitz gehörten sie bald zum Straßenbild. Ende 2012 waren im Landkreis Vorpommern-Greifswald (ohne die Stadt Greifswald) 2.044 Polen mit Erstwohnsitz registriert. Im benachbarten brandenburgischen Landkreis Uckermark waren es Ende Juni 2013 1.482 Personen. [15] Die größte Anziehungskraft bewies die Gemeinde Löcknitz, zwischen Pasewalk und Stettin gelegen, mit über zehn Prozent Bevölkerung polnischer Staatsbürger.

Trotz des bescheidenen Standards der ehemaligen DDR-Plattenbauten auf dem Lande und des nicht gerade überwältigenden Charmes der Wohnblocks in Löcknitz und Umgebung bedeutet der Umzug für viele polnische Familien eine Verbesserung ihrer Lebensqualität. Nahezu alle arbeiten allerdings weiterhin in Stettin und Umgebung. Ihre Kinder besuchen fast ausnahmslos deutsche Schulen – von denen einige dank der zugezogenen polnischen Schülerinnen und Schüler überhaupt erst erhalten blieben. Im Jahr 2004 besuchten 235 polnische Schüler die Gymnasien und

---

[14] Siehe *Mehr Abwanderung und weniger Geburten,* in: Ostsee-Zeitung, 26.01.2010.

[15] Sebastian Kinder / Nikolaus Roos: ,*Szczettinstan*' und ,*Nowa Amerika*', *Regionsbildung von unten im deutsch-polnischen Grenzraum,* in: Osteuropa, H. 8 (2013), S. 3–18.

Grundschulen in Löcknitz und Umgebung, 2010 waren es 355. 2016 gab es alleine am Deutsch-Polnischen Gymnasium mehr als 200 polnische Schüler, davon lebten etwa 70 bereits auf der deutschen Seite der Grenze. Es gibt deutsch-polnische Kindertagesstätten, an einigen Schulen stehen zweisprachiger Unterricht oder Sonderkurse in Polnisch auf dem Lehrplan.

Bereits 1995 wurde das 1991 gegründete Gymnasium Löcknitz in ein Deutsch-Polnisches Gymnasium („Europaschule") umgewandelt. Die Unterrichtssprache ist Deutsch; Polnisch ist ein fakultatives Unterrichtsfach. Die meisten polnischen Schüler kommen aus der Partnerschule in Police (Pölitz) zum Unterricht. Von der siebten Klasse an werden sie gemeinsam mit ihren deutschen Mitschülerinnen und -schülern auf das Abitur vorbereitet, wobei die polnischen Schülerinnen und Schüler sowohl das deutsche als auch das polnische Abitur ablegen können. Deutsche Schüler haben die Möglichkeit, Polnisch als Zweitsprache zu erlernen.

Vor allem in den letzten Jahren kaufen immer mehr vermögendere polnische Familien Häuser in der Gegend und lassen sich dort nieder. Die wirtschaftlich unterentwickelte Region profitiert von der polnischen Zuwanderung. Für die Gemeinden bedeutet das mehr EU-Zuschüsse und Umsatz in den Geschäften. „Die absolute Mehrheit hat nichts gegen die polnischen Nachbarn", erklärte 2007 nach einigen antipolnischen Vorkommnissen der damalige Bürgermeister von Löcknitz, Lothar Meistring, ein Fürsprecher der Zuwanderung, in einem Interview. [16] Nur die dortige NPD machte damals Stimmung gegen die Zuwanderung aus Polen. „Sie schreien manchmal: Polen raus; Löcknitz bleibt deutsch; Polen nehmen uns die Arbeit weg! Wenn man die aber anspricht, dann sollen sie mal sagen, welche Arbeit? Ich habe Belege, die beweisen, dass Polen Arbeitsplätze geschaffen haben" [17], so Meistring damals. Diesen positiven Effekt der polnischen Zuwanderung betont auch Detlef Ebert, seit 2014 Bürgermeister von Löcknitz. Von den dort ansässigen polnischen Betrieben ist die 2009 gegründete „Train Electric GmbH" von Bogdan Wernecki der größte Arbeitgeber vor Ort. Mit 70 deutschen und polnischen Mitarbeitern stellt das Unternehmen Schaltschränke für Straßenbahnen und Züge her. Wernecki würde gerne noch mehr Mitarbeiter einstellen: „Es ist schwer, mehr passende Bewerber zu finden", sagt er. Viele Deutsche seien weggezogen. Von seinen polnischen Bewerbern verlangt er, dass sie wenigstens ein bisschen Deutsch sprechen. [18]

> Die wirtschaftlich unterentwickelte Region profitiert von der polnischen Zuwanderung.

[16] *Furcht und Freude an der offenen Grenze,* Lothar Meistring im Gespräch mit Gerald Praschl und Andrzej Stach in: Superillu, Nr. 50, Juni 2007.

[17] Zit. nach Andrzej Stach: *Polsko-niemiecki „go west",* Deutsche Welle, 29.07.2010 [Übers. AS]. Online abrufbar unter: www.dw.com/pl/polsko-niemiecki-go-west/a-5832573 (Aufruf am 15.01.2018).

[18] Siehe Nina Trentmann: *Aufbauhilfe aus Polen,* in: Die Welt, 27.04.2011. Online abrufbar unter: www.welt.de/print/die_welt/wirtschaft/article13275586/Aufbauhilfe-aus-Polen.html (Aufruf am 15.01.2018).

Lubieniecki, Theodor

Hofmaler des preußischen Königs

Andrzej Kaluza

—

Theodor Lubieniecki,
*Wasserlandschaft mit
Boot und Gestalten*, 1694,
Privatsammlung

L

Der Barockmaler Theodor Lubieniecki (1653 – 1729) entstammte einer bekannten Familie. Theodors Vater Stanislaus, ein berühmter calvinistischer Theologe, war Anhänger der unitarischen Kirche der Polnischen Brüder, einer radikalen Strömung der evangelisch-reformierten Kirche in Polen (Sozinianismus), dessen Vertreter nach den Schwedenkriegen (1664 / 65) entweder zum Katholizismus konvertieren oder Polen verlassen mussten. So war auch Theodors Vater Stanislaus vor seinen Gegnern in Polen zuerst nach Kopenhagen, dann nach Hamburg geflohen, wohin seine Familie 1662 nachkam.

In Hamburg erlernte der junge Theodor gemeinsam mit seinem Bruder Krzysztof zunächst bei dem Landschafts- und Marinemaler Juriaan Stur die Malerei, dann setzte er sein Studium bei Gerard de Lairesse in Amsterdam fort. Nach Reisen durch Italien ließ er sich 1696 in Berlin nieder und wurde Hofmaler des Kurfürsten Friedrich III., der später als Friedrich I. König in Preußen wurde. Lubieniecki lehrte an der Preußischen Akademie der Künste, deren Mitglied er ab 1697 war und die er zwischen 1702 und 1704 als Direktor leitete. Aufgrund seines Eintretens für die Idee des Sozinianismus und die Verteidigung der Unitarier in einer unter Pseudonym veröffentlichen Broschüre musste er sein Amt jedoch aufgeben.

Im *Allgemeinen Künstler-Lexikon* von Hans Wolfgang Singer findet sich unter „Lubinetzky, Labiensky Bogdan Theodor" folgender Eintrag: „1706 ging er nach Polen zurück, nachdem er seine Entlassung in Berlin genommen, weil ein von ihm geschriebenes, sozinianisches Buch verbrannt worden war. Von ihm [stammen] Historien im Geschmack des Lairesse, Zeichnungen nach Schlüters Masken im Arsenal zu Berlin, 6 heroische Landschaften mit Monumenten und Figuren (Radierungen) u.s.w."[19]

---

[19] Hans Wolfgang Singer: *Allgemeines Künstler-Lexikon: Leben und Werke der berühmtesten bildenden Künstler*, Frankfurt am Main 1898, Band III., S. 51.

Łukaszczyk, Maciej

Der Darmstädter Chopin-Titan

Andrzej Kaluza

—

Über die Musik von Fryderyk → Chopin Brücken nach Polen zu schlagen, das war das Lebensziel des Pianisten Maciej Łukaszczyk (1934–2014). Łukaszczyk hatte in den 1950er-Jahren an der Warschauer Musikhochschule bei Margerita Kazuro-Trombini, Zbigniew Drzewiecki und Jan Ekier studiert und seine Ausbildung ab 1964 in Wien bei Hans Kann fortgesetzt, ehe er sich 1966 in Darmstadt niederließ. Bei Konzerten im In- und Ausland machte er sich insbesondere als Chopin-Interpret einen Namen. Gemeinsam mit seinem Zwillingsbruder Jacek Łukaszczyk (1934–2013) trat er auch als Duo auf und feierte in vielen Ländern Europas und in den USA Erfolge.

1970 gründete er in Darmstadt die „Chopin-Gesellschaft in der Bundesrepublik Deutschland e. V." – in der damaligen Bundesrepublik eine kulturelle und gesellschaftliche Pionierleistung. Fast bis zu seinem Tod blieb Łukaszczyk Präsident der Gesellschaft. Mit internationalen Meisterkursen für Pianisten, diversen Klavier-Konzertreihen und dem alle drei bis vier Jahre stattfindenden „Internationalen Chopin-Klavierwettbewerb" in Darmstadt, deren Initiator, künstlerischer Leiter und Jury-Mitglied er war, prägte Łukaszczyk das Kulturleben weit über die Region hinaus.

Lustiger, Arno

Der Historiker des jüdischen Widerstands

Basil Kerski

—

Der Historiker Arno Lustiger in seiner Frankfurter Wohnung, 2010

„Wir waren stolze polnische Bürger jüdischer Religion".[20] Mit diesen Worten charakterisierte Arno Lustiger in einem Interview aus dem Jahr 2000 die Identität seiner Familie, die aus Bendzin (Będzin) stammte, einem Industriestandort nahe der deutschen Grenze. Für viele Deutsche klang dieses Bekenntnis ungewöhnlich, denn zum Zeitpunkt des Gesprächs war Lustiger ein prominenter Vertreter der Jüdischen Gemeinde in Frankfurt am Main und ein angesehener deutscher Zeithistoriker.

Die NS-Vernichtungspolitik hatte die Lustigers aus ihrem polnisch-jüdischen Kulturkreis vertrieben. Als Jugendlicher überlebte der 1924 geborene Lustiger die Hölle der Konzentrationslager, darunter Auschwitz-Blechhammer, Groß-Rosen, Buchenwald und Langenstein. Nach der Befreiung versuchte er erfolglos in die USA auszuwandern. Er ließ sich in Frankfurt am Main nieder, wurde Geschäftsmann und engagierte sich beim Wiederaufbau jüdischen Lebens in der Bundesrepublik. Jahrzehnte hat er über seine Holocaust-Erfahrungen öffentlich nicht sprechen können. Erst in den 1980er-Jahren brach er sein Schweigen. Die in der kollektiven Erinnerung dominierende Vorstellung von den Juden als passiven NS-Opfern und die Gleichgültigkeit vieler Historiker gegenüber der Geschichte des jüdischen Widerstandes forderten ihn heraus. Lustiger verkaufte sein Unternehmen und widmete sich als Autodidakt der Erforschung und Popularisierung des jüdischen Widerstandes gegen den Nationalsozialismus.

Seine drei Publikationen zur jüdischen Beteiligung an der Verteidigung der spanischen Republik, über das politische Engagement sowjetischer Juden im Zweiten Weltkrieg und über die Vielfalt des jüdischen Widerstandes in Europa fanden in der deutschen Öffentlichkeit große Beachtung. Lustiger verband sein wissenschaftliches Engagement mit der Aufforderung an Fachhistoriker, bei der Erforschung des Holocaust nicht nur auf die Quellen der Täter zurückzugreifen, sondern auch stärker die Zeugnisse der Opfer in den Vordergrund zu stellen. 2012 starb Arno Lustiger in Frankfurt am Main.

L

[20] *„Wir waren stolze Bürger jüdischer Religion"*, DIALOG-Gespräch mit Arno Lustiger, in: Deutsch-Polnisches Magazin DIALOG, Nr. 54 (2000), S. 103–106.

Rosa Luxemburg

Luxemburg, Rosa

Die deutsch-polnische Sozialistin

Peter Oliver Loew

—

Ein Name mit Klang: Rosa Luxemburg. Die kleine Person mit dem großen Willen wurde als Rozalia Luksenburg 1871 in Zamość (im russischen Teilungsgebiet Polens) geboren. Zwei Jahre später zog die Familie nach Warschau, wo das hochbegabte Mädchen in einem deutsch- und polnischsprachigen Umfeld aufwuchs und ein russischsprachiges Gymnasium besuchte. Schon früh sozialistisch engagiert, floh Rosa 1890 in die Schweiz, studierte und promovierte in Zürich; 1898 ging sie nach Berlin. Ihrem langjährigen Geliebten Leo →Jogiches schrieb sie (auf Polnisch): „Du hast keine Ahnung, was das bedeutet, in Berlin eine Wohnung zu suchen. (…) Die Zimmer sind allgemein überall schrecklich teuer (…). Faktisch sind die Offiziere der vorherrschende Stand hier; sie wohnen gleichfalls in möblierten Zimmern, und überall treffe ich auf ein ehemaliges Offiziers-Zimmer oder auf Offiziers-Nachbarschaft."[21] Und das, wo sie doch dumpfen Militarismus nicht ausstehen konnte.

In Deutschland war die Politikerin sowohl für die deutsche als auch für die polnische Sozialdemokratie tätig, mit ihren Reden riss sie Parteikongresse ebenso mit wie das polnischsprachige Volk in Oberschlesien. 1905 fuhr sie nach Warschau, um die russische Revolution zu unterstützen. Ihre Zeitungsartikel und Schriften machten sie an Rhein und Weichsel gleichermaßen bekannt. Als die SPD-Reichstagsfraktion 1914 einstimmig der Aufnahme von Kriegskrediten zustimmte, sammelte sie sich mit anderen linken Sozialisten in einer Gruppe, aus der 1916 die „Spartakusgruppe" und schließlich im April 1917 die Unabhängige Sozialdemokratische Partei Deutschlands (USPD) hervorgingen.

---

[21] Rosa Luxemburg: *Briefe an Leo Jogiches.* Mit einer Einleitung von Feliks Tych, Frankfurt am Main 1971, S. 68 f.

Rosa Luxemburg verbrachte den Großteil des Kriegs im Gefängnis. Erst nach der Novemberrevolution von 1918 kam sie frei, war an der Gründung der KPD beteiligt und wollte nach der politischen nun auch eine soziale Revolution entfesseln. Doch wenige Tage nach dem gescheiterten Spartakusaufstand im Januar 1919 brachten rechte Freikorpsmitglieder sie um und warfen ihre Leiche in den Berliner Landwehrkanal. Für die politische Linke wurde sie rasch zur Symbolgestalt: Von 1919 bis 1933 fand zu ihrem Gedenken alljährlich in Berlin die „Liebknecht-Luxemburg-Demonstration" statt. Nach dem Verbot durch das NS-Regime wurde die Veranstaltung seit 1946 in der SBZ und ab 1949 in der DDR fortgesetzt. Seit der Wiedervereinigung 1990 ist die Gedenk-Demonstration ein fester Treffpunkt verschiedener Gruppierungen der politischen Linken. Die aus dem 1990 gegründeten Verein „Gesellschaftsanalyse und politische Bildung e. V." hervorgegangene Rosa-Luxemburg-Stiftung ist heute eine parteinahe Stiftung der Partei Die Linke.

In Deutschland war die Politikerin sowohl für die deutsche als auch für die polnische Sozialdemokratie tätig, mit ihren Reden riss sie Parteikongresse ebenso mit wie das polnischsprachige Volk in Oberschlesien.

L

„Liebknecht-Luxemburg-Demonstration", Ost-Berlin 1986

M

Mackiewicz, Józef

Der russophile Antikommunist

Peter Oliver Loew

—

Józef Mackiewicz, geboren am 1. April 1902 in St. Petersburg, Russland, gestorben am 31. Januar 1985 in München, Deutschland. Zwei Daten und zwei Orte, die ein ganzes polnisches Leben im 20. Jahrhundert wie in einen Schraubstock einspannen.

Mackiewicz lebte bis in den Zweiten Weltkrieg im damals polnischen Wilna, wo er als Journalist, Schriftsteller und politischer Querdenker auf sich aufmerksam machte. Konservativ, russophil und antikommunistisch eingestellt, wollte er weder mit den großen polnischen Parteien noch mit den deutschen Besatzern zusammenarbeiten – was ihn nicht vor Kollaborationsvorwürfen schützte. Von vielen Seiten angefeindet, befand er sich seit 1945 im Exil, unter anderem in London, seit 1955 führte er mit seiner zweiten Frau, der Schriftstellerin Barbara Toporska, in München eine sehr bescheidene Existenz: „Im Vergleich mit den Schriftstellern in der VR Polen lebten sie wie Clochards."[1] Während Mackiewicz durch seine Artikel für die polnische Exilpresse bei Polen in ganz Westeuropa bekannt war, hatte er es als antikommunistischer Emigrant in Deutschland schwer, vor allem seitdem ab den 1960er-Jahren Dissidenten mit „frischem" Wissen aus dem Ostblock im Westen eintrafen. Dennoch blieb er eine der wenigen in Deutschland lebenden Leitfiguren des polnischen politischen Exils.

Mackiewicz schrieb das erste (1949 zuerst in deutscher Übersetzung in der Schweiz erschienene) Buch über das sowjetische Massaker von Katyn im Frühjahr 1940, doch nur wenige seiner vielen weiteren Romane und Essaybände – in denen er sich etwa gegen den verbreiteten „antideutschen Komplex" der Polen aussprach[2] – wurden auf Deutsch veröffentlicht. Schließlich verloren die Verlage die Geduld mit seinen Bemühungen, „einen deutschen Leser in das (...) Durcheinander im Polen jener Zeit einzuführen", wie ein Lektor 1984 schrieb. Offensichtlich wollte sich der Mainstream damals noch nicht mit den historischen Filigranitäten von Ländern auseinandersetzen, die vermeintlich nur kommunistisch einheitsgrau waren.

In Polen ist Mackiewicz mittlerweile wiederentdeckt worden – nicht zuletzt schmückt sein Name zahlreiche Initiativen der konservativen Rechten.

1 Grzegorz Eberhardt: *Pisarz dla dorosłych. Opowieść o Józefie Mackiewiczu* [Ein Schriftsteller für Erwachsene. Erzählung über Józef Mackiewicz], Wrocław 2008, S. 408 [Übers. POL].
2 Vgl. Józef Mackiewicz: *Sieg der Provokation.* Aus dem Polnischen von Wolfgang Dohrmann und Artur Roland, München 1964, S. 228 f.

Mara, Lya

Der vergessene Stummfilmstar

Peter Oliver Loew

—

Lya Mara, 1897 als Aleksandra Gudowiczówna in einer in Riga lebenden polnischen Familie geboren, war einer der großen Stummfilmstars des deutschen Kinos: Nach Anfängen in Theatern von Riga und Warschau sowie ersten Rollen in polnischen Streifen – darunter 1916 in dem Melodram *Bestia* an der Seite von Pola → Negri, wo sie noch als „Mia Mara" auf der Besetzungsliste stand – kam sie noch während des Ersten Weltkriegs nach Berlin. Hier ging sie zunächst zum Theater, wurde aber schon rasch von Filmproduzenten entdeckt.

Bis zum Ende der 1920er-Jahre spielte sie Hauptrollen in mehr als fünfzig deutschen Filmen mit so vielsagenden Titeln wie *Das Mädel aus der Hölle* (1922) oder *Die Försterchristel* (1929). Regie führte meist ihr aus Czernowitz stammender Mann Friedrich Zelnik, den sie gleich zu Beginn ihrer Filmkarriere in Deutschland kennengelernt hatte. Zu Maras prominenten männlichen Leinwandpartnern zählte kein Geringerer als Hans Albers, mit dem sie in mehreren Stummfilmen zu sehen war, so in *Auf Befehl der Pompadour* (1924). Die Zeitgenossen waren angetan: „Lya Mara! Jung, weich, mädchenhaft, blond und fein." Die Nachwelt urteilte differenzierter: „Zelnik-Mara-Filme waren einfach konzipierte, leichtgewichtige und beim Publikum recht beliebte Unterhaltungskost; die Schauspielerin wurde dabei auf nette, unkomplizierte und hübsche, junge Frauen oder *Grandes Dames* aller Arten festgelegt."[4]

1933 emigrierte Lya Mara mit ihrem Mann nach Großbritannien; 1960 starb sie völlig vergessen in der Schweiz.

Die Zeitgenossen waren angetan: „Lya Mara! Jung, weich, mädchenhaft, blond und fein."[3]

M

[3] Max Prels: *Kino*, Bielefeld/Leipzig 1926, S. 60.
[4] Kay Weniger: *„Es wird im Leben dir mehr genommen als gegeben …". Lexikon der aus Deutschland und Österreich emigrierten Filmschaffenden 1933 bis 1945. Eine Gesamtübersicht*, Hamburg 2011, S. 331.

Marcell, Julia

Deutsch-polnische Singer-Songwriterin

Andrzej Kaluza

—

Julia Marcell verkörpert einen neuen Emigrantentypus, der in der Folge von Polens Beitritt zur Europäischen Union 2004 herangewachsen ist. War eine Auswanderung aus Polen nach Deutschland in früheren Jahrzehnten eine Entscheidung fürs Leben, stellt der westliche Nachbar für die Generation junger Polinnen und Polen heute nur eine Art „Heimat auf Zeit" dar. Dazu zählen ganze Scharen von Studentinnen und Studenten, Stipendiatinnen und Stipendiaten, aber auch junge Künstlerinnen und Künstler wie Julia Marcell.

Die Musikerin, 1982 als Julia Górniewicz geboren, wuchs in Allenstein (Olsztyn) auf, kam 2007 nach Berlin, nachdem sie auf der Crowdfunding-Internetplattform „SellaBand" die Summe von 50.000 US-Dollar für die Einspielung ihrer ersten CD gesammelt hatte. Auf Empfehlung eines „SellaBand"-Beraters fand sie zu dem Berliner Musikproduzenten Moses Schneider, in dessen Studio sie mit deutschen und polnischen Musikern ihr Debüt-Album *It Might Like You* (2009) aufnahm. Seitdem hat sie mehrere Alben veröffentlicht (zuletzt *Proxy*, 2016) und ist mit diversen Künstlerinnen und Künstlern in vielen Ländern der Welt aufgetreten.

Julia Marcell, die heute zwischen Warschau und Berlin pendelt, schätzt die offene und unprätentiöse Atmosphäre in der deutschen Hauptstadt, aber auch die soziale und ökologische Einstellung vieler ihrer Zeitgenossen sowie die unkomplizierten Lebensbedingungen in der Spreemetropole. Sie selbst versteht sich als Polin in einer toleranten multikulturellen Großstadt.

Julia Marcell, die heute zwischen Warschau und Berlin pendelt, schätzt die offene und unprätentiöse Atmosphäre in der deutschen Hauptstadt.

Julia Marcell: In der Welt erfolgreich, in Berlin zu Hause

Marchlewski, Julian

Sozialist mit Nachruhm

Peter Oliver Loew

—

Kaum ein anderer Lebenslauf an der Wende zum 20. Jahrhundert verkörpert die enge deutsch-polnische Verflechtungsgeschichte so gut wie der von Julian Marchlewski.

Geboren am 17. Mai 1866 in Włocławek, das damals zum unter russischer Herrschaft stehenden Kongresspolen gehörte, machte der Sohn eines polnischen Vaters und einer aus Westfalen zugewanderten deutschen Mutter eine Ausbildung zum Färber; 1893 gehörte er – mit Rosa →Luxemburg und anderen – zu den Mitbegründern der Partei Sozialdemokratie des Königreichs Polen (SDKP, ab 1900 Sozialdemokratie des Königreichs Polen und Litauen, SDKPiL). Von den zaristischen Behörden verfolgt, emigrierte er zunächst in die Schweiz, 1896 nach Deutschland. Stets in Gefahr, aus dem Reich ausgewiesen zu werden, publizierte er in deutschen sozialistischen Zeitungen meist anonym oder unter einem seiner Pseudonyme (J. Karski) etwa 1.700 Artikel, in polnischen Zeitungen hingegen unter eigenem Namen.

In →München, wo er in den Schriftsteller- und Künstlerkreisen bestens vernetzt war, gründete Marchlewski 1902 gemeinsam mit einem Kompagnon den Verlag „Dr. J. Marchlewski und Co. Verlag Slavischer und Nordischer Literatur", in dem bis 1904 rund fünfzig Bücher erschienen, neben polnischer und russischer Literatur auch deutsche Übersetzungen, meist in luxuriösen Ausgaben.

Nachdem Marchlewski sich von 1905 bis 1907 in Russisch-Polen aufgehalten hatte, um in der Russischen Revolution gegen den Zarismus zu kämpfen, lebte er seit 1908 in Berlin, wo er zu den führenden Mitgliedern der polnischen wie deutschen radikalen Linken gehörte; mehrfach reiste er illegal nach Polen. Im August 1914 war er einer der Mitbegründer der „Spartakusgruppe", später kam er wegen seiner revolutionären Ansichten zwei Jahre in Haft (u. a. in Havelberg), wurde aber im Mai 1918 auf sowjetischen Druck freigelassen, um bald

darauf in Moskau hohe Funktionen im Sowjetstaat einzunehmen. Marchlewski pendelte nun im Kampf für die Revolution mehrfach zwischen Russland, Polen und Deutschland, war maßgeblich am Aufbau der Kommunistischen Internationale beteiligt und leitete in Moskau eine Hochschule für westliche Parteikader.

Nach seinem Tod 1925 wurde seine Urne, Marchlewskis Wunsch entsprechend, nach Deutschland gebracht und in Berlin-Friedrichsfelde nahe der Grabstätte von Rosa Luxemburg beigesetzt; 1950 überführte man seine sterblichen Überreste feierlich nach Warschau. Die DDR verehrte Marchlewski als führenden Revolutionär, er galt als Garant dafür, „allen provokatorischen Versuchen unserer Feinde zum Trotz, die Bande der Freundschaft mit unserem polnischen Nachbarn noch fester zu knüpfen".[5] Schulen und ein NVA-Panzerregiment wurden nach ihm benannt, auch Straßen, etwa in Berlin-Friedrichshain (→Straßennamen), und in Havelberg (Sachsen-Anhalt) steht bis heute sein Denkmal.

---

[5] Vorbemerkung in: Julian Marchlewski (J. Karski): *Zur Polenpolitik der preußischen Regierung. Auswahl von Artikeln aus den Jahren 1897 bis 1923*, Berlin (Ost) 1957, S. 6.

Das katholische Zentrum „Marianum" entstand in den 1950er-Jahren und ist eines der wenigen polnischen Kirchen-eigentume in Deutschland.

Marianum

Lebendige Gebetsoase in der Pfalz

Thomas Kycia

—

Ein Stück junger und dynamischer Kirche aus Polen mitten in Deutschland – das ist das Marianum in Carlsberg (Rheinland-Pfalz). Seit 1982 finden hier sogenannte Oasenexerzitien statt, eine Form von Glaubenstagen innerhalb der katholischen Bewegung „Licht-Leben". Die Erneuerungsbewegung in der Folge des Zweiten Vatikanischen Konzils wurde in Polen von dem Priester Franciszek → Blachnicki gegründet, und er brachte sie nach Deutschland.

Jährlich nehmen in Carlsberg etwa 2.000 Kinder, Jugendliche und Erwachsene an längeren (15-tägigen „Sommer-Oasen") und kürzeren (meist an Wochenenden) Exerzitien teil. Dabei stehen Eucharistiefeier und Bibelstudium im Mittelpunkt. Während das Programm für die Erwachsenen hauptsächlich auf Polnisch angeboten wird und für viele in Deutschland lebende Polen eine Bestätigung ihrer Identität ist, verständigt sich deren Kinder- und Enkelgeneration frei und ungezwungen auf Deutsch und Polnisch.

Das Marianum ist eines der wenigen polnischen Kircheneigentume in Deutschland. Im Jahr 1953 wurde das Anwesen gekauft auf Anregung des polnischen Pfarrers Juliusz Janusz mittels Spenden der katholischen Gemeinden der in der Bundesrepublik bei der US-Armee stationierten polnischen Wach-Bataillone. Zwischen 1956 und 1977 lebten dort polnische Ordensschwestern mit polnischen Kriegswaisen, bis die Anlage 1982 von Franciszek Blachnicki übernommen wurde. Eine Kopie der Ikone der Schwarzen Madonna von Tschenstochau (Częstochowa) in der Hauskapelle und der Name „Marianum" sind bis heute Belege für die polnische Marienfrömmigkeit.

Markenprodukte aus Polen

Ein schwieriger Weg in die deutsche Konsumwelt

Andrzej Kaluza

—

„Made in Poland" – so lautete 2013 der Titel einer Werbekampagne, die die polnische Regierung in mehreren Ländern, darunter Deutschland, mit dem Ziel startete, Vertrauen für Polen als Wirtschaftsstandort zu wecken. Gleichzeitig sollte die Kampagne auch das Image polnischer Markenprodukte stärken, die hierzulande noch relativ unbekannt sind. Polnische Produzenten beklagen, dass gerade der für Polen so wichtige deutsche Markt in Bezug auf Markenprodukte als äußerst konservativ einzuschätzen ist.

Langsam spricht es sich herum, dass hinter polnischen Marken auch technische Raffinesse steht.

M

Dabei zählt Polen in einigen Branchen – wie Möbel, Türen, Fenster oder auch Bauchemie – zu den wichtigsten europäischen Exportländern. In Möbelhäusern (→ Ikea) und Baumärkten muss man in Deutschland jedoch lange suchen, bis man – meist klein gedruckt – das Label „Made in Poland" findet. Oft werden polnische Produkte einfach als technisch rückständig oder qualitativ minderwertig wahrgenommen und finden ihre Kunden nur als No-Name-Produkte „Made in EU". Die Ursachen dafür sind vielfältig, doch wurden diese Sichtweisen von der Realität längst überholt. Langsam spricht es sich herum, dass hinter polnischen Marken auch technische Raffinesse steht wie beispielsweise bei dem Haushaltsgroßgeräte-Hersteller „Amica" („Amica Wronki S.A.") – was insofern kaum verwunderlich sein sollte, als viele von ihnen nicht nur über modernste Produktionsstätten verfügen, sondern dank internationaler Vertriebsstrukturen zu den erfolgreichen Großkonzernen in Europa gehören. Mit Erstaunen nahm die deutsche Öffentlichkeit wahr, dass die Deutsche Bahn mit dem polnischen Hersteller „PESA" 2013 einen Milliardenvertrag für die Lieferung kompletter Nahverkehrszüge unterzeichnete.

Kein polnischer Produzent war bisher in Deutschland aber so erfolgreich wie der Omnibus- und Straßenbahn-Hersteller „Solaris Bus & Coach S.A." Seit mehr als einem Jahrzehnt sind die „Solaris"-Busse (wegen des Firmensymbols – ein grüner Dackel – auch „Dackelhunde" genannt) aus vielen deutschen Städten nicht mehr wegzudenken.

Busse des polnischen Herstellers „Solaris" sind aus deutschen Städten nicht mehr wegzudenken, hier am Potsdamer Platz im Dienste der Berliner Verkehrsbetriebe.

Der 2015 eröffnete Shop der Marke *Reserved* in der Stuttgarter Königstraße ist der größte Modestore des polnischen Unternehmens „LPP".

Mittlerweile fahren mehr als 2.300 Busse des in Bolechowo bei Posen ansässigen Herstellers im Dienst deutscher Verkehrsbetriebe in mehr als 100 Städten, darunter Berlin, Bremen, Bochum, Düsseldorf und Frankfurt am Main. „Vor Polens EU-Beitritt hatten polnische Firmen mit dem Stereotyp der ‚polnischen Wirtschaft' zu kämpfen, heute hat sich das geändert!", sagt „Solaris"-Sprecher Mateusz Figaszewski.[6] Bereits im Beitrittsjahr 2004 gewann das polnische Unternehmen eine Ausschreibung der Berliner Verkehrsbetriebe für die Lieferung von 260 Gelenkbussen in den Folgejahren; allein 2014 lieferte das Unternehmen 197 Busse nach Deutschland, das damit größter Exportmarkt für die „Solaris"-Busse in Europa war. Das ist eine spektakuläre Entwicklung, denn die aus dem Unternehmen „Neoplan Polska", 1994 gegründet von dem polnischen Ingenieur Krzysztof Olszewski, hervorgegangene Firma „Solaris" existiert erst seit 2001 als eigenständige Marke. „Wir haben genug Selbstbewusstsein für die Weltmärkte!", verkündete dann auch Olszewskis Ehefrau Solange, Mitbegründerin und heute Vorstandsvorsitzende von „Solaris".[7]

In Zukunft werden noch mehr ambitionierte polnische Markenhersteller ihr Glück in Deutschland versuchen und das trotz Überangebot und konservativer Konsumorientierung. So auch der polnische Bekleidungsriese „LPP" aus Danzig, der es mit seinen Marken, darunter *Reserved, Cropp, House* und *Mohito*, in weiten Teilen Europas mit Ketten wie „H & M" oder „Zara" aufgenommen hat: 2014/15 hat der Konzern seine ersten zehn Modestores in Deutschland eröffnet[8] und ist weiter auf Expansionskurs. Im Mai 2017 eröffnete ein Geschäft in Berlin-Charlottenburg; 2018 ist die Eröffnung eines LPP-Modeshops in Frankfurt am Main geplant.

Zu den traditionellen polnischen Exportschlagern zählen nach wie vor Agrarprodukte, Lebensmittel und Spirituosen (→ Gänse, → Krakauer, → Grasovka). Statistiken belegen, dass die Nachfrage danach in den letzten Jahren stark gestiegen ist. Polnische Markenprodukte wie *Hortex, Wawel* oder *Krakowski Kredens* findet man in deutschen Supermärkten jedoch nur selten. Doch gibt es mittlerweile in vielen größeren und kleineren Städten „polnische" Läden, in denen polnische Lebensmittel und Spezialitäten erhältlich sind. Ein Beispiel ist die „Lukullus"-Kette, die Filialen in ganz Deutschland betreibt, darunter in Stuttgart, Oberhausen, Hannover, Wolfsburg, → Bremen und Hamburg.

[6] Zit. nach Katarzyna Domagała-Pereira: *Polskie Firmy podbijają Niemcy* [Polnische Firmen erobern Deutschland], Beitrag in der Rubrik „Gospodarka" [Wirtschaft], Deutsche Welle am 11.07.2011. Online abrufbar unter: www.dw.de/polskie-firmy-podbijaj%C4%85-niemcy/a-15212371 (Aufruf am 15.01.2018) [Übers. AK].

[7] Zit. nach Sven Astheimer: *Made in Poland? Na und!*, in: Frankfurter Allgemeine Zeitung, 06.12.2013. Online abrufbar unter: www.faz.net/aktuell/wirtschaft/herkunftsbezeichnung-made-in-poland-na-und-12698674.html (Aufruf am 15.01.2018).

[8] Vgl. *Reserved otwiera największy sklep w Niemczech* [Reserved eröffnet sein größtes Geschäft in Deutschland]. Online abrufbar unter: www.money.pl/gielda/wiadomosci/artykul/reserved-otwiera-swoj-najwiekszy-sklep-w,0,0,1905920.html (Aufruf am 15.01.2018).

Matthäus von Krakau

Reformer und Gesandter in Diensten des deutschen Königs

Peter Oliver Loew

—

Ein gebürtiger Krakauer im Machtzentrum des Heiligen Römischen Reichs: Der um 1345 in einer deutschsprachigen Familie geborene Matthäus studierte ab 1365 in Prag, wo er anschließend auch lehrte. Zwischen 1390 und 1394 lebte Matthäus wieder in seiner Heimatstadt, und setzte sich dort unter anderem für die junge Universität ein, ehe er 1394 eine Professur für Theologie an der Universität Heidelberg antrat.

Als Ratgeber und Gesandter des römisch-deutschen Königs Ruprecht III. nahm seine Karriere „einen imposanten Verlauf"[9]: Er begab sich auf verschiedene diplomatische Missionen, etwa nach Frankreich, nach Rom und auch zum Konzil von Pisa (1409), wo er sich gegen die Kirchenspaltung aussprach; von 1405 bis zu seinem Tod 1410 war er Bischof von Worms. Im Chor des Domes ist er auch bestattet, allerdings ist die bronzene Grabplatte, die ihn in seiner Amtstracht zeigte, schon vor langer Zeit verschollen.

Matthäus' theologische Schriften zur Kirchenreform und seine Predigten fanden weithin Beachtung, darunter *De consolatione theologiae* und *De puritate conscientiae*.

---

[9] Matthias Nuding: *Matthäus von Krakau. Theologe, Politiker, Kirchenreformer*, Tübingen 2007, S. 219.

M

Titel des Beichtspiegels *De modo confitendi* des polnischen Geistlichen Matthäus von Krakau (Matthäus de Cracovia) aus dem 15. Jahrhundert, Österreichische Nationalbibliothek

Maximilian Kolbe im Jahr 1936

Maximilian-Kolbe-Werk

Den Hass überwinden

Thomas Kycia

—

„Ich bin zweimal aus dem KZ befreit worden. Einmal von den alliierten Truppen 1945, ein zweites Mal bei diesem Besuch in Deutschland"[10], sagte 1978 auf dem Katholikentag in Freiburg eine Polin, die das Frauenkonzentrationslager Ravensbrück überlebt hatte. Die Frau gehörte zu einer Reisegruppe mehrerer Polinnen, allesamt KZ-Überlebende, die auf Einladung des Maximilian-Kolbe-Werks nach Freiburg gereist waren. Ihre Begegnung mit Deutschen, die sich für die verbrecherische Vergangenheit von Nazi-Deutschland demütig entschuldigten, könnte stellvertretend sein für Hunderte Polinnen und Polen, die als KZ- und Ghettoüberlebende die konkrete materielle und persönliche Hilfe des Maximilian-Kolbe-Werkes erfahren. Diese Art von Unterstützung und Solidarität basiert wiederum auf direkter Erfahrung menschlichen Elends.

Als der engagierte katholische Laie Alfons Erb (1907 – 1983) im Rahmen einer Sühnewallfahrt der deutschen Sektion von „Pax Christi" im Jahr 1964 die Gedenkstätte Auschwitz besuchte, traf er auf ein Ehepaar – ehemalige KZ-Häftlinge. Ihr Zeugnis vom Überleben des KZs sowie die schwierige materielle Lage des Paares bewegten Erb sehr. Er startete zunächst eine informelle Unterstützungsaktion. Am 19. Oktober 1973 wurde das Maximilian-Kolbe-Werk durch das „Zentralkomitee der deutschen Katholiken" (ZdK) und dreizehn katholische Verbände in der Bundesrepublik gegründet. Erster Geschäftsführer wurde Alfons Erb, der tief beeindruckt war, wie der polnische KZ-Häftling Pater Maximilian (Maksymilian) Maria Kolbe „den Hass gegen die Deutschen in sich überwunden und seine Mithäftlinge zu derselben Haltung aufgerufen hatte"[11]. Die Botschaft Kolbes, der in Auschwitz sein Leben für das des Mithäftlings Franciszek Gajowniczek gab, wurde Grundlage der Versöhnungsarbeit des nach ihm benannten Werkes.

---

[10] Zit. nach www.maximilian-kolbe-werk.de/ueber-uns/vereinsgeschichte/ (Aufruf am 15.01.2018).
[11] Zit. nach ebd.

Mazurka und Polonaise

Polen lebt in der Musik

Peter Oliver Loew

—

Auf kaum einem anderem Gebiet ist Polen in deutschen Landen so präsent wie in der Musik: Polonaisen und Mazurken gehörten jahrhundertelang zu den beliebtesten Tänzen und sind bis heute aus Konzertprogrammen kaum wegzudenken. „Polnische Täntze" tauchen seit Mitte des 16. Jahrhunderts in deutschen Lauten- und Orgeltabulaturen auf, und bald wurden sie auch von den größten Meistern aufgegriffen: Johann Sebastian Bach übernahm die feierlich-schreitenden Polonaisen etwa in sein *Clavier-Büchlein für Anna Magdalena Bach*. Georg Philipp Telemann machte sich bei seinem mehrjährigen Aufenthalt am Hof der Grafen Promnitz im lausitzischen Sorau (Żary) „mit der Polnischen Music bekannt wovon [ich] gestehe daß ich viel Gutes und veränderliches darbey gefunden"[12]. Beethoven komponierte Polonaisen, Schubert tat es – und begeisterte mit seinen vierhändigen Polonaisen D 599 und D 824 den jungen Robert Schumann … Zu diesem Zeitpunkt war Franz Liszt bereits von den 16 Polonaisen Fryderyk → Chopins hingerissen: „Die energischen Rhythmen der Polonaisen Chopins dringen in die Nerven und üben selbst auf die Gleichgültigsten eine elektrisierende Wirkung aus. Die edelsten traditionellen Empfindungen des alten Polen kommen darin zur Darstellung."[13] Chopin war auch mit seinen Mazurken (57 an der Zahl) stilbildend.

Die im Leipziger Musikverlag von Friedrich Hofmeister publizierten Musikbibliografien für die Jahre 1829 bis 1900 (nur diese Jahrgänge sind bislang digitalisiert worden) verzeichnen neben gut 2.600 Polonaisen rund 10.000 Mazurken (oder Mazur), die damals vorwiegend in der deutschsprachigen Welt gedruckt erschienen.[14] Sie erklangen bei Hauskonzerten im Salon ebenso wie bei Konzerten, vor allem aber im Tanzsaal, denn die schon am sächsisch-polnischen Königshof getanzte Mazurka wurde ab den 1840er-Jahren in Deutschland zu einem modischen Gesellschaftstanz. Es genügt, an die unzähligen Polka-Mazurken von Johann Strauß Sohn zu erinnern, die Titel wie *Nachtveilchen* oder *Der Kobold* tragen. Während dieser Tanz wieder aus der Mode gekommen ist, hat sich die Polonaise bis heute im Standardrepertoire von Tanzschulen und Abschlussbällen gehalten, in dramatisch vereinfachter Form auch bei ausgelassenen Festen und im Karneval. Doch dank Chopins sublimer Klavierwerke lebt die Polonaise – ebenso wie die Mazurka – wohl noch für lange Zeit in Konzertsälen und Musikschulen weiter. Die Polka dagegen ist – wie ihr Name nahelegen mag – kein polnischer Tanz, sondern stammt aus Böhmen.

M

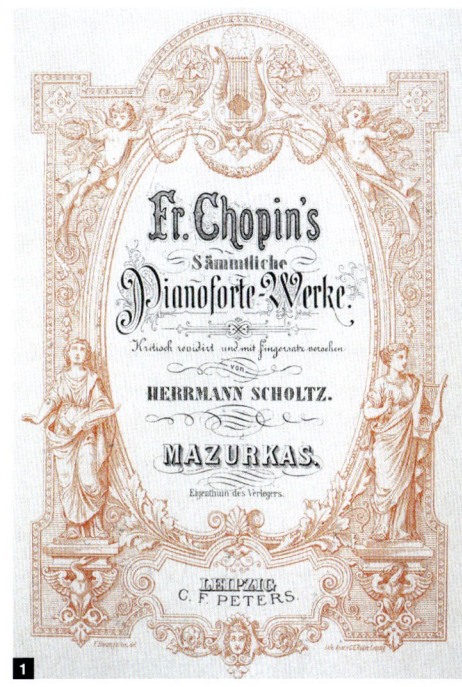

1 / Titelblatt einer Leipziger Ausgabe von Chopins *Mazurkas*

2 / Junge Leute tanzen zusammmen Polonaise beim 5. Dreiländertreffen zwischen Polen, der ČSSR und der DDR, 1965.

---

[12] Zit. nach Ewa Dahlig-Turek: *„Rytmy polskie" w muzyce XVI-XIX wieku. Studium morfologiczne* [„Polnische Rhythmen" in der Musik des 16.–19. Jahrhunderts. Morphologische Studie], Warszawa 2006, S. 209.

[13] Zit. nach Arnfried Edler: *Gattungen der Musik für Tasteninstrumente*, Teil 3, Laaber 2004, S. 170.

[14] Siehe unter www.hofmeister.rhul.ac.uk/2008/index.html (Aufruf am 15.01.2018).

Der Dortmunder Verlag Hübsch & Matuszczyk veröffentlicht verschiedene Zeitungen für polnischsprachige Leserinnen und Leser in Deutschland.

Medien der Polen in Deutschland

Den Polen eine Stimme geben

Andrzej Kaluza

—

Sucht man in einer deutschen Bahnhofsbuchhandlung nach polnischen Zeitungen, findet man auf den ersten Blick nur Import-Ware aus Polen, zum Beispiel etablierte Nachrichtenmagazine wie „Polityka", „Newsweek Polska" oder „Wprost" und vielleicht noch ein Kreuzworträtselheft oder Modemagazin. Fragt man nach in Deutschland erscheinenden polnischsprachigen Presse-Erzeugnissen, so wird man auf drei Titel hingewiesen: das Wochenblatt „Angora", die Wochenzeitung „Info & Tips" und die im zweiwöchigen Rhythmus erscheinende Zeitung „Samo Życie", die inmitten der Fülle russischsprachiger Medien nicht gleich ins Auge fallen. Sie sehen sich vor die Herausforderung gestellt, immer wieder spannende deutsch-polnische Themen zu finden, für die sich „alte" wie „neue" Generationen polnisch sprechender Leserinnen und Leser in Deutschland interessieren.

Die überregionale Zweiwochenschrift „Samo Życie" erscheint seit 1995 im Dortmunder Verlag Hübsch & Matuszczyk mit einer Auflage von circa 20.000 Exemplaren und bietet aktuelle Informationen: in der Regel politische Nachrichten aus Deutschland und Polen und einen Kommentar zu den deutsch-polnischen Beziehungen, im Weiteren Nachrichten aus polnischen Regionen, Sport und einen deutschlandweiten Veranstaltungskalender. Erwähnenswert ist die Rechts- und Rentenberatung, aber auch die „Poesieecke" (*Wierszobranie*) von Leonard Paszek, der seit Jahren in Deutschland lebende polnische Laiendichter vorstellt. Die Zeitung wirbt für große und kleine kulturelle Ereignisse, berichtet über einschlägige Events wie die Wahlen zur →Miss Polonia oder Musikveranstaltungen im Oberhausener Restaurant →Gdańska. Bisher ist dieses Konzept aufgegangen; trotz Internet, Fernsehprogramm und anderen Medien aus Polen hält sich „Samo Życie" tapfer in den Zeitungsregalen.

Auch polnischsprachige Radiosendungen fristen in Deutschland eher ein Nischendasein, gemessen an der Zahl potenzieller Zuhörer, dafür können sie mit höchster Professionalität auftrumpfen. Das umfangreichste Programm sendet die polnische Redaktion von „Radio COSMO", deren Beiträge im WDR / rbb / Radio Bremen (in der Nachfolge des ehemaligen polnischsprachigen Programms des beim SFB / rbb angesiedelten „Radio Multikulti", später „Funkhaus Europa") jeden Abend eine halbe Stunde lang zu hören sind. Die Sendungen und einzelne Features stehen auch im polnischsprachigen Internetangebot von „Radio COSMO" sowie in den Social Media zu Verfügung. Neben Politik und Zeitgeschehen, bietet der Sender Hintergrundinformationen zu den deutsch-polnischen Kulturbeziehungen und greift aktuelle Themen und Debatten der in Deutschland lebenden Polen auf. Zu den Lieblingssendungen der Zuhörerschaft gehören die Reihen zur polnischen Sprache „Besser auf Polnisch" (*Lepiej po polsku*) und „Professor Miodeks Sprachberatung" (*Co wtorek Miodek*) sowie die Servicereihe für den Alltag in und zwischen Polen in Deutschland (*Damy radę*). Auf Polnisch, allerdings nur im Internet, berichten darüber hinaus die Deutsche Welle, wie auch zahlreiche regionale und kommunale Rundfunksender, die im Rahmen ihres kulturellen Auftrags „polnisches Radio" anbieten. Ein Beispiel hierfür ist das „Radio Bigos" in Darmstadt, das in Südhessen Kultstatus besitzt, begründet und moderiert von Elik Plichta, dem es gelingt, einen hohen musikalischen Anspruch mit spannenden Live-Gesprächen zu verbinden. „Radio Bigos" wird über das Internet von ein paar Tausend Zuhörern in der ganzen Welt gehört.

Jeden Donnerstag können die neuesten „Polonia-Nachrichten" (*Wiadomości polonijne*) von „Pepe-TV" abgerufen werden, eine mediale Zwitterform – polnisches Fernsehen via Internet. Meistens berichten die etwa 20 freiwilligen Reporter über polenbezogene Veranstaltungen aus ganz Deutschland und den Nachbarländern. Der Initiator und Gründer von „Pepe-TV", Piotr Płonka aus Essen, zu der Arbeit des TV-Senders: „Alle machen das, indem sie die Arbeit als Hobby betrachten, ohne finanzielles Interesse. Ich bin stolz, mit ihnen zusammenzuarbeiten, denn ihre Arbeit ist höchst professionell."[15] Schier unüberschaubar ist dagegen das Angebot an Polonia-Portalen und Gesprächsforen im Internet, in denen sich in Deutschland lebende Polen in ihrer Muttersprache über Job-, Kultur- oder Freizeitangebote informieren und auch über ihre persönlichen Lebensumstände austauschen können. Die Popularität der einzelnen Plattformen ist dabei abhängig vom Alter der User, von der Region, in der sie leben, und der Zeit, die sie schon in Deutschland verbracht haben.

Auch im Rundfunkbereich fehlt es nicht an polnischsprachigen Angeboten. Die Berliner Redaktion von „Radio COSMO" sendet von Montag bis Freitag jeweils eine halbe Stunde Programm in polnischer Sprache.

M

Die Gewohnheiten haben sich eben auch bei den polnischen Medienkonsumenten in Deutschland seit der Zeit, als hier im 19. Jahrhundert die ersten polnischsprachigen Zeitungen entstanden, stark gewandelt. Führend war damals zunächst die 1890 in Bochum gegründete Tageszeitung „Wiarus Polski" (Polnischer Kämpe), die erste Zeitung, die sich speziell an polnische Einwanderer im Ruhrgebiet wandte, nur wenig später die „Gazeta Grudziądzka" (Graudenzer Zeitung) und der nach anfänglichen Fehlschlägen in der Reichshauptstadt etablierte „Dziennik Berliński" (Berliner Zeitung). In der Weimarer Republik gab es noch eine Fülle von polnischsprachigen Pressetiteln, die dem →Bund der Polen in Deutschland unterstanden: „Polak w Niemczech" (Pole in Deutschland), „Mały Polak w Niemczech" (Kleiner Pole in Deutschland), „Gazeta Olsztyńska" (Allensteiner Zeitung) und andere. Sie alle wurden im September 1939 verboten. Nach dem Zweiten Weltkrieg erschienen zunächst Hunderte lokale Titel, da sich bis 1949 noch viele polnische →Displaced Persons in Deutschland aufhielten. Auch die polnischen Dachverbände in Deutschland gaben wieder Periodika heraus, so etwa die Wochen-, später Monatsschrift „Ostatnie Wiadomości" (Letzte Nachrichten), die von 1950 bis 1990 in Mannheim erschienen ist. In den 1980er-Jahren entstanden mit der Ansiedlung der polnischen „Solidarność-Migranten" in Deutschland zahlreiche polnische Blätter, darunter auch wichtige →Kulturzeitschriften wie „Pogląd", „Archipelag" und „Słowo".

---

[15] Zit. nach *Pepe TV – Polonijna telewizja internetowa. Z Piotrem Płonką rozmawia Michał Kochański*, [Pepe TV – Polnisches Internetfernsehen. Mit Piotr Płonka spricht Michał Kochański] in: Twoje Miasto, Nr. 8 / 9 (2014), S. 12 [Übers. AK].

Merkel, Angela

Kanzlerin mit polnischem Opa

Peter Oliver Loew

—

Angela Merkels Großvater mit seiner Verlobten Margarethe in der Uniform der Haller-Armee, nach der Farbe der Uniformen auch „Blaue Armee" genannt, um 1919

Im Jahr 2013 machte sensationelle Kunde die Runde: Angela Merkel, Kanzlerin der Bundesrepublik Deutschland, hatte einen polnischen Großvater! Die Informationen aus Stefan Kornelius' Biografie der CDU-Politikerin [16] waren zwar nicht ganz neu, doch erst jetzt stürzten sich die Medien in Polen wie in Deutschland darauf, schien dies doch bestens zu den mittlerweile hervorragenden bilateralen Beziehungen der beiden Länder zu passen.

Was Historiker und Ahnenforscher seitdem herausgefunden haben, lautet so: Merkels Opa Ludwik Marian Kaźmierczak wurde als uneheliches Kind der Anna Kaźmierczak aus einer Beziehung mit Ludwik Wojciechowski 1896 in Posen geboren. Während des Ersten Weltkriegs kämpfte er vor Verdun und scheint dann in Kriegsgefangenschaft geraten zu sein. Offensichtlich trat er nun ein in die in Frankreich aufgestellte und an der Seite der Entente kämpfende polnische Haller-Armee (benannt nach ihrem Oberbefehlshaber, General Józef Haller). – Bei Kriegsende kehrte Ludwik Kaźmierczak nach Posen zurück und kämpfte vielleicht sogar 1920 im polnisch-sowjetischen Krieg gegen die Rote Armee. Warum er 1923 aber aus der inzwischen polnisch gewordenen Stadt nach Deutschland ging, ist unklar: Vielleicht war die Möglichkeit, eine Tätigkeit bei der Berliner Polizei zu erhalten, einfach zu verlockend? Jedenfalls hatte Ludwik Kaźmierczak keine Scheu vor Anpassung: 1930 änderte er – nach der Geburt seines Sohnes, der den „urdeutschen" Vornamen Horst erhielt – seinen Nachnamen in das sehr deutsch klingende „Kasner", Angela Merkels Geburtsname. 1959 starb Ludwig Kasner in Berlin, fünf Jahre nach der Geburt seiner Enkelin.

Auf diese katholisch-polnische Familiengeschichte dürfte die protestantische Pfarrersfamilie Kasner (Angela Merkels Vater wurde zwar katholisch getauft, aber protestantisch konfirmiert) nicht viel gegeben haben, der Kontakt mit den polnischen Vettern brach ab, und die Kanzlerin selbst musste bei ihrem polnischen Amtskollegen Donald Tusk erst einmal nachfragen, wie man „Kaźmierczak" eigentlich ausspricht.

---

[16] Stefan Kornelius: *Angela Merkel. Die Kanzlerin und ihre Welt*, Hamburg 2013, S. 18 f.

Meyer, Krzysztof

Verwurzelt in zwei Musikkulturen

Rüdiger Ritter

—

M

Der Komponist
Krzysztof Meyer, 2005

Moderne zeitgenössische Musik hat den Ruf, nicht unbedingt angenehm für das Ohr, auf jeden Fall aber vor allem etwas für einen kleinen Kreis von Eingeweihten zu sein. Der polnische Komponist Krzysztof Meyer hingegen, 1943 in Krakau geboren, und seit 1987 in Deutschland ansässig, wurde dadurch bekannt, dass er mit seiner Kombination aus Tradition und Neuzeitlichkeit auch den weniger trainierten Hörer anspricht. Typisch für Meyers Kompositionsweise ist die Anwendung traditioneller musikalischer Gattungen wie Konzert, Sinfonie oder Streichquartett und deren Ausgestaltung mit Formenprinzipien der Neuen Musik. Dabei verzichtete Meyer keineswegs auf moderne Kompositionstechniken wie Aleatorik, Sonorismus oder Dodekaphonie, was sich etwa an Schöpfungen wie seiner nach Stanislaw → Lems gleichnamigem Erzählzyklus komponierten, fantastisch-komischen Oper *Cyberiada (Kyberiade)* manifestierte.

Nach seinem Studium an der Musikakademie Krakau, unter anderem bei Krzysztof → Penderecki, ging Meyer in den 1960er-Jahren nach Paris, bevor er an die Krakauer Akademie zurückkehrte und dort bis 1987 lehrte. Im gleichen Jahr kam er nach Deutschland, ins Rheinland. An der Kölner Philharmonie war er 1991/92 „Composer in residence", an der Staatlichen Hochschule für Musik Köln unterrichtete er Komposition (bis 2008), von 2010 bis 2012 leitete er die Europäische Musikakademie in Bonn. „Die Ausreise nach Deutschland empfand ich nie als Emigration", erinnert sich der Komponist. „Ganz im Gegenteil, ich bemühte mich weiterhin, Verbindung mit Polen zu halten."[17] Meyer ist heute in beiden Ländern und Musikkulturen gleichermaßen verwurzelt, und hier wie dort gilt er als „Meister der Verschmelzung expressiver Traditionen und progressiver Klangtechniken"[18].

---

[17] Krzysztof Meyer: *Mistrzowie i przyjaciele* [Meister und Freunde], Kraków 2011, S. 366 [Übers. RR].
[18] Siehe Fono Forum. Das Klassik-Magazin, H. 6 (2008), zit. nach www.klassika.info/Komponisten/Meyer_Krzysztof/Cellokonzert/085/index.html (Aufruf am 15.01.2018)

Michalczewski, Dariusz

Der „Tiger" aus Polen schwingt die Fäuste für Deutschland

Andrzej Kaluza

—

Dariusz Michalczewski, geboren 1968 in Danzig, hat nicht nur den Weltmeistertitel (1994 – 2003) im Halbschwergewicht nach Deutschland geholt, sondern auch dazu beigetragen, das Boxen als Sportdisziplin wieder zu einem Medienereignis zu machen. Seine Titelkämpfe waren immer ausverkauft, Millionen von Zuschauern verfolgten sie vor dem Fernseher, und er selbst wurde zu einem Publikumsstar. Aufgrund seines offensiven Kampfstils erhielt er den Spitznamen „Tiger". Als Profisportler gewann er 48 von 50 Kämpfen (darunter 38 K.o.-Siege) und blieb über einen Zeitraum von zwölf Jahren ungeschlagen.

Michalczewski begann im Alter von zwölf Jahren zu boxen und trainierte zunächst mit seinem Onkel in Danzig, um von der Straße wegzubleiben. 1988 setzte er sich, er war schon als Mitglied des polnischen Olympia-Teams für Seoul nominiert, bei einer Reise der polnischen Nationalmannschaft zum

Intercup-Turnier in Karlsruhe ab. Nach anfänglicher Sperre kämpfte er bald für Bayer 04 Leverkusen und nach Annahme der deutschen Staatsangehörigkeit, 1991, bei internationalen Wettkämpfen auch für Deutschland. Im gleichen Jahr begann seine Profi-Laufbahn in Hamburg, wo er von der „Universum Box-Promotion" des Boxpromoters Klaus-Peter Kohl unter Vertrag genommen wurde – drei Jahre später ist er Weltmeister. Der Manager wurde zum Freund und Berater, holte für Michalczewski namhafte Trainer und auch zahlreiche Weltklassegegner nach Deutschland.

In seiner Autobiografie hebt Michalczewski hervor, in Deutschland vor allem Hilfsbereitschaft und Unterstützung erfahren zu haben: als orientierungsloser Anhalter, als arbeitsloser Aussiedler, schließlich als talentierter, aber in der neuen Situation überforderter Boxer. So erinnert er sich an ein Ehepaar aus Großkrotzenburg bei Hanau: „Sie waren wirklich einfach nur freundlich und hilfsbereit (…). Und das nicht etwa deshalb, weil sie sich einen Vorteil davon versprachen. Sie glaubten, dass sich Menschen nun mal gegenseitig helfen müssen. Eine Einstellung, die man erst mal nicht als typisch deutsch vermuten würde. Am allerwenigsten, wenn man aus Polen stammt (…). Und doch sind wir hier Dutzenden von Leuten wie Emmi und Klaus begegnet. Ich bin ihnen sehr, sehr dankbar."[19] Nach dem Ende seiner Profi-Karriere engagierte sich Michalczewski unter anderem für gefährdete Jugendliche. Heute lebt Michalczewski wieder in Polen, in der Nähe von Danzig.

2006 drehte Pawel M. Starost den Dokumentarfilm *Tiger*. Darin sagt Michalczewski: „So einen Boxer wie mich gibt's nicht mehr, mit so einem Charakter. Ihr habt Maske oder Rocchigiani oder Axel Schulz, der nicht boxen kann. Aber einen, der's in sich hat, der Bandit ist, aber auch nett und sympathisch, den könnt ihr suchen! Gut für den Puff und für die Oper, weil ich hier und dort zu Hause bin. Für euch bin ich vielleicht ein Arschloch, aber ich habe ein goldenes Herz."[20]

[19] Dariusz Michalczewski: *Stärker als die Angst. Mein Leben*, Hamburg 2004, S. 95.
[20] Zit. nach www.kulturkurier.de/veranstaltung_79867.html (Aufruf am 15. 01. 2018).

Mickiewicz, Adam

Des Dichterfürsten deutsche Episoden

Peter Oliver Loew

—

War es sein Treffen mit Goethe? War es sein so fruchtbarer Aufenthalt in Dresden? Die in Darmstadt verbrachte Nacht eher nicht. Adam Mickiewicz, Polens großer, ja größter Dichter, der Dichterfürst, der „wieszcz" – er hat in Deutschland seine Spuren hinterlassen. Viele waren es nicht, und sie gerieten mit der Zeit in Vergessenheit, doch verwehten sie nicht ganz, und es gab Nach-Spuren, es gibt sie bis heute. Adam Mickiewicz hat Polnisches nach Deutschland getragen und immer wieder auch Deutsche für Polen begeistert, einst wie jetzt.

Mitte Mai 1829: In großer Eile verließ Adam Mickiewicz St. Petersburg, verließ das große Russländische Reich, um nie mehr zurückzukehren. Geboren 1798 bei Nowogródek im heutigen Weißrussland, hatte er in Wilna studiert und in Kaunas als Lehrer gearbeitet, war wegen seines Engagements für die polnische Sache ins innere Russland verbannt worden.

Nun also die Reise ohne Wiederkehr: Travemünde war sein erstes Ziel, im Gepäck hatte er eine Reihe literarischer Werke, darunter sein angefangenes Drama *Die Totenfeier* – und zahllose Erinnerungen an die polnisch-litauische Heimat. Doch Travemünde blieb nur eine flüchtige Etappe auf einer Reise, die eigentlich nach Rom führen sollte. Gut drei Monate hielt Mickiewicz sich in deutschen Landen auf. Über Lübeck reiste er nach → Hamburg, bald schon, am 6. Juni, traf er in → Berlin ein. Hier, im Zentrum Preußens, blieb er mehr als drei Wochen und beklagte sich bei seiner Freundin Maria Szymanowska brieflich über seine Langeweile. Der Besuch einer Vorlesung bei Georg Friedrich Wilhelm Hegel konnte ihn nicht begeistern. Besser gefiel es dem Dichter allenfalls im Kreis seiner Landsleute.

Auch in Dresden, das er Anfang Juli 1829 erreichte, waren es die zahlreichen hier lebenden Polen, bei denen Mickiewicz sich am wohlsten fühlte. Ansonsten schaute er sich die Schätze der sächsischen Hauptstadt an und genoss das Leben (→ Sachsen und Polen). Der Dichter Wincenty Pol berichtet über einen geselligen Abend an der Elbe: „Am Ufer der Elbe stand ein großes Boot, auf dem vier Ruderer ruderten. Wir hatten einen Korb mit Wein mitgenommen. Mickiewicz hatte den Hut abgeworfen, stand fast die ganze Nacht da und improvisierte." [22]

Anschließend fuhr Mickiewicz mit einem Freund durch die Sächsische Schweiz, machte einen Abstecher nach Prag und verweilte einige Wochen in den böhmischen Bädern. Hier stieß Antoni Edward Odyniec zu ihm, der ihn nun mehrere Monate lang begleiten sollte. Am 17. August 1829 kamen die beiden in Weimar an. Die Stadt Schillers und Goethes übte auf viele Intellektuelle jener Zeit einen geradezu unwiderstehlichen Reiz aus. Mickiewicz hatte vorgesorgt und sich ankündigen lassen, und so hatte Johann Wolfgang von Goethe bereits im Juni aus Berlin einen Brief von Karl Friedrich Zelter erhalten: „Unsere

Porträt von Adam Mickiewicz,
1. Hälfte des 19. Jahrhunderts

> „Leben schaffen solche Geister (...);
> bürgt des Liedes Meister:
> ‚Noch ist Polen nicht verloren!'" [21]
>
> Ludwig Uhland

---

[21] Ludwig Uhland: *Mickiewicz*, in: Elfi Hartenstein (Hrsg.): *Deutsche Gedichte über Polen*, Frankfurt am Main 1994, S. 208.
[22] Wincenty Pol: *Pamiętniki*. Kraków 1960, S. 197 [Übers. POL].

Freundin Madame Szymanowska empfiehlt einen talentvollen polnischen Kompatrioten und Dichter, besonders Dir als ‚prince des poètes‘. Er heißt Mickiewicz und will eine Reise durch Deutschland und Italien machen.“ [23]

Zwei Wochen weilte der Pole in Weimar. Am 19. August kam es zur ersten Begegnung des greisen Dichterfürsten und des jungen polnischen Romantikers. Mickiewicz und Odyniec wurden wohlwollend empfangen, es entwickelten sich einige Gespräche, wobei Mickiewicz sein ganz passables Deutsch hervorholte, man sich aber bald aufs Französische verlegte. Am 28. August nahmen Mickiewicz und Odyniec an den Feiern zu Goethes 80. Geburtstag teil, tags darauf besuchten sie eine Aufführung des *Faust* im Weimarer Theater, und beim Abschiedsbesuch am 31. August schenkte der Deutsche dem Polen eine von ihm gebrauchte Gänsefeder mitsamt Autograf.

Die Nachwelt schmückte das Treffen der beiden Dichter aus, der beiden Größten ihrer Zunft in ihren jeweiligen Nationen. Vor allem wenn es galt, deutsch-polnische Annäherung zu manifestieren, schien es ein schönes Beispiel für eine Begegnung beider Geisteswelten zu sein. So inszenierte es Louis Fürnberg 1952 im Zeichen sozialistischer Nachbarschaftsliebe in seiner Novelle *Die Begegnung in Weimar*: „Mickiewicz hörte hingegeben zu“, stellte sich der linientreue Schriftsteller das letzte Gespräch der beiden vor, „er sagte auch Goethe das Kompliment, daß einige der Goetheschen Lieder wahrhaftig den Anspruch haben, als Volkslieder gelten zu dürfen.“ [24] Das passte natürlich prächtig zur offiziell geltenden Doktrin des sozialistischen Realismus. Mieczysław Jastrun, Dichter und Mickiewicz-Biograf, sah die Dinge zur gleichen Zeit distanzierter und konstatierte, der Besuch des Polen beim „Jupiter von Weimar“ habe kaum zu einer Annäherung der beiden führen können, denn: „Die Ruhe und die Reserviertheit, die mit der jenen Zeiten eigenen Übertreibung ‚olympisch‘ genannt wurden, bildeten die eigentliche Grenze, die Mickiewicz nicht zu überschreiten vermochte.“ [25]

Wie dem auch sei – das *Faust*-Erlebnis sollte Mickiewiczs Arbeit an der *Totenfeier* erneut beflügeln, und deren dritter Teil sowie *Pan Tadeusz* sind – mit Hans Mayer gesprochen – „im Grunde große poetische Auseinandersetzungen mit goethischen Themen und Formen“. [26] Schließlich dürfte die Begegnung mit dem „Dichterfürsten“ Einfluss darauf gehabt haben, wie Mickiewicz sich als Führer, ja als Messias polnischer Dichtung und polnischer Zukunft ins rechte Licht rückte. Goethe selbst wurde durch das Treffen zu nichts beflügelt, im Übrigen war seine Lebenszeit bereits fast abgelaufen.

Von Weimar ging es am 1. September 1829 über Erfurt, Gotha, Eisenach, Fulda und Hanau nach Frankfurt am Main, wo die beiden Polen am 2. September nachmittags eintrafen. Es folgte

> „Von Deutschland habe ich, außer der Besichtigung der Sächsischen Schweiz, der Treffen mit Goethe und Schlegel, nichts gehabt.“
>
> Adam Mickiewicz, 1830

Louis Fürnbergs Novelle *Die Begegnung in Weimar* über das Treffen von Mickiewicz und Goethe

[23] Zit. nach Rudolf Fischer (Hrsg.): *Fahrten nach Weimar. Slawische Gäste bei Goethe*, Weimar 1958, S. 77.

[24] Louis Fürnberg: *Die Begegnung in Weimar*, Berlin 1952, S. 91.

[25] Mieczysław Jastrun: *Mickiewicz*, Berlin (Ost) 1953, S. 147.

[26] Hans Mayer: *Adam Mickiewicz und die deutsche Klassik*, in: Ders.: *Weltliteratur. Studien und Versuche*, Frankfurt am Main 1989, S. 186–206, hier S. 197.

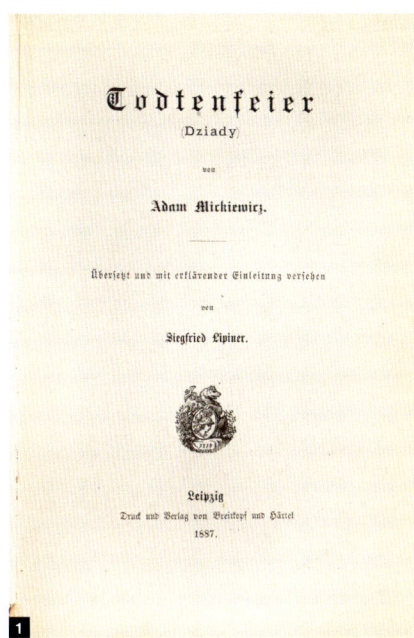
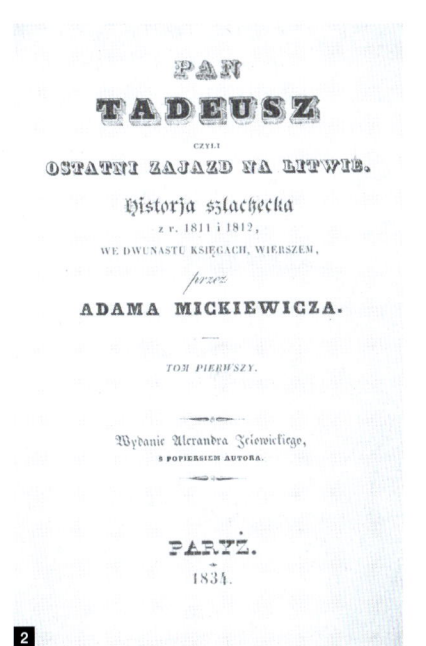

1 / *Todtenfeier* in der Übersetzung von Siegfried Lipiner, Einband einer Leipziger Ausgabe von 1887

2 / Einband der Originalausgabe des *Pan Tadeusz*, Paris 1834

M

eine mehrtägige Reise durchs Rheintal bis nach Bonn, wo ein Höflichkeitsbesuch bei August Wilhelm Schlegel auf dem Programm stand. Das Rheintal allerdings, Inbegriff deutscher Romantik, behagte Mickiewicz nicht: „Ich kann Ihnen nicht meinen Verdruß verhehlen, den ich angesichts der Ufer des Rheins empfand. Dieser urritterliche, urromantische Strom ist bürgerlich-ökonomisch geworden. (...) Überall Weinberge und nichts als Weinberge (…).“ [27] Über Darmstadt ging ihre Reise weiter nach Heidelberg und Karlsruhe, ehe sie am 15. September in Straßburg eintrafen und schließlich über Freiburg in die Schweiz reisten. Erst hier begann Mickiewicz der literarische Hafer wieder zu stechen – während er Deutschland nie und nirgendwo literarisch verarbeitete, stahl sich in seinem berühmten Gedicht *Do ***. Na Alpach w Splügen 1829* (An ***. In den Alpen bei Splügen 1829) zumindest ein deutsches „ü“ in sein Werk.

Deutschland hatte den Dichter wenig bewegt. In einem Brief resümierte er Anfang 1830 knapp: „Von Deutschland habe ich, außer der Besichtigung der Sächsischen Schweiz, der Treffen mit Goethe und Schlegel, nichts gehabt.“ [28]

Bis 1831 hielt sich Mickiewicz in Italien, der Schweiz und Frankreich auf, und erst als der 1830 ausgebrochene Novemberaufstand schon fast zu Ende war, machte er sich in Richtung Osten, nach Polen auf: Im August 1831 reiste er nach Großpolen, wo er bis März 1832 blieb. Über Lissa und Görlitz erreichte er dann wieder Dresden. Der Dichter war bedrückt ob der Niederschlagung des Aufstands. Er verbrachte viel Zeit im Kreise der in der Stadt lebenden Polen, schrieb religiöse Gedichte, übersetzte Byron ins Polnische – und plötzlich überkam ihn die Inspiration: An elf Tagen und Nächten brachte er mehr als die Hälfte des dritten Teils der *Totenfeier* zu Papier, die fortan nach ihrem Entstehungsort auch *Dziady drezdeńskie* genannt werden sollte. Hier, in Dresden, wandelte sich der in Liebesangelegenheiten unglückliche Gustaw, der Held aus den ersten Teilen der *Totenfeier*, zu dem von seiner patriotischen Mission überzeugten Konrad. Ein Schriftstellerkollege erinnerte sich später: „Der Tisch war mit leerem Papier bedeckt; er lag fast den ganzen Tag auf dem Tisch und schrieb; nur so lange riss er sich von der Arbeit los wie er etwas essen musste, dann kehrte er sofort zu sich zurück

[27] Brief an Ottilie von Goethe, 16.12.1829, zit. nach Fischer (Hrsg.) (wie Anm. 23), S. 80.

[28] Brief an Józef Jeżowski, Februar 1830, zit. nach Zbigniew Sudolski: *Mickiewicz. Opowieść biograficzna* [Mickiewicz. Biografische Erzählung], Warszawa 1995, S. 272 [Übers. POL].

Der Autor Stephan Hermlin spricht
bei der Gedenkfeier des Mickiewicz-
Komitees der DDR anlässlich des
100. Todestages des polnischen Nationaldichters am 29. November 1955.

und setzte die Arbeit fort. Indem er ein prophetisches Bild dieses Mannes, des Erlösers Polens, zeichnete, schien es ihm, als sei er selbst dieser Mensch."[29] Karl → Dedecius fasste es folgender- maßen: „Es wurde eine Explosion, ein mythisch-romantischer Aufruhr gegen die Ratio des Absolutismus (…) ein polnisches Nationaldrama, das bis heute (...) Höhepunkt der polnischen Literatur ist."[30]

Auf Druck der russischen Regierung wurden viele polnische Emigranten in Dresden dazu gedrängt, Deutschland zu verlassen, und so besorgte sich auch Mickiewicz einen Pass und reiste mit einer Gruppe von Polen auf dem offiziell vorgesehenen Weg des → Polendurchzugs nach Frankreich. Die Reiseroute ging über Leipzig und Plauen, Hof und Bayreuth nach Nürnberg, dann über Ansbach, Crailsheim, Schwäbisch Hall, Heilbronn und Karlsruhe nach Kehl. Hier hinterließ Adam Mickiewicz letzte Spuren in Deutschland und fuhr dann weiter nach Frankreich.

Sein Nachruhm in deutschen Landen hielt sich in Grenzen. Der Schweizer Slawist Rolf Fieguth urteilte schonungslos: „Man hatte bei uns kein wirkliches Interesse für den heiklen, katholisch geprägten, ,verstiegenen' Nationaldichter Adam Mickiewicz einer Nachbarnation, deren Probleme und Kultur wir im besten Fall nicht wahrzunehmen trachteten, im schlimmsten Fall zutiefst verachteten."[31] Ganz so schlimm war es aber nicht. Als wichtigster Dichter Polens wurde Mickiewicz zwar häufiger genannt als gelesen, doch schon recht früh entstanden erste Übersetzungen. Die Polenbegeisterung des Vormärz hatte das Interesse an polnischer Lyrik erweckt, und wer lag da näher als der große Pole! Ludwig Uhland war mit seinem eingangs zitierten Gedicht nur einer von vielen.

[29] Zit. nach Sudolski (wie Anm. 28), S. 340 [Übers. POL].
[30] Karl Dedecius: *Deutsche und Polen in ihren literarischen Wechselbeziehungen*, Stuttgart 1973, S. 35.
[31] Rolf Fieguth: *Mickiewicz, Dichter der Polen*, in: Ewa Mazur-Kębłowska/Ulrich Ott (Hrsg.): *Adam Mickiewicz und die Deutschen. Eine Tagung im Deutschen Literaturarchiv Marbach am Neckar*, Wiesbaden 2000, S. 12–25, hier S. 23.

Bald erschienen auch Mickiewiczs größere Werke auf Deutsch: 1833 und 1834 zwei Übersetzungen des Epos *Konrad Wallenrod*, 1834 eine Gedichtauswahl, die zwar kaum Verkaufserfolg hatte, aber gut besprochen wurde: „Wie sehr beschämt er [Mickiewicz] die Dutzendpoeten unserer Tage, die (…) nur ihre alltäglichen nüchternen Gefühle anbieten."[32] 1836 kam dann erstmals der *Pan Tadeusz* heraus. Die Tatsache, dass der polnische Dichter in den wichtigsten Lyrikanthologien des 19. Jahrhunderts, etwa im 1848 erstmals erschienenen *Bildersaal der Weltliteratur*, prominent vertreten war, festigte seine Stellung. Dennoch hielt sich die Rezeption in Grenzen – selbst wenn Carl Loewe einige Balladen vertonte und Gustav Mahler sich durch die *Totenfeier* zum ersten Satz seiner 2. Symphonie anregen ließ.

Die Dinge änderten sich ein wenig bald nach dem Zweiten Weltkrieg: In der jungen DDR kam im Zuge angeordneter Völkerfreundschaft ein Mickiewicz-Lesebuch heraus, das so schlecht nachgedichtet war, dass Mieczysław Jastrun es verriss: „Nichts von dem sprachlichen Zauber des Originals ist mehr geblieben, eine Frucht, aus der man den Saft gepreßt hat. Das ganze Buch ist ein Mißverständnis."[33] Etwas Resonanz fand dann das 1955 von der UNESCO ausgerufene Mickiewicz-Jahr: In Deutschlands Osten hielt Stephan Hermlin eine Mickiewicz-Rede und Johannes → Bobrowski verfasste ein Mickiewicz-Gedicht. Vor allem aber in Deutschlands Westen war dieses Jahr Anlass zur Gründung eines Mickiewicz-Gremiums, das in Hermann Buddensieg seinen Spiritus Rector fand: Er gab, überzeugt von der „humanistischen, der humanen Wirkmacht der Dichtung"[34], 19 Jahrgänge der „Mickiewicz-Blätter" heraus und machte sich überdies, trotz fehlender Polnischkenntnisse, an eine neue Übersetzung des *Pan Tadeusz*. Die 1963 erschienene Fassung wurde stark beachtet, wenngleich das gewählte Versmaß, der Hexameter, nicht alle Leser überzeugte. Die ungelöste – und unlösbare – Frage, wie man die dreizehnsilbigen gereimten Zeilen ins Deutsche befördern kann, wird auch in Zukunft noch manchen Übersetzer beschäftigen. Diese Mühen mit dem Verständlichmachen Mickiewiczs hat zudem die deutsche Rezeption der *Totenfeier* bislang behindert, ja verhindert – denn trotz zweier vorliegender Übersetzungen ist das Drama noch nie an einem deutschsprachigen Theater inszeniert worden. Dennoch: Was Hermann Buddensieg im Nachwort seiner *Pan-Tadeusz*-Übersetzung schreibt – „So ließ mich Mickiewicz hinfort nicht mehr los"[35] – gilt für viele Menschen deutscher Zunge: Der große polnische Dichter ist eine von vielen Spuren, denen man nach Polen folgen, mit denen man Polen entdecken und begreifen kann.

Weiterführende Literatur

Katarzyna Lukas: *Das Weltbild und die literarische Konvention als Übersetzungsdeterminanten. Adam Mickiewicz in deutschsprachigen Übertragungen*, Berlin 2009.

Georg W. Strobel: *Die Reise von Adam Mickiewicz durch Süddeutschland im Sommer 1832*, in: Bonifacy Miązek: *Adam Mickiewicz. Leben und Werk*, Frankfurt am Main u.a. 1998, S. 309–331.

[32] In: Literatur-Blatt (Redigiert von Dr. Wolfgang Menzel), Nr. 103, 10.10.1834, S. 412.
[33] Mieczysław Jastrun: *Der Weg nach Weimar*, in: Neue Deutsche Literatur 4 (1956), H. 7, S. 125–138, hier S. 137.
[34] Hermann Buddensieg: *Die einende Macht der Dichtung*, in: Mickiewicz-Blätter 1 (1956), H. 1, S. 1–2.
[35] Hermann Buddensieg: *Nachwort*, in: *Adam Mickiewicz: Pan Tadeusz oder die letzte Fehde in Litauen*, München 1963, S. 355–382, hier S. 363.

Mierosławski, Ludwik

Revolutionär in badischen Diensten

Peter Oliver Loew

—

(…) er sei der einzige Mann gewesen, „der in der pfälzisch-badischen Revolution sich seinem Posten einigermaßen gewachsen zeigte".

Ludwik Mierosławski war es bei seiner Geburt 1814 nahe Paris nicht in die Wiege gelegt, dass er einmal das revolutionäre Deutschland begeistern würde. Der Sohn eines polnischen Offiziers und einer Französin nahm bereits in jungen Jahren am polnischen Novemberaufstand 1830/31 gegen Russland teil, ging dann wieder nach Frankreich und war als Führungsmitglied der „Demokratischen Gesellschaft" maßgeblich an der Vorbereitung eines für 1846 geplanten neuen Aufstands in Posen beteiligt, der sich gegen die preußische Vorherrschaft richten sollte. Kurz nach seinem Eintreffen im Großherzogtum Posen wurde er jedoch von den Preußen gefangengenommen und mit 254 Mitangeklagten in Berlin vor Gericht gestellt: Im „Polenprozess" von 1847 – einem bis dahin beispiellosen Massenprozess – erregte er mit seiner Verteidigungsrede großes Aufsehen, nicht zuletzt bei „Berlins vornehme[r] Damenwelt", die von dem „schöne[n] heldenmütige[n] Mann (…), der mit dem Feuer und dem Pathos eines Mirabeau redete", beeindruckt war.[36] Als Aufrührer zum Tode verurteilt, wurde er jedoch auf dem Höhepunkt der Berliner Märzrevolution 1848 vom König von Preußen begnadigt und von einer unübersehbaren Menschenmenge zusammen mit seinen polnischen Leidensgenossen vom Gefängnis Moabit zum Stadtschloss geleitet. Wenige Tage darauf war er wieder in Posen und organisierte den nächsten

Aufstand zur Befreiung Polens. Nachdem auch dieser – kaum war er ausgebrochen – niedergeschlagen war, kommandierte Mierosławski, dem der Ruf eines hervorragenden Offiziers vorausging, im Frühjahr 1849 die Aufständischen in Sizilien im Kampf gegen die Bourbonen in Neapel. Er wurde verwundet und kam zurück nach Frankreich, ehe er im Juni 1849 Oberbefehlshaber der Revolutionsarmee von Baden und der Pfalz wurde, deren Kampf der Durchsetzung einer demokratischen Republik galt: Für den von Anfang an relativ aussichtslosen Kampf gegen die preußischen Truppen blieben Mierosławski nur wenige Wochen, dann musste seine deutsch-polnische Legion in der Festung Rastatt kapitulieren.

Die Meinungen über Mierosławskis Einsatz für die deutsche Demokratie gingen auseinander – während die einen ihm vorwarfen, sich während einer wichtigen Schlacht in einem Gasthaus mit dem lokalen Wein beschäftigt zu haben, attestierten ihm andere, er sei der einzige Mann gewesen, „der in der pfälzisch-badischen Revolution sich seinem Posten einigermaßen gewachsen zeigte"[37]. Mierosławski selbst entkam nach dem Scheitern der Revolution nach Frankreich und wartete auf neue Aufstände; allerdings hatte er auch im polnischen Januaraufstand 1863/64 gegen Russland keine Fortüne: Nach der Niederlage floh er zurück nach Paris, wo er 1878 starb.

---

[36] Zwei zeitgenössische Pressezitate, zit. nach Daniela Fuchs: *Der große Polenprozess von 1847 in Berlin und Bettina von Arnims Engagement für den Angeklagten Mierosławski*, in: Julia Franke (Hrsg.): *Ein europäischer Freiheitskämpfer. Ludwik Mierosławski 1814–1878*, Berlin 2006, S. 19–38, hier S. 29.

[37] Zeitgenössisches Zitat, zit. nach Anna Owsińska: *Powstanie palatynacko-badeńskie 1849 roku oraz udział w nim Polaków*. [Der pfälzisch-badische Aufstand des Jahres 1849 sowie die Beteiligung von Polen an ihm] Wrocław/Warszawa/Kraków 1965, S. 140, vgl. auch S. 135. [Übers. POL].

Mieszko I.

Begann die Christianisierung Polens in Regensburg?

Matthias Kneip

—

Im Jahr 966 ließ sich der erste polnische Herrscher Mieszko I. aus dem Geschlecht der Piasten taufen und führte mit diesem Akt sein Land aus der heidnischen Tradition in die christliche Völkergemeinschaft. Das Datum gehört zu den bedeutendsten der polnischen Geschichte, doch wo die Taufe vollzogen wurde, darüber diskutieren polnische Wissenschaftler bis heute. Während einige von ihnen Städte wie Köln, Posen oder die östlich von Posen in einem See gelegene Insel Ostrów Lednicki als Taufort in Betracht ziehen, lassen andere an Regensburg keinen Zweifel.

Worauf gründet sich diese Annahme? Um das Jahr 965 heiratete Mieszko die aus dem Geschlecht der Přemysliden stammende, christliche Tochter des Böhmenherzogs Boleslaw I., Dubrawka († 977). Im Rahmen der Eheschließung musste er dem heidnischen Glauben abschwören und sich zum Christentum bekennen. Später ließ er sich taufen. Die Taufe bescherte Mieszko zudem die Freundschaft und den Schutz des römisch-deutschen Kaisers Otto I., dessen Christianisierungsbestrebungen Polen hätten gefährlich werden können. Da Böhmen zum damaligen Zeitpunkt keinen eigenen Bischof hatte, gehörte es zur Diözese Regensburg, wo schon im 9. Jahrhundert im Kloster St. Emmeram zahlreiche slawische Fürsten erzogen und getauft worden waren. Auch Dubrawkas Bruder Strachkvas (Christian) lebte als Mönch in diesem Kloster, was ihn als vertrauenswürdigen Zeugen – ein solcher war damals eine wichtige Voraussetzung für den Empfang der Taufe – prädestinierte. Es ist somit nicht unwahrscheinlich, dass aufgrund dieser historischen Konstellation Mieszko I. am 14. April 966 (am Ostersamstag) in Regensburg die Taufe empfing. Die lebenslange enge Beziehung Mieszkos zu Bayern wäre dafür ein weiteres Indiz. So unterstützte er wenige Jahre später, nach dem Tod Ottos I. im Mai 973, den Bayern-Herzog Heinrich II., genannt der Zänker, gegen dessen Vetter Otto II.

So stellte man sich Mieszko I. gegen Ende des 19. Jahrhunderts vor. Illustrationen von Ksawery Pillati zu Józef Ignacy Kraszewskis *Wizerunki książąt i królów polskich* (Bilder der polnischen Fürsten und Könige), 1888

Miss Polonia in Deutschland

Ein Krönchen für die schönste Polin

Andrzej Kaluza

—

Alljährlich melden sich Dutzende junge Polinnen aus ganz Deutschland, um am Schönheitswettbewerb zur Wahl der „Miss Polonia in Deutschland" teilzunehmen, der seit 1999 von einer Bielefelder Agentur veranstaltet wird. Die jungen Frauen kommen vorwiegend aus polnischsprachigen Spätaussiedlerfamilien, in den letzten Jahren aber auch aus „neuen" Migrantenfamilien, die sich nach 2000 in Deutschland niedergelassen haben. Die polnische Staatsangehörigkeit ist keine Bedingung zur Teilnahme. Die Kandidatinnen müssen zwischen 18 und 25 Jahre alt sein, unverheiratet, kinderlos und als unbescholten gelten. In mehreren Wettbewerben werden zunächst die Regionalkandidatinnen gewählt, die sich für das Deutschland-Finale qualifizieren, das als Gala-Veranstaltung und Publikumsevent (seit 2013 im Berliner „Galaxy-Club")

veranstaltet wird. Dort konkurrieren die Finalistinnen in mehreren Durchgängen – in Abendgarderobe, im Freizeitlook und im Bikini – um den Titel. Das Event hat eine integrierende Funktion für die gesamte polnischsprachige community, ist aber ansonsten in Deutschland wenig bekannt.

Seit 2007 dürfen die deutsch-polnischen Schönheitsköniginnen auch an der Endauswahl des „Miss Polski"-Wettbewerbs in Polen teilnehmen. Bisher hatten sie dort jedoch wenig Erfolg – anders als in den zahlreichen, in Deutschland ausgetragenen Schönheitswettbewerben, bei denen polnischsprachige Kandidatinnen häufig vertreten sind. So wurde 2014 Vivien Konca aus Aachen zur „Miss Germany" gewählt (→ Aussiedler 2.0) und trat damit in die Fußstapfen von Michalina Kościelniak aus Delmenhorst, die den Titel bereits 1998 gewonnen hatte.

Patrycja Kozielska nach der Wahl zu „Miss Polonia in Deutschland", 2014

Mol-Wolf, Katarzyna

„Nicht jammern, machen!"

Andrzej Kaluza

—

Der Weg von Katarzyna Mol-Wolf und ihrer Mutter ist beispielhaft für viele polnische Migranten der 1980er-Jahre.

M

Wenn eine „polnische Erfolgsstory" in Deutschland einen Namen hat, dann könnte er Katarzyna Mol-Wolf heißen. Die mutige Geschäftsfrau, Jahrgang 1974, die mit sieben Jahren in den Wirren der Solidarność-Zeit mit ihrer Mutter von Hirschberg (Jelenia Góra) nach München floh, beweist jeden Tag sich selbst und der ganzen Welt, dass es möglich ist, als Selfmade-Frau erfolgreich zu sein. So kaufte die promovierte Juristin und Verlagsmanagerin in der Zeit der Finanzkrise 2009 dem Verlag Gruner & Jahr das schwächelnde Frauenmagazin „Emotion" ab, das sie selbst für den Verlag entwickelt hatte, und machte sich als Verlegerin selbstständig. Sie baute eine neue Redaktion auf und stabilisierte in der Zwischenzeit sowohl die Leserschaft als auch das Anzeigengeschäft. 2012 brachte sie sogar ein neues Philosophie-Magazin auf den Markt: „Hohe Luft". Sie sagt, sie zehre von der optimistischen Lebenseinstellung ihrer Mutter, die ihr immer ein Vorbild war.

Als die beiden 1981 in die Bundesrepublik kamen, waren sie praktisch mittellos. Die Mutter stellte einen Asylantrag und hielt sich zunächst als Küchenhilfe und Putzfrau über Wasser. Später absolvierte sie ein Ingenieur-Aufbaustudium und richtete die EDV-Abteilung in einem Münchner Medizinlabor ein. Sie scheute weder Zeit noch Mühe, um ihre Deutschkenntnisse aufzubessern und sich beruflich weiter-

zuqualifizieren, nicht selten auf Kosten ihrer Tochter. So wurden schnell Grundlagen gelegt, an denen sich auch Katarzynas Karriere später orientierte: „Nicht jammern, machen!"

Mit einer überraschenden Offenheit berichtet Katarzyna Mol-Wolf in ihrer Autobiografie über ihr zum Erfolg bestimmtes Leben: Von Kind auf spürte sie den Druck, eigene Wünsche zunächst hintanzustellen, um den Anspruch zu erfüllen, gute Noten nach Hause zu bringen. Dahinter stand die Mutter, aber auch die Münchener „bessere Gesellschaft", in der sie verkehrte: Geschäftsleute, Unternehmensberater, Mediziner. Katarzyna durfte und wollte sie alle nicht enttäuschen, vor allem ihre ambitionierte Mutter nicht, die das Stereotyp des „faulen osteuropäischen Asylanten" mit aller Macht Lügen strafen wollte: „Der Ehrgeiz meiner Mutter, die Konsequenz, mit der sie ihren Weg geht, überzeugen mich." [38]

Der Weg von Katarzyna Mol-Wolf und ihrer Mutter ist beispielhaft für viele polnische Migranten der 1980er-Jahre, die erfolgreiche, zum Teil spektakuläre Karrieren in Deutschland gemacht haben. Ihre Kinder wussten vielfach die gebotenen Möglichkeiten im Bildungsbereich zu nutzen und sind durch Fleiß und Mut in die deutsche Mittelschicht aufgestiegen. Mol-Wolf macht Migranten aus aller Welt Hoffnung; sie will zeigen, „wie wichtig es ist, sich nicht als Opfer zu sehen, sondern zu begreifen, dass man viel verändern kann" [39]

[38] Katarzyna Mol: *Mit dem Herz in der Hand*, München 2012, S. 159.
[39] Marie-Luise Braun: *Emotion: Selfmade-Verlegerin Katarzyna Mol hat ein Konzept für Frauen*, in: Neue Osnabrücker Zeitung, 29.08.2012.

Die deutschsprachige Ausgabe der „Monatsschrift Polen" zeichnete sich durch eine moderne grafische Gestaltung aus; sie erschien bis 1990.

Monatsschrift Polen

Bunte Werbung für den Sozialismus

Andrzej Kaluza

—

Die Volksrepublik Polen tat mit der „Monatsschrift Polen" einiges für ihr international nicht immer positives Image. Das Heft, das von 1953 bis 1990 in sechs Sprachen erschien, wurde von der staatlichen polnischen Agentur Interpress herausgegeben. Diese scheute keine Mühe, um das „sozialistische" Polen nach außen als ein Land von internationalem Renommee, mit einer starken wirtschaftlichen Entwicklung, kultureller Vielfalt und glücklichen Menschen zu präsentieren. Als Autoren verpflichtete das Blatt namhafte Journalisten, Schriftsteller und Wissenschaftler aus dem In- und Ausland. Die Übersetzungen waren von ausnehmend hoher Qualität: Von 1961 bis 1968 zeichnete die Übersetzerin Edda Werfel für die deutschsprachige Ausgabe verantwortlich. Die (west)deutsche Ausgabe unterschied sich allerdings von der von Stefan Świerzewski unter dem Titel „Polen" herausgegebenen DDR-Ausgabe der Illustrierten (1954 – 1989). Sie kostete zunächst 1,20 DM je Heft, war in der Bundesrepublik, aber auch in Österreich, der Schweiz und in den Benelux-Ländern erhältlich. Geradezu Kultstatus besaßen die Umschlagabbildungen bekannter polnischer Plakatkünstler wie Jan → Lenica, Jan Sawka, Henryk Tomaszewski oder Lech Zahorski, der auch Art-Direktor der aufwendig gestalteten illustrierten Monatsschrift war.

Natürlich wollten die Herausgeber möglichst viele Leser im Ausland, auch in der Bundesrepublik Deutschland, für das „neue" Polen begeistern, sie anregen, sich für Politik, Kultur und Natur des Landes zu interessieren beziehungsweise das Land touristisch zu erkunden. Dazu dienten zum Beispiel Aktionen für die (west)deutschen Leser. Der Archivar Udo Kühn kam durch eine zufällig im Bahnhofskiosk erworbene Ausgabe der Illustrierten auf eine ungewöhnliche Idee. 40 Jahre später erinnerte er sich: „[Im] September 1970 ‚provozierte' uns, d.h. meine Frau Gertrud und mich, die Redaktion der ‚Monatsschrift Polen' mit der Frage an ihre Leser zur ‚Begegnung mit der Geschichte Polens' zu einer neuerlichen Zeitungsausschnittsammlung, die sich im Laufe von drei Jahrzehnten zu einem Lebensprojekt entwickeln sollte"[40] – die *Dokumentation Polen-Information*. Für ihre ersten Ergebnisse wurde das Ehepaar Kühn 1971 von der Redaktion mit einer zehntägigen Reise durch Polen belohnt. Kühns Dokumentation, die circa 60.000 Zeitungsausschnitte aus der deutschen Presse (Oktober 1970 bis September 2014) zum Thema „Polen" und „deutschpolnische Beziehungen" umfasst, gehört heute zu den wichtigsten, öffentlich zugänglichen Archiven des Deutschen Polen-Instituts Darmstadt.

40 Zit. nach Udo Kühn: *Begegnung mit Polen seit 40 Jahren. Eine persönliche Bilanz.* Flyer aus Anlass der Präsentation der *Dokumentation Polen-Information* am 13. Oktober 2010 im Deutschen Polen-Institut Darmstadt. Online abrufbar unter: www.polen-news.de/puw/puw88-19.html (Aufruf am 15.01.2018).

Mrożek, Sławomir

Spötter auf dramatischen Reisen

Hans-Christian Trepte

—

„Es ist eine polnische Manie zu glauben, dass andere, und zwar überall in der Welt, sich für uns interessieren würden", meinte Sławomir Mrożek (1930 – 2013): eine denkbar pessimistische Einschätzung für einen Schriftsteller, der Polnisch schreibt und davon leben will.

Als Mrożek, in der Nähe von Krakau geboren, 1956 zum ersten Mal Richtung Westen aufbrach – schüchtern, mit gebrochenem Französisch und mit wenig Geld –, ahnte er nicht, dass er für den Rest seines Lebens sich immer wieder als „Emigrant" würde durchschlagen müssen, der andere für sich und seine Werke zu interessieren hat. Zunächst zwischen Polen und der italienischen Riviera pendelnd, ersuchte Mrożek 1969 aus Protest gegen die Niederschlagung des Prager Frühlings um politisches Asyl in Frankreich. Aus dem Jahr 1974 stammt sein wohl bekanntestes Theaterstück, der Einakter *Emigranten*, das seitdem tausendfach auf den Bühnen der Welt, auch in Deutschland, gespielt wurde. Seine Karriere hierzulande begann allerdings viel früher: Bereits 1959 wurde sein Drama *Die Polizei* (*Policja*, im Juni 1958 in Warschau uraufgeführt), eine Satire auf den totalitären Staat, mehrmals an bundesdeutschen Theatern gespielt, was den Autor in Erstaunen versetzte: „Es gab bisher keinen Polen, der in Polen lebte und ein Stück geschrieben hatte, das in nur einem Jahr 16 Mal in Deutschland aufgeführt worden wäre."[41] Die Bühnenstücke des polnischen Autors waren sogar in der DDR erfolgreich. Dies mag erstaunen, da die satirische bis absurde Darstellung der Unterdrückung des Individuums unter den Bedingungen totalitärer Gewaltherrschaft Mrożeks Werken immer eigen war. Seine Rezeption im deutschsprachigen Raum nahm manchmal auch überraschende Züge an: Der Schauspieler Dieter Hallervorden verwendete 1967 für sein Berliner Kabarett-Theater „Die Wühlmäuse" 17 Satiren des Autors, darunter die Groteske *Seltsame Begegnung*, die er später außerdem in einer Audio-Version auf Schallplatte und als Fernseh-Sketch verwertete.

Mrożek, der in Frankreich, Italien und Mexiko lebte, besuchte Deutschland immer wieder: 1966 notierte er in sein Tagebuch: „Eines Morgens in Berlin (…) und das zum wiederholten Male beschloss ich, ein neues Leben anzufangen."[42] Und 1969, kurz bevor seine erste Frau in einer Berliner Klinik verstarb: „(…) nur wie jetzt und niemals zuvor und auch niemals nachher, lief ich durch jenes Wannsee. Dieses Wannsee."[43]

Der Schriftsteller, dessen Werke vor allem dank der Übersetzungen von Karl →Dedecius auf Deutsch zu lesen sind, starb 2013 mit 83 Jahren in Nizza.

M

---

[41] Sławomir Mrożek: *Baltazar. Autobiografia*, Warszawa 2006, S. 228 [Übers. Andrzej Kaluza].
[42] Ders.: *Dziennik* [Tagebuch], Bd. 1., 1962–1969, Kraków 2010, S. 314 [Übers. AK].
[43] Ebd., S. 602 [Übers. AK].

Bayerisch-sächsisch-
polnische Allianzwappen
im Alten Residenz-
theater in München

München

Deutsch-polnische Geschichte und Kultur in Bayern

Agnieszka Kowaluk

—

Während Polen heute zu den größten Einwanderergruppen in Deutschland zählen, sind die frühesten polnischen Zugereisten in München und Bayern kaum einem Massenphänomen zuzuordnen. Die ersten dokumentierten Fälle polnischer Immigration waren polnische Prinzessinnen, die im Laufe der Geschichte bayerische Herzöge und Kurfürsten heirateten. Am bekanntesten ist die Hochzeit der Jagiellonin Hedwig mit Georg dem Reichen, die noch heute als ein großes Volksfest aufgeführt wird (→ Landshuter Hochzeit). Die in der Münchner Frauenkirche bestattete Beatrix, Tochter des Schweidnitzer Piasten-Herzogs Bolko I., wurde 1308 Ehefrau des Wittelsbacher Herzogs Ludwig IV. (Ludwig von Oberbayern), der später Kaiser des Heiligen Römischen Reichs war. Therese Kunigunde (1676 – 1730), Tochter des polnischen Königs Johann III. Sobieski, heiratete 1695 Maximilian II. Emanuel, Kurfürst von Bayern, der mit seinem Schwiegervater bereits 1683 bei der legendären Schlacht am Kahlenberg bei Wien gegen die Osmanen zusammengetroffen war.

Die in Dresden geborene Maria Anna Sophie (1728 – 1797), Prinzessin von Polen und Sachsen, Tochter des sächsischen Kurfürsten und polnischen Königs August III., wurde 1747 mit dem Kurfürsten Maximilian III. Joseph vermählt. Beigesetzt ist sie, wie auch Therese Kunigunde von Polen, in der Münchner Theatinerkirche, an deren Giebel noch heute das reich verzierte bayerisch-sächsisch-polnische Allianzwappen an die Ehe Maria Annas mit dem bayerischen Kurfürsten erinnert: umrahmt von einem wappenhaltenden Engel und reichem ornamentalem Schmuck, ist links das Wappenschild mit den weiß-blauen Rauten des Hauses Wittelsbach und den pfälzischen Löwen zu sehen und rechts das polnisch-litauische Wappen, mit den weißen Adlern auf rotem Grund für das Königreich Polen und dem säbelbewehrten Reiter, der das Fürstentum Litauen symbolisiert. Man findet das Allianzwappen ein zweites Mal an einer anderen prominenten Stelle: im Cuvilliés-Theater, das Teil des Münchner Residenzkomplexes ist und als schönstes Rokokotheater Europas gilt. Lässt man im prächtig geschmückten Theaterraum den Blick schweifen, entdeckt man über der Bühne das Wappen, von den Genien des Ruhms mit Posaunen umrahmt; zwei kleine Putten halten darüber die Herzogskrone.

Die Münchner Residenz war Sitz der Wittelsbacher, die vom 12. Jahrhundert bis 1918 in Bayern herrschten. Von der prachtvollen Wittelsbacher Ahnengalerie in der Residenz blicken auch drei polnische Prinzessinnen herab: Therese Kunigunde und Maria Anna Sophie, die durch ihre Heirat Kurfürstinnen von Bayern wurden – und in einer mit Perlen geschmückten Haube Anna Jagiello von Ungarn und Böhmen (1503 – 1547), die Ehefrau des späteren Kaisers Ferdinand I. und Mutter von Kaiser Maximilian II.

Polnische Spuren führen außerdem zur Sommerresidenz der Wittelsbacher, dem Nymphenburger Schloss, das von 1664 bis 1675 vom italienischen Baumeister Agostino Barelli erbaut wurde und eine der schönsten und größten Schlossanlagen weltweit ist. Auch hier hängen Porträts der erwähnten Therese Kunigunde und in der Nymphenburger Schlosskapelle, errichtet vom kurbayerischen Hofbaumeister Henrico Zuccalli, entdeckt der Besucher über dem Altar die Wappen Bayerns und des Königreichs Polen und Litauen. Die Schlosskapelle beherbergt zudem ein kostbares liturgisches Gewand, welches das Allianzwappen von Kurfürst Maximilian II. Emanuel und seiner Gemahlin Therese Kunigunde zeigt.

Doch Münchens Geschichte durchziehen auch Spuren polnischer Präsenz, die heute nicht mehr sichtbar sind. Als nach der Niederschlagung des Novemberaufstands gegen das zaristische Russland 1830 / 31 zahlreiche Aufständische über Deutschland nach Frankreich ins Exil flohen (→ Polendurchzug), bildeten sich auch in München Hilfskomitees. Als im Zuge der antizaristischen Aufstände im 19. Jahrhundert viele polnische Hochschulen, darunter die Kunsthochschulen in Warschau und Wilna, geschlossen wurden, gingen viele Studenten und Künstler nach München. An der Königlichen Akademie der Bildenden Künste in München gehörten Polen zu der größten ausländischen Studentengruppe (→ Münchner Malerschule). Unter ihnen befand sich die polnische Malerin und Grafikerin Zofia Stryjeńska (1891 – 1976) – wenngleich unerlaubterweise. Da Frauen erst ab 1920 wieder zum Studium an der Akademie zugelassen waren, immatrikulierte sie sich 1911 unter dem Namen ihres Bruders und studierte in Männerkleidern. Der Postimpressionistin Olga Boznańska (1865 – 1940) blieb der Zugang zur Akademie ebenfalls verwehrt. Sie nahm Malunterricht in Privatschulen und eröffnete später ihr eigenes Atelier. In der Alten Pinakothek schulte sie sich durch das Kopieren der Alten Meister. Ob sie ihre Staffelei auch vor Jan → Polack aufgestellt hatte? Dieser Meister des Spätmittelalters kann als ein sehr frühes Beispiel für Arbeitsmigration und eine gelungene polnische Karriere in München gelten.

An der Königlichen Akademie der Bildenden Künste in München gehörten Polen zu der größten ausländischen Studentengruppe. Unter ihnen befand sich die polnische Malerin und Grafikerin Zofia Stryjeńska – wenngleich unerlaubterweise.

M

1 / Die polnische Malerin und Grafikerin Zofia Stryjeńska, vor 1920

2 / Akademie der Bildenden Künste in München, um 1870

„Mein Schatz (…) ich bin nach München
gekommen, nur weil es hier eine
polnische Bibliothek gibt, die ich nutze,
übrigens als einziger Kunde."

Marek Hłasko

Lesesaal der Osteuropa-Sammlung in der Bayerischen
Staatsbibliothek, um 1954; die Abteilung für Handschriften und
seltene Drucke beherbergt auch kostbare Polonica.

Auch polnische Literaten besuchten im 19. Jahrhundert München für kürzer oder länger: unter ihnen der Dichter Cyprian Kamil Norwid (1821–1883), der hier Malerei studierte, und Maria Konopnicka (1842–1910), eine der bekanntesten Dichterinnen, Prosa- und Kinderbuchautorinnen Polens. Seine Münchner Zeit zählte Stanisław → Przybyszewski, der „geniale Pole" und „traurige Satan", zu der produktivsten in seinem Leben. Als „Bildungsausländer" kam der polnische Romanautor und Nietzsche-Übersetzer Wacław Berent (1878–1940) zum Studium der Naturwissenschaften nach München. Seine Romane schrieb er auf Polnisch, der berühmteste – *Ozimina* – erschien erst 1985 auf Deutsch (*Wintersaat*). Der Dichter und Erzähler Tadeusz → Borowski fand sich nicht freiwillig in München ein, sondern wurde im Frühjahr 1945 als Häftling in das KZ Dachau deportiert. Nach seiner Befreiung entstanden in München Borowskis Lager-Erzählungen, die ihm einen Platz im Kanon der Weltliteratur sichern. Seit 1971 lebte Włodzimierz → Odojewski, Schriftsteller und langjähriger Leiter der Literaturabteilung bei → Radio Freies Europa (RFE), abwechselnd in München und Warschau. Sein berühmtester Roman *Katharina oder alles verwehen wird der Schnee* (dt. 1977) „erinnert an das Unvernarbte und Unbewältigte zwischen den Menschen und Völkern"[44], schrieb 1977 Tadeusz → Nowakowski, selbst Mitarbeiter von RFE und Autor, Wahlmünchner zwischen 1953 und 1995. Auch Marek → Hłasko, „James Dean der Warschauer Hinterhöfe", der Polen 1958 verließ, hielt sich gelegentlich in München auf. In einem Brief an die polnische Schriftstellerin Agnieszka Osiecka (1936–1997) schrieb er 1958: „Mein Schatz (…) ich bin nach München gekommen, nur weil es hier eine polnische Bibliothek gibt, die ich nutze, übrigens als einziger Kunde."[45] Meinte der Schriftsteller die Bayerische Staatsbibliothek mit einer der größten Osteuropa-Sammlungen der Welt, inklusive der kostbaren Polonica? In München lebt auch Roma Ligocka (*1938), polnische Malerin und Autorin, die mit ihrer Autobiografie *Das Mädchen im roten Mantel* (2000), in der sie ihre Erinnerungen aus dem Krakauer Ghetto beschreibt, bekannt wurde.

[44] Tadeusz Nowakowski: *Odojewski, Wlodzimierz: Katharina oder alles verwehen wird der Schnee*, in: Frankfurter Allgemeiner Zeitung, 23.09.1977.
[45] Temida Stankiewicz-Podhorecka: *Listy Marka Hłaski* [Marek Hłaskos Briefe], Warszawa 1994, S. 163 [Übers. AKo].

Polnische Verleger, die sich in München ansiedelten, übernahmen schon früh die Aufgabe der Vermittlung zwischen den Kulturen. Der Sozialist Julian → Marchlewski gründete 1902 einen Verlag, der polnische und russische Autoren, unter ihnen Maxim Gorki, in Originalsprache und in deutscher Übersetzung herausbrachte. Auch Franziska zu Reventlows (1871–1918) Erstlingsroman *Ellen Olestjerne* erschien 1903 im Verlag „Dr. J. Marchlewski & Co". Sie war damals eine der berühmtesten Münchnerinnen und Ikone der Frauenbewegung. In München-Schwabing wohnte sie von 1903 bis 1906 mit dem Schriftsteller Franz Hessel und dem polnischen Maler Bohdan von Suchocki, ihrer großen Liebe, in einer der wohl bekanntesten Wohngemeinschaften Deutschlands. Mitten im Ersten Weltkrieg unternahm der Dichter Władysław Kościelski (1886–1933) seine Mission, polnische Literatur in Deutschland und mittels deutscher Übersetzungen weltweit bekannt zu machen.

1916 gründete er mit Aleksander Guttry die bis 1919 existierende Reihe *Polnische Bibliothek* im Münchner Georg Müller Verlag, in der Werke von Adam → Mickiewicz, Stanisław → Przybyszewski und Stanisław Wyspiański (1869–1907) und anderen erschienen.

Auch in der Bundesrepublik interessierten sich Münchner Herausgeber und Verleger früh für polnische Autoren. Im ersten, programmatischen Heft seiner Kulturzeitschrift „Kursbuch" veröffentlichte Hans Magnus Enzensberger bereits 1965 das Poem *Non Stop Shows* von Tadeusz Różewicz (1921–2014). Różewicz, einer der meistübersetzten polnischen Autoren, gilt als Erneuerer der Lyriksprache nach Auschwitz. Michael Krüger, der spätere Leiter des Münchner Hanser-Verlags und Różewiczs Herausgeber, notierte 1966: „Verglichen mit der Selbstverständlichkeit dieser Gedichte kam mir die Sprache unserer pathetischen Bekenntnisse eigentümlich weltfremd vor."[46]

M

Franziska zu Reventlow in der Küche der Wohngemeinschaft, in der sie mit Franz Hessel und Bohdan von Suchocki lebte, um 1903/04

[46] Zit. nach Karl Dedecius: *Ein Europäer aus Lodz. Erinnerungen*, Frankfurt am Main 2006, S. 253.

Der Zweite Weltkrieg war das tragischste Kapitel in der deutsch-polnischen Geschichte. Die ersten Transporte mit Polen trafen bereits in den ersten Kriegswochen im KZ Dachau bei München ein. Dachau wurde später zum zentralen Lager für verschleppte polnische Geistliche (→ Konzentrationslager): 1.780 brachte man nach Dachau, von denen etwa die Hälfte hier ums Leben kam. Mit mehr als 40.000 Personen bildeten Polen die größte Gruppe der insgesamt mehr als 200.000 Häftlinge in Dachau. An die 10.000 polnischen NS-Opfer erinnert ein Gedenkstein auf dem KZ-Friedhof Dachau-Leitenberg.

Nach Kriegsende wurde München zum Wohnort vieler „gestrandeter" Polen: ehemalige KZ-Häftlinge, Kriegsgefangene, Zwangsarbeiter (→ Displaced Persons). Einige von ihnen kehrten in den folgenden Jahren nach Polen zurück, doch viele blieben auf der Suche nach Familienangehörigen oder emigrierten von hier weiter nach Westeuropa, in die USA und nach

Jan Nowak-Jeziorański auf Sendung
beim Radio Freies Europa, 3. Mai 1952

Israel. Einige der „Hängengebliebenen" hatten Schwierigkeiten, sich im neuen Leben zurechtzufinden. Marek → Hłasko beobachtete Ende der 1950er-Jahre: „Im Gefängnis in München ist (…) jeder dritte Häftling Pole. (…) Sie schlafen auf dem Bahnhof und am Tag (…) legen sie zusammen für eine Flasche Puschkin."[47] Doch München wurde nach dem Krieg auch ein Anziehungspunkt für viele Emigranten aus Polen: Ab 1952 sendete das → Radio Freies Europa (RFE) in polnischer Sprache von seinem Standort am Rande des Englischen Gartens. Die RFE-Nachrichten waren eine der meistgehörten und -diskutierten Sendungen in Polen. Der Sender hatte einen großen Einfluss auf den demokratischen Wandel in Polen, und damit erfüllte sich die selbstgestellte Aufgabe des ersten Leiters der polnischen Abteilung, Jan → Nowak-Jeziorański – „im Äther das Regime [zu] stürzen".

In den krisenhaften 1980er-Jahren erreichte eine große Welle von Aussiedlern (→ Aussiedler) und politischen wie wirtschaftlichen Flüchtlingen aus Polen München, unter ihnen Ingenieure, Künstler, Kulturschaffende, Mediziner, Handwerker, Informatiker (→ Asyl). Sie suchten einen besseren Platz zum Leben, waren bestrebt sich so gut wie möglich zu integrieren und blieben eine „unsichtbare Minderheit". Anders ergeht es heute den „neuen" Polen – auch wenn sie die bayerische Hauptstadt als ihren Lebensmittelpunkt wählen, muss das keinen Verzicht auf die polnische Identität bedeuten.

Polnische Fußballfans dürften München hauptsächlich mit dem Stürmer des FC Bayern, Robert Lewandowski, verbinden. Anders als vor ihm Miroslav Klose und Lukas → Podolski, die als Kinder von Aussiedlern nach Deutschland kamen und ebenfalls beim FC Bayern spielten, hat Lewandowski nicht die deutsche Staatsangehörigkeit angenommen und tritt bei Länderspielen als Kapitän der polnischen Mannschaft gelegentlich gegen seine deutschen Klubkollegen an.

---

[47] Marek Hłasko: *Die schönen Zwanzigjährigen*, Frankfurt am Main 2000.

1 / Der erfolgreiche Saxofonist Leszek Zadlo

2 / Plakat des polnischen Filmfestivals „Cinepol"
in München, 2015

M

Nicht aus der Münchner Musikszene wegzudenken ist der aus Krakau gebürtige Saxofonist Leszek Zadlo (Żądło), Jahrgang 1945, der auch Musik für Theater und Film schrieb, so wirkte er bei dem Soundtrack für Doris Dörries Spielfilm *Männer* mit. Der polnische Film ist in München seit ein paar Jahren ebenfalls kein Geheimtipp mehr. Jährlich veranstaltet der Verein „Ahoj Nachbarn e.V." das polnische Filmfestival „Cinepol", das seit 2011 in München stattfindet. Dicht an polnischen Themen bleiben auch die polnische Redaktion des Münchner Lokalsenders „Radio Lora" und die polnischsprachige Werbezeitung „Moje Miasto" (Meine Stadt).

Ein wichtiger Veranstalter und Multiplikator im Bereich der polnischen Kultur ist bis heute die im März 1974 gegründete „Deutsch-Polnische Gesellschaft München" (DPGM). Zu ihren zahlreichen Veranstaltungen, die dem Dialog zwischen Deutschen und Polen gelten, gehört etwa die literarische Reihe „Gut gepolt!" in der Muffathalle. Die Lesungen bringen interessierten Zuhörern Neuerscheinungen polnischer Gegenwartsautorinnen und -autoren nahe, die ins Deutsche übersetzt wurden. Zu einem Kulturaustausch, der nicht mit einem fertig importierten „Produkt" zu tun hat, tragen polnische → Theaterregisseure bei, wie der 1962 in Stettin geborene Krzysztof Warlikowski, der zu den bekanntesten zeitgenössischen Regisseuren in Europa gehört. Seine Regiearbeiten außerhalb Polens, so für die Bayerische Staatsoper, sorgen für großes Interesse und tragen auch zur Popularität Münchens in Polen bei.

Weiterführende Literatur

Karl Dedecius (Hrsg.): *Panorama der polnischen Literatur des 20. Jahrhunderts,* Bd. Porträts, Zürich 2000.

Nina Kozlowski: *Polen in München. Aus der Geschichte bayerisch-polnischen Beziehungen,* in: Basil Kerski / Krzysztof Ruchniewicz (Hrsg.): *Polnische Einwanderung. Zur Geschichte und Gegenwart der Polen in Deutschland,* Osnabrück 2011, S. 153 – 166.

Nina Kozlowski / Ewa Karasińska-Klaputh / Aleksander Menhard (Hrsg.): *Bayerische Löwen – polnische Adler,* München 2008.

Peter Oliver Loew: *Wir Unsichtbaren. Geschichte der Polen in Deutschland,* München 2014.

Violetta Wejs-Milewska: *Radio Wolna Europa na emigracyjnych szlakach pisarzy. Gustaw Herling-Grudziński, Tadeusz Nowakowski, Roman Palester, Czesław Straszewicz, Tymon Terlecki* [Radio Freies Europa auf den Emigrationspfaden der Autoren. Gustaw Herling-Grudziński, Tadeusz Nowakowski, Roman Palester, Czesław Straszewicz, Tymon Terlecki], Kraków 2007.

Münchner Malerschule

Polnische Künstler im „Isar-Athen"

Nawojka Cieślińska-Lobkowicz

—

„Ein bißchen Kowalski, ein bißchen Brandt / Ein bißchen Schnee, ein bißchen Sand / Und wenn ein Wolf ist noch dabei / Das ist die polnische Malerei."[48] Dieses Scherzgedicht spielt auf zwei der bekanntesten Vertreter der Münchner Malerschule des ausgehenden 19. Jahrhunderts an, Alfred Wierusz-Kowalski (1849 – 1915) und Józef Brandt (1841 – 1915), und ebenso auf ihre charakteristischen Sujets: Landschaft und Staffage.

Es ist schon ein Paradox: In → München, fern von der Heimat, kristallisierte sich ein typisch polnischer Malstil heraus, der großen Einfluss auf die Entwicklung der Malerei in Polen haben sollte. Zugleich war dieser spezifische, quasi-nationale Charakter für den Erfolg der polnischen „Münchner" in Deutschland entscheidend. Indirekt beeinflusste er auch die über Jahrzehnte geltenden stereotypen Polenbilder.

Man sollte jedoch treffender von einer polnischen Künstlerkolonie in Bayerns Hauptstadt sprechen. Ihre Anfänge fallen mit der kulturellen Blüte der Stadt unter den Wittelsbachern zusammen, deren Höhepunkt in die zwei Dezennien nach dem gescheiterten Januaraufstand von 1863 im russischen Teilungsgebiet Polens fällt, in dessen Folge zahlreiche polnische Künstler nach München kamen, – zu einer Zeit, als die bayerische Metropole eine führende Rolle im deutschen Kunstleben und -handel spielte.

Die Königliche Akademie der bildenden Künste, aber auch private Malschulen (für beiderlei Geschlecht), die Ausstellungen im Kunstverein sowie die seit 1869 jährlich veranstalteten internationalen Kunstausstellungen im Glaspalast lockten Scharen von Interessierten nach München. Ein zusätzlicher Anreiz für die Polen – die meist aus dem preußischen und dem russischen Teilungsgebiet kamen – war neben dem vorherrschenden Katholizismus vor allem die hier herrschende Freiheit, mit der man nationale Themen aufgreifen und sich ungestört mit Landsleuten aus allen Teilen Polens austauschen konnte.

1 / Jozef Brandt,
Kosakenlied des Sieges, 1841

2 / Alfred Wierusz-Kowalski,
Heimfahrt der Kosaken im Schnee

---

48 Adolf Rosenberg: *Die Münchener Malerschule in ihrer Entwickelung seit 1871,* Leipzig 1887, S. 47.

M

Und so stellten Polen die größte ausländische Künstlerkolonie an der Isar. Mehr als 700 Personen gehörten dem Münchner Polenkreis im Laufe der Zeit an; die Akademie verzeichnete über 300 polnische Studierende, und dem Kunstverein gehörten insgesamt 150 an.

Seit den 1860er-Jahren gaben zwei Künstler dieser Gruppe die Richtung vor – der eingangs genannte Józef Brandt und Maksymilian Gierymski (1846 – 1874). Die deutsche Kritik erkannte bei ihnen und ihren Kollegen eine „zielbewusste Energie des Strebens bei stark patriotischer Tendenz"[49]. Gierymski konnte sich allerdings nicht lange in der in München erworbenen Anerkennung sonnen, eine Tuberkulose-Erkrankung beeinträchtigte schon früh sein künstlerisches Schaffen. Doch war er der wohl bedeutendste Künstler der Kolonie. In München studierte er gemeinsam mit seinem Landsmann Juliusz →Kossak bei dem Schlachtenmaler Franz Adam. Gierymski schuf die Grundlagen für den Realismus in der polnischen Landschaftsmalerei, den er mit einer neuen, unheroischen Behandlung der neuesten Geschichte verband. Geradezu „minimalistisch" anmutende Ansichten der flachen polnischen Landschaft im Morgengrauen oder bei Sonnenuntergang mit nur wenigen darin verlorenen Staffagefiguren, mitunter Aufständische zu Pferd, wurden zum Hauptthema von Bildern, welche die Tradition der Münchner Stimmungsmalerei zu einer gedämpften, zugleich erhabenen malerischen Metapher sublimierten.

Józef Brandt wählte eine effektvollere, doch ebenfalls in der heimatlichen Landschaft verankerte Formel mit Schlacht- und Jagdszenen, die an eine vergangene Herrlichkeit Polens erinnerten. Auch Genreszenen seiner Landsleute zählten zu seinem Repertoire. Einer der Schüler Brandts an der Münchner Akademie war der erwähnte Alfred von Wierusz-Kowalski, der Genremotive bevorzugte; ihr osteuropäisches Kostüm und die Szenerien, darunter das unausweichliche Motiv des einsamen Wolfs, machten ihn zu einem der meistverkauften „Münchner" Maler seiner Zeit.

Doch nicht der Wolf, sondern Pferde und Reiter, Ulanen, Kosaken, Tartaren galten neben Sujets wie der Schneeschmelze im Frühjahr, endlosen sandigen Waldwegen und nostalgischen Nachtszenen noch lange als typisch polnisch – in der bayerischen Metropole ebenso wie im preußischen →Berlin. Die Präsenz polnischer Künstler im „Isar-Athen" – wie München seinerzeit genannt wurde – endete erst mit dem Ersten Weltkrieg und dem Entstehen eines unabhängigen Polens.

---

[49] Ebd., S. 130 [Übers. Peter Oliver Loew].

Nachnamen

Was Familiennamen erzählen können

Erika Worbs

—

Die wechselseitigen polnischen und deutschen Wanderungsbewegungen in den vergangenen Jahrhunderten haben reichlich Spuren in der Namenslandschaft beider Völker hinterlassen. Namen verraten viel über Familiengeschichte und Herkunft der Namensträger. So trifft man im Polnischen auf „polonisierte" deutsche Namen, wie Szmyt, Miller, Szulc, und umgekehrt im Deutschen auf ursprünglich polnische Namen, wie Nowa(c)k, Wischnewski, Lewandowski. Johannes → Bobrowski schreibt in seinem Roman *Levins Mühle*, der in den 1870er-Jahren in Westpreußen spielt: „Am Unterlauf der Weichsel, an einem ihrer kleinen Nebenflüsse, gab es in den siebziger Jahren des vorigen Jahrhunderts ein überwiegend von Deutschen bewohntes Dorf. (…) Die Deutschen hießen Kaminski, Tomaschewski und Kossakowski, und die Polen Lebrecht und Germann."[1]

Familiennamen polnischer Herkunft machen heute circa 13 Prozent des Namensbestandes in Deutschland aus, die größten Ballungen finden sich im Ruhrgebiet und in Berlin, der häufigste Name ist Nowack beziehungsweise Nowak, der zugleich auch der am häufigsten vorkommende Nachname in Polen ist. Sie sind weitgehend, wenn auch nicht einheitlich, in Schreibweise und Aussprache assimiliert. So wird im Deutschen beispielsweise das ck in den Namen Lisicki [Lisiki], Kubicki [Kubiki] als kurzes k ausgesprochen, während im Polnischen c und k getrennt artikuliert werden: [Lisic-ki], [Kubic-ki], in der eingedeutschten Schreibweise und Aussprache wird das c dabei zu tz, was beispielsweise gut ablesbar ist am Nachnamen der deutschen Basketball-Legende Dirk Nowitzki (poln. Nowicki).

> „Am Unterlauf der Weichsel, an einem ihrer kleinen Nebenflüsse, gab es in den siebziger Jahren des vorigen Jahrhunderts ein überwiegend von Deutschen bewohntes Dorf. (…) Die Deutschen hießen Kaminski, Tomaschewski und Kossakowski, und die Polen Lebrecht und Germann."

Insbesondere die Familiennamen auf -ski / -cki werden von vielen Deutschen durch prominente polnische Namenträger wie Kwaśniewski, Komorowski oder → Penderecki als typisch polnisch wahrgenommen, aber auch bekannte Fußballer wie → Podolski, Lewandowski, → Błaszczykowski haben erheblich zur Popularität dieses Namentyps beigetragen. Nicht selten wird den Namen auf -ski / -cki ein adliger Ursprung nachgesagt, was allerdings nur bedingt zutrifft.

Die Endung -ski ist so weit im Deutschen heimisch geworden, dass damit auch neue Wörter in die deutsche Sprache Eingang gefunden haben, die keine Eigennamen sind und keinen Bezug zum Polnischen mehr haben. Beispiele hierfür sind (das auch im Duden verzeichnete) umgangssprachlich-abwertende „Radikalinski" (für Radikaler) oder auch das saloppe „Tschüssikowski" als verballhorntes Tschüss.

Bekannt, doch nicht auf den ersten Blick als polnisch identifizierbar, sind hierzulande zahlreiche polnische Familiennamen, die – wie im Deutschen – auf alte Berufsbezeichnungen oder andere konkrete Benennungsmotive zurückgehen, zum Beispiel Bednarz / Bednorz – poln. *bednarz* (Böttcher), Kowal / Kowohl / Kowoll – poln. *kowal* (Schmied), Zajac – poln. *zając* (Hase), Wrobel – poln. *wróbel* (Sperling) oder auch der Familienname Slomka – poln. *słomka* (Strohhalm), zu dessen prominenten Trägern in Deutschland die Fernsehmoderatorin Marietta Slomka sowie der Fußballtrainer Mirko Slomka gehören.

---

[1] Johannes Bobrowski: *Levins Mühle. 34 Sätze über meinen Großvater*, Berlin 1969, S. 5 f.

Negri, Pola

Der gefährliche Vamp

Peter Oliver Loew

—

Die temperamentvolle Schauspielerin mit der exotisch-erotischen Ausstrahlung schien alle deutschen Stereotype von der „polnischen Frau" zu bestätigen.

Der Weg aus der tiefsten polnischen Provinz ins globale Rampenlicht führte für Barbara Apolonia Chałupiec über Deutschland: Am 3. Januar 1897 in ärmlichen Verhältnissen im Städtchen Lipno im russischen Teilungsgebiet geboren (ihr Vater war ein aus der Slowakei zugewanderter Rom, ihre Mutter eine Polin), wurde sie als angehender Stummfilmstar vom Ufa-Regisseur Ernst Lubitsch entdeckt. Gemeinsam feierten sie überwältigende Erfolge – Filme wie *Die Augen der Mumie Mâ* (1918) oder *Madame Dubarry* (1919) machten Pola Negri, wie sie sich nun nannte, berühmt. Mit ihrem stechenden Blick und den schwarzen, keck gelockten Haaren gab sie „den gefährlichen Vamp, die zerstörerische Verführerin, die Quintessenz einer femme fatale"[2].

Die temperamentvolle Schauspielerin mit der exotisch-erotischen Ausstrahlung schien alle deutschen Stereotype von der „polnischen Frau" zu bestätigen. Als erster europäischer Star wurde sie 1922 unter großem Medienrummel von Hollywood abgeworben, war für einige Jahre eine der großen US-Filmdiven und setzte ihre Beziehungen zu Charlie Chaplin und Rudolph Valentino geschickt in Szene. Doch das Aufkommen des Tonfilms schien das Ende ihrer Karriere einzuläuten – ihre tiefe Stimme und der starke polnische Akzent gefielen in Amerika nicht. Deshalb nahm Pola

Negri 1934 dankbar ein Angebot der deutschen Cine-Allianz an, die Hauptrolle in *Mazurka* zu spielen („ich dankte Gott im Stillen für diese wunderbare Gelegenheit zu einem Wiederaufleben meiner Karriere"[3]). Die 175.000 Reichsmark, die das Unternehmen für ihre fürstliche Gage investierte, waren gut angelegt, denn das zum Teil in Warschau kurz vor dem Ersten Weltkrieg handelnde Melodram (gefallene polnische Ehefrau erschießt russischen Verführer) wurde zu einem internationalen Erfolg. Hitler und Goebbels bewunderten die Schauspielerin, nicht zuletzt weil die NS-Propaganda mit ihr dem In- und Ausland eine vermeintliche Weltoffenheit des Dritten Reichs vorgaukeln konnte. Bis 1938 spielte Negri, hofiert von Politik und Öffentlichkeit, noch in fünf Ufa-Produktionen und nahm mehrere Schallplatten auf, dann kehrte sie über Frankreich wieder in die USA zurück, wo man ihr das Engagement in Deutschland übel nahm und sie nur noch zwei Filmrollen bekam. Immerhin bedankte sich Deutschland 1964 mit dem Filmband in Gold bei ihr für „langjähriges und hervorragendes Wirken im deutschen Film"[4]. Pola Negri starb am 1. August 1987 in San Antonio (USA).

---

[2] Sabine Hake: *Passions and Deceptions: The Early Films of Ernst Lubitsch,* Princeton 1992, S. 46.
[3] Pola Negri: *Memoirs of a Star*, New York 1970, S. 373 [Übers. POL].
[4] Siehe dazu unter www.deutsche-filmakademie.de/fpsuche.html (Aufruf am 15.01.2018).

Neviges

Wohin Polen pilgern

Dietmar Osses

—

Polnischsprachige Andacht im Mariendom in Neviges

Jeden Samstag wird der Mariendom auf dem Hardenberg in Neviges zur Pilgerstätte zahlreicher Polen. Die → Polnische Katholische Mission lädt dann zur gut besuchten Andacht in polnischer Sprache ein. Bereits seit über einhundert Jahren ist Neviges, heute ein Ortsteil der bergischen Stadt Velbert, Ziel polnischsprachiger Pilger. Verehrt wird ein Gnadenbild der Heiligen Maria. Der Legende nach soll ein Dorstener Franziskanerpater 1676 während des Gebetes vor dem Marienbild die Worte vernommen haben „Bring mich nach dem Hardenberg, dort will ich verehrt sein." Das Gnadenbild soll daraufhin in das neu gegründete Franziskanerkloster auf dem Hardenberg in Neviges geschickt worden sein.

Mitte der 1890er-Jahre machte der polnische Pater Andreas Bolczyk die Marienverehrung in Neviges unter den → Ruhrpolen bekannt. Als Bruder des Klosters Hardenberg war er ab 1893 mit der Seelsorge für die Polen in Essen und wenig später im gesamten Ruhrgebiet betraut. Bis zum Ersten Weltkrieg entwickelte sich Neviges zum

wichtigsten Wallfahrtsort der fast 500.000 Ruhrpolen. Täglich fanden Prozessionen mit Fahnen der polnischen Vereine statt. Zur Marienwallfahrt kamen jährlich mehrere Tausend Polen in Neviges zusammen. Nach dem Zweiten Weltkrieg zogen nicht nur polnische → Displaced Persons, sondern auch katholische Flüchtlinge und Vertriebene aus den ehemaligen deutschen Ostgebieten zur Wallfahrt nach Neviges.

Die Stiftung einer Kopie der Schwarzen Madonna von Tschenstochau durch den Primas von Polen, den polnischen Kardinal Stefan Wyszyński, der der Wallfahrtskirche 1978 gemeinsam mit dem wenige Wochen später zum Papst gewählten Kardinal Karol Wojtyła (→ Johannes Paul II.) einen Besuch abstattete, verlieh dem Mariendom in Neviges erneut eine herausragende Bedeutung für die aus Polen stammenden Ruhrgebietsbewohner. So treffen sich dort bis heute auch politische Flüchtlinge aus der Zeit des Kriegsrechts (→ Solidarność im Exil) sowie → Aussiedler und Angehörige der „neuen" polnischen Migration zu Andachten und Wallfahrten.

Nietzsche, Friedrich

„… in allem Wesentlichen trotzdem Pole geblieben …"

Peter Oliver Loew

–

Wahrlich: Nietzsche ist kein besonders deutsch klingender Name. Zwar stand der Philosoph damit nicht alleine, besteht das deutsche Volk doch nicht nur aus Müllers und Schmidts, sondern auch aus Kowalskis und Nowaks (→ Nachnamen), doch bildete er sich darauf etwas ein, nämlich dass er eigentlich ein Pole sei: „Man hat mich gelehrt, die Herkunft meines Blutes und Namens auf polnische Edelleute zurückzuführen, welche Niëtzky hießen und etwa vor hundert Jahren ihre Heimat und ihren Adel aufgaben", schrieb er einmal. „Ich will nicht leugnen, daß ich als Knabe keinen geringen Stolz auf diese meine polnische Abkunft hatte: was von deutschem Blute in mir ist, rührt einzig von meiner Mutter (…), und es wollte mir scheinen, als sei ich in allem Wesentlichen trotzdem Pole geblieben. Daß mein Äußeres bis jetzt den polnischen Typus trägt, ist mir oft genug bestätigt worden".[5]

> „Ich will nicht leugnen, daß ich als Knabe keinen geringen Stolz auf diese meine polnische Abkunft hatte: was von deutschem Blute in mir ist, rührt einzig von meiner Mutter (…), und es wollte mir scheinen, als sei ich in allem Wesentlichen trotzdem Pole geblieben."

Doch die Familienlegende ist das eine, historische Belege sind das andere. Denen zufolge stammt die Familie Nietzsche väterlicherseits aus der Lausitz, und adlig war sie auch nicht, wohl aber – irgendwann einmal – slawisch. Unbeirrt hat Nietzsche jedoch immer wieder mit seiner möglichen polnischen Herkunft kokettiert, etwa in seinen autobiografischen Betrachtungen *Ecce homo*: „Ich bin ein polnischer Edelmann *pur sang* [reinen Blutes], dem auch nicht ein Tropfen schlechtes Blut beigemischt ist, am wenigsten deutsches."[6] Es hat wohl nichts mit dieser Herkunftslegende zu tun, doch die Nietzsche-Rezeption in Polen war außergewöhnlich intensiv. Und kein Geringerer als Stanisław → Przybyszewski sah in ihm auch einen zumindest wahlverwandten Zeitgenossen: „Das Wunder von Nietzsches Sprache kann nur ein Pole nachempfinden: Es ist ja das herrlichste Polnisch, in eine andere Sprache transponiert von einem Genie! Nietzsche vergewaltigte das Deutsch seiner Zeit auf ungeahnte Weise".[7]

[5] Friedrich Nietzsche: *Werke. Kritische Gesamtausgabe*, 5. Abt., 2. Bd., Berlin/New York 1973, S. 579.
[6] Ebd., 6. Abt., 3. Bd., S. 266.
[7] Stanisław Przybyszewski: *Ferne komm ich her … Erinnerungen an Berlin und Krakau*. Aus dem Polnischen von Roswitha Matwin-Buschmann, Paderborn 1994, S. 71.

Niewodniczański, Tomasz

Bitburger Kunstsammler mit großem Herz

Nawojka Cieślińska-Lobkowicz

—

Physiker, Unternehmer, Sammler – so sollte nach dem Wunsch von Tomasz Niewodniczański die Inschrift auf seinem Grabstein lauten. Der 1933 in Wilna, damals noch zu Polen gehörig, Geborene musste seine Heimatstadt 1944 verlassen. Er studierte Physik, womit er der Familientradition folgte, denn auch sein Vater und sein Bruder waren Physikprofessoren. Bis 1970 arbeitete er als Kernphysiker in Polen. Als sich dort in den Jahren nach der Niederschlagung des Prager Frühlings die Situation zuspitzte, setzte er sich mit seiner Frau, Tochter aus der Bitburger Brauereidynastie Simon, und den inzwischen drei Kindern nach Westdeutschland ab.

1973 wechselte er sein berufliches Metier und wurde Chef der Bitburger Brauerei, die er ein Vierteljahrhundert leitete. Nach der Verhängung des Kriegsrechts in Polen nahm er die deutsche Staatsbürgerschaft an; die polnische erhielt er nach 1989 zurück. Die Arbeit in Bitburg ermöglichte es ihm, seine Sammlerleidenschaft zu verwirklichen, zu deren Gegenstand – geschuldet seiner Trennung von der Heimat – alte Landkarten, Pläne und Ansichten polnischer Städte wurden. Bald erweiterte er sein Sammlerprofil und kaufte Karten von Deutschland, aber auch polnische Archivalien und Handschriften polnischer Schriftsteller. So entstand schließlich die wertvollste private Kartensammlung Europas; außerdem besaß er handschriftliche Schätze der polnischen Kultur, darunter Originalschriften des großen polnischen Nationaldichters Adam → Mickiewicz.

Niewodniczański sorgte für eine professionelle Betreuung seiner Sammlung und stellte sie in Ausstellungen der Öffentlichkeit vor: *Imago Germaniae* (Berlin 1996), *Imago Poloniae* (Berlin, Warschau, Krakau, Breslau, Darmstadt 2002–2004) und *Imago Lithuaniae* (Wilna 2003) lauteten ihre Titel. Für seine Verdienste um die polnische Kultur erhielt er den Ehrendoktortitel der Universität Trier. 1998 schenkte er der Universität Stettin mehrere Hundert Karten und Ansichten Pommerns, 2002 übergab er den schlesischen Teil seiner Sammlung der Breslauer Ossolinski-Nationalbibliothek (Ossolineum).

Nach dem Tod Niewodniczańskis im Jahre 2010 gelangten alle übrigen Polonica als Schenkung in das Warschauer Königsschloss. Doch sein Traum, dass dafür die 1945 in Niederschlesien aufgefundenen und heute in Krakau aufbewahrten Rara der ehemaligen Preußischen Staatsbibliothek („Berlinka") nach Berlin zurückkehren sollten, wurde nicht wahr. Dieser von den Traditionen der multikulturellen polnisch-litauischen Republik geprägte Mäzen, der in Deutschland so freundschaftlich aufgenommen wurde und an ein geeintes Europa glaubte, war seiner Zeit weit voraus.

Niewrzęda, Krzysztof

Ein Poet im Westen mit dem Blick nach Osten

Dorota Danielewicz

—

Seit vielen Jahren in Berlin
zu Hause: der Schriftsteller
Krzysztof Niewrzęda

„… über die Emigration dachte ich einzig und allein als über eine konzentrierte Erfahrung, die die Entfremdung des Individuums an sich beinhaltete und keine Entfremdung in einem anderen Land." [8]

Krzysztof Niewrzęda stammt aus Stettin und besuchte schon in seiner Schulzeit lieber Ost-Berlin als seine eigene Schule. Geboren 1964, studierte er in seiner Geburtsstadt Architektur; in der Freizeit betätigte er sich als Schlagzeuger in diversen Stettiner Undergroundbands. Anfang 1989 kam er nach Deutschland; die erste Stadt seiner Wahl wurde →Bremen. Die Bremer Zeit beschreibt Niewrzęda als nur „mäßig glücklich", mit der norddeutschen Mentalität konnte er sich nie richtig anfreunden. Nichtsdestotrotz entstanden in Bremen sein erster Lyrikband *W poprzek* (Quer, 1998) sowie sein Erstlingsroman *Poszukiwanie całości*, der 1999 erschienen ist. Niewrzęda trat in Monodramen eigener Produktion auf, betätigte sich rege an der Mitarbeit in verschiedenen polnischsprachigen →Kulturzeitschriften, 1997 wurde er mit dem „Silbernen Pegasus" des Europäischen Lyrikwettbewerbes für ein Emigrationsgedicht ausgezeichnet. Seit Krzysztof Niewrzęda 2001 mit

seiner Frau Dorota nach Berlin umzog, ist Pankow seine neue Heimat, ein nördlicher Bezirk Berlins, von dem aus man schnell nach Stettin gelangt.

In seinem literarischen Schaffen ist Niewrzęda seiner Muttersprache treu geblieben, alle seine Werke sind auf Polnisch entstanden. Im Laufe der Jahre geschah sogar etwas Spannendes: Niewrzędas Polnisch entwickelte sich trotz des Lebens in Deutschland auf ganz persönliche Weise weiter, sein Merkmal sind sprachliche Virtuositäten, syntaktische Erfindungen, die vor allem in seiner Prosa sichtbar werden, wohingegen seine Gedichte sehr sparsam, fast lakonisch wirken. Niewrzędas Prosa, in der er sich mit der Rolle des Individuums in der globalisierten Welt auseinandersetzt, lässt sich durch ihren experimentfreudigen Stil nur sehr schwer übersetzen, sodass die Rezeption seiner Werke vor allem auf Polen beschränkt bleibt.

Legendär ist Niewrzędas persönliche Ausstrahlung. Seine Wohnung ist ein Treffpunkt polnischer Literaten, und vielen Berlinreisenden aus Polen hat der gastfreundliche Haushalt eine Herberge geboten.

---

[8] Krzysztof Niewrzęda: *Poszukiwanie całości* [Auf der Suche nach dem Ganzen], Szczecin 2009, S. 10 [Übers. DD].

Nordwolle

Die Fabrik der ausgebeuteten Arbeitskräfte aus Osteuropa

Rüdiger Ritter

—

Die Norddeutsche Wollkämmerei & Kammgarnspinnerei in Delmenhorst bei Bremen, kurz „Nordwolle" genannt, wurde 1884 von dem Bremer Kaufmann Christian Lahusen gegründet. In der Blütezeit des Unternehmens in den 1920er-Jahren wurde hier ein Viertel der Weltproduktion an Woll-Rohgarn hergestellt. Nicht zuletzt wegen vermehrter Streiks der einheimischen Beschäftigten wurden im späten 19. Jahrhundert Arbeitskräfte zunächst aus Böhmen, dann aber vor allem aus Oberschlesien und der Provinz Posen angeworben. Der Anteil nicht deutscher Arbeitskräfte betrug bis zu 75 Prozent. Ihre andersartigen Gewohnheiten (Tragen von Kopftüchern) und ihre katholische Konfession führten zu Spannungen mit der einheimischen Bevölkerung (→ Bremen). Die jungen Frauen aus Schlesien, Böhmen und Galizien erhielten einen Lohn von 1,50 Mark pro Tag, ihre männlichen Kollegen etwas mehr. Das soziale Elend der Arbeiterinnen und Arbeiter war unter dem Begriff „Delmenhorster Verhältnisse" weit über die Grenzen der Region hinaus berüchtigt. Für die Arbeitskräfte wurden später eigene Wohnheime gebaut, in denen bis zu 150 Personen unter heute unvorstellbaren Umständen untergebracht waren: „In Nr. 28 der Fabrikwohnungen hausten zum Beispiel in Stube, Küche und zwei Kammern 16 – 17 Fabrikmädel". [9] Nach dem Konkurs des Unternehmens im Jahre 1931 funktionierten die Nationalsozialisten die notdürftig sanierte Fabrik zum Wehrmachtbetrieb um. Eines der früheren Wohnheime wurde zur Einquartierung von Zwangsarbeitskräften aus Polen und der Sowjetunion genutzt.

Heute befindet sich auf dem Gelände der ehemaligen Fabrik, die die Produktion 1981 einstellte, das Nordwestdeutsche Museum für Industriekultur. 1996 eröffnet, dokumentiert es die Geschichte des Unternehmens und nimmt auch die Arbeitsmigration aus Polen und anderen osteuropäischen Ländern in den Blick.

Die Delmenhorster Textilfabrik „Nordwolle" beschäftigte zahlreiche Arbeiterinnen aus dem östlichen Europa, vor allem aus den polnischen und böhmischen Gebieten, um 1930.

[9] Gerhard Kaldewei: „… *wenn Delmenhorst nicht ganz und gar in Verruf kommen soll" – Zur Geschichte und Zukunft der Delmenhorster Industriekultur*, in: Hans H. Bass (Hrsg.): *Facetten volkswirtschaftlicher Forschung. Festschrift für Karl Marten Barfuß*, Münster 2004, S. 16–38, hier S. 29.

Nowak-Jeziorański, Jan

Held des „heißen" und des „kalten" Krieges

Matthias Barełkowski

—

Jan Nowak-Jeziorański wurde 1914 in Berlin geboren, lebte fast 30 Jahre in München und sprach doch nur schlecht Deutsch. Das Leben von Zdzisław Jeziorański, so sein eigentlicher Name, den Doppelnamen gab er sich in Erinnerung an seinen Decknamen „Jan Nowak", stand ganz im Zeichen des Krieges.

Die Berliner Episode des kleinen Zdzisław war nur kurz, denn schon im Herbst 1915 zog seine Mutter mit ihm zurück in ihre Heimatstadt Warschau. Nach seinem Schulabschluss ging er nach Posen zum Studium und absolvierte die Offiziersschule. Im Zweiten Weltkrieg wurde er im besetzten Polen festgenommen, konnte aber aus der Haft entkommen und ging in den Untergrund. Bekannt wurde er als „Kurier aus Warschau", der zwischen der Polnischen Heimatarmee (*Armia Krajowa*) und der polnischen Exilregierung in London pendelte. Ende Juli 1944 kehrte er als letzter Regierungsemissär vor Ausbruch des Warschauer Aufstandes per Flugzeug nach Polen zurück. Kurz vor der Kapitulation der Aufständischen im Oktober 1944 wurde er dann vom Befehlshaber der Heimatarmee mit Fotos und Dokumenten nach London zurückgeschickt.

Nach dem Krieg blieb Nowak-Jeziorański im Westen und arbeitete ab 1951 am Aufbau der polnischen Sektion von →Radio Freies Europa (RFE) in →München, die er bis 1976 leitete. Liest man seine Erinnerungen an diese Zeit, die unter dem bezeichnenden Titel *Wojna w eterze* (1985, Krieg im Äther) erschienen sind, wird deutlich, dass Nowak-Jeziorański zwar lange in München gelebt hat, aber so gut wie keine Kontakte zu Deutschen unterhielt. Lediglich Vertriebenenfunktionäre und Verwandte ehemaliger Nazigrößen, in deren Nähe er in München lebte, werden am Rande wie zur Abschreckung erwähnt. Ganz der Radioarbeit gegen das kommunistische Regime in Polen und den dortigen Geschehnissen verpflichtet, spielte sich sein Leben fast ausschließlich in der polnischen Exilgemeinde ab. Kollegiale Beziehungen pflegte er lediglich zu

den US-Arbeitgebern. Die Politik der jungen Bundesrepublik nahm der Chef der polnischen Sektion von RFE vor allem als Bedrohung der Oder-Neiße-Grenze und der Arbeit des Radios wahr, etwa als um die Jahreswende 1960/61 im Bundestag und in Teilen der Presse gefordert wurde, die Lizenz für den Sender zu widerrufen, da dieser von deutschem Boden aus die Anerkennung der neuen Grenze fordere und polnische Ortsnamen verwende.

2002 kehrte Nowak-Jeziorański schließlich unter nun veränderten politischen Bedingungen nach Polen zurück, wo er 2005 hochgeehrt in Warschau starb.

Nowakowski, Tadeusz

Ein Emigrant als Mitglied der „Gruppe 47"

Agnieszka Kowaluk

—

Der deutsche Schriftsteller Heinrich Böll, wie Tadeusz Nowakowski Mitglied der „Gruppe 47", riet seinem polnischen Kollegen davon ab, in Deutschland bei öffentlichen Auftritten Witze zu erzählen. Man würde zwar applaudieren, doch garantiert würde jemand fragen: „Was wollen Sie eigentlich damit sagen?"

Über interkulturelle Schwierigkeiten in der Nachkriegszeit hatte Tadeusz Nowakowski (1917–1996) bereits 1957 in seinem bekanntesten Roman *Obóz Wszystkich Świętych* (dt. *Polonaise Allerheiligen*, 1959) geschrieben. Darin heiratet der Unterleutnant Grzegorczyk, Insasse eines DP-Lagers (→ Displaced Persons), ein deutsches Mädchen aus der Stadt und verletzt damit gleich mehrere Grundregeln der Lagergemeinschaft: Er nähert sich als Pole einer Deutschen an und distanziert sich von dem patriotischen Habitus der DPs. Der autobiografisch gefärbte Roman verhandelt Begriffe wie Gemeinschaft, Fremdheit und Identität. „Herrn Magister Raczka (…) mag es missfallen, dass es auf der Welt Deutsche gibt, dem SS-Sturmbahnführer (…) mag es missfallen, dass es auf der Welt Polen gibt. Ich möchte weder

Raczka noch der SS-Mann, ich möchte Mensch sein", so der Protagonist Grzegorczyk. [10]

Der aus Allenstein (Olsztyn) stammende Nowakowski wurde 1940 von der Gestapo verhaftet und verbrachte den Krieg in Gefängnissen und Konzentrationslagern. 1945 kam er ins DP-Lager → Haren/ Maczków im Emsland. Als Mitarbeiter von → Radio Freies Europa wohnte er ab 1953 in München. Hier schrieb er Artikel sowohl für „Die Zeit" und die „Frankfurter Allgemeine Zeitung" als auch für die polnische Auslandspresse, publizierte die viel beachtete Geschichte der Fürstenfamilie → Radziwiłł (→ Berlin) und Reportagen über die Reisen von → Johannes Paul II. Im Gegensatz zu den meisten Immigranten suchte er Kontakt zur deutschen Kulturszene und wurde 1959 Mitglied der „Gruppe 47", was er ironisch und mit Anerkennung für seinen Übersetzer kommentierte: „Wenn kein fremder Übersetzer ihm gnädig seine Sprache leiht, kann ein Pole die herrlichsten Werke verfassen, den Nobelpreis oder sogar eine Einladung zur ‚Gruppe 47' erhalten – niemand wird erfahren, was der Mann in seiner Sprache, die leider keine Weltsprache ist, zu sagen hat." [11]

---

[10] Tadeusz Nowakowski: *Obóz wszystkich świętych*, zit. nach Hanna Gosk: *Zamiast końca historii* [Anstatt des Endes der Geschichte], Warszawa 2005, S. 240 [Übers. AKo].
[11] Ders.: *Keine Ulanen, kein Chopin*, in: Der Spiegel, Nr. 16, 10.04.1967.

Nowowiejski, Feliks

Wanderer zwischen den Welten

Peter Oliver Loew

—

„Der Deutsche wird uns nicht ins Gesicht spucken / und unsere Kinder nicht germanisieren." Diese Verszeilen stammen aus dem Gedicht *Rota* der polnischen Dichterin Maria Konopnicka (→ München). Der Komponist Feliks Nowowiejski, der es 1910 vertonte und damit eine der inoffiziellen polnischen Nationalhymnen schuf, war selbst ein Wanderer zwischen der polnischen und der deutschen Welt.

Nowowiejski, geboren 1877 im ermländischen Wartenburg (Barczewo) als fünfter Sohn eines polnischen Schneidermeisters und einer deutschen Mutter, ging nach einigen Jahren als Militärmusiker in Allenstein (Olsztyn) zur weiteren Ausbildung nach Berlin und gewann dort gleich zwei Mal den „Meyerbeer-Preis", die damals höchste deutsche Auszeichnung für Komponisten. Mit seinem 1903 fertiggestellten Oratorium *Quo Vadis* (nach dem gleichnamigen Roman von Henryk Sienkiewicz) feierte er in Europa und Nordamerika gewaltige Erfolge – es wurde bis 1939 über 200 Mal aufgeführt.

1909 entschloss sich Nowowiejski, der immer noch besser Deutsch als Polnisch sprach, zur Übersiedlung nach Krakau, diente aber im Ersten Weltkrieg wieder in Berlin als Militärkapellmeister. Danach engagierte er sich im Abstimmungskampf in Ermland-Masuren für die polnische Seite, ließ sich in Posen nieder und wurde zu einer führenden Persönlichkeit des polnischen Musiklebens in der Zwischenkriegszeit. Er starb 1946. Aus politischen Gründen in Deutschland lange nicht aufgeführt, gelten vor allem seine Orgelsymphonien heute auch hierzulande als Meilensteine der Orgelliteratur.

N

Auch im Alter sprach der Komponist Feliks Nowowiejski immer noch Polnisch mit deutschem Akzent, Fotografie vermutlich 1930er-Jahre.

Hans Frank (mit Sonnenbrille) auf der Anklagebank im Gerichtssaal des Nürnberger Justizpalastes, 1946. An der Anklageschrift gegen Hitlers Statthalter im besetzten Polen hatte unter anderem der Warschauer Jurist Stanisław Piotrowski mitgewirkt. Frank wurde zum Tode verurteilt und im Oktober 1946 hingerichtet.

Nürnberger Prozesse

Zeugen und Ankläger im Land der Täter

Markus Krzoska

—

Die Anspannung war groß. Am einstigen Ort der Reichsparteitage des nationalsozialistischen Regimes sollten nach dem Zweiten Weltkrieg vor den Augen der Weltöffentlichkeit die überlebenden deutschen Hauptverantwortlichen für Krieg und Völkermord zur Rechenschaft gezogen werden. Zwischen 1945 und 1949 fanden in Nürnberg insgesamt 13 von den Alliierten durchgeführte Prozesse statt. Rechtliche Grundlage dafür war das Londoner Viermächteabkommen („Londoner Statut") vom August 1945, das Großbritannien, die USA, Frankreich und die Sowjetunion geschlossen hatten. Doch nur der Hauptprozess vom 20. November 1945 bis 1. Oktober 1946 gegen die wichtigsten überlebenden Nazi-Repräsentanten fand vor dem Internationalen Militärgerichtshof statt, die zwölf großen Nachfolgeprozesse wurden vor US-amerikanischen Militärgerichten im Nürnberger Justizpalast geführt.

Der Nürnberger Hauptkriegsverbrecherprozess kann als einer der ersten juristischen Versuche angesehen werden, die Kategorie des Völkermordes in die internationale Rechtsprechung einzuführen. Maßgeblichen Anteil daran hatte der als Assistent des US-amerikanischen Hauptanklagevertreters mitwirkende exilpolnische Jurist Rafał (Raphael) Lemkin, der in der Zwischenkriegszeit auch in Heidelberg studiert hatte.

Obwohl auf der Seite der Anklagevertreter Polen nicht offiziell auftreten konnte, wirkten polnische Juristen und Journalisten sowie Zeugen an den Prozessen mit. Erstere, insbesondere der damals in London, später am Internationalen Gerichtshof in Den Haag tätige Rechtswissenschaftler Manfred Lachs, hatten eine spezielle polnische Anklageschrift aufgesetzt, die die in Polen von den Nationalsozialisten verübten Verbrechen betraf, und an den Vorbereitungen zum Prozess mitgewirkt. An der Anklageschrift gegen Hans Frank, Hitlers Statthalter im besetzten Polen, wirkte insbesondere der Warschauer Jurist Stanisław Piotrowski mit. Seine Kollegen Jerzy Sawicki, Stefan Kurowski, Tadeusz Cyprian und Mieczysław Szerer bemühten sich nach dem Prozess auch darum, dessen Ergebnisse wissenschaftlich aufzuarbeiten und öffentlich bekanntzumachen.

Bei den beiden polnischen Zeugen, die im Hauptprozess aussagten, handelte es sich um die Auschwitz-Überlebende und Schriftstellerin Seweryna Szmaglewska sowie Samuel Rajzman, der im Vernichtungslager Treblinka inhaftiert war. In den Folgeprozessen trat hingegen auf ausdrücklichen Wunsch der Amerikaner eine Reihe polnischer Zeugen auf, so 1947 – im Prozess gegen die Funktionäre des „Rasse- und Siedlungshauptamts" der SS – der polnische Arzt und ehemalige Untergrundkämpfer Zygmunt Klukowski. Unter den polnischen Journalisten, die die Berichterstattung als einmalige Chance für ihre berufliche Karriere sahen, machten neben im kommunistischen Auftrag handelnden Akteuren aus Polen, wie Karol Małcużyński, Marian Podkowiński oder Edmund Jan Osmańczyk, auch Vertreter des Londoner Exils, so etwa Janusz Laskowski, auf sich aufmerksam.

N

O

Odojewski, Włodzimierz

Der große Romancier des Ostens

Hans-Christian Trepte

—

„Odojewski darf mit den großen slawischen Schriftstellern der Vergangenheit verglichen werden, die es verstanden, den Menschen in seinem Zwiespalt zwischen Gut und Böse, in seiner Hilflosigkeit gegenüber feindlichen Kräften und Mächten zu zeigen (…)".

Anneliese Dempf

Der 1930 in Posen geborene polnische Prosaiker, Dramatiker und Essayist Włodzimierz Odojewski verlor seine Stelle als Leiter des „Zeitgenössischen Theaterstudios" beim Polnischen Rundfunk Warschau (1961–1968) im Zusammenhang mit den politischen Unruhen und antisemitischen Hetzkampagnen des Jahres 1968. Von einem Studienaufenthalt in Paris und anschließend in West-Berlin (1971 hatte er ein Stipendium der Akademie der Künste erhalten) kehrte er nicht mehr zurück und bat noch im selben Jahr in der Bundesrepublik um politisches Asyl. Im Herbst 1972 ließ er sich in München nieder, wo er bis 1994 die Kulturabteilung des Polnischen Programms von → Radio Freies Europa leitete.

Odojewskis frühes literarisches Schaffen ist im polnisch-ukrainisch-russischen Grenzraum angesiedelt, so etwa der Roman *Miejsce nawiedzone* (1959, dt. *Zwischenreich*, 1962). Auch den lange Zeit streng tabuisierten Massenmord an polnischen Offizieren in Katyń während des Zweiten Weltkriegs thematisierte er in seinem Roman *Zasypie wszystko, zawieje*, der in den 1960er-Jahren nicht erscheinen durfte, weswegen Odojewski sein Land verließ und in den Westen ging. Der Roman, der 1977 in deutscher Übersetzung unter dem Titel *Katharina oder alles verwehen wird der Schnee* veröffentlicht wurde, machte Odojewski als Autor international bekannt. Im gleichen Jahr schrieben die „Stuttgarter Nachrichten": „Odojewski darf mit den großen slawischen Schriftstellern der Vergangenheit

verglichen werden, die es verstanden, den Menschen in seinem Zwiespalt zwischen Gut und Böse, in seiner Hilflosigkeit gegenüber feindlichen Kräften und Mächten zu zeigen, denen er ausgeliefert ist, deren Kontrolle nicht in seiner Hand liegt." [1] Um den Ausbruch des Zweiten Weltkriegs kreist auch die in Polen angesiedelte Erzählung *Sezon w Wenecji* (2000, dt. *Ein Sommer in Venedig*, 2007, Nominierung zum Deutschen Jugendliteraturpreis 2008) über die geplante Reise des neunjährigen Marek mit seiner Mutter im Sommer 1939 nach Italien, die durch den Ausbruch des Krieges verhindert wird.

In der Erzählung *Nie mogąc uwierzyć jeszcze* (2002, Noch nicht begreifen können) stellt Odojewski die Thematik der Teilung Deutschlands in den persönlichen Kontext einer Liebesbeziehung zwischen einem älter werdenden polnischen Emigranten und einer jungen Deutschen, deren Mann als Bürgerrechtler in der DDR inhaftiert und von der Bundesrepublik freigekauft wird. Odojewski erschafft darin eine beklemmende Atmosphäre, die sich langsam wie ein Schatten über die Liebenden und ihre persönliche Vergangenheit legt, bis schließlich die Unmöglichkeit einer solchen Verbindung offensichtlich wird. [2]

Der Autor, der erst 1989 wieder in sein Geburtsland Polen zurückkehrte, ist am 20. Juli 2016 im Alter von 86 Jahren in der Nähe von Warschau gestorben. Unmittelbar nach seinem Tod erschien sein letztes Buch auf Deutsch, der Roman *Verdrehte Zeit (Czas odwrócony)*.

---

[1] Anneliese Dempf: *Zustandsbilder der Heimsuchung Polens*, in: Stuttgarter Nachrichten, 29.10.1977.

[2] Włodzimierz Odojewski: *Noch nicht begreifen können*, in: *Ansichten. Jahrbuch des Deutschen Polen-Instituts*, Wiesbaden 2003, S. 135–159.

Offene Augen

Polnisches Puppentheater made in Bielefeld

Andrzej Kaluza

—

Alles begann am Nikolaustag des Jahres 1992. Damals hatte die Wahl-Bielefelderin Maria Konska-Chmielecki die Idee, ein deutsch-polnisches Puppentheater zu gründen. Von Beruf Diplom-Psychologin, hatte sie schon in ihrer Kindheit in Krakau an verschiedenen Theaterprojekten teilgenommen. Im Dezember 1993 wurde dann zum ersten Mal ein Krippenspiel, das sie selber geschrieben hatte und bei dem sie Regie führte, zunächst im Kreise von Bekannten und Verwandten uraufgeführt. Maria Konska-Chmielecki nannte ihr Projekt „Theater ‚Offene Augen/Otwarte Oczy'". Seitdem ist die Leiterin des Puppentheaters eine Allround-Künstlerin: Sie schreibt die Drehbücher, entwirft die Puppen, entwickelt die Choreografie und übernimmt natürlich auch die Regie. Fürs Theaterspielen engagiert sie auch ihre Familienmitglieder.

Gleich nach der „Familienpremiere" 1993 begann die Zusammenarbeit mit Schulen in Bielefeld und Umgebung: Bei Workshops studierten Kinder die Rollen ein und erarbeiteten ganze Vorstellungen. „Es gibt Schüler, die mit uns [dem Puppentheater] in der 3. Klasse der Grundschule angefangen haben zu spielen und bis zu ihrem Abitur noch an vielen Vorstellungen mitgewirkt haben (…). Sie fuhren sogar mit uns zu Auftritten in ganz Deutschland, Polen und Frankreich"[3], so Konska-Chmielecki.

Das Theater arbeitet mit Schulen, Theaterinitiativen, Stadtbibliotheken und anderen Kulturinstitutionen vor allem in Nordrhein-Westfalen zusammen und nimmt darüber hinaus an internationalen Theaterfestivals teil. Wie die Theatergründerin bekennt, ist es ihr „ein großes Anliegen, Schulkinder und Jugendliche mit dem Theaterspiel in Projekten vertraut zu machen, indem sie ihre Kreativität künstlerisch einsetzen."[4] Zum Repertoire gehören weltbekannte polnische, deutsche und internationale Stoffe der Kinder- und Jugendliteratur – *Der kleine König Macius* von Janusz → Korczak, Michael Endes *Momo, Die Lokomotive* nach Julian Tuwim, Astrid Lindgrens *Michel in der Suppenschüssel* – ebenso wie die eigenen Stücke der Künstlerin.

Zum Repertoire gehören weltbekannte polnische, deutsche und internationale Stoffe der Kinder- und Jugendliteratur.

O

Puppen zu *Der kleine König Macius* nach dem Kinderbuch von Janusz Korczak

[3] Zit. nach *Teatr Lalki i Aktora „Otwarte Oczy 1993–2013" – Puppentheater Bielefeld „Offene Augen"* o.O., o.S. [Prospekt in PDF-Form]. Online abrufbar unter: www.puppentheater-offene-augen.de (Aufruf am 08.08.2016).
[4] Ebd., o.S.

Oflag Murnau

Ein Kriegsgefangenenlager im Hitler-Deutschland

Markus Krzoska
—

Zum allgemeinen Vergnügen führten die Gefangenen im Oflag Murnau Theaterstücke und Operetten auf, die Frauenrollen wurden von Männern übernommen, Aufnahmedatum unbekannt.

Am frühen Morgen des 5. Oktober 1939 trafen über 1.000 gefangen genommene polnische Offiziere der einstigen „Kraków"-Armee *(Armia Kraków)* im beschaulichen, etwa 70 km südlich von München gelegenen Städtchen Murnau ein. Auf dem Weg in die Werdenfels-Kaserne, nun Oflag (Offizierslager) VII A genannt, drohte man ihnen aus den Fenstern mit Fäusten, und die Aufseher ließen sie ihre Verachtung spüren, wie es einer der Beteiligten, Zygmunt Strękowski, in seinen 1978 verfassten, bisher unveröffentlichten Erinnerungen formuliert. Verpflegung und Unterbringung erwiesen sich als äußerst mäßig und standen mitunter in deutlichem Widerspruch zur Genfer Konvention, die auch Deutschland unterzeichnet hatte. 1942 wurde dann auch ein Großteil der zuvor im Oflag VIII E Johannisbrunn (heute Jánské Koupele, Tschechien) internierten Generäle des Septemberkrieges von 1939 nach Murnau gebracht. Zu den ranghöchsten, in Murnau internierten Insassen gehörten Admiral Józef Unrug, der die polnische Marine befehligte, und General Juliusz Rómmel, der 1939 Warschau verteidigt hatte.

Während zu Beginn des Krieges hier nicht mehr als 700 Kriegsgefangene interniert waren, betrug die Zahl der Lagerinsassen Ende April 1945, als die US-amerikanischen Truppen General Pattons das Lager befreiten, über 5.000. Unter ihnen befanden sich seit dem Herbst 1944 zahlreiche Kämpfer des Warschauer Aufstands (→ Colditz), darunter auch der berühmte Theaterregisseur Leon Schiller (1887–1954). Wie erst 2003 in Frankreich aufgefundene Fotodokumente zutage gefördert haben, existierte im Lager auch ein kulturelles Leben, unter anderem gab es ein Lagerorchester und Theateraufführungen. [5]

Über das alltägliche Leben und die Fluchtversuche aus dem Oflag Murnau entstand 1987 der Spielfilm *Wielki Wóz* (Großer

Wagen) von Marek Wortman. Bereits 1970 hatte Stefan Majchrowski, auch er einst Lagerinsasse, eine Art historischen Roman *Za drutami Murnau* (Hinter dem Zaun von Murnau) über das Internierungslager verfasst. Seit 2012 erinnert eine Gedenktafel in deutscher und polnischer Sprache an das Lager.

Insgesamt mussten im Reichsgebiet nach dem Septemberkrieg von 1939 fast 20.000 gefangen genommene polnische Offiziere untergebracht werden. Mit der Zeit wurden viele polnische Insassen aus den kleineren in zentrale Lager gebracht, zu denen neben Murnau die Oflags II C Woldenberg (heute Dobiegniew, Woiwodschaft Lubusz), IV C Groß-Born (Borne Sulinowo, Pommern) und VI B in Dössel (Nordrhein-Westfalen) gehörten. Aus Letzterem brachen am 20. September 1943 50 polnische Offiziere aus, nur elf überlebten. Bei einem alliierten Luftangriff auf das Lager am 27. September 1944 kamen 90 Polen ums Leben. Unter den Offizieren in Woldenberg befanden sich viele Intellektuelle, die nach dem Krieg in Polen beträchtlichen Einfluss ausübten, so der spätere Außenminister Adam Rapacki, der Historiker Karol Górski und der Schriftsteller Marian Brandys.

Nicht mit den Offizierslagern zu verwechseln sind die Stammlager (Stalags), in denen zunächst Kriegsgefangene niedrigerer Ränge untergebracht wurden (Mannschaften und Unteroffiziere) und die als Durchgangsstationen dienten, von denen aus die Insassen zur Zwangsarbeit verteilt wurden. Zu den Stammlagern-Luft zählte das berühmte Stalag Luft III im niederschlesischen Sagan (Żagań): Die Massenflucht aus diesem Lager 1943 griff der US-amerikanische Spielfilm *The Great Escape* (*Gesprengte Ketten*, 1963) von John Sturges auf. Unter den 81 aus dem Lager Geflüchteten, von denen nur drei überlebten, waren auch sechs Polen.

---

[5] Siehe dazu Solveig Grothe: *Sport und Kunst im Nazi-Lager*, 16.01.2013, in: Spiegel online, abrufbar unter: www.spiegel.de/einestages/offizierslager-in-hitler-deutschland-bilderfund-aus-dem-oflag-murnau-a-951017.html (Aufruf am 15.01.2018).

Oh, Donna Clara

Ein polnischer Tango in Deutschland

Markus Krzoska

—

In den 1920er- und frühen 1930er-Jahren boomte die Unterhaltungsmusik weltweit. Je exotischer die Klänge waren, desto besser. Auch der polnische Komponist Jerzy Petersburski (1895 – 1979) schrieb 1928 für die Musikrevue *Warschau in Blumen* (*Warszawa w kwiatach*) ein Stück, das den Geschmack des Publikums traf: den *Tango Milonga*. Zunächst als Instrumentalstück aufgeführt, erhielt es von dem polnischen Textdichter Andrzej Włast bald einen Text, der um die wehmütige Erinnerung an vergangene Zeiten und Lieben kreist. Bei einem Auftritt von Petersburskis Orchester 1930 in Wien erwarb ein dortiger Musikverlag die Aufführungsrechte für den damals beachtlichen Betrag von 3.000 Schilling, in etwa das damalige Jahreseinkommen eines Arbeiters, behielt sich aber das Recht vor, einen neuen – deutschen – Text zu produzieren. Man engagierte den österreichischen Schlagertexter Fritz Löhner-Beda, der bereits eine Reihe erfolgreicher Hits verfasst hatte, darunter im Ersten Weltkrieg das Soldatenlied *Rosa, wir fahr'n nach Lodz*.

Aus dem *Tango Milonga* wurde nicht minder spanisch-argentinisch, aber etwas selbstironischer *Oh, Donna Clara*, vielleicht der einzige, je in Polen entstandene Welthit. In Berlin sangen ihn die Comedian Harmonists, und mit nochmals anderem Text – *Blau-Weiße Hertha* – wurde das Lied zur Hymne des deutschen Fußballmeisters von 1930. Von den Nationalsozialisten ignoriert, erinnerte man sich erst wieder in den 1950er-Jahren daran, Max Raabe und sein Palastorchester nahmen den Titel 1995 später wieder auf.

Fritz Löhner-Beda kam 1942 im KZ Auschwitz ums Leben, Andrzej Włast 1942/43 im Warschauer Ghetto. Und heute weiß kaum jemand mehr von den polnischen Wurzeln des Liedes, auch wenn im deutschen Text vom „Genießer aus Posen" die Rede ist …

„Und ein Genießer aus Posen,
er schickt ihr täglich 'nen Strauß roter Rosen,
denn er hat wilde Gefühle,
und er flüstert heiß, wenn sie lacht:
Oh, Donna Clara,
ich hab dich tanzen gesehn,
und deine Schönheit hat mich toll gemacht!"

O

Der polnische Schlager der 1930er-Jahre genießt weiterhin Popularität: Max Raabe und sein Palast-Orchester haben ihn seit Jahrzehnten im Repertoire.

Olbrychski, Daniel

Mehr als der „romantische Pole"

Andrzej Kaluza

—

Ein internationaler Filmstar wie Daniel Olbrychski, Jahrgang 1945, der durch die vielen Charakterrollen in Andrzej →Wajdas Filmen weltweit gefeiert wurde, spielte auch in mehreren deutschen Produktionen eine Hauptrolle. Dem breiten Publikum bleibt er vor allem als „der romantische Pole" Jan Bronski in Erinnerung aus der mit einem Oscar gekrönten Verfilmung von Günter →Grass' Roman *Die Blechtrommel* des Regisseurs Volker Schlöndorff. Margarethe von Trotta engagierte Olbrychski später für die Rolle des polnisch-jüdischen Revolutionärs Leo →Jogiches in ihrem ebenfalls mehrfach prämierten Film über die deutsch-polnische Sozialistin Rosa →Luxemburg, deren Liebhaber Jogiches war.

Mit der Darstellerin der Titelheldin, Barbara Sukowa, hatte Olbrychski auch privat eine Beziehung, aus der der gemeinsame Sohn Viktor hervorging. Mit dem westdeutschen Filmemacher-Ehepaar Schlöndorff / von Trotta verband Olbrychski eine lange Freundschaft, auch wenn er deren links-liberale Überzeugungen nicht teilte und deswegen oft mit ihnen stritt. So berichtet er in seinen Erinnerungen, dass in deutschen Künstlerkreisen in den 1970er-Jahren der Begriff „Mercedes-Benz" (der Begeisterung in der ganzen Welt hervorrief) „klassenspezifisch", d. h. im Sinne von „kapitalistisch", gedeutet wurde: „Das war ganz schlimm. Es war etwas Abscheuliches!"[6]

Olbrychskis letzte große Rolle in Deutschland war die des alternden Eishockey-Spielers Pit Höfges in dem ZDF-Fernsehfilm *Kampf der Tiger* (1988), den Olbrychski ohne Double spielte. Als er sich nach der Ausstrahlung des Films privat in Schlittschuhen auf das Eis begab, riefen ihm junge Leute „Pit Höfges! Pit Höfges!" zu. Olbrychski war begeistert: „So etwas war sonst nur in Polen möglich!"[7]

Der Schauspieler bleibt dem deutschen Publikum bis heute treu: Aufgrund seiner Sprachkenntnisse taucht er immer wieder in kleineren Rollen in deutschsprachigen Filmen auf, zuletzt in *Wintertochter* (2011).

---

[6] Daniel Olbrychski: *Anioły wokół głowy* [Engel um den Kopf], Gdańsk 2000, S. 184 [Übers. AK].
[7] Ebd., S. 196 [Übers. AK].

Olschowsky, Heinrich

Polonistik-Professor in (Ost-)Berlin

Basil Kerski

—

Seit über 50 Jahren ist Heinrich Olschowsky als Übersetzer, Herausgeber, Literaturkritiker und Wissenschaftler einer der profiliertesten und engagiertesten Vermittler polnischer Kultur. In der DDR war er neben Henryk →Bereska der wichtigste Vermittler der Literatur des Nachbarlandes.

Geboren wurde Olschowsky 1939 in einer deutschen Lehrerfamilie im Oppelner Schlesien. Nach Kriegsende durfte die Familie die Volksrepublik nicht verlassen und war starkem Polonisierungsdruck ausgesetzt. Mit dem Ende der stalinistischen Repressionen gegen die deutsche Minderheit nahm Olschowsky seine Eingebundenheit in zwei verschiedene Kulturen zunehmend als Chance wahr. In ihm wuchs der Wunsch, zwischen ihnen zu vermitteln und so Verständigung zu fördern. Die kulturellen Impulse des Tauwetters von 1956 bildeten einen wesentlichen Anstoß für seine Entscheidung, Slawistik zu studieren. 1957 konnte er mit seiner Familie in die DDR ausreisen. Nach dem Studium der Germanistik und Slawistik in Greifswald und Berlin begann er in der Akademie der Wissenschaften der DDR als Literaturwissenschaftler zu arbeiten, einer Nische, wo er als Parteiloser wirken und Kontakte nach Polen und in andere Ostblockstaaten pflegen konnte. Nach der Wende charakterisierte Olschowsky die Literaturwissenschaft und Literaturkritik in der DDR als einen Bereich „beschränkter Öffentlichkeit", der die Möglichkeit bot, dem von der SED-Führung ideologisch definierten Verhältnis zu Polen zu widersprechen.

Olschowskys in der DDR entstandene Arbeiten zur Dichtung von Tadeusz Różewicz oder zur modernen polnischen Lyrik waren wegweisend für die deutsche Slawistik. 1988 wurde er an den einzigen Polonistik-Lehrstuhl der DDR an der Humboldt-Universität in Ost-Berlin berufen. In der Wendezeit engagierte er sich im Neuen Forum. Im Frühjahr 1990 beriet er den ersten nicht kommunistischen DDR-Außenminister Markus Meckel. Die Regierung der damals noch bestehenden DDR nominierte ihn zum neuen Botschafter in Polen, doch infolge des schnellen Vereinigungsprozesses konnte er sein Amt nicht antreten. Im Oktober 1990 hielt Olschowsky in der Frankfurter Paulskirche die Laudatio auf Karl →Dedecius, der mit dem „Friedenspreis des Deutschen Buchhandels" ausgezeichnet wurde, eine ganz besondere Begegnung eines westdeutschen und eines ostdeutschen Polenvermittlers. Nach der deutschen Wiedervereinigung setzte Olschowsky seine Lehrtätigkeit als Polonistik-Professor an der Humboldt-Universität fort. Von 1991 bis 1997 leitete er als Präses die traditionsreiche deutschpolnische Wissenschaftsvereinigung „Societas Jablonoviana". Seine 2005 erfolgte Emeritierung bedeutete keineswegs den Rückzug aus der Wissenschaft und Öffentlichkeit. Als Kulturexperte setzt er seine „aufklärende Vermittlung" zwischen Deutschland und Polen bis heute fort.

O

Der Polonist Heinrich Olschowsky
bei einer Podiumsdiskussion
in Berlin, 1999

Orlowski, Teresa

Polnisch-deutsche Porno-Legende

Andrzej Kaluza

—

Teresa Orlowski, geboren 1953 in Breslau als Teresa Orłowska, war lange Zeit sicherlich eine der bekanntesten Polinnen in Deutschland. Sie kam 1979 in die Bundesrepublik, lernte Deutsch und arbeitete als Bedienung in einer Bochumer Disco, wo sie zu einem erotischen Fotoshooting eingeladen wurde. Durch den Fotografen Peter Filip lernte sie den Pornofilmregisseur Hans Moser kennen, den sie 1982 heiratete und mit dem sie im gleichen Jahr in Hannover den Verlag Teresa Orlowski (VTO) gründete. Als *Foxy Lady* wurde sie in den 1980er-Jahren durch die hauseigenen VTO-Hochglanzmagazine und aufwendige Film- und Videoproduktionen zur unbestrittenen Pornoqueen Deutschlands. Ihre Geschäftspläne, in den frühen 1990er-Jahren einen TV-Porno-Bezahlkanal zu etablieren, scheiterten jedoch aufgrund gesetzlicher Bestimmungen und finanzieller Fehlkalkulation. „Wir, die Pornobranche, sind keine Kriminellen und keine Prostituierten", klagte die selbstbewusste Polin und warf deutschen Politikern Heuchelei vor.[8]

Mitte der 1980er-Jahre – auf dem Gipfel des Videofiebers – wurde Orlowski zum gesellschaftlichen und medialen Phänomen in Deutschland: In Interviews und Talkshows betonte sie ihren Willen, als „sexuell befreite Frau" Karriere zu machen und dabei geschäftlich erfolgreich zu sein. Sie zeigte „keine Hemmungen" und kritisierte einerseits den Mief der Volksrepublik Polen und die Übermacht der Amtskirche, andererseits aber auch die Enge und Spießigkeit der deutschen „Männer"-Gesellschaft. Ihre polnische Herkunft wurde gar zu ihrem Markenzeichen – für die „eingeschüchterten" deutschen Männer verkörperte sie eine Art „exotische Blume" und wurde nicht nur zum bloßen Sexobjekt, sondern auch zur begehrenswerten Traumfrau (→ Binationale Ehen) schlechthin. Den deutschen Mann bedauerte sie allerdings als „zu dressiert".[9] Heute lebt Orlowski, die dem Pornogeschäft schon lange den Rücken gekehrt hat, zurückgezogen im spanischen Marbella.

Teresa Orlowski hinter der Kamera als Produzentin, 1993

[8] *Herr Kohl, verleihen Sie mir das Verdienstkreuz!*, Interview mit Marius Babias, in: Jungle World, Nr. 14, 25.03.1998. Online abrufbar unter: www.jungle.world/artikel/1998/13/herr-kohl-verleihen-sie-mir-das-verdienstkreuz (Aufruf am 15.01.2018).

[9] Zit. nach ebd.

Osadczuk, Bohdan

Galizischer Kosmopolit mit Berliner Adresse

Basil Kerski

—

Unter dem Pseudonym Aleksander Korab ewarb sich der ukrainische Politikexperte Bohdan Osadczuk nach dem Zweiten Weltkrieg im deutschsprachigen Raum einen Ruf als einer der besten Kenner Mittel- und Osteuropas. In Polen galt er als einer der Architekten der polnisch-ukrainischen Aussöhnung.

Bohdan Osadczuk war ein Kosmopolit: Er beherrschte nicht nur viele europäische Sprachen, als Journalist und Historiker wirkte er in drei Kulturkreisen, schrieb auf Ukrainisch, Polnisch und Deutsch. Geboren wurde er 1920 im galizischen Kolomea, in der jungen polnischen Republik. Im Zuge von Polnisierungsmaßnahmen wurde er in den 1920er-Jahren mit seinen ukrainischen Eltern nach Zentralpolen zwangsumgesiedelt. Während des Zweiten Weltkriegs konnte er von der proukrainischen Politik des NS-Regimes profitieren und durfte 1941 ein Studium in Berlin aufnehmen. Nach Kriegsende war er für die polnische Militärmission in Berlin tätig. Unter dem Eindruck zunehmender Stalinisierung wechselte er 1949 politisch die Seiten und arbeitete als Journalist für westdeutsche Medien. Osadczuk wurde zu einem der profiliertesten Sowjetexperten im deutschsprachigen Raum. 1966 nahm er eine Professur an der Freien Universität Berlin an und bildete fortan mehrere Generationen von westdeutschen Politologen und Historikern aus.

Parallel zu seinem Wirken im deutschsprachigen Raum war Osadczuk in ukrainischen Exilkreisen aktiv, wo er sich für die polnisch-ukrainische und ukrainisch-jüdische Aussöhnung einsetzte. In den 1950er-Jahren begann er auch seine, bis ins Jahr 2000 fortdauernde, Zusammenarbeit mit der in Frankreich erscheinenden polnischen Exil-Zeitschrift „Kultura". Seine West-Berliner Wohnung war ein wichtiger Anlaufpunkt für polnische sowie ukrainische Intellektuelle und Künstler. Nach 1989 durfte er, der linksliberale Antikommunist, endlich die Oder überqueren und nach Polen und in die Ukraine reisen. In seinen beiden Heimatländern war er ein viel gefragter Zeitzeuge und politischer Kommentator, der mit großer Strenge den Transformationsprozess in Polen und in der Ukraine kommentierte. Gegen nationalistische Kreise setzte er sich konsequent für den Annäherungsprozess zwischen Polen und Ukrainern ein.

Osadczuk war ein unabhängiger Geist, seine Lebensfreude legendär, ein Geschichtenerzähler, der immer offen für neue Anekdoten war, ein temperamentvoller Gesprächspartner und ein weit gereister Kenner der Weltpolitik, ein galizischer Kosmopolit mit Berliner Adresse. Er starb 2011 im Alter von 91 Jahren bei Krakau.

Bohdan Osadczuk bei der Verleihung des „Jerzy-Giedroyc-Preises", Warschau 2007

O

Ostjuden

Zwischen Kampfbegriff und verklärter Erinnerung

Matthias Barełkowski

—

Kaftan gegen Krawatte oder Ost gegen West? Das komplementäre Begriffspaar „Ostjuden" und „Westjuden" geht auf den österreichisch-jüdischen Publizisten Nathan Birnbaum (1864–1937) zurück, der es um 1905 prägte. Er beabsichtigte damit, die zwei soziokulturellen Profile des europäischen Judentums zu charakterisieren, ohne dabei positive oder negative Wertungen vornehmen zu wollen.

Gleichwohl war die Verbindung von „Osten", „Juden" und „Polen" im Deutschland des 19. und 20. Jahrhunderts deutlich negativ konnotiert und wurde mit angeblich von dort drohenden Gefahren verbunden. Traurige Berühmtheit hat in diesem Zusammenhang ein Satz des damals hochangesehenen Berliner Geschichtsprofessors Heinrich von Treitschke (1834–1896) erlangt. 1879 schrieb er in einem Aufsatz, der in den von ihm (gemeinsam mit Hans Delbrück) herausgegebenen „Preußischen Jahrbüchern" erschien: „Über unsere Ostgrenze aber dringt Jahr für Jahr aus der unerschöpflichen polnischen Wiege eine Schar strebsamer hosenverkaufender Jünglinge herein, deren Kinder und Kindeskinder dereinst Deutschlands Börsen und Zeitungen beherrschen sollen; die Einwanderung wächst zusehends, und immer ernster wird die Frage, wie wir dies fremde Volksthum mit dem unseren verschmelzen können." [10] Treitschkes Aufsatz hatte eine große Breitenwirkung und wurde zum Auslöser des sogenannten Berliner Antisemitismusstreits (auch „Treitschkestreit") über das Judentum in Deutschland.

Dass „Ostjuden" häufig mit Polen assoziiert wurden, wird auch etymologisch deutlich. So gab es für die „Ostjuden" die abfällige Bezeichnung „Polacken", was im Polnischen schlicht „Pole" bedeutet, während „Westjuden", speziell deutsche Juden, als „Jeckes" bezeichnet wurden, was deutlich positiver konnotiert war. Die Bezeichnung „Ostjude" wurde in der Folge als Kampfbegriff völkisch-nationalistischer Propaganda, aber auch bei innerjüdischen Identitätsfindungen gerne zur Ab- und Ausgrenzung verwendet. So galt etwa das von vielen osteuropäisch-jüdischen Einwanderern bewohnte Berliner Scheunenviertel zu Beginn des 20. Jahrhunderts als Inbegriff von Armut, Kleinkriminalität und Not. Während der Hyperinflation 1923 kam es dort Anfang November zu einem massiven Pogrom. Nachdem das örtliche Arbeitsamt der wartenden Menge mitgeteilt hatte, es sei kein Geld mehr für die Auszahlung von Unterstützungen vorhanden, verbreiteten Agitatoren das Gerücht, „Ostjuden" beziehungsweise „Galizier" hätten die Unterstützungsgelder „aufgekauft". Dies führte kurz darauf zu massiven Angriffen gegen alle „jüdisch aussehenden" Einwohner des Viertels, wobei sich die Polizei stark zurückhielt.

Insgesamt gab es in den 1920er-Jahren im Deutschen Reich etwa 100.000 Jüdinnen und Juden mit polnischer Staatsangehörigkeit, die allerdings oft gar kein Polnisch, sondern Jiddisch und Deutsch sprachen. Das Jiddische als lange verachteter „Jargon" der „Ostjuden" hat paradoxerweise die dauerhaftesten Spuren im Deutschen hinterlassen. Wer hat nicht schon mal „Tacheles" gesprochen oder seine „Mischpoke" als „meschugge" bezeichnet? Die Liste der Lehnwörter ist lang, und viele werden in der Umgangssprache hierzulande durchaus noch verwendet, auch wenn sich wohl nur noch wenige der Herkunft der Wörter bewusst sind.

Dafür wird heute in Deutschland nicht selten die im Holocaust untergegangene Welt der „Ostjuden" romantisch verklärt – etwa in den beliebten Klezmer-Konzerten, die in Berlin gerne in Lokalitäten des nun schicken Scheunenviertels aufgeführt werden. Diese recht konstruierte Erinnerung an vergangene jüdische Lebenswelten verdeckt, dass nach dem Zweiten Weltkrieg und trotz des Holocaust nicht wenige polnische Juden (→ Displaced Persons) erneut den Weg nach Deutschland gefunden haben, ohne dass davon groß Notiz genommen wurde.

---

[10] Heinrich von Treitschke: *Unsere Aussichten*, in: Preußische Jahrbücher 44, Heft 5 (1879), S. 559–576, hier S. 572 f., zit. nach Walter Boehlich (Hrsg.): *Der Berliner Antisemitismusstreit*, Frankfurt am Main 1965, S. 7–14, hier S. 9 f.

Das Jiddische als lange verachteter „Jargon"
der „Ostjuden" hat paradoxerweise die
dauerhaftesten Spuren im Deutschen hinterlassen.
Wer hat nicht schon mal „Tacheles"
gesprochen oder seine „Mischpoke" als
„meschugge" bezeichnet?

O

Jüdischer Händler in der Grenadierstraße im Berliner „Scheunenviertel", 1933

P

Paderewski, Ignacy Jan

Über Deutschland in die Welt

Peter Oliver Loew

–

„In diesem einen Jahr hörte ich mehr Musik, als ich in Krakau in zwanzig Jahren hätte hören können". [1] Was der polnische Musikwissenschaftler Adolf Chybiński über seinen Aufenthalt in → München 1901/02 sagte, hätten damals Dutzende, ja Hunderte von angehenden polnischen Künstlerinnen und Künstlern unterschreiben können: Da es im geteilten Land kaum eigene polnische Ausbildungsstätten gab oder wenn, dann kaum mit Spitzenqualität, waren sie darauf angewiesen, ihr Studium zumindest teilweise im Ausland zu absolvieren. Zu diesen zählte Ignacy Jan Paderewski.

1860 in Podolien – in der heutigen Ukraine – geboren, wurde Paderewski in Warschau musikalisch ausgebildet, studierte dann aber in Berlin (und Wien). In der deutschen Hauptstadt feierte er als Komponist Erfolge – ähnlich wie Xaver → Scharwenka wurde er mit einem einzigen Klavierstück in den musikalischen Salons berühmt, dem Mozart und Schubert nacheifernden *Menuett op. 14 Nr. 1* –, hier musste er aber auch Misserfolge hinnehmen: Seine größeren Werke fanden bei der deutschen Kritik wenig Anklang, seine 1901 in Dresden uraufgeführte Oper *Manru* verschwand bald vom Spielplan, seine Symphonie *Polonia* konnte in der überwiegend antipolnisch gestimmten Öffentlichkeit nicht reüssieren: „ … polnisch tendenziöses, amerikanisch aufgetakeltes Sinfonie-Monstrum", hieß es 1911 über das Werk. [2] Während Paderewski in Frankreich und den USA als einer der größten Pianisten seiner Zeit galt, mied er deutsche Konzertpodien seit 1901 weitgehend. Mit seinem politisch-musikalischen Engagement trug er während des Ersten Weltkriegs maßgeblich zum Wiedererstehen Polens bei; 1941 starb er in New York.

Auch für viele andere polnische Komponisten, etwa Karol Szymanowski oder Mieczysław Karłowicz, und Instrumentalvirtuosen, so den Pianisten Artur Rubinstein und den Violinisten Bronisław Huberman, waren die Studienjahre in Deutschland das Sprungbrett für eine große Karriere (→ Studierende aus Polen in Deutschland). Nach 1918 verloren die deutschen Musikhochschulen zwar ihre Attraktivität für polnische Musiker, doch wirkte das in Berlin, Leipzig oder München Erlernte und Gehörte noch jahrzehntelang weiter: Polens rasanter Aufstieg als Musiknation im 20. Jahrhundert hatte hier eine wichtige Grundlage.

[1] Zit. nach Stefan Keym: *Symphonie-Kulturtransfer. Untersuchungen zum Studienaufenthalt polnischer Komponisten in Deutschland und zu ihrer Auseinandersetzung mit der symphonischen Tradition 1867–1918,* Hildesheim/Zürich/New York 2010, S. 200.

[2] Zit. nach Ders.: *Zur Bedeutung des Nationalen bei der deutschen Rezeption polnischer Musik von 1900 bis 1914 am Beispiel von Szymanowski und Paderewski,* in: Helmut Loos/Stefan Keym (Hrsg.): *Nationale Musik im 20. Jahrhundert. Kompositorische und soziokulturelle Aspekte der Musikgeschichte zwischen Ost- und Westeuropa,* Leipzig 2004, S. 235–264, hier S. 260.

Parnicki, Teodor

Einmal Berliner, immer Berliner

Peter Oliver Loew

—

Seinen Geburtsort trägt man mit sich durchs Leben, man wird ihn nicht mehr los, und für die Nachwelt gilt man stets als ein von dort Gebürtiger. Und so ist auch Teodor Parnicki auf immer ein Berliner gewesen, auch wenn er nur drei Jahre an der Spree verbrachte, die ersten seines Erdendaseins.

Geboren wird Teodor Parnicki 1908 in Charlottenburg, weil sein Vater an der Technischen Hochschule studiert; sein aus der Neumark stammender Großvater hat als August Parnitzki im Deutsch-Französischen Krieg gekämpft. 1911 geht es mit den Eltern nach Moskau, wo die Familie 1914 als deutsche Staatsangehörige interniert und dann ins baschkirische Ufa umgesiedelt wird. Der künftige Schriftsteller sollte noch viele Weltgegenden kennenlernen. Als 12-Jähriger flieht er in Wladiwostok aus dem Kadettenkorps, besucht das polnische Gymnasium im mandschurischen Charbin und studiert ab 1928 im polnischen Lemberg. Weitere Lebensstationen: Sowjetunion,

Persien, Großbritannien und Mexiko, wo Parnicki von 1945 bis 1967 lebt, ehe er nach Polen zurückkehrt; 1988 stirbt er in Warschau.

Mehr als 30 fast ausschließlich historische Romane hat der „Berliner" verfasst, deren Handlung gelegentlich auch Deutschland streift. Vor allem aber die ältere polnische Geschichte und die Spätantike bilden die Stoffe seiner Romane, so etwa die Figur des römischen Feldherrn und Staatsmannes Flavius Aëtius in Parnickis *Aetius, der letzte Römer,* erstmals 1937 in Polen veröffentlicht (dt. 1989).

Teodor Parnicki bei der Arbeit an einem seiner zahlreichen Romane, 1973

Parys, Magdalena
Über Deutschland in die Welt

Andrzej Kaluza

—

Dass polnische Autorinnen und Autoren, die im Erwachsenenalter nach Deutschland emigrierten, heute in Polen erfolgreich sein können, beweisen etwa Natasza →Goerke, Janusz →Rudnicki oder Janusz L. →Wiśniewski. Dagegen stellen Autorinnen wie Magdalena Parys eher eine Ausnahme dar: 1971 in Danzig als Magdalena Lasocka geboren, kam sie im Alter von 13 Jahren nach West-Berlin und durchlief die damals „übliche" deutsch-polnische Sozialisierung. Während jedoch die meisten ihrer aus Polen kommenden Altersgenossen die polnische Sprache früher oder später „ablegten", schreibt Parys bis heute ihre Romane zunächst auf Polnisch und publiziert sie zuerst in namhaften polnischen Verlagen.

Die studierte Polonistin und Pädagogin hat bisher zwei ausnehmend erfolgreiche Werke veröffentlicht: die Romane *Tunel* (zuerst 2011 in Warschau erschienen, dt. *Tunnel*, 2014) und *Magik* (Magier, 2015), der noch nicht in deutscher Übersetzung vorliegt. Beide Bücher bieten mehr als nur spannende Unterhaltung in Form eines Polit-Thrillers, was vor allem den historischen Recherchen zu den Gegebenheiten in der ehemaligen DDR und den Machenschaften der Stasi zuzuschreiben ist. Mit ihren Romanen verbindet die Schriftstellerin die Botschaft, die Unrechtstaten in der DDR nicht zu vergessen und die Verantwortlichen trotz politischer und ideologischer Widerstände zur rechtsstaatlichen Verantwortung zu ziehen. In ihrem neuesten Roman *Biała Rika* (Weiße Rika) erzählt Parys eine schmerzhafte deutsch-polnische Liebesgeschichte, die Geschichte ihrer Großeltern Karol und Ruth.

Parys' literarischer Blick richtet sich auf die deutsch-deutsche und auch die deutsch-polnische Geschichte nach 1945, vor dem Mauerfall. Über die West-Berlin umgebende Mauer, die Parys' Protagonisten aus dem Ostblock immer wieder zu überwinden versuchen, hat die Schriftstellerin einmal gesagt: „Auf der West-Seite achteten die Menschen nicht auf sie. Sie kritzelten darauf, machten Erinnerungsfotos, stellten Verkaufsstände hin, tranken Bier. Für mich war sie jedoch faszinierend: Plötzlich merkst du, dass du in einem Ghetto gefangen bist!" Sie ging oft nach Ost-Berlin: „In Michael Endes Momo gibt es eine Szene, in der aus Menschen in Farbe schwarz-weiße Gestalten werden. Einen solchen Eindruck hatte ich, als ich auf die andere Seite kam. Alles wurde grauer und stiller." [3]

---

[3] *Zawsze trafiałaś na ścianę* [Immer kamst Du auf eine Wand hin], in: Wysokie Obcasy, Nr. 43/2014, 08.11.2014, S. 14 [Übers. AK].

Paulskirche

Ort erbitterter Debatten und deutsch-polnischer Begegnung

Markus Krzoska

—

In der Frankfurter Paulskirche fand im Juli 1848 eine folgenreiche Debatte über Polen statt, Lithografie der Nationalversammlung von Carl Lill, 1848.

Offensichtlich ist sie ein magischer Ort für deutsch-polnische Debatten und Begegnungen: Die Paulskirche in Frankfurt am Main hat einige von ihnen erlebt, die erste in der Deutschen Nationalversammlung im Revolutionsjahr 1848. Bei einer großen, mehrtägigen Aussprache im Juli des Jahres, der sogenannten Polen-Debatte, ging es um die Frage, ob der Deutsche Bund nach der Niederschlagung des polnischen Aufstands im Frühjahr durch preußische Truppen um das Großherzogtum Posen erweitert werden sollte. Keine zwei Jahrzehnte nach dem → Hambacher Fest und dem von einem begeisterten Bürgertum begleiteten → Polendurchzug hörte man nun von den demokratisch gewählten Abgeordneten immer schärfere nationalistische und antipolnische Töne.

In die Annalen eingegangen sind die Reden von Wilhelm Ruge, Abgeordneter aus Breslau im Paulskirchenparlament, und des Berliner Abgeordneten Wilhelm Jordan. Während Ruge sich vehement gegen die preußische Annektierung Posens aussprach, argumentierte Jordan: „ (…) Polen bloß deswegen herstellen zu wollen, weil sein Untergang uns mit gerechter Trauer erfüllt, das nenne ich eine schwachsinnige Sentimentalität (…) Nein, ich gebe es ohne Winkelzüge zu: Unser Recht ist kein anderes, als das Recht des Stärkeren, das Recht der Eroberung. (…)".[4] Immerhin gehörten zu den zwölf gewählten Abgeordneten aus Posen auch zwei Polen, die es schwer hatten, Zustimmung für die polnische Sache zu finden: der spätere Weihbischof Jan Janiszewski und der Publizist Karol Libelt. Bei der Abstimmung sprach sich die Mehrheit der Abgeordneten denn auch für die Annektierung Posens aus. Den in Deutschland lebenden Polen vermittelten die Ereignisse in der Paulskirche einen Vorgeschmack auf die verstärkt antipolnische Politik Preußens seit den 1850er-Jahren.

[4] Franz Wigard (Hrsg.): *Stenographischer Bericht über die Verhandlungen der deutschen constituirenden Nationalversammlung zu Frankfurt am Main,* Bd. 2, Nr. 47, Sechs und vierzigste Sitzung in der Paulskirche am 24. Juli 1848, Frankfurt am Main 1848, S. 1144 und 1146.

Der Philosoph Leszek Kołakowski
(rechts) bei der Entgegennahme
des „Friedenspreises des Deutschen
Buchhandels" in der Frankfurter
Paulskirche, 1977

Es sollte mehr als ein Jahrhundert dauern, bis die Paulskirche zu einem Ort deutsch-polnischer Versöhnung wurde. Im Februar 1971 fand hier ein zweitägiger deutsch-polnischer Kongress unter dem Motto „Friede mit Polen" mit rund 900 Teilnehmenden statt. Organisiert von der „Aktion Sühnezeichen" und überwiegend linken Jugendorganisationen (Evangelische Jugend in Deutschland, Jungsozialisten, Jungdemokraten u. a.) und von der Bundesregierung mitfinanziert, war der Kongress ein Symbol der Öffnung der Ostpolitik, wenige Wochen nach der Unterzeichnung des Warschauer Vertrags zwischen der Bundesrepublik Deutschland und der Volksrepublik Polen am 7. Dezember 1970. Auf dem Kongress formulierten acht Arbeitsgruppen weitreichende Postulate zur Schaffung einer „gelebten" Zusammenarbeit mit dem sozialistischen Polen, durch eine Politik im Zeichen der Entspannung und Normalisierung der Beziehungen zu der unter anderem die Förderung des Jugendaustauschs zwischen beiden Ländern gehören sollte.

Zu einem Ort der deutsch-polnischen Begegnung wurde die Paulskirche überdies durch den traditionell hier verliehenen „Friedenspreis des Deutschen Buchhandels". Unter den Preisträgern sind bis heute drei polnische Autoren: Janusz → Korczak (1972, posthum), Leszek Kołakowski (1977) und Władysław → Bartoszewski (1986). Auch Karl → Dedecius, der große Mittler polnischer Literatur und Kultur in Deutschland und Gründer des Deutschen Polen-Instituts Darmstadt, wurde hier am 7. Oktober 1990 mit dem Preis ausgezeichnet.

Pawluk und Preussner

Erfolgreiche Unternehmer zwischen Rheinland und Polen

Peter Oliver Loew

—

1 / Jarosław Pawluk
2 / Waldemar Preussner

Zwei oberschlesische Bilderbuchkarrieren und Beispiele für den beruflichen Aufstieg von Migranten aus Polen: Der aus dem Oppelner Schlesien stammende, in einer deutsch-polnischen Familie aufgewachsene Waldemar Preussner (* 1958) kam 1976 als → Aussiedler nach Deutschland und studierte in Bielefeld. Der andere, Jarosław Pawluk (* 1961), studierte im oberschlesischen Gleiwitz (Gliwice) und seit 1984 an der Fachhochschule Niederrhein. Beide lernten sich während ihrer Arbeit für ein großes Chemieunternehmen im Rheinland kennen und so sehr schätzen, dass sie sich gemeinsam selbstständig machten und mit ihrer bundesdeutschen Expertise in den 1990er-Jahren enormen Erfolg im „Transformationsland" Polen hatten.

> **Zwei oberschlesische Bilderbuchkarrieren und Beispiele für den beruflichen Aufstieg von Migranten aus Polen.**

Auch nachdem sich ihre geschäftlichen Wege getrennt hatten, blieb ihnen das Glück hold. Preussners Reich ist heute der Duisburger Chemie-, Logistik- und Energiekonzern PCC SE mit zahlreichen Beteiligungen in Polen (in erster Linie die Chemiefabrik PCC Rokita im niederschlesischen Dyhernfurt/Brzeg Dolny) und 3.000 Mitarbeitern. Am deutschen Anleihemarkt ist die Firma aufgrund ihrer Emmissionstätigkeit seit 1998 bestens bekannt. Pawluk konzentrierte sich auf die Bereiche Transport und Logistik. Als er 2007 Teile seines Unternehmens CTL an einen britischen Investor verkaufte, war dies ein einträgliches Geschäft. Der im Rheinland lebende Unternehmer – 2015 auf Platz 15 der Forbes-Liste der reichsten Polen geführt – besitzt heute unter anderem den deutsch-polnischen Weichen- und Schwellenbauer „Track Tec".

P

Penderecki, Krzysztof

Donaueschingen und der Weg zum Ruhm

Rüdiger Ritter

–

Krzysztof Penderecki, 1933 im südostpolnischen Dębica geboren, ist der vielleicht bekannteste polnische Komponist der Gegenwart, dessen Werke – was in der Neuen Musik selten ist – das Interesse eines breiten internationalen Publikums erweckt haben. Das liegt zum einen daran, dass Penderecki in seinen Kompositionen immer wieder aktuelle Themen aufgegriffen hat (und dafür mit zahlreichen Ehrungen bedacht wurde), zum anderen ist es der Tatsache gedankt, dass viele seiner Kompositionen sich dem Hörer leichter erschließen als manch anderes Werk der Neuen Musik.

Penderecki, dessen Großvater Deutscher war, absolvierte nicht nur ein Studium der Komposition, sondern auch der Philosophie, der Kunst- und Kulturgeschichte. Nach dem Abschluss seines Studiums erhielt er eine Professur an der Musikakademie Krakau. Zwischen 1966 und 1968 war er zudem Dozent an der Folkwang-Hochschule in Essen. Von 1968 bis 1970 ging Penderecki als Stipendiat des Deutschen Akademischen Austauschdienstes (DAAD) für ein Kompositionsstudium nach Berlin. 1972 wurde er Rektor der Musikakademie Krakau (bis 1987).

Im Juni 1969 wurde seine Oper *Die Teufel von Loudon* nach dem gleichnamigen Buch von Aldous Huxley an der Hamburgischen Staatsoper uraufgeführt. Doch Pendereckis Spur in Deutschland reicht viel weiter zurück: Seine Komposition *Anaklasis* (1959/60) für 42 Streichinstrumente und Schlagzeuggruppen, vom Südwestfunk-Orchester unter der Leitung des damaligen Chefdirigenten Hans Rosbaud bei den „Donaueschinger Musiktagen" für zeitgenössische Musik uraufgeführt, verhalf dem jungen Komponisten zum Durchbruch. Und am 30. März 1966 erregte die Uraufführung von Pendereckis groß angelegtem Oratorium in lateinischer Sprache, der *Lukas-Passion* (1963–65), im St.-Paulus-Dom zu Münster – unter der Leitung des polnischen Dirigenten Henryk Czyż – Aufsehen. Das Musikereignis war damals eine Sensation und gilt bis heute als ein wichtiger Meilenstein nicht nur der Neuen Musik, sondern auch auf dem Weg hin zur deutsch-polnischen Aussöhnung. Danach war es nur natürlich, dass eine Komposition Pendereckis *(Ekechejria für Tonband)* auf dem Programm der Eröffnungsfeier zu den Olympischen Spielen in München 1972 stand.

Bereits sehr früh beschäftigten Penderecki in seinen Kompositionen Themen wie die Verfolgung und Ermordung der Juden im Dritten Reich, und zwar zu einem Zeitpunkt, als man sowohl in Polen wie auch in Westdeutschland nicht gerne darüber sprach. So entstand im Jahr 1963 die Tonband-Komposition *Brygada Śmierci* (Todesbrigade) für ein Radiohörspiel über das KZ Auschwitz. Nicht ohne politische Brisanz war auch sein in den Jahren 1960/61 komponiertes Orchesterwerk *Threnos* (Klagelied) für 52 Saiteninstrumente, das den Opfern von Hiroshima gewidmet war.

Als Dirigent eigener und fremder Werke gewann Penderecki weltweite Anerkennung. In Deutschland gastierte er unter anderem bei den Berliner Philharmonikern und dem Orchester des Norddeutschen Rundfunks. Zu seinen zahlreichen Ehrungen und Preisen gehören die Ehrenmitgliedschaften in zahlreichen Akademien und Musikgesellschaften, darunter in der Akademie der Künste in Berlin, das Verdienstkreuz der Bundesrepublik Deutschland und die Ehrendoktorwürde deutscher und internationaler Universitäten. 2011 wurde Krzysztof Penderecki für seine Verdienste um die deutsch-polnische Verständigung der „Viadrina-Preis" der Europa-Universität Viadrina (Frankfurt/Oder) verliehen.

Pferde aus Polen

Ramzes – legendärer Stammvater deutscher Turnierpferde

Peter Oliver Loew

—

Pferde aus Polen genossen in Deutschland stets große Anerkennung. Bereits 1699 heißt es: „Die Pferde fallen auch in Polen extraordinar gut / welche dahero in vielen Ländern ihren Herren grossen Profit erwerben".[5] Auch ein gutes Jahrhundert später galten sie als „stark, dauerhaft und ausnehmend brauchbar", sie könnten „Hitze und Kälte, Hunger und Durst, leichter als deutsche Pferde ertragen".[6] Viele Armeen deutscher Staaten rüsteten deshalb bis weit ins 19. Jahrhundert ihre Kavallerie mit polnischen Pferden aus. Einen guten Ruf erwarb sich die Araberzucht: Der 1937 bei Wilna im Gestüt der Gräfin Maria Plater-Zyberk geborene Anglo-Araberhengst Ramzes gelangte während des Kriegs zunächst ins Staatsgestüt von Janów Podlaski, wurde bei Kriegsende mit allen anderen Araberhengsten des Gestüts nach Deutschland gebracht und kam 1947 in den Besitz eines Züchters im Münsterland. Der reinerbige Schimmel wurde als einer der weltweit wichtigsten Stammväter berühmter deutscher Spring- und Dressurpferde legendär. Er starb 1965. Der West-fälische Reiterverein verleiht bis heute einen „Ramzes-Preis" für Pferdezucht.

> „stark, dauerhaft und ausnehmend brauchbar"

P

Der polnisch-litauische Araber Ramzes war eines der besten Springpferde seiner Zeit.

[5] [Andreas Stübel:] *Aufgefangene Brieffe, welche Zwischen etzlichen curieusen Personen (...),* Wahrenberg 1699, S. 497.
[6] Georg Friedrich Sebald: *Vollständige Naturgeschichte des Pferdes mit besonderer Hinsicht auf die Litteratur dieses Gegenstandes,* Ansbach 1815, S. 87.

Pflegekräfte

„Engel aus Polen"

Andrzej Kaluza

—

Sie heißen Maria, Beata oder Magda. Viele nennen sie: „Mein Engel aus Polen".[7] Aber nur wenig weiß man über die Frauen aus Osteuropa, die in der „irregulären Pflege" – so der Fachterminus für die 24-Stunden-Betreuung Pflegebedürftiger in deutschen Privathaushalten – als Pflegekräfte oder „Haushaltshilfen" beschäftigt sind. Sie sind in der Regel zwischen 50 und 60 Jahre alt und kommen aus den strukturschwachen Gebieten Polens. Oft arbeiten sie in Netzwerken und wechseln sich bei

denen sie nicht umzugehen wissen. Weitere Konfliktpotenziale können Sprachprobleme, übermäßige Kontrolle, der Umgang mit dem Haushaltsgeld und nach wie vor bestehende Vorbehalte und Vorurteile sein.[9]

Niemand weiß genau, seit wann Polinnen einfache Pflegedienste in Deutschland verrichten und wie hoch ihre Zahl ist. Expertenschätzungen gehen von 150.000 bis 500.000 Frauen aus und sehen seit den späten 1990er-Jahren einen deutlichen

> **Expertenschätzungen gehen von 150.000 bis 500.000 Frauen aus und sehen seit den späten 1990er-Jahren einen deutlichen Trend der Zunahme der Zahl der Pflegebedürftigen (…).**

gleichen Arbeitgebern alle paar Wochen oder Monate ab, wenn sie heim zu ihren Familien fahren. Der wichtigste Grund für ihre Dienstbereitschaft im Ausland ist die prekäre finanzielle Lage ihrer Familien in Polen: geringe Renten, Arbeitslosigkeit, Schulden. Die überwiegende Mehrheit der Pflegekräfte wie auch der deutschen Familien lobt die zustande gekommenen Kontakte, die oft über ein gewöhnliches „Arbeitsverhältnis" hinausgehen und nicht selten „familiäre Situationen" simulieren. Tatsächlich aber stellt die Pflegearbeit für die betroffenen Frauen, so die Soziologin Agnieszka Satola, „oft eine monotone Angelegenheit" dar, bei der sie „jedes Zeitgefühl" verlieren und über Mangel an sozialen Kontakten klagen. „Es ist eine sehr harte, auch körperlich harte Arbeit. Die Frauen leiden nicht selten selbst unter körperlichen Beschwerden", resümiert Satola.[8] Und immer wieder begegnen die Polinnen emotionalen Herausforderungen im familiären Umfeld der Arbeitgeber, mit

Trend der Zunahme der Zahl der Pflegebedürftigen und somit des Pflegebedarfs infolge der demografischen Entwicklung in Deutschland. Schon seit 1993 konnten polnische Staatsangehörige ihre Dienstleistungen in EU-Ländern legal als „Selbstständige" anbieten, dennoch wurden die meisten Pflegeverträge damals privat abgewickelt und blieben in einer gesetzlichen Grauzone. Auch heute noch nehmen nicht alle Betroffenen legale Vermittleragenturen in Anspruch oder melden ein Gewerbe an. Die genannte Grauzone ist als prekär einzuordnen, wird aber vielfach von beiden „Vertragspartnern" bevorzugt. Als Verdienst der ausländischen Pflegekräfte werden Summen zwischen 1.200 und 2.500 Euro im Monat genannt zuzüglich freier Kost und Logis. Dies scheint im Vergleich zu einer Heimunterbringung oder den Kosten ambulanter regulärer Pflegearbeit für viele „Normalverdiener" in Deutschland eine finanziell wie ethisch vertretbare Lösung zu sein.

---

[7] Unter dem Titel *Ein Engel aus Polen. Wenn alte Menschen Hilfe brauchen* zeigte das ZDF 2014 einen Film von Gesine Müller zum Thema „Pflegekräfte in deutschen Haushalten". Seit 2016 strahlt RTL die Sitcom *Magda mach das schon* aus.

[8] „*Die Maria, die Beata, unsere Magda*". BZ-Interview mit der Soziologin Agnieszka Satola, in: Badische Zeitung, 21.10.2013. Online abrufbar unter: www.badische-zeitung.de/liebe-familie/die-maria-die-beata-unsere-magda--76329115.html (Aufruf am 15.01.2018).

[9] Vgl. Werner Tigges / Michael Gomola (Hrsg.): *Schamhaft verschwiegene Wahrheiten in der Altenpflege,* Norderstedt 2013.

Piłsudski, Józef

Von Magdeburg zum Staatslenker Polens

Matthias Barełkowski

—

P

Der als Wiederbegründer des polnischen Staates in seiner Heimat bis heute verehrte Marschall Józef Piłsudski (1867–1935) hat auch in Deutschland Spuren hinterlassen: Von Juli 1917 bis November 1918 saß er, zu drei Jahren Festungshaft verurteilt, in der Magdeburger Zitadelle als Kriegsgefangener ein, da er mit seinen Truppen den Eid auf den deutschen Kaiser verweigert hatte. Während der Gefangenschaft schrieb er einen Teil seiner Erinnerungen *Moje pierwsze boje* (erschienen 1925, dt. *Meine ersten Kämpfe,* 1935) nieder. Im November 1918 aus der Haft entlassen und per Zug aus dem revolutionären Deutschland nach Warschau gebracht, trat er dort sogleich als „Staatschef" an die Spitze des politischen Geschehens. Das Fachwerkhaus, in dem er innerhalb der Zitadelle interniert war, schenkte der deutsche Staat 1937 der Republik Polen. Dies geschah in einer Phase der scheinbaren deutsch-polnischen Annäherung im Gefolge des im Januar 1934 in Berlin unterzeichneten und auf zehn Jahre befristeten deutsch-polnischen Nichtangriffspakts. In Warschau wurde das Fachwerkhaus Ende 1938 als Ergänzung zum Piłsudski-Museum im angrenzenden Łazienki-Park wieder aufgebaut.

Dass der autoritäre Staatslenker Piłsudski (ab 1926 lenkte er, meist aus dem Hintergrund, die Zweite Polnische Republik in einer autoritären Staatsform, die er als „moralische Diktatur" bezeichnete) bei den Nationalsozialisten einiges Ansehen genoss, belegt der Umstand, dass 1935/36 in Deutschland eine vierbändige Ausgabe seiner Schriften erschien, mit einem Geleitwort von Hermann Göring unter dem Titel „Männer machen Geschichte!" Auch nahm die gesamte NS-Führung, einschließlich Adolf Hitler, an einer Trauerfeier in der Berliner St.-Hedwigs-Kathedrale teil, die dem Gedenken an den 1935 in Warschau verstorbenen Marschall galt.

Trauerfeier für den polnischen Politiker und Marschall Piłsudski, unter den Trauergästen ist auch Adolf Hitler (Bildmitte), 1935.

Piontkowski, Carl

Das Grafengrab in Regensburg

Matthias Kneip

—

Das kunstvolle Grabmal rechts unweit des Haupteingangs des Oberen Katholischen Friedhofs in Regensburg gibt nur bei genauer Betrachtung seine Verbindung zu Polen preis. So beginnt die schwer leserliche Inschrift auf der Rückseite mit den Worten: „Hier ruht in Gott Carl Graf Piontkowski vom Königreich Polen, Oberst der Garde, Ordonnanzoffizier des Kaisers Napoleon, Offizier der Ehrenlegion, Begleiter des Kaisers in seine Verbannung nach Elba und St. Helena."

Viel wissen wir nicht über den selbsternannten Helden und Napoleon-Vertrauten. Nach seinen eigenen Angaben als Karol Fryderyk Juliusz Piątkowski 1786 in der Nähe von Warschau geboren, soll er im sächsischen Regiment der polnischen Lanzenreiter im Dienst Napoleons gestanden haben, dem er später ins Exil nach Elba und St. Helena folgte. Seine heftige, offensichtlich gespielte Verzweiflung bei der Verabschiedungsszene Napoleons nach St. Helena erregte öffentliches Interesse, das Lord Byron zu einem Gedicht über einen „treuen polnischen Soldaten" veranlasste. Dadurch wurde Piontkowski der Nachwelt bekannt: „Mein Chef, mein König, mein Freund, adieu! / Niemals zuvor beugte ich mich, / Niemals bat ich meinen Souverän / Wie ich jetzt seine Feinde anflehe: / Alles worum ich bitte ist, / Dass ich jede Gefahr mit ihm teilen darf / die er zu bestehen hat, / Dass ich an der Seite des Helden teilen darf / Seinen Fall, sein Exil und sein Grab." [10]

Napoleon selbst kannte Piontkowski jedoch kaum. Widerwillig und verwundert nahm er ihn als Nachzügler auf St. Helena auf und sprach bis zu Piontkowskis Rückkehr 1817 nach Europa nur gelegentlich mit ihm. Bis zu Napoleons Tod 1821 galt Piontkowski (der sich nun als Graf und polnischer Leutnant ausgab) als treuer Gefährte des den Engländern verhassten Herrschers und war zeitweise Verfolgungen ausgesetzt. 1840 ließ er sich mit seiner Frau in der Bachgasse in Regensburg nieder, wo er 1849 starb. Das historisch bedeutsame Grabmal steht heute unter Denkmalschutz.

Grabmal des Napoleon-Verehrers
Carl Piontkowski in Regensburg

[10] Zit. nach Karl Heinz Göller: *Ein polnischer Napoleonide in Regensburg*, in: Konrad M. Färber (Hrsg.): *Regensburger Almanach 2001*, Bd. 35, *Regensburg – alt und neu zugleich*, Regensburg 2001, S. 112 – 119, hier S. 116.

Podolski, Lukas

Zwei Herzen in der Fußballer-Brust

Markus Krzoska / Andrzej Kaluza

—

130 Länderspiele im Team der deutschen Fußball-Nationalmannschaft, vierterfolgreichster Torschütze in der Geschichte des DFB – das ist die beeindruckende Bilanz des Fußballspielers Lukas Podolski, der 1985 als Łukasz Józef Podolski im oberschlesischen Gleiwitz geboren wurde. Sein Großvater hatte viele Jahre in der Grube von Sosnitza (Sośnica) gearbeitet, sein Vater war ebenfalls als Fußballspieler aktiv, seine Mutter war polnische Handballnationalspielerin. 1987 siedelte die Familie als → Aussiedler ins Rheinland über. Seit 1995 spielte Podolski für den 1. FC Köln, weitere Stationen seiner Fußballprofi-Karriere waren Bayern München, erneut der 1. FC Köln, FC Arsenal London, Inter Mailand, Galatasaray Istanbul. Seit 2017 steht er beim japanischen Klub Vissel Kōbe unter Vertrag. Zwischen 2004 und 2016 nahm er an allen großen internationalen Turnieren teil, 2014 wurde er mit der deutschen Fußball-Nationalmannschaft Weltmeister.

Lukas Podolski beim „Straßenkicker"-Camp für Kinder in Köln, 2016

Durch seine landesweite Popularität ist Podolski eine Art Symbolfigur für die deutsch-polnischen Beziehungen geworden und für polnischsprachige Bürger in Deutschland zu einem Vorbild. Der Begriff „Podolski-Klose-Generation" wurde ein Synonym für die Kinder der in den 1980er-Jahren aus Polen eingewanderten Menschen (→ Aussiedler 2.0). Wie viele von ihnen, bekannte auch Lukas Podolski, in seiner Brust schlügen ein deutsches und ein polnisches Herz. Diese Gespaltenheit empfand er etwa bei der Europameisterschaft 2008, als er im Team der deutschen Nationalmannschaft gegen die polnische Mannschaft antrat: „(…) damals fühlte ich mich hin- und hergerissen, und als ich tatsächlich im Deutschlandtrikot gegen Polen spielen musste und auch noch zwei Tore schoss, konnte ich nicht aus vollem Herzen jubeln und habe es meinem Geburtsland zuliebe auch nicht getan." [11] Auf die Frage, warum er denn die deutsche Nationalhymne nicht mitsinge, antwortete er: „Ich singe eben nicht mit, weil ich zu Polen und zu Deutschland gehöre". [12]

Der Familienmensch Podolski, der gemeinsam mit seiner Frau Monika die polnisch-oberschlesische Familientradition pflegt, engagiert sich privat für sozial benachteiligte Kinder und Jugendliche: „In Deutschland wird immerhin jede zweite Ehe geschieden. Angenommen, von den 50 % haben 35 % Kinder, sind das viel zu viele Familien, die auseinandergerissen werden (…). Zu viele Kinder müssen damit klarkommen, dass meist der Vater verschwindet, ihre Geborgenheit verloren geht!" [13] Mit seiner von ihm gegründeten Lukas Podolski Stiftung unterstützt er in Deutschland und in Polen Projekte, um Kinder und Jugendliche von der Straße zu holen und ihnen ein Stück Zukunft und Geborgenheit zu geben.

P

„Sich in Sachen Migration und Integration an Lukas Podolski zu orientieren, ist bestimmt keine schlechte Idee. Er hat es geschafft, dass die Deutschen ihn als Deutschen sehen und die Polen als Polen. Das gelingt nur mit großem Respekt beiden Kulturen gegenüber." [14]

Robert Lewandowski

[11] Lukas Podolski: *Dran bleiben. Warum Talent nur der Anfang ist,* Stuttgart / Wien 2014, S. 120.
[12] Zit. nach ebd., S. 212.
[13] Zit. nach ebd., S. 204.
[14] Zit. nach ebd., S. 124.

Polack, Jan

Ein Pole? Ein Münchner!

Agnieszka Kowaluk

—

Ob Jan Polack, einer der bedeutendsten Vertreter der bayerischen Spätgotik, tatsächlich aus Polen kam, weiß man nicht. Sein Name und dessen Varianten, darunter „Polonus", „Polägh" oder auch „Hansen Pollacken", legen es aber nahe. Vermutlich kam er im Gefolge der polnischen Königstochter Jadwiga (→ Landshuter Hochzeit) aus Krakau nach Bayern, wo er spätestens ab 1482 bis zu seinem Tod 1519 in München lebte. Hier besaß er eine eigene Werkstatt und war zeitweise Vorstand der Münchner Malerzunft. Als Stadtmaler schuf er zahlreiche Altäre, Tafelbilder und Fresken; auch aus den Kirchen und Klöstern der Münchner Umgebung kamen die Aufträge: Ilmünster, Fürstenfeld, Benediktbeuren, Schliersee, Ebersberg, Unterdarching, Pullach, Pipping. Allein in der Schlosskapelle Blutenburg hat sich die ursprüngliche Anordnung seiner Werke erhalten, die meisten anderen haben ihre Bestimmungsorte längst verlassen.

So ist der Hochaltar der nicht mehr existierenden Abteikirche des Münchner Franziskanerklosters St. Antonius (1802 aufgelöst) heute im Bayerischen Nationalmuseum zu sehen, weitere Arbeiten in der Städtischen Galerie im Lenbachhaus, in der Frauenkirche und in der Pfarrkirche St. Peter in München sowie in der Staatsgalerie Burghausen. In drei weiteren bayerischen Museen werden Teile des Altars der 1803 aufgelösten Benediktinerabteikirche Weihenstephan aufbewahrt – des einzigen erhaltenen, urkundlich sicher Jan Polack zuzuschreibenden Werks: im Diözesanmuseum Freising, im Germanischen Nationalmuseum Nürnberg und in der Münchner Alten Pinakothek – im Saal mit Altdeutscher Malerei, wo Besucherinnen und Besucher aus aller Welt ihren Rundgang durch eine der wichtigsten europäischen Kunstgalerien beginnen.

Jan Polack (zugeschrieben), *Ecce Homo,* 1492; Teil des Hochaltars aus der Abteikirche des Franziskanerklosters St. Antonius in München, heute im Bayerischen Nationalmuseum

Polenaktion

Die erste Massendeportation der Nazis 1938

Peter Oliver Loew
—

Im Zentrum von Nürnberg versammeln sich polnische Jüdinnen zum Abtransport an die polnische Grenze, 28./29. Oktober 1938.

P

Der Oktober des Jahres 1938 stellte rund 17.000 im Deutschen Reich lebende Jüdinnen und Juden polnischer Staatsangehörigkeit vor eine unerwartete und tragische Situation: Sie gerieten in die Zwickmühle von Antijudaismus und Antisemitismus. Da die Republik Polen nach dem „Anschluss" Österreichs und aufgrund der verstärkten antisemitischen Ausschreitungen im Dritten Reich eine Massenzuwanderung polnischer Staatsangehöriger jüdischen Glaubens aus dem Reichsgebiet befürchtete, sollten alle polnischen Staatsangehörigen, die sich länger als fünf Jahre ununterbrochen im Ausland aufhielten, laut einem vom polnischen Parlament im März 1938 verabschiedeten Gesetz automatisch ihre Staatsbürgerschaft verlieren. Die nationalsozialistische Regierung, die zu der Zeit die zwangsweise Emigration der Juden aus dem Reichsgebiet zu beschleunigen versuchte, beschloss daher,

noch vor dem von der polnischen Regierung bestimmten Stichtag (am 30. Oktober 1938) Juden mit polnischem Pass (→Ostjuden) per Zwangsausweisung nach Polen abzuschieben. Diese „Polenaktion", wie sie später genannt wurde, gilt als die erste brutale Massendeportation des Dritten Reichs.

Viele Tausend polnischstämmige Jüdinnen und Juden, die oft gar kein Polnisch sprachen, wurden über Nacht aus ihren Wohnungen geworfen und mit Zügen in Sammeltransporten nach Osten deportiert. Verzweifelt versuchten einige polnische Diplomaten, etwa in Leipzig, den Vertriebenen zu helfen. Nicht selten mussten ganze Familien – Kinder, Eltern und Greise – auch stundenlang zu Fuß über die grüne Grenze nach Polen laufen. Ein Ehepaar aus Hamburg-Altona erinnerte sich: „Wer sein Gepäck nicht mehr tragen konnte oder zurückblieb, dem wurde alles

abgenommen und weggeworfen. Wer nicht mitkam, wurde geschlagen."[15] Unter den Ausgewiesenen befand sich auch der damals 18-jährige Marcel →Reich-Ranicki und stand vor dem Nichts: „Was sollte ich in dem Land machen, das mir vollkommen fremd war, dessen Sprache ich zwar verstand, doch nur mühselig und kümmerlich sprechen konnte?"[16]

Als der 17-jährige Herschel →Grynszpan von der Abschiebung seiner Eltern im Rahmen der „Polenaktion" erfuhr, schoss er aus Verzweiflung am 7. November 1938 in Paris auf den deutschen Botschaftsmitarbeiter Ernst Eduard vom Rath: Die nationalsozialistische Propaganda nutzte diesen Anschlag als Vorwand für die Reichspogromnacht („Reichskristallnacht") zwei Tage später, die der Auftakt für die Novemberpogrome gegen die jüdische Bevölkerung in Deutschland war.

---

[15] Zit. nach Jerzy Tomaszewski: *Auftakt zur Vernichtung. Die Vertreibung polnischer Juden aus Deutschland im Jahre 1938*, Osnabrück 2002, S. 140 f.
[16] Marcel Reich-Ranicki: *Mein Leben*, Stuttgart 1999, S. 160.

Polendurchzug 1832

Jubel in deutschen Landen für die „geschlagenen" polnischen Helden

Peter Oliver Loew

—

Empfang polnischer Helden des Novemberaufstands in Neustadt an der Haardt am 19. Januar 1832

Während des Novemberaufstands von 1830/31 war Polen in Europa in aller Munde. Der Kampf um Freiheit und Bürgerrechte hatte auch in den deutschen Ländern viele Frauen und Männer beflügelt, die genug hatten von der reaktionären politisch-gesellschaftlichen Ordnung. Allerorten entstanden Polenvereine – dem Historiker Dieter Langewiesche zufolge „das dichteste Organisationsnetz (…), das bis dahin die deutschen Staaten je überzogen" [17] hatte. Sie kümmerten sich unter anderem darum, Geld und materielle Hilfeleistungen wie Verbandsmaterial nach Polen zu schicken. In dieser Zeit entstanden zahlreiche Polenlieder und -gedichte, die den Freiheitskämpfern huldigten. Als die polnischen Aufständischen im Herbst 1831 von der russischen Armee geschlagen waren, trat ein Großteil der polnischen Truppen auf preußisches und österreichisches Gebiet über und wurde hier interniert. Wer wollte, dem gewährten die Behörden freies Geleit in den Westen, nach Frankreich. Und

so zogen in den ersten Monaten des Jahres 1832 mehrere Tausend polnische Soldaten, vor allem Offiziere, in Gruppen von je 50 bis 100 Mann durch Deutschland nach Frankreich, in die Schweiz, nach Italien und Großbritannien. Auch Literaten und Künstler schlossen sich dieser ersten großen Emigration aus Polen an.

Die geschlagenen Helden lösten einen wahren Begeisterungstaumel aus; in Sachsen, Hessen und Baden wurden sie mit offenen Armen empfangen, es gab Hilfsorganisationen, die die Durchziehenden auf ihrem Weg nach Westeuropa versorgten. Die polnischen Exilanten waren überwältigt. Einer von ihnen, der Major Leon Drewnicki, erinnerte sich später: „Wenn wir durch deutsche Städte fuhren, kamen die Einwohner uns mit Musik entgegen und führten uns, musizierend und patriotische Lieder singend, in die Städte." [18] Und der Aufständische Józef Alfons Potrykowski wusste über das hessische Hersfeld zu berichten: „Die Damen und Mädchen hielten in den Händen verschiedene Blumen und Efeu, womit wir gleich nach der Ansprache [des Bürgermeisters] beworfen wurden. Sechs am Rande der ‚Chaussee' aufgestellte Geschütze, die eine Batterie bildeten, gaben 101 Schüsse ab. Mit einem Wort, wir wurden wie echte und größte Helden empfangen." [19]

Auch nach den Durchzügen der Polen durch die deutschen Länder erinnerte man sich ihrer; am → Hambacher Fest nahmen sie ebenso teil wie am Frankfurter Wachensturm von 1833, dem – ebenfalls gescheiterten – Aufstand studentischer Freiheitskämpfer im deutschen Vormärz. Bis 1848 blieben die polnischen Aufständischen ein leuchtendes Symbol für den Freiheitskampf der Völker in Europa, bis die Deutschen selbst um ihre nationale Einheit zu kämpfen begannen – und der polnische Wunsch nach Wiedererrichtung eines eigenen Staates plötzlich die eigenen nationalen Bestrebungen zu behindern schien.

[17] Dieter Langewiesche: *Humanitäre Massenbewegung und politisches Bekenntnis. Polenbegeisterung in Südwestdeutschland 1830–1832*, in: Ders.: *Liberalismus und Sozialismus. Gesellschaftsbilder – Zukunftsvisionen – Bildungskonzeptionen*, Bonn 2003, S. 83–102, hier S. 84.
[18] Zit. nach Helmut Bleiber/Jan Kosim (Hrsg.): *Dokumente zur Geschichte der deutsch-polnischen Freundschaft 1830–1832*, Berlin (Ost) 1982, S. 381.
[19] Ebd., S. 161.

Polenhilfe

Nächstenliebe und Solidarität mit dem polnischen Volk

Dieter Bingen

—

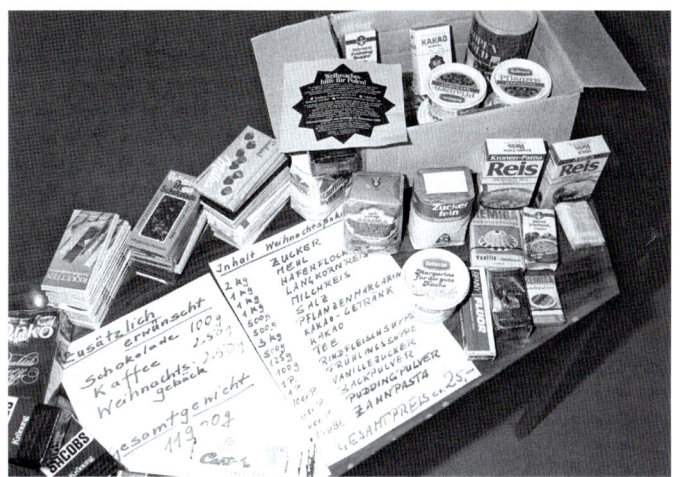

„Die Schwestern der christlichen Nächstenliebe der Anstalt für Langerkrankungen (Pflegeheim) in Warschau, Solec Str. 36 a, danken herzlich für die erhaltenen Gaben, die uns liebenswerte Herren brachten."[20]

Inhalt eines Hilfspakets
nach Polen, 1981

P

„Eine echte Volksbewegung", so übertitelte der „Spiegel" in seiner Ausgabe vom 7. Juni 1982 einen Artikel über die humanitäre Hilfe, die Millionen Deutsche vor allem aus der Bundesrepublik den polnischen Nachbarn zuteilwerden ließen – eine unpolitische Solidarität, die im Jahr 1982 nach der Niederschlagung der „Solidarność"-Freiheitsbewegung in Polen und der Verhängung des Kriegsrechts bis dahin nicht gekannte Ausmaße annahm und dauerhaft Spuren polnischen Gedankenguts, vor allem das Gefühl für den Wert der Solidarität, in deutschen Köpfen hinterließ. In bescheidenem Umfang und von der SED-Führung misstrauisch beäugt, gab es auch, vermittelt vor allem über kirchliche Stellen, karitative Solidarität aus der DDR.

Da die Versorgungslage bei Grundnahrungsmitteln sich seit 1980 in ganz Polen von Tag zu Tag zuspitzte, rief die Bundesregierung die westdeutsche Bevölkerung dazu auf, den Polen individuelle humanitäre Hilfe zukommen zu lassen. Bereits seit Oktober 1980 war der Paketstrom mit Lebensmittel- und Kleiderspenden mehr und mehr angeschwollen. Am 8. Februar 1982 trat eine von der Bundesregierung initiierte Gebührenbefreiung für Postpakete nach Polen in Kraft, die am 1. November 1982 von der neuen CDU / FDP-Regierung bestätigt wurde. Der Wert der zivilgesellschaftlichen Hilfe wurde allein bis März 1982 auf über 400 Millionen DM geschätzt (der Bundespost entstand aus der Gebührenbefreiung ein Portoausfall von mehr als 45 Millionen DM). Die Hilfe flachte dann im Laufe der 1980er-Jahre ab, weil sich die Versorgungslage in Polen allmählich wieder entspannte.

Die deutsche „Polenhilfe" der 1980er-Jahre war die umfangreichste unter allen internationalen Hilfsaktionen aus Westeuropa und Nordamerika. Angesichts der Tatsache, dass der bundesdeutschen Regierung im Hinblick auf eine direkte politische Solidaritätsbekundung mit dem Freiheitskampf der Polen die Hände gebunden waren, wuchs der großen Hilfswelle der westdeutschen Zivilgesellschaft auch ein kompensatorischer Charakter zu.

Władysław →Bartoszewski, 1986 Preisträger des „Friedenspreises des Deutschen Buchhandels" und später polnischer Außenminister, sprach von den vielen Menschen in Deutschland, die „im Geiste der Nächstenliebe und der Solidarität mit dem polnischen Volk Hilfe geleistet" haben. Und er prophezeite, dass die „volle psychologische Bedeutung dieser Tatsache" sich „vielleicht in der Zukunft als noch wichtiger erweisen" werde als ihre „unzweifelhafte materielle Bedeutung".[21] Damit sollte Bartoszewski recht behalten. Schließlich hat die „Polenhilfe" entscheidend zur Revision des historisch belasteten Deutschlandbildes in der polnischen Gesellschaft beigetragen.

---

[20] Zit. nach Barbara Cöllen / Bartosz Dudek / Krzysztof Ruchniewicz (Hrsg.): *Polenhilfe. Als Schmuggler für Polen unterwegs / Pomoc dla Polski. Zostali przemytnikami dla Polaków*, Dresden / Wrocław 2011, S. 243.

[21] Władysław Bartoszewski: *Danksagung. Kein Frieden ohne Freiheit*, in: Friedenspreis des Deutschen Buchhandels 1986. Börsenverein des Deutschen Buchhandels, Frankfurt am Main, S. 15. Online abrufbar unter: www.boersenverein.de/sixcms/media.php/806/1986_bartoszewski.pdf (Aufruf am 15.01.2018).

Polenmarkt

Gut und billig (in Berlin) einkaufen

Dorota Danielewicz

–

Ungewohntes Durcheinander in einer geordneten Welt: Der Berliner Polenmarkt sorgte 1989 für Aufsehen; hier konfiszieren Beamte einen mitgebrachten Koffer.

Die letzten Monate der kommunistischen Herrschaft in Polen brachten eine Überraschung: Ab 1988 war es polnischen Bürgerinnen und Bürgern erlaubt, ihre Pässe, die zuvor bei den Behörden hinterlegt wurden, zu Hause aufzubewahren und damit ins westliche Ausland zu reisen, ohne eine Einladung vorlegen zu müssen. West-Berlin war nicht weit von der polnischen Grenze entfernt, und man brauchte kein Visum, um in die Stadt einzureisen.

Es dauerte nicht lange, und ganze Busladungen konsumhungriger Polen kamen in die Stadt und kauften die Discountmärkte leer. Andere wiederum versuchten, bestimmte Waren aus ihrer polnischen Heimat in Berlin an den Mann beziehungsweise die Frau zu bringen. Der Umtausch von DM in Zloty war damals so günstig, dass man leicht Geld verdienen konnte, wenn man Dinge aus Polen in Berlin feilbot. Schnell ließen sich die polnischen Händler in der Nähe der Philharmonie nieder, verkauften direkt aus dem Kofferraum ihres → Polski Fiat oder auf einer auf dem Boden ausgebreiteten Decke. Diejenigen, die das ganze Wochenende in Berlin verbrachten, schliefen oft im Wagen, mit allen daraus resultierenden Unannehmlichkeiten. So konnten die Besucher samstäglicher Konzerte in der Philharmonie aus den großen Fenstern intime Szenen beobachten, da die polnischen Besucher ihre Körperpflege im angrenzenden Gebüsch des Tiergartens verrichteten. Das begeisterte niemanden. Einige Monate später zog der sogenannte Polenmarkt dann auf das Gelände des Potsdamer Platzes, wo an den Wochenenden auch ein traditionsreicher Flohmarkt stattfand.

Auf dem Polenmarkt konnte man nicht nur russischen Kaviar, sondern auch Leintücher, Porzellan, Besteck, ja sogar Würste und Eier aus Polen erwerben – alles zu sagenhaften Preisen. Mit der Zeit freundeten sich immer mehr Berliner mit dem Markt an, und es fehlte nicht an Käufern. Das Fernsehen berichtete über den Markt, Journalisten kamen und schrieben Reportagen, der Polenmarkt war „in".

Ganz anders erging es den Besuchern aus Polen, die im Stadtinneren die Discounter leer kauften – meist Schokolade, Säfte, Kaffee und Südfrüchte –, die sie dann in Polen in kleinen Kiosken feilboten. Später kam billige Unterhaltungselektronik dazu. Die Berliner waren entnervt von den langen Schlangen vor den Discountern und den auf den Parkplätzen stehengelassenen Einkaufswagen. Unter anderem deshalb führten die Supermärkte irgendwann Einkaufswagen mit Pfandmünze ein – auch in Polen gehören diese heute längst zum Alltag.

Später entstanden sogenannte Polenmärkte entlang der deutsch-polnischen Grenze, in Städten wie Słubice, Kostrzyń oder Gubin; sie erfüllten ihre ökonomische Rolle, solange die Preisunterschiede noch gravierend waren. Heute existieren die meisten dieser Märkte nicht mehr, die deutschen Besucher in den grenznahen polnischen Städten gehen heute lieber in Läden einkaufen, die sie kennen: Kaufland, Lidl & Co.

Polenwitze

Worüber Deutsche lachen und was Polen gar nicht lustig finden

Andrzej Stach

—

„Sie wissen es ja selbst, dass es hier alles gibt, aber keine guten Witze", pflegte der Literaturkritiker Marcel → Reich-Ranicki über den Humor der Deutschen zu sagen. Dabei lachen sich Millionen Deutsche die Tränen aus den Augen – auch bei den sogenannten Polenwitzen.

„Kennt jemand einen Satz, in dem drei Lügen vorkommen? ‚Ehrlicher Pole mit eigenem Pkw sucht Arbeit'", lautet einer dieser Witze, die hierzulande, zumal in den 1990er-Jahren, Konjunktur hatten, als immer mehr Polen ins reiche Deutschland kamen. Polenwitze bedienen das Spiel mit dem ewigen Vorurteil, dass Polen klauen, betrügen oder sonst wie kriminell sind. Mit der Wirklichkeit haben sie so wenig zu tun wie die Ostfriesenwitze mit den Ostfriesen.

Einen Popularitätsschub erlebten Polenwitze vor allem auch durch das deutsche Fernsehen. Der Entertainer Harald Schmidt etwa streute sie gerne in seine Late-Night-Show ein: „Woran merkt man, dass die Polen auch schon im Weltall waren? Am Großen Wagen fehlen die Räder!" In der deutschen Comedy-Szene frönten auch andere deutsche Stars dem Topos Polen, so etwa Achim Hagemann (→ Popolski-Show), Bastian Pastewka (*Der Schwarzarbeiter-Strich*) oder Hape Kerkeling (*Hurz*).

Polen finden Polenwitze gar nicht lustig, die polnische Botschaft erhebt immer wieder Proteste bei den Medien. Wie auch immer: Der „Polenwitz" ist bereits ein Teil des deutschen Wort- und Humorschatzes geworden. Und das Internet sorgt weiter für seine Verbreitung in zahlreichen Foren.

Nach Polen

...und zurück

Dass manche Polen es mit deutschen Polenwitzen aufnehmen, zeugt von ihrem selbstironischen Humor. Das Plakat stammt von Lex Drewiński, der in beiden Ländern beheimatet ist und in seinen Werken oft deutsch-polnische Stereotype kommentiert.

P

Polnische Apotheke in Berlin

Wo schon Fontane Pillen drehte

Peter Oliver Loew

—

Die Aufschrift „Polnische Apotheke" prangt an diesem Eckhaus in der Berliner Friedrichstraße.

„Polnische Apotheke" – diesen markanten Schriftzug liest man an einem imposanten Gebäude im Zentrum der deutschen Hauptstadt. Es liegt in der Friedrichstraße, zwischen dem gleichnamigen Bahnhof und der langsam zu alter Pracht zurückfindenden Allee Unter den Linden. Fast jeder Berliner ist daran schon vorbeigelaufen, und Besucher der Stadt sowieso.

Die Geschichte der Apotheke reicht an das Ende des 17. Jahrhunderts zurück, als der Apotheker Samuel Woelcke aus Königsberg 1682 das Privileg erhielt, in der Dorotheenstadt (damals noch eine selbstständige Stadtgemeinde) eine Apotheke einzurichten. Seit wann genau

und aus welchen Gründen die Apotheke den Namen „Polnische Apotheke" führte, darüber lässt sich heute spekulieren. Auf Woelcke folgten weitere Apotheker. 1845/46 war hier in Diensten der Apothekerfamilie Schacht für ein Jahr Theodor Fontane beschäftigt, dem der Broterwerb allerdings wenig Unterhaltsames bot: „Meine Kollegen im Geschäft präsentierten sich wie gewöhnlich sehr durchschnittsmäßig, ohne jeden interessanten oder auch nur komisch aparten Zug".[22]

Das heutige Gebäude wurde 1898–1900 von dem Berliner Architekten Alfred Breslauer als Apotheke erbaut. Augenfällig ist der über einem der Arkadenbögen an der Ecke thronende Adler mit ausgebreiteten Schwingen. 1936 wurde der Name der Apotheke in „Dorotheenstädtische Apotheke" geändert, der damals weiße Adler musste vergoldet werden. Nach Ende des Krieges wurde das Gebäude Eigentum der Sowjetischen Militäradministration, die Apotheke musste aus den Räumen weichen. Erst 1998 erhielt das Gebäude im Zuge der Sanierung den markanten, diesmal schwarzen Adler und, in Stein gemeißelt, wurde der Schriftzug „Polnische Apotheke" angebracht. Dabei beherbergt das Haus schon längst keinen Pillendreher mehr, sondern Modegeschäfte und Büros. An das Wirken Fontanes erinnert hier eine Gedenktafel. Eine Apotheke mit dem Namen „Dorotheenstädtische Apotheke" liegt heute ein paar Hausnummern entfernt.

22 Theodor Fontane: *Von Zwanzig bis Dreißig*, in: Ders.: *Sämtliche Werke*, Bd. 4, Darmstadt 1973, S. 465.

Polnische Gegenwartskunst

Ein langer Weg in deutsche Museen

Nawojka Cieślińska-Lobkowicz

—

„Das Kupferstich-Kabinett [der Staatlichen Kunstsammlungen Dresden] setzte sich nach seinem Wiedererstehen durch die Übergabe der von der Sowjetunion bewahrten Kunstschätze 1959 das Ziel, eine Abteilung der sozialistischen Länder aufzubauen. Neben der sowjetischen zog die polnische Kunst bald in besonderem Maße unsere Aufmerksamkeit auf sich. Das hatte hauptsächlich zwei Gründe: zuerst die Verbundenheit unserer beiden sozialistischen Nachbarländer, deren kultureller Austausch sich besonders im vergangenen Jahrzehnt lebhaft entfaltete; zum anderen der außerordentliche Aufschwung der polnischen Kunst, nicht zuletzt der Graphik." Dies schrieb 1980 der damalige Direktor des Dresdener Kupferstich-Kabinetts und später der erste Direktor der Staatlichen Kunstsammlungen Dresden nach der Wende, Werner Schmidt (1930–2010), in der Einleitung zum Katalog der Ausstellung *Polnische Kunst aus drei Jahrzehnten.* [23]

Wer diese Worte heute liest, könnte ihren Verfasser für einen DDR-Apparatschik und Karrieristen halten. Nichts läge ferner. Schmidts Posten war eine Art Verbannung gewesen, und die von ihm zusammengetragene Sammlung moderner polnischer Grafiken wich gefährlich vom DDR-Kanon der bildenden, ideologisch korrekten Kunst ab, wie er damals den ostdeutschen Kunstsammlungen vorschwebte. Gestützt auf persönliche Kontakte zu polnischen Künstlern und Kunsthistorikern, stellte Schmidt unter Umgehung der offiziellen Kanäle eine Sammlung grafischer Arbeiten bedeutender Künstler aus Polen zusammen, die nichts mit Parteiideologie und Kunst des Sozialrealismus zu tun hatten – darunter Tadeusz → Kantor, Roman Opałka (1931–2011), Zbigniew Makowski (*1930), Stanisław Fijałkowski (*1922) und Jerzy Panek (1918–2001). Möglich war dies nur aufgrund Schmidts wenig spektakulärer Funktion und des intimen Charakters der Grafiken. Die oben zitierte Einleitung im Katalog war ein unvermeidlicher Kniefall vor dem Staat und verschleierte wohlweislich die wahren Absichten einer Ausstellung, die in einer Zeit eröffnet wurde, als das Vertrauen der DDR in den Zustand des polnischen Sozialismus von Tag zu Tag nachließ. Diese Umstände verdeutlichen, warum die Sammlung des Dresdener Kupferstich-Kabinetts überdies als einziges Museum in der DDR Arbeiten von Künstlern aus dem polnischen „Bruderstaat" beherbergte.

In Westdeutschland gab es keine einzige vergleichbare Sammlung. 1969 lenkte das in Essen gegründete Deutsche Plakatmuseum den Blick bundesrepublikanischer Betrachter auf

2015 eröffnete das nach dem Stifter benannte Museum Jerke in Recklinghausen, das polnische Kunst zeigt.

polnische Plakatkunst (Jan → Lenica), eine Ausnahme. Denn keines der vielen bundesdeutschen Museen interessierte sich darüber hinaus ernsthaft für die in Polen entstehende – und für die Verhältnisse im damaligen Ostblock beispiellose – moderne Kunst, obwohl polnische Künstler häufiger zur documenta und anderen prestigeträchtigen Ausstellungen eingeladen wurden und obwohl die Eigentümer von zwei der vor 1989 wichtigsten westdeutschen Galerien – Gmurzyńska und Jablonka in Köln – aus Polen stammten. Einzelne Werke von Künstlern wie Kantor oder Opałka fanden erst ihren Weg in wenige bundesdeutsche Museen (vor allem in Nordrhein-Westfalen), als ihre Schöpfer im Westen längst bekannt waren.

Nach der Auflösung des Ostblocks und dem Fall der Berliner Mauer erlangten Werke international geschätzter polnischer Künstlerinnen und Künstler der mittleren Generation, unter ihnen Mirosław Bałka (*1958), Zofia Kulik (*1947) und Zbigniew Libera (*1959), zunehmend Aufmerksamkeit in der deutschen Kunstwelt. Zu ihnen schloss die jüngere Generation in den 1960er- und 1970er-Jahren geborenen Künstlerinnen und Künstler auf – Paweł Althamer, Katarzyna Kozyra, Monika Sosnowska, Wojciech Sasnal, Piotr Uklański, Artur Żmijewski. Der Präsentation und dem Erwerb ihrer Werke gilt heute das Bestreben der Museen und Sammlungen, in Deutschland wie im übrigen Europa und den USA.

[23] Werner Schmidt in seiner Einleitung zum Ausstellungskatalog *Polnische Kunst aus drei Jahrzehnten,* Staatliche Kunstsammlungen Dresden. Kupferstich-Kabinett, Dresden 1980, S. 5.

Polnische Hochzeit

Ein Partyspiel zur Partnerwahl

Dietmar Osses

—

Als geradezu sprichwörtlich gilt bis heute die Ausgelassenheit und Freizügigkeit auf polnischen Hochzeitsfeiern, auf denen sich die Gäste beiderlei Geschlechts in feucht-fröhlicher Runde oft sehr nahe kommen sollen. In dem Partyspiel „Polnische Hochzeit" scheinen diese Vorstellungen wieder auf.

Bereits 1880 erwähnt das populäre *Buch der Spiele und Rätsel*[24] das Gesellschaftsspiel „Polnische Hochzeit" für junge Damen. Ziel des Spiels war es, die Gunst der Mitspielerinnen herauszufinden. Dazu verließ die eine Hälfte der Mädchen den Raum, während die anderen in einer Stuhlreihe Platz nahmen und sich jeweils ein Mädchen aus der anderen Gruppe als Partnerin wählten. Dann wurden die Mädchen einzeln wieder ins Zimmer hereingeführt. Sie mussten nun erraten, welche der in der Reihe Sitzenden sie gewählt hatte und sich ihr gegenübersetzen. War die Vermutung falsch, wurden sie wieder hinausgeschickt. Im Laufe der Zeit veränderten sich die Regeln des Spiels. So war es im Ruhrgebiet in den 1970er- und 1980er-Jahren ein Partyspiel zur Annäherung von Jungen und Mädchen: Der Junge durfte dabei eine Stuhlreihe abschreiten und eine Auserwählte fragen, ob sie ihn heiraten wolle. Ein „Nein" konnte das Mädchen mittels einer Ohrfeige erteilen, bei „Vielleicht" gab es einen Kuss auf die Wange, bei einem „Ja" einen Kuss auf den Mund.

> Ein „Nein" konnte das Mädchen mittels einer Ohrfeige erteilen, bei „Vielleicht" gab es einen Kuss auf die Wange, bei einem „Ja" einen Kuss auf den Mund.

Tatsächlich haben Feiern und Spiele, sei es bei Hochzeiten oder Partys, eine wichtige soziale Funktion: Sie bieten im sozial homogenen Kreis der Freunde und Verwandten gute Möglichkeiten, Verbindungen und Beziehungen zu knüpfen. Für viele Zuwanderer-Gruppen, wie beispielsweise die Polen im Ruhrgebiet der Jahrhundertwende (→ Ruhrpolen), war dies sehr wichtig.

---

[24] Siehe Sonja Steiner-Welz: *Das Buch der Spiele und Rätsel von 1880: Kartenspiele, Brettspiele, Kugelspiele, Bewegungsspiele, Gesellschaftsspiele, Glücksspiele, Rätsel, Scherze*, Mannheim 2007, S. 26.

Polnische Institute

Offene Türen nach Polen

Andrzej Stach

—

Sie sind Türöffner für kulturelle und geistige Reisen nach Polen: Die Polnischen Institute in Deutschland. Das älteste und größte von ihnen wurde 1956 in Ost-Berlin als „Polnisches Kulturinstitut" gegründet und blieb – zusammen mit dem 1969 in Leipzig entstandenen Institut – bis 1989 eine offizielle Visitenkarte des „sozialistischen Bruderlandes"; 1993 kam das „Polnische Institut Düsseldorf" hinzu, das einzige Institut dieser Art in Westdeutschland.

Die Polnischen Institute in der einstigen DDR galten vielen Besucherinnen und Besuchern als Orte, an denen man nicht nur mehr Freiheit verspürte, sondern auch mehr über die Ereignisse in Polen, zumal in den 1970er- und 1980er-Jahren, erfahren konnte als aus den DDR-Medien. Von der Buchhandlung des Instituts in der Ost-Berliner Karl-Liebknecht-Straße träumten seinerzeit auch viele West-Berliner, wie sich die Autorin Magdalena →Parys erinnert: „Da fand man wahre Schätze: Schallplatten von Niemen, Sztywny Pal Azji, Bücher, super Cepelia-Tücher – und das alles für beinahe umsonst!"[25] Nach der deutschen Wiedervereinigung wurde das Berliner Institut zum Pendant des Goethe-Instituts in Warschau und erfüllte als Einrichtung des polnischen Außenministeriums auch (kultur)politische Aufgaben. Seine Bibliothek beherbergt eine große Auswahl an Literatur sämtlicher Gattungen sowohl in polnischsprachigen Originalausgaben als auch in deutscher Übersetzung. Das Institut unterstützt und initiiert Projekte und Veranstaltungen ebenso in anderen Bundesländern.

Zum heutigen Programm aller drei Institute an den Standorten Berlin, Leipzig (heute als Filiale des Berliner Instituts) und Düsseldorf gehört die Organisation von Ausstellungen polnischer Künstlerinnen und Künstler, in denen zeitgenössische Malerei, Fotografie, Video-Art, Design oder Installationen präsentiert werden. Auch das Theater, die Filmkunst, die Literatur, die Musik sowie Podiumsdiskussionen, Workshops und Vorträge gehören zu

den Programmpunkten der Institutsarbeit. Die Institute sehen ihre Aufgabe außerdem in der Vermittlung der Gegenwart und Geschichte, Politik und Tradition Polens. Hervorzuheben sind ferner die schulischen Aktivitäten der Institute. So bemüht sich etwa das Düsseldorfer Institut gemeinsam mit weiteren Kooperationspartnern darum, Polen in die Klassenzimmer der Sekundarstufe II an den Schulen in Nordrhein-Westfalen zu bringen. Im Rahmen von sogenannten Schnuppertagen („Pole-Position") nahmen 2017 rund 1.500 Schülerinnen und Schüler sowie Lehrkräfte an solchen Veranstaltungen teil.

Einen auch für Laien geeigneten Zugang zur Geschichte Polens ermöglicht das 2006 gegründete „Zentrum für Historische Forschung Berlin", die erste wissenschaftliche Einrichtung der Polnischen Akademie der Wissenschaften in Deutschland. Die Aufgabe des Zentrums gilt der Erforschung historischer und aktueller Fragen der deutsch-polnischen Beziehungen im europäischen Kontext, und zwar auch unter Einbeziehung anderer Geisteswissenschaften. Ein ähnliches Ziel setzt sich seit 2001 in enger Kooperation mit der Nikolaus-Kopernikus-Universität in Thorn (Toruń) die „Polnische Historische Mission" *(Polska Misja Historyczna)*, die zunächst am Max-Planck-Institut für Geschichte in Göttingen angesiedelt war und seit 2009 an der Universität Würzburg beheimatet ist.

P

---

[25] Zit. nach *Zawsze trafiałaś na ścianę* [Immer trafst Du auf die Wand]. Magdalena Parys im Gespräch mit Katarzyna Surmiak-Domańska, in: Wysokie Obcasy, Nr. 43 (2014), S. 14 [Übers. Andrzej Kaluza].

Polnische Juden in Deutschland nach 1945

Lang ist der Weg …

Nawojka Cieślińska-Lobkowicz

–

Die ersten beiden Spielfilme, die im Jahre 1947 in Deutschland zum Thema Holocaust gedreht wurden, gingen auf das Bemühen polnischer Juden zurück: Artur → Brauner (* 1918) aus Lodz und Israel Beker (1917 – 2003) aus Białystok. Der autobiografische Film *Morituri* erzählt von der Flucht jüdischer KZ-Häftlinge, die vom polnischen Lagerarzt vor dem Tod gerettet werden. Sie verstecken sich im Wald, um auf die Befreiung durch die heranrückende Rote Armee zu warten. Die Deutschen sind ihnen auf den Fersen, der polnische Arzt versucht ihnen zu helfen, wird aber gefasst und erschossen. Als ihnen ein Wehrmachtssoldat in die Hände fällt, ist die Humanität größer als die Rachlust, wofür dieser sich bedankt, indem er den Flüchtlingen hilft, aus einem Hinterhalt zu entkommen. Sie überleben.

Der Held von *Lang ist der Weg* ist ein Warschauer Jude, den Israel Beker selbst spielte. Es gelingt ihm, aus einem Transport nach Auschwitz zu entkommen und sich den Partisanen anzuschließen. Nach Kriegsende verlässt er zusammen mit einer deutschen Jüdin, die die Deportation nach Osten überlebt hatte, das Land, um seine Mutter zu suchen und vor dem anwachsenden polnischen Antisemitismus zu fliehen. Sie erreichen ein Lager für → Displaced Persons (DPs) in der amerikanischen Besatzungszone, wo sie heiraten, die Mutter des Protagonisten finden und schließlich ins ersehnte Erez Israel reisen.

Morituri, für dessen Entstehung Brauner in Berlin die Produktionsfirma CCC-Film gegründet hatte, war ein Fiasko und wurde vom deutschen Publikum boykottiert, das sich nicht mit der NS-Vergangenheit beschäftigen wollte. *Lang ist der Weg* stieß dagegen auf Anerkennung, da er über die Schuld der Deutschen schwieg und dafür eine Schicksalsgemeinschaft jüdischer Flüchtlinge und deutscher Vertriebener nahelegte. Trotz dieses falschen Akzents ist der Film dokumentarisch wertvoll, und zwar aufgrund der im bayerischen DP-Lager Föhrenwald gedrehten Szenen, der jiddischen und polnischen Dialoge sowie der herausragenden Schauspieler – Mitglieder der ersten polnisch-jüdischen Theatertruppe nach dem Krieg, dem „Musikalischen Jiddischen Klainkunst Thiater", das mithilfe einer illegalen Organisation nach Bayern gelangte und hier für jüdische DPs aus Osteuropa auftrat (nun als „Minchner Jiddischer Klainkunst Thiater"). Diese jüdische Gemeinschaft nannte sich „She'rit Hapleta", was übersetzt „der gerettete Rest" bedeutet. Sie bestand aus den auf deutschem Staatsgebiet befindlichen KZ-Überlebenden sowie aus circa 250.000 Flüchtlingen aus dem europäischen Osten – davon 80 Prozent aus Polen –, die in der zweiten Hälfte der 1940er-Jahre im besetzten Deutschland Zuflucht suchten, hauptsächlich in der amerikanischen Besatzungszone. Der Aufenthalt im verfluchten Land der Täter war für sie eine Art Warteraum, aus dem sie schnellstmöglich nach Palästina oder, seltener, in die USA und andere Länder ausreisen wollten.

In den 1950er-Jahren hielten sich in der Bundesrepublik noch 15.000 „Überbleibsel des Überbleibsels" auf. Es waren hauptsächlich Alte und Kranke, deren Familienmitglieder sowie seltener Personen, die hier von einem begonnenen Studium oder

> **„Ich wollte mit allen Filmen dieser Art erreichen, dass die Leute zur Besinnung kommen, dass sie sehen, was es bedeutet, wenn eine Diktatur, wenn Unmenschlichkeit regiert."** [26]
>
> Artur Brauner

---

[26] *„Ich musste etwas für die tun, die tot sind",* Gespräch mit Artur Brauner, in: Die Tageszeitung, 10.7.2008.

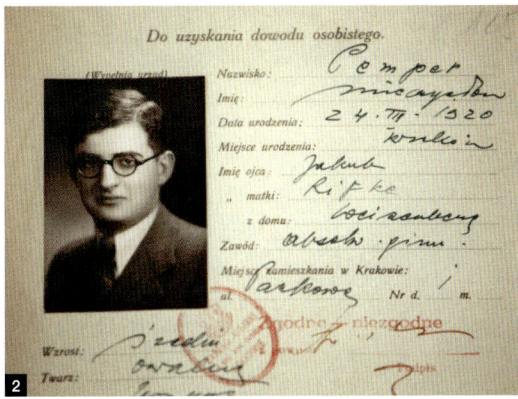

1 / Dachau, 30. April 1995: Simon Snopkowski spricht anlässlich des 50. Jahrestages der Befreiung des Konzentrationslagers.
2 / Der 1920 in Krakau geborene Mieczysław Pempers gehörte zu der Gruppe jüdischer Emigranten aus Polen, die in den 1950er-Jahren in die Bundesrepublik kamen.

P

Geschäften aufgehalten wurden. Verstreut in vielen Städten (in erster Linie in München, Frankfurt am Main, Berlin und Düsseldorf), lebten sie jahrelang geistig „auf gepackten Koffern", waren Fremde unter Fremden, fast unsichtbar; die Existenz Israels gab ihnen Hoffnung. Die mit Nicht-Erinnern und dem Wirtschaftswunder beschäftigten nicht jüdischen Deutschen hielten sich von ihnen fern. Oft hatten die einstigen DPs auch mit den überlebenden deutschen Juden kaum etwas gemein, was in einigen Gemeinden und in dem 1950 entstandenen „Zentralrat der Juden in Deutschland" zu Konflikten führte. Ein Teil der Flüchtlinge aus dem Osten engagierte sich in den neu gegründeten jüdischen Gemeinden und Organisationen.

Darunter war etwa Simon Snopkowski (1925 – 2001) aus dem polnischen Teil von Oberschlesien. Kurz nach der Befreiung aus einem Unterlager des KZ Groß-Rosen war er in ein DP-Lager nach Landsberg am Lech gekommen. Sehr rasch begann er damit, das jüdische Leben in Bayern zu organisieren. In München blieb er wegen eines Medizinstudiums, wobei er nebenher auch noch den Jüdischen Studentenverband leitete. Nach dem Examen bekam er eine Stelle im Universitätsklinikum, machte Karriere als Chirurg und Direktor Münchener Spitäler. Dies hinderte ihn nicht daran, sich für die jüdische Gemeinschaft einzusetzen, was sich etwa dadurch ausdrückte, dass er seit Anfang der 1960er-Jahre stellvertretender Vorsitzender, seit 1971 bis zu seinem Tod Präsident der bayerischen Kultusgemeinden war. In Fürth bei Nürnberg entstand sogar gleich nach dem Krieg ein Zentrum der ostjüdischen Orthodoxie, dessen Mittelpunkt in den über zwanzig Jahren seines Bestehens zwei Holocaust-Überlebende bildeten: Der Vorsitzende der Fürther Gemeinde Jean Mandel (1911 – 1974) und der Rabbiner David Spiro (1901 – 1970).

In der zweiten Hälfte der 1950er-Jahre kam noch eine kleinere Gruppe jüdischer Emigranten und Flüchtlinge aus dem kommunistischen Polen in die Bundesrepublik; meist waren es junge Ehepaare mit kleinen Kindern. Einige hatten die Möglichkeit, aufgrund der Entschädigungsgesetze eine Wiedergutmachung für die während der NS-Zeit erlittenen Verluste zu erhalten. Auch die bei diesen Zuwanderern oft vorhandene Kenntnis der deutschen Sprache und ihre Hochschulbildung boten ihnen die Chance auf beruflichen Erfolg, weshalb sie in Deutschland blieben. Nicht zuletzt aufgrund dieser Emigration stieg die Mitgliederzahl der jüdischen Gemeinden in der Bundesrepublik auf 23.000, obwohl sich die meisten Zuwanderer nicht zu den traditionell religiösen →Ostjuden rechneten. Darunter befand sich Marcel →Reich-Ranicki (1920 – 2013) und ebenso der aus Krakau stammende Mieczysław „Mietek" Pemper (1920 – 2011): Erst ein Vierteljahrhundert später sollte die deutsche Öffentlichkeit durch Steven Spielbergs Film erfahren, welche Rolle er bei der Rettung von Jüdinnen und Juden durch Oskar Schindler gespielt hatte.

Der Eichmann-Prozess 1961, die Frankfurter → Auschwitz-Prozesse 1963–1968, der von Israel gewonnene Sechstagekrieg 1967, die Studentenrevolte von 1968, aber auch der nun zu Tage tretende Antisemitismus von rechts wie von links, schließlich Willy Brandts Kniefall vor dem Denkmal der Helden des Warschauer Ghettos 1970 führten dazu, dass die Stimmen der im Osten überlebenden Juden in Deutschland häufiger öffentlich zu Wort kamen. Noch ohne ausgepackte Koffer, jedoch bereits akklimatisiert, beruflich und finanziell gesichert, waren sie davon überzeugt, dass es zu ihren heiligen Pflichten gegenüber den Ermordeten gehöre, in Deutschland die Erinnerung an den Holocaust zu bewahren und darüber zu informieren, wie es dazu hatte kommen können. Alle Deutschen sollten davon wissen – ein Lackmustest für die Stabilität der demokratischen Transformation Deutschlands. Dieser Standpunkt bürgerte sich langsam und nicht ohne Mühe bei den politischen und kulturellen Eliten der Bundesrepublik ein – zumindest offiziell – und drang nach und nach auch zu einem Teil der „gewöhnlichen" Deutschen vor: zu den Kindern und Enkeln der Tätergeneration. Dies war vor allem der unerschütterlichen Haltung dieser kleinen deutschen Gruppe polnisch-jüdischer Holocaust-Überlebender zu verdanken.

> **„Ich habe hier 18 Bücher über das Dritte Reich veröffentlicht, und das alles hatte keine Wirkung. Du kannst dich bei den Deutschen tot dokumentieren, es kann in Bonn die demokratische Regierung sein und die Massenmörder gehen hier herum, haben ihr Häuschen und züchten Blumen."**
>
> Joseph Wulf

Am frühesten nahm sich Joseph Wulf (1912–1974) dieser Verpflichtung zum Wissen an, der erste bundesdeutsche Holocaust-Forscher. Bis an sein Lebensende hob er stolz hervor, ein aus Krakau stammender galizischer Jude zu sein. Er hatte Auschwitz überlebt, 1944 die „Jüdische Historische Kommission" in Polen mitgegründet und war dabei, als das Ghetto-Archiv Emanuel Ringelblums aufgefunden wurde. 1947 emigrierte er nach Paris und

lebte seit 1955 als Staatenloser in West-Berlin. In einem Brief an seinen Sohn schrieb er kurz vor seinem Selbstmord: „Ich habe hier 18 Bücher über das Dritte Reich veröffentlicht, und das alles hatte keine Wirkung. Du kannst dich bei den Deutschen tot dokumentieren, es kann in Bonn die demokratische Regierung sein und die Massenmörder gehen hier herum, haben ihr Häuschen und züchten Blumen." Wulfs Absicht, ein Dokumentationszentrum im Haus der Wannsee-Konferenz einzurichten, wurde zu seinen Lebzeiten abgelehnt und erst zwanzig Jahre später verwirklicht; die hier entstandene Mediathek trägt seinen Namen.

Wulfs Mission wurde jahrzehntelang von Arno → Lustiger fortgeführt. Aus dem polnischen Bendzin stammend, hatte er mehrere KZs überlebt und war während der Flucht aus einem Todesmarsch von der US-Armee gerettet worden. Der überzeugte Zionist blieb wegen der Krankheit seiner vom Lager geschwächten Mutter und Schwester in Deutschland, wo er sich in Frankfurt am Main niederließ. Er schrieb viel über die verschiedenen Formen des jüdischen Widerstands in unterschiedlichen Gegenden des von den Nazis eroberten Europas, womit er sich gegen die vereinfachende, falsche Auffassung von der Passivität der Juden gegen den Holocaust stemmte.

Auch der schon erwähnte Filmproduzent Artur Brauner begann nach vielen Erfolgsfilmen und TV-Produktionen damit, ambitionierte Filme über die Shoah und die NS-Zeit zu verwirklichen. Von besonderer Bedeutung war das Engagement von Ignatz Bubis (1927–1999), der seit 1966 dem Vorstand der Frankfurter Jüdischen Gemeinde und seit 1978 dem Zentralrat der Juden in Deutschland angehörte, dessen Vorsitzender er als erster Ostjude 1992 wurde. Bubis war in Breslau in einer kinderreichen polnisch-jüdischen Familie geboren worden, die 1935 zur Rückkehr nach Dęblin gezwungen wurde, ein typisches Schtetl in Zentralpolen, aus dem sie ursprünglich stammte. Ignatz überlebte hier das Ghetto, aus dem er in ein KZ und in eine Munitionsfabrik nach Tschenstochau kam. Vater, zwei Geschwister und die weitere Verwandtschaft verlor er in Treblinka. Von der Roten Armee befreit, gelangte er schon 1945 nach Berlin. Aufgrund seines Geburtsorts musste er in kein Lager für Displaced Persons, hielt sich bis 1949 in der Sowjetischen Besatzungszone auf, zog dann nach Pforzheim und ließ sich schließlich 1956 endgültig in Frankfurt am Main nieder, wo er vom Edelmetallhandel auf das Immobiliengeschäft umsattelte.

Ignatz Bubis diskutiert mit Schülerinnen und Schülern des Humboldt-Gymnasiums in Berlin-Tegel, 1993.

Anders als die meisten geretteten Juden hielt Bubis es für ganz natürlich, in Deutschland zu bleiben. Der skeptische Pragmatiker gab sich keinen Täuschungen hin: „Jeder Zweite, der sagte ‚ich war nicht dabei‘, war doch dabei."[27] Doch schreckte er vor Deutschland und dem Leben hier nicht zurück. Seit 1969 war Bubis FDP-Mitglied, er engagierte sich auf kommunaler Politikebene und in den Parteigremien. Dieser geborene Homo politicus bezeichnete sich als einen „deutschen Staatsbürger jüdischen Glaubens", und dies in einer Zeit, als viele Juden nicht nur in Israel der Meinung waren, man dürfe nicht im „Land der Täter" bleiben.

Nur einmal war Bubis kurz davor, Deutschland zu verlassen: 1985, als Reiner Werner Fassbinders Stück *Der Müll, die Stadt und der Tod* in Frankfurt am Main uraufgeführt werden sollte. Bubis hielt es für antisemitisch und verhinderte durch seinen Protest auf der Bühne die Aufführung. Dabei ging es ihm nicht um eine persönliche Beleidigung, denn er trat nie aus einer Opferrolle heraus auf. Doch er hielt es für unmöglich, nach dem Holocaust im öffentlichen Leben Deutschlands Antisemitismus zu tolerieren. Dafür hob er stets die Verdienste der Bundesrepublik beim Aufbau eines demokratischen Staates und einer pluralistischen Gesellschaft her-

vor, er engagierte sich für eine Öffnung der jüdischen Kreise und befürwortete ihre Teilnahme am politischen und kulturellen Leben Deutschlands. Bubis baute gegenseitige Berührungsängste ab und setzte sich für normale, eigentlich „ganz gewöhnliche" Beziehungen zwischen den hier lebenden Juden und den nicht jüdischen Mitgliedern der deutschen Gesellschaft ein, auch den Moslems. Die Shoah war für ihn nicht nur Erinnerung und Mahnung für die Sicherheit der jüdischen Gemeinschaft, sondern sie sei auch „im deutschen Interesse, um jederzeit auf die Gefahren hinzuweisen, wohin Gewalt, Rechtsradikalismus und Fremdenhaß führen kann". Amnesie bedeutet Erlaubnis. Dieser Überzeugung verlieh der allem Pathos abholde Bubis im Oktober 1998 Ausdruck. Er und seine Frau Ida waren die einzigen, die nicht aufstanden und applaudierten, nachdem Martin Walser seine Dankesrede zur Verleihung des „Friedenspreises des Deutschen Buchhandels" beendet hatte. Der Preisträger hatte in ihr die Haltung der Deutschen gegenüber dem Holocaust mit den Worten von der „Moralkeule Auschwitz" kommentiert. Kein Jahr später starb Ignatz Bubis. Wunschgemäß wurde er in Tel Aviv bestattet, weil er Angst hatte, dass sein Grab in Deutschland geschändet werden könnte.

[27] Ignaz Bubis: *Ich bin ein deutscher Staatsbürger jüdischen Glaubens. Ein autobiografisches Gespräch mit Edith Kohn*, Köln 1997, S. 101.

Ein enger Weggefährte von Bubis, der 1943 in Lublin geborene Architekt und Publizist Salomon Korn, gehört bereits zu der in Deutschland aufgewachsenen Generation. Doch auch er zweifelte lange daran, ob er hier wirklich leben solle. Erst als 1986 das neue Jüdische Gemeindezentrum in Frankfurt eröffnet wurde, das er entworfen und gebaut hatte, „schloß er zum ersten Mal nicht aus, daß Frankfurt ein dauerhafter Aufenthaltsort für ihn und seine Familie sein könnte", denn „wer ein Haus baut, will bleiben".[28] Offen blieb jedoch weiterhin die Frage jüdischer Identität in Deutschland, die Korn als einen Prozess sieht. Er meint, dass man in Zukunft, wenn der Holocaust aufgrund der zeitlichen Distanz kein wichtiger Faktor für individuelle Identitäten mehr sein wird, sicherlich von „jüdischen Deutschen" wird sprechen können. Doch heute, wo die Kinder der geretteten polnischen Juden langsam das Rentenalter erreichen, erscheine vielen von ihnen selbst die Bezeichnung „deutscher Jude" als verfrüht und unangemessen. Das zu Hause erworbene kollektive und persönliche Gedächtnis, Aufenthalte in Israel, viel seltener in Polen (und auch das erst seit Kurzem), zusammen mit individuellen Entscheidungen, dem jeweiligen Temperament und den eigenen Erfahrungen, schließen eine eindeutige Identifikation aus, während sie eine offene zivilgesellschaftliche Einstellung unterstützen.

Rachel Salamander und Cilly Kugelmann, die kurz nach dem Krieg in Familien jüdischer DPs aus Polen geboren wurden, haben sich sehr bemüht, in der Bundesrepublik Geschichte, Traditionen und Kultur der Juden in der Diaspora und in Israel bekannter zu machen. Salamander war nach ihrem Studium nicht nur als Kritikerin für „Die Welt" und die „FAZ" tätig, sondern gründete 1982 in München auch die erste deutsche Buchhandlung, die sich auf jüdische Literatur und Themen spezialisiert. Sie hat heute Filialen in Berlin und sechs anderen Städten. Kugelmann kehrte nach ihrem Studium in Israel nach Deutschland zurück, wo sie Herausgeberin von „Babylon: Zeitschrift zur jüdischen Gegenwart" wurde; 15 Jahre lang arbeitete sie im Frankfurter Jüdischen Museum und seit 2001 im Berliner Jüdischen Museum, wo sie Programmdirektorin wurde.

Der 1946 in Kattowitz geborene Henryk M. →Broder kam mit 12 Jahren gemeinsam mit seinen Eltern nach Köln. Heute ist er einer der bekanntesten deutschen Journalisten. Als Autor des Textes *Warum ich lieber kein Jude wäre und wenn schon unbedingt – dann lieber nicht in Deutschland* ist er für seine spitze Zunge, seine provokanten Thesen und seinen Mut bekannt, sich dem politischen Mainstream hierzulande entgegenzustellen. Mit Leidenschaft entblößt er die leeren Erinnerungsrituale des

28 Salomon Korn: *Geteilte Erinnerung. Beiträge zur deutsch-jüdischen Gegenwart*, Berlin 2001, S. 14.

P

1 / Rachel Salamander, 2012
2 / Cilly Kugelmann und Artur Brauner, 2016
3 / Daniel Libeskind, 2005

Holocaust, macht sich über die Berufsmoralisten lustig und verfolgt Antisemitismus, der in Gestalt von Israelkritik daherkommt. Damit setzt er die große Tradition deutscher und polnischer jüdischer Autoren aus der ersten Hälfte des 20. Jahrhunderts fort, die von seinem älteren Kollegen Marcel Reich-Ranicki als „ständiges Ferment" bezeichnet wurde: „am meisten benötigt und bestimmt am wenigsten geliebt".

Der ersten Generation polnischer Juden in Deutschland nach dem Krieg gehören auch Halina Jaworski (* 1952 in Danzig) und Katarzyna Weintraub (* 1947 in Warschau) an. Beide verließen Polen in jungen Jahren nach der antisemitischen Kampagne von 1968, als viele der letzten 20.000 polnischen Jüdinnen und Juden auswanderten. Nicht viele von ihnen gelangten nach Deutschland, und wenn, dann oft nach einem mehrjährigen Aufenthalt in Israel – wie Jaworski – oder Ländern wie Schweden – so Weintraub. Halina Jaworski studierte Malerei bei Günther Uecker in Düsseldorf, wo sie bis heute lebt und arbeitet. Weintraub wurde Übersetzerin und Radiojournalistin in Köln, später in Berlin. Heute lebt sie abwechselnd in Berlin und Warschau und arbeitet an einem Buch über die polnischen Schtetl. Jaworski stellt in Deutschland, Israel und Polen aus. Eines ihrer letzten Werke heißt *On the Way Home*. Für zwei Generationen polnischer Juden in der Bundesrepublik ist die Erinnerung an die Shoah ein fester Bestandteil ihrer Identität. Die Erinnerung an diese Katastrophe wurde zugleich aber auch zu einem unauslöschlichen Bestandteil der modernen bundesdeutschen Identität, nicht zuletzt dank des kurz nach dem Krieg in Lodz geborenen Daniel Libeskind, der so wie Henryk M. Broder mit seinen Eltern 1957 aus Polen emigrierte, allerdings nach Israel. 40 Jahre später entwarf er das Gebäude des Jüdischen Museums in Berlin, das zu einer deutschen Ikone für die Judenvernichtung wurde. 1989 – 2003 lebte und arbeitete Libeskind in Berlin; nachdem er die Architekturausschreibung zum Neubau des World Trade Centers gewann, verlegte er den Sitz seines Architekturstudios nach New York.

Polnische Katholische Mission

Mehr als nur die Heilige Messe in polnischer Sprache

Thomas Kycia

—

„Die Polen sollen in Deutschland immer die Möglichkeit haben, polnisch beichten zu können. Das ist gleichsam ein Menschenrecht, das wir ihnen gewähren müssen."[29] Damit sprach der einstige Kölner Kardinal Joachim Meisner vielen in Deutschland lebenden Polen aus der Seele. Der Besuch des Gottesdienstes der Polnischen Katholischen Mission *(Polska Misja Katolicka)* ist oft nicht nur eine Glaubensfrage, sondern auch ein Akt der Identitätsstiftung. Für diejenigen, die als Studenten oder Saisonarbeiter nur kurze Zeit in Deutschland weilen, sind die polnischen Gottesdienste ein Stück Heimat. Alteingesessenen dienen die inoffiziellen Treffen nach der Sonntagsmesse als Jobbörse, zum Erfahrungsaustausch, zur Expertensuche (falls man wieder einen polnisch sprechenden Arzt oder Rechtsanwalt braucht) oder einfach zu Momenten der Kulturpflege.

> „Die Polen sollen in Deutschland immer die Möglichkeit haben, polnisch beichten zu können."

Im Jahr 2016 gab es deutschlandweit 65 „polnische Kirchengemeinden" – die meisten im Westen der Republik –, die von rund 110 Priestern und einem Dutzend Ordensschwestern betreut wurden. In rund 300 Kirchen und Kapellen werden sonntags und wochentags sowie an Feiertagen wie Ostern oder Fronleichnam polnischsprachige Gottesdienste gefeiert. Allein in der Berliner Mission nehmen an einem Durchschnittssonntag über 4.000 Gläubige an den Heiligen Messen teil.

Vor allem in Großstädten bietet die Polnische Katholische Mission, neben den regulären Gottesdiensten, den polnischen Gemeindemitgliedern die Möglichkeit zur Teilnahme an zahlreichen Aktivitäten, beispielsweise im Gemeindechor (zum Beispiel „Cantate Domino" in Hannover oder „Musica sacra" in Mönchengladbach), als Messdiener, in Tanz- und Sportmannschaften („KFC Polonia" in Berlin), aber auch in Gruppen der geistigen Erneuerung wie „Neokatechumenaler Weg", „Bewegung Licht-Leben" (→ Blachnicki). In den Gemeindezentren können hierzulande lebende Polen auch Familienberatung und Rechtshilfe erhalten. Zentraler Aspekt im Wirken der Polnischen Katholischen Mission ist – neben der Feier der Heiligen Messe, der Seelsorge und der karitativen Arbeit – auch der → Polnischunterricht. Da Polnisch als Unterrichtsfach nur an wenigen deutschen Schulen angeboten wird, greifen die Polen zur Selbsthilfe. In immerhin 62 Gemeinden gibt es einen Sprach-, Geschichts- und Erdkundeunterricht, an dem etwa 6.000 Schülerinnen und Schüler teilnehmen und der in der Regel von dem 1994 gegründeten „Christlichen Zentrum zur Förderung der polnischen Sprache, Kultur und Tradition in Deutschland e. V." organisiert wird. In vielen Gemeinden werden überdies auch polnische Kunst- und Kulturprogramme in Form von Konzerten oder Ausstellungen angeboten. Seit 1990 gibt die Polnische Katholische Mission auch die Monatszeitschrift „Nasze Słowo" (Unser Wort) heraus.

Die muttersprachliche Seelsorge der Polen in Deutschland hat eine lange Tradition. So betreuten polnische Priester ihre Landsleute bereits während der Migrationswelle Ende des 19. Jahrhunderts, insbesondere im Ruhrgebiet (→ Neviges). Der Heilige Stuhl setzte 1945 ein Personalbistum mit Erzbischof Józef Gawlina als Ordinarius für die Polen in Deutschland und Österreich ein, vor allem, um für polnische → Displaced Persons nach dem Zweiten Weltkrieg Gottesdienste in polnischer Sprache anzubieten. 1975 wurde das Personalbistum für die in Deutschland lebenden Polen aufgelöst und in die „Delegatur der deutschen Bischofskonferenz für die polnischsprachige Seelsorge in Deutschland" (umgangssprachlich „Polnische Katholische Mission" genannt) umgewandelt. Seitdem sind die einzelnen Missionen kirchenrechtlich dem jeweiligen deutschen Ortsbischof (Diözesanbischof) unterstellt, die Arbeit der 65 Gemeinden in fünf Dekanaten wird aber von einem polnischen „Rektorat" in Hannover koordiniert.

---

[29] Zit. nach *Niemcy to kraj misyjny* [Deutschland – ein Missionsland], in: Gość Niedzielny, Nr. 21 (2013), 26.05.2013, S. 4 [Übers. TK]. Online abrufbar unter: www.gosc.pl/doc/1563718.Niemcy-to-kraj-misyjny (Aufruf am 15.01.2018).

Polnische Organisationen in Deutschland

Einigkeit und Zwist und Vielfalt –
Organisationsstrukturen nach 1945

Andrzej Stach
–

Die durch den Zweiten Weltkrieg verursachten menschlichen und materiellen Verluste der polnischen Vereine in Deutschland bedeuteten für die übrig gebliebenen Vereinsaktivisten und -mitglieder nach 1945 einen Neubeginn. Kurz nach dem Krieg reaktivierten sie den 1922 gegründeten → Bund der Polen in Deutschland, die bedeutendste Dachorganisation mit einstmals zehntausenden Mitgliedern und einer regen politischen und kulturellen Aktivität. Der Bund nahm seine Arbeit unter ganz neuen Bedingungen auf. Denn neben den nur etwa 100.000 alteingesessenen Menschen polnischer Nationalität oder Abstammung befand sich unmittelbar nach dem Krieg auch noch ein Personenkreis von rund anderthalb Millionen ehemaliger KZ-Insassen, Zwangsarbeiter und aus den Internierungslagern entlassener Soldaten und Offiziere in Deutschland (→ Displaced Persons). Viele von ihnen wollten nicht in das nun kommunistisch regierte Polen zurückkehren, blieben teilweise in Westdeutschland oder wanderten in andere Länder aus.

Nach einigen Jahren kam es jedoch in der Dachorganisation der polnischen Vereine in Deutschland zu unüberwindlichen Kontroversen über die Aufnahme der Beziehungen zu den neuen kommunistischen Machthabern in Warschau. Deren Befürworter spalteten sich schließlich 1950 vom „alten" Bund (nun „Rodło" genannt) ab und gründeten den „Bund der Polen ‚Zgoda' (Eintracht) in der Bundesrepublik Deutschland e. V." mit Sitz in Bochum. Bis Ende der 1970er-Jahre beschäftigten sich die deutsch-polnischen Vereine hauptsächlich mit der Pflege der polnischen Kultur und Tradition und waren für die deutsche Mehrheitsbevölkerung kaum wahrnehmbar.

Mit dem politischen Tauwetter und der Lockerung der Ausreisebestimmungen in Polen kamen in den 1970er- und Anfang der 1980er-Jahre einige weitere hunderttausend → Aussiedler aus Polen in die Bundesrepublik, die sich auf ihre deutsche Staatszugehörigkeit beziehungsweise Abstammung beriefen, zum großen Teil aber auch eine starke sprachliche, kulturelle und mentale Bindung an Polen hatten. Außerdem verweilten im gleichen Zeitraum einige zehntausend überwiegend junge und gut gebildete polnische Bürger ohne deutsche Herkunft in der Bundesrepublik und in West-Berlin, die aufgrund der ökonomischen Krise in Polen im Westen etwas Geld verdienen wollten und meist schwarz arbeiteten. Gemeinsam war den beiden Großgruppen, dass sie kein Interesse für die bestehenden polnischen Vereine zeigten und auch keine eigenen gründeten.

Nach der Verhängung des Kriegsrechts in Polen im Dezember 1981 beschlossen einige zehntausend Polen, längerfristig in der Bundesrepublik zu bleiben, ein Teil war im Kontext der „Solidarność"-Verfolgung aus Polen geflohen (→ Solidarność im Exil). In der Folge entstanden politische, soziale und kulturelle Organisationen und Vereine. Allein in West-Berlin wurden Anfang 1982 mehrere polnische Vereine gegründet, darunter die „Gesellschaft Solidarność e. V." *(Towarzystwo Solidarność T. z.),* die „Arbeitsgruppe Solidarność e. V." *(Grupa Robocza Solidarność T. z.),* der „Verband Polnischer Flüchtlinge e. V." *(Zjednoczenie Polskich Uchodźców T. z.),* die „Polnische Selbsthilfegruppe e. V." *(Polska Grupa Samopomocy T. z.)* sowie der → Polnische Sozialrat e. V. *(Polska Rada Socjalna T. z.)* als soziale Dachorganisation polnischer Migration. Gleiches galt für Westdeutschland. Zu den politischen Aktivitäten

P

Das „Rodło"-Zeichen, Symbol des 1922 in Bochum gegründeten „Bundes der Polen in Deutschland"

Zwei Mitarbeiter im West-Berliner „Solidarność"-Büro, 1982

über die deutschen Grenzen hinweg. Mit der stufenweise erfolgten Liberalisierung und Demokratisierung in Polen wurden die meisten Organisationen überflüssig und lösten sich in den 1990er-Jahren auf. Bestehen blieben vor allem Vereine, die von verschiedenen Berufsständen oder von der Kirche unterstützt wurden, sowie kulturell, wirtschaftlich und sportlich orientierte Organisationen („Verband polnischer Ärzte in Deutschland e. V."; „Deutsch-polnische Juristen-Vereinigung e. V.").

Nach zahlreichen Anläufen und Versuchen gelang es vier Dachorganisationen der Polonia in der Bundesrepublik am 4. April 1998, eine gemeinsame Vertretung der polnischen Vereine, Verbände und Interessengruppen zu gründen, den „Konvent der Polnischen Organisationen in Deutschland" *(Konwent Organizacji Polskich w Niemczech)*. Zu ihnen zählten der „Bund der Polen ‚Zgoda' in der Bundesrepublik Deutschland e. V." *(Związek Polaków ‚Zgoda' w RFN T. z.)* mit Sitz in Bochum und mehreren Ortsgruppen, der „Polnische Kongress in Deutschland e. V." *(Kongres Polonii Niemieckiej T. z.)* mit 27 Mitgliedsorganisationen, das „Christliche Zentrum zur Förderung der polnischen Sprache, Kultur und Tradition in Deutschland e. V." *(Chrześcijańskie Centrum Krzewienia Kultury, Tradycji i Języka Polskiego w Niemczech T. z.)* mit 25 Organisationen, die in ganz Deutschland unter anderem für mehrere Tausend Kinder → Polnischunterricht in Sonntagsschulen der Polnischen Katholischen Missionen organisierten, sowie der „Bundesverband Polnischer Rat in Deutschland e. V." *(Polska Rada w Niemczech – Zrzeszenie Federalne T. z.)* mit Landesverbänden in fast allen Bundesländern und 106 Organisationen unterschiedlicher Größe. Insgesamt umfasste der Dachverband bei seiner Gründung etwa 95 Prozent der geschätzt über 150 polnischen Organisationen und wurde zum wichtigsten Interessenvertreter gegenüber den Behörden in der Bundesrepublik und in Polen. Einige Organisationen traten dem Konvent allerdings nicht bei, wie beispielsweise der schrumpfende und überalterte Polenbund „Rodło".[31]

Das wichtigste Ziel des Konvents war die Anerkennung der von ihm auf zwischen 1,5 bis 2 Millionen geschätzten polnischen und polnischstämmigen Migranten in Deutschland als „nationale Minderheit". Man versprach sich dadurch vor allem eine bessere Rechtsstellung und gesicherte finanzielle

der Vereine gehörten etwa öffentliche Aktionen für die Befreiung der politischen Häftlinge in Polen oder auch die Versorgung mit unabhängigen Informationen aus und nach Polen. Andere konzentrierten sich auf die rechtliche Beratung polnischer Migranten, etwa bei der Wohnungssuche, in Fragen der Aufenthaltsgenehmigung oder bei der Erledigung der nötigen Formalitäten für die Ausreise in die USA und andere Länder. Von den Aktivisten der „Solidarność" im westdeutschen Exil ging auch die Gründung einiger Verlage beziehungsweise → Kulturzeitschriften aus, die allerdings wenig später mangels Nachfrage fast ausnahmslos eingestellt wurden.

Die große Vielzahl der in den 1980er-Jahren in Deutschland entstandenen polnischen Vereine und Verbände täuscht jedoch über die tatsächliche Stärke der organisierten Polonia, denn die meisten bestanden nur aus wenigen aktiven Mitgliedern. Anstatt sich unter einem Dach zu vereinen und nach außen mit einer Stimme zu sprechen, agierten sie oft getrennt, konkurrierten miteinander und waren nur selten gemeinsam politisch aktiv.[30] Dadurch war ihre Stimme schwach und ihr Wirken ohne größere politische Bedeutung, sowohl den deutschen Behörden gegenüber als auch nach außen

[30] Siehe dazu Marek Kowalski: *Regina Poloniae*, in: Der Spiegel, Nr. 3, 18.01.1982, S. 96.
[31] Siehe Peter Oliver Loew: *Wir Unsichtbaren, Geschichte der Polen in Deutschland,* München 2014, S. 268.

Förderung der Organisationsstrukturen und Aktivitäten. Dazu zählten unter anderem eine geplante „Stiftung der polnischen Minderheit", die Finanzierung des Polnischunterrichts für polnische und polnischstämmige Kinder und Jugendliche sowohl an öffentlichen Schulen als auch im außenschulischen Bereich, die Finanzierung einer wöchentlichen Polonia-Zeitschrift, eines eigenen polnischsprachigen bundesweit ausgestrahlten Fernseh- und Rundfunkprogramms sowie einer Internetpräsenz. Ob all die Forderungen den Erwartungen der Zielgruppe in Deutschland entsprachen, steht auf einem anderen Blatt. Im Jahre 2013 verließ der „Polnische Kongress", eine der wichtigsten Dachorganisationen, nach internen Streitigkeiten den „Konvent".

Ähnlich wie zur Zahl der polnischen Organisationen in Deutschland kann man auch zu deren Mitgliederstärke nur schätzungsweise Angaben machen. Gründe dafür sind, dass manch ein Verein beziehungsweise eine Interessengruppe sich bereits nach wenigen Jahren wieder auflöst oder die Tätigkeit im Stillen einstellt und die Organisationen und Verbände nur äußerst selten genaue Mitgliederzahlen veröffentlichen. Wiesław Lewicki, ehemaliger Vorsitzender des „Polnischen Kongresses in Deutschland", bezifferte 2010 die Zahl von „Mitgliedern und Personen, auf welche die 120 zum Konvent gehörenden Organisationen Einfluss haben" mit 25.000. Bezeichnenderweise bezieht sich auch die hier genannte Größenordnung nicht auf die reine Zahl der Mitglieder und scheint weit über die einigermaßen stichhaltigen Berechnungen und Schätzungen hinauszugehen. Berechtigt ist in diesem Zusammenhang die Frage nach der Legitimation, das heißt, ob die polnischen Organisationen, als Vertreter der Polonia in Deutschland, befugt sind, im Namen der von ihnen oft genannten „bis zu zwei Millionen Polen in Deutschland" zu sprechen. [32] Laut Bundesamt für Statistik lebten im Jahr 2014 674.152 Polinnen und Polen offiziell gemeldet in der Bundesrepublik. Abweichend davon bezogen die Vertreter der Polonia in ihre Berechnungen aber auch die aus Polen nach Deutschland eingewanderten etwa 1,5 Millionen deutschen → Aussiedler mit ein, und das ohne deren Einverständnis. Als Argument nannten sie die auch von deutscher Seite nicht bestrittene starke Bindung eines großen Teils der Aussiedler an die polnische Sprache, Kultur und Mentalität sowie Sitten und Bräuche.

„Gleichzeitig mit anderen Migranten aus Polen ließen sich zwischen 1980 und 1990 etwa 800.000 bis zu einer Million Aussiedler aus Polen in Deutschland nieder, die meistens, im Gegensatz zur Emigration der 50er und 60er Jahre, tiefere Bindungen an die polnische Kultur und Sprache besaßen, sich aber doch auf ihre deutsche Abstammung beriefen. Diese Menschen waren weitgehend polnisch sozialisiert worden (...)." [33] Auch diese Feststellung aus einer neueren Studie zur Bevölkerung polnischer Herkunft in Deutschland ab Anfang der 1980er-Jahre ist fürwahr keine besondere Hilfe zur Bestimmung der genauen Zahlenstärke der „Polen

> „Gleichzeitig mit anderen Migranten aus Polen ließen sich zwischen 1980 und 1990 etwa 800.000 bis zu einer Million Aussiedler aus Polen in Deutschland nieder, die meistens, im Gegensatz zur Emigration der 50er und 60er Jahre, tiefere Bindungen an die polnische Kultur und Sprache besaßen (…)."

P

[32] Andrzej Kaluza: *Zum Minderheitsstatus der polnischsprachigen Migranten in Deutschland*, in: Polen-Analysen, Nr. 98, 01.11.2011, S. 2.

[33] Sebastian Nagel: *Zwischen zwei Welten. Kulturelle Strukturen der polnischsprachigen Bevölkerung in Deutschland. Analysen und Empfehlungen*, hrsg. vom Institut für Auslandsbeziehungen e. V. (ifa), Stuttgart 2009, S. 18. Online abrufbar unter: www.ifa.de/fileadmin/pdf/studien/polonia2009.pdf (Aufruf am 15.01.2018).

Tanzgruppe der „Deutsch-Polnischen Folkloregesellschaft Polonia München", 2010

in Deutschland", ebenso wenig aber auch ein Argument für die Forderung, die Migranten aus Polen als nationale Minderheit in Deutschland anzuerkennen, was für manche Vertreter der Polonia das wichtigste Postulat ist.

Das Betätigungsfeld der im Konvent der polnischen Organisationen in Deutschland zusammengeschlossenen und auch außerhalb davon agierenden Polonia-Organisationen zeichnet sich durch eine große Vielfalt aus. Neben Vereinen und Verbänden, die sich mit ihren „klassischen" Aktivitäten der Pflege der polnischen Sprache, Kultur, Tradition, Sitten und Bräuche verschrieben haben, gibt es des Weiteren Interessen- und Berufsverbände, Wirtschaftsorganisationen, polnischsprachige Medien, Kunstgalerien und Literaturvereine, die zu einer lebendigen polnischsprachigen Kulturlandschaft in Städten in ganz Deutschland beitragen.

Eine wichtige Rolle spielt für eine Vielzahl von Vereinen ebenso der muttersprachliche Polnischunterricht. Ein Beispiel ist der traditionsreiche, schon 1895 gegründete Polnische Schulverein „Oświata e. V." in Berlin, der sein Hauptaugenmerk auf den Polnischunterricht für Kinder und Jugendliche legt, aber seine Arbeit zudem darin sieht, dass die polnischstämmigen Berliner ihre Bindung an die polnische Sprache und Kultur nicht verlieren. Dem Verein ist ferner ein polnischsprachiges Kinder- und Jugendtheater angeschlossen. An alte Traditionen von vor 1939 haben außerdem Sportvereine, Chöre und Tanzgruppen angeknüpft.

Nach wie vor sehr wichtig sind für viele Migranten aus Polen Gottesdienste, Katechese, Seelsorge und Eheschließungen durch polnischsprachige Priester (→ Priesterexport), aber zum Beispiel auch die Anwesenheit polnischer Geistlicher bei diversen katholischen Festen und Feierlichkeiten. Wahrgenommen werden diese Aufgaben vor allem durch die → Polnische Katholische Mission, die mit 65 Gemeinden zu den am stärksten organisierten Strukturen für die polnischsprachigen Migranten in ganz Deutschland gehört. Die bunte und vielfältige Organisationslandschaft der deutschen Polonia ist ständig im Wandel. Manche Vereine und Verbände lösen sich auf, wieder neue entstehen, oft mit einem anderen Charakter.

Polnische Parlamentarier in Berlin

Preußischer Landtag, Deutscher Reichstag, Deutscher Bundestag

Markus Krzoska

—

„(…) denn wir verfolgen andere Zwecke als Sie, wir verfolgen vor allem unsere polnischen Interessen"[34] – die Worte, die der polnische Abgeordnete Władysław Niegolewski 1872 den übrigen 381 Volksvertretern im Deutschen Reichstag zurief, war Leitlinie polnischer Politik in Preußen und Deutschland.

Bereits seit 1847 hatte es im Preußischen Landtag einen Zusammenschluss polnischsprachiger Abgeordneter gegeben, die sich zu einem einheitlichen Abstimmungsverhalten verpflichteten. Die Festigung dieses „Zirkels" (koło) ging auf die revolutionären Ereignisse von 1848 zurück, als sich Polen nicht nur an den Aufständen beteiligt, sondern sich auch dem Anschluss des Großherzogtums Posen an den Deutschen Bund widersetzt hatten. Seitdem der Landtag ab 1854 aus zwei Kammern bestand, wurden die Mitglieder des Herrenhauses vom Kaiser ernannt, die des Abgeordnetenhauses nach dem Dreiklassenwahlrecht gewählt. Beiden Kammern gehörten bis zu 27 Polen gleichzeitig an. Nach der Reichsgründung 1871 entstand ein solcher „Zirkel" mit nach allgemeinem Wahlrecht gewählten 13 bis 18 polnischen Abgeordneten auch im Reichstag (insgesamt waren es, zusammen mit dem zwischen 1867 und 1871 bestehenden Parlament des Norddeutschen Bundes, 109 Polen). Einer der bedeutendsten von ihnen war der westpreußische Jurist und Rittergutsbesitzer Leon (von) Czarliński (1835–1918), der 1863 am Januaraufstand in Polen teilgenommen hatte und zwischen 1875 und 1918 mit Unterbrechungen sowohl dem Preußischen Landtag als auch dem Deutschen Reichstag angehörte.

Die meisten polnischen Reichstagsabgeordneten wurden in den Regierungsbezirken Posen und Bromberg gewählt. In den Blickpunkt des Interesses gerieten sie vor allem während des Bismarck'schen Kulturkampfs, als sie die Zusammenarbeit mit der katholischen Zentrumspartei suchten. Handelte es sich nach der Reichsgründung zunächst vor allem um konservative und meist adlige Großgrundbesitzer oder um Priester, die durchaus bereit waren, Kompromisse mit der Reichsregierung zu suchen, gewannen etwa seit Beginn des 20. Jahrhunderts bürgerlich-nationalistische Kräfte unter den polnischen Abgeordneten an Bedeutung. Am Ende des Kaiserreichs, im Oktober 1918, plädierte der neugewählte Vorsitzende des polnischen Abgeordnetenzirkels Wojciech → Korfanty für einen

Polnische Reichstagsabgeordnete, 1889. Wie ein trotziger Kommentar zu deren Wirken liest sich der Spruch an der Wand: „Das heiligste Recht einer Nation ist das, als solche zu bestehen und anerkannt zu werden."

Nationalstaat Polen auf der Grundlage des vom amerikanischen Präsidenten Wilson im Januar 1918 propagierten „14-Punkte-Programms" für eine Friedensordnung in Europa nach dem Ersten Weltkrieg. In der Weimarer Republik gab es im Reichstag keine Vertreter der polnischen Minderheit in Deutschland mehr, im Preußischen Landtag hingegen saßen noch bis 1928 polnische Abgeordnete.

In der Nachkriegszeit gab es lange Zeit keine Bundestagsabgeordneten mit polnischen Wurzeln. Erst in den letzten Jahrzehnten hat sich die Situation geändert. So saß der Rechtsanwalt Jerzy Montag von 2002 bis 2013 für die Grünen im Deutschen Bundestag, seit 2009 ist die 1985 im niederschlesischen Liegnitz (Legnica) geborene Agnieszka Brugger Mitglied des Deutschen Bundestages für die Fraktion Bündnis 90 / Die Grünen und seit 2017 auch Paul → Ziemiak für die CDU.

Erwähnt sei noch, dass das nach 1894 fertig gestellte Reichstagsgebäude (in dem seit 1999 der Deutsche Bundestag untergebracht ist) auf dem Grundstück des ehemaligen Raczyński-Palais entstand, das dem polnischen Grafen und preußischen Diplomaten Athanasius → Raczyński gehörte. An einer Ecke des Gebäudes erinnert heute ein Mauerstück mit Ziegeln aus der Danziger Werft an die Gewerkschaft „Solidarność" und den polnischen Beitrag zur deutschen Wiedervereinigung.

---

[34] Zit. nach Albert S. Kotowski: *Zwischen Staatsräson und Vaterlandsliebe. Die Polnische Fraktion im Deutschen Reichstag 1871–1918,* Düsseldorf 2007, S. 95.

Polnische Putzfrauen

Reinemachen in deutschen Haushalten

Andrzej Kaluza

—

In Deutschland arbeiten derzeit einige Hunderttausend Polinnen als Putzfrauen. Auch wenn die Begriffe variieren: Reinigungskraft, Haushaltshilfe oder „Putze", so dreht es sich immer ums Saubermachen, Waschen, Bügeln. Und die Nachfrage ist groß: Deutsche Mittelschichthaushalte sollen schließlich sauber und gepflegt aussehen. Der Markt bietet Abhilfe: Ob im Internet, in der Lokalzeitung oder durch Mundpropaganda – man findet sie immer und überall: polnische Putzfrauen, denn in Deutschland genießen sie ein hohes Renommee, auch wenn das Bild, das deutsche Auftraggeber von ihnen haben, immer noch klischeebehaftet ist. Einen Beweis dafür lieferte das Buch *Unter deutschen Betten* von Justyna Polanska (ein Pseudonym des deutschen Autors Holger Schlageter), das 2011 lange Zeit die deutschen Bestsellerlisten anführte. Das Buch sollte vor allem den Deutschen ein überspitztes Zerrbild ihres eigentümlichen und manchmal irrsinnigen Sauberkeitswahns gegenüber den (polnischen) Putzfrauen präsentieren: peinliche Genauigkeit, ständiges Misstrauen, Kontrollbedürfnis. Aber auch plumpe Anmache von männlichen Auftraggebern und gängige Vorurteile („Polen klauen!") führt Polanska dem Leser vor Augen.

Für reichlich Putzpersonal aus dem Nachbarland sorgten schon die Aussiedlerwellen der 1970er-Jahre. Der „Zeit"-Autor Adam → Soboczynski erinnert sich: „Seitdem ich sechs war, dem Zeitpunkt unserer Aussiedlung, habe ich viele Jahre lang nur Frauen kennengelernt, die mit Putzen Geld verdienten."[35] Richtig entwickelt hat sich der Markt aber erst nach der Wende, als viele Arbeitsplätze in Polen verloren gingen. Für polnische Frauen, Arbeitspendlerinnen wie Migrantinnen, stellte daher eine Putzstelle in Deutschland schon immer die berufliche Alternative dar, auch für Frauen mit hoher beruflicher Qualifikation, da polnische Bildungsabschlüsse hierzulande lange Zeit nicht anerkannt wurden. Auch wenn diese strukturelle Benachteiligung manch einem Vertreter der liberalen oder linksorientierten Schichten in Deutschland Gewissensbisse bescherte, die Dienstleistung wurde trotzdem in Anspruch genommen.[36] Das freut die Betroffenen, denn diese sind in der Regel schlicht darauf angewiesen, sich, jenseits ideologischer Zweifel ihrer Arbeitgeber, als eine Art businesswoman zu behaupten. Bezahlt wird meist in bar, es gibt keinen Vertrag, keine Sozialversicherung, und bei „Problemen" finden die fleißigen Helferinnen schnell eine neue Stelle.

Skurrile Momente gibt es freilich auch, etwa wenn wohlmeinende Arbeitgeber ihren Putzhilfen altertümliche Elektrogeräte „schenken", obwohl die ambitionierten Frauen durchaus mit moderner Technik vertraut sind. Und aus dem Munde der Putzfrauen selbst hört man Stimmen wie diese: „Du musst wie 'ne Putze aussehen, anständige Kleidung macht misstrauisch. Der Deutsche will glauben, dass er etwas gegen die polnische Armut tut."[37]

2011 wurde das Buch von Justyna Polanska, alias Holger Schlageter, zum Bestseller, 2017 kam die Verfilmung in die Kinos.

[35] Adam Soboczynski: *Polski Tango*, Berlin 2006, S. 46.
[36] Siehe dazu Natalia Gańko: *Kobieta pracująca* [Die arbeitende Frau], in: Polityka, Nr. 5, 02.02.2008, S. 91.
[37] Ebd.

Polnischer Jazz

Musikalische Völkerverständigung mit dem Saxofon

Rüdiger Ritter

—

Ende April 2005 wurde das Deutsch-Polnische Jahr 2005 / 2006 in Anwesenheit des polnischen Präsidenten Aleksander Kwaśniewski und des Bundespräsidenten Horst Köhler im Konzerthaus am Berliner Gendarmenmarkt eröffnet. Kein Geringerer als der 1971 in Danzig geborene Pianist Leszek Możdżer begeisterte seinerzeit das deutsche Publikum mit jener typischen Verbindung von jazziger Moderne und europäisch-klassischer Tradition, die den polnischen Jazz seit Ende der 1950er-Jahre national und international zu einem Markenzeichen gemacht hatte.

Es war aber keineswegs das erste Mal, dass polnischer Jazz in Deutschland zu hören war. Bereits 1957, auf dem legendären Jazz-Festival in Zoppot (Sopot), waren deutsche Jazzgrößen wie Emil und Albert Mangelsdorff, Joki Freund und andere aufgetreten und hatten ihre polnischen Kollegen davon überzeugt, dass man nicht unbedingt nach Amerika fahren musste, um gute Jazzmusik zu erleben. Die Jazzer aus West und Ost kamen sich näher: Westdeutsche Musiker reisten nach Warschau zum „Jazz Jamboree", polnische Musiker besuchten den Westen. Der deutsche „Jazzpapst" Joachim-Ernst Berendt, der 1957 ebenfalls nach Zoppot mitgekommen war, lud im Anschluss mehrmals Krzysztof Komeda-Trzciński, der damals als bester polnischer Jazzmusiker galt, zu Konzerten und Aufnahmen nach Deutschland ein. Der deutsche Jazzjournalist und Radiomoderator Werner Wunderlich (1926 – 2013), der die deutsch-polnische Begegnung von 1957 eingefädelt und die Reise der westdeutschen Musiker nach Zoppot organisiert hatte, machte in deutschen Radiosendern noch jahrzehntelang Sendungen mit polnischem Jazz.

Drehscheibe und Sprungbrett für den polnischen Jazz wurden die zahlreichen westdeutschen Clubs und Festivals. Seit 1966 lief in Nürnberg alle zwei Jahre das Festival „Jazz Ost West", das bis 2002 existierte. Der bekannteste polnische Dauergast war hier der Trompeter Tomasz Stańko. Schon zwei Jahre vorher war er vom Norddeutschen Rundfunk zu ausgedehnten Aufnahmen nach Hamburg verpflichtet worden. Die beiden in München ansässigen Plattenfirmen ECM und ACT taten sich über Jahre hinweg mit der Positionierung Stańkos und anderer polnischer Jazzmusiker wie Marcin Wasilewski, Paweł Kaczmarczyk oder Władysław Sendecki hervor.

In den 1980er-Jahren konnte man in vielen deutschen Städten den Jazzgeiger Krzesimir Dębski und sein Ensemble „String Connection" hören. Als die Ereignisse um die Gewerkschaftsbewegung „Solidarność" auch Deutschland in Atem hielten, ergriffen polnische Jazzer, die sich damals in der Bundesrepublik aufhielten, ihre Instrumente zum Zeichen der Solidarität. Der Saxofonist Leszek Żądło beispielsweise sendete aus München über → Radio Freies Europa die Töne der Freiheit ins Nachbarland. Wenig später, 1986, wurde Żądło erster Hochschullehrer für Jazz in Bayern an der Hochschule für Musik Würzburg. Heute ist er Vorsitzender der „Gesellschaft zur Förderung der deutsch-polnischen Verständigung e. V."

Seit den 1990er-Jahren wurde polnischer Jazz auf Großveranstaltungen in Deutschland immer wieder als Aushängeschild des Nachbarlands präsentiert: Als Polen 2000 Gastland auf der Frankfurter Buchmesse war, gab es in der Alten Oper gleich mehrere Jazzkonzerte. Fünf Jahre später fand, ebenfalls in Frankfurt, das von dem in der Mainmetropole heimisch gewordenen Schlagzeuger Janusz → Stefański initiierte „German-Polish Jamboree" statt anlässlich des eingangs erwähnten Deutsch-Polnischen Jahres. Unter den damaligen Musikern waren der Saxofonist Adam Pierończyk, das Marcin Wasilewski Trio, die Sängerin Anna Serafińska sowie die Zoppot-„Veteranen" Jan „Ptaszyn" Wróblewski und Roman Dyląg. Kurzum: Polnischer Jazz hat sich in Deutschland einen festen Platz erobert und über die Musik einen wichtigen Beitrag zur Verständigung der beiden Nachbarn in Europa geleistet.

P

Das Plakat zum Festival „Jazz Ost West" 1968 gestaltete Fritz H. Oerter.

Polnischer Sozialrat

In Berlin zu Hause, deutschlandweit aktiv

Andrzej Kaluza

—

Sie verstehen sich nicht in erster Linie als Polen, auch wenn die Mitbegründer sowie viele heutige Mitglieder und Aktive des in der deutschen Hauptstadt angesiedelten „Polnischen Sozialrates e. V." *(Polska Rada Społeczna T. z.)* mehrheitlich aus Polen stammen. „Wir sind in verschiedenem Alter, vertreten verschiedene Weltanschauungen und Berufe und haben verschiedene Interessen und Fähigkeiten. Wir fühlen uns als MigrantInnen, Polen, Deutsche, als Europäer. (…) Mit unserer Aktivität möchten wir unsere Umgebung mitgestalten und für die Verbesserung der Lebensumstände der MigrantInnen sorgen."[38]

Dieses Selbstverständnis zeichnet den 1982 in West-Berlin von einer kleinen Gruppe polnischer Migrantinnen und Migranten als Selbsthilfeorganisation gegründeten Verein bis heute aus. Anfangs zielte die Arbeit des Vereins schwerpunktmäßig darauf, Ankömmlingen aus Polen, die im Dickicht der deutschen Verwaltung nicht weiter wussten, Beratung bei aufenthalts- und arbeitsrechtlichen oder sozialen Problemen anzubieten. Nach und nach erweiterte der Verein das Spektrum seiner Aktivität um kulturelle Projekte, organisierte auch Konzerte und Ausstellungen. Mit den Jahren wurde der Verein zu einer anerkannten Einrichtung in Berlin mit einem breit gefächerten Beratungsangebot für Migrantinnen und Migranten, nicht nur aus Polen, sondern aus verschiedensten Ländern und Kulturen. Im Rahmen seiner politischen Bildungsarbeit zielt der Verein auf den Kampf gegen Fremdenfeindlichkeit, Intoleranz und national bedingte Klischees und Vorurteile.

> „Wir fühlen uns nicht wie ausgeschlossene, sehnsüchtig von der alten Heimat träumende ImmigrantInnen, sondern als ein Bestandteil der multikulturellen Gesellschaft Berlins."

Unterstützt wird die Arbeit des Vereins von Referentinnen und Referenten, die für diverse Veranstaltungen, Schulungen, Seminare und Workshops zur Verfügung stehen. Allein im Rahmen des „Polnischen Kompetenzzentrums" (eines Projektes, das seit 2014 in Zusammenarbeit mit der Polnisch-Deutschen Gesellschaft in Krakau realisiert und aus Mitteln des polnischen Senats finanziert wird) haben mehr als 1.000 Personen an Schulungen teilgenommen, und neue Projekte sind entstanden. „Wir fühlen uns nicht wie ausgeschlossene, sehnsüchtig von der alten Heimat träumende ImmigrantInnen, sondern als ein Bestandteil der multikulturellen Gesellschaft Berlins"[39], lautet das selbstbewusste Bekenntnis von Witold Kaminski, Mitgründer und heute, nach Marta Neüff, zweiter Vorsitzender des „Polnischen Sozialrates e. V." Dieser multikulturelle Ansatz zeigte sich unter anderem in der Mitbegründung des „Verbandes für interkulturelle Wohlfahrtspflege, Empowerment und Diversity e. V." 2014 in Berlin.

---

[38] Siehe unter www.polskarada.de/de/node/67 (Aufruf am 15.01.2018).
[39] Ebd.

Polnisches Theater Kiel

Ein Theatermann aus Polen setzt Impulse

Andrzej Kaluza

—

P

Szenenfoto aus dem Stück
Emigranten im Polnischen
Theater Kiel, 2017

Das private Polnische Theater Kiel führt zeitgenössische Stücke in deutscher Sprache auf, die das Publikum zum Mitdenken und zur Auseinandersetzung mit grundlegenden Fragen des menschlichen Daseins auffordern. Dieses Engagement kommt nicht von ungefähr: Die Gründung des Theaters 1982 beruhte auf dem Entschluss dreier polnischer Schauspieler aus Breslau, nach der Verhängung des Kriegsrechts 1981 in Polen zu flüchten, um wieder frei arbeiten zu können. Die Gruppe kam nach Kiel.

Die ersten vier Jahre nach Gründung des Theaters waren eine schwierige Zeit. Es gab keine feste Spiel- und Probenstätte, finanzielle Mittel fehlten. Erst im November 1986 fanden die Mitglieder geeignete Räumlichkeiten in der Kieler Düppelstraße, wo das Theater seitdem ansässig ist. Das Ensemble hat seitdem Höhen und Tiefen erlebt: hohe Ehrungen, wie den Kulturpreis der Landeshauptstadt Kiel und die Auszeichnung mit dem renommierten „Friedrich-Hebbel-Preis", aber auch herbe Rückschläge wie einen Brand im Mai 1992.

Das Theater arbeitet mit wechselnden, professionellen Schauspielern unter der künstlerischen Leitung von Tadeusz Galia, einem der Gründungsmitglieder. Bei der Eröffnungspremiere 1983 mit einem Stück von Sławomir → Mrożek stand ein gutes Dutzend Schauspieler aus Polen auf der Bühne. Nach und nach zog es diese aber in die ganze Welt, nur Galia blieb. Obwohl „ständig vom Pleitegeier" bedroht, bringt das Theater pro Spielzeit zwei bis drei neue deutschsprachige Produktionen auf die Bühne und bietet vor allem jungen Schauspielern eine Chance für erste Theatererfahrungen. „Insgesamt haben rund 150 Leute hier gearbeitet", sagt Galia, „heute besteht das Theater aus Jutta Ziemke und mir. Dazu kommen Gäste, die uns immerhin ermöglichen, weiter zu spielen."[40]

---

[40] Zit. nach Christoph Munk: „*Ob ich mich richtig freue?*" Interview mit Tadeusz Galia zum 20. Jubiläum des Polnischen Theaters Kiel, in: Kieler Nachrichten, 07.05.2003.

Polnischsprachige Literatur in deutschen Bibliotheken

Gut versorgt

Peter Oliver Loew

—

Wer suchet, der findet – diese dem Matthäus-Evangelium entlehnten Worte gelten auch für das polnische Buch in Deutschland. Denn während es hier auf den ersten Blick schwer zu sein scheint, polnischsprachige Bücher auszuleihen, findet man bei einiger Suche fast alles, was man braucht. Zentral vor allem für den Bedarf an wissenschaftlicher Literatur sind zwei Staatsbibliotheken, deren polenbezogene Sondersammelbereiche von der Deutschen Forschungsgemeinschaft unterstützt werden und deren Bestände per Fernleihe überall in Deutschland zugänglich sind. Die Bayerische Staatsbibliothek in München besitzt heute etwa 130.000 polnischsprachige Bände und Dokumente, darunter auch absolute Raritäten wie die aus dem Jahr 1677 stammende Handschrift des Gebetbuchs der Maria Kazimiera Sobieska, Gattin von König Johann III. Sobieski (→ München) und von 1674 bis 1696 Königin von Polen. Die Staatsbibliothek in Berlin, die viele Kriegsverluste erlitten hatte, doch durch die Teilung der Einrichtung nach dem Krieg ein rasches Anwachsen der Osteuropabestände verzeichnen konnte, verfügt heute als wiedervereintes Haus über einen Bestand von derzeit mehr als 180.000 polnischsprachigen Bänden.

Auch zahlreiche andere Universitäts- und Institutsbibliotheken in Deutschland – von Darmstadt über Jena bis Wolfenbüttel – besitzen wertvolle Polonica-Sammlungen; hier und da ist, trotz vieler Restitutionen, so manches Stück Raubgut aus dem Zweiten Weltkrieg noch dabei. Zudem verfügen einzelne Stadtbüchereien über kleine polnische Abteilungen, und in den Gemeindezentren der → Polnischen Katholischen Mission in Deutschland sowie in polnischen Vereinen gibt es ebenfalls polnische Büchersammlungen. Wer dennoch Bücher lieber kauft als leiht, der hat weder die Qual noch die Wahl – er findet nur in der Neuköllner Buchhandlung „Buch | Bund" (→ Berlin) ein gut sortiertes Angebot an polnischsprachiger Literatur; ansonsten haben sich die polnischen Buchhändler in Deutschland mittlerweile auf das Versandgeschäft im Internet verlegt.

Gründer der Berliner Buchhandlung „Buch | Bund": das Ehepaar Nina Müller und Marcin Piękoszewski

Polnischunterricht und Polonistik

Polnisch ist nicht schwer

Erika Worbs

—

„(…) so seind (…) bey und in diesen Landen und örtern zwo nöthlichste und nützlichste Sprachen, Als nemlich die Deutsche und die Polnische. (...) Deshalben wir (…) unser Kinder diese beiden Sprachen fürnemlich (…) lernen lassen [sollen]. Und obwol ein jedes Volk bey seiner angebornen Sprach möchte bleiben (…) / so ist doch besser und nothwendiger / das man die verwandten / und benachbarten auch wisse (…).“ [41]

Polnisch ist die Muttersprache von circa 38,5 Millionen Polen, die Auslandspolen nicht hinzugerechnet. Und es ist die Sprache unserer Nachbarn, sie erschließt uns die Kultur und Literatur, den Alltag der Menschen aus erster Hand, erleichtert geschäftliche Kontakte. Es spricht also einiges dafür, Polnisch zu lernen. Das verbreitete Argument, Polnisch sei eine schwere Sprache, ist ein Klischee, sie ist gewiss nicht „schwerer“ als andere europäische Sprachen. „Die größte Schwierigkeit machen die Vorurteile der Deutschen: daß die Sprache hart sey, daß sie arm sey, und daß sie schwer sey“, schreibt 1808 der polnische Bibliothekar und Philologe Jerzy Samuel Bandtkie (da er deutsche Vorfahren hatte, ist er auch unter dem Namen Georg Samuel Band[t]ke bekannt) im Vorwort seiner *Polnischen Grammatik für Deutsche.* [42]

Die Anfänge des Polnischunterrichts an deutschen Schulen reichen bis ins 16. Jahrhundert zurück, dabei gestalteten sich die äußeren Bedingungen je nach Region und Zeitepoche unterschiedlich. Immer aber waren es vor allem die an Polen grenzenden Gebiete sowie Regionen mit Mischbevölkerung, in denen Polnisch unterrichtet und gelernt wurde. So etablierte das deutsche städtische Patriziat für die Söhne der Kaufleute und Handwerker in Breslau, Danzig, Königsberg und Thorn im 17. Jahrhundert den Polnischunterricht an den dortigen Gymnasien. Im preußischen Binnenland, so etwa in Berlin, wurde Ende des 18. / Anfang des 19. Jahrhunderts auf königliche Anordnung hin Polnisch gelehrt, um die preußischen Beamten für den Dienst „in den neu akquirierten“, also den im Gefolge der Teilungen Polens Preußen zugeschlagenen Gebieten, sprachlich zu rüsten. Dieser Polnischunterricht blieb allerdings eine Episode, denn in der zweiten Hälfte des 19. Jahrhunderts war die Sprachpolitik in Preußen zunehmend auf die Unterdrückung des Polnischen ausgerichtet. Andererseits eröffneten sich in Deutschland mit der steigenden Bedeutung lebender Sprachen im Fremdsprachenunterricht auch für das Polnische zahlreiche öffentliche und private Möglichkeiten des Spracherwerbs, und in den großen Lehrbuchreihen renommierter deutscher Fremdsprachenverlage stand neben Englisch und Französisch ebenso Polnisch im Programm. Glaubt man den Auflagenzahlen, wurde insbesondere in der Zwischenkriegszeit von dem Angebot Gebrauch gemacht, wenn auch im Vergleich zu den „großen“ Fremdsprachen in bescheidenem Maß. Während der Herrschaft der Nationalsozialisten und des Zweiten Weltkrieges war kein Raum für

Das verbreitete Argument, Polnisch sei eine schwere Sprache, ist ein Klischee, sie ist gewiss nicht „schwerer“ als andere europäische Sprachen.

P

---

[41] Hieronymus Vietor: *Wokabularz rozmaitych sentencyj Polskim i Niemieckim Młodzieńcom na pożytek teras zebrany. Ein Vocabular mancherley schönen und notwendigen Sententien,* Danzig 1566 [o.S.].

[42] Georg Samuel Bandtke: *Polnische Grammatik für Deutsche,* Breslau, 1. Aufl. 1808, S. XI.

Eine Schnupperstunde
Polnisch an einer Grundschule
in Frankfurt (Oder)

das Polnischlernen vorhanden, es sei denn als sprachliche Hilfestellung für deutsche Soldaten im besetzten Polen.

Im zweigeteilten Nachkriegsdeutschland herrschten bis 1990 unterschiedliche politische und gesellschaftliche Rahmenbedingungen für den Polnischunterricht an den Schulen. In der alten Bundesrepublik hatten Kinder von →Aussiedlern aus Polen, deren Muttersprache Polnisch war, prinzipiell die Möglichkeit, Polnisch nun als erste oder zweite Fremdsprache zu wählen, allerdings war das Angebot sehr eingeschränkt. Schüler mit deutscher Muttersprache nahmen bestehende Wahlmöglichkeiten, Polnisch als Fremdsprache zu lernen, bis 1989 kaum wahr. In der DDR hingegen, wo das Erlernen der Sprachen der sozialistischen „Bruderländer" als eine wichtige Aufgabe zur Stärkung des Sozialismus galt, wurde seit 1951 an ausgewählten Erweiterten Oberschulen (EOS) Polnisch als fakultatives Abiturfach unterrichtet, etwa in (Ost-)Berlin, Leipzig, Magdeburg und Görlitz. Dieses Lernangebot war auch wegen des Schüleraustauschs und des Engagements pol-

nischer Gastlehrerinnen und -lehrer attraktiv und fand regen Zuspruch.

Die deutsche Wiedervereinigung 1990 und der im Juni 1991 unterzeichnete Nachbarschaftsvertrag zwischen Deutschland und Polen leiteten dann einen neuen Abschnitt für die Stellung des Polnischunterrichts in Deutschland ein. Heute führen viele Wege zum Erlernen der polnischen Sprache, von der Kita über Schule und Universität bis hin zu Angeboten für Erwachsene an den Volkshochschulen oder auch in privaten Kursen. Insbesondere in den grenznahen Bundesländern Brandenburg, Mecklenburg-Vorpommern und Sachsen haben die Kinder in der Grundschule die Möglichkeit, Polnisch zu lernen. Auch weiterführende Schulen bieten Polnisch als erste, zweite oder dritte Fremdsprache beziehungsweise als fakultatives Abiturfach an, so beispielsweise die Staatliche Europa-Schule Berlin oder das Deutsch-Polnische Gymnasium →Löcknitz. Die Lehrpläne sind an der EU-Sprachenpolitik orientiert. Und dennoch: Die Lernendenzahlen in Deutschland haben sich bis heute nicht grundlegend verändert. Das liegt wohl auch am

Vormarsch des Englischen als *lingua franca* allenthalben in Europa: Mithin sinkt allgemein der Anreiz, Kenntnisse in einer Nationalsprache zu erwerben, so kann man sich heutzutage auch in Polen mit Englisch gut verständigen. Insgesamt lernten im Schuljahr 2011/12 an deutschen Schulen in den verschiedenen Unterrichtsformen zwischen circa 4.200 bis 8.300 Schülerinnen und Schüler Polnisch (letztere Zahl ergibt sich unter Einbeziehung des Unterrichts Polnisch als Muttersprache)[43], wobei die größte Steigerungsrate in den an Polen grenzenden ostdeutschen Bundesländern festzustellen ist. Hier liegen auch künftig durch die zunehmenden Kontakte zwischen den Grenzregionen die größten Chancen für die praktische Anwendung der Polnischkenntnisse im Alltag und im Beruf.

Ähnlich sieht die Situation in der Erwachsenenbildung aus. Etliche deutsche Volkshochschulen und andere Sprachlehreinrichtungen bieten inzwischen ein breites Spektrum an Polnischkursen verschiedener Niveaustufen und inhaltlicher Ausrichtung an (z.B. Business-

---

[43] Vgl. Magdalena Telus: *Die Situation der polnischen Sprache in Deutschland,* in: Dies. (Hrsg.): Polski w Niemczech [Polnisch in Deutschland]. Zeitschrift der Bundesvereinigung der Polnischlehrkräfte, 1/2013, S. 8–21, hier S. 13.

Polnisch, Polnisch für Touristen, für Verwaltung, Wissenschaft etc.). Der prozentuale Anteil von Polnischkursen an allen Volkshochschul-Sprachkursen lag im Jahr 2014 unverändert bei 0,8 Prozent und damit gleichauf mit Chinesisch und Türkisch.[44]

Nach 1990 hat man auch in Polen die Bedeutung der „Promotion" des Polnischen im Ausland erkannt und den Bereich Polnisch als Fremdsprache ausgebaut. So wurde 2004 ein Programm staatlich zertifizierter Prüfungen eingeführt, die sich am Gemeinsamen Europäischen Referenzrahmen für Sprachen (GER) orientieren und auch in Deutschland (Berlin, Potsdam, Dortmund, Mannheim, Dresden) abgelegt werden können. Bis 2013 wurden in Deutschland circa 300 solcher Zertifikatsabschlüsse erworben, und in der Rangliste der Herkunftsländer aller an diesen Prüfungen Teilnehmenden steht Deutschland an dritter Stelle. Das 2003 gegründete Kolleg für Polnische Sprache und Kultur (www.kolleg.eu) in Berlin bietet Polnischkurse – auch als Online-Unterricht – in allen Kompetenzstufen an wie ebenso Fort- und Weiterbildungen von Polnischlehrerinnen und -lehrern in Deutschland. Das Polnischlernen in Deutschland ist also insgesamt deutlich attraktiver geworden, sowohl was die Lernangebote betrifft als auch die Unterrichtsformen.

An deutschen Universitäten war die Polonistik als wissenschaftliche Disziplin zur Beschäftigung mit der polnischen Sprache, Literatur und Kultur immer ein Teil der Slawistik, in der von Anbeginn die Russistik gegenüber den anderen slawischen Einzelphilologien dominierte. Bereits lange vor der Einrichtung der ersten slawistischen Lehrstühle im 19. Jahrhundert bestanden an den Universitäten Halle (1702 – 04) und ab 1746 in Leipzig Polnisch-Lektorate; der erste Lehrstuhl für slawische Sprachen in Leipzig wurde 1870 eingerichtet, als der bedeutende Indogermanist und Slawist August Leskien zum ersten deutschen Ordinarius für slawische Sprachen berufen wurde. In Preußen wurden 1842 an den Universitäten Berlin und Breslau Professuren für slawische Sprachen und Literaturen geschaffen, um den polnischsprachigen Landeskindern „Gelegenheit zur Vervollkommnung in ihrer Muttersprache" zu geben. Und in der Tat nutzten diese Gelegenheit überwiegend polnischstämmige Studierende (eine polnische Universität im preußischen Teilungsgebiet gab es nicht). Das änderte sich auch in der ersten Hälfte des 20. Jahrhunderts nicht. Der große polnische Slawist und Polonist Aleksander →Brückner konstatierte 1929 nach jahrzehntelangem engagiertem Wirken an der Berliner Universität ein nach wie vor geringes Interesse unter den deutschen Studenten an einem Studium der Slawistik beziehungsweise Polonistik; auch sprach er von einer „absoluten Interesselosigkeit des großen deutschen Publikums an allem Slavischem"[45]. Immerhin gab es dennoch in der Zwischenkriegszeit bereits fünf slawistische Lehrstühle in Deutschland.

Der Tiefpunkt der Entwicklung wurde während des Nationalsozialismus erreicht. Nach 1945 änderte sich die Situation an den deutschen Universitäten grundlegend, wobei die Entwicklung in der BRD und der DDR unterschiedlich verlief. Das politische Gewicht der Sowjetunion ließ jedoch in beiden Teilen die Zahl der Slawistischen Institute ansteigen, in der BRD mit bis zu fast 50 slawistischen Lehrstühlen. Dabei stand nach wie vor die Russistik im Mittelpunkt; die Berücksichtigung weiterer slawistischer Fächer, so auch der Polonistik, hing von den fachlichen Interessen des jeweiligen Lehrstuhlinhabers ab. Die politische Annäherung zwischen der Bundesrepublik und Polen seit den 1970er-Jahren führte zu einem verstärkten Interesse an der polnischen Sprache. An der Universität Mainz besteht seit 1982 als unikale Einrichtung das Mainzer Polonicum, das

P

[44] Vgl. Hella Huntemann / Elisabeth Reinhart: *Volkshochschul-Statistik: 53. Folge, Arbeitsjahr 2014*, online veröffentlicht am 25.11.2015, Tabelle 10, S. 30. Online abrufbar unter: www.die-bonn.de/doks/2015-volkshochschule-statistik-36.pdf (Aufruf am 20.01.2018)

[45] Aleksander Brückner zit. nach: *Zur deutschen Slavistik*, in: Archiv für slavische Philologie, 41 (1929), S. 4.

studienbegleitende Polnisch-Jahreslehrgänge mit einem Abschlusszertifikat durchführt und Studierenden aller Fachrichtungen offensteht; bis heute erfreuen sich die Kurse reger Teilnahme.

An den Universitäten der DDR waren, im Unterschied zu Westdeutschland, für die einzelnen slawistischen Fächer jeweils eigene Professuren eingerichtet. Die Polonistik war in Anbetracht der politischen Bedeutung, die ihr beigemessen wurde, nach der Russistik zweifellos die personell am besten ausgestattete Disziplin, so gab es Lehrstühle für Polonistik an der Humboldt-Universität zu Berlin sowie in Leipzig, später auch in Greifswald. Die Immatrikulationszahlen für Polnisch waren durch staatlich festgelegte, bedarfsorientierte Zulassungsquoten geregelt. Die Möglichkeit, Polnisch regelhaft als Abiturfach zu wählen, förderte zudem die Wahl des Studienfachs Polonistik.

Nach der deutschen Wiedervereinigung und dem Zusammenbruch der Sowjetunion schien es, als sei eine starke Präsenz der Slawistik an den deutschen Universitäten nicht mehr für wichtig erachtet worden. Die allgemeinen Sparzwänge führten in den Folgejahren denn auch zur reihenweisen Streichung von slawistischen Lehrstühlen und Instituten, mit Folgen auch für die Polonistik. Inzwischen hat sich die Situation geändert. Mit den Gründungen der Europa-Universität Viadrina in Frankfurt/Oder 1991 und des seit 1998 in Słubice ansässigen Collegium Polonicum als deutsch-polnischer Lehr- und Forschungseinrichtung sowie des 2012 ins Leben gerufenen Aleksander-Brückner-Zentrums an den Universitäten Halle und Jena verfügt die Polonistik über wichtige Standorte. Sie hat sich ein neues, modernes Gesicht gegeben und sich von der traditionellen Philologie, verstanden als Sprach- und Literaturwissenschaft, gewandelt zu integrativen Polish Studies und sich als Bestandteil von European Studies profiliert. An den universitären Sprachenzentren deutscher Universitäten gibt es vielerorts die Möglichkeit, in Polnisch-Lektoraten Polnisch zu lernen. Das → Deutsch-Polnische Jugendwerk, eine Vielzahl deutscher und polnischer Stiftungen, das Deutsche Polen-Institut in Darmstadt und andere schaffen mit einem breiten Spektrum an Stipendien und anderen Fördermöglichkeiten beste Voraussetzungen für eine intensive wissenschaftliche Ausbildung und Beschäftigung des akademischen Nachwuchses, was der Erforschung von Geschichte und Gegenwart Polens, seiner Sprache, Gesellschaft und Kultur zugutekommt.

Polnischunterricht im Gewerbeförderzentrum Frankfurt (Oder), 2003

Weiterführende Literatur

Brigitta Helbig-Mischewski: *Zur Geschichte und Zukunft der Polonistik in Deutschland,* in: Dies. / Gabriela Matuszek (Hrsg.): *Fährmann grenzenlos. Deutsche und Polen im heutigen Europa: Zum Gedenken an Henryk Bereska,* Hildesheim u. a. 2008, S. 225 – 232.

Gerd Hentschel: *Überlegungen zur Polonistik an deutschen Universitäten,* in: Danuta Rytel-Kuc / Wolfgang F. Schwarz / Hans-Christian Trepte (Hrsg.): *Polonistik im deutschsprachigen Bereich,* Hildesheim u.a. 2005, S. 15 – 28.

Erika Worbs: *Die Stellung der polnischen Sprache in Deutschland,* in: Franciszek Grucza (Hrsg.): *1000 Jahre polnisch-deutsche Beziehungen. Sprache – Literatur – Kultur – Politik.* Materialien des Millennium-Kongresses, 5. – 8. April 2000, Warszawa 2001, S. 132 – 156.

Polski Fiat

Polnische Volkswagen
auf deutschen Straßen

Matthias Barełkowski

—

Zugegeben: Auf den bundesdeutschen Autobahnen machte er nicht gerade eine super Figur, und heute erinnern sich vermutlich nicht mehr viele an ihn – den „Polski Fiat".

Schon seit 1934 hatte der Turiner Autokonzern Fiat Fahrzeuge in Polen montieren lassen, die unter dem Markennamen „Polski Fiat" vertrieben wurden. Die italienisch-polnische Kooperation fand – trotz veränderter politischer Rahmenbedingungen – auch nach dem Zweiten Weltkrieg eine Fortsetzung. 1968 begann in Warschau nach längerer Anlaufphase der Bau des Modells „Polski Fiat 125p", das nicht nur im Inland, sondern ebenso in der DDR und in der Bundesrepublik seine Käufer fand. Der Ruf dieses Mittelklassewagens war jedoch dort nicht der beste: Schlechte Materialien und Verarbeitung brachten ihm schnell den Beinamen „Rostlaube" ein. Während der 125p für Westdeutsche lukrativ war, weil er viel Blech für wenig Geld bot (6.560 DM), galt er in Ostdeutschland als luxuriöser Traumwagen, den sich nur gut Betuchte leisten konnten – er kostete immerhin stolze 23.500 DDR-Mark!

Berühmter wurde das zweite, in Lizenz des italienischen Autoherstellers ab 1975 im oberschlesischen Tichau (Tychy) produzierte Modell – der „Polski Fiat 126p", der schnell den Spitznamen „Maluch" (der Kleine) erhielt, war er doch hinsichtlich seiner Größe kaum noch zu unterbieten. In Polen avancierte er schnell zum verbreitetsten Kleinwagen, exportiert wurde er jedoch nur nach Westeuropa, nicht in die DDR. Obwohl das Modell auch in Italien gebaut wurde, stammte ein Großteil der in der Bundesrepublik verkauften Wagen, dort auch „Pummelchen" genannt, aus polnischer Fertigung, was am seitlich angebrachten Logo der polnischen Autofabrik zu erkennen war.

Zwei voll beladene „Polski Fiat 126p" im Grenzdurchgangslager Friedland, 1988

P

„Was ist ein Maluch auf einem Berg?
Ein Wunder!"

Der „Maluch" erreichte in Polen einen ähnlichen Kultstatus wie der Trabant in der DDR oder der VW-Käfer in der Bundesrepublik. Nicht nur bei Besuchen im Westen löste es wundersames Erstaunen aus, wie viele Personen, Gepäck oder sonstige Gegenstände in diesem Knirps Platz finden konnten. Sogar vor einen Wohnwagen durfte der Kleinstwagen gespannt werden. Dabei kursierten – wie in der DDR über den Trabant – auch in Polen zahlreiche Witze und Spötteleien über den 126p. „Was ist ein Maluch auf einem Berg? Ein Wunder!", so oder ähnlich lauteten die Sprüche, mit denen man sich über das Gefährt lustig machte. Während in den 1980er-Jahren in Westdeutschland neue Kleinwagenmodelle dem 126p den Rang abliefen, kam das Ende für den polnischen „Maluch" erst im Jahr 2000, als die Produktion des wendigen Winzlings in den polnischen Werken eingestellt wurde.

Poniatowski, Józef Antoni

Ein Wiener Kind stirbt in der sächsischen Elster

Peter Oliver Loew

—

„Fürst Joseph Poniatowski: ein Wiener Kind – das klingt vielleicht etwas unerwartet" – mit diesen Worten führt der Historiker Szymon Askenazy in die Lebensgeschichte des polnischen Nationalhelden ein. [46]

Tatsächlich wurde der Spross einer aufstrebenden polnischen Adelsfamilie 1763 im Wiener Palais Kinsky geboren, dem Wohnsitz seiner Mutter. Später diente er viele Jahre im kaiserlichen österreichischen Heer, ehe er 1789, von seinem Onkel, dem polnischen König Stanisław II. August, gerufen, in dessen Dienste trat. Doch gereicht all dies wohl kaum, um dem fließend Deutsch, Französisch und Polnisch parlierenden Offizier mit einem Eintrag in diesem Buch zu würdigen, auch nicht sein Rückzug ins Privatleben nach Polens Untergang 1795, seine Reaktivierung als Kriegsminister im 1807 entstandenen Herzogtum Warschau oder sein Einzug an Napoleons Seite in Moskau 1812. Vielmehr ist es sein dramatisches Ertrinken in der Weißen Elster, das ihm diesen Platz verschafft.

Nach der verlorenen Völkerschlacht bei → Leipzig im Oktober 1813 deckte Poniatowski mit seinen Truppen Napoleons Rückzug. Durch die vorzeitige Sprengung der Elster-Brücke überrascht, versuchte der mehrfach verwundete Poniatowski verzweifelt, mit seinem Pferd den Fluss zu überqueren. Askenazy schildert Poniatowskis Tod folgendermaßen: „Hier empfängt er die letzte Kugel, die seine linke Brust durchbohrt, gleitet vom Pferde herab und verschwindet nach kurzem Kampf in den Fluten." [47]

Heute erinnern Denkmäler und Gedenktafeln in Leipzig – und in Warschau – an den tapferen Offizier, der Polen mehrere Jahre Hoffnung auf militärischen Ruhm und politische Selbstständigkeit verheißen hatte.

Fürst Józef Antoni Poniatowski, um 1820, Gemälde von Antoni Brodowski, Gemäldegalerie, Warschauer Königsschloss

[46] Simon Askenazy: *Fürst Joseph Poniatowski 1763–1813,* Gotha 1912, S. 3.
[47] Ebd., S. 269.

Der Popolski-Show

Eine deutsche Comedysendung über die in Polen nicht gelacht wurde

Andrzej Kaluza

—

Die Tatsache, dass eine deutschsprachige Comedy-Truppe sich mutig auf „polnische Stereotype" einlässt, zeugt einerseits von künstlerischer Offenheit, aber auch davon, dass das „polnisch-(ober)schlesische" Sujet in der deutschen Öffentlichkeit genug Aufmerksamkeit erregen kann, um eine eigene TV-Show zu tragen und jahrelang auf vielen Bühnen als musikalische Live-Show erfolgreich durch die Republik zu touren.

Der Popolski-Show war eine Kabarettsendung mit Musikeinlagen und einer Rahmenhandlung, die der als TV-Showpartner von Hape Kerkeling bekannt gewordene Musiker Achim Hagemann initiierte und, in der Rolle des Pawel Popolski, als schlagzeugspielender Bandleader auch moderierte. Die Kabarettshow drehte sich um die Geschichte der (überzeichneten) oberschlesisch-polnischen Familie Popolski aus Zabrze (Hindenburg), einer Stadt im Zentrum des oberschlesischen Kohlereviers. Angelpunkt der Handlung war Opa Piotrek Popolski, ein polnisches Musik-Genie, Komponist von 128.000 Popsongs, die ihm jedoch geklaut und an Popstars in aller Welt verkauft und verhunzt wurden. Pawel Popolskis Ziel ist es nun – zusammen mit weiteren Mitgliedern der Familie Popolski (Mirek, Janusz, Danusz, Henjek, Stenjek, Dorota u. a.) – dem Opa zu spätem Nachruhm zu verhelfen und freilich auch die eigene Kasse aufzufüllen. Im Laufe der Live-Show treten die einzelnen Mitglieder der pseudo-polnischen Chaoten-Sippe, allesamt schräge Existenzen, mit einzelnen Einlagen auf, um die Originalversionen der Hits zu präsentieren, die dem Großvater – vermeintlich – geraubt wurden.

In der Fernsehfassung der Show, die im März 2008 im Spätabendprogramm des WDR startete, spielen sich die Stories in einer kleinen Plattenbauwohnung ab. Im April 2014, nach der Abschlusstournee der Live-Show unter dem Titel *Polka's coming home – Der Beste von der Beste,* endete das

Der Kabarettist Achim Hagemann tourte mit seinem erfolgreichen *Popolski*-Programm durch Deutschland.

P

Projekt, und die Musikertruppe um Hagemann trennte sich. Während die deutsche Kritik die Sendung durchweg lobte und die Show auch mehrmals für diverse Fernsehpreise nominiert wurde, wirkte sie in Polen eher befremdlich. Achim Hagemann betonte in Interviews, dass es ihm keinesfalls daran gelegen habe, die Polen lächerlich zu machen. Doch so – als unzivilisierte „trinkende Schnurrbartwesen" (Krzysztof Skiba) – wollten sich die Polen nicht mehr von Deutschen parodiert sehen. Die in Deutschland lebenden polnischsprachigen Zuschauer bescheinigten der Show dagegen eine überaus sympathische Ausstrahlung: „Was wir sehen, ist großartig! Wir haben gehört, dass Polen Probleme mit den Popolskis haben und ihren Humor nicht verstehen. Es ist aber nicht so, dass man darin die Plattenbauten verlacht oder polnische Bräuche. Die Show macht viel Spaß!"[48] – Achim Hagemann alias Pawel Popolski tourt derweil weiter mit neuen Bühnenprogrammen durch die Republik.

---

[48] Zit. nach Iwona Metzner: *„Popolski Show". Niemiecki program satyryczny o polskiej rodzinie,* [Deutsches Satiremagazin über eine polnische Familie], Deutsche Welle, 06.07.2009 [Übers. AK]. Online abrufbar unter: www.dw.de/popolski-show-niemiecki-program-satyryczny-o-polskiej-rodzinie/a-4459755 (Aufruf am 15.01.2018).

Porta Polonica

Polnische Spuren – digital

Dietmar Osses

–

Wer schon immer mehr über Kultur und Geschichte der Polen in Deutschland wissen wollte, wird im Internetportal www.porta-polonica.de fündig. Als digitale Dokumentationsstelle sucht die „Porta Polonica" nach Spuren und Einflüssen des polnischen Lebens in Deutschland und macht diese mithilfe der digitalen Medien zugänglich. Ein „Atlas der Erinnerungsorte" verzeichnet polnische Spuren in Deutschland vom Mittelalter bis zur Gegenwart, das digitale Lexikon „Encyclopaedia Polonica" gewährt Zugang zu vertiefenden Informationen zur deutsch-polnischen Geschichte in Wort und Bild, Online-Ausstellungen beleuchten ausgewählte Themen zu Kunst, Kultur und Geschichte der Polen in Deutschland.

Das Internetportal versteht sich zudem als digitales Forum zum Austausch und zur Vernetzung. Es ist mit wichtigen digitalen sozialen Medien verknüpft und lädt Polen und Deutsche zu einer aktiven Mitgestaltung der Erinnerungskultur ein.

Die „Porta Polonica" ist ein öffentliches Gemeinschaftsprojekt. Ihre Gründung geht zurück auf eine Initiative des Runden Tisches der deutschen und polnischen Regierung anlässlich des 20. Jahrestages des deutsch-polnischen Freundschaftsvertrags im Jahr 2011. Finanziert wird die Dokumentationsstelle durch die deutsche Bundesregierung aufgrund eines Beschlusses des Deutschen Bundestags, die Trägerschaft obliegt dem Landschaftsverband Westfalen-Lippe (LWL). Der Bund der Polen in Deutschland „Rodło" (→ Bund der Polen) ist als Dachverband der Polen in Deutschland der wichtigste Kooperationspartner der „Porta Polonica". Angesiedelt ist die Dokumentationsstelle seit 2013 in der Ruhrmetropole Bochum, die schon vor rund einhundert Jahren das kulturelle Zentrum der Polen in Deutschland bildete (→ Ruhrpolen).

In der Zeche Hannover fiel 2013 der Startschuss zur Einrichtung einer bundesweiten Dokumentationsstelle zur Geschichte und Kultur der Polen in Deutschland.

Preußen und Polen

oder Wie polnisch war Preußen?

Peter Oliver Loew

—

P

Preußenkönig Friedrich II. (in der Mitte) beschließt mit dem österreichischen Kaiser Leopold II. und der russischen Zarin Katharina II. die erste Teilung Polens, während König Stanisław August nur ohnmächtig zusehen kann; englische Karikatur, 1772.

Ohne Polen wäre Preußen nicht zu jener Großmacht in Europa aufgestiegen, die es im Laufe des 18. Jahrhunderts wurde. Was aus der Sicht vieler überzeugter Preußen kaum denkbar schien, ja bis heute kaum sagbar ist, liegt eigentlich auf der Hand, und zwar aus mehreren Gründen: Ein Teil des alten Preußenlandes – das Königliche oder Polnische Preußen mit Danzig und Thorn – gehörte jahrhundertelang zu Polen. Zwischen 1772 und 1795 kamen im Zuge der Teilungen Polens dann große Territorien des polnisch-litauischen Reichs zu Preußen, nachdem es zuvor bereits von den Habsburgern polnischsprachige Teile Schlesiens erobert hatte. Zeitweise waren etwa 40 Prozent der Einwohner Preußens Polen. Aber erst mit seinen Polen abgetrotzten Gebieten wurde Preußen territorial zur Großmacht. Ohne seine polnischen Untertanen – um 1900 dürften es drei Millionen gewesen sein – hätten seine Straßen und Kanäle nicht so schnell gebaut werden, seine Industrie nicht so gut florieren, seine Armee nicht so vortrefflich schießen können.

Doch auch der deutsch-polnische Nationalitätenstreit im Osten bestimmte die Geschicke des preußischen Staates bis zu seiner endgültigen Auflösung im Jahre 1947: Der preußisch-deutsche Nationalismus hätte sich ohne die Polen und ohne deren Streben nach einem eigenen Staat ganz anders entwickelt. So jedoch führte Preußens „Verstrickung in die polnische Geschichte"[49] in eine komplizierte Konfliktsituation, die sich schließlich im Zweiten Weltkrieg aufs Grausamste entlud. Aber das ist nur die eine Seite, denn eigentlich ist Polen für Preußen (und Deutschland) auch ein Sehnsuchtsort gewesen: Das katholische Land ohne preußische Zucht und Ordnung, mit warmherzigen Kindermädchen, Lieblingstanten und der im zugigen preußischen Protestantismus fehlenden Herzenswärme ließ Polen zu einer natürlichen, oft verdrängten Ergänzung zum „preußischen Wesen" werden. Preußen war eben stets auch ein bisschen polnisch.

Der preußisch-deutsche Nationalismus hätte sich ohne die Polen und ohne deren Streben nach einem eigenen Staat ganz anders entwickelt.

[49] Klaus Zernack: *Polen in der Geschichte Preußens*, in: Otto Büsch (Hrsg.): *Handbuch der preußischen Geschichte*, Bd. 2: *Das 19. Jahrhundert und Große Themen der Geschichte Preußens*, Berlin / New York 1992, S. 377 – 448, hier S. 441.

Priesterexport

Polnische Seelsorger in deutschen Gemeinden

Thomas Kycia

—

„Zuwanderer dringend gesucht", heißt es in aller Munde. Um den demografischen Wandel in Deutschland und den damit verbundenen Fachkräftemangel abzumildern, müssen dringend qualifizierte Arbeitskräfte aus anderen Ländern her, tönt es allenthalben. Da ist die katholische Kirche mit ihrer grenzüberschreitenden Struktur als Global Player in einer guten Ausgangslage: In deutschen Bistümern beschäftigt sie bereits seit Jahrzehnten ausländische Priester. So waren 2013 in Deutschland rund 1.800 Geistliche aus dem Ausland tätig, die meisten von ihnen Polen und Inder (je circa 25 Prozent).[50]

Besonders gefragt sind polnische Geistliche in den süddeutschen Diözesen und im Erzbistum Köln. Sie kommen meistens auf Einladung der deutschen Bischöfe, um dem hiesigen Priestermangel in pastoralen Aufgaben entgegenzuwirken. Viele von ihnen übernehmen als Pfarrer die Gemeindeleitung und bringen ihre eigene(n) Erfahrung(en) aus dem Seelsorgebereich aus Polen mit – in einigen Gemeinden haben sie zum Beispiel die *kolęda* eingeführt, den Hausbesuch der Seelsorger in der Weihnachtszeit. Aber das Leben in Deutschland prägt auch die polnischen Priester, sie verändern ihr Denken, was sich vor allem an der Öffnung hin zu mehr ökumenischem Denken manifestiert. Ein Beispiel ist der auf der Schwäbischen Alb heimisch gewordene Priester Andrzej „Andreas" Frosztega. Der aus Krakau stammende katholische Geistliche, der in seiner Gemeinde Wiesensteig 2012 den ersten ökumenischen Kreuzweg gemeinsam mit evangelischen und katholischen Gläubigen gefeiert hat, ist der festen Überzeugung: „Die Verbindung zwischen der katholischen und evangelischen Kirche muss sein, es gibt so viel gemeinsam."[51]

Karikatur von
Andrzej Mleczko,
2010

[50] Karl Gabriel / Stefan Leibold / Rainer Achtermann: *Die Situation der ausländischen Priester in Deutschland,* Ostfildern 2011, S. 36.

[51] Zit. nach Claudia Burst: *Wollte immer Priester werden,* in: Göppinger Kreisnachrichten, 21.07.2012. Online abrufbar unter: www.swp.de/suedwesten/landkreis/lk-goeppingen/wollte-immer-priester-werde-20099881.html (Aufruf am 15.01.2018).

Prostitution

Schicksal vieler Polinnen in Deutschland

Peter Oliver Loew

—

Der Schriftsteller Carl Zuckmayer hatte einmal großes Glück: Als er kurz nach dem Ersten Weltkrieg verzweifelt versuchte, zu Geld zu kommen und sich in Berlin auf den Handel mit geschmuggelten Zigaretten und „Koks" einließ, rettete ihn eine polnische Dirne vor der Polizei und nahm ihn mit zu sich nach Hause. „‚Ich heiße Ljuba', sagte sie und warf ihre Jacke ab, ‚meine Eltern stammen aus Warschau, aber ich werde dir nicht erzählen, daß es polnische Edelleute waren'"[52], erinnerte sich Zuckmayer später an diese Begegnung.

Bereits in der deutschsprachigen Literatur – und auch in der männlichen Vorstellungswelt des 19. Jahrhunderts – hatte sich die polnische Frau den Ruf als erotisch-verführerisches Wesen erworben: „Altarbilder der Schönheit" und „Weichselaphroditen" nannte sie Heinrich Heine.[53] Eher nüchtern und vor allem geschäftsmäßig mutet dagegen das Bild einer polnischen Prostituierten in der DDR an, das der Schriftsteller Heiner Müller in einem seiner Gedichte zeichnet: „In der Valuta-Bar des Hotels METROPOL / Berlin Hauptstadt der DDR bemüht sich / Eine polnische Hure Gastarbeiterin / Um einen Greis mit Schnupfen".[54]

Die Migrationsgeschichte von weiblichen polnischen Prostituierten in Deutschland ist kaum erforscht, wie auch die Zwangsrekrutierung von Prostituierten in den beiden Weltkriegen. Eine massenhafte Zuwanderung von Sexarbeiterinnen aus Ostmittel- und Osteuropa nach

> „Sie erzählt von ihrer eigenen Sehnsucht, schnell viel Geld zu verdienen und sich eine andere Existenz aufzubauen, die der Familie zu Hause imponiert."[55]

Deutschland setzte erst in den 1980er-Jahren ein. Zunächst überwogen kriminelle Formen des Menschenhandels, doch spätestens seit dem EU-Beitritt Polens und dem damit verbundenen erleichterten Aufenthalt polnischer Staatsbürger in Deutschland begeben sich Polinnen, zumindest teilweise aufgrund eigener Entscheidung, auf die Suche nach deutschen Freiern. Rund 60 Prozent der heute schätzungsweise 400.000 Prostituierten in Deutschland sind Migrantinnen, von denen wiederum weit mehr als zehn Prozent – also vielleicht 30.000 – aus Polen stammen dürften (Zahlen um 2010). In den Kleinanzeigenteilen der Lokal- und Boulevardpresse, seit einigen Jahren auch im Internet, werden sie als „willige Polinnen" oder „polnische Engel" vermarktet. Sie arbeiten vorwiegend in Norddeutschland und Berlin, vielfach nur für wenige Wochen oder ein paar Monate, bevor sie nach Polen zurückkehren oder weiterziehen in eines der vielen Bordelle des Kontinents.

[52] Carl Zuckmayer: *Als wär's ein Stück von mir. Horen der Freundschaft,* Frankfurt am Main 1994 [Erstausgabe 1966], S. 412–415, hier S. 414 f.

[53] Heinrich Heine: *Über Polen,* zit. nach Ernst Josef Krzywon: *Heinrich Heine und Polen,* Köln 1972, S. 81 f.

[54] Heiner Müller: *Herz der Finsternis nach Joseph Conrad* [1989], in: Heiner Müller: *Werke 1. Gedichte,* Frankfurt am Main 1998, S. 234.

[55] Anita Strecker: *Unter die nackte Haut,* in: Frankfurter Rundschau, 05.08.2009. Online abrufbar unter: www.fr-online.de/rhein-main/frankfurter-fotowettbewerb--leben-am-fluss--unter-die-nackte-haut, 1472796,3298908.html (Aufruf am 15.01.2018).

Die polnische Sex-Arbeiterin Dena
im Frankfurter Bordell „Sudfass",
2009, Teil einer Fotodokumentation
von Anja Behrens

Ein 2009 in der „Frankfurter Rundschau" erschienener Artikel zeichnete die Lebensgeschichte der in einem Frankfurter Laufhaus arbeitenden polnischen Prostituierten Dena nach, ihr Schicksal könnte für viele von ihnen gelten: „Sie war immer das schwarze Schaf in der Familie, zu Hause in Polen. Jetzt will sie es allen zeigen. Dem Vater, den Schwestern (…) Sie erzählt von ihrer eigenen Sehnsucht, schnell viel Geld zu verdienen und sich eine andere Existenz aufzubauen, die der Familie zu Hause imponiert."[56] Die Familie weiß nicht, dass sie als Prostituierte arbeitet. Eine andere polnische Sexarbeiterin bekennt: „Wenn man in Deutschland als Prostituierte arbeitet, spricht keiner darüber mit den Eltern in Polen (…)."[57] Und so wird wohl dieser Bereich in Deutschland wie im Heimatland der Frauen auch in Zukunft eher im Dunkeln bleiben, selbst wenn spektakuläre Kriminalfälle gelegentlich die Aufmerksamkeit der Öffentlichkeit auf sich ziehen: So etwa 2013 der Urteilsspruch im Mordfall der Prostituierten Józefa W., der als Mordfall „Rosenmädchen" bekannt wurde. Der bereits 1996 begangene Mord an der jungen Frau wurde aufgrund von DNA-Spuren erst 2011 wieder aufgerollt und führte letztlich zu einem Freispruch der Angeklagten.

[56] Anita Strecker: *Unter die nackte Haut,* in: Frankfurter Rundschau, 05.08.2009.
[57] Zit. nach Sandra Wytschek: *Ausländerinnen-Schicksal Prostitution. Dialektik der Menschenrechte,* Egelsbach u. a. 2001, S. 16.

Przybyszewski, Stanisław

Der „geniale Pole" im literarischen Berlin

Dorota Danielewicz

—

Przybyszewski wurde 1868 im preußisch besetzten Teil Polens geboren, im kujawischen Dorf Lojewo. Ab 1881 besuchte er deutsche Gymnasien in Thorn (Toruń) und ab 1884 in Wongrowitz (Wągrowiec). 1889 nahm er zunächst ein Architekturstudium in Berlin auf, wechselte aber nach kurzer Zeit an die medizinische Fakultät, betätigte sich jedoch zugleich im publizistischen Bereich, so als Redakteur der in Berlin erscheinenden sozialistischen Zeitung „Gazeta Robotnicza" (Arbeiterzeitung). Aufgrund seines politischen Engagements und seiner Kontakte zur Arbeiterbewegung wurde er bald von der Universität verwiesen – auch seine allzu seltene Anwesenheit bei den Vorlesungen dürfte hierfür eine Rolle gespielt haben.

Berlin blieb jedoch ein wichtiger Bezugspunkt im Leben des „genialen Polen", wie er von seinen Freunden genannt wurde. 1892 erschien auf die Empfehlung des bekannten Literaturkritikers Franz Servaes im Berliner Fontane Verlag sein unter dem Einfluss Nietzsches geschriebener Essay *Zur Psychologie des Individuums. polen und Nietzsche*. Der Autor beschrieb die Wahl der Arbeitssprache wie folgt: „Ich gebrauchte die deutsche Sprache einfach deshalb, weil ich einige Jahre lang nur die deutsche psychologische Terminologie benutzte. (…) mir nichts, dir nichts, kam ich in die deutsche Literatur hinein". [58]

Das Werk machte den Autor in den Literaturkreisen auf einen Schlag bekannt. Er schloss Freundschaften mit Vertretern des Friedrichshagener Literaturkreises wie Wilhelm Bölsche, Peter Hille und anderen. Zu einem Schlüsselerlebnis wurde seine Begegnung mit dem Schriftsteller Richard Dehmel. Zwischen den beiden Männern entwickelte sich eine enge Freundschaft. Dehmel war es, der Przybyszewskis deutsche Texte korrigierte. Sie verkehrten im Lokal „Zum Schwarzen Ferkel" Unter den Linden. Dort traf Przybyszewski auch August Strindberg und den norwegischen Maler Edvard Munch. Alle drei verehrten die gleiche Frau – die norwegische Autorin Dagny Juel.

Allerdings lebte Przybyszewski seit 1891 mit Marta Foerder, einer Freundin aus dem heimatlichen Wongrowitz, zusammen, mit der er drei Kinder hatte. 1893 heiratete Przybyszewski Dagny Juel, in den Folgejahren hielt er sich häufig in Norwegen auf. In Berlin entstanden in den 1890er-Jahren seine berühmtesten deutschsprachigen Werke, die Erzählbände *Vigilien* und *De Profundis*, die Roman-Trilogie *Homo sapiens* sowie der Roman *Satans Kinder* und das Drama *Das große Glück*.

1898 zog Przybyszewski mit seiner Frau Dagny nach Krakau, später nach Warschau. Hier begann er ab 1901, seine Werke ins Polnische zu übersetzen. 1906 kehrte er nach Deutschland zurück, diesmal nach München, wo er mit seiner zweiten Ehefrau Jadwiga dreizehn Jahre verbrachte. Da seine Romane und Dramen von dem Warschauer Verleger Józef Wolff herausgegeben wurden, schrieb er diese nun auf Polnisch. Zu deutschen Autoren hatte Przybyszewski während seiner Münchner Zeit wenig Kontakt. Nur mit Frank Wedekind entstand eine gute Bekanntschaft; beide trafen sich regelmäßig in Cafés. Während des Ersten Weltkrieges setzte sich Przybyszewski sehr für eine deutsch-polnische Verständigung ein. 1919 kehrte er in das unabhängige Polen zurück, wo er am Aufbau eines neuen polnischen Staates mitwirkte. 1927 starb er in seiner Heimat Kujawien auf dem Gut Jaronty.

Der polnische Schriftsteller Stanisław Przybyszewski, 1895, Zeichnung von Edvard Munch, Munch-Museum, Oslo

---

58 Stanisław Przybyszewski: *Listy* [Briefe], Warszawa 1938, Bd. 2, S. 58 [Übers. DD].

R

Porträt des Grafen Athanasius Raczyński,
Gemälde von Carl Wilhelm Wach, 1826

Raczyński, Athanasius

Preußischer Gesandter und Kunstmäzen

Basil Kerski

—

Die Biografie des 1788 in Posen geborenen und 1874 in Berlin verstorbenen Athanasius (Atanazy) Raczyński verbindet scheinbare Gegensätze: Er war polnischer Patriot und überzeugter Preuße, kämpfte auf Seiten Napoleons und war loyaler Repräsentant der Hohenzollernmonarchie, er war ein Posener Katholik im protestantischen Berlin, ein konservativer Spitzenbeamter und bedeutender Kunstförderer. Als junger Mann war Raczyński begeisterter Anhänger Napoleons und kämpfte für die Wiederherstellung der polnischen Adelsrepublik. Mit dem Niedergang Napoleons zerschlugen sich seine Hoffnungen. Auf die politische Niederlage reagierte er pragmatisch, bekundete seine Loyalität gegenüber dem preußischen König und engagierte sich gleichzeitig gemeinsam mit seinem Bruder Edward für die Stärkung der polnischen Kultur im preußisch regierten Großpolen.

1834 zog Athanasius von Posen an die Spree. In Berlin strebte er eine Karriere als Diplomat an und wurde zunächst Preußens Gesandter in Kopenhagen. Treu gegenüber dem preußischen König, entwickelte er sich zu einem zuverlässigen Repräsentanten des Landes und wurde später Gesandter in Madrid und Lissabon. Um seine Position in Preußens Hauptstadt zu stärken, eröffnete er 1834 in seinem Palais Unter den Linden 21 eine öffentlich zugängliche Galerie, wo er seine Gemäldesammlung ausstellte. Ein Jahrzehnt später beschloss er, seine Galerie auszubauen, und finanzierte den Bau eines neuen Raczyński-Palais in der Nähe des Brandenburger Tores (→ Berlin). Der ambitionierte polnische Adlige war in der Mitte der preußischen Elite angekommen, war hoher Staatsdiener und angesehener Kunstmäzen.

Heute erinnert in Berlin nichts an das Raczyński-Palais. Es musste bereits 1883 dem neuen Reichstagsgebäude weichen. Athanasius' Grab auf dem Friedhof der Berliner St.-Hedwigs-Gemeinde lag im Todesstreifen an der Berliner Mauer und wurde in den 1960er-Jahren von den DDR-Machthabern zerstört. Die Grabplatte wurde nach dem Fall der Mauer am alten Ort symbolisch wiederhergestellt. Die meisten der von Athanasius gesammelten Gemälde können heute im Posener Nationalmuseum besichtigt werden, wohin sie 1903 überführt wurden. Lediglich Botticellis *Madonna mit singenden Engeln*, das berühmteste Bild der Raczyński-Sammlung, blieb in Berlin.

Das Berliner Palais Raczyński – hier eine Ansicht aus dem Jahr 1876 – beherbergte
eine bedeutende Gemäldesammlung. Heute steht an dieser Stelle der Reichstag.

Radek, Karl (Karol)

Revolutionär zwischen Polen, Deutschland und der Sowjetunion

Peter Oliver Loew

–

Karl Radek zählt zu der Gruppe jüdisch-polnischer Revolutionäre, die einige Jahre auch in Deutschland lebten. Er entstammte einer jüdischen Familie. Geboren wurde er 1885 im galizischen Lemberg als Karol Sobelsohn. Nach dem frühen Tod des Vaters, eines Postbeamten, übersiedelte er mit seiner Mutter, die viel für Deutschland übrig hatte, nach Tarnów, wo er aufwuchs. Hier besuchte er das polnische Gymnasium, war, wie er sich später erinnerte, „bis zum dreizehnten Lebensjahr (…) ein polnischer Patriot"[1] und begeisterte sich für die Romane des polnischen Schriftstellers Stefan Żeromski – einem von dessen Protagonisten entlehnte er auch seinen angenommenen Namen „Radek".

In Krakau beginnt Radek ein Jurastudium, engagiert sich für sozialistische Parteien. 1905 nimmt er als Anhänger der sozialistischen Opposition an der Märzrevolution im zaristischen Russland teil und wird für ein Jahr inhaftiert. 1907 siedelt er nach Deutschland über, tritt in die SPD ein, arbeitet für Zeitungen wie die „Leipziger Volkszeitung". Nach Ende des Ersten Weltkrieges gerät er in Berlin mit der Führungsriege der KPD, Rosa → Luxemburg und Julian → Marchlewski, aneinander, sucht Kontakt zur Gruppe um Lenin, bei dem er sich während des Ersten Weltkriegs in der Schweiz aufgehalten hatte. Nach der bolschewistischen Revolution in Russland soll Radek mithelfen, diese auch nach Deutschland zu tragen, er beteiligt sich Anfang 1919 am gescheiterten Spartakusaufstand (→ Luxemburg) und wird ein Jahr in Berlin-Moabit inhaftiert, wo er unter sehr erträglichen Bedingungen im Gefängnis eine Art politischen Salon pflegt. 1920 zieht er endgültig ins Sowjetreich, betätigt sich dort politisch und publizistisch, wird jedoch langsam ins Abseits gestellt. Sein Versuch, 1923 im Ruhrgebiet einen kommunistischen Aufstand auszulösen, scheitert. 1927 wird er aus der KPdSU ausgeschlossen, in den Ural verbannt, zwei Jahre später begnadigt. Im Zuge der Stalin'schen Säuberungen verurteilt man ihn schließlich 1937 im zweiten der Moskauer Schauprozesse zu zehn Jahren Haft in einem Arbeitslager in Sibirien, wo er 1939 ermordet wird.

Radeks komplexe multiple Identität als Jude, Kommunist, Deutscher – „wenn ich über die Sache der Revolution nachdachte, pflegte ich in Deutsch zu denken" –, Pole – „wenn ich Worte der Zärtlichkeit zu einer geliebten Frau spreche, so sind es polnische Worte"[2] – und Bürger der jungen Sowjetunion ist erst seit seiner posthumen Rehabilitierung durch Moskau 1988 wieder zum Vorschein getreten.

Karl Radek, Standbild aus einer Wochenschau, 1920

---

[1] Zit. nach Wolf-Dietrich Gutjahr: *Revolution muss sein. Karl Radek – die Biographie,* Köln / Weimar / Wien 2012, S. 22.
[2] Ebd., S. 38.

Radio Freies Europa

Stimme der Freiheit aus München

Matthias Barełkowski

—

Das „Abhörzentrum" von „Radio Freies Europa": Hier wurden Rundfunksendungen aus den kommunistischen Staaten aufgenommen.

R

Es gibt Spuren, die unsichtbar und schnell vergänglich sind und dennoch eine große nachhaltige Wirkung entfalten. Zu solchen Spuren gehören Radiowellen, in diesem Falle konkret die polnischen Kurzwellenprogramme von „Radio Freies Europa" (*Radio Free Europe,* RFE) in München. Seit 1950 sendete die von den USA finanzierte Sendeanstalt von München aus ihr Programm in die unter sowjetischer Vorherrschaft stehenden Länder in Ost- und Mitteleuropa.

Das polnischsprachige Programm von RFE startete am 3. Mai 1952. Zur Programmstruktur gehörten neben den Nachrichtenblöcken und Presseschauen auch thematische Programmbestandteile, darunter die Büchersendung *Auf dem roten Index,* die lange von Włodzimierz → Odojewski verantwortet wurde, Geschichts- und Politiksendungen wie *Aus der Geschichte der Volksrepublik, Zeitgeschichte Polens* oder *Bei unseren*

Nachbarn. Auch Musik wurde der Hörerschaft geboten, etwa in der von Jacek Kaczmarski (1957 – 2004) moderierten *Eine Viertelstunde,* desgleichen religiöse Themen, so in den Sendungen des Pfarrers Tadeusz Kirschke (1908 – 1996). Der Liedermacher Kaczmarski, der als „Barde der Solidarność" galt, war mit Protestliedern gegen das Regime in Polen sehr bekannt geworden, emigrierte 1981 in den Westen und arbeitete ab 1984 als Journalist und Redakteur bei RFE, bevor er nach 1989 wieder große Konzerte in seiner Heimat geben konnte. Tadeusz Kirschke moderierte von 1952 bis 1981 bei dem Sender.

Erster Direktor der polnischen Abteilung des Senders war Jan → Nowak-Jeziorański, bekannt geworden unter seinem Beinamen „Kurier aus Warschau". Einer seiner Nachfolger (1982 – 1987) war der 1981 aus Polen emigrierte Literaturhistoriker Zdzisław Najder, gegen den wegen seiner Tätigkeit bei RFE 1983 in Polen sogar ein Todesurteil verhängt wurde. „Radio Freies Europa" gehörte während der Zeit der Volksrepublik zu den dort am häufigsten gehörten Sendern, was die kommunistischen Machthaber so nervös machte, dass sie immer wieder versuchten, den Empfang mit Störsendern zu verhindern. International war der von Bayern aus operierende Sender mit seinem Programm ein ständiger Konfliktherd im Kalten Krieg. Die kommunistischen Staaten – aber auch linke Kräfte und Entspannungsbefürworter in Westeuropa – warfen dem Sender „propagandistische Aggression" vor, zumal er bis in die 1970er-Jahre vom US-Geheimdienst CIA finanziert wurde. Umgekehrt sahen sich die Mitarbeiter des Senders als Vorkämpfer der Freiheit, die erfolgreich „Löcher in den Eisernen Vorhang" bohrten und die in den Ländern Ost- und Mitteleuropas aufkeimende demokratische Opposition unterstützten.

Trotz vieler Bedrohungen (1981 wurde ein Bombenanschlag auf den Sender verübt) und Schikanen arbeiteten nicht nur polnische Emigranten aus allen Teilen der Welt für „Radio Freies Europa", auch bekannte Oppositionelle aus Polen selbst lieferten bei Reisen in den Westen Informationen aus dem Land. Zu nennen sind hier beispielsweise Władysław → Bartoszewski, der polnische Rechtshistoriker Stanisław Salmonowicz (* 1931) und der polnische Politikwissenschaftler und Journalist Józef Szaniawski (1944 – 2012).

Das polnischsprachige Programm von RFE existierte bis Ende Juni 1994. In Deutschland hat es naturgemäß wenig Spuren hinterlassen, denn gesendet wurde ja in polnischer Sprache für die Landsleute hinter der Oder. So lebten die ständigen Mitarbeiter zwar in Deutschland, hatten aber dennoch nur wenig mit der (west)deutschen Gesellschaft zu tun. Eine Ausnahme stellte der Schriftsteller Tadeusz → Nowakowski dar, der der „Gruppe 47" angehörte und auch regelmäßig für deutschsprachige Medien wie die „Frankfurter Allgemeine Zeitung" schrieb, wodurch er eine gewisse Bekanntheit erlangte.

Mitarbeiter des Senders sahen sich als Vorkämpfer der Freiheit, die erfolgreich „Löcher in den Eisernen Vorhang" bohrten.

1981 ließ der KGB durch den internationalen Terroristen Carlos einen Anschlag auf „Radio Freies Europa" verüben, der mehrere Verletzte und hohen Sachschaden verursachte.

Radziwiłł, Anton Heinrich (Antoni Henryk)

Preußens verpasste Chance

Basil Kerski

—

R

Das Palais Radziwiłł in der Berliner Wilhelmstraße diente ab 1875 als Sitz der Reichskanzlei.

Nach der Zerschlagung der polnischen Adelsrepublik Ende des 18. Jahrhunderts wurden polnische Adelsgeschlechter zu Untertanen des preußischen Königs. Zwar traten viele der in Preußen ansässigen adligen Familien für die Pflege der polnischen kulturellen Identität ein, aber als Konservative lehnten sie jegliche revolutionäre Veränderungen in Europa ab und betonten ihre Loyalität gegenüber den Hohenzollern. Auf der Basis einer engen Zusammenarbeit mit Preußen erhofften sie größtmögliche Autonomie für die polnischen Gebiete. Diese enge Bindung an Preußen symbolisiert vor allem das polnisch-litauisch-preußische Geschlecht der Radziwiłłs, eine der reichsten Familien Ostmitteleuropas.

Fürst Anton Heinrich (Antoni Henryk, 1775 – 1832) heiratete Ende des 18. Jahrhunderts die Hohenzollernprinzessin Luise von Preußen. Das Paar erwarb 1796 in der Berliner Wilhelmstraße ein barockes Palais, das bald zu einem der kulturellen Zentren Berlins avancierte. Sein Leben lang pendelte Anton Radziwiłł zwischen Berlin, Posen, Warschau und Sankt Petersburg, immer bemüht, die Wiederaufrichtung Polens in Personalunion mit dem Königreich Preußen zu fördern. Nach dem Ende der Napoleonischen Kriege kam das Posener Gebiet als Großherzogtum Posen wieder an Preußen. 1815 wurde Fürst Anton Radziwiłł vom preußischen König zu dessen Statthalter im neuen Großherzogtum ernannt. Es war eine rein repräsentative Funktion ohne Macht. Seine politische Stellung in Preußen war schwach, sein kultureller Einfluss aber groß.

Anton Radziwiłł war ein musischer Aristokrat, ein begabter Sänger und Cellist. Als Komponist trat er mit der Vertonung von Goethes *Faust* hervor. Prominente Künstler wie Fryderyk →Chopin zählten zu seinen Freunden und traten in seinem Berliner Palais auf. Wer im Berliner Geistesleben etwas galt, kam in das Radziwiłł-Palais. Obwohl die Radziwiłłs eine bedeutende gesellschaftliche Stellung in Berlin innehatten, stieß die Familie wegen ihrer polnischen Herkunft und des katholischen Glaubens des Fürsten auf Vorbehalte. Deutlich zu spüren bekam sie dies, als sich Prinz Friedrich Wilhelm, der Sohn des Preußenkönigs Friedrich Wilhelm II., in Elisabeth (Elżbieta) Radziwiłł verliebte. Die Liaison wurde in Berlin zu einem politischen Streitthema. Vertreter des preußischen Hochadels warfen offen die Frage auf, ob man Elisabeths Vater, einem polnischen Fürsten, trauen könne, ob die „polnischen Angelegenheiten" nicht durch eine deutsch-polnische Verbindung im Königshaus eine neue Richtung erhalten würden. Hofjuristen bezweifelten zudem die Ebenbürtigkeit der Familien. Ein langer Rechtsstreit begann, an dessen Ende ein vom Hof bestelltes Gutachten die Unebenbürtigkeit des Hauses Radziwiłł feststellte. Prinz Friedrich Wilhelm verzichtete auf eine Verbindung mit Elisabeth, da diese Ehe für ihn den Verzicht auf die Thronfolge bedeutet hätte. Eine Chance wurde verpasst, ein positives Signal an den polnischen Adel zu senden, Preußen eine deutsch-polnische Identität zu geben.

Der polnische Ministerpräsident Rakowski am Verhandlungstisch in Ost-Berlin am 5. Dezember 1988

Rakowski, Mieczysław F.

Polenerklärer, Deutschlandversteher

Dieter Bingen

—

Nie war Mieczysław Rakowski (1926–2008) als ständiger Korrespondent von Presse, Rundfunk oder Fernsehen in der Bundesrepublik Deutschland akkreditiert. Aber: „Kein polnischer Journalist vor ihm hatte eine derartige Ausstrahlung in deutschen Medien, kaum einer wurde so ernst genommen und für seinesgleichen gehalten"[3] – so der heutige Doyen der polnischen Deutschlandpublizistik, Adam → Krzemiński, über seinen früheren Chef in der „Polityka". Rakowski war demnach dauerhaft präsent in Westdeutschland, ein polnischer Publizist und Politiker, lange Jahre Herausgeber der als undogmatisch geltenden Wochenzeitung „Polityka". In Werner Höfers legendärem allsonntäglichen *Internationalen Frühschoppen* (ARD) war er in den 1970er-Jahren umworbener Teilnehmer.

Rakowski war in der Medienwelt der alten Bundesrepublik, vor allem aber im linksliberalen Spektrum der politischen Klasse in Bonn, ein gern gesehener Gesprächspartner, mit Marion Gräfin Dönhoff und prominenten sozialdemokratischen Politikern „gut bekannt" bis befreundet. Der SPD galt schon dem anfangs noch stalinistisch indoktrinierten kommunistischen Doktoranden nicht nur ein wissenschaftliches Interesse, sondern auch eine gewisse Sympathie. Rakowski repräsentierte später das weltläufige Polen, war seit 1975 ZK-Mitglied der PVAP (Polnische Vereinigte Arbeiterpartei) und einer von zwei Deutschlandexperten in diesem Parteigremium (der zweite war Ryszard Wojna, der in den 1960er-Jahren als Korrespondent für die Tageszeitung „Życie Warszawy" aus Bonn berichtet hatte).

General Jaruzelski schickte Rakowski Ende 1981 nach Bonn, um für Verständnis für die Verhängung des Kriegsrechts in Polen zu werben. Im Januar 1989 wurde Rakowski, seit September 1988 polnischer Regierungschef und den politischen Ausgleich mit Bonn suchend, von Bundespräsident Richard von Weizsäcker unter den Prominenten aus aller Welt als Gast zu dem feierlichen Abendessen aus Anlass des 75. Geburtstags von Willy Brandt in die Villa Hammerschmidt eingeladen. Nach 1989 war es sicher nicht zuletzt dem Vertrauen, das Mieczysław Rakowski bei deutschen Sozialdemokraten genoss, zu verdanken, dass die SPD die Nachfolgepartei der PVAP, die sich Sozialdemokratie der Republik Polen (SdRP) nannte, als Bruderpartei in der Sozialistischen Internationale anerkannte.

[3] Adam Krzemiński: *Mieczysław Rakowski (1926–2008). Zwischen Brandt und Noske,* in: Krzysztof Ruchniewicz / Marek Zybura (Hrsg.): *„Der du mein ferner Bruder bist …". Polnische Deutschlandfreunde in Porträts,* Osnabrück 2017, S. 305–326, hier S. 326.

Raubkunst aus Polen

Viele Fragen bis in die Gegenwart

Nawojka Cieślińska-Lobkowicz

—

In seinen Lebenserinnerungen beschreibt Erwin Axer (1917–2012), ein bedeutender polnischer Theaterregisseur, der auch in Westberlin oft Regie führte, ein Treffen im Haus einer Schauspielerin und ihrer Eltern. In dem Vater erkennt er einen ehemaligen SS-Unteroffizier wieder: „Das Gespräch verlief zwanglos bis zu dem Augenblick, in dem sich herausstellte, dass sich (…) unter den tausenden von Ermordeten, welche meine Gastgeber vielleicht einen Augenblick lang vergessen hatten, mein Vater und mein Bruder befanden. (…) Uns ging der Gesprächsstoff aus und bald darauf bat ich darum, mir ein Taxi rufen zu können. (…) Ich ging hinunter. Auf einem kleinen Schreibtisch stand das Telefon. An der Wand hing ein kleiner Kossak [4]. Das Taxi würde bald kommen." [5]

Der Raub von Kulturgütern durch die Nationalsozialisten im besetzten Polen (in seinen Grenzen von vor 1939) war prozentmäßig und in absoluten Zahlen größer als in den anderen vom Dritten Reich unterworfenen Ländern in Westeuropa. In Polen beschränkte sich der Raub nicht nur auf jüdisches Eigentum, sondern erstreckte sich überdies auf staatliche, öffentliche und kirchliche Sammlungen sowie in nicht unerheblichem Maße auch auf den Privatbesitz sogenannter ethnischer Polen. Im Fall der 3,5 Millionen polnischen Juden war die Beschlagnahme ihrer Habe im Schatten des Holocausts allumfassend. Die jüdische Bevölkerung in Polen war überwiegend arm gewesen, der Anteil von Industriellen, Bankiers, wohlhabenden Kaufleuten und gebildeten Freiberuflern wie Ärzten und Anwälten bestand nur aus etwa 10 Prozent. Unter ihnen waren viele Sammler von Kunstwerken, wertvollen Büchern, Judaica und anderen Wertgegenständen.

Der organisierte Raub wurde durch Verordnung verschiedener NS-Behörden, durch die zivile deutsche Besatzungsverwaltung in Polen, durch SS- und Gestapo-Abteilungen sowie durch Wehrmachtseinheiten durchgeführt. Damit einher gingen in einem Ausmaß, wie es im Westen undenkbar war, Korruption und Diebstahl durch Amtsträger jeden Ranges, die ihr Diebesgut auch ins „Altreich" versandten.

Nach dem Krieg wurde aus den Besatzungszonen der Alliierten in Deutschland, vor allem aus der US-amerikanischen, eine nicht geringe Zahl von Kunstwerken nach Polen restituiert, darunter der *Krakauer Altar* von Veit Stoß sowie Leonardo da Vincis *Dame mit dem Hermelin*. Viele Kunstwerke blieben jedoch verschollen, darunter Raffaels *Jünglingsporträt*, das Anfang 1945 auf Befehl von Hitlers Statthalter in Polen, Generalgouverneur Hans Frank, nach Bayern gelangt sein soll. Ein anderes, nach dem Krieg wieder aufgefundenes Werk, Francesco Guardis *Palasttreppe*, gaben die Amerikaner irrtümlich nach Heidelberg zurück. Das aus dem Warschauer Nationalmuseum geraubte Gemälde kehrte erst 2014 – nach über zehn Jahren mühsamer Regierungsverhandlungen – an seinen Ursprungsort zurück.

R

Der damalige deutsche Außenminister Frank-Walter Steinmeier überreicht seinem polnischen Amtskollegen Radosław Sikorski 2014 das Gemälde *Palasttreppe* von Francesco Guardi (1712–1793), geraubt 1939 aus dem Nationalmuseum in Warschau.

---

[4] Es gibt mehrere polnische Maler dieses Namens, siehe Juliusz →Kossak, Wojciech →Kossak.
[5] Erwin Axer: *Z pamięci* [Aus der Erinnerung], Warszawa 2006, S. 129 [Übers. Peter Oliver Loew].

2015 entschloss sich der Freistaat Bayern freiwillig, der Diözese Płock (nordwestlich von Warschau) ein Pontifikale (liturgisches Buch) aus dem 14. Jahrhundert zurückzugeben, das 1941 von den Nationalsozialisten beschlagnahmt und nach Königsberg gekommen war. 1973 erwarb es dann die Bayerische Staatsbibliothek München in einem Münchener Antiquariat. Auf ihre Rückkehr warten bis heute einige Objekte, die in öffentlichen bundesdeutschen Sammlungen als Raubkunst aus dem besetzten Polen identifiziert werden konnten. Dazu zählen Urkunden des Deutschen Ordens aus einem Warschauer Archiv, die sich heute in den Sammlungsbeständen der Stiftung Preußischer Kulturbesitz in Berlin befinden, sowie rund 300 Objekte aus dem Ethnographischen Museum Lodz in den Sammlungen des Instituts für Ethnologie der Universität Göttingen. In jüngster Zeit nehmen die Provenienzforschungen in deutschen Museen und Bibliotheken an Fahrt auf, was hoffen lässt, dass auch andere zwischen 1939 und 1945 aus Polen fortgebrachte Kunstwerke und andere Objekte gefunden werden. So hilft seit einiger Zeit die Internet-Datenbank www.lost-art.de bei der Recherche nach verschollenen Kulturgütern.

Doch sicherlich kann man davon ausgehen, dass die meisten der damals geraubten Kulturgüter – kleinformatige Gemälde, Stiche, altes Silber, alte Drucke, Numismatica – in deutschen Privatbesitz gelangt sind, versteckt im Marschgepäck deutscher Wehrmachtssoldaten, in den Koffern und Kisten von aus dem besetzten Polen flüchtenden Staatsbeamten, SS- und Gestapo-Schergen, die die NS-Politik der Schaffung von „Lebensraum im Osten" ins Werk setzten und die Judenvernichtung organisierten. Aus solchem Privatbesitz freiwillig restituiert wurde 1993 das aus dem 16. Jahrhundert stammende Gemälde *Äneas flieht mit seinem Vater Anchises aus dem brennenden Troja*, das Werk eines flämischen Meisters, das 1944 aus dem Warschauer Nationalmuseum gestohlen worden war. Aleksander Gierymskis Gemälde *Die Jüdin mit den Orangen* aus demselben Museum, das 2010 in einem norddeutschen Auktionshaus zur Versteigerung angeboten wurde, musste der polnische Staat hingegen dem Besitzer abkaufen, den Erben des Diebs aus der Besatzungszeit.

Somit bildete jenes Kossak-Gemälde, das Erwin Axer an der Wand der Berliner Villa gesehen hatte, leider keine Ausnahme.

Aleksander Gierymskis Gemälde *Die Jüdin mit den Orangen*, 1881, befindet sich heute wieder im Nationalmuseum Warschau.

Regelinda

Die „lächelnde Polin" im Naumburger Dom

Nawojka Cieślińska-Lobkowicz

—

Seit mehr als 750 Jahren stehen sie sich einander gegenüber, hoch über den Köpfen der Gläubigen, beide ungewöhnlich, beide schön, doch ihr Ausdruck könnte unterschiedlicher kaum sein: Die ernst blickende Uta von Ballenstedt (1000 – 1046) mit ihren klassischen Gesichtszügen und die heiter-lächelnde, mädchenhafte Regelinda (auch Regelindis, 989 – 1014?), die Tochter des ersten polnischen Königs Bolesław I. Chrobry (genannt „der Tapfere"), die 1002 den Meißener Markgrafen Hermann heiratete.

Lebensgroß nehmen die beiden steinernen, farbig gefassten Frauenfiguren, jede mit ihrem Gemahl, zentrale Plätze auf beiden Seiten des Westchors im Naumburger Dom ein, was sie als die wichtigsten seiner insgesamt zwölf Stifter kennzeichnet. Die Abbilder der Stifter entstanden erst 200 Jahre nach ihrem Tod, von dem namentlich nicht bekannten Naumburger Meister. Erstaunlich für die Mitte des 13. Jahrhunderts sind die individuellen Züge, die er dem Antlitz der Figuren verliehen hat.

Der Anmut und der außergewöhnlichen Qualität der Skulpturen schenkte man erst im letzten Viertel des 19. Jahrhunderts in Deutschland Beachtung, die schließlich eine immer stärker nationalistisch gefärbte Note annahm. In den 1930er-Jahren stand die Interpretation der beiden Frauenfiguren unter den Vorzeichen der nationalsozialistischen und antipolnischen Propaganda: Uta galt als erhabenes Idealbild der deutschen Frau, die nach dem zurückkehrenden Sieger ausschaut, während die polnischstämmige Regelinda als unterwürfige Bedienstete gesehen wurde, bereit, sich der deutschen Herrschaft zu unterwerfen.

In der kunsthistorischen Forschung ist die Problematik der Identifizierung der Figuren im Naumburger Dom Gegenstand vieler Untersuchungen. Einige Forscher glauben, dass die als Uta gedeutete Statue mit der Krone auf dem Haupt eigentlich die polnische Prinzessin Regelinda darstelle, während andere die Ansicht vertreten, dass die Figuren weder Regelinda noch Uta verkörpern.

> **Beide ungewöhnlich, beide schön, doch ihr Ausdruck könnte unterschiedlicher kaum sein.**

R
—

1 / Uta von Ballenstedt (1000 – 1046)
2 / Regelinda – die „lächelnde Polin" (989 – 1014?)

Reich-Ranicki, Marcel

Literaturpapst mit polnischem Akzent

Andrzej Stach

—

> „Was? Ich soll Deutsch mit polnischem Akzent sprechen?! Das habe ich noch nie gehört."

1999 klingelte an einem Vormittag das Telefon auf meinem Schreibtisch. Und ich ahnte schon, wer mich da anrief. Denn auf diesen Anruf hatte ich zwei Wochen lang gewartet, nachdem meine Rezension der Autobiografie von Marcel Reich-Ranicki publiziert worden war.[6] Erschienen war sie in der wichtigsten polnischen Exilzeitschrift „Kultura", zu deren Abonnenten Reich-Ranicki jahrzehntelang gehörte, und sowohl er als auch seine Frau schätzten die Zeitschrift. Tatsächlich ertönte im Hörer die berühmte Stimme. „Panie Andrzeju" (Herr Andrzej), begrüßte er mich auf Polnisch, in der Sprache, in der wir uns auch sonst unterhielten und miteinander korrespondierten. „Ich habe Ihre Rezension gelesen. Und … meine Frau meint, Sie haben sie fair geschrieben", sagte der Literaturpapst mit hörbar bedrückter Stimme. Dann teilte er mir noch seine Zusage mit, mir in Berlin – auf meine private Einladung hin – gemeinsam mit seiner Frau einen Besuch abzustatten.

Dabei war meine Rezension – im Gegensatz zu vielen anderen deutschsprachigen – keine einseitige Huldigung Reich-Ranickis, sondern analytisch neutral angelegt, im Bemühen um größtmögliche Objektivität, aber durchaus auch kritisch und schwierige Fakten thematisierend. Dazu gehörte etwa seine kontroverse Karriere im Sicherheitsapparat des kommunistisch regierten Polen, des Landes, in dem sowohl Marcel Reich(-Ranicki) als auch seine Frau Teofila, geborene Langnas, 1920 zur Welt gekommen war. Das Gymnasium besuchte er allerdings in Berlin, wohin ihn seine Eltern 1929 geschickt hatten und wo er 1938 noch vor seiner Ausweisung nach Polen durch die Nationalsozialisten (→ Polenaktion) das Abitur machen konnte. In Warschau lernte er seine zukünftige Frau Teofila kennen. Zusammen überlebten sie die deutsche Besetzung, teilweise im Warschauer Ghetto, aus dem sie entkommen konnten, und danach versteckt bei einer polnischen Familie. Nach 1945 bauten sie sich in Polen eine vergleichsweise gut gesicherte Existenz auf.

Wegen zunehmender politischer Schwierigkeiten verließ das Ehepaar 1958 Polen für immer und ließ sich mit dem gemeinsamen Sohn in der Bundesrepublik Deutschland nieder. Hier beschäftigte sich Reich-Ranicki als Literaturkritiker vornehmlich mit deutschsprachiger Literatur und behauptete manchmal, von der polnischen zu wenig Ahnung zu haben. Nichtsdestotrotz verfolgte er aufmerksam den polnischen Literaturbetrieb, pflegte Kontakte zu einigen namhaften polnischen Schriftstellern und verhalf einigen von ihnen zur Bekanntheit in Deutschland.

Einige Tage nach dem Anruf kam das Ehepaar Reich-Ranicki an einem frühen Abend tatsächlich in unsere kleine Wohnung nahe dem Potsdamer Platz. Während unseres Gesprächs kamen wir immer wieder auf Fragen der deutschen Kultur, Literatur und Musik zurück. Aber auch auf die polnische Musik und Literatur. Erstaunlicherweise nahm der „Literaturpapst" einige kritische Bemerkungen über seine Literaturkritiken hin, was womöglich auch am guten Rotwein und Essen gelegen haben mag. Mit einer Einschätzung hinsichtlich seiner Sprechweise zeigte er sich jedoch überhaupt nicht einverstanden und brachte seine Entrüstung sofort zum Ausdruck. – „Was? Ich soll Deutsch mit polnischem Akzent sprechen?! Das habe ich noch nie gehört" – empörte er sich nach einer gut gemeinten Bemerkung meiner Frau, die sein akzentfreies Hochpolnisch lobte, das sowohl er als auch seine Frau exzellent beherrschten und untereinander immer sprachen. Dann sagte er aber versöhnlich: „Gut, Polnisch ist für mich und meine Frau unsere Privatsprache, wie Sie das nennen. Das gefällt mir."

[6] Andrzej Stach: *Autobiografia Marcela Reicha-Ranickiego* [Marcel Reich-Ranickis Autobiografie], in: Kultura, Nr. 11/626, Paris 1999, S. 134–147.

Rek, Vitold

Bassfiddler alla polacca in Hessen

Rüdiger Ritter

—

„Tongewaltig und gleichzeitig elegant" – so urteilte die deutsche Fachpresse über den Kontrabassisten Vitold Rek. Geboren 1955 in der ostpolnischen Stadt Rzeszów als Witold E. Szczurek, studierte er klassischen Kontrabass an der Akademie in Krakau, die damals Krzysztof → Penderecki leitete. Seit Anfang der 1990er-Jahre lebt der Musiker in Deutschland. Da seinen Nachnamen hierzulande niemand richtig schreiben, geschweige denn aussprechen konnte, ließ er den ersten Teil kurzerhand weg. Anscheinend half das, denn Rek kam in seiner neuen Heimat ausgesprochen gut an. Mit seinem Kontrabass wurde er in Deutschland zu einem bekannten Jazzmusiker.

Bereits in Polen hatte Rek reüssiert und mit so bedeutenden Jazzern wie Jan Ptaszyn Wróblewski und Zbigniew Namysłowski gespielt, außerdem lange Jahre mit dem Trompeter Tomasz Stańko zusammengearbeitet (→ Polnischer Jazz). Sein deutsch-polnisches musikalisches Erbe machte Rek auch hörbar, indem er aus aktuellem Jazz, Klezmer-Musik und polnischer Folklore einen eigenständigen Kompositionsstil entwickelte, mit so humorvollen Ergebnissen wie *Bassifiddle alla polacca für Kontrabass und Gesang* (1997 / 98).

Rek, der seit vielen Jahren zudem Mitglied im Emil Mangelsdorff Quartett ist, arbeitete mit deutschen Schriftstellern wie Dieter Schenk und Johann P. Tammen zusammen. Daraus erwuchsen Kompositionen, in denen er das gesprochene Wort mit der Musik vereinte. Seit 2006 arbeitete Rek mit dem Jazzensemble des Hessischen Rundfunks zusammen, 2010 wurde er Künstlerischer Leiter des Festivals „Jazz in Frankfurt". Außerdem unterrichtet er Kontrabass an der Hochschule für Musik in Mainz.

Ein Höhepunkt in seiner Karriere war im Juni 2011 ein Auftritt im Schloss Bellevue, wo Rek ein Recital gab zu Ehren des polnischen Präsidenten Bronislaw Komorowski, der auf Einladung des damaligen Bundespräsidenten Christian Wulff in Berlin weilte. Für sein vielseitiges musikalisches Wirken erhielt Vitold Rek zahlreiche Auszeichnungen, so 2013 den „Hessischen Jazzpreis".

R

Richeza

Die polnische Königin am Rhein

Dieter Bingen

—

1013 heiratete Richeza, die Nichte des römisch-deutschen Kaisers Otto III. und Enkelin von Otto II., den Sohn des polnischen Königs Bolesław I. Chrobry, Mieszko. – Ihre Verbindung gehört – wie die Verheiratung der polnischen Königstochter → Regelinda mit dem Markgrafen Hermann von Meißen (1002) – wohl zu den prominentesten Beispielen deutsch-polnischer Heiratspolitik in der europäischen Vormoderne (→ Binationale Ehen). Angeblich soll die Ehe zwischen dem Nachkommen aus dem Geschlecht der Piasten (→ Mieszko I.) und der lothringischen Pfalzgrafentochter schon im Jahr 1000 in Gnesen zwischen Bolesław und Otto III. verabredet worden sein. Das dynastische Arrangement sollte die Verbindung Polens mit dem Reich stärken und ihr Stabilität verleihen. 1025 folgte Richezas Gatte seinem Vater als Mieszko II. auf dem

So stellte sich der polnische Historienmaler Jan Matejko Ende des 19. Jahrhunderts Königin Richeza vor.

polnischen Thron, und so wurde die um 995 geborene Tochter des Pfalzgrafen Ezzo (Erenfried) von Lothringen zur polnischen Königin gekrönt. Während der Unruhen nach dem Tode Mieszkos im Jahr 1034 floh Richeza zurück in das Reich, wo sie den Rest ihres Lebens auf den Gütern ihrer Familie verbrachte. Ihren Nachruhm erwarb sie sich vor allem als Förderin und Stifterin, zuvorderst der Abtei St. Nikolaus in Brauweiler bei Köln, die Richeza umfangreiche Güterschenkungen und den Neubau der Klostergebäude und der Kirche, einer dreischiffigen Basilika, verdankte.

Beigesetzt wurde Richeza, die am 21. März 1063 in Saalfeld starb, allerdings nicht in der Abtei Brauweiler, der Grablege ihrer väterlichen Familie, der Ezzonen, sondern auf Veranlassung des Kölner Erzbischofs Anno II. im Kölner Stift Maria ad Gradus. Ihre letzte Ruhestätte fand Richeza, die ihren Titel „regina Poloniae" aufgrund eines Privilegs des Salierkaisers Konrad II. bis zu ihrem Tode beibehielt, nach der Abtragung der Stiftskirche 1817 in der Johanneskapelle des Kölner Doms.

Rolke, Tadeusz

Fotograf Hamburger Originale

Andrzej Kaluza

—

Fotografie aus Rolkes Serie
mit Szenen vom Hamburger
Fischmarkt, 1979

R

Für den 1929 in Warschau geborenen Tadeusz Rolke ist die Fotografie schon immer eine Bestimmung gewesen. Großgeworden im besetzten Warschau, war er als Jugendlicher von der Fotoqualität deutscher Front-Magazine beeindruckt. 1943 machte er mit einer Kodak „Baby-Box"-Kamera seine ersten Aufnahmen (obwohl Polen der Besitz von Fotoapparaten verboten war), mit denen er den Alltag in seiner besetzten Heimat dokumentierte. Nach der Niederschlagung des Warschauer Aufstands kam Rolke 1944 als Zwangsarbeiter nach Luckenwalde in die Nähe von Berlin. Ein Erlebnis aus dieser Zeit ist ihm besonders in Erinnerung geblieben. Als er nicht schnell genug arbeitete, beschimpfte ihn die deutsche Bäuerin: „Was willst Du im Leben machen, wenn du doch so faul bist?" Rolke wusste damals schon die richtige Antwort: „Ich werde durch die Welt fahren und fotografieren."[7]

In der Nachkriegszeit arbeitete Rolke als Fotojournalist für verschiedene Wochen- und Monatszeitschriften in Polen („Stolica", → Monatsschrift Polen). Seit 1970 lebte er für ein gutes Jahrzehnt in Hamburg, wo er unter anderem für den „Stern", den „Spiegel" und das „Zeit-Magazin" fotografierte. In Hamburg schuf Rolke in seiner typischen Schwarz-Weiß-Ästhetik auch eine bekannt gewordene Foto-Serie mit Szenen vom Hamburger Fischmarkt, die der Hamburger Kunstverein im Rahmen der Foto-Triennale 2002 zeigte. Seine Arbeiten machten Rolke, der heute in Warschau lebt, zu einem der bedeutendsten polnischen Fotografen der Gegenwart.

---

[7] Zit. nach *Fragment większej całości. Rozmowa z Tadeuszem Rolke* [Fragment eines größeren Ganzen. Gespräch mit Tadeusz Rolke] [Übers. AK]. Online abrufbar unter: fototapeta.art.pl/2001/trolke.php (Aufruf am 15.01.2018).

Rote Gitarren

Polnischer Pop macht Furore in der DDR

Andrzej Kaluza

—

Die erfolgreichste polnische Popband 1976 in Ost-Berlin. Seweryn Krajewski (l.) sang ein akzentfreies Deutsch; manch ein Fan dachte, es handele sich um eine DDR-Band.

In der DDR war die polnische Rock- und Popband Rote Gitarren *(Czerwone Gitary)* die erfolgreichste Musikband aus dem „sozialistischen Ausland". Davon zeugen ihre Auftritte im DDR-Fernsehen, zahlreiche Schallplattenaufnahmen unter dem DDR-Label „Amiga" und unzählige Gastspiele im „Bruderland" in den 1970er-Jahren.

Die Band, die sich 1965 in Polen formiert hatte und Songs im Stil der Beatles spielte (weshalb sie auch als „polnische Beatles" bezeichnet wurde), landete einen Hit nach dem anderen, zunächst nur in ihrem Heimatland. Das sollte sich aber bald ändern. In den 1970er-Jahren „modernisierte" die DDR ihr Fernsehprogramm, um vor allem die jungen Zuschauer von den „Klassenfeinden" im Westen (ARD und ZDF) fernzuhalten. Das bot den Roten Gitarren die Möglichkeit, ihren Erfolg auch ins deutschsprachige Nachbarland auszudehnen. Viele Songs der Band wurden zeitgleich zu den polnischen Versionen ins Deutsche übertragen und in den Amiga-Studios aufgenommen. Zahlreiche LPs *(Consuela*, 1971; *Rote Gitarren*, 1978) und Single-Veröffentlichungen folgten. Die Roten Gitarren wurden eine feste Größe im DDR-Musikgeschäft und bald so erfolgreich, dass sie Jahr um Jahr in der Kultsendung des DDR-Fernsehens, *Einmal im Jahr*, Spitzenplatzierungen belegten. Die Ballade vom *Weißen Boot* (Platz 1 im Jahr 1976) erreichte schnell Evergreen-Status und war der damals größte Hit der Band in der DDR. Der damalige Bandleader Seweryn Krajewski erinnert sich: „Wir kamen dort sehr gut an, auch unseren Namen – Rote Gitarren – fand man dort einfach toll." Und Jan Pospieszalski, bis 1980 Bassgitarrist der Band, erzählt im Rückblick: „Jugendliche haben uns auf der Straße angesprochen und baten um Autogrammkarten, die dachten, wir wären eine deutsche Gruppe."[8]

In den 1980er-Jahren wurde es in Polen wie in der DDR still um die Gruppe. In Zeiten des Kriegsrechts in Polen war dort Popmusik nicht mehr angesagt. In der DDR wurde die Popkultur aus dem Land der „Solidarność" nun sogar suspekt. Nach der Wende trennte sich die Band während einer Deutschland-Tournee 1997 von ihrem Bandleader und Sänger Krajewski. Später versuchte sie mehrere Comebacks, auch in den neuen Bundesländern, wo sie bis heute – ähnlich wie in Polen – auf eine kleine, aber treue Fangemeinde zählen kann. 2005 feierte die Band ihr 40-jähriges Bühnenjubiläum, 2009 erschien ein deutschsprachiges Album *(Herz verschenkt)*, eine CD, in der neben den alten Erfolgstiteln der Band auch neue Songs zu hören sind. Und 2015 schließlich kamen *Die größten Hits* heraus, eine Kompilation im Rahmen der SUPERillu-Reihe *Die Musik unserer Generation,* die die größten DDR-Hits präsentierte.

---

[8] Marek Gaszyński: *Czerwone Gitary. Nie spoczniemy* [Die Roten Gitarren. Wir werden nicht ruhen] Warszawa 2005, S. 154 [Übers. AK].

Rudnicki, Janusz

Unkonventionelle polnische Prosa mit Germanismen

Dorota Danielewicz

—

Eine Chance, den Schriftsteller und Publizisten Janusz Rudnicki anzutreffen, hat man mit größter Wahrscheinlichkeit im „Berlin-Warschau-Express", womöglich im „Wars"-Speisewagen, wo er über einen Laptop gebeugt am Schreiben ist. „Ich kann nicht schreiben, wenn ich ungestört bin", sagt der Autor des Prosabandes *Chodźcie, idziemy* (Kommt, gehen wir), der unter anderem 2008 für den polnischen „Nike"-Literaturpreis nominiert war. Seine Werke entstehen in Zügen und Cafés, einen eigenen Schreibtisch besitzt er nicht.

Rudnicki wurde 1956 im oberschlesischen Kędzierzyn-Koźle geboren. Wegen seines politischen Engagements war er nach der Verhängung des Kriegsrechts 1981 in Polen für mehrere Monate interniert. „Die Haft hat mir paradoxerweise die Lust am Leben geschenkt", bemerkte Rudnicki in einem Interview für das polnische Fernsehen. 1983 packte er seine Koffer und ging als politischer Emigrant nach West-Deutschland. Seine erste Station war Braunschweig, dann folgte West-Berlin. Dort kam Rudnicki in Kontakt mit anderen polnischen Oppositionellen und publizierte im Monatsmagazin „Akzente", das damals von politischen Emigranten in West-Berlin gelesen wurde (→ Solidarność im Exil, → Kulturzeitschriften). Als die Mauer fiel, war Rudnicki schon nach Hamburg umgezogen. In der Hansestadt studierte er Slawistik und Germanistik. Noch in seiner Heimat, in Kędzierzyn-Koźle, hatte er in einem Cabaret mitgespielt und satirische Texte verfasst. Die Bühnenauftritte liebte er. Doch in Deutschland war dies für ihn vorbei, und so begann Rudnicki, Prosa zu verfassen.

In seinem 1992 erschienenen Erzählband *Można żyć* (Es lässt sich leben) finden sich nicht nur kunstvolle Sprachspiele mit dem polnisch-deutschen Migranten-Ethnolekt, sondern auch eine Syntax im Polnischen, die eigentlich dem Deutschen eigen ist. Das Werk, in beiden Ländern kaum beachtet, ist bis heute eines der wichtigsten Prosazeugnisse des polnischen Migrantenlebens in Deutschland in den 1980er-Jahren. Bald erschienen dann in der renommierten Warschauer Zeitschrift „Twórczość" seine *Listy z Hamburga* (Briefe aus Hamburg) als eine monatliche Glosse. Später kamen Erzählungen und Essays hinzu, die er – größtenteils – in der polnischen Tageszeitung „Gazeta Wyborcza" als „Herr Rudniki" signierte, in Anspielung auf die deutsche Aussprache seines Namens. Rudnicki gehört inzwischen zu den bekanntesten polnischen Autoren, seine sprachlich brillante, unkonventionelle Prosa, in der er immer noch oft und gern auch Germanismen verwendet, ist frisch und provozierend. Seine Sprache ist, wie seine Helden, oft obszön, sentimental, kraftvoll und poetisch zugleich.

R

„Ich kann nicht schreiben, wenn ich ungestört bin."

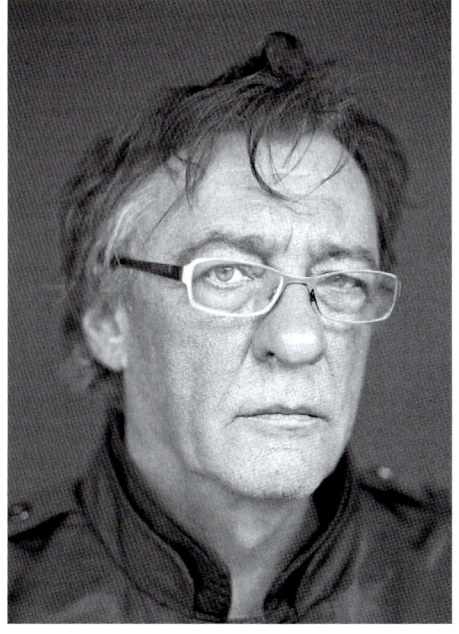

Janusz Rudnicki, 2016

Ruhrpolen

Historie und Gegenwart einer „Minderheit"

Dietmar Osses

—

Schimanski, Kwiatkowski, Szepan und Kuzorra – polnische Familiennamen haben bis heute im Ruhrgebiet einen vertrauten Klang. Aber nicht nur Filmfiguren und Fuß-ballspieler verkörpern die Polen im Ruhrgebiet – rund eine halbe Million polnischer Zuwanderer ließen sich bis 1914 im Industriegebiet zwischen Rhein und Ruhr nieder. Sie haben die Geschichte und Gesellschaft der Region mitgeprägt. Während heute die so genannten „Ruhrpolen" im Revier weithin geschätzt werden und viele nicht ohne Stolz auf polnische Bergarbeiter in ihrer Ahnengalerie verweisen, waren für die Polen im Ruhrgebiet lange Zeit Ausgrenzungen und Konflikte an der Tagesordnung.

Die Geschichte der Ruhrpolen ist eng mit der Industrialisierung des Ruhrgebiets verknüpft. Seit den 1850er-Jahren breiteten sich Bergbau, Eisen- und Stahlindustrie entlang der Ruhr aus. Das ehemals beschaulich-ländliche Gebiet entwickelte sich innerhalb weniger Jahre zur größten Industrieregion Europas. Nach der Gründung des Deutschen Reichs 1871 erlebte die Ruhrgebietsindustrie erneut einen enormen Aufschwung. Die Industriebetriebe benötigten massenhaft Arbeitskräfte. Da die Nachfrage nicht mehr aus dem Umland gedeckt werden konnte, lockten sie mit re-lativ hohen Löhnen und weitgehenden Versprechungen neue Arbeitskräfte aus der Ferne. Der Ausbau der Eisenbahnlinien bildete für die Einwanderung der Polen aus den preußischen Ostprovinzen ins Ruhrgebiet eine wichtige Voraussetzung. Als preußische Staatsangehörige und ab 1871 Bürger des Deutschen Reiches konnten sie zudem ohne hindernde Formalitäten in das rheinisch-westfälische Industriegebiet einwandern, das zu den preußischen Provinzen Rheinland und Westfalen gehörte. Mit der Eisenbahn dauerte die Fahrt nur ein bis zwei Tage. Die polnische Zuwan-derung wurde anfänglich überwiegend von Bergleuten getragen. Die wirtschaftliche Depression Ende der 1870er-Jahre bewog jedoch etliche Polen zur Rückwanderung in ihre Heimat. Die Gesamtzahl der Polen im Ruhrgebiet pendelte bis 1880 zwischen 11.000 und 28.000.

Die 1890er-Jahre brachten ein explosionsartiges Wachstum der Ruhrgebietsin-dustrie und der Bevölkerung. In einigen Städten stieg die Einwohnerzahl binnen weniger Jahre um das Zwanzigfache an, darunter sehr viele polnische Zuwanderer. Planmäßig sandten die Bergwerksgesellschaften Anwerber aus, um neue Arbeiter zu gewinnen. Auf fruchtbaren Boden fielen die Anwerbungen vor allem in den preußischen Ostprovinzen Westpreußen, Ostpreußen, Schlesien und Posen. Dort war bereits in der Landwirtschaft die saisonale Wanderarbeit weit verbreitet. Traditi-onell zogen viele Polen vor allem nach Sachsen (→ Saisonarbeit), um in der Sommer-saison auf den Feldern zu arbeiten. Steigende Bevölkerungszahlen und eine Verarmung der Kleinbauern erhöhten nun die Bereitschaft, das Glück in der weiteren Ferne zu suchen und die Reise in das Ruhrgebiet zu wagen. So stieg die Zahl der polnischen Zuwanderer im Ruhrgebiet von gut 40.000 im Jahr 1880 über 330.000 zur Jahrhundert-wende bis zu einem Höchststand von gut 500.000 im Jahr 1910. Diese Zahl schließt wenige Tausend katholische Kaschuben und rund 150.000 protestantische Masuren mit ein. Von ihrer Religion, Kultur und dem Selbstverständnis her unterschieden sich die Masuren deutlich von den anderen polnischsprachigen Zuwanderern: Sie waren evangelischen Glaubens, verstanden sich oft als „Altpreußen" und standen dem preußischen Herrscherhaus nahe. Wegen ihrer fremd klingenden Sprache so-wie der Herkunft aus dem Osten wurden die Zuwanderer aus den Ostprovinzen im Ruhrgebiet allerdings meist unterschiedslos als „Polen" wahrgenommen.

R

Der polnische Nachschub kommt.

Aus dem Ruhrgebiet.

H. G. Jentzsch

Hier ruhen 116 verunglückte Bergarbeiter, die im Jahre 1911 dem Zechenkapital einen Gewinn von 1,400,000 erarbeitet haben. Das dankbare Grubenkapital der Zeche Lothringia.

Mutter Bronislaw: Müssen zurückwandern nach unserer polnischen Heimat! Vater ist tot und Wohnung für neu angeworbene Landsleute nötig.

Karikatur von Hans Gabriel Jentzsch
zur Situation polnischer Zuwanderer im
Ruhrgebiet in der sozialdemokratischen
Satirezeitschrift „Der wahre Jacob", 1912

Die meisten Zuwanderer zogen in die Nähe der neu gegründeten Zechen im nördlichen Ruhrgebiet. In 17 Bergwerken im Raum Recklinghausen, Gelsenkirchen und Herne erreichte der Anteil der Polen an der Belegschaft mehr als 50 Prozent. Die Einstellungspolitik der Zechen wie auch die spezifische Arbeitsweise unter Tage in kleinen Einheiten förderten den Zusammenhalt der einzelnen Zuwanderergruppen aus unterschiedlichen Herkunftsorten und -regionen. Sie nahmen oft in festen Gruppen die Arbeit in einem Bergwerk auf und wohnten gemeinsam in den Zechenkolonien. Arbeit und Alltag spielten sich so im Kreise der vertrauten Bekannten und Verwandten ab. Auch die Anwerber betonten die Möglichkeit, dass einzelne Zuwanderergruppen in der Fremde unter sich blieben: „Masuren, es kommt der Zeche vor allem darauf an, ordentliche Familien in diese ganz neue Kolonie

Um die Jahrhundertwende lebten etwa eine halbe Million Polen im Ruhrgebiet, hier polnische Bergarbeiter in der Zeche Nordstern in Gelsenkirchen-Horst.

Die Geschichte der Ruhrpolen ist eng mit der Industrialisierung des Ruhrgebiets verknüpft.

hineinzubekommen. Ja, wenn es möglich ist, soll diese Kolonie nur mit masurischen Familien besetzt werden. So bleiben die Masuren ganz unter sich und haben mit Polen, Westpreußen usw. nichts zu tun. Jeder kann sich denken, dass er in seiner östlichen Heimat wäre."[9] Tatsächlich entwickelte sich bis zur Jahrhundertwende einerseits ein relativ geschlossenes polnisches Milieu im Ruhrgebiet mit weit verzweigten Organisationen, andererseits ein kleineres masurisches Milieu, dessen Angehörige sich schnell assimilierten.

Im Alltag hatte der katholische Glaube für viele Polen eine zentrale Bedeutung, nicht nur aus spirituellen Gründen, sondern auch als ein Ort der polnischen Sprache und Kultur, für die es anderweitig nur wenig Raum gab. Eine besondere Rolle kam dabei dem Priester zu: „Für einen großen Teil der polnischen Bevölkerung war ein Priester nicht nur der Seelsorger, er war eine anerkannte Autorität, ein Wegweiser und eine Anlaufstation in allen Fragen des Lebens und des Alltags."[10] In den ersten Jahren der Zuwanderung war diese Schlüsselposition für Glaubens- und Alltagsfragen jedoch nicht besetzt. Zwar standen die katholischen Kirchen im Rheinland und in Westfalen den Polen prinzipiell offen und die lateinische Liturgie wirkte für die Polen trotz vieler Unterschiede zur Heimat noch vertraut. Den dringend benötigten kirchlichen Rat und Beistand in der polnischen Muttersprache konnten die Gemeinden jedoch nicht bieten.

So bildeten sich als Selbsthilfe in den 1870er-Jahren erste polnische Gebetsbruderschaften und religiöse Vereine. Hier fanden die Zuwanderer Gebet, Trost und Beistand in der vertrauten Sprache und Gemeinschaft: ein Stück Heimat in der Fremde. Während die Masuren vornehmlich informelle Gebetskreise gründeten, in denen auch Laien und Frauen aktiv waren, schlossen sich die Polen vor allem in ordentlichen Vereinen zusammen. Den Vorstand bildeten polnische Arbeiter, die ortsansässige deutsche Priester als geistlichen Beistand hinzu baten. So konnten die polnischen katholischen Vereine als Gemeinschaft agieren und den Zusammenhalt der Zuwanderer stärken, gleichzeitig hatten sie über den Priester Anschluss an die örtliche Gemeinde. Oft pflegten die Polenvereine im Ruhrgebiet auch Patenschaften mit Kirchengemeinden in der Heimat, sodass enge Verbindungen zu den Herkunftsorten gehalten wurden. Große symbolische Bedeutung hatten die meist aufwendig gestalteten Vereinsfahnen. Sie förderten den Zusammenhalt und waren ein deutlich sichtbares Zeichen nach außen: Bei Gottesdiensten und Prozessionen wurden die priesterlich geweihten Fahnen stolz mitgeführt.

---

[9] Masurenaufruf von Anwerbern der Zeche Viktor bei Rauxel, zit. nach Stanisław Wachowiak: *Die Polen in Rheinland-Westfalen*, Leipzig 1916, S. 13.

[10] Sylvia Haida: *Die Ruhrpolen. Nationale und konfessionelle Identität im Bewusstsein und im Alltag 1871 – 1918*, Bonn (Diss.) 2012, S. 65.

Die religiösen Vereine bildeten die Keimzellen des polnisch-katholischen Gemeinschaftslebens im Ruhrgebiet. In den 1880er-Jahren entwickelte sich daraus ein dichtes Netz von polnischen Vereinen, Verbänden und Selbstorganisationen. Maßgeblichen Anteil an deren Aufbau hatten die polnischen Seelsorger. Der 1885 vom Paderborner Bischof als Kaplan in Bochum eingesetzte polnische Priester Józef Szotowski reiste von seinem Wohnsitz im Bochumer Redemptoristenkloster unermüdlich durch die Gemeinden des Reviers, um Seelsorge für die Polen zu betreiben und die Gründung religiöser Vereine anzuregen. Sein Nachfolger Franciszek Liss weitete die Vereinsgründungen weiter aus und setzte sich für die Schaffung weiterer polnischer Selbstorganisationen ein. Nach seiner Abberufung 1894 stellte die katholische Kirche keine hauptamtlichen polnischen Seelsorger mehr im Ruhrgebiet ein, sondern setzte stattdessen auf polnischen Sprachunterricht in den Priesterseminaren.

Das polnische Vereinsleben erreichte in den 1890er-Jahren eine einmalige Blüte. Bis 1914 entstanden mehr als 1.038 polnische Vereine mit über 111.000 Mitgliedern – von Religionsvereinen über Sport- und Turnvereine, Gesangsvereine, Bildungs- und Frauenvereine bis hin zu Lotterievereinen. Die streng national und patriotisch gesinnten Turnvereine der Sokół-Bewegung nahmen dabei eine Sonderstellung ein. Für die Polen im Ruhrgebiet dienten die Vereine als Interessensvertretungen, vor allem aber auch als Orte der Geselligkeit, die das Zusammengehörigkeitsgefühl der jeweiligen Zuwanderergruppen stärkten.

Eine zentrale Bedeutung für die Kommunikation der Polen im Ruhrgebiet erhielt die 1890 in Bochum gegründete polnische Zeitung „Wiarus Polski" (Polnischer Kämpe). Neben ihrem katholischen Schwerpunkt veröffentlichte die Zeitung unter den Chefredakteuren Anton und Jan Brejski auch Nachrichten aus den polnischen Vereinen und Ankündigungen für Veranstaltungen. Gleichzeitig vertrat sie in Berichten über Kundgebungen und Stellungnahmen zu politischen und wirtschaftlichen Entwicklungen ein gruppenübergreifendes, nationalpolnisches Interesse – wobei sie nicht nur Repressalien deutscher Behörden anprangerte, sondern auch Stellung gegen die protestantischen Masuren im Ruhrgebiet bezog. Mit einer Auflage von 12.000 Exemplaren entfaltete sich der „Wiarus Polski" zum bedeutendsten Informationsorgan der Polen im Ruhrgebiet und trug wesentlich zur Identitätsbildung der katholischen Polen im Revier bei.

Die Stadt Bochum entwickelte sich um die Jahrhundertwende zum Zentrum der polnischen Organisationen. So gründete sich hier 1898 das „Wahlkomitee für Westfalen, Rheinland und die benachbarten Provinzen" (Komitet Wyborczy dla Westfalii, Nadrenii i Sąsiednich Prowincji), das versuchte, die politische Einflussnahme der Polen im Ruhrgebiet zu organisieren, um eine Verbesserung der polnischen Seelsorge sowie die Förderung der polnischen Sprache zu erreichen.

Auf lokaler Ebene gelang es den Polen im Ruhrgebiet bis 1914, 35 Abgeordnetensitze zu erringen. Ein weiterer Schritt zur Emanzipation der Polen im Ruhrgebiet war die 1902 in Bochum gegründete „Polnische Gewerkschaftliche Vereinigung" (Zjednoczenie Zawodowe Polskie, ZPP). Für die katholischen Arbeiter bildete sie eine ansprechende Alternative zu den sozialistisch oder nationalistisch ausgerichteten deutschen Gewerkschaften. Die ZZP war stark polnisch-katholisch geprägt und untersagte ihren Mitgliedern explizit politische Aktivitäten – womit vor allem sozialistische Aktivitäten gemeint waren.

Ein wichtiger Auslöser für die Gründung einer eigenen polnischen Gewerkschaft war die bergpolizeiliche Sprachverordnung von 1899, nach der Bergleute nun bei der Anstellung ausreichende deutsche Sprachkenntnisse nachweisen mussten. Offiziell wurden Sicherheitsgründe für die Verordnung angeführt. Da der Wunsch vieler Polen, Warnhinweise und Sicherheitsvorschriften in den Bergwerken gleichfalls in polnischer Sprache bekannt zu machen, keinerlei Wirkung zeigte, wendeten sich viele enttäuscht von den deutschen Gewerkschaften ab. Die ZZP entwickelte sich mit knapp 80.000 Mitgliedern im Jahr 1913 schnell zur mitgliederstärksten polnischen Vereinigung im gesamten Deutschen Reich. Und auch im Vereinswesen setzten die Polen mehr und mehr auf Selbstständigkeit.

R

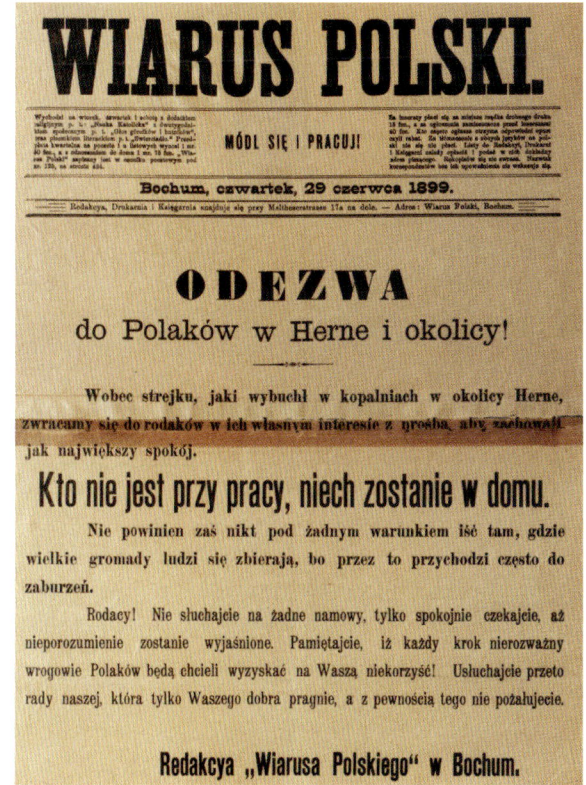

Ausgabe der in Bochum gegründeten Zeitung „Wiarus Polski" vom 29. Juni 1899

357

Waren während der Gründungsphase der religiösen Vereine ortsansässige deutsche Pfarrer als geistlicher Beistand oder Mitglied des Vereinsvorstands gewählt worden – als Brücke zur örtlichen Gemeinde, aber ebenso aus praktischen Gründen, da viele Zuwanderer nicht ausreichend Deutsch lesen und schreiben konnten –, zogen sich nun, mit der zunehmenden Nationalisierung in den 1890er-Jahren, viele Priester aus den polnischen Vereinen zurück oder wurden verdrängt. Um auch ohne deutschen Beistand die Vereinsgeschäfte weiterführen zu können, gründete sich 1904 auf Initiative des „Wiarus Polski" der „Bund polnisch-katholischer Vereine für gegenseitige Hilfe in Westfalen, im Rheinland und in den benachbarten Provinzen mit Sitz in Bochum" (*Związek Wzajemnej Pomocy Polskich Towarzystw Katolickich dla Westfalii, Nadrenii i Prowincji Sąsiedzkich z Siedzibą w Bochum*), dem sich binnen weniger Jahre mehr als einhundert Vereine aus dem Ruhrgebiet anschlossen.

Nachdem die polnischen Organisationen eine Häuserzeile in der Bochumer Klosterstraße erworben hatten, etablierte sich die Stadt Bochum um 1910 endgültig als organisatorisches Zentrum der Polen im Ruhrgebiet. Alle führenden polnischen Dachorganisationen sowie Redaktion, Verlag und Druckerei des „Wiarus Polski", die Nationale Arbeiterpartei (*Narodowa Partia Robotnicza*), das Sekretariat der Schulvereine, die Zentrale der polnischen Volksbüchereien, die Arbeiterbank (*Bank Robotników*), die Handelsbank (*Kasa depozytowa Bank Handlowy eGmbH*), zwei polnische Ärzte und ein Rechtsanwalt nahmen hier ihren Sitz. Um 1910 hatte sich damit im Revier nach mehr als zwanzig Jahren der polnischen Präsenz ein polnisches Milieu etabliert. Vor allem im nördlichen Ruhrgebiet gab es viele polnisch geprägte Straßenzüge und Kolonien. Ein dichtes Netz von Vereinen organisierte die Kultur, Freizeit und Interessen der Polen. Mehr als 1.100 polnische Handwerker und Händler bildeten eine kleine mittelständische Ökonomie der Polen im Ruhrgebiet. Dabei blieben unterschiedlichen Zuwanderergruppen jedoch meist unter sich. Viele polnisch-katholische Zuwanderer grenzten sich zudem bewusst von den Masuren ab.

Im Alltag hatten die Zuwanderer unter Repressalien und Vorurteilen zu leiden. Der wachsende Nationalismus im Deutschen Reich, der antikatholische Kulturkampf und die strikte Germanisierungspolitik der Regierung in den preußischen Ostprovinzen blieben auch im Ruhrgebiet nicht folgenlos und zogen eine allgemein antipolnische Stimmung nach sich. Den Behörden im Ruhrgebiet waren die polnischen Zuwanderer gleich aus mehreren Gründen suspekt: Einerseits standen die Polen unter dem Generalverdacht, dass sie mit ihren Organisationen die Wiedereinrichtung eines polnischen Staates vorbereiteten. Andererseits unterstellten die Behörden den polnischen Bergarbeitern vor dem Hintergrund anhaltender sozialer Kämpfe, der aufstrebenden Sozialistenbewegung und der großen Bergarbeiterstreiks im Ruhrgebiet generell sozialistische Umtriebe und vermuteten zahlreiche Aufrührer unter ihnen. Entsprechend sah die Regierung die Polen als potenziell staatsgefährdend an und richtete 1909 eine „Zentralstelle für die Polenüberwachung" mit Sitz in Bochum ein. Regelmäßig wurden Vereinsversammlungen überwacht, Hinterzimmer der Kneipen bespitzelt sowie einschlägige Artikel aus polnischsprachigen Zeitungen übersetzt und als Memoranden an die lokalen Polizeibehörden übersandt. Nach Inkrafttreten des Reichsvereinsgesetzes 1908 durften öffentliche Vereinsversammlungen nur noch in deutscher Sprache abgehalten werden. Das wurde von vielen Polen als massiver Eingriff in das Alltagsleben und als Ausdruck des Germanisierungsbestrebens verstanden. Repressalien gegen Polen häuften sich nun. So wurde die Präsentation polnischer Symbole in der Öffentlichkeit eingeschränkt, was vor allem auch die traditionellen Vereinsfahnen betraf.

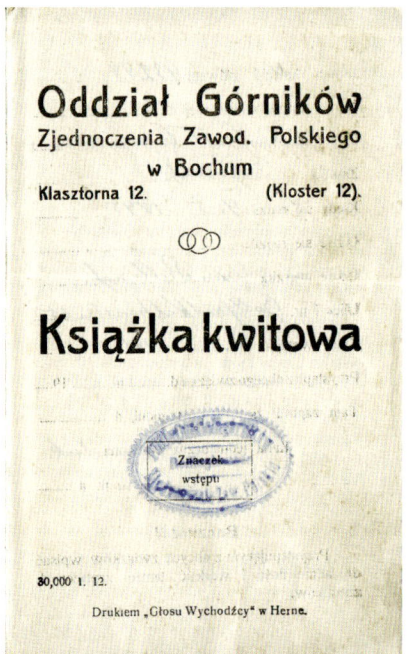

Quittungsbuch der Bergmannsabteilung der „Polnischen Gewerkschaftlichen Vereinigung" in Bochum, 1913

Die Abgrenzung der Polen und ihr Zusammenschluss in Vereinen bereiteten den Nährboden für Konflikte und Vorurteile. So erweckte die Zahl alleinstehender junger Männer in den polnischen Siedlungskolonien, die sich oft zu mehreren als Schlaf- und Kostgänger bei Familien einquartiert hatten, bei vielen Eingesessenen Vorstellungen von unsittlichem und unmoralischem Verhalten. Das Zusammenspiel von nationaler deutscher Erziehung, nationalistischer Politik und Propaganda sowie die verallgemeinernden Alltagserfahrungen der Separierung der Polen führten zu weitreichenden Vorurteilen und Diskriminierungen. So wurden die Polen als kulturell unterlegen und ungebildet dargestellt. Kinderreichtum, Streikfreudigkeit, Geldgier, Maßlosigkeit und Feierlaune waren gängige Vorurteile, die sich auch in Spottliedern und Postkartenmotiven äußerten. Trotz eines in der Regel friedlichen Umgangs in den Bergwerken und Kolonien war das Zusammenleben von Deutschen und polnischen Zuwanderern im Ruhrgebiet eher ein Nebeneinander als Miteinander. Intensive Kontakte und tief gehende Verbindungen waren eher die Ausnahme als die Regel. Man blieb unter sich. Entsprechend lag die Quote von Ehen zwischen Deutschen und Polen in der Zuwanderergeneration bei nur knapp drei Prozent.

Unmittelbar vor dem Ersten Weltkrieg hatte sich eine große polnische Gruppe mit weit verzweigten Organisationen im Ruhrgebiet etabliert. Während des Krieges hielten Deutsche und Polen im Ruhrgebiet den inneren „Burgfrieden": Der Blick richtete sich weg von dem Feindbild der umsturzwilligen nationalistischen polnischen Arbeiter hin auf die äußeren Feinde. Entsprechend wurden ab 1916 die behördlichen Repressalien gegen die Polen in Deutschland weitgehend gelockert. Da zudem zur Unterstützung der Kriegswirtschaft alle verfügbaren Arbeitskräfte gebraucht wurden, setzte sich bald ein Pragmatismus im Umgang mit den Polen durch.

Verblichene Fassaden-Inschrift der polnischen Arbeiterbank (*Bank Robotników*) in der einstigen Klosterstraße in Bochum (heute Im Kortländer 2), 2009

Mit dem Versailler Vertrag wurde die territoriale Neuordnung Europas nach dem Ersten Weltkrieg geregelt, und der polnische Staat erstand wieder. Die Polen in Deutschland standen nun vor der Wahl, sich für eine Nationalität zu entscheiden. Bei einer Option für Polen mussten sie binnen eines Jahres – de facto schließlich bis 1924 – Deutschland verlassen. Viele Ruhrpolen machten davon Gebrauch, andere zögerten jedoch: Neben einem Mangel an Wohnraum und Arbeitsplätzen in Polen war auch die allgemeine Haltung gegenüber den Rückwanderern aus dem Ruhrgebiet nicht sehr freundlich. Im Gegensatz zu der großen Solidarität untereinander, die für das Zusammenleben der ins Ruhrgebiet zugewanderten Polen charakteristisch war, bestand in Polen eine stark differenzierte Gesellschaft mit geringen sozialen Aufstiegsmöglichkeiten. Die „Westfalczycy", wie die aus Westfalen und dem Ruhrgebiet rückkehrenden Polen geringschätzig genannt wurden, waren in der polnischen Gesellschaft nicht sonderlich angesehen. Dort erschienen sie als Fremde und Außenseiter in einer Gesellschaft, die auch ihnen selbst fremd geworden war.

Die Grenzziehungen und Abstimmungen über die Zugehörigkeit von Oberschlesien waren in Polen wie in Deutschland von extremen nationalistischen Auseinandersetzungen in den Grenzgebieten geprägt, die aufgrund der engen Verflechtungen auch das Ruhrgebiet erreichten. Dort setzte mit der Ruhrbesetzung durch französische und belgische Truppen 1923 eine weitere Verschärfung der antipolnischen Stimmung ein. Bereits kurz nach Kriegsende hatte Frankreich begonnen, die gut ausgebildeten polnischen Bergleute aus dem Ruhrgebiet für die Bergbauregionen in Nordfrankreich abzuwerben. Wegen der engen Verbindungen zwischen der französischen und polnischen Regierung gerieten die Ruhrpolen während der Ruhrbesetzung nun schnell unter den Verdacht der Kollaboration und es kam zu vereinzelten Übergriffen. Gegen Mitte der 1920er-Jahre flauten die Wanderungsbewegungen der Polen aus dem Ruhrgebiet ab. Von den mehr als 500.000 Ruhrpolen am Ende des Ersten Weltkriegs war ein gutes Drittel, vor allem die national Gesinnten, nach Polen zurückgekehrt. Ein weiteres Drittel, darunter zahlreiche hochqualifizierte Bergleute und alleinstehende Männer, war nach Frankreich und Belgien abgewandert. Im Ruhrgebiet verblieb nur noch ein knappes Drittel, vor allem die bereits etablierten und assimilierten Polen und Masuren – oft Angehörige der zweiten oder bereits dritten Generation, die meist starke familiäre Bindungen in der Region hatten.

Mit der Weimarer Reichsverfassung von 1919 hatte sich die rechtliche Lage der Ruhrpolen deutlich verbessert. Als „fremdsprachlichen Volksteilen" wurde ihnen – wie anderen Volksgruppen – mit Artikel 113 die Freiheit in der Entwicklung ihrer Kultur und im Gebrauch der Muttersprache zugesichert. Daneben galten für sie die allgemeinen Grundrechte wie die Vereins- und Versammlungs-

freiheit, die Glaubensfreiheit, das Recht auf freie Meinungsäußerung und die Freiheit der wirtschaftlichen Betätigung. Somit bestand für die Polnischsprachigen eine weitgehende rechtliche Gleichberechtigung, die den besonderen Schutz der eigenen Sprache und Kultur einschloss.

Die Auswanderung der Polen aus dem Ruhrgebiet in den frühen 1920er Jahren hatte wie ein Aderlass gewirkt. Wichtige Aktivisten und Funktionäre verließen damals das Revier, und auch der „Wiarus Poski", die bedeutendste Zeitung der Ruhrpolen, wanderte ins französische Lille ab. Ab Mitte der 1920er-Jahre konnten sich die polnischen Organisationen im Ruhrgebiet jedoch neu aufstellen. Eine wichtige Rolle spielte dabei der 1922 gegründete → Bund der Polen in Deutschland (*Związek Polaków w Niemczech,* ZPwN), der als Dachverband der polnischen Organisationen arbeitete. Gemeinsam mit dem „Bund polnisch-katholischer Vereine für gegenseitige Hilfe" trieb er den Aufbau eines polnischen Schulwesens zur Pflege und Erhalt der polnischen Sprache und Identität an. Zudem bildete die Bochumer Leitung des „Bundes der Polen" gezielt einen Kader von polnischen Aktivisten und Funktionären heran, dessen Mitglieder schnell Schlüsselpositionen in den Organisationen der polnischen Gruppe in Deutschland einnahmen. Damit konnten sich die polnischen Vereine im Ruhrgebiet wieder konsolidieren, wobei sie ihre Handlungsfelder zunehmend weg von politischen und gewerkschaftlichen Aktivitäten hin zu Sprachunterricht, Kultur und Geselligkeit verlagerten. So vereinten sie das Bekenntnis zum Polentum mit einer selbstbewussten Integration in die deutsche Gesellschaft (→ Polnische Organisationen).

Dem in Deutschland rasch vordringenden Nationalsozialismus begegnete der „Bund der Polen" selbstbewusst. Nach 1933 änderte sich für die Polen in Deutschland zunächst wenig. Ihre Vereine blieben im Gegensatz zu den gleichgeschalteten deutschen Vereinen als Organisationen der „fremdsprachlichen Volksteile" zunächst unberührt. Im Alltag mussten die Polen in Deutschland jedoch zunehmend unter Diskriminierungen und offenen Anfeindungen durch Bürger und Behörden leiden. Der „Bund der Polen in Deutschland" bezog als Dachverband Stellung gegen alle Rechtsverfehlungen und klagte die Minderheitenrechte der Polen auf allen Ebenen ein.

Nach dem deutschen Überfall auf Polen 1939 wurden wenige Monate später, im Februar 1940, alle polnischen Organisationen aufgelöst sowie deren

Ausgabe der Monatszeitschrift des Bochumer „Bundes der Polen in Deutschland e. V." (*Związek Polaków w Niemczech,* ZPwN) von 1972

Vermögen und Immobilien beschlagnahmt. Die Führungsriege der polnischen Organisationen wurde verhaftet und in Konzentrationslagern interniert, 41 Funktionäre des „Bundes der Polen" aus dem Ruhrgebiet wurden ermordet. So brachen die Organisationen der Ruhrpolen nahezu vollständig zusammen. Während des Krieges wurden Hunderttausende Polen aus ihrer Heimat verschleppt und zur Zwangsarbeit ins Ruhrgebiet gebracht. Rund 45.000 wurden als Zwangsarbeiter im Ruhrbergbau eingesetzt, eine noch größere Zahl leistete Zwangsarbeit in der Industrie oder auf dem Land im nördlichen und östlichen Ruhrgebiet. Entsprechend den 1940 eingeführten rassistischen „Polenerlassen" des NS-Regimes wurden sie als minderwertig behandelt und systematisch ausgegrenzt.

(nun „Rodło" genannt) nach Kriegsende wieder und bezog seine Zentrale in der traditionsreichen Geschäftsstelle in der Bochumer Klosterstraße. Und auch der 1952 abgespaltene „Bund der Polen ‚Zgoda' in der Bundesrepublik Deutschland e.V." (*Związek Polaków ‚Zgoda' w Republice Federalnej Niemiec*), der der kommunistischen Regierung Polens nahestand, verlegte seine Zentrale ins Ruhrgebiet, in die Stadt Recklinghausen. Wegen der inneren Zerstrittenheit und zunehmenden Überalterung nahm die Bedeutung der polnischen Organisationen jedoch immer weiter ab. Polnische Sprache und Kultur wurden nur mehr relativ abgeschlossen, insbesondere in den wenigen Gesangsvereinen und in den polnischen Gottesdiensten, gepflegt.

Bemerkenswert ist die relativ schnelle und weitreichende Integration der Kinder und Enkel der polnischen Einwanderer im Ruhrgebiet, sowohl Ende des 19. wie auch Ende des 20. Jahrhunderts.

R

Anhaltende Vorurteile und rassistische Ressentiments prägten auch nach Kriegsende das Verhältnis der einheimischen deutschen Bevölkerung zu den polnischen → Displaced Persons, von denen rund 8.000 endgültig im Ruhrgebiet blieben und eigene kleine Vereine bildeten. Und selbst die deutschen Flüchtlinge und → Vertriebenen aus dem Osten mussten in den ersten Nachkriegsjahren im Ruhrgebiet aufgrund ihres Dialekts und ihrer Herkunft gegen Vorurteile ankämpfen. Sie wurden oft als vermeintliche Polen diffamiert und als „Polacken" beschimpft – wenn auch in weit geringerem Maße, als das in anderen Regionen Deutschlands der Fall war. Unter dem gesellschaftlichen Druck verschwanden die polnischen Spuren in der Öffentlichkeit zusehends. Polnische Wurzeln wurden in der Öffentlichkeit, und sogar in den Familien eher verschwiegen als gepflegt. Zwar gründete sich der alte „Bund der Polen"

Mit den → Aussiedlern, politischen Flüchtlingen der 1980er-Jahre (→ Solidarność im Exil, → Asyl) sowie den Polen, die im Zuge der EU-Freizügigkeit im Ruhrgebiet leben, hat sich heute ein vielschichtiges und differenziertes polnischsprachiges Milieu im Ruhrgebiet etabliert. Bemerkenswert ist die relativ schnelle und weitreichende Integration der Kinder und Enkel der polnischen Einwanderer im Ruhrgebiet, sowohl Ende des 19. wie auch Ende des 20. Jahrhunderts. Sie ist einerseits mit einer Haltung des „Nicht-Auffallen-Wollens" angesichts von Vorurteilen und Diffamierungen gegenüber Polen zu erklären, andererseits aber auch mit einer in den Zuwandererfamilien weitverbreiteten Aufstiegsorientierung und „Macher-Mentalität". Gleichzeitig wächst das Interesse an der alten Polonia der Ruhrpolen, die von den Nachfahren der vierten und fünften Generation neu entdeckt wird.

Weiterführende Literatur

Dittmar Dahlmann/Albert S. Kotowski/Zbigniew Karpus (Hrsg.): *Schimanski, Kuzorra und andere. Polnische Einwanderer im Ruhrgebiet zwischen der Reichsgründung und dem Zweiten Weltkrieg*, Essen 2005.

Dagmar Kift/Dietmar Osses (Hrsg.): *Polen-Ruhr. Zuwanderungen zwischen 1871 und heute* (LWL-Industriemuseum Westfälisches Landesmuseum für Industriekultur, Quellen und Studien, Bd. 14), Essen 2007.

Christoph Kleßmann: *Polnische Bergarbeiter im Ruhrgebiet 1870–1945. Soziale Integration und nationale Subkultur einer Minderheit in der deutschen Industriegesellschaft* (Kritische Studien zur Geschichtswissenschaft, Bd. 30), Göttingen 1978.

Dietmar Osses (Hrsg.): *Nach Westen. Zuwanderung aus Osteuropa ins Ruhrgebiet*, Essen 2012.

Susanne Peters-Schildgen: *„Schmelztiegel" Ruhrgebiet: Die Geschichte der Zuwanderung am Beispiel Herne bis 1945*, Essen 1997.

Runder Tisch

Eine polnische „Erfindung"

Erika Worbs

—

Der Begriff „Runder Tisch" hat eine lange Tradition, die bis zur sagenhaften Tafelrunde am Hofe von König Artus im 6. Jahrhundert zurückreicht. Im 20. Jahrhundert gab es internationale Round-Table-Konferenzen, man denke etwa die britisch-indischen Verhandlungen in London 1930 – 32.

In den 1980er-Jahren wurde der Runde Tisch zum Symbol für den friedlichen Sturz des kommunistischen Systems in den osteuropäischen Ländern. So wurde von Februar bis April 1989 auch die Zukunft Polens am Runden Tisch verhandelt: in den Warschauer Gesprächen, die zwischen Vertretern der Staatsmacht, der oppositionellen Gewerkschaft „Solidarność" (→ Solidarność im Exil) und der Kirche stattfanden und das nahende Ende der kommunistischen Herrschaft in Polen ankündigten. Der Runde Tisch in Warschau war damals eigens aus Lindenholz mit einem Durchmesser von neun Metern gefertigt worden; heute hat das Möbel einen Ehrenplatz im Warschauer Präsidentenpalast. Die Form des Tisches und die Sitzordnung, die er vorgibt, symbolisiert die Gleichberechtigung aller Verhandlungsteilnehmer.

Die polnische „Neu-Erfindung" machte Schule im ganzen Ostblock. In der Deutschen Demokratischen Republik wurde auf Initiative der oppositionellen Bürgerbewegung „Demokratie Jetzt" im Zuge der friedlichen Revolution 1989 / 90 ein Zentraler Runder Tisch eingerichtet (auch wenn dieser keine runde Form hatte, sondern rechteckig war).

In Polen spielt der Runde Tisch heute eine eher unheilvolle Rolle als politischer Zankapfel, an dem sich die Geister der politischen Eliten und der Gesellschaft scheiden. Der Kompromiss zwischen der damaligen demokratischen Opposition und den kommunistischen Machthabern wird von der rechten politischen Szene als ein Verrat der Solidarność-Eliten am Volk gedeutet und für die Missstände nach der Umbruchzeit (etwa bei der Privatisierung des volkseigenen Vermögens oder bei der Dekommunisierung der öffentlichen Verwaltung) verantwortlich gemacht.

Sitzung im Konferenzgebäude des Ministerrats der DDR am 3. Januar 1990. Der Zentrale Runde Tisch wurde auf Initiative der oppositionellen Bürgerbewegung eingerichtet.

Rydzyk, Tadeusz

Radio Maryja und
sein umstrittener Gründer

Andrzej Kaluza

—

1986 setzte sich der polnische Pater Tadeusz Rydzyk (*1945) auf der Rückreise von einem Rom-Aufenthalt in die Bundesrepublik ab. Seine Ordensoberen in Polen wollten ihn deshalb von seinem Priesteramt suspendieren. Doch bevor dies geschehen konnte, meldete sich Rydzyk bei polnischen Kirchenvertretern in München: Er wolle den Orden verlassen und als weltlicher Priester in Bayern arbeiten. [11] Nach langem Hin und Her durfte er vorläufig in der Bundesrepublik bleiben. Damit die Wogen sich glätteten, gab man Rydzyk eine Kaplanstelle in einem Frauenkloster im süddeutschen Oberstaufen (Allgäu).

Dort arbeitete der katholische Sender *Radio Maria International*, der der international agierenden Radio-Maria-Senderfamilie angehörte. Rydzyk wurde oft als Gast zu dem aus Balderschwang (Allgäu) sendenden Radio eingeladen, wo er auch erste Erfahrungen mit dem Betrieb eines Medienunternehmens sammelte. Als die damalige Redaktion aufgrund traditionalistischer und teils fremdenfeindlicher Inhalte von der Augsburger Kurie abgesetzt und der Sender als *Radio Horeb* neu konzipiert wurde, bedauerte Rydzyk das als „Kapitulation" vor den Machenschaften einer linken Ideologie. „Ich sah New Age", so Rydzyk, „den Satanskult, und alles,

was man damals als modern ansah. Mit Sorge sah ich, wie die Menschen verführt wurden und wie sie sich in der neuen Ideologie verloren." [12]

1991 verließ Rydzyk Oberstaufen in Richtung Polen mit einem Audi 80 und einigen tausend D-Mark im Gepäck für den Aufbau seines eigenen Senders *Radio Maryja*.

So wurde ausgerechnet Deutschland zum Eckstein des radikal-katholischen Senders, dessen Sendungen wegen nationalistischer und antisemitischer Äußerungen nicht selten Entsetzen und Kritik ausgelöst hatten. Bisher verliefen alle Versuche, Pater Rydzyk Redeverbot zu erteilen, im Sande. Auch wenn seine demagogische Art vielfach angeprangert wird, bisher konnte er mit der Unterstützung vieler Politiker und Bischöfe rechnen. Bezeichnenderweise gehört seine Radiostation, eine seiner vielen Unternehmungen in Polen, bis heute nicht der gleichnamigen Senderfamilie an – da will Pater Rydzyk offenbar unabhängig von äußerem Einfluss agieren. Seine eigene „Familie" (*Rodzina Radia Maryja*) ist dagegen heute an mehreren polnischen Kirchengemeinden in Deutschland tätig, auch wenn das Radio selbst in Deutschland nur über das Internet zu hören ist.

[11] Siehe dazu Piotr Głuchowski / Jacek Hołub: *Imperator. Wszystkie tajemnice o. Tadeusza Rydzyka* [Der Imperator. Alle Geheimnisse des Paters Tadeusz Rydzyk], Warszawa 2014, S. 76.
[12] Ebd., S. 81–85 [Übers. AK].

S

Die polnische Königskrone auf dem Kronentor des Dresdner Zwingers – prächtiges Symbol für die sächsisch-polnische Union (1697–1763)

Sachsen und Polen

Nachbarschaft mit Traditionen

Hans-Christian Trepte

—

Die sächsisch-polnischen Beziehungen reichen historisch weit zurück und beschränken sich nicht etwa nur auf die sächsisch-polnische Union (1697–1763), an die es vor allem in Dresden und Umgebung besonders viele Erinnerungen gibt: Wappen, Denk- und Grabmale sowie Baudenkmäler, zum Beispiel das Kronentor des Dresdner Zwingers mit der von vier Adlern getragenen polnischen Königskrone.

Einer der ersten Glanzpunkte sächsisch-polnischer Verbindungen war die am 21. November 1496 in → Leipzig mit großem Pomp gefeierte Hochzeit des sächsischen Herzogs Georg mit Barbara (1478–1534), der Tochter des polnischen Königs Kasimierz IV. Jagiellończyk (Kasimir IV.), auf der 6.286 deutsche und polnische Adlige zugegen gewesen sein sollen. Georg, Schwager dreier polnischer Könige, wurde zu einem wichtigen Mittler zwischen den östlichen deutschen Ländern und der Doppelmonarchie Polen-Litauen. Eine besondere Förderung des Herrscherpaars galt der sächsischen Bergmannsstadt → Annaberg, die zu einer der wohlhabendsten Städte Sachsens aufstieg und in der noch heute beeindruckende Zeugnisse an den Herzog und seine polnische Gattin erinnern. Von 1521 bis 1524 ließ sich das sächsisch-polnische Herrscherpaar im Dom zu Meißen eine eigene Begräbniskapelle errichten. An die in Dresden verstorbene Barbara erinnert eine im Renaissancestil gefertigte bronzene Grabplatte und ein von Herzog Georg gestiftetes und von Lucas Cranach d. Ä. ausgeführtes Altarretabel mit den Porträts beider Herrscher.

Während der Regentschaft von Władysław II. Jagiellończyk, dem Sohn Kasimirs IV., herrschte dessen Bruder, Kronprinz Sigismund, der spätere polnische König Sigismund der Alte, als Landvogt auch über die → Lausitz (1504–1506). Daran erinnert bis heute unter anderem ein Wappenstein mit dem polnischen Adler in der Tordurchfahrt des Matthiasturms der Ortenburg in Bautzen.

Friedrich August I. von Sachsen, genannt August „der Starke", aus dem deutschen Adelsgeschlecht der Wettiner war ab 1694 Kurfürst und Herzog von Sachsen und in Personalunion von 1697 bis 1706 und von 1709 bis 1733 als August II. König von Polen und Großfürst von Litauen. Im Warschauer Schloss verstorben, wurde er auf dem Krakauer Wawel beigesetzt. Sein Herz wurde in die Dresdner Hofkirche überführt, wo es bis heute in einer silbernen Urne aufbewahrt wird. Friedrich August II., der Sohn Augusts des Starken, folgte seinem Vater von 1733 bis 1763 als König von Polen (August III.), Großfürst von Litauen und Kurfürst von Sachsen. Mit seinem Tod endete die sächsisch-polnische Personalunion. Sein Enkel Friedrich August III. (1750–1827), auch „der Gerechte" genannt, war ab 1763 Kurfürst und von 1806 bis zu seinem Tode als Friedrich August I. erster König von Sachsen. 1791 wurde er zum Nachfolger des polnischen Königs Stanislaus II. bestimmt. Da er die vom Warschauer Reichstag (Sejm) angetragene Königswürde aber ablehnte, amtierte er (nach dem Frieden von Tilsit von Napoleons Gnaden) ab 1807 bis 1815 als Herzog von Warschau, die Warschauer Herzogswürde wurde in der Verfassung von 1807 erblich mit dem sächsischen Königshaus verbunden.

Die sächsisch-polnische Personalunion (1697–1763), die nach Plänen der Wettiner in eine Realunion überführt werden sollte, war lange Zeit von der polnischen und deutschen Geschichtswissenschaft einseitig als „Zeit der Finsternis"

Erst nach 1989 wurde die Sachsenzeit in Polen auch in der breiteren Öffentlichkeit in ein neues Licht gerückt.

Louis de Silvestre, *August III. von Polen und Sachsen in polnischer Tracht*, Gemälde, um 1737

gezeigte gemeinsame Ausstellung „Unter einer Krone – Kunst und Kultur während der sächsisch-polnischen Union" anhand von Werken der bildenden Kunst, des Kunsthandwerks, der Grafik und Buchkunst sowie mittels historischer Dokumente, Münzen und Medaillen. Die neuen, verifizierten Sichtweisen sehen die Union zwar als „politisch verheerend", aber als „kulturell glanzvoll".[2]

Die polnisch-sächsisch-litauische Union brachte eine lang währende Friedensperiode, eine beeindruckende Modernisierung des Staatswesens und der Infrastruktur; Kultur- und Handelsbeziehungen, Kunst und Musik erlebten eine bis dahin nicht gekannte Blütezeit. Ohne die polnische Krone hätte Sachsen keine so wichtige Rolle im Deutschen Reich spielen können, hätte auch die Barockkultur in ihrer sächsischen wie polnisch-sarmatischen Ausprägung nicht ein solch beeindruckendes Niveau erreichen können. Der Aufstieg von Dresden und Warschau zu europäischen Kunstmetropolen wäre ebenso wie die Entwicklung der Leipziger Messen ohne die Union nicht in diesem Maße möglich gewesen.

Allein aus der nach dem Ende der Union fortwirkenden Kontinuität sächsisch-polnischer Beziehungen lässt sich der Beschluss des „Großen Sejms" von 1791 erklären, den polnischen Thron erneut (und diesmal erblich) durch sächsische Kurfürsten zu besetzen, wie in der polnischen Verfassung vom 3. Mai von 1791 festgelegt: „Wir verordnen Daher, daß nach Unserem, der Gnade Gottes anheimgestellten Ableben, der jetzige Kurfürst von Sachsen in Polen König seyn soll."[3] Die weitere politische Entwicklung in Europa vereitelte diese Pläne allerdings. Nach dem Scheitern des

beziehungsweise als „Sächsische Nacht" eingeschätzt worden, in der allein „die Spermien Augusts des Starken" ihr Ziel erreicht hätten.[1] Dieses historische Negativurteil, das sich auf das preußische Geschichtsmodell stützte, verhinderte lange Zeit eine unbefangene Sicht auf die historisch gewachsenen Beziehungen zwischen Polen und Sachsen. Erst nach 1989 wurde die Sachsenzeit in Polen auch in der breiteren Öffentlichkeit in ein neues Licht gerückt. Das demonstrierte in überzeugender Weise die 1997 in den wiederaufgebauten Königsschlössern von Warschau und Dresden

[1] Vgl. Norman Davies: *Im Herzen Europas: Geschichte Polens,* München 2006, S. 271.
[2] Helmut Neuhaus zit. nach Anke Bertz / Marian Bertz: Tagungsbericht *Zwei Staaten – eine Krone. Die polnisch-sächsische Union 1697–1763.* Chemnitz, 24.10.2013–26.10.2013, in: H-Soz-Kult, 09.12.2013. Online unter: www.hsozkult.de/conferencereport/id/tagungsberichte-5129 (Aufruf am 20.01.2018). Siehe auch Karl Czok: *Zur Neubewertung der sächsisch-polnischen Union (1697–1763),* in: *Polen zwischen Annäherung und Distanz,* Dresden 1997, S. 9–16.
[3] Zit. nach Jan Kusber: *Vom Projekt zum Mythos – Die polnische Maiverfassung 1791,* in: Zeitschrift für Geschichtswissenschaft, Bd. 52, Nr. 8 (2004), S. 685–699, hier S. 689.

polnischen Reformwerks und der letzten Teilung Polens (1795) fanden zahlreiche polnische Patrioten Zuflucht in Sachsen, wo sie auf eine bereits in den Jahrzehnten zuvor gewachsene polnische Kolonie trafen. Zu ihnen gehörten der Publizist, Schriftsteller und Geograf Hugo Kołłątaj (1750 – 1812) sowie weitere Vertreter der Aufklärung in Polen wie Julian Ursyn Niemcewicz (1757 – 1841) und Franciszek Dmochowski (1762 – 1818). Einer der prominentesten Emigranten in Sachsen war der polnische Nationalheld Tadeusz Kościuszko (1746 – 1817), Oberbefehlshaber der nach ihm benannten nationalen polnischen Erhebung von 1794. Aus Paris kommend, traf Kościuszko am 22. April 1793 in Leipzig ein, um hier mit anderen zum Kampf entschlossenen polnischen Patrioten den Aufstand in Polen vorzubereiten. Dabei half ihm Stanisław Małachowski, Marschall des Großen Sejms und Mitunterzeichner der Verfassung vom 3. Mai 1791, der sich von 1792 bis 1793 in Sachsen aufhielt.

Nach der Niederschlagung des Novemberaufstandes von 1830 in Kongresspolen und der nachfolgenden „Großen Emigration" (*Wielka Emigracja*) sowie erneut nach der Niederlage des Januaraufstandes von 1863 wurde Sachsen für zahlreiche Polen zu einem wichtigen Exilland. Sachsen galt (im Gegensatz zu Preußen) als ein bevorzugtes Durchreise- und Aufenthaltsland, aus Tradition und vor allem, weil es keine negative Polenpolitik betrieb. Allerdings wich diese positive Meinung bereits in der folgenden Generation Auffassungen von einem ewigen polnisch-deutschen Konflikt, und es kam zu einer weitgehenden Gleichsetzung von Preußen und Deutschland. Unter dem Pseudonym Adam Mühl vollendete Adam → Mickiewicz in Dresden den dritten Teil seines Nationaldramas *Dziady* (Totenfeier / Ahnenfeier), auch *Dziady drezdeńskie* (Dresdner Totenfeier) genannt. In der sächsischen Hauptstadt entstand 1832 sein patriotisches Gedicht *Reduta Ordona* (Ordons Redoute). Auch die beiden anderen

Meister der polnischen Romantik hielten sich zeitweise in Dresden auf: Juliusz Słowacki begann in Dresden seine Tagebücher zu schreiben, und Zygmunt Krasiński ehelichte am 26. Juli 1843 in der Hofkirche zu Dresden die polnische Adlige Elżbieta (Eliza) Branicka. Kazimierz Brodziński (1791 – 1835), Vertreter des polnischen Sentimentalismus, Dichter, Übersetzer und Publizist, fand ähnlich wie zahlreiche andere im 18. und 19. Jahrhundert in Sachsen lebende Polen seine letzte Ruhestätte auf dem Alten Katholischen Friedhof in Dresden-Friedrichstadt. Zum polnischen Kreis in Dresden zählte auch Klaudyna Potocka-Działyńska (1801 – 1836), die in Dresden ein Heim für hilfsbedürftige Polen unterhielt. Fryderyk → Chopin hielt sich zwischen 1829 und 1836 viermal in Dresden auf; hier komponierte er seine Etüden *As-Dur* und *f-Moll op. 25.* 1831 war auch die polnische Schriftstellerin, Pädagogin und Übersetzerin Klementyna Hoffman von Tańska (1798 – 1845) mit ihrem Ehemann, dem Historiker, Anwalt und Verleger Karol (Karl Borromäus) Hoffman(n) nach Dresden gekommen. Sie gründeten hier den „Patriotischen Wohltätigkeitsverband" (*Związek Dobroczynności Patriotycznej*). Klementyna Hoffman verfasste den 1853 herausgegebenen ersten Stadtführer Dresdens in polnischer Sprache: *Rzut oka na Drezno i jego okolice* (Ein Blick auf Dresden und seine Umgebung). Unter den polnischen Emigranten befand sich außerdem der „Titan polnischer Literatur", der Publizist, Historiker und Verleger, Józef Ignacy → Kraszewski.

Dennoch verlor Dresden langsam seine Rolle als Ort polnischer kultureller Präsenz. Auch die Arbeitsmigration von Polen in der Zeit der Industrialisierung berührte Dresden nur am Rande. Allerdings kamen im 19. Jahrhundert, vor allem nach der Bauernbefreiung und der Abschaffung der Leibeigenschaft, Tausende von Landarbeitern aus Großpolen und Schlesien als (Saison-)Arbeiter nach Sachsen. Viele von ihnen zogen später weiter in westliche Regionen des

S

Ausstellungsbanner an der Renaissance-Fassade des Georgentors in Dresden anlässlich der Ausstellung „Unter einer Krone – Kunst und Kultur der sächsisch-polnischen Union", 1997 / 98

Deutschen Reiches. In jener Zeit entstand in der polnischen Umgangssprache auch die Bezeichnung „saksy" (von „Sachsen"), zunächst für → Saisonarbeit in Sachsen – vor allem jedoch in der preußisch gewordenen Provinz Sachsen-Anhalt –, später wurde sie als Synonym für jede Arbeit im Ausland verwendet. Neben Arbeitern kamen aber auch Studierende, Wissenschaftler und Künstler aus Polen nach Sachsen, die sich eigene Organisationen (Vereine, Bibliotheken, Schulen, Chöre) schufen, die teils bis zu ihrem Verbot durch die Nationalsozialisten existierten. An jene unrühmlichen Zeiten, die mit der Verschleppung und → Zwangsarbeit polnischer Zivilisten und Häftlinge im Dritten Reich verbunden waren, erinnern heute zahlreiche Gedenksteine und Mahnmale in Sachsen (bei Meißen, Colmnitz, Dresden, Flöha, Leipzig, Crostwitz, Bautzen und an anderen Orten), die das Martyrium polnischer Häftlinge, Zwangsarbeiter und die im Zweiten Weltkrieg gefallenen polnischen Soldaten ins Bewusstsein rufen sollen. Im Gerichts- und Gefängniskomplex des Dresdener Landgerichts am Münchner Platz wurden 120 polnische Widerstandskämpfer von den Nazis hingerichtet, von denen sechs 1999 von Papst → Johannes Paul II. selig gesprochen wurden. Ihnen ist auch die 2002 in der Dresdener Hofkirche aufgestellte Skulpturengruppe *Befreiung* von Andreas Kuhnlein gewidmet. Im sächsischen → Colditz befand sich während des Zweiten Weltkriegs das Gefangenenlager OFlag IV-C, in dem 140 polnische Offiziere inhaftiert waren. Franciszek Kleeberg (1888–1941), Brigadegeneral der polnischen Armee und 1939 in deutsche Kriegsgefangenschaft geraten, war in der Festung Königstein in der Sächsischen Schweiz inhaftiert. Von großer Symbolkraft ist die von der polnischen Partnerstadt Dresdens, Gostyń, gespendete steinerne Flammenvase, die 1999 einen exponierten Platz an der wieder aufgebauten Frauenkirche erhielt. Als „Flamme der Versöhnung" erinnert sie auch an die in Gostyń während der deutschen Besatzung erschossenen Zivilisten und die in Dresden hingerichteten polnischen Widerstandskämpfer.

In den polnisch-deutschen Überlegungen zur Zukunft eines geeinten Europas wird die historische sächsisch-polnische Union heute auch als Vorbild für die föderative Ordnung auf europäischer Ebene wahrgenommen. Allerdings ist der konkrete Polenbezug, die Erinnerung an die gemeinsame deutsch-polnische Geschichte, das verbindende kulturelle Erbe, trotz zahlreicher Anstrengungen und Initiativen, nicht zuletzt auch in Sachsen nur gering ausgeprägt. Das trifft, trotz zahlreicher politischer Bekenntnisse, häufig auch auf das Polenbewusstsein sowohl der sächsischen wie auch der deutschen Eliten im Allgemeinen zu. Doch ist diesbezüglich andererseits auch ein positiver Trend zu spüren, nicht nur auf einzelne Institutionen, Vereine und Gesellschaften (→ Deutsch-Polnische Gesellschaften) bezogen. Das allgemeine Interesse an Polen, seiner Geschichte, Kultur und Literatur wächst, nicht nur in den Grenzregionen mit Städtepartnerschaften, in gemeinsamen Kultur- und Theaterprojekten, sondern vor allem auch in den Großstädten mit zahlreichen soziokulturellen Initiativen, Projekten Aktivitäten und Veranstaltungen (Leipziger Buchmesse, Euro-Szene Leipzig, Die Neue Pohlnische Capelle / Nova Capela polska).

Das allgemeine Interesse an Polen, seiner Geschichte, Kultur und Literatur wächst, nicht nur in den Grenzregionen.

Weiterführende Literatur

Rex Rexheuser: *Die Personalunion von Sachsen-Polen (1697–1763) und Hannover-England (1714–1837). Ein Vergleich*, Wiesbaden 2005.

Werner Schmidt / Dirk Syndram: *Unter einer Krone. Kunst und Kultur der sächsisch-polnischen Union*, Leipzig 1997.

Jacek Staszewski: *Polacy w osiemnastowiecznym Dreźnie*, Wrocław 1986.

Ders.: *August III. Kurfürst von Sachsen und König von Polen. Eine Biographie*, Berlin 1996.

S

Die Skulpturengruppe *Befreiung* von Andreas Kuhnlein am Märtyreraltar in der Dresdener Hofkirche erinnert an neun Polen, die während des Zweiten Weltkriegs von den Deutschen in Dresden ermordet wurden.

Saisonarbeit

Na saksy, nicht nur nach Sachsen

Andrzej Kaluza / Peter Oliver Loew

—

„Na saksy!" Seit anderthalb Jahrhunderten schallt dieser Ruf durch polnische Lande. Dem Wörterbuch zufolge bedeutet *saksy* „das Aufnehmen von Saisonarbeit von Polen im Ausland, vornehmlich in Deutschland"[4]. Das Wort leitet sich vom deutschen „Sachsen" ab, genauer – von der vormaligen preußischen Provinz Sachsen, deren einstiges Terrain heute zum großen Teil in Sachsen-Anhalt liegt. Hier nämlich, wie auch im westlich angrenzenden Niedersachsen, entstanden im Laufe des 19. Jahrhunderts große Zuckerrüben-Anbaugebiete. Für den Anbau und die Ernte dieser neuen Feldfrucht wurden saisonal viele Arbeitskräfte gebraucht. Da die ansässige Landbevölkerung jedoch immer mehr in die Industriezentren abwanderte, kamen die Polen wie gerufen: zunächst aus den preußischen Ostprovinzen, später dann zunehmend aus den russischen und österreichischen Teilungsgebieten. Die „Sachsengängerei" wurde zu einem Massenphänomen, das erst durch den Eisenbahnbau so möglich wurde. Aus Angst vor einer Stärkung seines polnischen Bevölkerungsteils regulierte Preußen die Zuwanderung von Polen jedoch restriktiv. So durften nur unverheiratete Männer und Frauen einreisen, die im Winter, wenn sie nicht gebraucht wurden, in ihre Heimat zurückkehren mussten („Karenzzeit"). Im nächsten Jahr durften sie dann wieder einreisen, wobei ihre Arbeitsmöglichkeiten auf einen festen Arbeitgeber beschränkt waren („Legitimationskarte"), was zu einer „ständigen Mobilisierung und Immobilisierung zugleich"[5] führte. Trotz dieser restriktiven Politik waren 1910 im Deutschen Kaiserreich zwei Drittel der rund 1,2 Millionen ausländischen

„Sachsengänger" aus Polen auf der Durchreise in Berlin, 1908

[4] Siehe *Uniwersalny słownik języka polskiego* [Universal-Lexikon der polnischen Sprache], Warszawa 2006, Band P–Ś, S. 1128 [Übers. AK].
[5] Klaus J. Bade / Jochen Oltmer: *Polnische Arbeitskräfte in Preußen-Deutschland*, in: Klaus J. Bade et al. (Hrsg.): *Enzyklopädie Migration in Europa. Vom 17. Jahrhundert bis zur Gegenwart*, Paderborn / München / Wien / Zürich 2010, S. 879–885.

Polnische Saisonarbeitskräfte
auf einem Gurkenflieger der Agrar-
genossenschaft „Unterspreewald"
nahe Dürrenhofe, 2015

S

Arbeitskräfte Polen aus Russland und Österreich-Ungarn. Sie wurden im Rüben- und Kartoffelanbau eingesetzt sowie bei der Getreideernte (in sogenannten Schnitterkolonnen) und in der Milchwirtschaft – hier arbeiteten vor allem Frauen. Die oft von windigen Mittelsmännern angeworbenen – und ausgebeuteten – polnischen Arbeitskräfte lebten meist unter spartanischen Bedingungen in Baracken oder in richtiggehenden Landarbeiterkasernen, misstrauisch beäugt von der deutschen Bevölkerung.

Während des Ersten Weltkriegs änderte sich die Situation grundlegend: Nun wurden viele der Saisonarbeiterinnen und -arbeiter gegen ihren Willen in Deutschland festgehalten und jahrelang an der Rückkehr in ihre Heimat gehindert (→ Zwangsarbeiter aus Polen). In der Wirtschaftskrise der 1920er-Jahre sank dann zwar der Bedarf, doch blieb Deutschland auf die polnischen Saisonarbeitskräfte weiterhin angewiesen, zumal in der Landwirtschaft. Eine Kontingent-Lösung für freiwillige Saisonarbeitskräfte galt sogar in der Nazi-Zeit bis 1939. Bald war es aber mit der Freiwilligkeit vorbei, als ca. 2 Millionen Polen im Zweiten Weltkrieg zur Zwangsarbeit im Reich eingesetzt wurden.

Es dauerte einige Jahrzehnte, ehe nach 1945 wieder polnische „Sachsengänger" nach Deutschland kamen. Wer einen Pass erhielt, mit dem er ins Ausland reisen durfte, für den war es aufgrund der Wechselkursdifferenz insbesondere seit den 1970er-Jahren vielfach attraktiv, einige Wochen in der Bundesrepublik zu arbeiten. Auch in der DDR waren polnische Arbeitskräfte beschäftigt (→ Vertragsarbeiter, → Visafreier Verkehr). Die Zahl von Saisonarbeitern schnellte Anfang der 1990er-Jahre in die Höhe: Zeitweise kamen offiziell mehr als 300.000 Polinnen und Polen (inoffiziell sicherlich mehr) für maximal drei Monate nach Deutschland, und deutsche Erdbeer-, Spargel- oder Weinbauern konnten sich die Ernte ohne diese flexibel einsetzbaren Kräfte kaum mehr vorstellen. Auch im Gast- und Schaustellergewerbe arbeiteten Tausende Polen. Zwar ging die Zahl der polnischen Saisonarbeitskräfte nach dem EU-Beitritt Polens 2004 wieder zurück, doch da mittlerweile viele Wege nach Deutschland führen, heißt es vielerorts in Polen immer noch: „Jadę na saksy" – „Ich fahre nach Deutschland", oder auch, durchaus ironisch: „Jadę do Reichu" – „Ich fahre ins Reich".

Sayn-Wittgenstein, Carolyne zu

Liszts polnische Muse

Peter Oliver Loew

—

Sie ließ Franz Liszts Entschluss reifen, endlich mit dem Dasein als reisender Klaviervirtuose zu brechen: Als der gefeierte ungarisch-deutsche Musiker im Februar 1847 in Kiew erstmals Carolyne Fürstin zu Sayn-Wittgenstein traf, verspürten sie rasch Zuneigung zueinander. Die 1819 als Karolina Elżbieta von Iwanowska geborene wohlhabende polnische Adelige lud Liszt auf ihr Familiengut Woronice in Podolien (südliche Ukraine) ein, wo sie getrennt von ihrem Gemahl lebte, Nikolaus zu Sayn-Wittgenstein-Berleburg-Ludwigsburg, einem retirierten Offizier, der in Kiew in kaiserlich-russischen Diensten gestanden hatte. Liszt besuchte die Fürstin zwei Mal auf ihrem Gut Woronice, schließlich entschloss sich die in Liebe zu ihm entbrannte Carolyne im Frühjahr 1848, ihren Mann zu verlassen.

Der Künstler und die Fürstin – er war 36, sie 28 – kamen überein, sich gemeinsam in Weimar niederzulassen, wo Liszt sich auf seine Tätigkeit als Komponist und Dirigent konzentrieren wollte. Viele Jahre verbrachten sie in der Villa Altenburg in „wilder Ehe", wie man das damals nannte, meist auf Französisch kommunizierend und umgeben von mehreren polnischen Bediensteten. Für Liszt war dies seine kompositorisch fruchtbarste Zeit, und er dankte Carolyne in einem Brief für „die Herrlichkeiten und die Schmerzen Deiner Liebe, die Leidenschaft Deiner Hingabe"[6]. Doch die ersehnte katholische Heirat scheiterte zunächst durch kirchliche Hindernisse und später, als die von Carolyne betriebene Annullierung ihrer ersten Ehe doch noch erreicht war, einen Tag vor der geplanten Vermählung am 22. Oktober 1861 in Rom, aufgrund des Einwirkens der polnischen Familie der Fürstin. Das Paar blieb in Rom, Carolyne sogar bis an ihr Lebensende 1887. Das Scheitern der Eheschließung sollte bleibenden Einfluss auf die Beziehung haben, das Paar trennte sich wenig später. Dennoch stand Carolyne weiter in engem Kontakt mit Liszt, der seinerseits Polen nicht vergaß: In seinen letzten zwölf Lebensjahren arbeitete er an einem großen Oratorium über den polnischen Nationalheiligen Stanislaus, das er unvollendet hinterließ – die letzte Szene endet mit dem Schlusschor „Salve Polonia!".

Carolyne fand ihre letzte Ruhestätte auf dem Campo Santo Teutonico („Friedhof der Deutschen") in Rom, der große Komponist, der am 31. Juli 1886 infolge einer Lungenentzündung starb, hingegen in Bayreuth.

> Liszt dankte Carolyne in einem Brief für „die Herrlichkeiten und die Schmerzen Deiner Liebe, die Leidenschaft Deiner Hingabe".

---

[6] Brief an Fürstin Carolyne Sayn-Wittgenstein, 14. Juli 1855, zit. nach Hans Rudolf Jung (Hrsg.): *Franz Liszt in seinen Briefen,* Berlin 1987, S. 136.

Scharwenka, Xaver

Mit „polnischen Tänzen" zum Weltruhm

Peter Oliver Loew

—

Wenn man in Deutschland am Ende des 19. Jahrhunderts an Polen in der Musik dachte, dann mochten einem →Chopin in den Sinn kommen – auch wenn er oft als Franzose durchging – und Xaver Scharwenka, dessen 1869 komponierter erster seiner fünf *Polnischen Nationaltänze op. 3* mit seinerzeit über drei Millionen verkauften Notenexemplaren eine der erfolgreichsten Klavierkompositionen war.

Ein wenig wie ein polnischer Edelmann, so inszenierte sich Xaver Scharwenka gerne. Das Foto zeigt ihn um 1890.

Der 1850 im Städtchen Samter (Szamotuły) nahe Posen geborene Komponist und Klaviervirtuose hatte einen deutschen Vater, der protestantisch und völlig unmusikalisch war, während seine katholische Mutter aus einer polnischen Familie stammte und die Musik leidenschaftlich liebte. Die Sommerzeit verbrachte Xaver Scharwenka bis ins hohe Alter meist im nahen Rux-Mühle (Ruks) auf dem Gut eines Großonkels, der mit der Geige zu Mazurken, Krakowiaks und Obertas aufspielte, während Scharwenkas Großmutter, „eine waschechte Polin aus gutem Hause"[7], ihren Enkeln abends von Ereignissen aus der polnischen Geschichte erzählte. (Mit der bierernsten deutschen Verwandtschaft väterlicherseits konnte Scharwenka nicht viel anfangen.) Zwar bezeichnete sich der Musiker stets als vollkommen deutsch, doch sprach er auch Polnisch, und der familiäre Hintergrund wie auch die Eindrücke aus der Jugend inspirierten ihn nach der Gymnasialzeit in Posen und, ab 1865, einigen Studienjahren an der Neuen Akademie der Tonkunst in Berlin (wohin die Familie umgezogen war) rasch zu einer Fülle „polnischer Tänze": Etwa 25 Stücke dieser Art gibt es von ihm, dazu mehrere →Mazurken und Polonaisen sowie vier ebenfalls polnisch angehauchte Klavier-

konzerte, die gerade dann populär wurden, als der deutsch-polnische Nationalitätenkonflikt im preußischen Osten nach der Reichsgründung in den 1870er-Jahren eskalierte.

Doch Scharwenkas Ruhm beschränkte sich nicht auf die Komposition eigener Werke: Vor allem als Chopin-Interpret feierte er auf Konzertreisen in Europa und Nordamerika sensationelle Erfolge am Klavier. Als Musikpädagoge reüssierte er mit seinem 1881 eröffneten Konservatorium sowie später einer Klavier-Meisterschule in Berlin. Auch in New York, wo er ab 1891 für mehrere Jahre lebte, gründete er eine Filiale seines Konservatoriums, das „Scharwenka Conservatory of Music". Nach seiner Rückkehr nach Deutschland wurde Scharwenka Mitglied der Königlichen Akademie der Künste zu Berlin und in deren Senat gewählt (1901). Als einer der bekanntesten Klaviervirtuosen setzte er seine Konzerttätigkeit weiter fort. Daneben war er in Musikverbänden aktiv und betätigte sich als Herausgeber und Verfasser musikpädagogischer Werke (unter anderem *Handbücher der Musiklehre*), die im Leipziger Musikverlag Breitkopf & Härtel erschienen.

Scharwenka starb 1924 in Berlin an einer Blinddarmentzündung. In Berlin-Schöneberg ist er auf dem Alten St.-Matthäus-Kirchhof beigesetzt.

S

---

[7] Xaver Scharwenka: *Klänge aus meinem Leben. Erinnerungen eines Musikers*, Leipzig 1922, S. 11.

Am 23. November 1989 ist der D-Zug 394 von Berlin nach Warschau zu 300 Prozent ausgelastet.
Die Transportpolizei der DDR ist nicht in der Lage, alle Reisenden zu kontrollieren.

Schmugglerzug

Schleichhandel zwischen Warschau und Berlin

Andrzej Kaluza

—

Die Geschichte des Schmuggels und der Schmuggler an der deutsch-polnischen Grenze ist alt, doch bis heute kaum untersucht worden. Dabei gibt es dafür zahlreiche Belege, etwa aus dem 19. Jahrhundert oder aus dem deutsch-polnischen Zoll- und Wirtschaftskrieg der 1920er-Jahre. Zu einem Massenphänomen wurde der Schmuggel allerdings erst in den 1970er-Jahren: Zunächst unter polnischen und ostdeutschen Touristen (→ Visafreier Reiseverkehr), später vor allem bei den polnischen → Vertragsarbeitern in der DDR, die ihren regulären Verdienst in ostdeutschen Fabriken durch privat organisierten Handel aufzubessern suchten. Sie lebten unter der Woche in fabrikeigenen Wohnheimen und fuhren am Wochenende nach Hause. Am Freitagabend waren die Züge in Richtung Heimat überfüllt, weil die Polen auf ihrer Heimreise DDR-Ware in großen Mengen – und in findigen Verstecken vor den Augen der Zollbeamten verborgen – mit sich schleppten: Schuhe, Kinderkleidung, Elektrogeräte, Musikinstrumente, Süßigkeiten usw. Die Waren wurden dann gewinnbringend auf Märkten in Polen privat verkauft. Durch diesen „Schleichhandel" ließ sich ein Vielfaches der in Polen und in der DDR gezahlten Löhne hinzuverdienen. Von dem erwirtschafteten Geld wurden dann begehrte polnische Produkte gekauft – etwa Jeans oder auch Accessoires und Kosmetika aus privaten Boutiquen. Die Abnehmer auf deutscher Seite waren vor allem Arbeitskollegen, zum Teil wurde auch in den Wohnquartieren der polnischen Arbeiter, seltener auf Märkten oder in Fußgängerzonen verkauft.

Die einträglichen Gewinne aus diesem Handel wurden durch das unterschiedliche Preisniveau der – auf beiden Seiten der Grenze begehrten – Produkte ermöglicht, was wiederum auf einen unterschiedlichen Grad staatlicher Subventionierung in der DDR und Polen zurückzuführen war. Während es für „normale" Touristen und Besucher strenge Devisen- und Mengenbegrenzungen gab, durften die polnischen Vertragsarbeiter, auch „Kontraktarbeiter" genannt, Waren im Wert von bis zu einem Monatslohn aus der DDR ausführen. In Wirklichkeit wurden aber weit größere Mengen in den Zügen nach Warschau transportiert. Berühmt war der zwischen Berlin und Warschau am Wochenende verkehrende Nachtzug mit seinem Spitznamen „Schmugglerzug" *(przemytnik).* Das am Montagmorgen wieder in die DDR zurückfahrende „Gegenstück" hieß im Volksmund „Arbeiter" *(robotnik).*

Der Handel der Polen in der DDR lief noch bis zur Wende 1989 gut. Die Hoffnung auf richtig große Geschäfte lag aber in West-Berlin mit seiner harten D-Mark, wo der „Schmugglerzug" am Zoologischen Garten seinen Ziel- und Startbahnhof hatte. Die Soziologin Małgorzata Irek hat diese Zeit als „Eldorado"[8] bezeichnet, das die frühen „Eroberer" zu nutzen wussten: Das beträchtliche Lohn- und Preisgefälle zwischen Ost

---

[8] Małgorzata Irek: *Der Schmugglerzug Warschau – Berlin – Warschau: Materialien einer Feldforschung,* Berlin 1998, S. 23.

und West ermöglichte ihnen, durch Schwarzarbeit, Handel oder Schmuggel von Alkohol und Zigaretten ein Startkapital zu bilden, von dem die neue polnische Marktwirtschaft nach 1989 profitierte. So mancher polnische Bürger konnte sich so sein Häuschen finanzieren, ein Geschäft oder ein Unternehmen aufbauen. Diese Goldgräberzeit war allerdings mit dem Mauerfall schon wieder vorbei.

Zwischen Herbst 1989 und 1990 war West-Berlin als einzige westliche Stadt für Polen visumfrei zu erreichen und avancierte so zu einer Art „Mekka" für alle umtriebigen Polen (Irek nennt sie die „Mekka-Pilger"), die massenhaft die → Polenmärkte nutzten, um die begehrte D-Mark zu verdienen. So waren die Eurocity-Züge von Warschau nach Berlin monatelang hoffnungslos überfüllt. Allerdings sanken aufgrund des gestiegenen Angebots die Preise auf den Polenmärkten drastisch, die Zollkontrollen wurden verschärft und höhere Strafen verhängt. Um den finanziellen Ertrag der anstrengenden

Fahrten zu steigern, erweiterten manche Reisende ihr „Portfolio" durch Schwarzarbeit, Diebstahl und Prostitution. Die Schmuggler der „Mekka"-Phase rekrutierten sich aus allen sozialen Schichten der polnischen Bevölkerung: Studenten, Arbeiter, Bauern, Taxifahrer, später auch Arbeitslose und Jugendliche, für die Schmuggel und Diebstahl Mutproben waren.

Als sich die Preise nach dem Mauerfall in beiden Ländern mehr und mehr annäherten, verlor der Schmuggel zunehmend an Attraktivität, und auch die Polenmärkte büßten über kurz (in Berlin) oder lang (an der deutsch-polnischen Grenze) ihre Anziehungskraft ein. Die Grenzregion lockte jedoch mit neuen Angeboten: Nach dem Weichen der Schmuggler bevölkerten die Züge nach Berlin nun Tausende neuer Pendler, vor allem Frauen aus Polen, die sich in Berlin als → Putzfrauen verdingten, später auch → Handwerker und → Studierende, die Hochschulen in Deutschland besuchten.

Berlin Bahnhof Zoo, Mekka des Schmuggels, hier Blick auf den Hardenbergplatz mit dem neugestalteten Bahnhofsgebäude, 1989

Schwesta Ewa

Die polnische Rapperin aus Frankfurt am Main

Andrzej Kaluza
—

S

Gangsta-Rap ist etwas für harte Jungs: In zwielichtigen Videos zeigen die zu Underdogs stilisierten Musiker ihre Stil- und Status-Vorlieben: schwere Limousinen, Goldkettchen, echt aussehende Waffen, Pride-Tattoos, eine direkte, schnörkellose Sprache. Viele kommen tatsächlich aus den Niederungen der deutschen Einwanderergesellschaft, sind gewaltbereit und sitzen nicht selten gar Gefängnisstrafen ab. In einer solchen Welt gibt es nur wenig Platz für Frauen, könnte man meinen. Schwesta Ewa beweist das Gegenteil.

Will eine Frau in der von Männern dominierten Rap-Szene Erfolg haben, muss sie bereit sein, sich ebenso hart und rücksichtslos zu zeigen wie ihre männlichen Kollegen. Schwesta Ewa hat das Zeug dazu. Die 1984 in Köslin (Koszalin) geborene Rapperin, die mit bürgerlichem Namen Ewa Müller heißt, kam als Kind mit Mutter und Geschwistern nach West-Berlin, wuchs in Kiel auf, wo sie erste Kontakte zum Rotlichtmilieu hatte. 2004 ging sie nach Frankfurt am Main. Um Geld zu verdienen, arbeitete sie dort lange Zeit als Prostituierte (→ Prostitution), bevor sie von der Plattenfirma Alles oder Nix Records als Musikerin entdeckt wurde. Ihr erstes Musikvideo *Schwätza* erschien 2011, ein Jahr später das Mixtape *Realität*. Ihre millionenfach angeklickten Videoclips haben sie seither zu einer festen Größe in der Deutsch-Rapszene gemacht. In ihren Songs wie *Blaulicht mein Feind – Rotlicht mein Zeuge!* spielt sie gerne auf ihre eigene Vergangenheit an. Davon kündet auch der Titel ihres 2015 erschienenen Debütalbums *Kurwa* (Nutte), mit dem sie sich erfolgreich in den deutschen Charts platzieren konnte.

2017 wurde Schwesta Ewa wegen eines Strafprozesses gegen sie in Frankfurt am Main deutschlandweit bekannt. Die Rapperin musste sich unter anderem wegen des Vorwurfs der Zuhälterei verantworten. Schließlich wurde sie wegen Körperverletzung und Steuerhinterziehung zu einer Haftstrafe verurteilt.

Scotti, Elisabeth

Wegbereiterin des polnischen Films in der Bundesrepublik

Andrzej Kaluza

—

Szene aus Andrzej Wajdas Film *Das gelobte Land*, gedreht 1974 in Polen. In der Bundesrepublik wurde er erstmals im Dezember 1976 im ZDF ausgestrahlt.

Seit Ende der 1950er-Jahre „vertrat" Elisabeth Scotti, 1927 als Elżbieta Arseniew-Larin in Warschau geboren, die polnische Filmbranche in der Bundesrepublik.

1944 war Elżbieta als Zwangsarbeiterin nach Wiesbaden gekommen, wo sie nach dem Krieg als polnische →Displaced Person blieb. Gemeinsam mit ihrem Mann Alexander Scotti gründete sie die Firma „Interfilm", die sie nach dem Tod ihres Mannes 1971 weiterführte. Ihren Kontakten zu Festivalmachern, Filmverleihern, aber vor allem zu westdeutschen Fernsehanstalten verdankte der polnische Film der 1950er- und 1960er-Jahre große Beachtung in der Bundesrepublik. Immerhin wurden damals mehr als 50 Prozent der gesamten polnischen Filmproduktion im bundesrepublikanischen Fernsehen ausgestrahlt. Zu Elisabeth Scottis Verdiensten gehört auch, dass dank ihres Einsatzes Krzysztof →Kieślowski für seinen Filmzyklus *Dekalog* einen deutschen Koproduzenten gewinnen und damit sein Unternehmen überhaupt erst realisieren konnte. Nach dem Tod von Elisabeth Scotti, die 2005 in Boppard am Rhein starb, sagte der Regisseur Andrzej →Wajda, dass das polnische Kino mit ihr einen „seiner hervorragendsten Botschafter im Ausland" verliere. [9]

Heute laufen viele Kultur- und auch Filmkontakte durchaus „professioneller" ab, allerdings fehlt es zurzeit an deutschen Fürsprechern, die dem polnischen Film helfen würden, ihn hierzulande wieder stärker zu etablieren. Formate wie „Filmland Polen" von Grażyna Słomka oder „FilmPolska" des Berliner →Polnischen Instituts sind im Wesentlichen auf einzelne Programmkinos mit Nischenpublikum angewiesen, das breite Fernsehpublikum und die Besucher auf großen deutschen Filmfestivals (mit rühmlichen Ausnahmen in Cottbus und Wiesbaden) gehen leer aus.

---

[9] Zit. nach *Propagatorka polskiego kina Elżbieta Scotti nie żyje* [Fürsprecherin des polnischen Films tot], in: Gazeta Wyborcza, 11.08.2005. Online abrufbar unter: www.filmweb.pl/news/Propagatorka+polskiego+kina+El%C5%BCbieta+Scotti+nie+%C5%BCyje-23460 (Aufruf am 15.01.2018) [Übers. AK].

Skrzyposzek, Christian

Querkopf in Ost und West

Hans-Christian Trepte

—

Als Sohn eines polnischen Vaters und einer deutschen Mutter 1943 im oberschlesischen Königshütte (Chorzów) geboren, erhielt der zweisprachig aufgewachsene Christian Skrzyposzek zunächst eine Ausbildung als Pianist. Danach studierte er Polonistik in Warschau. Dort veröffentlichte er auch erste literaturkritische Aufsätze sowie Fragmente seines Romans *Kabotyn* in verschiedenen Literaturzeitschriften. Infolge der Studentenunruhen von 1968 erhielt Skrzyposzek als junger Intellektueller Publikationsverbot. 1969 verließ er Polen.

Nach Aufenthalten in Österreich, Schweden und der Bundesrepublik kam Skrzyposzek 1971 nach West-Berlin, wo er seine literarische Tätigkeit fortsetzte und wo er 1983 seinen autobiografischen Roman *Freie Tribüne* in deutscher Sprache veröffentlichte, sein bedeutendstes Werk, eine beißende satirische Abrechnung mit dem kommunistischen Regime in Polen. Das polnischsprachige Original *(Wolna Trybuna)* erschien wenige Jahre später ebenfalls in Berlin, in Polen dagegen erst 2003.

Eine fortschreitende Lähmung erschwerte Skrzyposzek zunehmend das Leben. Bereits 1996 hatte er – nur in Polen – seinen ebenfalls autobiografisch geprägten Roman *Mojra* veröffentlicht, der um die unerwiderte Liebe eines Behinderten und den Kampf mit einer schweren Krankheit kreist. Als seine körperliche Verfassung für ihn unerträglich wurde, setzte er seinem Leben selbst ein Ende und sprang im Mai 1999 aus dem Fenster seiner Berliner Wohnung. 2005 erschien posthum sein bereits Ende der 1970er-Jahre in deutscher Sprache verfasster spöttischer Roman *Die Annonce* über die Republikflucht einer russischen Katze aus Ost-Berlin, die sich entschließt, in den Westen zu gehen, nachdem sie eine Katzenfutter-Werbung im Westfernsehen gesehen hat. Der Roman symbolisiert gewissermaßen auch Skrzyposzeks eigenes „Schlingern" zwischen seiner polnischen und deutschen Identität, was ihn hüben wie drüben zu einem „Querkopf" machte.

Eine lange Krankheit beeinträchtigte das außergewöhnliche Talent von Christian Skrzyposzek.

S

Smętek, Wiesław

Der Mann hinter den Titelbildern

Andrzej Kaluza

—

Manchmal sagt ein Symbolbild mehr als tausend Worte. Mona Lisa mit Kopftuch? Wladimir Putin als Terminator? Gerhard Schröder mit Feigenblatt? Der Künstler Wiesław Smętek ist darin ein Meister: Er illustriert mit Bravour die Titelseiten bekannter Magazine. Kaum jemand kennt seinen Namen, aber viele haben schon über seine Cover geschmunzelt, nicht wenige waren verstört, ja verärgert.

Der 1955 in Łobżenica (Großpolen) geborene Smętek machte sein Maler- und Grafikdiplom in Danzig und wanderte 1990 nach Deutschland aus. Der Durchbruch gelang ihm auf Anhieb: Sowohl der „Spiegel" als auch der „Stern" engagierten ihn umgehend, auch das Bewerbungsgespräch soll er bei beiden Verlagshäusern am gleichen Tag absolviert haben. Später kamen „Die Zeit", „Cicero" und die „Süddeutsche Zeitung" dazu. Heute ist der Künstler für zahlreiche deutsche und internationale Magazine und Zeitungen tätig, für die er über 500 Titelbilder schuf. Für seine Illustrationen und Cover wurde er mit mehreren Preisen ausgezeichnet, 2014 wurde ihm sogar eine Ausstellung in Hamburg gewidmet.

Smętek vermischt unterschiedliche Techniken (Zeichnung, Fotografie, digitale Effekte), sodass nicht sicher ist, was authentisch ist und was verformt wurde. Zu seiner Arbeitsweise befragt, sagt er: „Ich glaube, es ist eine Mischung aus Talent, Spontaneität, Instinkt und Ideenreichtum. Meistens muss es schnell gehen. Ich bin ein Sprinter, ein Hektiker, Druck ist meine Inspirationsquelle."[10] Oft habe er nur wenige Stunden Zeit für ein Cover, vom Auftrag bis zur Fertigstellung.

Gekonnt vermischt er auch Deutsch-Polnisches: Seit mehr als einem Jahrzehnt schmücken seine Titelbilder das Deutsch-Polnische Magazin → DIALOG; manchmal nimmt er Anleihen bei polnischen Motiven und setzt diese als Kommentar der Ereignisse in der deutschen Politik und Gesellschaft ein. So geschehen etwa bei dem „Stern"-Doppelcover *Die Schlacht um Bonn*, das deutsche Politiker im Kampfgetümmel vor der Bundestagswahl 1994 zeigt: Smętek setzte sie als Protagonisten in die Szenerie des berühmten Historienbildes *Schlacht bei Grunwald* (1878) des polnischen Malers Jan Matejko. Das Motiv bot der „Stern" auch als Plakat an, das jedoch wegen des Wahlkampfes in deutschen Amtsstuben nicht aufgehängt werden durfte. Dagegen drückte der damalige Bundesgeschäftsführer der SPD, Günter Verheugen, in einem Brief an die Redaktion seine Dankbarkeit aus, auf dem Bild das SPD-Banner tragen zu dürfen.

Wiesław Smętek gestaltet Cover für internationale Printmedien, hier für eine Ausgabe des Deutsch-Polnischen Magazins „DIALOG".

[10] Zit. nach Ruth Schneeberger: *Illustrator Wiesław Smętek: Mit naiven Augen die Welt sehen*, 29.07.2014. Online abrufbar unter: www.sueddeutsche.de/medien/illustrator-wieslaw-smetek-mit-naiven-augen-die-welt-sehen-1.2067199 (Aufruf am 15.01.2018).

Soboczynski, Adam

Polski Tango oder
Geschichten eines Grenzgängers

Andrzej Kaluza

—

Adam Soboczynski kam 1979 im Alter von sechs Jahren mit seinen Eltern aus Thorn (Toruń) nach Deutschland, studierte Literaturwissenschaften in Berkeley und St. Andrews, promovierte in Bonn, bevor er sich als Redakteur im Feuilleton der Wochenzeitung „Die Zeit" und als Buchautor einen Namen machte.

„Die meisten Immigranten aus Polen waren damit beschäftigt, nicht aufzufallen", diesen Satz lesen wir in Soboczynskis Buch *Polski Tango* (2007), mit dem der Autor sein literarisches Debüt in Deutschland gab. In seinem Buch setzt sich Soboczynski in Form einer (selbst)ironischen Reflexion unter anderem auseinander mit den Beweggründen seiner Eltern, Polen zu verlassen, sowie den Integrationsstrategien der → Aussiedler in den 1980er-Jahren. Soboczynski meint damit die Kunst, sich erfolgreich zu verstellen: „Über Nacht verschwanden die Insignien des Ostens: Mein Vater nahm sich seinen polnischen Schnurrbart ab, und Mutter trug Jeans statt bunter Röcke."[11] In der Öffentlichkeit sprachen sie Deutsch, auch wenn sie es nicht konnten, feierten Geburtstage statt Namenstage und schunkelten kräftig beim rheinischen Karneval mit. Allerdings blieb in der Wohnung alles beim Alten: polnische Sprache, polnisches Essen, polnische Bekannte. „Sie wollten dazu gehören und gleichzeitig abseits bleiben."[12] Damit pointiert Soboczynski die Zerrissenheit dieser Aussiedlergeneration, deren Sozialisation bis zur Ausreise eindeutig „polnisch" verlief und deren deutsche Teilidentität erst nach der Ausreise in die Bundesrepublik – nicht selten mit einer (selbst)ironischen Haltung dazu – zum Tragen kam.

Für sein journalistisches Schaffen wurde Soboczynski mehrfach ausgezeichnet, so 2005 mit dem Deutsch-Polnischen Journalistenpreis. Heute arbeitet er als Ressortleiter des „Zeit"-Feuilletons.

Der Journalist und Autor Adam Soboczynski, Oktober 2015

S

---

[11] Adam Soboczynski: *Polski Tango. Eine Reise durch Deutschland und Polen,* Berlin 2006, S. 24.
[12] Ebd., S. 29.

Solidarność im Exil

Polnische Gewerkschafter organisieren sich im Westen

Dieter Bingen

—

Detail des Hedwig-Fensters im Haus der Begegnung der katholischen Pfarrei St. Antonius in Pfungstadt bei Darmstadt. Der Künstler, der das Fenster 1981 fertigstellte, arbeitete den „Solidarność"-Anführer Lech Wałęsa und den polnischen Papst Johannes Paul II. in die Szenerie ein.

Als am 13. Dezember 1981 das Kriegsrecht in Polen ausgerufen, die Arbeit der Unabhängigen Selbstverwalteten Gewerkschaft „Solidarność" (Solidarität) verboten und zahlreiche ihrer Aktivisten verhaftet oder interniert wurden, standen die Gewerkschaftsfunktionäre und -mitglieder, die sich zu diesem Zeitpunkt im westlichen Ausland befanden, vor einer schweren Entscheidung: in die Ungewissheit zurückkehren oder in Sicherheit bleiben, das heißt eine neue Generation polnischen Exils begründen?

Eine siebenköpfige „Solidarność"-Delegation der Danziger Lenin-Werft hatte sich bereits am Tag zuvor auf den Weg in die westdeutsche Partnerstadt Bremen gemacht und war dort von der Ausrufung des Kriegszustandes überrascht worden. In der Folge begründete die Gruppe in Bremen einen der Stützpunkte der polnischen Gewerkschaft im westeuropäischen Exil mit der Eröffnung des Bremer Koordinationsbüros der „Solidarność" im April 1982. Das Büro sollte die Koordinierung der Strukturen der Gewerkschaft in der Bundesrepublik übernehmen, es stand auch in Kontakt mit anderen „Solidarność"-Vertretungen und -Gruppierungen im westeuropäischen Ausland. Geleitet wurde es von Kazimierz Kunikowski, der auch der Delegation aus Danzig angehört hatte. Die Mitglieder des Büros wurden deutschlandweit auch auf Veranstaltungen eingeladen, so Kunikowski 1982 zum 12. DGB-Kongress in West-Berlin, wo er eine Rede hielt, bei der er sich für die moralische und materielle Hilfe in Deutschland bedankte. Das Büro der „Solidarność" in Bremen wurde jedoch bereits im Sommer 1983 wieder geschlossen; es galt als schlecht organisiert, wenig effizient. Neben Bremen wurde West-Berlin zu einem weiteren Ankerpunkt der Interessenvertretung der Gewerkschaftsbewegung im freien Teil Deutschlands. So gründeten sich auch dort eine „Arbeitsgruppe Solidarność" *(Grupa Robocza Solidarność)* sowie ein „Komitee zur Verteidigung der Solidarität" *(Komitet Obrony Solidarności)*. Aus diesem Kreis ging im Mai 1982 der → Polnische Sozialrat *(Polska Rada Społeczna)* hervor, der bis heute – natürlich mit neuen Aufgaben – aktiv ist.

Sosnowski, Jerzy

Polens Meisterspion der Zwischenkriegszeit

Peter Oliver Loew

—

Blendend sah er aus, und er wusste sich zu benehmen, dieser polnische Edelmann, der 1926 in Berlin auftauchte. „Ritter von Nałęcz" nannte er sich, interessierte sich für Pferde und für Frauen und besaß scheinbar Geld wie Heu. Niemand ahnte, dass der feine Rittmeister in Wahrheit ein Agent des polnischen Auslandsgeheimdienstes war, der erfolgreichste Spion, den Polen in der Zwischenkriegszeit in Berlin hatte. Sein Auftrag: Die Ausspähung der Reichswehr. Seine Waffe: seine unwiderstehliche Ausstrahlung auf das weibliche Geschlecht. Ihr verdankte es Jerzy Sosnowski, so der richtige Name des 1896 in Lemberg geborenen ehemaligen Offiziers, der in der polnischen Legion der k.u.k.-Armee gedient hatte, dass unterbezahlte, aus altem Adel stammende Sekretärinnen des Reichswehrministeriums ihm die bestgehüteten militärischen Papiere verschafften, darunter Aufmarschpläne der Reichswehr und detailliertes Material über die geheime militärische Zusammenarbeit der Weimarer Republik mit der jungen Sowjetunion.

Doch Sosnowskis kostspieliger Lebensstil sorgte in der von Finanznöten geplagten Warschauer Geheimdienst-Zentrale für Unmut, außerdem wollte man ihm partout nicht glauben, dass die aus Deutschland beschafften Dokumente wirklich echt waren, und verdächtigte ihn, ein Doppelagent zu sein. Im Februar 1934 hatte die deutsche Spionageabwehr endlich begriffen, was der gesellige Pole im Schilde führte, und er wurde von der Gestapo während eines seiner rauschenden Feste verhaftet. Auch zwei seiner adeligen Zuträgerinnen wurden enttarnt und endeten 1935 vor dem Scharfrichter. Sosnowski selbst wurde bald nach seiner Verurteilung zu lebenslanger Haft gegen in Polen festgenommene deutsche Spione ausgetauscht. Doch in Polen geriet er wegen Landesverrats wieder ins Gefängnis und blieb als vermeintlicher Doppelagent bis zum Ausbruch des Zweiten Weltkriegs inhaftiert. Während des Krieges kam er im Zuge der Besetzung Ostpolens durch die Truppen der Roten Armee in sowjetische Gefangenschaft. 1942 soll Sosnowski in einem russischen Gefangenenlager gestorben sein.

In der Welt der oberen Zehntausend zu Hause: der polnische Spion Jerzy Sosnowski (rechts) im Berlin der 1930er-Jahre

Stefański, Janusz Maria

Polski Jazz und „Frankfurt Sound"

Rüdiger Ritter

—

Der Schlagzeuger, Komponist und Bandleader Janusz M. Stefański, 1946 in Krakau geboren, machte in Polen seit 1968 als Mitglied des Tomasz Stańko Quintetts (→ Polnischer Jazz) von sich reden. Außer Stefański gehörten der Modern-Jazz-Formation Zbigniew Seifert (Violine und Altsaxophon), Janusz Muniak (Tenorsaxophon) und Bronisław Suchanek (Bass) an. Anfang der 1970er-Jahre unternahm Stefański auch kurze Intermezzi in Richtung Rock und Fusion (Jazzrock) als Mitglied der Band Enigmatic des polnischen Rockmusikers Czesław Niemen. Mitte der 1970er-Jahre kam er in Kontakt mit westdeutschen Jazzmusikern, stieß zur Fusion-Band von Hans Koller (Hans Koller Free Sound), zur Radio Jazz Group Stuttgart und spielte auch in anderen bekannten Jazz-Ensembles.

Nach der Verhängung des Kriegsrechts in Polen 1981 kehrte Stefański von einer Tournee in Westdeutschland nicht nach Warschau zurück. Er übersiedelte in die Bundesrepublik und ließ sich in der Rhein-Main-Region nieder. Dem Jazz blieb er treu. Den legendären „Frankfurt Sound" bereicherte er durch seine Zusammenarbeit mit der Jazz-Legende Emil Mangelsdorff, außerdem spielte er unter anderem in Ensembles wie The Vienna Art Orchestra, dem Polski Jazz Ensemble und dem Heinz Sauer Quartett. Seit 1987 (bis 1996) leitete Stefański in Königstein (Taunus) sein eigenes Musikinstitut, wo er Konzerte und Kunstausstellungen veranstaltete.

Stefanski gehörte zu den wichtigsten europäischen Vertretern des zeitgenössischen Jazz und war eine feste Größe im Musikleben des Rhein-Main-Gebiets, insbesondere der Frankfurter Jazzszene. Darüber hinaus hat er sich auch durch sein musikpädagogisches Wirken einen Namen gemacht, so als Dozent an den Hochschulen in Frankfurt am Main (2000–2003) und in Mainz, dort unter anderem seit 2009 als Professor an der Johannes Gutenberg-Universität. 2003 wurde Janusz M. Stefański mit dem „Hessischen Jazzpreis" ausgezeichnet. Sein länderübergreifendes Wirken bewies er als Initiator des „Polish-German Jazz Jamboree. Three Jazz Generations 1957–2005" in der Alten Oper in Frankfurt am Main, an dem Musiker aus Polen und Deutschland teilnahmen. Ein weiterer Höhepunkt seiner Karriere war 2011 sein Auftritt mit dem Bassisten Vitold → Rek anlässlich des Konzertes für den Präsidenten der Republik Polen, Bronislaw Komorowski, im Berliner Schloss Bellevue.

Stefanski starb Ende 2016 in Frankfurt am Main.

Strasburger, Eduard Adolf

Von Warschau nach Bonn – die grenzüberschreitende Karriere eines Botanikers

Matthias Barełkowski

–

S

Eine Grenzen und kulturelle Unterschiede überwindende deutsch-polnische Familiengeschichte zwischen Ost und West ließe sich am Beispiel der Familie Strasburger schreiben. Schon die Ausbildungsorte des 1844 geborenen Eduard beschreiben einen Kreis: Geboren in Warschau als Sohn eines vermögenden Konditoreibesitzers, dessen Vater aus Sachsen eingewandert war, legte er sein Abitur in der polnischen Hauptstadt ab, studierte in Paris und Bonn Biologie, promovierte 1866 in Jena und kehrte zurück in seine Geburtstadt, wo er sich nur ein Jahr später an der Szkoła Główna Warszawska, einer Hochschule, habilitierte. Bereits 1869 erhielt er einen Ruf an die Universität in Jena, wo er ab 1871 Ordinarius für Botanik war. Ab 1880 lehrte er an der Universität Bonn, an der er 1891/92 das Rektorenamt bekleidete, und war zudem Direktor des Botanischen Gartens der Universität.

Strasburger entdeckte die Teilung des pflanzlichen Zellkerns und lieferte grundlegende Erkenntnisse durch seine 1891 erschienenen Untersuchungen über den Flüssigkeitstransport in Pflanzenstengeln. Zusammen mit drei Bonner Kollegen begründete er „den Strasburger", in Fachkreisen als „Bonner Lehrbuch" oder auch als „Vier-Männer-Buch" bekannt (Erstauflage 1894), das noch heute als Standardlehrbuch der Botanik gilt. 2014 erschien die 37. Auflage unter dem Titel *Strasburger – Lehrbuch der Pflanzenwissenschaften*.

Strasburger erhielt für seine wissenschaftliche Tätigkeit zahlreiche Auszeichnungen und war Mitglied mehrerer Gesellschaften und Akademien in Europa, so ab 1899 auch der Bayerischen Akademie der Wissenschaften. Verheiratet war Strasburger seit 1870 mit Alexandra Wertheim, die ebenfalls aus Warschau stammte und Tochter des Industriellen Julian Wertheim war. Eduard Strasburger starb 1912 in Bonn. Aufgrund der jüdischen Herkunft seiner Frau († 1902) wurden Strasburgers Sohn Julius (Internist) und seine Enkelsöhne Hermann (Althistoriker) und Eduard (Zoologe) von den Nationalsozialisten mit Berufsverbot belegt.

In Polen heute fast vergessen, wird sein Wirken hierzulande lebendig gehalten durch die „Deutsche Botanische Gesellschaft e. V.", zu deren Gründungsinitiatoren Strasburger gehörte: seit 1994 durch die Vergabe des „Strasburger-Preises" an promovierte junge Wissenschaftler/-innen auf dem Gebiet der Botanik und seit 2014 durch die Förderung des Austausches von Nachwuchswissenschaftlern mit dem „Eduard Strasburger-Workshop".

Straßennamen

Gedächtnis deutsch-polnischer Geschichte

Peter Oliver Loew

—

Der Lublinring in Lublins deutscher Partnerstadt Münster in Westfalen

Wanderer, kommst du durch Deutschland, so wisse: Ständig werden Straßen deinen Weg kreuzen, die dich an Polen erinnern. Zugegeben, die meisten sollten in der Zeit, in der sie ihren Namen erhielten, des „verlorenen" deutschen Ostens gedenken, werden heute aber in der Regel mit Polen verbunden.

So gibt es in der Republik nicht weniger als 1.122 „Breslauer Straßen" – damit rangiert der Name auf Platz 47 der Liste der häufigsten Straßennamen. Dahinter folgen 985 „Danziger" und 787 „Stettiner Straßen", außerdem noch jede Menge Wege, Plätze, Alleen oder Ringe, die diese deutschen Namen der heute polnischen Städte tragen. [13] Dagegen findet sich nur eine „Szczeciner Straße" (in Greifswald). Während die 144 „Posener Straßen" – mehrheitlich schon seit den 1920er-Jahren – an abgetretene ehemalige Reichsgebiete erinnerten, verwiesen die „Poznaner Straße" in Cottbus ebenso wie 25 „Warschauer Straßen" wohl tatsächlich seit der Nachkriegszeit auf Polen. Eine „Polnische Straße" gibt es nur in Frankfurt an der Oder, aber zwei „Polenwege" in Leipzig und Stuttgart.

Auch polnische Regionen, wie das ehemals deutsche Schlesien, Pommern, West- oder Ostpreußen, sind nur als „deutscher Osten" vertreten – 99 „Schlesische Straßen" zeugen davon ebenso wie 151 Straßen, die Masuren im Namen führen, darunter die wegen des Rundfunkhauses berühmte Berliner „Masurenallee".

Bei den nach Personen benannten Straßen steht Nikolaus Kopernikus vor allem deshalb an der Spitze, weil man den aus Thorn stammenden Astronomen im 19. und 20. Jahrhundert für das „Deutschtum" reklamierte: 263 Straßen, Alleen, Wege, Gassen, Ringe und Plätze sind nach ihm benannt. Rang zwei nimmt die Sozialistin Rosa →Luxemburg (212 Straßen) ein, während nach Luxemburgs Mitstreiter Julian →Marchlewski nur mehr eine Straße (in Berlin-Friedrichshain) und ein Weg (in Leipzig) benannt sind. 31 Straßen tragen dagegen den Namen des Klaviervirtuosen →Chopin und eine – in Fürstenwalde an der Spree –

den des Komponisten Karol Szymanowski. In Pforzheim gibt es einen nach dem weltberühmten Pianisten Artur Rubinstein benannten Weg, und Erkrath bei Düsseldorf hat der in Krakau geborenen Kosmetik-Pionierin Helena Rubinstein eine Straße gewidmet. Chemnitz rühmt sich der einzigen Straße, die nach dem polnischen Nationaldichter Adam →Mickiewicz benannt ist. Und in Leipzig gibt es neben einem stolz „Poniatowskiplan" bezeichneten Fußweg noch eine „Jablonowskistraße", die an zwei verdienstvolle polnische Männer erinnern: den tapferen Offizier (→Poniatowski) beziehungsweise den Historiker und Mäzen (→Jablonowski). An den 15 „Curiestraßen" kann man weder ablesen, ob sie Monsieur oder Madame C. ehren (wahrscheinlich beide), noch dass sie irgendetwas mit Polen zu tun haben. Dieser Bezug aber ist eindeutig bei der nach dem ersten Papst aus Polen benannten „Johannes-Paul-II.-Straße" in Aachen und dem „Karol-Wojtyla-Platz" in Hennef (Sieg).

An polnische Kriegsopfer im Zweiten Weltkrieg erinnern die nach dem Pädagogen und Arzt Janusz →Korczak benannten zwei „Korczakwege" (in Nürnberg und Obersulm) und zwei „Korczakstraßen" (in Falkensee und Bad Sobernheim) sowie der „Kusocińskidamm" im Münchner Olympiapark. Dieser Damm ist nach dem polnischen Leichtathleten Janusz Kusociński benannt, der 1940 bei Warschau von den deutschen Besatzern ermordet wurde. Die einzige der bis heute existierenden „Freundschaftsstraßen" aus DDR-Zeiten, die „Straße der Deutsch-Polnischen Freundschaft" im sächsischen Eilenburg, sollte seinerzeit an die offiziell verordnete Freundschaft zum sozialistischen Nachbarstaat erinnern.

---

[13] Alle Angaben nach www.strassen-in-deutschland.de (Aufruf am 15.01.2018).

Studierende

Wissensaustausch zwischen Ost und West

Peter Oliver Loew

—

„Ich erwarte von Dir auch, dass Du mir die deutsche Sprache nicht geringschätzt, denn diese ist nicht nur in fremden Ländern, sondern auch daheim beim Königshof nötig."[14]

Diesen Rat gab der polnische Adlige Aleksander Ługowski zu Beginn des 17. Jahrhunderts seinem Sohn Jaś, als er ihn zum Studium in deutsche Lande schickte. Die deutschen Hochschulen und Universitäten waren schon seit dem ausgehenden Mittelalter wichtige Bildungsstätten für die Söhne der polnischen Eliten: Köln, Heidelberg oder auch Leipzig zählten zu den beliebtesten Studienorten, an denen man sich nicht nur mit Recht oder Philosophie und der deutschen Sprache beschäftigte, sondern auch Kunst und Lebenswandel im Westen kennenlernte.

Da es nach den Teilungen Polens im preußischen – und bald darauf auch im russischen – Teilungsgebiet keine polnischen Universitäten gab, riss der Zustrom polnischer Studenten nach Deutschland nicht ab. Um 1830 waren es etwa 100, um 1900 bereits rund 700. An erster Stelle standen nun die Universitäten in Breslau, Berlin, Heidelberg und München, an denen viele später führende polnische Wissenschaftler ihr akademisches Handwerk erlernten, darunter die Philosophen Władysław Tatarkiewicz (1886 – 1980) und Roman Ingarden (1893 – 1970). Nach 1918 verloren die deutschen Hochschulen ihre Attraktivität für Studenten aus Polen. Das sollte sich auch erst lange nach dem Zweiten Weltkrieg wieder ändern. Während die DDR 1980 mehr als 500 Studierende aus Polen verzeichnete, wurde Westdeutschland erst gegen Ende der 1980er-Jahre verstärkt zu einem Studienort für polnische Studierende; im Wintersemester 2015 / 2016 waren an deutschen Hochschulen insgesamt knapp 9.000 Studierende aus Polen eingeschrieben.

S

Polnische Studienanfänger lernen vor ihrem Ingenieursstudium an der Technischen Hochschule Dresden Deutsch, 1952.

[14] Zit. nach Dorota Żołądź-Strzelczyk: *Peregrinatio academica: Studia młodzieży polskiej z Korony i Litwy na akademiach i uniwersytetach niemieckich w XVI i pierwszej połowie XVII wieku* [Peregrinatio academica: Studien der polnischen Jugend aus Kronpolen und Litauen an deutschen Akademien und Universitäten im 16. Jahrhundert und in der ersten Hälfte des 17. Jahrhunderts], Poznań 1996, S. 29 [Übers. POL].

Suchodoletz, Samuel von

Kurfürstlicher Landvermesser und Ingenieur
in preußischen Diensten

Matthias Barełkowski

—

18 Einzelblätter des ältesten brandenburgischen Atlasses von Samuel von Suchodoletz wurden zu einer digitalen nordgerichteten Karte zusammengefügt, die 2008 vorgestellt wurde.

Suchodoletz gilt vielen Historikern als talentiertester Kartograf seiner Zeit.

Es mag aus heutiger Sicht seltsam klingen, aber der Schöpfer der preußischen Militärtopografie, Samuel Suchodoletz (um 1649–1727, auch Suchodolec oder Suchodolski), stammte aus dem polnischen Adel. Wegen seines protestantisch-reformierten Glaubens floh er in seiner Jugend aus dem Königreich Polen ins Herzogtum Preußen. Dort trat er vermutlich 1662 in die Armee ein, in der er zum Ingenieur und Kartografen ausgebildet wurde. 1679 wurde er zum „kurfürstlichen Landmesser und Ingenieur" ernannt. Zunächst fertigte er Karten von Potsdam und Umgebung an, bevor er 1683 nach Ostpreußen versetzt wurde, wo er die Kartografierung der einzelnen Kreise vollenden sollte. Zum Kammerjunker erhoben sowie mit Landbesitz und Privilegien ausgestattet, machte er sich 1701 an die Erstellung der ersten „Generalkriegskarte" des neu geschaffenen Königreiches Preußen.

Suchodoletz gilt vielen Historikern als talentiertester Kartograf seiner Zeit, der für die preußischen Herrscher ca. 300 Arbeiten ausführte, darunter neben Karten auch hydrografische Pläne und Kanalprojektierungen. Ein Teil dieser Werke kann heute noch in der Staatsbibliothek zu Berlin bewundert werden. Auch künstlerisch sehr begabt, fertigte Suchodoletz zudem prachtvolle Adelsgenealogien an, so 1697 eine drei Quadratmeter große Ahnentafel der polnischen Könige, die heute als verloren gelten muss.

Swinarski, Konrad

Ein ruheloser Regisseur macht Furore auf deutschen Bühnen

Markus Krzoska

—

Konrad Swinarski wurde 1929 in Warschau als Sohn eines polnischen Offiziers und einer Oberschlesierin geboren, die vor allem deutsche Traditionen pflegte. Er wuchs im Städtchen Różan nördlich von Warschau und in Wieliczka bei Krakau auf. Während des Krieges als „Volksdeutscher" geführt, war er Mitglied der Hitlerjugend und besuchte eine deutsche Schule in Krakau. 1945 starb seine Mutter in einem polnischen Internierungslager. Als Vollwaise blieb Swinarski in Polen und studierte zunächst Bildende Kunst, dann Dramaturgie in Warschau. Bald begeisterte er sich für Brecht. 1955 erhielt er ein Zweijahresstipendium des Berliner Ensembles, wo er Schüler und Assistent Brechts bis zu dessen Tod war. Nach 1957 inszenierte er eine Vielzahl von Stücken sowohl in Polen als auch an ausländischen Bühnen. Besonderes Aufsehen erregten seine Zusammenarbeit mit dem Dramaturgen Dieter Sturm an der Berliner Schaubühne seit 1962 sowie seine Inszenierung von → Mickiewiczs *Totenfeier (Dziady)* in Krakau 1973. In West-Berlin war Swinarski auch am Schiller-Theater erfolgreich, die Kritik lobte seine *Marat/Sade*-Inszenierung nach Peter Weiss als „Aufführung des Jahres 1964", und unter seiner Regie bescherte die *Wanze* nach Majakowski dem Publikum laut Medien einen der „herrlichsten Theaterabende des Jahres".[15]

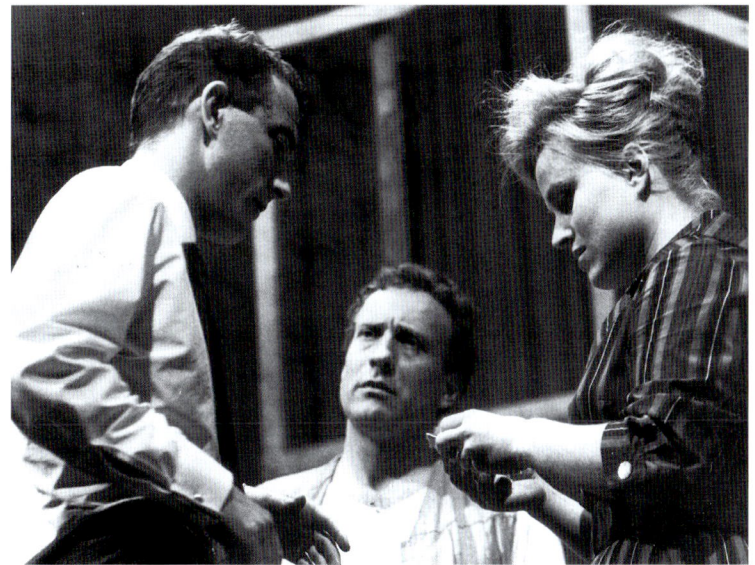

Erste Inszenierung an der neu gegründeten Schaubühne am Halleschen Ufer im West-Berlin. Der Regisseur Konrad Swinarski (links) mit den Schauspielern Ingo Osterloh und Evelyn Meyka bei den Proben zu Ariano Suassunas *Das Testament des Hundes*, 1962

Swinarskis ruheloses, von grandiosen Erfolgen, aber auch spektakulärem Scheitern begleitetes Schaffen war von großer Originalität und der Lust an Provokationen geprägt. Im Mittelpunkt seines Schaffens standen zumeist die Konflikte der menschlichen Existenz, einschließlich ihrer religiösen und erotischen Komponenten.

Swinarski, der im August 1975 bei einem Flugzeugabsturz nahe Damaskus ums Leben kam, ist auf dem Warschauer Powązki-Friedhof beigesetzt.

---

[15] *Eine buht immer,* in: Der Spiegel, Nr. 8/1965, S. 95.

Szalonek, Witold

Ein Klangkünstler schlägt Wurzeln in Deutschland

Rüdiger Ritter

—

Meistens muss man ja nur das Musikinstrument sehen, um zu wissen, was da erklingen wird. Nicht so bei Witold Szalonek: Kompositionen wie *Trzy szkice dla harfy solo* (Drei Skizzen für Harfe solo, 1972), die aus dem Instrument, der Harfe, auch mal ein Schlagzeug, mal eine Gitarre machen, sind beispielhaft für Szaloneks frisches Experimentieren mit Klängen und Spieltechniken, was zu seinem Markenzeichen wurde.

Szalonek wurde 1927 in der polnischen Industriestadt Czechowice-Dziedzice geboren, die 1920 von Österreichisch-Schlesien zu Polen gekommen war. Von 1949 bis 1956 studierte er Klavier an der Musikakademie in Katowice (Kattowitz) bei Wanda Chmielowska und Komposition bei Bolesław Woytowicz. Die politische Öffnung Polens nach 1956 machte es möglich, dass Szalonek anschließend an zwei ganz unterschiedlichen, aber bedeutsamen Orten lernte und wirkte: 1960 konnte er an den →Darmstädter Ferienkursen für Neue Musik teilnehmen, seinerzeit ein Treffpunkt der musikalischen Avantgarde, 1962–1963 studierte er in Paris bei Nadia Boulanger, die eine ganze Generation polnischer Komponisten der Zwischenkriegszeit im neoklassizistischen Stil unterrichtet hatte.

> **In Deutschland erwies Szalonek sich als „Meister der kleinen Form" mit einer Vielzahl von Werken unterschiedlichster Anlage.**

Witold Szalonek, 1985

In den frühen 1970er-Jahren kam Szalonek auf Einladung des Deutschen Akademischen Austauschdienstes (DAAD) an die Hochschule der Künste nach West-Berlin, zunächst als „Artist in residence" und ab 1973 als Professor – beides zu einer Zeit, als das Klima zwischen Westdeutschland und Polen gerade erst aufzutauen begonnen hatte. Von seiner neuen Position aus konnte Szalonek nicht nur in Westeuropa Einfluss gewinnen, sondern seine Stellung ermöglichte ihm auch eine Rückwirkung auf seine Heimat Polen. So gab er in der Folgezeit sowohl dort als auch in vielen anderen europäischen Ländern Seminare und Kurse. In Deutschland hingegen erwies Szalonek sich als „Meister der kleinen Form" mit einer Vielzahl von Werken unterschiedlichster Anlage, die seine Auseinandersetzung mit dem polnischen Erbe spiegeln (*Suita Zakopiańska* [Zakopane-Suite] für Holzblasinstrument, 1996), über Miniaturen mit Deutschland-Bezug (*Bagatellae di Dahlem II* [Bagatellen aus Dahlem] für Flöte und Klavier, 1998) und Werke mit ungewöhnlicher Instrumentierung (*Meduzy sen o Pegazie* [Traum der Medusa von Pegasus] *I* und *II* für Horn und Blockflöte beziehungsweise für Horn und Flöte, 1997).

Auch wenn Szalonek nicht schulbildend wirkte, profitierte er doch sehr vom experimentellen Klima im Milieu der Neuen Musik in Deutschland. Hier erfuhr er Aufmerksamkeit und Anerkennung: 1990 verlieh die Universität Münster ihm die Ehrendoktorwürde, neun Jahre später erhielt er den „Kulturpreis Schlesien" des Landes Niedersachsen.

Szalonek, der sich nach seiner Emeritierung 1992 vor allem der Komposition widmete, starb 2001 in Berlin.

Szczypiorskis „schöne Frau Seidenman"

Ein Roman und seine Geschichte

Hans-Christian Trepte

—

Der 1986 in einem polnischen Exilverlag unter dem Originaltitel *Początek* (wörtlich übersetzt: Der Anfang) in Paris erstmals veröffentlichte Roman des oppositionellen polnischen Prosaschriftstellers und Publizisten Andrzej Szczypiorski erschien 1988 unter dem Titel *Die schöne Frau Seidenman* in deutscher Sprache. Das Buch wurde zu einem der Bestseller polnischer Gegenwartsliteratur in Deutschland und hinterließ eine markante polnische Spur in einem Land, dessen breite Öffentlichkeit sich jahrzehntelang nur wenig mit dem östlichen Nachbarn beschäftigt hatte.

Szczypiorski gelingt es in seinem Roman, eine neuartige literarische Darstellung der Opfer und der deutschen Täter während des Zweiten Weltkriegs vorzunehmen. Die Täter hatte der 1929 in Warschau Geborene selbst als Mörder erlebt, unter anderem durch seine Teilnahme am Warschauer Aufstand infolgedessen er im KZ Sachsenhausen interniert wurde.

In seinem Roman stellt Szczypiorski die Frage nach individueller Schuld und Bewährung in einer Zeit des kollektiven Verbrechens. Zentrale Figur des Romans, der 1943 im besetzten Warschau angesiedelt ist, ist die junge, elegante Witwe Irma Seidenman, die sich ihrer jüdischen Herkunft erst nach dem Einmarsch deutscher Truppen in Warschau bewusst wird. Sie verschafft sich eine nicht jüdische Identität, wird von einem Juden verraten, gerät in die Hände der Gestapo, kann dank des Einsatzes eines Volksdeutschen überleben und geht im Umfeld der antisemitischen Hetzkampagne polnischer Kommunisten 1968 schließlich ins französische Exil.

1

Eng mit der deutschen Literatur und Kultur verbunden, hat sich Szczypiorski immer wieder für die deutsch-polnische Versöhnung eingesetzt. Er publizierte regelmäßig Essays in der deutschen Presse und nahm an zahlreichen Fernsehsendungen zum deutsch-polnischen Verhältnis teil. Zu den zahlreichen Literaturpreisen und Ehrungen, die Szczypiorski in Deutschland zuteilwurden, gehören der „Nelly-Sachs-Preis" (1989) und der „Andreas-Gryphius-Preis". Letzteren erhielt er im gleichen Jahr (1995) wie das Große Verdienstkreuz mit Stern der Bundesrepublik Deutschland, mit dem Szczypiorskis Einsatz für die Aussöhnung zwischen Deutschen und Polen gewürdigt wurde. Der Schriftsteller starb 2000 in seiner Heimatstadt Warschau.

S

2

1 / *Die schöne Frau Seidenman* erschien 1988 in deutscher Sprache.

2 / Andrzej Szczypiorski, 1990

T

Tempelhof

Ein Berliner Flughafen als Tor zur Freiheit

Andrzej Kaluza

—

In den 1980er-Jahren scherzten West-Berliner über den Namen der polnischen Fluglinie LOT: „Landet ooch Tempelhof". Allein 1981 gab es zehn Flugzeugentführungen aus Polen, die zu unplanmäßigen Landungen auf dem Flughafen Tempelhof führten. Das waren immerhin fast 30 Prozent aller Flugzeugentführungen in der Welt, 1982 war die LOT mit 16 Prozent dabei.

Die Anlässe für die Entführungen waren jedoch weniger scherzhaft: Viele junge Polen wollten Anfang der 1980er-Jahre – vor wie nach der Verhängung des Kriegsrechts 1981 – ihr Land verlassen, koste es, was es wolle. „In Polen gibt es keine Zukunft", hieß die Devise, und wenn jemandem der Reisepass verweigert wurde oder er aus anderen Gründen nicht ins Ausland durfte, dann entschloss er sich sogar manchmal dazu, ein Flugzeug auf Binnenverbindungen (vornehmlich von und nach Breslau) zu entführen. In Berlin-Tempelhof, das nur 80 km von der polnischen Grenze entfernt liegt, winkte die Freiheit: War man auf dem West-Berliner Flughafen gelandet, der seinerzeit der US-Militärverwaltung unterstand, war einem das Asylverfahren (→ Asyl) sicher, manchmal ein US-Visum.

Es gab auch Fälle, wo der Flugkapitän selbst zum Entführer wurde, so Ende 1982, als ein Chefpilot seine Maschine von Warschau nach Tempelhof flog und mit seiner Familie um Asyl bat. Die Fluggesellschaft LOT reagierte, aber ihre Maßnahmen, etwa bewaffnete Schutzpolizisten in den Passagierkabinen einzusetzen, blieben weitgehend wirkungslos, im Gegenteil: In einem Fall entpuppte sich der Schutzpolizist sogar selbst als Entführer. Auch DDR-Bürger wagten sich an LOT-Entführungen: So bedrohte der Ost-Berliner Kellner Hans Detlef Alexander Tiede bei einem innerpolnischen Flug im August 1978 eine Stewardess mit einer Schreckschusspistole und zwang den Piloten der LOT-Maschine zur Landung in Tempelhof. Neun weitere Ostdeutsche an Bord wollten nicht mehr zurück, die DDR-Nachrichtenagentur ADN sprach damals von einer „von westlichen Geheimdiensten gesteuerten Provokation".[1]

Entführte LOT-Maschine auf dem Rollfeld des US-Militärflughafens Berlin-Tempelhof. Drei Frauen und neun Männer aus Polen entführten das Flugzeug am 18. September 1981 auf dem Flug Kattowitz–Warschau nach West-Berlin.

[1] Siehe Christian van Lessen: *„Flughafen-Schließung: LOT – Landet ooch Tempelhof"*, in: Tagesspiegel, 09.10.2008. Online abrufbar unter: www.tagesspiegel.de/berlin/verkehr/flughafen-schliessung-lot-landet-ooch-tempelhof/1342280.html (Aufruf am 15.01.2018).

Theaterregisseure

Exotik und Tabubrüche auf deutschen Bühnen

Peter Oliver Loew

—

Lange galt Polen als Zentrum des Theaters: Nicht nur war das Land jahrhundertelang eine wichtige Bühne für das dramatische Geschehen in Europa, sondern es lieferte, gerade im 20. Jahrhundert, wichtige Anregungen für das Theaterschaffen, vor allem auch in Deutschland. Regisseure wie Konrad → Swinarski und Tadeusz → Kantor machten das polnische Theater hierzulande ebenso bekannt wie Dramatiker, deren Stücke bis heute auf den Spielplänen deutscher Bühnen stehen: Tadeusz Różewicz, Sławomir → Mrożek oder Witold → Gombrowicz.

In den 1990er-Jahren sorgte das exotisch-romantische polnische „Theater der Maler" in Deutschland für Schlagzeilen, vor allem durch Andrej (Andrzej) → Woron und seine alle Sinne ansprechenden Inszenierungen im Berliner „Teatr Kreatur".

Doch die Begeisterung des Publikums über das Fremde aus dem europäischen Osten klang gegen Ende der 1990er-Jahre ab. Polnische Regisseure des „neuen Realismus" begannen in Deutschland zu inszenieren, brachten jedoch zunächst nur einen Abklatsch des im Osten verdauten Theaterimports aus dem Westen mit. Einige von ihnen ließen aber bald mit ungewohnten Interpretationen aufhorchen: unter ihnen der 1968 in Chorzów (Königshütte) geborene Grzegorz Jarzyna. Der Theaterregisseur, seit nunmehr fast zwanzig Jahren künstlerischer Direktor des renommierten „Teatr Rozmaitości" in Warschau, begann 1999 seine Arbeit in Deutschland mit einer Thomas-Mann-Adaption (*Doktor Faustus*) bei den „Berliner Festspielen". Seitdem hat Jarzyna auf vielen deutschsprachigen Bühnen Regie geführt, darunter 2006 und 2007 auch am Wiener Burgtheater.

Auch Krzysztof Warlikowski, 1962 in der polnischen Hafenstadt Szczecin (Stettin) geboren und wie Jarzyna am „Teatr Rozmaitości" tätig, ist seit Ende der 1990er-Jahre in Deutschland präsent. Mehrfach hat er mit aufsehenerregenden Inszenierungen auf sich aufmerksam gemacht, so etwa 2007 mit seiner umstrittenen Interpretation von Peter Tschaikowskys Oper *Eugen Onegin* in der Bayerischen Staatsoper, München, in der Warlikowski die Handlung ins Texas der 1960er-Jahre verlegte und als Liebesgeschichte um den (verhindert) schwulen Titelhelden inszenierte.

Tabubrüche von Regisseuren aus einem vermeintlich konservativen Land – das scheint beim Publikum, nicht nur in Deutschland, heute offene Ohren zu finden.

Tabubrüche im Theater wagte Krzysztof Warlikowski 2014 bei seinem in München gezeigten Spektakel „Kabaret warszawski" (Warschauer Kabarett).

T

Toony

Deutsch-polnischer Rapper

Andrzej Kaluza

—

„Wenn man will, dann schafft man's auch!", so lautet die Botschaft, die der deutsch-polnische Rapper Toony immer wieder in seine Songs packt.[2] Toony, alias Tomasz Chachurski, 1984 im oberschlesischen Kandrzin-Cosel (Kędzierzyn-Koźle) geboren, kam im Alter von zwei Jahren nach Düsseldorf. In Deutschland erwartete seine Familie eine harte Zeit: „… es hieß, wir würden hier akzeptiert, und statt dessen wurden wir vergessen, gleich abserviert!", heißt es in seinem Rap-Song *Danke Deutschland*. Seine Kindheit in einem Aussiedlerheim ohne Küche und Bad, als die Eltern „herabgestuft" wurden und bereit waren, jeden Job anzunehmen, damit „wir Kinder es besser haben", beschreibt er als „verkrachte Zeit". Und dennoch: „Es war hart", so Toony, aber das Land – die neue Heimat Deutschland – hat aus ihm das gemacht, was er heute ist.

„Wenn man will, dann schafft man's auch!"

Und was hat Deutschland aus dem Jungen gemacht? Toony rappt auf Deutsch mit polnischen Einschüben oder ausschließlich in seiner Muttersprache Polnisch. Immer wieder betont er in seinen Songs den Stolz auf seine polnischen Wurzeln, etwa in dem Musikvideo *Deine Stärke,* und seine Liebe zu Polen (*Kocham Polskę* [Ich liebe Polen]). Zusammen mit deutschen Rap-Größen wie Kollegah oder Sahin spielte Toony mehrere bekannte Songs ein (*Zeit rennt davon, Respekt*), die sich in den deutschen und internationalen Rap-Charts platzierten. 2010 veröffentlichte er zusammen mit → DJ Tomekk ein zweisprachiges deutsch-polnisches Mixtape: *Ehrenkodex,* 2011 erschien sein Debütalbum mit dem Titel *Over The Top Reloaded*.

Toony ist allerdings nicht unumstritten: Ihm und seinen Gangsta-Rap-Mitstreitern der zweiten Migrantengeneration werden nicht selten aggressives Macho-Gehabe in der Öffentlichkeit, arrogantes und frauenfeindliches Auftreten sowie eine unfrisierte Kiez-Sprache vorgeworfen. Toony hat wohl auch rassistische Äußerungen auf seinem Twitter-Account auf dem Gewissen. Trotzdem bleibt er ein interessantes zweisprachiges Phänomen der Rap-Szene.

[2] Siehe z.B. das YouTube-Video *Ostblockerkämpferherz* unter: www.youtube.com/user/ToonyPoloniaTV (Aufruf am 15.01.2018).

Tourismus

Deutschland als neues altes Reiseziel

Andrzej Kaluza / Andrzej Stach

—

Touristengruppe an der ehemaligen deutsch-polnischen Grenze an einem Denkmal zwischen Ahlbeck und Swinemünde auf Usedom, 2011

Nicht etwa Bella Italia, Griechenland oder Spanien, nein: Nach Umfragen liegt gerade Deutschland seit Jahren auf dem ersten Platz in der Rangfolge aller Auslandsreiseziele polnischer Touristen. 2015 führten 7,4 Millionen Auslandsreisen von Polen für mindestens eine Nacht oder länger nach Deutschland. Das entspricht einem Marktanteil von 44 Prozent aller polnischen Auslandsreisen, gefolgt von Großbritannien und Griechenland. 3,0 Millionen der 2015 von Polen unternommen Deutschlandreisen waren Urlaubsreisen, darunter am beliebtesten Rundreisen. [3]

Dies bedeutet eine zahlenmäßige, aber auch eine qualitative Entwicklung in den letzten Jahren und Jahrzehnten.

Vor 1989 waren nämlich Auslandsreisen reglementiert, die Beantragung eines Reisepasses war mühselig und fallgebunden, eine Einreise in die Bundesrepublik war (bis 1992) für polnische Bürgerinnen und Bürger nur mit einem Visum möglich. Reisen dienten in der Regel Familien- und Bekanntenbesuchen, mit denen oft eine Arbeitsaufnahme, meist illegal, verbunden war. West-Reisen, um spannende Städte zu besichtigen oder Erholung in der Natur zu suchen, waren aus devisenrechtlichen Gründen nur beschränkt möglich. Auch die DDR war damals für viele polnische Bürgerinnen und Bürger als Reiseziel attraktiv, vor allem in Zeiten des →visafreien Reiseverkehrs, wobei das Ziel dieser Fahrten nicht den touristischen

Attraktionen, sondern den besser als in Polen bestückten Warenhäusern galt.

Mit dem steigenden Wohlstand in Polen nach 1989 wurde das wiedervereinte Deutschland als Reiseziel für Millionen polnischer Gäste immer erschwinglicher. Insgesamt steigerte sich das Übernachtungsvolumen von polnischen Urlaubsreisenden von 2006 bis 2016 um 124 Prozent. Größter Beliebtheit erfreuten sich 2015 Rundreisen mit 32 Prozent, 22 Prozent bevorzugten Städte- und Eventreisen und 22 Prozent wählten Urlaub in den deutschen Feriengebieten am Wasser, auf dem Land und in den Bergen und nur 15 Prozent besuchten Bekannte und Verwandte in Deutschland. Besondere Anziehungskraft bei den Städten hatte

[3] Siehe Deutsche Zentrale für Tourismus e.V. (DZI) (Hrsg.): *Deutschland. Das Reiseland. www.germany.travel. Marktinformation Incoming-Tourismus Deutschland 2017 – Polen*, Frankfurt am Main 2017, S. 8 ff. Online abrufbar unter: www.germany.travel/media/pdf/marktinformationen__lang_/regionalmanagement_nordosteuropa/Polen.pdf (Aufruf am 15.01.2018).

vor allem Berlin mit 316.000 Übernachtungen vor München, Frankfurt am Main, Hamburg, Köln und Dresden. Unter den beliebtesten touristischen Regionen belegte Bayern unter den Bundesländern den ersten Platz vor Nordrhein-Westfalen, Berlin und Baden-Württemberg, die weit vor den an Polen angrenzenden Bundesländern Brandenburg und Sachsen rangierten.

Als besonders positiv unterstrichen die befragten Polen in einer Studie zum Deutschland-Image in Polen vor allem die schnelle und bequeme Erreichbarkeit der Reiseziele, die interessanten historischen Sehenswürdigkeiten, die attraktiven Ziele für Städtereisen und guten Shopping-Möglichkeiten.[4] In einer weiteren Erhebung zur Zufriedenheit polnischer Gäste, die im Zeitraum von Mai 2015 bis April 2016 nach Deutschland reisten, zeigten sich die Befragten „äußerst begeistert" über die Vielfalt und Qualität der Angebote (41 Prozent), die Gastronomie (24 Prozent) und Unterkunft (33 Prozent). Außerdem bekundeten die Befragten, die sich „äußerst begeistert" beziehungsweise „begeistert" über ihren Gesamtaufenthalt in Deutschland zeigten, dass sie einen Aufenthalt hierzulande wiederholen würden.[5]

Auch als zukünftiges Reiseziel steht Deutschland unter den Befragten an erster Stelle. Die in Polen seit Jahren steigenden Sympathiewerte für das Nachbarland dürften diese Tendenz weiter verstärken.[6] Allerdings führen gegenwärtige sicherheitspolitische Entwicklungen in Deutschland, die sich auf akute oder potenzielle Terrorgefahren beziehen, zu einem Umdenken vieler Touristen von der Weichsel. Im Sommer 2017 klagten polnischsprachige Stadtführer in Berlin: „Eine so schwache Saison hatte es noch nicht gegeben".[7]

Mit dem Slogan „Magie der deutschen Städte" will die Deutsche Zentrale für Tourismus e. V. noch mehr polnische Touristen nach Deutschland anlocken, hier eine Großflächenwerbung vor dem Hauptbahnhof in Warschau, 2017.

[4] Siehe ebd.

[5] Siehe ebd., S. 18 ff.

[6] Siehe Agnieszka Łada: *Deutsch-Polnisches Barometer 2016*, Institut für Öffentliche Angelegenheiten, Bertelsmann Stiftung, Konrad Adenauer Stiftung, Warschau 2016. Online abrufbar unter: www.isp.org.pl/barometr2016/de/runterladen.pdf (Aufruf am 15.01.2018).

[7] Zit. nach *Polacy omijają Berlin* [Polen meiden Berlin], in: *Przez granice*, Beilage zum „Kurier Szczeciński" 27.06.2017 [Übers. AK].

Tyrmand, Leopold

Flaneur in der Mainmetropole

Andrzej Kaluza

—

Leopold Tyrmand ist eine der spannendsten Gestalten der polnischen Literatur und Gesellschaft nach Ende des Zweiten Weltkriegs: Galant, modebewusst und unangepasst, was sich vor allem in seiner Begeisterung für den Jazz manifestierte, wollte er als der „Narr des Stalinismus" im Warschau der 1950er-Jahre erscheinen. In seinem Großstadtkrimi *Zły* (1955, dt. *Der Böse,* 1958) zeichnete er dann auch ein satirisch-kritisches Bild des stalinistischen Warschau. Seine Bücher waren dem polnischen Regime ein Dorn im Auge und wurden verboten. 1966 wanderte Tyrmand schließlich in die USA aus.

Der 1920 in Warschau geborene Schriftsteller und Publizist, der einer jüdischen Familie entstammte, verdankte sein Überleben im Zweiten Weltkrieg einer findigen Idee: 1942 meldete er sich im besetzten Wilna zum „freiwilligen Arbeitseinsatz im Reich". Er hatte vor dem Krieg in Paris studiert und gab sich als Franzose aus. So rechnete er sich Chancen aus, um buchstäblich im Auge des Sturms zu überleben. Seine Zeit als „Fremdarbeiter"

Leopold Tyrmand, hier ein Foto von 1959, war als der erste „Playboy" der Volksrepublik Polen berüchtigt, kaum bekannt sind hingegen seine „Abenteuer" in einem Frankfurter Hotel während des Zweiten Weltkriegs.

in Frankfurt am Main, unter anderem als Kellner in einem Frankfurter Hotel, verarbeitete er später in dem 1961 auf Polnisch erschienenen Roman *Filip* und dem Erzählband *Gorzki smak czekolady Lucullus* (1957, Der bittere Geschmack der Lucullus-Schokolade), beide sind bis heute nicht ins Deutsche übersetzt.

Filip ist ein großer Frankfurt-Roman, der während des Zweiten Weltkriegs spielt. Der Leser wird darin von einem polnischen Flaneur durch die Mainmetropole geführt. Filip Vincel, der Protagonist, wie Tyrmand Pole, ist als Franzose verkleidet im Rhein-Main-Gebiet unterwegs und führt seinen eigenen Privatkrieg gegen Nazi-Deutschland und die Deutschen: Er spuckt in die Suppe der Hotelgäste, betrügt bei den Lebensmittelkarten, schläft mit deutschen Frauen. Auch wenn Vincel so zwar nichts gegen die militärische Schlagkraft der Deutschen ausrichten kann, trägt er seine individuellen kleinen Siege davon und bewahrt sich seine Würde. Er verschafft sich im Kriegsalltag sogar einige Freiheiten: Sonnenbaden am Mainufer, Stadtbummel, Café-Besuche, und findet schließlich sogar die große, aber letztlich unerreichbare Liebe. Tyrmand erlaubt seinem Helden dabei einen ambivalenten Blick: Wünscht er den Deutschen einerseits die Niederlage, so sieht er andererseits in einfachen Hilfsarbeitern, Wehrmachtsdeserteuren und Prostituierten Opfer des Systems, die im Grunde überleben wollen wie Vincel selbst. Tyrmand starb 1985 in Fort Myers, Florida.

T

V

Vereinsverlag junger polnischer Komponisten

Polnische Musik aus Berlin

Rüdiger Ritter

—

Für die polnische Musikgeschichte hatte Berlin seit jeher große Bedeutung. Bereits der Schöpfer der polnischen Nationaloper *Halka*, Stanisław Moniuszko (1819–1872), hatte hier studiert, und auch für viele andere polnische Komponisten war Berlin eine wichtige Ausbildungsstätte. 1905 gründeten ein paar von ihnen, Karol Szymanowski, Grzegorz Fitelberg, Apolinary Szeluto und Ludomir Różycki, hier den „Vereinsverlag junger polnischer Komponisten", in dem sie ihre eigenen Werke veröffentlichten, dem jedoch nur ein kurzes Leben beschieden war. In Berlin fanden sie einen Ort, dessen Intelligenz in Sachen Musik Vorbildcharakter hatte, hier konnten sie auch Konzerte mit der jungen polnischen Musik organisieren, die sie vom Einfluss der Moniuszko-Nachahmer befreien wollten.

Zu ihren Vorbildern gehörte der deutsche Spätromantiker Richard Strauss. Die Komponisten gaben 1906 und 1907 in Berlin zwei von Fürst Władysław Lubomirski finanzierte Konzerte, die seinerzeit, sicherlich vor allem aufgrund des Einflusses des in „besseren Kreisen" gut bekannten Sponsors, in allen größeren deutschen Musikblättern rezipiert wurden, wenn auch durchweg negativ.

In der polnischen Musikkultur jedoch konnten sich die jungen Komponisten mit ihren Bestrebungen, vor allem dank der Unterstützung der beiden namhaften polnischen Musikpublizisten Adolf Chybiński und Aleksander Poliński, als neue Künstlergruppe etablieren. Unter dem Namen „Junges Polen in der Musik" (*Młoda Polska w muzyce*) sollte sie schon bald zu einem

Das „Junge Polen in der Musik":
Apolinary Szeluto, Karol Szymanowski,
der Mäzen Władysław Lubomirski,
Grzegorz Fitelberg und Ludomir Różycki
(von links), um 1910

Markstein in der polnischen Musikgeschichte werden. Die Gruppe, deren Bindeglied die Suche nach neuen musikalischen Ausdrucksformen war, hatte aber kein gemeinsames künstlerisches Konzept. Daher wurden ihre Aktivitäten bald sehr kontrovers diskutiert. Selbst Polińskis anfänglich positive Haltung gegenüber der Gruppe wich bald seinem Vorwurf, sie ahme deutsche Vorbilder nach, ja ließ ihn sogar von „Vaterlandsverrat" sprechen. Dennoch gilt die Künstlergruppe, die bis etwa 1912 bestand, in der polnischen Musikgeschichte bis heute als das entscheidende Bindeglied zwischen der Musik des 19. Jahrhunderts und dem Neoklassizismus der Zwischenkriegszeit.

Vertragsarbeiter aus Polen in der DDR

„Nicht alles war schlecht ..."

Andrzej Stach

—

Neben ostdeutschen Nostalgikern, die dem untergegangenen Arbeiter- und Bauernstaat bis heute nachtrauern, könnten auch Tausende Polinnen und Polen die Meinung wenigstens teilweise vertreten, „dass nicht alles in der DDR schlecht war". Als sogenannte Vertragsarbeiter waren sie oftmals jahrelang im Rahmen bilateraler Werkverträge in DDR-Betrieben und Branchen beschäftigt, in denen es an Arbeitskräften mangelte. Sie arbeiteten auf Baustellen ebenso wie in Produktions- und Dienstleistungsbetrieben zu vertraglich genau festgelegten Beschäftigungs- und Wohnbedingungen. Im Unterschied zu den polnischen Bürgerinnen und Bürgern, die in Grenznähe wohnten und einer Beschäftigung in grenznahen DDR-Betrieben nachgingen, aber nach der Arbeit an ihren Wohnsitz in Polen zurückkehrten, wohnten die meisten der Vertragsarbeiterinnen und -arbeiter in Sammelunterkünften, in denen sie vorwiegend unter sich blieben. Nichtsdestotrotz kam es auch zu privaten Kontakten und Freundschaften mit ostdeutschen Kolleginnen und Kollegen. Die für die damaligen Verhältnisse in Polen relativ gute Bezahlung, gepaart mit einer zeitweise besseren Warenversorgung in der DDR, machte diese Arbeitseinsätze begehrt. Zusätzlich ließ sich durch Handel mit – auf beiden Seiten der Grenze – begehrter Ware ein weiteres Einkommen erzielen (→ Schmugglerzug).

Polnische Vertragsarbeiter bildeten die zahlenmäßig größte ausländische Arbeitnehmergruppe in der DDR, noch Anfang 1990 waren in dortigen Betrieben über 100.000 polnische Bürgerinnen und Bürger tätig. Nach der deutschen Wiedervereinigung kehrten die allermeisten von ihnen nach Polen zurück. Geblieben sind viele gute Erinnerungen und nicht wenige private Kontakte und Freundschaften.

Polnische Vertragsarbeiterinnen im VEB Baumwollspinnerei Karl-Marx-Stadt erhalten anlässlich des 30. Jahrestages der Gründung der Volksrepublik Polen Blumen von ihren deutschen Kolleginnen, 22. Juli 1974.

Visafreier Reiseverkehr

Zum Einkaufen in die DDR

Hans-Christian Trepte

—

Das von dem polnischen KP-Chef Edward Gierek und dem DDR-Staatsratsvorsitzenden Erich Honecker im November 1971 unterzeichnete und am 1. Januar 1972 in Kraft getretene Abkommen über den pass- und visafreien grenzüberschreitenden Verkehr zwischen Polen und der DDR war ein wichtiger Meilenstein in den Beziehungen der beiden Staaten. Die DDR wurde in der Folge schnell zum meistbesuchten Land für polnische Bürger, allein 1972 strömten knapp 10 Millionen Polinnen und Polen in das westliche Nachbarland, allerdings nicht allein wegen der touristischen Sehenswürdigkeiten. Die sozialistische Mangelwirtschaft hatte dazu geführt, dass Reisen zunehmend für „Touristenabkäufe" und einen vornehmlich von polnischen → Vertragsarbeitern in der DDR betriebenen schwunghaften illegalen Kleinhandel (→ Schmugglerzug) genutzt wurden, auf den die DDR-Bevölkerung vor allem wegen des Ausverkaufs zahlreicher subventionierter Waren des täglichen Bedarfs teilweise sehr ungehalten reagierte. In der Folge kursierten zahlreiche → Polenwitze, alte Stereotype wurden wiederbelebt und antipolnische Stimmungen sogar vonseiten der kommunistischen Partei SED bewusst gesteuert.

> **„Ich sah sieben Frauen, die mit zirka dreißig Schuhkartons über die Grenze gingen."** [1]

Aber auch polnische Bürger brachten begehrte Mode-Accessoires, Glas- und Kristallprodukte, Jeanskleidung oder Schuhe zum Weiterverkauf in der DDR mit. In seinem Buch *Die Reise nach Jarosław* (1974) hat der Ost-Berliner Schriftsteller Rolf Schneider den damaligen Grenzhandel im polnischen Alltagsleben als Motiv verarbeitet. Darin beobachtet die Protagonistin – eine Aussteigerin, die sich mit Jeans und Hemingway im Gepäck nach dem ostpolnischen Jarosław aufmacht – folgende Szene: „Ich sah sieben Frauen, die mit zirka dreißig Schuhkartons über die Grenze gingen."

Die kommunistischen Machthaber in beiden Ländern erkannten mit der Zeit, dass die ideologisch angestrebten Ziele, das Leben in den sozialistischen Nachbarländern besser kennenzulernen und dadurch die existierenden Stereotype zu überwinden, so nicht zu realisieren waren und traten auf die Bremse. Der zunächst unbegrenzte Umtausch beider Währungen wurde 1973 nicht zuletzt auch aus diesem Grunde durch feste Umtauschmengen (350 Mark) ersetzt und für die im Nachbarland erworbenen Waren galt es, hohe Zölle zu entrichten. So kam es, dass die Zahl der polnischen Touristen bereits 1974 auf 6 Millionen sank. Aufgrund der wachsenden ideologischen Einflussnahme, die die DDR-Machthaber im polnischen „Bazillus" der „Solidarność"-Bewegung (→ Solidarność im Exil) sahen, wurde der visafreie Reiseverkehr mit Polen im Oktober 1980 einseitig von der DDR-Regierung aufgehoben. Doch es gab auch positive Effekte der „sozialistischen Reisefreiheit": Die Menschen in der DDR und der VR Polen kamen sich zum ersten Mal nach dem Krieg wirklich etwas näher. Es entwickelte sich darüber hinaus ein reger kultureller und wissenschaftlicher Austausch, zahlreiche gesellschaftliche, betriebliche und schulische Partnerschaften entstanden, persönliche Freundschaften wurden geknüpft, ein paar Tausend deutsch-polnische Paare gaben sich das Ja-Wort (→ Binationale Ehen).

---

[1] Rolf Schneider: *Reise nach Jaroslaw*, Rostock 1974, S. 66.

Polnische Touristinnen und Touristen in Ost-Berlin 1972. Nicht nur der neu gestaltete Alexanderplatz dürfte die Reisegesellschaft interessiert haben, sondern auch das Warenangebot in der damaligen Hauptstadt der DDR.

W

Wajda, Andrzej

Polnische Geschichte(n) in deutschen Kinos

Andrzej Kaluza

—

„Es war die junge Bundesrepublik Deutschland, die am meisten Interesse für unsere Kunst, Literatur und unsere Filme zeigte. Dort wurden beinahe alle unsere guten Filme im Kino oder im Fernsehen gezeigt", meinte der polnische Regisseur und Oscar-Preisträger Andrzej Wajda im Rückblick auf seinen 1971 entstandenen Film *Pilatus und andere*. „Meine Filme liefen bereits im ZDF, als es sich an mich wandte mit der Idee, einen Film zu drehen. Zu verdanken habe ich das der umtriebigen Elisabeth → Scotti."[1] So realisierte Wajda einen seiner ungewöhnlichsten Filme, dessen Handlung der gerade veröffentlichte Roman *Meister und Margarita* von Michail Bulgakow lieferte: „Ich war eingenommen von der Idee, Jesus in unsere Wirklichkeit eintreten zu lassen. An eine Produktion in Moskau war nicht zu denken, und die Deutschen gaben mir freie Hand."[2] Der Film, bei dem die „Kunst", ganz im Sinne der damaligen Forderungen, „die Alltäglichkeit" buchstäblich berührte, war im formalen wie ästhetischen Sinne ein gewagtes Experiment. Unvergessen bleiben die Gerichtsszenen, die in den Ruinen des einstigen NS-Parteitagsgeländes in Nürnberg gedreht wurden, die Hippie-Kostüme der Darsteller auf „echten" deutschen Straßenfesten, schließlich die Kreuzigungsszene auf einer Müllhalde bei Wiesbaden. Wajda dazu: „Wir drehten an einer sichtbaren Stelle an der Autobahn, (…) man konnte annehmen, dass da wirklich jemand ans Kreuz genagelt wurde. Aber keiner der Vorbeifahrenden hielt an, weil es da ein Halteverbot gab. Das Zeichen befreite von der moralischen Verantwortung."[3] Der Fernsehfilm, der Schuld, Verrat und Verantwortung problematisierte, wurde in Deutschland vor allem vor dem Hintergrund der Kriegsereignisse gesehen, gleichzeitig interpretierte man ihn aber auch als Kritik an einer egoistischen Konsumgesellschaft.

Der 1927 in Suwałki in Nordostpolen geborene Wajda, der an der Filmhochschule Lodz studiert hatte, drehte noch weitere „deutsche" Filme, so 1983 *Eine Liebe in Deutschland* mit Hanna Schygulla und Armin Müller-Stahl, *Korczak* (1990), in dem er den Schriftsteller und Pädagogen Janusz → Korczak porträtierte, sowie *Der Ring mit dem Adler in der Krone* (1992). Wajdas Filme sind in Deutschland bis heute ein Begriff. Zu

---

[1] Zit. nach *Pilate – a story from Bulgakov's The Master and Margarita*, Andrzej Wajda im Videoportal *Web of Stories* [Übers. AK]. Online abrufbar unter: www.webofstories.com/play/andrzej.wajda/107;jsessionid=2B887D3837605071F5BB39D82B284EE4 (Aufruf am 15.01.2018).

[2] Ebd.

[3] Zit. nach Konrad Klejsa: „*Hier darf nichts zusammenpassen". Einige Bemerkungen zu Andrzej Wajdas Pilatus und Andere – Ein Film für Karfreitag*, in: Ders./Schamma Schahadat: *Deutschland und Polen. Filmische Grenzen und Nachbarschaften*, Marburg 2011, S. 172 [Übers. AK].

seinen erfolgreichsten gehören dabei seine frühen Spielfilme wie *Der Kanal* (1957), ein Epos über den Warschauer Aufstand, oder *Asche und Diamant* (1958), der sich mit den politischen Verhältnissen gleich nach dem Kriegsende auseinandersetzt, mit dem „kultigen" Zbigniew Cybulski in der Hauptrolle.

Aber auch die späteren politischen Entwicklungen in Wajdas polnischer Heimat standen im Fokus seines filmischen Schaffens und fanden in Deutschland ein großes Interesse, so etwa *Der Mann aus Marmor* (1976), der die Verhältnisse im kommunistischen Polen kritisiert, und in dessen Fortsetzung, *Der Mann aus Eisen* (1981), der die Streiks der Arbeiter in der Lenin-Werft und die Entstehung der freien Gewerkschaft „Solidarność" aufarbeitet. Weniger beachtet wurden indes Wajdas späte Produktionen, die weder einen Verleih in Deutschland fanden noch im Fernsehen gezeigt wurden: *Herr Thaddäus* (1999), *Kalmus* (2009) sowie auch *Wałęsa. Mann der Hoffnung* (2013), den er als Abschluss seiner Danziger Trilogie drehte.

2006 erhielt Wajda auf der Berlinale den „Goldenen Ehrenbären" für sein Lebenswerk. Im Oktober 2016 starb der polnische Regisseur im Alter von 90 Jahren. Sein letzter Film, *Powidoki* (Nachbilder), war in der Kategorie „Bester fremdsprachiger Film" 2017 für den Oscar nominiert.

„Es war die junge Bundesrepublik Deutschland, die am meisten Interesse für unsere Kunst, Literatur und unsere Filme zeigte."

W

1983 drehte Andrzej Wajda den Film *Eine Liebe in Deutschland*. Erzählt wird die Geschichte der tragischen Beziehung des polnischen Zwangsarbeiters Stanislaus (Piotr Łysak) zu Pauline Kropp (Hanna Schygulla), einer Deutschen, während des Zweiten Weltkriegs.

Der amerikanische Regisseur Billy Wilder mit dem Schauspieler Horst Buchholz bei den Dreharbeiten zu *Eins, zwei, drei* in West-Berlin, 1961

Wilder, Billy

Der Starregisseur aus Sucha Beskidzka

Andrzej Kaluza

—

> Tagelang saß er mit seiner Schreib-
> maschine im „Romanischen Café",
> (…) als es die zahlreichen Berliner
> Filmstudios noch mit Hollywood
> aufnehmen konnten.

W

Erst 1996 gab der Hollywood-Regisseur Samuel (Billy) Wilder in einem Interview zu, dass er 1906 in dem südpolnischen Ort Sucha Beskidzka, das damals zu Österreich-Ungarn gehörte, zur Welt gekommen ist. Bis dahin hatte er stets Wien als seinen Geburtsort angegeben, was für einen Emigranten aus Europa jedoch nicht ungewöhnlich war.

Wilder, der Sohn jüdischer Eltern, hieß mit Vornamen eigentlich Samuel. Seine Mutter Eugenie, die aus einer Hoteliersfamilie stammte, rief ihn aber „Billie". Sein Vater Max, ein Gastronom, betrieb in Krakau, wohin die Wilders 1911 gezogen waren, das „City-Hotel" in der Nähe der Jagiellonen-Universität sowie einige Bahnhofsrestaurants in der Umgebung. Auch wenn Wilder selbst nur bis zu seinem achten Lebensjahr in Krakau lebte – 1914, kurz vor Ausbruch des Ersten Weltkrieges, zog die Familie nach Wien –, so war es doch der polnische Pass, der es dem Drehbuchautor und Filmemacher 1933 ermöglichte, Deutschland zunächst in Richtung Paris zu verlassen und ein Jahr später in die USA einzureisen. [4] Einige nahe Familienmitglieder, so Wilders Mutter und Großmutter, wurden in Zwangs- und Konzentrationslagern der Nazis umgebracht.

1926 kam Wilder, der in Wien bei einem Boulevardblatt als Reporter arbeitete, auf Einladung des Jazzmusikers Paul Whiteman nach Berlin. Dort lebte er bis 1933 als Reporter, Filmkritiker und Gigolo. Die Atmosphäre der Großstadt wurde zu seinem „Element": Tagelang saß er mit seiner Schreibmaschine im „Romanischen Café", umgeben von der Film-Bohème jener Zeit, als es die zahlreichen Berliner Filmstudios noch mit Hollywood aufnehmen konnten. Mit Freunden drehte er 1930 den Stummfilm *Menschen am Sonntag*, der ihm sein erstes Engagement bei der Universum-Film AG (UFA) einbrachte. 1931 schrieb Wilder das Drehbuch zur ersten Verfilmung von Erich Kästners *Emil und die Detektive*. Der Film wurde ein Welterfolg und erspielte hohe Einnahmen, selbst in London und New York war er über ein Jahr lang auf der Kino-Leinwand zu sehen. Der außerordentliche Publikumserfolg in Deutschland machte es möglich, dass der Film noch 1937 im Weihnachtsprogramm der Kinos in Berlin gezeigt wurde, lange nachdem Kästners Bücher verbrannt worden waren und Billy Wilder längst in die USA emigriert war.

Auch nach dem Zweiten Weltkrieg blieb Wilder der Spree-Metropole treu. Als bissiger Kommentar zur deutschen Nachkriegszeit, aber auch zur US-Entnazifizierungspolitik gilt sein 1948 in den Ruinen von Berlin gedrehter Film *Eine auswärtige Affäre* mit Marlene Dietrich in der Hauptrolle, eine Art Hommage an den *Blauen Engel* und die deutsch-mitteleuropäisch-jüdische Filmszene im Berlin der Zwischenkriegszeit. 1961 drehte Wilder wieder in Berlin: Die Filmkomödie *Eins, zwei, drei*, die heute als intelligenteste Satire zum Kalten Krieg gilt, wurde seinerzeit allerdings kein Publikumserfolg in Deutschland. 2002 starb der mehrfach mit dem Oscar ausgezeichnete Regisseur und Drehbuchautor in Los Angeles.

---

4 Vgl. W. Then: *Suskie tropy Billy Wildera* [Billy Wilders Spuren in Sucha], in: Trybuna Śląska, Nr. 3 (1996), S. 4.

Die Wirpszas

Eine deutsch-polnische
Literatenfamilie

Basil Kerski

—

Witold Wirpsza und seine Frau Maria Kurecka mit Günter Grass im November 1979.
Eine enge Freundschaft verband das Ehepaar und den Schriftsteller.

In seinem autobiografischen Roman *Das Foto* kehrt der heute in Warschau lebende Dichter und Literaturprofessor Leszek Szaruga (eigentlich Aleksander Wirpsza) zu seiner West-Berliner Exil-Zeit Ende der 1980er-Jahre zurück. [5] Er erinnert sich darin an Gespräche mit seiner Mutter, der Schriftstellerin Maria Kurecka (1920 – 1987), die von ihrem Gefühl der Scham berichtet, als Polin nach Deutschland, in das Land, in dem die Vernichtung ihrer Nation geplant wurde, vor dem Kommunismus geflüchtet zu sein. 1971 ging sie mit ihrem Ehemann, dem Schriftsteller und Übersetzer Witold Wirpsza, ins Exil nach West-Berlin. Witold Wirpsza (1918 – 1985) saß während des Krieges in deutscher Kriegsgefangenschaft, nach dem Krieg war er zunächst staatstreuer Dichter, später brach er mit dem Regime und distanzierte sich ganz vom Kommunismus. Gemeinsam mit seiner Frau zählte er in Polen zu den renommiertesten Übersetzern deutscher Literatur. Beide übertrugen Thomas Manns *Doktor Faustus* ins Polnische. Unter dem Eindruck der antisemitischen Kampagne des Jahres 1968 trafen Szarugas Eltern die Entscheidung, aus Polen auszuwandern. Sie hatten zwar keine jüdischen Wurzeln, wandten sich dennoch angewidert von dem antisemitischen Vokabular der Parteifunktionäre ab. Dank ihrer hervorragenden Kenntnisse der deutschen Sprache konnten sie an der Spree eine zweite Heimat finden. Ihr Sohn Leszek Szaruga, 1968 in die studentischen Proteste gegen das Regime als engagierter junger Dichter involviert, blieb in Warschau und schloss sich in den 1970er-Jahren der antikommunistischen Opposition an.

In Szarugas Erinnerungsbuch bekennt seine Mutter, ihr Leben in der Bundesrepublik sei dadurch erleichtert worden, dass das Land eine Demokratie war, in der eine freie Reflexion über Polen möglich war. Das Gefühl der Scham wurde durch das Erlebnis der Freiheit gelindert. Ausdruck der neuen Chancen, die der Westen bot, ist das im Exil von Witold Wirpsza verfasste Buch *Pole wer bist du?*, eine tiefgründige, kritische Auseinandersetzung mit Polens nationaler Identität und ihren Mythen. Die Moabiter Wohnung der Wirpszas wurde in Zeiten des Eisernen Vorhangs zu einem zentralen Zufluchts- und Begegnungsort für Intellektuelle aus ganz Europa. Das Schriftstellerpaar knüpfte enge Kontakte zu bedeutenden polnischen →Kulturzeitschriften und deutschen Kulturinstitutionen wie dem Literarischen Colloquium Berlin. Eine enge Freundschaft verband beide mit Günter →Grass. Kurecka vermittelte Ende der 1970er-Jahre die Veröffentlichung von Grass' Roman *Die Blechtrommel* im polnischen Samisdat.

Nach dem Tod Witold Wirpszas 1985 zog sein Sohn Leszek Szaruga zu der todkranken Mutter nach Berlin, die 1987 starb. In Berlin lernte Szaruga die deutsche Sprache. Der in der „Solidarność"-Bewegung engagierte Dichter erlebte an der Spree den Zusammenbruch des Ostblocks. Den Spuren seiner Eltern folgend, begann er in Berlin, deutsche Lyrik ins Polnische zu übertragen sowie Essays zur deutschen Literatur zu verfassen und wurde zu einem aktiven Literaturvermittler zwischen dem wiedervereinigten Deutschland und Polen. Mitte der 1990er-Jahre gab der habilitierte Literaturwissenschaftler seinen Berliner Wohnsitz auf und kehrte nach Warschau zurück.

---

[5] Leszek Szaruga: *Das Foto*. Aus dem Polnischen von Steffen Hänschen, Herne 2010.

Wirth, Andrzej

Pionier der Theaterwissenschaft

Markus Krzoska

—

Andrzej Wirth wurde 1927 in Włodawa in Ostpolen geboren; in seiner Familie kamen polnische, russische und deutsche Einflüsse zusammen. Als Jugendlicher erlebte er den Warschauer Aufstand 1944 mit. Nach dem Philosophiestudium in Lodz und Warschau erwachte sein Interesse für das Theater und die Germanistik. Von besonderer Bedeutung war für ihn das Werk Bertolt Brechts, über den er auch promovierte.

Seit 1956 arbeitete Wirth zeitweise eng mit dem Berliner Ensemble zusammen und begann deutschsprachige Literatur ins Polnische zu übersetzen, darunter Dürrenmatt und Kafka. Noch vor seinem langjährigen Freund Marcel →Reich-Ranicki wurde er als erster Pole zu den Tagungen der „Gruppe 47" eingeladen, vor allem als Vermittler polnischer Literatur in Deutschland. 1966 war Wirth maßgeblich daran beteiligt, dass Witold →Gombrowicz ein Stipendium für einen einjährigen Berlin-Aufenthalt erhielt. Später, als Literaturprofessor in den Vereinigten Staaten, als Gastprofessor an der Freien Universität Berlin, vor allem aber als Gründer und Direktor des Instituts für Angewandte Theaterwissenschaften an der Justus-Liebig-Universität Gießen (1982 – 92) bemühte er sich um eine kritische Vermittlung des Schaffens innovativer Regisseure und Dramaturgen wie Jerzy Grotowski, Robert Wilson und Heiner Müller sowie im Rahmen einer Art „Super-Workshop" um permanente Verknüpfung von Theorie und Praxis. Nach seiner Emeritierung 1992 zog Wirth nach Berlin. Seine Publikationen zur Theater- und Literaturgeschichte sind in polnischer, deutscher und englischer Sprache erschienen.

W

Noch vor seinem langjährigen Freund Marcel Reich-Ranicki wurde er als erster Pole zu den Tagungen der „Gruppe 47" eingeladen.

Wiśniewski, Janusz Leon

Frankfurter Bestsellerautor und „Frauenversteher"

Andrzej Kaluza

—

Der international erfolgreiche Autor Janusz Leon Wiśniewski, Jahrgang 1954, ist eigentlich Wissenschaftler. Er studierte Ökonomie und Physik in seiner Geburtsstadt Thorn, promovierte im Fach Informatik an der TU Warschau und habilitierte sich schließlich in Chemie an der TU Lodz. Seit 1987 lebt Wiśniewski in Frankfurt am Main, wo er in einem Unternehmen für Chemieinformatik arbeitet.

Seinen literarischen Durchbruch feierte er 2001 mit dem Roman *S@motność w sieci* (Eins@mkeit im Netz), der 2006 von Witold Adamek verfilmt wurde. Mittlerweile sind Wiśniewskis Bücher in mehr als zehn Sprachen übersetzt worden, allerdings bisher kein Einziges ins Deutsche. In Polen dagegen und im gesamten russischsprachigen Raum genießt er seit vielen Jahren außerordentlichen Erfolg. Wiśniewskis Romane sind vor allem an weibliche Leser adressierte Gefühls-Schmöker. Darüber hinaus schreibt er regelmäßig Essays und Glossen in polnischen Frauen- und Lifestyle-Magazinen, in denen er sich mit wissenschaftlichen (etwa soziologischen, psychologischen und biologischen) Fragestellungen auseinandersetzt, die um emotionale Aspekte in modernen Gesellschaften kreisen. In seiner Wahlheimat Deutschland lässt eine Buchpremiere des Bestsellerautors nach wie vor auf sich warten …

Mittlerweile sind Wiśniewskis Bücher in mehr als zehn Sprachen übersetzt worden, allerdings bisher kein Einziges ins Deutsche.

Wisniewski, Stefan

Sohn eines polnischen Zwangsarbeiters und Mitglied der RAF

Andrzej Kaluza

—

„Der Fahrer habe gar nicht sterben sollen. Es war ein Irrtum. Die Polizisten sollten auch nicht umkommen, niemand wusste ja, dass Polizisten dabei sein würden"[6], sagte der ehemalige RAF-Terrorist Stefan Wisniewski später, während der Zeit seiner Inhaftierung, zu den Umständen der Entführung des Arbeitgeberpräsidenten Hanns Martin Schleyer im sogenannten Deutschen Herbst 1977.

Wisniewski wurde 1953 in der Nähe von Freudenstadt im Schwarzwald geboren. Seinen Vater Stanisław, der aus dem polnischen Kutno stammte, hatte es nach Zwangsarbeit und KZ-Haft in Süddeutschland dorthin verschlagen. Nach dem Krieg blieb er im Ort, heiratete eine Deutsche, gründete eine Familie, starb aber bereits 1953, mit nur 27 Jahren, an den Folgen der Gefangenschaft. Als Sohn eines ehemaligen polnischen Gefangenen hatte der junge Stefan zu kämpfen mit der Ablehnung eines sozialen Umfelds in dem idyllischen Schwarzwalddorf, wo die anderen Kinder von ihren Vätern als „Helden (…) an der Ostfront"[7] sprachen, und ehemalige Nazis „zu den angesehenen Bürgern zählten", so Wisniewski 1997 in einem Interview.[8] Schließlich landete er in einem Heim für „schwer erziehbare" Jugendliche, aus dem er mehrmals floh. Damals schon hörte er, dass Studenten gegen die gängigen Methoden in den Erziehungsheimen protestierten. „Irgendein Mädchen habe darüber ein Filmdrehbuch geschrieben, und irgendwelche Leute wollten ein Heim mit völlig anderen Methoden aufmachen. Das Mädchen mit dem Drehbuch hieß Ulrike Meinhof, und das Mädchen mit den völlig anderen Methoden hieß Gudrun Ensslin."[9]

Der RAF-Terrorist Stefan Wisniewski auf einem Polizeifoto nach seiner Festnahme in Paris, 1978

„Der Fahrer habe gar nicht sterben sollen. Es war ein Irrtum. Die Polizisten sollten auch nicht umkommen (…)"

Gleichzeitig führte die Auseinandersetzung mit dem frühen Tod seines Vaters zur Verbitterung und zur politischen Radikalisierung Wisniewskis. Dabei standen für den jungen Mann die ungesühnten NS-Verbrechen des „spätkapitalistischen" Establishments in Politik, Wirtschaft und Justiz der Bundesrepublik immer im Mittelpunkt. So kam Wisniewski mit der Terrorszene in Berührung und ging als Mitglied der 2. Generation der „Rote Armee Fraktion" (RAF) in den Untergrund. 1978 wurde er auf dem Flughafen Paris-Orly unter dem Verdacht der Beteiligung an der Entführung und Ermordung von Hanns Martin Schleyer festgenommen. 1981 wurde er zu zweimal lebenslanger Haft verurteilt, 1999 auf Bewährung freigelassen. 2007 geriet Wisniewski erneut in die Schlagzeilen im Zuge der Eröffnung eines Ermittlungsverfahrens gegen ihn im Zusammenhang mit dem Mord an Generalbundesanwalt Siegfried Buback 1977. Das Verfahren wurde von der Bundesanwaltschaft im März 2016 eingestellt.

---

[6] Zit. nach Hanna Krall: *Stefan Wisniewski, Sohn eines Zwangsarbeiters*, in: www.welt.de/kultur/literarischewelt/article837394/Stefan-Wisniewski-Sohn-eines-Zwangsarbeiters.html, 27.04.2007 (Aufruf am 15.01.2018).

[7] Ebd.

[8] Siehe P. Groll/J. Gottschlich: *„Wir waren so unheimlich konsequent"*. Interview mit Stefan Wisniewski, in: die tageszeitung, 11.10.1997. Online abrufbar unter: www.nadir.org/nadir/archiv/PolitischeStroemungen/Stadtguerilla+RAF/RAF/raf-gespraech/raf-gespraech.html (Aufruf am 15.01.2018).

[9] Krall (wie Anm. 6).

W
—

Woron, Andrej

Regisseur der Kreaturen

Dorota Danielewicz

—

Die toten Seelen nach Nikolaj Gogol: eine Inszenierung von Andrej Woron an der Berliner Volksbühne, 1998

An einem Wintertag im Jahr 1990 kam Andrej Woron in die West-Berliner Akademie der Künste, wo gerade eine Gedenkveranstaltung zum Zweiten Weltkrieg stattfand. Anwesend waren auch junge polnische und deutsche Künstler, vor denen Woron verkündete, er wolle Bruno Schulz' Erzählband *Die Zimtläden* ins Theater bringen. Bald schon wurde das „Theater am Ufer", direkt gegenüber der Möckernbrücke in Kreuzberg, zur Stätte von Worons erster Regiearbeit. *Die Zimtläden*, deutlich inspiriert von der Kunst des großen Meisters Tadeusz →Kantor, hatten Erfolg: Dies war die Geburtsstunde des „Teatr Kreatur" (→Berlin). 1992 zum Berliner Theatertreffen eingeladen, wurde Woron von der Zeitschrift „Theater heute" zum Regisseur des Jahres gewählt. 1994 erhielt er den „Friedrich-Luft-Preis", 1996 den Kritikerpreis der „Berliner Zeitung".

Andrej Woron ließ sich von Tadeusz Kantors Theater inspirieren. So wie der große polnische Theatermacher bediente er sich auf der Bühne einer lebhaften Bildsprache. Von Kantor übernahm Woron auch manches Element, dazu zählten selbst gebaute Maschinen, Puppen oder auch die Art, Musik in einem Stück einzusetzen. Allerdings inszenierte er, im Unterschied zu Kantor, literarische Werke anderer Autoren. Worons Inszenierungen, etwa *Das Ende des Armenhauses* (1991; nach Isaak Babel) oder *Ein Stück vom Paradies* (1993; nach Itzik Manger), hinterließen bleibenden Eindruck und brachten frischen Wind in die deutsche Theaterlandschaft (→Theaterregisseure).

Andrej Woron wurde 1952 als Andrzej Woroniec im masurischen Ort Stare Juchy geboren. Er studierte in Warschau Malerei. Anschließend arbeitete er als Dozent an der Warschauer Akademie der Bildenden Künste und entwarf Bühnenbilder für verschiedene Theater in Polen. Nach West-Berlin übersiedelte er 1982, wo er als Gastdozent an der Hochschule der Künste Malerei unterrichtete. Sein Wohnsitz war ebenso malerisch wie seine Kunst: eine alte Remise in der Adalbertstraße, mitten im Kreuzberger Oranienkiez.

Das frei finanzierte „Teatr Kreatur" hielt sich tapfer über viele Produktionen hinweg, überdauerte jedoch die Jahrtausendwende nicht lange. Die letzte Vorstellung von *Wir gehen* nach einer Erzählung von Jerzy Andrzejewski bedeutete im Juni 2000 das Ende des Kulttheaters. Andrej Woron fand seine neue künstlerische Heimat in Konstanz, Osnabrück und zuletzt in Bremerhaven. Am dortigen Stadttheater inszeniert er regelmäßig Stücke (wie *Eugen Onegin* von Peter Tschaikowsky), in die er auch musische Elemente einbindet. Doch Berlin hat Andrej Woron nicht verlassen, sein Zuhause ist immer noch Kreuzberg.

Wörterbücher

„... den Deutschen die Vorurtheile gegen das Polnische zu benehmen"

Erika Worbs

—

Wörterbücher waren zu allen Zeiten wichtige Helfer zur Überwindung von Sprachbarrieren, so auch in den Sprachkontakten zwischen Polen und Deutschen, umso mehr, als es sich um zwei recht unterschiedliche Sprachen handelt. Ungefähr seit dem 17. Jahrhundert gibt es zweisprachige polnisch-deutsche Wörterbücher, zunächst als Wörterverzeichnisse in den zahlreichen Lehr- und Konversationsbüchern für die städtischen Gymnasien, ab dem 18. Jahrhundert dann als eigenständige Wörterbücher. Die Autoren waren oft deutschstämmig oder in deutschsprachigem Milieu ansässig.

Das erste ausführliche zweisprachige polnisch-deutsche Wörterbuch stammt aus der Feder des langjährigen ersten Polnisch-Lektors (→ Polnischunterricht und Polonistik) an der Universität Leipzig, des Warschauers Michał Abraham Troc (Michel Abraham Trotz, 1689–1769). Wie zu jener Zeit noch durchaus üblich, war es dreisprachig, als polnisch-deutschfranzösisches Wörterbuch, angelegt: *Nowy dykcyonarz to iest mownik polsko-niemiecko-francuski (Nouveau dictionnaire François, allemand et polonais)*, der dritte Band von 1764 war polnisch-deutsch. Dieses für die damalige Zeit recht moderne Wörterbuch diente Trocs Nachfolger im Amt des Polnisch-Lektors in Leipzig, Samuel Bogumił Linde (Samuel Gottlieb Linde, 1771–1847), als eine der Quellen für das erste wissenschaftliche Wörterbuch der polnischen Sprache, *Słownik języka polskiego*, das 1807–14 in sechs Bänden erschienen ist und in dem zugleich auch die deutschen Entsprechungen angegeben werden. Und schließlich reiht sich der Schlesier Georg Samuel Bandtke (Jerzy Samuel Bandtkie, 1768–1835) mit seinem zweibändigen polnisch-deutschen Handwörterbuch von 1806 in die Liste der bedeutenden Wörterbuchautoren des 19. Jahrhunderts ein. Er schreibt in seinem Vorwort: „(...) zur Erlernung der polnischen Sprache wird es dem Deutschen, so wie dem Polen zur Erlernung der deutschen Sprache, hülfreiche Hand biethen. Vielleicht wird es etwas dazu beytragen, den Deutschen die Vorurtheile gegen das Polnische zu benehmen, und zu zeigen: daß die Polen – auch unter den ungünstigsten Schicksalen ihres Volks – nicht zu verachtende Schätze der Literatur sich erworben haben." [10]

Die Zahl der zweisprachigen polnisch-deutschen Wörterbücher in unterschiedlichen Umfängen und für verschiedenste Benutzungszwecke nahm Ende des 19. und im Lauf des 20. Jahrhunderts stetig zu. Heute, im digitalen Zeitalter, hat sich das Handwerk der Wörterbuchmacher grundlegend verändert. Inzwischen gibt es hochmoderne zweisprachige polnisch-deutsche Wörterbücher – als Print-, Digital- und Online-Versionen –, gestützt auf riesige elektronische Datenbanken. Auf dieser Grundlage entstand in polnisch-deutscher Zusammenarbeit auch das aktuellste, in Warschau erschienene Großwörterbuch Polnisch-Deutsch (2008) und Deutsch-Polnisch (2010) des Wissenschaftsverlags PWN, das Laien wie professionellen Benutzern eine komfortable und kompetente Hilfe bei der Suche nach dem richtigen Wort ist.

Wörterbücher sind ein bewährtes Instrument deutsch-polnischer Verständigung.

W

---

[10] Georg Samuel Bandtke: *Polnisch-deutsches Wörterbuch zum Handgebrauch für Deutsche und Polen*, Breslau 1806, S. XI.

Wortwanderungen

Wenn der Fatzke mit dem Säbel eine Gurke ...

Erika Worbs

—

Wer würde schon vermuten, dass deutsche Wörter wie *Grenze, Gurke, Quark, Säbel* einen „Migrationshintergrund" haben und aus dem Polnischen ins Deutsche eingewandert sind? Und wer denkt bei den umgangssprachlichen Redensarten *dalli, dalli* (schnell, flink; von poln. *dalej*, weiter, vorwärts), *auf der Plauze liegen* (krank sein) beziehungsweise *es auf der Plauze haben* (starken Husten haben) oder *sich die Plauze vollschlagen* (sich den Bauch vollschlagen) an die Herkunft des Wortes *Plauze* aus dem sorbischen beziehungsweise polnischen *płuco* (Lunge)? Ein Blick in den Duden zeigt, dass heute noch etliche Wörter mit polnischem Ursprung im Deutschen lebendig sind, insbesondere in den einst von westslawischen Stämmen (Sorben, Polen, Elbslawen / Polaben) besiedelten ostdeutschen Landesteilen. Dazu gehören umgangssprachliche Wörter wie *Klitsche* (ärmlicher, kleiner Betrieb, Bauernhof o. Ä.; wohl von poln. *kleć*, dürftiges kleines Lehmhaus), *Fatzke* (eitler, arroganter Typ; wohl von dem poln. Vornamen *Wacek*), *Pachulke* (ungehobelter Kerl; von poln. *pachołek*)), *Dämlack* (Dummkopf; aus dt. *Dämel* + poln. Endung -ak), *pomade* (langsam, gemächlich; von poln. *pomału*) beziehungsweise *pomadig* (blasiert, dünkelhaft, träge).

Allgemein können fremde Wörter direkt übernommen werden und passen sich dann allmählich der aufnehmenden Sprache an, so wird aus dem polnischen *szabla* im Deutschen *Säbel*, aus *kalesza* das deutsche Nomen *Kalesche* oder – in umgekehrter Richtung – aus *Rathaus* im Polnischen *ratusz*. Irgendwann sieht man den „Zuwanderern" ihre Fremdheit nicht mehr an, sie sind integriert. Geben und Nehmen zwischen den Sprachen halten sich dabei nicht immer die Waage: So verzeichnet das Wörterbuch der deutschen Lehnwörter im Polnischen rund 2.500 Einträge zu aus der deutschen Sprache „ausgewanderten" Wörtern, wohingegen das Ausmaß der ins Deutsche gekommenen polnischen „Zuwanderer" überschaubar ist. Der Sprachwissenschaftler Andrzej de Vincenz meint dazu: „Der Leser hat das Recht, (...) zu fragen, ob die derart massiven und langfristigen deutschen Einflüsse nicht durch irgendwelche Einflüsse des Polnischen auf das Deutsche ‚ausgeglichen' werden. Wenn man so fragt, vergisst man, dass die Geschichte Europas die Geschichte der Ausbreitung der christlich-lateinischen Kultur von Italien nach Frankreich auf den Rest des Kontinents, nach Norden und Osten, ist. So gibt es im Deutschen Hunderte von Lehnwörtern aus dem Französischen, während man im Französischen kaum zwanzig oder dreißig deutsche Lehnwörter zusammenbekommt."[11]

Die ersten polnischen Wörter kamen schon sehr früh, ab dem 12. – 13. Jahrhundert, ins Deutsche, meist auf mündlichem Wege, aus den alltäglichen Kontakten im westslawisch-deutschen Grenzland oder in

---

[11] Andrzej de Vincenz: *Deutsch-polnische Sprachkontakte*, in: Ewa Kobylińska / Andreas Lawaty / Rüdiger Stephan (Hrsg.): *Deutsche und Polen. 100 Schlüsselbegriffe*, München 1992, S. 114 – 122. Siehe auch Ders. / Gerd Hentschel: *Wörterbuch der deutschen Lehnwörter in der polnischen Schrift- und Standardsprache*, 2010. Onlinepublikation im BIS-Verlag der Universität Oldenburg: diglib.bis.uni-oldenburg.de/bis-verlag/wdlp/ (Aufruf am 15.01.2018).

Gebieten mit Mischbevölkerung. In dieser Zeit waren die westslawischen Sprachen einander noch so ähnlich, dass man heutzutage oft nicht mehr genau feststellen kann, ob ein Wort unmittelbar aus dem Polnischen oder zum Beispiel über das Sorbische oder Tschechische ins Deutsche kam. Zu derart schwer bestimmbaren Wörtern zählen *Quark* (poln. *twaróg*, sorb. *twarog*, tschech. *twaroh*), *Peitsche* (poln. *bicz*, sorb. *bič*), das in der Lausitz noch lebendige *Kretscham/Kretschem* (Schenke, Wirtshaus) – wohl auch das abwertende *Kaschemme* – (poln. *karczma*, sorb. *korčma*, tschech. *krčma*); *Kretschmer* (Gastwirt, poln. *karczmarz*, tschech. *krčmář*), das sich in den heute noch geläufigen deutschen Nachnamen Kret(z)schmar, Kretschmer und Kret(z)schmann wiederfindet. Ebenfalls seit dem 12.–13. Jahrhundert verdrängte das polnische *granica* (Grenze) zunehmend die alten deutschen Bezeichnungen wie *Mark* oder *Rain*, und spätestens seit dem 17. Jahrhundert ist *Grenze* fester Bestandteil der deutschen Standardsprache, *granica* lebt heute noch in geografischen Namen wie Granitz (eine Hügellandschaft auf der Insel Rügen) fort. Andere Wörter haben hingegen auf ihrer „Wanderung" einen viel weiteren Weg zurückgelegt, *Gurke* ist zum Beispiel eine solche Fernentlehnung griechischen Ursprungs und über das polnische *ogórek* ins Deutsche gekommen.

Und schließlich kommt es vor, dass Wörter auswandern und später abgewandelt wieder zurückkehren, so etwas das in der deutschen Umgangssprache verwendete *Penunze/Penunse* (Geld): Zunächst wurde die althochdeutsche Form für *Pfennig* (vgl. engl. *Penny*) im Polnischen zu *pieniądz(e)* (Geld) und fand als *Penunze/Penunse* wieder ins Deutsche zurück. Desgleichen lag dem polnischen Wort *pułk* (Regiment) wohl ein alter germanischer Ausdruck für *Volk* zugrunde, es ist als *Pulk* mit neuer Bedeutung wieder ins Deutsche zurückgekehrt.

Auf mündlichem Weg gelangten auch Wörter ins Deutsche, die polnische Einwanderer im 19. Jahrhundert in das sogenannte Ruhrdeutsche einbrachten, etwa umgangssprachliche Wörter wie *Mottek* (Hammer; poln. *młotek*), *Mattka* (dicke Frau; poln. *Matka*), *schisskojenno* (völlig egal; poln. *wszystko jedno*), deren Anteil in der Ruhrgebietssprache heute allerdings als insgesamt nicht sehr hoch angesehen wird.

Die polnische Sprache ist nicht nur eine Quelle für einzelne Lehnwörter im Deutschen, sondern es gibt darüber hinaus eine ganze Reihe von Redensarten, in denen die Nationenbezeichnung *Polen* beziehungsweise *polnisch* vorkommt. Redensarten und Sprichwörter bewahren nicht nur ältere Sprachformen, sondern spiegeln auch frühere Lebensweisen und Auffassungen wider. Insofern liefern die nachfolgend aufgeführten Redewendungen ein Abbild der schwierigen Nachbarschaft zwischen Deutschen und Polen in den vergangenen Jahrhunderten.[12]

Dass Nachbarvölker oft wenig schmeichelhafte Benennungen füreinander haben, ist allgemein bekannt, da ist die deutsch-polnische Nachbarschaft keine Ausnahme. So kennt das Polnische die abschätzigen Bezeichnungen *fryc, szwab, szkop, hanys* für Deutsche, im Deutschen wiederum heißt es abwertend *Polack(e)/Polackin*, in Abwandlung der polnischen Eigenbenennung *Polak*, sowie entsprechend *Polackei* für das Land Polen. Der deutsche Gelehrte Johann Christoph Adelung beschreibt schon am Ende des 18. Jahrhunderts *Polak, Polakinn* in seinem

Johann Christoph Adelung, Bibliothekar, Lexikograf und Germanist, porträtiert von Anton Graff, 1803.

Wörterbuch als alltagssprachliches Wort im Deutschen, „welches doch etwas Niedriges und Verächtliches bey sich hat, ungeachtet es aus dem Pohln. *Polacy* entlehnet ist".[13] Ihre salopp-abschätzige, spöttische Färbung haben die Begriffe *Polacke* und *Polackei* über die Jahrhunderte hinweg nicht verloren.

Eines der sich am hartnäckigsten haltenden negativen Stereotype finden wir in der Redewendung von der „polnischen Wirtschaft", heute im Deutschen ein umgangssprachlich-saloppes Synonym für Schlamperei, Durcheinander, Unordnung, einst Inbegriff der Rückständigkeit und chaotischen Zustände, wie sie Polen im 18.–19. Jahrhundert von der deutschen Publizistik und Literatur zugeschrieben wurden. Über die Jahrhunderte hinweg funktionierte die Wendung als Sprachbild mit verschiedenen Nuancen, die aber alle immer den Gegensatz zu deutscher Tüchtigkeit und Ordnung

W

[12] Klaus Müller: *Slawisches im deutschen Wortschatz*, Berlin 1995.
[13] Johann Christoph Adelung: *Auszug aus dem grammatisch-kritischem Wörterbuche der hochdeutschen Mundart*, Dritter Theil, Leipzig 1801, S. 791.

betonten. Die NS-Propaganda bediente sich der Redewendung, und noch in den 1980er-Jahren kursierte die Rede von der „polnischen Wirtschaft" in den westdeutschen Medien, nunmehr allerdings zur negativen Charakterisierung der sozialistischen Planwirtschaft in der Volksrepublik Polen.[14] Und schließlich aktivierte die DDR Anfang der 1980er-Jahre das Stereotyp, um die „arbeitsfaulen" streikenden polnischen Arbeiter der „Solidarność"-Bewegung zu diskreditieren, aus Angst, das polnische Beispiel könnte in der DDR Schule machen.[15] Nach 1989 und mit dem Beitritt Polens zur EU erlebte die Wirtschaft des Landes einen nie dagewesenen Aufschwung, sodass dem historisch überholten Stereotyp schließlich jede Grundlage entzogen wurde: „Die polnische Wirtschaft, einst Synonym für Schlamperei und Schlendrian, ist heute ein Erfolgsmodell: für den konsequenten Umbau einer Staats- in eine Marktwirtschaft."[16] Und in der Tat scheint es nur mehr eine Frage des Generationenwechsels zu sein, denn wie spontane Umfragen unter jungen Leuten zeigen, können diese immer weniger inhaltlich etwas mit dieser Redewendung verbinden (es sei denn als neutrale Benennung für die Wirtschaft des Landes), sodass zu erwarten ist, dass sie eines Tages eines natürlichen sprachlichen Todes stirbt.

„Noch ist Polen nicht verloren!" (…) Nicht so bekannt ist hierzulande, dass es sich dabei um die erste Zeile der heutigen polnischen Nationalhymne (…) handelt.

In engem historischen Bezug zur Rede von der „polnischen Wirtschaft" steht die heute weit unbekanntere, ebenso negativ aufgeladene Redensart „(es geht zu) wie im polnischen Reichstag". Im Band 14 des Grimm'schen *Deutschen Wörterbuchs* von 1893 heißt es: „sprichwörtlich, bild der unordnung und zerfahrenheit war der ‚polnische reichstag'". Und *Meyers Konversationslexikon* (1905–06) gibt die Erklärung: „Die Bezeichnung hat ihren Ursprung in der sprichwörtlich gewor-

denen Regellosigkeit und Leidenschaftlichkeit der Verhandlungen auf den polnischen Reichstagen".

Auf die wirtschaftliche Schwäche Polens spielt auch die Redensart „In Polen ist nicht viel / nichts zu holen" an. Der schlesische Germanist Karl F. W. Wander (1803–1879) erwähnt sie in seinem *Deutschen Sprichwörter-Lexicon* (1867–80) unter dem Stichwort *Polen* mit der Anmerkung, dass sehr wohl etwas zu holen wäre, denn Polen sei „ein reiches Land, mit dessen Producten seine Bewohner aber wenig anzufangen wissen". Heute wird die Wendung in den Medien eher in der positiven Umkehrung genannt, indem die Attraktivität des polnischen Marktes hervorgehoben und damit die Gültigkeit der ursprünglich negativen Bedeutung widerlegt wird.

Nicht so eindeutig lässt sich die ursprüngliche Bedeutung der Redensart „Da / jetzt ist Polen offen" klären. Am wahrscheinlichsten ist hier der Bezug zur instabilen, bedrohlichen Situation der polnischen Adelsrepublik Ende des 18. Jahrhunderts, als diese durch ihre innere Schwäche den Nachbarstaaten „offene" Flanken für Interventionen bot. Heute dient das formelhafte „Wenn …, dann ist Polen offen" in der deutschen Alltagssprache als Androhung von Konsequenzen für den Fall, dass eine bestimmte Aufgabe oder ein Auftrag nicht erfüllt wird, etwa in einem Eltern-Kind- beziehungsweise Lehrer-Schüler-Dialog: „Wenn nicht endlich Ruhe einkehrt, dann ist Polen (aber) offen" (dann gibt es Ärger / ein Unglück / Donnerwetter). Der konkrete Polenbezug ist hier völlig neutralisiert worden, wie wir es bei vielen anderen Redensarten mit Nationenbezeichnungen kennen, etwa in der Wendung „Da ist Polen in Not" (oder „Da ist Holland in Not") als Ausdruck dafür, dass große Not herrscht oder jemand in arger Bedrängnis ist.

Weithin populär im Deutschen ist das geflügelte Wort „Noch ist Polen nicht verloren!", wenn man ausdrücken will, dass es noch einen Ausweg gibt, auch in äußerst schwieriger Lage, vergleichbar mit der Redewendung „Es ist noch nicht aller Tage Abend". Nicht so bekannt ist hierzulande, dass es sich dabei um die erste Zeile der heutigen polnischen Nationalhymne (→ Dąbrowski) handelt, die während der Zeit der polnischen Teilungen entstand.

---

[14] Zur Verwendung dieses Stereotyps in der BRD und DDR vgl. Beata Kosmala: *Polenbilder in Deutschland, Informationen zur politischen Bildung*, Heft 27, Bonn 2006. Online abrufbar unter: www.bpb.de/izpb/9704/polenbilder-in-deutschland-seit-1945?p=all (Aufruf am 15.01.2018); Hubert Orłowski: *„Polnische Wirtschaft"*, in: Kobylińska / Lawaty / Stephan (Hrsg.) (wie Anm. 11), S. 515–522.

[15] Vgl. Armin Mitter: *Ressentiments und ‚proletarischer Internationalismus': die Einstellung der DDR gegenüber der VR Polen*, in: Franciszek Grucza (Hrsg.): *Vorurteile zwischen Deutschen und Polen*, Warszawa 1994, S. 81.

[16] Andrzej Rybak: *Primus Polen*, in: Der Spiegel, Nr. 41 (1999), S. 150 f.

Wróbel, Walerian

Wegen Heimweh ermordet

Peter Oliver Loew

—

Es war einmal ein Junge vom Land. Aus dem polnischen Dorf Fałków stammte er, südlich von Lodz. Sein Elternhaus brannte beim deutschen Überfall auf Polen ab, da war er 14. Zwei Jahre später wollte er seinen Eltern helfen und meldete sich zur Arbeit im Reich, da war er 16: „Die Mutter wollte ihn nicht fahren lassen dorthin. (…) Aber er hat gesagt: ‚Wenn ich dorthin fahre, kann ich Euch Geld schicken‘." [17]

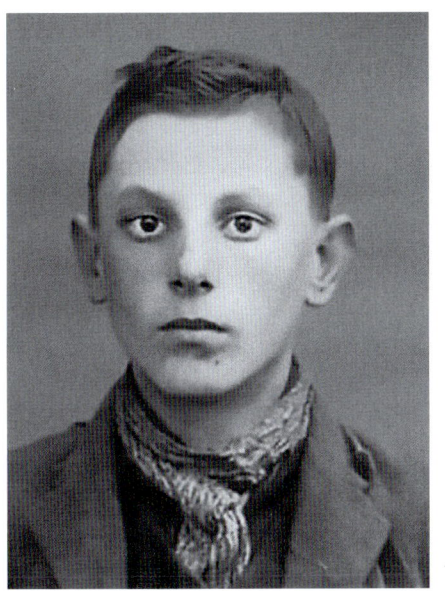

Walerian bei seiner Verhaftung 1941

Im April 1941 kam er in den Bremer Ortsteil Lesum, auf den Hof einer Witwe und ihrer unverheirateten Tochter. Heimweh verzehrte ihn, nach wenigen Tagen zündete er die Scheune an, weil er dachte, man würde ihn dann zurückschicken. Der Brand wurde – mit Walerians Hilfe – rasch gelöscht, doch die Mühlen der Justiz begannen zu mahlen. Zunächst steckte man ihn in das KZ Neuengamme (→ Zwangsarbeiter aus Polen). Hier befreundete er sich mit einem anderen polnischen Gefangenen, der sich Jahrzehnte später an „Walerek" erinnerte: „Der hatte immer Angst und hat überlegt, was er tun kann, daß er rauskommt. Und hatte solche Sehnsucht nach den Eltern". [18] Der Prozess gegen Walerian fand im Sommer 1942 statt. Das Urteil lautete: „Der Angeklagte wird wegen Verbrechens nach § 3 der Volksschädlingsverordnung zur Strafe des Todes (…) verurteilt." [19] Die ebenfalls zugrunde gelegte „Polenstrafrechtsverordnung" hatte zur Tatzeit allerdings noch nicht gegolten, und selbst wenn sie schon gegolten hätte, hätte sie nur in den „eingegliederten Ostgebieten" gelten dürfen; außerdem war Walerian zur Tatzeit noch minderjährig. Ein Gnadengesuch wurde abgewiesen. Walerian schrieb letzte Briefe nach Fałków, die dort tiefe Bestürzung auslösten: „Es gab keinen Menschen, der nicht geweint hat beim Lesen", erinnerte sich seine Schwester. [20] Am 25. August 1942 wurde Walerian Wróbel in Hamburg durch das Fallbeil hingerichtet.

Der Historiker Christoph Schminck-Gustavus hat den Fall in den 1980er-Jahren rekonstruiert, 1990 entstand aus seinem ergreifenden Buch der Kinofilm *Das Heimweh des Walerjan Wróbel*. Seit 2007 erinnert in Bremen-Werderland der „Walerian-Wróbel-Weg" an dieses Opfer – eines von unzähligen NS-Justizmorden.

[17] Zit. nach Christoph U. Schminck-Gustavus: *Das Heimweh des Walerjan Wróbel. Ein Sondergerichtsverfahren 1941/42*, Berlin/Bonn 1986, S. 138.
[18] Zit. nach ebd., S. 47.
[19] Zit. nach ebd., S. 74.
[20] Zit. nach ebd., S. 139.

Zagajewski, Adam

Dichter mit Berliner Schlüsseln

Dorota Danielewicz

—

„Westberlin erschien mir Anfang der achtziger Jahre wie eine eigentümliche Synthese von einstiger Reichshauptstadt und einer von Manhattan und der Avantgarde faszinierten Metropole." [1]

Der Dichter Adam Zagajewski, 1945 in Lemberg geboren, aufgewachsen in Gleiwitz (Gliwice) und Krakau (Kraków), hat eine besondere Beziehung zu Berlin. Von hier aus war es ihm möglich, in Richtung Westen umzusiedeln, nachdem er 1979 Gast beim Berliner Künstlerprogramm des DAAD gewesen war. Zagajewski lebte in Berlin zunächst am Schlachtensee, später in Charlottenburg, von dort aus konnte er aktiv am kulturellen Leben der Stadt teilnehmen. Über seine Berliner Zeit damals sagt er: „Westberlin erschien mir Anfang der achtziger Jahre wie eine eigentümliche Synthese von einstiger Reichshauptstadt und einer von Manhattan und der Avantgarde faszinierten Metropole."

Ein Zeugnis dieser Zeit ist der Roman *Cieńka kreska* (1983, dt. *Der dünne Strich,* 1985), in dem sich Zagajewski seinen Begegnungen mit der Berliner Künstlerszene zuwendet, aber auch die kleinen Überraschungen schildert, die der deutsche Alltag für Ankömmlinge aus Polen barg: „Eines Tages sprach mich eine meiner neuen Nachbarinnen, eine Frau von sechzig Jahren, die immer Hosen trug, beim Briefkasten an (…); sie bat mich, den Müll nicht in Plastiktüten, sondern lose in die Tonnen zu werfen. Das ist in Berlin sogar Vorschrift, sagte sie. Wenn man sich nicht daran hält, werden die Tonnen zu schnell voll." [2]

Nach der Verhängung des Kriegsrechts in Polen ging Zagajewski 1981/82 von West-Berlin über die USA ins Exil nach Paris, wo er viele Jahre lebte. In West-Berlin hatte der politisch engagierte Dichter regen Kontakt zur polnischen Opposition gehalten und beschaffte zum Beispiel eine Druckmaschine, die von deutschen Studenten über die Grenze nach Polen geschmuggelt und später in der Danziger Werft zum Druck von Flyern benutzt wurde. Zagajewskis literarische Werke, Romane, Essays und zahlreiche Lyrik-Bände, durften von 1976 bis 1989 in Polen nicht erscheinen. Zu den Übersetzern, die seine Werke ins Deutsche übertrugen, gehörte auch Karl → Dedecius.

Adam Zagajewski, der 2002 nach Polen zurückkehrte, publiziert heute regelmäßig in der Literaturzeitschrift „Sinn und Form", herausgegeben von der Akademie der Künste in Berlin, der Zagajewski seit 1999 angehört. Seit 2015 ist er auch Mitglied der Deutschen Akademie für Sprache und Dichtung in Darmstadt. Zu den zahlreichen Auszeichnungen des Schriftstellers gehören der deutsch-polnische „Samuel-Bogumił-Linde-Preis" (2009), der „Heinrich-Mann-Preis" der Berliner Akademie der Künste (2015) und der „Dr. Leopold-Lucas-Preis" der Universität Tübingen (2016).

---

[1] Adam Zagajewski: *Verteidigung der Leidenschaft. Essays,* München 2008, S. 8.
[2] Ders.: *Der dünne Strich,* München/Wien 1985, S. 61 f.

Zanussi, Krzysztof

Der Moralist im deutschen Fernsehen

Andrzej Kaluza

—

Als Kind im stalinistischen Polen träumte Krzysztof Zanussi, 1939 in Warschau geboren, von Weltreisen und der nötigen „Ausrüstung": Pässen, Visa, Einladungen, Devisen … Er beschloss, den „gelobten Westen" zu erobern, das Filmemachen erschien ihm als geeignete Art, sein Ziel zu erreichen: „Wir wollten am Ergebnis unserer Fantasie gemessen werden. Der Erfolg eines Films im Westen räumte alle Komplexe beiseite, stellte ein Zeugnis aus, nach dem auch unsere Erfahrung über die Blockgrenzen hinaus etwas zählte."[3] Wie schon Andrzej → Wajda staunte Zanussi über Deutschland: „Ein junger Filmemacher war vom Westen durch einen Streifen Niemandsland getrennt. (…) Menschen, die diese Barriere überwanden, kamen ausgerechnet aus dem Land, mit dem Polen in den 1960er-Jahren keine Beziehungen unterhielt und mit dem uns kulturell so viel verbindet wie trennt."[4]

Zanussi, der 1960–66 an der Filmhochschule Lodz studiert hatte, verließ nach der Verhängung des Kriegsrechts 1981 in Polen seine Heimat. Er drehte in der Bundesrepublik so viele Filme wie kaum ein anderer polnischer Regisseur. Seine ambitionierten Werke fanden hierzulande ein offenes Publikum und aufgeschlossene Kritiker. Schon zu Beginn der 1970er-Jahre entstanden in Deutschland produzierte TV-Spielfilme, so *Die Rolle* (*Rola*), doch war sein größtes Deutschland-Abenteuer sicherlich die TV-Produktion *Imperativ*, die er 1982 für den Saarländischen Rundfunk (SR) drehen sollte. Sollte – denn das Ausmaß an organisatorischen Problemen ließ den Regisseur schier verzweifeln. Zunächst sprang der französische Koproduzent ab und der SR sah sich nicht in der Lage, die fehlenden Gelder aufzustocken. Zanussi, der unbedingt den englischen Schauspieler Robert Powell für die Hauptrolle gewinnen wollte, handelte dessen Gagenvorstellungen herunter und schaffte es dann sogar, ihn trotz einer Autobahnblockade der Startbahn-West-Gegner vom Frankfurter Flughafen abzuholen, was selbst den SR-Produzenten erweichte. Wenn da nicht die Vorsehung ihre Hände im Spiel hatte! Um Vorsehung

ging es auch in dem Film selbst. Powell spielt darin einen englischen Mathematiker, der durch ein Sakrileg in einer orthodoxen Kirche Gottes Existenz herausfordern will. Eine wichtige Figur ist die Gestalt des Theologen, den der bekannte Schauspieler Matthias Habich verkörperte. *Imperativ* setzt sich vordergründig mit der westlichen Kritik am „polnischen" Papst → Johannes Paul II. auseinander, dem westliche, vornehmlich deutschsprachige Theologen, unzeitgemäße moralische Rigidität, aber auch politische und gesellschaftliche Rückständigkeit (etwa gegenüber Vertretern der Befreiungstheologie) vorwarfen.

Zanussis Filme wie *Die Struktur des Kristalls* (*Struktura kryształu*, 1969), *Illumination* (*Iluminacja*, 1973), *Tarnfarben* (*Barwy ochronne*, 1977) werden aufgrund ihrer Auseinandersetzung mit ethischen und moralischen Vorstellungen auch als Beispiele für das „Kino der moralischen Unruhe" bezeichnet, die sozusagen die „neue Welle" im Polen der 1970er-Jahre waren und auch die späteren politischen Umwälzungen im Land begleiteten.

Z

„Wir wollten am Ergebnis unserer Fantasie gemessen werden."

[3] Krzysztof Zanussi: *Pora umierać* [Zeit zu sterben], Warszawa 1999, S. 48 [Übers. AK].
[4] Ebd., S. 49 [Übers. AK].

Ziemiak, Paul

Der Erfolg einer „fantastischen Integration"

Andrzej Kaluza

—

Auch der Politikbereich ist vor jungen polnischen Einwanderern nicht sicher. Bisher schaffte es allerdings nur Agnieszka Brugger (geb. Malczak) als junge Grünen-Politikerin in den Deutschen Bundestag. Neue Gesichter aber stehen in den Startlöchern aller demokratischen Parteien, wo sie nach exponierten öffentlichen wie politischen Ämtern streben. Während die Studentin Katharina Nocun im Herbst 2013 nach wenigen Monaten als Politische Geschäftsführerin der Piraten-Partei zurücktrat, griff Paul Ziemiak im Herbst 2014 nach dem einflussreichen Amt des Bundesvorsitzenden der Jungen Union Deutschlands (JU), der CDU / CSU-Jugendorganisation.

„Jeder, der hart arbeitet, kann in diesem Land alles erreichen, kann Wissenschaftler, Geschäftsmann oder eben Chef der größten politischen Nachwuchsorganisation werden." [5]

Paul Ziemiak, 1985 in Stettin (Szczecin) geboren, kam 1988 mit seinen Eltern nach Iserlohn im Sauerland. Nach dem Abitur studierte er zunächst Rechtswissenschaften in Osnabrück und Münster, anschließend Unternehmenskommunikation in Iserlohn. Bereits mit 14 Jahren trat er der JU bei, drei Jahre später, 2001, der CDU; viele seiner Bekannten aus dem Aussiedlermilieu, auch seine Eltern, wählten CDU, wie Ziemiak in einem Interview bekannte. Sein eigener politischer Werdegang entwickelte sich stetig weiter: 2006 wird er in den Landesvorstand der JU Nordrhein-Westfalen gewählt, im November 2012 wird er deren Landesvorsitzender, zwei Jahre später setzt er sich in einer Kampfkandidatur um den JU-Bundesvorsitz durch.

Seine deutsche Heimat sieht Ziemiak als ein Land der Möglichkeiten: „Jeder, der hart arbeitet, kann in diesem Land alles erreichen, kann Wissenschaftler, Geschäftsmann oder eben Chef der größten politischen Nachwuchsorganisation werden." Mit seinem politischen Engagement zahle er der deutschen Gesellschaft ein wenig von dem zurück, was er und seine Eltern hierzulande bekommen haben. Über die Generation polnischer → Aussiedler, die Polen in den 1980er-Jahren verließen und in die Bundesrepublik kamen, sagt er: „Sie hatten es nicht leicht, aber sie machten es, damit es ihren Kindern besser ging." [6] Sich selbst sieht er als einen Vertreter der neuen deutsch-polnischen Mittler-Generation, die das Ergebnis einer „fantastischen Integration" sei: „Viele reden Polnisch, alle reden Deutsch! Meine Generation kennt Polen und begegnet dem Land mit Sympathie. Jeder denkt an die Tradition am Heiligabend, an das Teilen der Oblate, an den Borschtsch. Das gibt es in keinem anderen Land." [7] 2017 kandidierte Ziemiak für den Deutschen Bundestag im Wahlkreis Herne-Bochum II und zog in das Parlament ein.

[5] Zit. nach Paul Ziemiak: *„Nigdy nie zapomnę skąd pochodzę"* [Niemals vergesse ich, woher ich komme], Interwiew mit Barbara Cöllen, Deutsche Welle, 17.11.2014 [Übers. AK]. Online abrufbar unter: www.dw.com/pl/paul-ziemiak-nigdy-nie-zapomnę-skąd-pochodzę-wywiad/a-18034586 (Aufruf am 20.01.2016).
[6] Zit. nach ebd. [Übers. AK].
[7] Zit. nach ebd. [Übers. AK].

Ziółkowska, Patrycia

In Polen verwurzelt, auf deutschen Bühnen zu Hause

Andrzej Kaluza
—

„Kommen Sie aus Polen? Dann können Sie eine Putzfrau oder eine Babysitterin spielen! – Am Anfang lachte ich darüber und nahm solche Rollen an. Aber nach drei solchen TV-Produktionen sagte ich: Genug!"[8] So erinnert sich die Schauspielerin Patrycia Ziółkowska an ihre schauspielerischen Anfänge im deutschen Fernsehen. Und selbst heute noch, auch wenn sie Titelrollen spielt, fällt es dem deutschen Theatermilieu schwer, ihren Namen korrekt polnisch auszusprechen, denn Ziółkowska ist nicht gleich „Ciolkowska"!

1979 im ostpolnischen Sokołów Podlaski geboren, kommt sie mit zweieinhalb Jahren in die Bundesrepublik Deutschland, wo ihre Eltern 1981 einen Asylantrag stellen. Sie wächst in Aachen auf, ein Jahr vor dem Abitur schmeißt sie die Schule. Als sie ihre Ausbildung an der Westfälischen Schauspielschule Bochum beginnt, ist sie 17 Jahre alt. Bereits während ihres Studiums arbeitet sie mit Leander Haußmann in dessen Inszenierung von Shakespeares *Maß für Maß* am Schauspielhaus Bochum zusammen, zahlreiche Gast-Engagements an renommierten deutschen Bühnen folgen, unter anderem am Deutschen Schauspielhaus in Hamburg.

Bereits 2001 entdeckte der Regisseur Fatih Akin sie für sein „Multikulti-Kino". Zunächst besetzte er Ziółkowska in dem beachtenswerten Gastarbeiterepos *Solino* (2002), in dem sie eine junge Frau ver-

Patrycia Ziółkowska bei den Proben zu *Faust I + II* am Thalia-Theater in Hamburg, 2011

körpert, um die zwei italienische Brüder buhlen. Für ihre Hauptrolle in Akins mehrfach preisgekröntem Film *Auf der anderen Seite* (2007) erhielt Ziółkowska den „Europäischen Filmpreis" und den „Deutschen Filmpreis" in Gold. Die Rolle der Kriemhild in Hebbels *Nibelungen* unter der Regie von Karin Beier am Schauspiel Köln trug ihr beim NRW-Theaterfestival 2008 die Auszeichnung als „Beste Hauptdarstellerin" ein.

Seit der Spielzeit 2009 ist Patrycia Ziółkowska festes Ensemblemitglied des Thalia Theaters Hamburg.

---

[8] Zit. nach *Lubię drażnić nerw życia* [Ich mag den Nerv des Lebens reizen], Interview in: Rzeczpospolita PlusMinus, 29.–30.09.2007, S. A11 [Übers. AK].

Ein befreiter polnischer Zwangsarbeiter küsst einen US-Soldaten in Calbe (Sachsen-Anhalt), 1945.

Zwangsarbeiter aus Polen

Ausgebeutet in zwei Kriegen

Matthias Barełkowski

—

Zwangsarbeit, Fremdarbeiter, Saisonarbeit, Sklavenarbeit … – Komposita mit dem allgegenwärtigen und ach so wirkmächtigen Begriff „Arbeit(er)" gibt es viele. Die Übergänge sind dabei oft fließend, die Dimensionen durch Statistiken nur ansatzweise abbildbar, die Schicksale, die sich dahinter verbergen, vielgestaltig und daher kaum vollständig zu beschreiben. Eine Eingrenzung ist also nötig, zunächst mit einer Definition – derjenigen der Internationalen Arbeitsorganisation (ILO) von 1930: „Als Zwangsarbeit wird eine Arbeit bezeichnet, zu der ein Mensch unter Androhung einer Strafe gegen seinen Willen gezwungen wird."

Bereits vor dem Ersten Weltkrieg gab es zahlreiche → Saisonarbeiter aus Polen in Deutschland, die insbesondere in der ostelbischen Landwirtschaft tätig waren. Nach Kriegsbeginn 1914 wurde etwa 200.000 bis 300.000 dieser Saisonarbeiter, die vorwiegend aus dem russischen Teil Polens stammten, die Rückkehr in ihre Heimat verwehrt. Diese Bestimmungen wurden kurze Zeit später auf alle im Reich lebenden polnischen Arbeiter ausgedehnt. Insgesamt waren davon circa eine halbe Million polnische Arbeitskräfte betroffen.

Nach der Besetzung eines großen Teils von Russisch-Polen und der Einrichtung des kaiserlich deutschen Generalgouvernements Warschau im Sommer 1915 verschlechterte sich die wirtschaftliche Lage vieler Betriebe deutlich, da die auf den russländischen Binnenmarkt ausgerichtete Wirtschaft Absatzmärkte und Rohstofflieferanten verlor. Dadurch entstand erheblicher Druck auf dem polnischen Arbeitsmarkt. Um der Arbeitslosigkeit zu entrinnen, ließen sich viele Polen zur Arbeit in deutschen Betrieben anwerben. Organisiert wurde die Anwerbung polnischer Arbeitskräfte von der „Deutschen Arbeiterzentrale", die etwa 29 Büros im Generalgouvernement Warschau eröffnete. In Polen wurden so innerhalb eines Jahres etwa 50.000 Arbeiter für die deutsche Industrie und weitere 70.000 Arbeiter für die deutsche Landwirtschaft angeworben. Der rechtliche Status der polnischen Arbeiter wurde bereits 1915 dem der 1914 an der Rückkehr in die Heimat gehinderten polnischen

Beschäftigten angeglichen. Nach ihrer Ankunft in Deutschland konnten auch die neu Angeworbenen nicht wieder nach Polen zurückkehren, auch galt für sie eine eingeschränkte Freizügigkeit innerhalb des Deutschen Reichs. Nach Ablauf ihres Arbeitsvertrages konnten sie auch, unter Androhung von Haft, zum Abschluss eines neuen Vertrages gezwungen werden.

Die so mehr oder weniger zwangsweise verpflichteten und an der Rückkehr in ihre Heimat gehinderten Arbeitskräfte versuchten, sich durch Flucht zu entziehen: Zwischen Oktober 1915 und November 1916 waren es über 11.200 Polen, ein Jahr später bereits fast 24.400. Hunger, Krankheiten und Seuchen während des Krieges, gerade in den deutschen Städten, waren sicher wesentliche Gründe dafür, dass sie ihren Arbeitsstellen den Rücken kehrten.

Auch nach dem Ersten Weltkrieg und dem Zusammenbruch des Kaiserreiches blieb man in Deutschland auf polnische Arbeitskräfte, insbesondere in der Landwirtschaft, angewiesen. Auch sie wurden als „Saisonarbeiter" bezeichnet. Seit 1936 gab es jährliche Verhandlungen mit der polnischen Regierung über Arbeitskräftekontingente für Deutschland, deren Umfang von Jahr zu Jahr sprunghaft zunahm. Als die polnische Regierung aufgrund der wachsenden politisch-militärischen Spannungen 1939 das zugesagte Kontingent von 90.000 Arbeitern zurückhielt, konnten polnische Staatsangehörige sogar ohne Papiere ins Deutsche Reich einreisen. Eigens in Grenznähe eingerichtete Arbeitsamtsstellen registrierten sie.

Mit Beginn des Zweiten Weltkriegs griff das NS-Regime, aufbauend auf den Erfahrungen aus dem Ersten Weltkrieg, fast sofort auf Zwangsarbeit zurück, um die als Soldaten eingezogenen Arbeitskräfte zu ersetzen, den ständig steigenden Bedarf an Rüstungsgütern befriedigen und die Lebensmittelversorgung sicherstellen zu können. Insgesamt waren während des Krieges etwa zwölf Millionen sogenannte Fremdarbeiter im Deutschen Reich eingesetzt. Bei den polnischen Zwangsarbeitern handelte es sich um Zivilisten, die in organisierten Transporten nach Deutschland kamen, aber auch

Z

um Kriegsgefangene, die den Status von Zwangsarbeitern annehmen mussten. Anfänglich warben die Besatzungsbehörden im erneut „Generalgouvernement" genannten Teil Polens für freiwillige Meldungen zur Arbeit im Reich (Leopold → Tyrmand, Walerian → Wróbel). Propagandafilme sollten Polen von günstigen Arbeitsbedingungen überzeugen. Da dies nicht den erwünschten Erfolg brachte, führten die Besatzungsbehörden seit März 1940 Razzien durch, um Arbeitskräfte zu rekrutieren.

Im Gesamtzeitraum von 1939 bis 1945 leisteten nach Angaben der Stiftung „Erinnerung, Verantwortung, Zukunft" und des Bundesarchivs insgesamt circa 1,6 Millionen polnische Zivilisten und circa 300.000 polnische Kriegsgefangene während des NS-Regimes Zwangsarbeit. Bei diesen Angaben ist zu berücksichtigen, dass Zwangsarbeit auch außerhalb der offiziellen Reichsgrenzen in den eroberten und besetzten Gebieten geleistet wurde – insbesondere in den zahlreichen im besetzten Polen von den Nazis errichteten Ghettos für Juden.

Die Zwangsarbeiter wurden als „Fremdarbeiter" oder, sofern sie aus der Sowjetunion – vor allem aus der Ukraine und (Weiß-)Russland – stammten, als „Ostarbeiter" bezeichnet. Sie hatten Kennzeichnungen an ihrer Kleidung zu tragen. Für Polen war dies ein großes „P" in einem auf einer Spitze stehenden Viereck.

Während des NS-Regimes mussten polnische Zwangsarbeiter ein großes „P" auf gelbem Grund als sichtbares Kennzeichen auf ihrer Kleidung tragen, Reselkow (Pommern), August 1943.

Unter den Zwangsarbeitern waren auch Jugendliche oder Kinder, die häufig ihren Eltern entrissen oder verschleppt wurden. Zwangsarbeiter wurden nicht nur in der Landwirtschaft und der (Rüstungs-)Industrie eingesetzt, sondern auch in öffentlichen Einrichtungen, ja selbst Kirchen und Privatpersonen forderten sie an.

Die „Fremdarbeiter" wurden schlecht ernährt, erhielten oft keinen oder einen nur sehr geringen Lohn und mussten häufig die schwersten und unangenehmsten Arbeiten verrichten. Die Unterbringung erfolgte für die in den Industriebetrieben und in sonstigen Arbeitskommandos eingesetzten Zwangsarbeiter in sogenannten Stammlagern (im nationalsozialistischen Sprachgebrauch als „Stalag" bezeichnet), von denen aus sowjetische Kriegsgefangene (und auch Kriegsgefangene der westlichen Alliierten) zu den Arbeitseinsätzen verteilt wurden. Meist waren das Barackenlager, mit Stacheldraht eingezäunt und bewacht. Die sanitären und hygienischen Bedingungen waren verheerend, viele der durch Zwangsarbeit und Hunger geschwächten Häftlinge starben. Im Erfahrungsbericht der 1917 geborenen Maria Andrzejewska, die aus der Gegend von Lodz stammte und als Zwangsarbeiterin in Berlin eingesetzt war, heißt es: „Wir arbeiteten in der Firma Dr. Klaus Gottwart - Technische Fabrik (...) in der Köpenicker Straße 50, zwölf Stunden täglich. Samstags acht Stunden, aber fast an jedem Samstag mußten wir die Matratzen entwanzen. Dies geschah unter Bewachung unserer Aufseherin, die oft die Wendung ‚Du Polenschwein' gebrauchte. Das war sehr unangenehm.

Die hygienischen Bedingungen waren schrecklich. Nach der Ankunft bekam jede von uns ein Stückchen Kernseife und ein graues Tuch. Es gab ein Waschbecken mit Warmwasser. Aber jede von uns war entweder in einer Strafrazzia festgenommen oder direkt vom Arbeitsplatz abgeholt worden, so daß wir keine Kleider zum Wechseln hatten."[9]

Für Zwangsarbeiter galt kein Arbeitsschutz, sodass sie am Arbeitsplatz allen gesundheitlichen Gefahren ausgesetzt waren. Sie durften in den Städten bei Bombenalarm keine Schutzräume aufsuchen. Bei Verstößen gegen die Anordnungen und Befehle der Deutschen drohte ihnen eine Einweisung in „Arbeitserziehungslager", in denen KZ-ähnliche Zustände herrschten. Zum Teil erfolgte bei „Verstößen" oder „Fluchtversuchen" auch direkt eine Einweisung in ein →Konzentrationslager, wo polnische Häftlinge vielfach die größte Gruppe stellten.

Schwangere Zwangsarbeiterinnen aus Osteuropa wurden häufig zur Abtreibung gezwungen. Kinder, die sie zur Welt brachten, wurden, wenn sie den Vorstellungen der NS-Rassenideologie entsprachen, seit Juni 1943 in speziellen Pflegeheimen auf die Adoption durch deutsche Familien vorbereitet. Kinder, die nicht als „gutrassig" eingestuft wurden, kamen zwangsweise in „Ausländerkinder-Pflegestätten", die keinen anderen Zweck hatten, als diese unerwünschten Kinder unbemerkt von der Öffentlichkeit verhungern zu lassen. Zehntausende Kleinkinder kamen auf diese Weise ums Leben – die Beerdigungskosten in Höhe von 15 Reichsmark wurden den mittellosen Müttern in Rechnung gestellt.

Polnische und sowjetische Zwangsarbeiter galten im rassistischen Denken der nationalsozialistischen Weltanschauung als „slawische Untermenschen" und wurden deutlich schlechter behandelt als die später hinzukommenden italienischen sogenannten Militärinternierten oder auch als die französischen und anderen westlichen Kriegsgefangenen und Zivilarbeiter. Besondere „Polen"- und „Ostarbeiter-Erlasse" entrechteten diese Gruppen weitestgehend. So waren ihnen zum Beispiel der Besitz von Geld, Wertsachen, Fahrrädern, Feuerzeugen und auch der Erwerb von Fahrkarten verboten. Intimer Verkehr mit Deutschen wurde streng bestraft, teilweise sogar mit der Todesstrafe. Je nach dem Einsatzort der Zwangsarbeiter unterschieden sich deren Lebensbedingungen jedoch deutlich.

Insbesondere in der Landwirtschaft, wo Arbeit und Unterbringung kaum voneinander getrennt waren, konnten auch erträglichere Verhältnisse vorherrschen.

Die massenhafte Anwesenheit polnischer Zwangsarbeiter in Deutschland blieb nicht ohne Wirkung auf die einheimische Bevölkerung. Sehr deutlich wird dies etwa im Bericht einer „Kreisbeauftragten für völkische Schutzarbeit" aus dem Gau Magdeburg-Anhalt vom Januar 1941: „Heute hört man in Mitteldeutschland überall fremde Laute und fragt sich: Ist das noch Deutschland, wo wir uns befinden? Fremde Lieder flattern auf, unsere guten Dorfbewohner stehen dabei und klatschen Beifall. (...) Hier und da werden die Polen über den grünen Klee gelobt als Arbeiter in der Landwirtschaft, andere beklagen sich wieder über die Faulheit und Aufsässigkeit der Polen, manche Bauern geben lieber ihre Arbeitsdienstmaid auf, als sie einen Polen von ihrem Mittagstisch verbannen."[10]

Z

Im Gesamtzeitraum von 1939 bis 1945 leisteten (...) circa 1,6 Millionen polnische Zivilisten und circa 300.000 polnische Kriegsgefangene während des NS-Regimes Zwangsarbeit.

Nach Kriegsende verblieben viele Zwangsarbeiter zunächst als sogenannte →Displaced Persons in Lagern in (West-)Deutschland. Polen stellten mit circa 900.000 DPs die drittgrößte Gruppe. Sofern sie sich nicht selbst zu Fuß auf den Weg nach Hause machten, wurden sie in der Folge durch die Alliierten aus den Westzonen in Güterzügen nach Polen repatriiert. Andere verblieben notgedrungen in Deutschland wegen der veränderten politischen Verhältnisse in ihrer einstigen Heimat, von denen sie sich nichts Gutes erwarteten. Wieder andere waren mit deutschen Frauen verbunden und gründeten Familien. Die Kinder aus diesen Verbindungen wurden häufig wegen ihrer Herkunft schwer diskriminiert, wie es etwa die Lebensgeschichte des 1953 geborenen Stefan →Wisniewski gezeigt hat, der später RAF-Terrorist wurde.

---

[9] Zit. nach Berliner Geschichtswerkstatt (Hrsg.): *Zwangsarbeit in Berlin 1940–1945. Erinnerungsberichte aus Polen, der Ukraine und Weißrussland,* Erfurt 2000, S. 62.

[10] Zit. nach *Bericht der Kreisbeauftragten für völkische Schutzarbeit von Sonthofen,* 1941. Bundesarchiv Berlin, R 3601/1978.

Literarisch verarbeitet wurde das Thema „Zwangs-arbeit" in Nazi-Deutschland wohl erstmalig 1978 von Rolf Hochhuth in seinem Roman *Eine Liebe in Deutschland*, der 1983 von Andrzej → Wajda verfilmt und so einem breiteren Publikum bekannt wurde. Auch wenn der Film dramaturgisch-künstlerisch enttäuschte, zeigte er doch, wie brutal die Liebe zwischen einem polnischen Zwangsarbeiter und einer deutschen Frau, die als „Polenliebchen" ver-unglimpft wurde, enden konnte – er wurde hinge-richtet, sie kam ins KZ.

Von dieser Ausnahme abgesehen, wurde das Thema in der Nachkriegszeit in Ost- wie West-deutschland jedoch weitestgehend beschwiegen und verdrängt. Von individuellen Entschädigungs-zahlungen war, nicht zuletzt wegen des Ost-West-Konflikts, keine Rede in der Politik. Erst im Zuge der deutschen Wiedervereinigung und dem Zerfall des Ostblocks gewann das Thema an Bedeutung. Deutschland schloss mit Polen wie auch mit anderen, ehemals kommunistischen Ländern bilaterale Ver-träge nach dem Vorbild der mit westlichen Ländern nach dem Krieg getroffenen Vereinbarungen. Im Falle Polens waren Auszahlungen individueller Entschädigungen vorgesehen über die eigens dafür

gegründete Stiftung „Polnisch-Deutsche Aussöh-nung" / Fundacja „Polsko-Niemieckie Pojednanie" (FPNP). Zwischen 1992 und 2002 wurden so 500 Mil-lionen DM an ehemalige polnische Zwangsarbeiter ausbezahlt.

Nach und nach stieg aufgrund von Klageverfahren der internationale Druck auf die deutsche Wirt-schaft, sich als ehemalige Profiteurin der Zwangs-arbeit an weiteren Entschädigungen zu beteiligen. Dies traf auch auf Kirchen, Städte und Gemeinden sowie andere Organisationen zu. Ein Unrechtsbe-wusstsein war bei einigen Institutionen auch jetzt noch nicht vorhanden. Erst über die im Jahr 2000 eigens dazu gegründete Stiftung „Erinnerung, Verantwortung, Zukunft" (EVZ), die mit 5 Milliar-den DM aus der deutschen Wirtschaft und 5 Milli-arden DM seitens der deutschen Bundesregierung ausgestattet war, konnte mit entsprechenden Entschä-digungszahlungen an die ehemaligen NS-Zwangs-arbeiter begonnen werden. Über die Partnerorga-nisation der EVZ in Polen, die erwähnte Stiftung „Polnisch-Deutsche Aussöhnung", wurde bis zu Be-ginn des 21. Jahrhunderts insgesamt rund eine Milliarde Euro an die Betroffenen oder deren Rechts-nachfolger ausbezahlt. Die ehemaligen Zwangsarbei-

Blick in die Ausstellung „Erinnerung bewahren. Sklaven- und Zwangsarbeiter des Dritten Reiches aus Polen 1939–1945", Dokumentationszentrum Prora (Rügen), 2008

terinnen und Zwangsarbeiter aus Polen bekamen, je nach individuellem Schicksal, einmalig zwischen 2.500 und 7.500 Euro ausbezahlt. Aus Polen stammende jüdische Zwangsarbeiter wurden gesondert entschädigt.

Als positiver Nebeneffekt der lange währenden Diskussion um die Entschädigungszahlungen kann gewertet werden, dass erstmalig eine breitere und intensivere Beschäftigung mit dem Thema Zwangsarbeit und deren Folgen in Deutschland einsetzte. Künstlerisch verarbeitet hat es Rolf Schübel in seinem 1990/91 gedrehten Film *Das Heimweh des Walerjan Wróbel.* Er schildert das Schicksal des 1941 zur Zwangsarbeit nach Norddeutschland deportierten polnischen Jugendlichen Walerian → Wróbel, der ins KZ Neuengamme kam und schließlich im August 1942 hingerichtet wurde.

In der Folgezeit entstanden zahlreiche lokale wie auch überregionale Initiativen, die Fakten zur NS-Zwangsarbeit in ihren Regionen ermittelten und zudem versuchten, Erfahrungsberichte und Erinnerungen ehemaliger Zwangsarbeiter aus Polen zu sammeln, aufzuzeichnen und anschließend in Ausstellungen, Publikationen und auf Webportalen in Filmen und Apps publik zu machen. Zu nennen sind hier beispielsweise das Zwangsarbeiterarchiv oder die Projektgruppe „NS-Zwangsarbeit" der „Berliner Geschichtswerkstatt e.V." Seit 2006 besteht im einzigen, noch weitgehend erhaltenen ehemaligen NS-Zwangsarbeiterlager in Berlin-Schöneweide ein „Dokumentationszentrum NS-Zwangsarbeit", das systematisch ausgebaut wird.

Als positiver Nebeneffekt der lange währenden Diskussion um die Entschädigungszahlungen kann gewertet werden, dass erstmalig eine breitere und intensivere Beschäftigung mit dem Thema Zwangsarbeit und deren Folgen in Deutschland einsetzte.

Z

Kleine, versteckte Gedenkorte, die an das Schicksal einzelner Zwangsarbeiter erinnern, findet man hingegen manchmal ganz unvermutet an abgelegenen Orten. So geschehen 2014 bei einer Fahrradtour des Autors am Bodensee, in der Nähe von Salem. Unter einem Baum an einer Wegkreuzung fand sich ein großes steinernes Kreuz – die verwitterte polnische Inschrift auf dem Sockel bezeugte, dass hier 1941/42 zwei Polen erhängt worden waren. Ihre Namen waren kaum noch zu entziffern, wohl aber die auf Deutsch ganz unten angebrachte Metalltafel: „Vorbeigehender, bete das Ave Maria für die Opfer des Rassismus." Nur wenige Fahrradminuten weiter waren in einem Weinberg polnische Stimmen zu vernehmen – Saisonarbeiter, die bei der Traubenernte halfen ...

Weiterführende Literatur

Ulrich Herbert: *Geschichte der Ausländerpolitik in Deutschland. Saisonarbeiter, Zwangsarbeiter, Gastarbeiter, Flüchtlinge,* München 2001.

Ulrich Herbert: *Fremdarbeiter – Politik und Praxis des Ausländer-Einsatzes in der Kriegswirtschaft des Dritten Reiches,* Berlin/Bonn 1986.

Volkhard Knigge (Hrsg.): *Zwangsarbeit. Die Deutschen, die Zwangsarbeiter und der Krieg. Begleitband zur internationalen Wanderausstellung,* Essen 2012.

Karl Liedke: *Gesichter der Zwangsarbeit. Polen in Braunschweig 1939–1945,* Braunschweig 1997.

Mark Spoerer: *Zwangsarbeit unter dem Hakenkreuz. Ausländische Zivilarbeiter, Kriegsgefangene und Häftlinge im Deutschen Reich und im besetzten Europa 1939–1945,* Stuttgart/München 2001.

Johannes-Dieter Steinert: *Polnische und sowjetische Kinder im nationalsozialistischen Deutschland und im besetzten Osteuropa 1939–1945,* Essen 2013.

Herausgeber, Autorinnen und Autoren

Barełkowski, Matthias, M.A. studierte Neuere und Neueste Geschichte sowie Polonistik an der Humboldt-Universität zu Berlin; anschließend freiberufliche Tätigkeit als Historiker, Schwerpunkt: polnische und deutsche Geschichte des 19. und 20. Jahrhunderts sowie Geschichte der polnisch-deutsch-jüdischen Beziehungen. Derzeit wissenschaftlicher Mitarbeiter im DFG-Projekt „Manövrierräume im Staatssozialismus" an der Universität Siegen.

Bingen, Dieter, Prof. Dr. Direktor des Deutschen Polen-Instituts in Darmstadt; Honorarprofessor an der Hochschule Zittau / Görlitz und Gastprofessor für Politikwissenschaft an der TU Darmstadt. Zahlreiche Veröffentlichungen zu den Forschungsschwerpunkten: polnische Zeitgeschichte, Innen- und Außenpolitik, Religion und Kirche in Polen seit 1945, politische Systeme und Transformation in Ostmittel- und Südeuropa, deutsch-polnische Beziehungen (*Die Polenpolitik der Bonner Republik von Adenauer bis Kohl 1949–1991*, 1998).

Cieślińska-Lobkowicz, Nawojka Kunsthistorikerin, freie Publizistin und Kuratorin. In den 1990er-Jahren Botschaftsrätin für Kunst und Kultur an der Botschaft der Republik Polen in der Bundesrepublik und Gründungsdirektorin des Polnischen Instituts in Düsseldorf, danach Direktorin des Kunstmuseums in Lodz. Seit 2000 widmet sie sich vor allem der Geschichte der polnischen und jüdischen Kulturverluste während des Zweiten Weltkriegs, der Restitutionsproblematik und der Provenienzforschung.

Danielewicz, Dorota lebt seit 1981 in Berlin. Literaturwissenschaftlerin, Rundfunkjournalistin (WDR, RBB) und Publizistin. Sie ist Autorin des Erzählbandes *Auf der Suche nach der Seele Berlins* (2014) und des Sammelbandes *Berlin. Polnische Perspektiven* (2009).

Kaluza, Andrzej, Dr. studierte Politikwissenschaft, Germanistik und Pädagogik in Breslau und Frankfurt am Main. Seit Mai 1999 wissenschaftlicher Mitarbeiter am Deutschen Polen-Institut in Darmstadt und Redakteur des *Jahrbuchs Polen*.

Kerski, Basil Direktor des Europäischen Solidarność-Zentrums in Danzig und Chefredakteur des zweisprachigen Deutsch-Polnischen Magazins „DIALOG" (Berlin / Danzig). Autor und Herausgeber zahlreicher Bücher zu historischen, politischen und kulturellen Themen in deutscher, polnischer, englischer und ukrainischer Sprache. 2011 erschien sein Buch *Die Dynamik der Annäherung in den deutsch-polnischen Beziehungen. Gegenwart und Geschichte einer Partnerschaft.*

Kneip, Matthias, Dr. arbeitet am Deutschen Polen-Institut in Darmstadt sowie als freier Schriftsteller, Publizist und Polen-Referent. Autor zahlreicher Publikationen über Polen, u. a. Reportagen für „Spiegel Online". Zuletzt erschienen seine Bücher *Reise in Westpolen* (2016) und *111 Gründe, Polen zu lieben* (2015), das 2017 auch ins Polnische übersetzt wurde.

Kowaluk, Agnieszka studierte Germanistik in Warschau. Übersetzerin deutschsprachiger Literatur, Autorin und Deutschlehrerin in Integrationskursen. Im Rahmen der Lesereihe „Gut gepolt!" organisiert sie in München Lesungen mit polnischen AutorInnen. Mitautorin der Kolumne „Mein Deutschland" der „Süddeutschen Zeitung". 2014 erschien ihr Buch *Du bist so deutsch!*

Krzoska, Markus, Dr. Historiker und Übersetzer, wissenschaftlicher Mitarbeiter am DFG-Projekt „Manövrierräume im Staatssozialismus" an der Universität Siegen, Privatdozent an der Justus-Liebig-Universität Gießen. 2016 veröffentlichte er das Buch *Ein Land unterwegs. Kulturgeschichte Polens seit 1945.*

Kycia, Thomas studierte katholische Theologie in Bonn sowie Kommunikationswissenschaften an der Päpstlichen Universität Gregoriana in Rom. Redakteur und Radiomoderator beim Rundfunk Berlin-Brandenburg (RBB), Deutschlandkorrespondent des polnischen Programms von Radio Vatikan und Redaktionsmitglied der Zeitschrift „Więź". Autor u. a. des Dokumentarfilms *Leise gegen den Strom* (2009) über die Pioniere der deutsch-polnischen Versöhnung.

Loew, Peter Oliver, Dr. wissenschaftlicher Mitarbeiter am Deutschen Polen-Institut Darmstadt, stellvertretender Direktor im wissenschaftlichen Bereich, Historiker. Wissenschaftliche Schwerpunkte: Geschichte Polens, Deutschlands und der deutsch-polnischen Beziehungen in der Neuzeit, Geschichte der Polen in Deutschland, Geschichte und Gegenwart Danzigs, Erinnerungskultur, vergleichende Geschichte Ostmitteleuropas. Buchveröffentlichungen u. a. *Wir Unsichtbaren. Geschichte der Polen in Deutschland* (2014).

Mack, Manfred studierte Geschichte, Slavistik und Sportwissenschaft in Tübingen und Krakau. Seit 1989 wissenschaftlicher Mitarbeiter am Deutschen Polen-Institut in Darmstadt, u. a. Redakteur des *Panoramas der polnischen Literatur des 20. Jahrhunderts* und Mitorganisator der interdisziplinären deutsch-polnischen Sommerakademien.

Osses, Dietmar Museumsleiter des LWL-Industriemuseums Zeche Hannover in Bochum, Westfälisches Landesmuseum für Industriekultur. Themenschwerpunkte seiner Arbeit sind die Sozialgeschichte des Ruhrgebiets, die Industriekultur und die Migrationsgeschichte in Nordrhein-Westfalen. Er ist Sprecher des „Arbeitskreises Migration" im Deutschen Museumsbund und Gründungsmitglied der ZAK – Zukunftsakademie NRW. Seit 2014 ist er Vorsitzender des Kuratoriums der „Porta Polonica – Dokumentationsstelle zur Kultur und Geschichte der Polen in Deutschland".

Ritter, Rüdiger, Dr. Osteuropahistoriker, Musikwissenschaftler, Ausstellungskurator, stellvertretender Leiter des Museums der 50er Jahre in Bremerhaven und wissenschaftlicher Mitarbeiter an der TU Chemnitz, Projekt „Solidarität mit Hindernissen. Hilfe für die Solidarność in Westdeutschland zu Beginn der 1980er Jahre". Zahlreiche Publikationen zu Musik und Politik im 19. und 20. Jahrhundert.

Stach, Andrzej Waldemar lebt seit 1985 in (West-)Berlin. Publizist, Essayist, Journalist und Buchautor. In der Zeit von 1977 bis 1984 engagierte er sich in der antikommunistischen Opposition in Polen und als Autor von Publikationen in Untergrundverlagen. Zahlreiche Veröffentlichungen in Deutschland, Frankreich und Polen zu Fragen der neuesten deutschen Geschichte und der deutsch-polnischen Beziehungen, beispielsweise in der polnischen Exilzeitschrift „Kultura".

Trepte, Hans-Christian, Dr. studierte Russisch und Englisch in Greifswald und Leipzig sowie Polonistik in Leipzig, Warschau und Wrocław. Bis 2001 Mitarbeiter an einem Forschungsprojekt zu Exilliteraturen Ostmitteleuropas am Geisteswissenschaftlichen Zentrum Geschichte und Kultur Ostmitteleuropas (GWZO, Leipzig); seit 2002 am Institut für Slavistik der Universität Leipzig tätig im Bereich Westslawische Literaturwissenschaft und Kulturgeschichte.

Worbs, Erika, Prof. Dr. studierte Russistik und Polonistik an der Humboldt-Universität zu Berlin sowie an den Universitäten in Poznań und Warschau. Bis 2012 Professorin für Polnische Sprache und Kultur am Institut für Slavistik der Johannes Gutenberg-Universität Mainz, Fachbereich Translations-, Sprach- und Kulturwissenschaften. Wissenschaftliche Tätigkeitsfelder u. a. polnische Lexikologie, Polnischunterricht in Deutschland. Autorin bzw. Mitautorin polnisch-deutscher Wörterbücher.

Bildnachweis

→ S. 42 Lagerfoto Banaszak, © taglicht media/
Christoph Weber
→ S. 43 Bundesarchiv, Bild 183-B0927-0005-001/
Fotograf: Werner Krisch
→ S. 44 © ullstein bild – joko
→ S. 45 © Winter/Timeline Images/Süddeutsche
Zeitung Photo

Bettelstudent und Polenblut
→ S. 46 © SZ Photo/Süddeutsche Zeitung Photo
→ S. 47 © akg-images

Bienek, Horst
→ S. 48, Bild 1: Horst Bienek, Die erste Polka,
© 1975 Carl Hanser Verlag, München
→ S. 48, Bild 2: © akg-images/
picture-alliance/dpa

Binationale Ehen
→ S. 49 © HOCHZEITSPOLKA, X Verleih AG
→ S. 50–51 © Markus Hilbich, Berlin

Bitterfeld
→ S. 53 © Privatarchiv Dr. Johannes Frackowiak

Blachnicki, Franciszek
→ S. 54 Quelle: Marianum Carlsberg/Pfz.

Błaszczykowski, Jakub („Kuba")
→ S. 55, Bild 1: © picture alliance/
Pressefoto Ulmer
→ S. 55, Bild 2: © picture alliance/augenklick

Bobrowski, Johannes
→ S. 56 © Leitwerk. Büro für Kommunikation

Borowski, Tadeusz
→ S. 57 © Leitwerk. Büro für Kommunikation

Botschaften und Gesandtschaften
→ S. 59 © bpk/Geheimes Staatsarchiv, SPK/
Bildstelle GStA PK

Brauner, Artur
→ S. 60 © Leitwerk. Büro für Kommunikation

Bremen
→ S. 61 © FV Kämmereimuseum Blthl. e.V.
→ S. 62 © bpk
→ S. 63 Bundesarchiv, Bild 185-09-25/
Fotograf: o. Ang.
→ S. 64 © picture alliance/dpa
→ S. 65 © Archiv der Forschungsstelle Osteuropa
an der Universität Bremen, FSO 2-088,
Materialien des Informationsbüro „Solidarność"
in Bremen
→ S. 66 © Kamil Binkowski

Bremerhaven
→ S. 67 © akg-images/arkivi

F. A. Brockhaus
→ S. 68, Bild 1: © akg-images
→ S. 68, Bild 2: © Archiv Deutsches Polen-Institut

Broder, Henryk M.
→ S. 69 © Leitwerk. Büro für Kommunikation

Brońska-Pampuch, Wanda
→ S. 70 Wanda Brońska-Pampuch, Ohne Mass
und Ende, © 1963 Piper Verlag, München

Brückner, Aleksander
→ S. 71 Wikimedia Commons

Bund der Polen in Deutschland
→ S. 72 © Narodowe Archiwum Cyfrowe,
Warszawa
→ S. 73 © www.porta-polonica.de

C

Collage Kapiteleinstieg
→ Chodowiecki, Daniel © akg-images
→ Chopin Fryderyk © ullstein bild – Pictures
from History
→ Club der polnischen Versager
© Darek Gontarski
→ Colditz © Regina Thiede

Chodowiecki, Daniel
→ S. 76 © Leitwerk. Büro für Kommunikation
→ S. 76 © akg-images

Chopin Fryderyk
→ S. 77 © Leitwerk. Büro für Kommunikation
→ S. 78 © picture alliance/Süddeutsche
Zeitung Photo

Club der polnischen Versager
→ S. 79 © Darek Gontarski
→ S. 80 Adam Gusowski/Piotr Mordel,
Der Club der polnischen Versager, © 2012
Rowohlt Verlag, Reinbek

Colditz
→ S. 81, Bild 1: © Johannes Lange
→ S. 81, Bild 2: © Regina Thiede

D

Collage Kapiteleinstieg
→ Dedecius, Karl © dpa – Fotoreport
→ Denkmal Friedrichshain © ullstein Bild – imageBROKER/Lothar Steiner
→ Denkmalpflege © picture alliance/ Bildarchiv Monheim
→ Displaced Persons © akg-images/TT News Agency/SVT
→ Doliwo-Dobrowolski, Michał © Archiv der Technischen Universität Darmstadt

Dąbrowski, Jan Henryk
→ S. 84 © Leitwerk. Büro für Kommunikation

Darmstädter Ferienkurse
→ S. 85 © Bildarchiv des Internationalen Musikinstituts Darmstadt (IMD), Fotograf: Hans Kenner

Dedecius, Karl
→ S. 86 © dpa – Fotoreport
→ S. 87 © Leitwerk. Büro für Kommunikation

Denkmal Friedrichshain
→ S. 88 © ullstein Bild – imageBROKER/ Lothar Steiner

Denkmalpflege
→ S. 89 Bundesarchiv, Bild 183-1988-0822-008/ Grubitzsch (geb. Raphael), Waltraud
→ S. 90 © picture alliance/Bildarchiv Monheim

Deutsch-Polnisches Jugendwerk
→ S. 92 © Piotr Strojnowski

DIALOG
→ S. 93 © Deutsch-Polnisches Magazin DIALOG Nr. 3–4/1996

Diamant, Dora
→ S. 94 © picture alliance/akg

Displaced Persons
→ S. 95 © picture alliance/AP Images
→ S. 97 © akg-images/TT News Agency/SVT

DJ Tomekk
→ S. 100 © Leon Hahn
→ S. 101 © Leitwerk. Büro für Kommunikation

Doliwo-Dobrowolski, Michał
→ S. 102 © Archiv der Technischen Universität Darmstadt. Leihgabe von Georges Dolivo (Enkel von Michael Dolivo-Dobrowolsky), Yverdon. Die Angaben entstammen der Publikation „G. Neidhöfer: Michael von Dolivo-Dobrowolsky und der Drehstrom. © 2004 VDE-Verlag, Berlin"

Dygat, Stanisław
→ S. 103 © pap Polish Press Agency

E/F

Collage Kapiteleinstieg
→ Elsner, Sławomir © Künstler (Slawomir Elsner), Aus der Serie „Slawomir", 1999, Farbfotografie 12,5 x 19 cm
→ Forster, Mark © picture alliance/Photoshot
→ Fußball, Leichtathletik, Boxen & Co. © ullstein bild – ullstein bild
→ Fußball, Leichtathletik, Boxen & Co. © dpa – Sportreport
→ Fußball, Leichtathletik, Boxen & Co. © ullstein bild – Bernd Wende

Elsner, Sławomir
→ S. 106 © Sławomir Elsner für art
→ S. 106 © Künstler (Slawomir Elsner), Aus der Serie „Slawomir", 1999, Farbfotografie 12,5 x 19 cm

Fałat, Julian
→ S. 107 © akg-images/Album/Prisma

Forster, Mark
→ S. 108 © Robert Winter

Frank, Jakob
→ S. 109 © Leitwerk. Büro für Kommunikation

Fußball, Leichtathletik, Boxen & Co.
→ S. 110–111 © ullstein bild – ullstein bild
→ S. 112 © dpa
→ S. 113 © dpa – Sportreport
→ S. 114, Bild 1: © dpa – Report
→ S. 114, Bild 2: © dpa – Sportreport
→ S. 115, Bild 3: © ullstein bild – Bernd Wende
→ S. 115, Bild 4: © picture alliance

G

Collage Kapiteleinstieg
→ Gdańska © Robert Widera
→ Geteilte Städte – gemeinsame Ziele © Moritz Kertzscher
→ Gombrowicz, Witold © ullstein bild – Garthe
→ Grass, Günter © picture alliance/akg

Gänse und andere Exportschlager
→ S. 118 © Leitwerk. Büro für Kommunikation

Gdańska
→ S. 119 © Robert Widera

Geteilte Städte – gemeinsame Ziele
→ S. 120–121 © Moritz Kertzscher
→ S. 122 © Europastadt GörlitzZgorzelec GmbH
→ S. 123 © picture alliance/dpa-Zentralbild
→ S. 125 © ZB – Fotoreport

Goerke, Natasza
→ S. 127 © Leitwerk. Büro für Kommunikation

Gombrowicz, Witold
→ S. 128 © ullstein bild – Garthe
→ S. 129 © Bohdan Paczowski/FOTONOVA

Gotzkowsky, Johann Ernst
→ S. 130 © ullstein bild – ullstein bild

Grasovka und Tyskie
→ S. 131 © National Archives of Australia:
  SP1006 / 14, 2 PART 2
→ S. 132 © Asahi Brands Europe a.s.

Grass, Günter
→ S. 133 © Leitwerk. Büro für Kommunikation

Gregorowicz, Lucas
→ S. 134 © Leitwerk. Büro für Kommunikation

Grynszpan, Herschel
→ S. 135, Bild 1: © picture alliance / akg-images
→ S. 135, Bild 2: © picture alliance / akg-images

H

Collage Kapiteleinstieg

→ Hamburg © dpa
→ Hamburg © Daniel Neculai
→ Hłasko, Marek © INTERFOTO / Friedrich
→ Holland, Agnieszka © dpa

Hambacher Fest
→ S. 138 © akg-images

Hamburg
→ S. 139 © ullstein bild – JOKER / Paul Eckenroth
→ S. 140 © dpa
→ S. 142 © Daniel Neculai

Haren / Maczków
→ S. 144 © Archiv A. Sekowska

Helbig-Mischewski, Brigitta
→ S. 146 © Leitwerk. Büro für Kommunikation

Hłasko, Marek
→ S. 147 © INTERFOTO / Friedrich

Holland, Agnieszka
→ S. 148 © akg-images / Album / Les Films Du
  Losange / Filmkunst

Hutten-Czapski, Bogdan
→ S. 149 © The National Digital Archives

I/J

Collage Kapiteleinstieg

→ IKEA © Iain Masterton / Alamy Stock Photo
→ Janosch © picture alliance / BREUEL-BILD
→ Janosch © ullstein bild – Heilke Heller
→ Johannes a Lasco Bibliothek Große Kirche
  Emden © dpa
→ Johannes Paul II. © ZB – Fotoreport

IGNIS – Europäisches Kulturzentrum
→ S. 152 © Archiv Deutsches Polen-Institut

IKEA
→ S. 153 © IKEA Retail sp. z o.o., Janki, Polska

Jabłonowski, Fürst Józef Aleksander
→ S. 154 Wikimedia Commons

Janosch
→ S. 155 © Leitwerk. Büro für Kommunikation

Januszewski, Zygmunt
→ S. 156 © Deutsch-Polnisches Magazin
  DIALOG Nr. 2 / 1991

Jogiches, Leo
→ S. 157, Bild 1: Wikimedia Commons
→ S. 157, Bild 2: © picture alliance

Johannes a Lasco
→ S. 158, Bild 1: © picture alliance / united archives
→ S. 158, Bild 2: © Stiftung Johannes a
  Lasco Bibliothek

Johannes Paul II
→ S. 159 © Leitwerk. Büro für Kommunikation

K

Collage Kapiteleinstieg

→ Kasimir © Kasimir Kaiser der Clochards,
  Foto: Piotr Mordel
→ Kerber, Angelique © ullstein bild – Sven Simon
→ Kossak, Wojciech © akg-images
→ Kozakiewicz, Władysław © Rich Clarkson /
  Kontributor

Kalkowska, Eleonore
→ S. 162 © Leitwerk. Büro für Kommunikation

Kantor, Tadeusz
→ S. 163 © Leitwerk. Büro für Kommunikation
→ S. 164 © ullstein bild – Rabau

Kasimir
→ S. 165 © Kasimir Kaiser der Clochards,
  Foto: Piotr Mordel

Kerber, Angelique
→ S. 166 © picture alliance / AP Images

Kiepura, Jan
→ S. 167 © Leitwerk. Büro für Kommunikation

Kieślowski, Krzysztof
→ S. 168 © Leitwerk. Büro für Kommunikation

Kijowska, Marta
→ S. 169, Bild 1: © Jerzy Pirecki
→ S. 169, Bild 2: Marta Kijowska, Die Tinte ist ein
  Zündstoff. Stanisław Jerzy Lec. Der Meister
  des unfrisierten Denkens, © 2009 Carl Hanser
  Verlag, München

Klub der Katholischen Intelligenz
→ S. 170 © Archiv Deutsches Polen-Institut

Komasa, Mary
→ S. 171 © Leitwerk. Büro für Kommunikation

Konstanz
→ S. 172 © ullstein bild – Archiv Gerstenberg

Konzentrationslager
→ S. 174 Bundesarchiv, Bild 146-1993-051-07 / Fotograf: o. Ang.
→ S. 175 © Gedenkstätte und Museum Sachsenhausen
→ S. 177 © KZ-Gedenkstätte Dachau
→ S. 178 © picture alliance

Korczak, Janusz
→ S. 179 © akg-images / Israel Talby

Korfanty, Wojciech (Adalbert)
→ S. 180 © ullstein bild – Gircke

Kossak, Juliusz
→ S. 181 © Ligier Piotr / Muzeum Narodowe w Warszawie

Kossak, Wojciech
→ S. 182 © akg images

Kotyczka, Josef
→ S. 183 Josef Kotyczka, „Kurze polnische Sprachlehre", © 1976 Cornelsen Verlag, Berlin

Kozakiewicz, Władysław
→ S. 184 © Rich Clarkson / Kontributor
→ S. 184–185 © akg-images / Sputnik

Krakauer, Karpfen und Co.
→ S. 186 Zuza Zak, Polska, Die neue polnische Küche © 2017 Knesebeck Verlag, München

Krasicki, Ignacy
→ S. 187 © akg-images / De Agostini Picture Library

Kraszewski, Józef Ignacy
→ S. 188 Wikimedia Commons

Krzemiński, Adam
→ S. 189 © Thomas Imo / Alamy Stock Foto
→ S. 190 © Heide Fest

Kubary, Johann Stanislaus
→ S. 191, Bild 1: Wikimedia Commons
→ S. 191, Bild 2: © Paul Fearn / Alamy Stock Foto

Kubicki, Stanislaw
→ S. 192 August Sander, Maler [Stanislaw Kubicki], 1929 © Die Photographische Sammlung / SK Stiftung Kultur – August Sander Archiv, Köln; VG Bild-Kunst, Bonn, 2017
→ S. 193 Besitz: Lidia Głuchowska, Berlin

Kulczyk, Henryk
→ S. 184 © Tomasz Kamiński / Agencja Gazeta

Kulturzeitschriften
→ S. 195, Bild 1: © Archiv Deutsches Polen-Institut
→ S. 195, Bild 2: © Archiv Deutsches Polen-Institut

L

Collage Kapiteleinstieg
→ Lec, Stanisław Jerzy © Lucjan Fogiel / East News
→ Lenica, Jan © picture alliance
→ Litewka und andere Kleidungsstücke © bpk / E. Postlep
→ Luxemburg, Rosa © picture alliance / Heritage Images

Lachmann, Peter Piotr
→ S. 198 © Marek Dusza

Landshuter Hochzeit
→ S. 199 © Verein „Die Förderer" e.V., Veranstalter der „Landshuter Hochzeit 1475"

Lausitz
→ S. 200 © Gemeinde Crostwitz

Lebus
→ S. 201 © ullstein bild – P / F / H

Lec, Stanisław Jerzy
→ S. 202 © Lucjan Fogiel / East News

Leipzig
→ S. 203 © bpk / Kunstbibliothek, SMB / Knud Petersen
→ S. 204 © Heritage Image Partnership Ltd / Alamy Stock Foto
→ S. 205 Bundesarchiv, Bild 183-H0207-0021-001 / Fotograf: Heinz Koch

Lem, Stanisław
→ S. 206 © Leitwerk. Büro für Kommunikation

Lenica, Jan
→ S. 207, Bild 1: © akg-images / Fototeca Gilardi
→ S. 207, Bild 2: © akg-images / Fototeca Gilardi
→ S. 208, Bild 1: © picture alliance
→ S. 208, Bild 2: © dpa – Bildarchiv

Leszczyński, Stanisław
→ S. 209 © Sammlung Steuer, Zweibrücken

Lindenstraße
→ S. 211 © picture alliance

Litewka und andere Kleidungsstücke
→ S. 212 © bpk / E. Postlep

Löcknitz
→ S. 213 © Andrzej Stach

Lubieniecki, Theodor
→ S. 215 © Art Collection 2 / Alamy Stock Foto

Łukaszczyk, Maciej
→ S. 216 © Leitwerk. Büro für Kommunikation

Lustiger, Arno
→ S. 217 © Isolde Ohlbaum / laif

Luxemburg, Rosa
→ S. 218 © picture alliance / Heritage Images
→ S. 219 © ullstein bild – ADN-Bildarchiv

M

Collage Kapiteleinstieg
→ Marcell, Julia © Krzysztof Wyzynski
→ Mazurka und Polonaise © akg-images/
   ddrbildarchiv.de
→ Miss Polonia in Deutschland © Frank
   Bauermann – www.beautyshooting.de
→ München © Bayerische Schlösserverwaltung,
   Philipp Mansmann, München
→ München © Leszek Franz Owca Photography

Mackiewicz, Józef
→ S. 222 © Leitwerk. Büro für Kommunikation

Mara, Lya
→ S. 223 © Leitwerk. Büro für Kommunikation

Marcell, Julia
→ S. 224 © Krzysztof Wyzynski

Marchlewski, Julian
→ S. 225 © Leitwerk. Büro für Kommunikation

Marianum
→ S. 226 Quelle: Marianum Carlsberg/Pfz.

Markenprodukte aus Polen
→ S. 227 © Solaris Bus & Coach SA
→ S. 228 © LPP

Matthäus von Krakau
→ S. 229 © ÖNB/Wien HAD Ink 34–72, Titelblatt

Maximilian-Kolbe-Werk
→ S. 230 Wikimedia Commons

Mazurka und Polonaise
→ S. 231, Bild 1: © PRISMA ARCHIVO/
   Alamy Stock Foto
→ S. 231, Bild 2: © akg-images/ddrbildarchiv.de

Medien der Polen in Deutschland
→ S. 232 © Archiv Deutsches Polen-Institut
→ S. 233 © Westdeutscher Rundfunk

Merkel, Angela
→ S. 234 © Leitwerk. Büro für Kommunikation
→ S. 234 Wikimedia Commons

Meyer, Krzysztof
→ S. 235 © akg-images/Harald Fronzek

Michalczewski, Dariusz
→ S. 236 © Leitwerk. Büro für Kommunikation

Mickiewicz, Adam
→ S. 237 © bpk
→ S. 238 © 1952 Karl Dietz Verlag, Berlin
→ S. 239, Bild 1: © bpk / Staatsbibliothek zu Berlin
→ S. 239, Bild 2: Wikimedia Commons
→ S. 240 Bundesarchiv, Bild 183-34679-0003/
   Fotograf: Klein

Mierosławski, Ludwik
→ S. 242 © Leitwerk. Büro für Kommunikation

Mieszko I.
→ S. 243 Wikimedia Commons

Miss Polonia in Deutschland
→ S. 244 © Frank Bauermann –
   www.beautyshooting.de

Mol-Wolf, Katarzyna
→ S. 245 © Leitwerk. Büro für Kommunikation

Monatsschrift Polen
→ S. 246 © Archiv Deutsches Polen-Institut

Mrożek, Sławomir
→ S. 247 © Leitwerk. Büro für Kommunikation

München
→ S. 248 © Bayerische Schlösserverwaltung,
   Philipp Mansmann, München
→ S. 249, Bild 1: Wikimedia Commons
→ S. 249, Bild 2: © Bayerische Staatsbibliothek
   München/Bildarchiv
→ S. 250 © Bayerische Staatsbibliothek
   München/Bildarchiv
→ S. 251 Wikimedia Commons
→ S. 252 Wikimedia Commons
→ S. 253, Bild 1: © Leszek Franz
   Owca Photography
→ S. 253, Bild 2: © Veranstalter: AHOJ Nachbarn
   e. V., Design: VERA WARTER – Kommunikation.
   Konzeption. Design. www.verawarter.de

Münchner Malerschule
→ S. 254, Bild 1: © ullstein bild – Heritage
   Images/Fine Art Images
→ S. 254, Bild 2: © Art Collection 4/Alamy
   Stock Foto
→ S. 255 Wikimedia Commons

N

Collage Kapiteleinstieg
→ Negri, Pola © bpk/Hanns Hubmann
→ Nietzsche, Friedrich © ullstein bild
→ Niewrzęda, Krzysztof © Indi Orlando,
   www.indiorlandoarte.com
→ Nordwolle © Nordwolle Delmenhorst.
   Nordwestdeutsches Museum für
   IndustrieKultur

Negri, Pola
→ S. 259 © Leitwerk. Büro für Kommunikation

Neviges
→ S. 260 © Polnische Katholische Mission

Nietzsche, Friedrich
→ S. 261 © Leitwerk. Büro für Kommunikation

Niewodniczański, Tomasz
→ S. 262 © Leitwerk. Büro für Kommunikation

Niewrzęda, Krzysztof
→ S. 263 © Indi Orlando,
   www.indiorlandoarte.com

Nordwolle
→ S. 264 © Nordwolle Delmenhorst.
   Nordwestdeutsches Museum für
   IndustrieKultur

→ S. 310, Bild 1: © picture alliance /
  Süddeutsche Zeitung Photo
→ S. 310, Bild 2: © picture alliance / Eventpress
→ S. 311, Bild 3: © Teutopress / Süddeutsche
  Zeitung Photo

Polnische Organisationen in Deutschland
→ S. 313 © Bund der Polen in Deutschland „Rodło"
→ S. 314 © ullstein bild – Dolle
→ S. 316 © Josef Wildgruber / Süddeutsche
  Zeitung Photo

Polnische Parlamentarier in Berlin
→ S. 317 Bundesarchiv, Bild 147-0938 /
  Fotograf: Julius Braatz

Polnische Putzfrauen
→ S. 318 Justyna Polanska, Unter deutschen
  Betten © 2011 Droemer Verlag, München

Polnischer Jazz
→ S. 319 © Museum Folkwang Essen –
  ARTOTHEK. Urheber: Fritz H. Oerter

Polnisches Theater Kiel
→ S. 321 © Jens Matthießen

**Polnischsprachige Literatur
in deutschen Bibliotheken**
→ S. 322 © F. Anthea Schaap

Polnischunterricht und Polonistik
→ S. 324 © dpa – Report
→ S. 326 © ZB – Fotoreport

Polski Fiat
→ S. 327 © ullstein bild – Gisbert Paech

Poniatowski, Józef Antoni
→ S. 328 © Antoni Brodowski, Prince Józef
  Poniatowski, 1820, The Royal Castle In
  Warsaw – Museum, ZKW/5179/ab, phot.
  Andrzej Ring, Lech Sandzewicz

Der Popolski-Show
→ S. 329 © Stephan Pick

Porta Polonica
→ S. 330 © LWL-Industriemuseum / A.Hudemann

Preußen und Polen
→ S. 331 © ullstein bild – Granger, NYC

Priesterexport
→ S. 332 © Andrzej Mleczko

Prostitution
→ S. 334 © Anja Behrens Fotoredakteurin /
  Fotografin

Przybyszewski, Stanisław
→ S. 335 © akg-images

R

Collage Kapiteleinstieg
→ Raczyński, Athanasius © Paul Fearn /
  Alamy Stock Foto
→ Rakowski, Mieczysław F. © ullstein bild –
  Klaus Mehner
→ Regelinda © bpk
→ Reich-Ranicki, Marcel © Isolde Ohlbaum / laif
→ Rote Gitarren © T. Leher

Raczyński, Athanasius
→ S. 338 © ART Collection / Alamy Stock Foto
→ S. 339 © Paul Fearn / Alamy Stock Foto

Radek, Karl (Karol)
→ S. 340 © akg-images

Radio Freies Europa
→ S. 341 © Narodowe Archiwum Cyfrowe,
  Warszawa
→ S. 342 © ap / dpa / picture alliance /
  Süddeutsche Zeitung Photo

Radziwiłł, Anton Heinrich (Antoni Henryk)
→ S. 343 © bpk / Hermann Rückwardt

Rakowski, Mieczysław F.
→ S. 344 © ullstein bild – Klaus Mehner

Raubkunst aus Polen
→ S. 345 © dpa
→ S. 346 © Liger Piotr / Muzeum Narodowe w
  Warszawie

Regelinda
→ S. 347, Bild 1: © dpa
→ S. 347, Bild 2: © dpa

Reich-Ranicki, Marcel
→ S. 348 © Leitwerk. Büro für Kommunikation

Rek, Vitold
→ S. 349 © Leitwerk. Büro für Kommunikation

Richeza
→ S. 350 © Jan Matejko / commons.wikimedia

Rolke, Tadeusz
→ S. 351 © COPYRIGHT BY TADEUSZ ROLKE
→ S. 351 © Leitwerk. Büro für Kommunikation

Rote Gitarren
→ S. 352 © T. Leher

Rudnicki, Janusz
→ S. 353 © Marek Szczepański for Newsweek

Ruhrpolen
→ S. 355 © akg-images
→ S. 356 © Institut für Stadtgeschichte,
  FS I-02113
→ S. 357 © Stadtarchiv Herne
→ S. 358 © www.porta-polonica.de
→ S. 359 © Dietrich Hackenberg – www.lichtbild.org
→ S. 360 © www.porta-polonica.de

Vereinsverlag junger polnischer Komponisten
→ S. 404 © Narodowe Archiwum Cyfrowe, Warszawa

Vertragsarbeiter aus Polen in der DDR
→ S. 405 Bundesarchiv, Bild 183-N0722-0016 / Fotograf: Wolfgang Thieme

Visafreier Reiseverkehr
→ S. 406–407 Bundesarchiv, Bild 183-L0329-0032 / Fotograf: Hubert Link

W

Collage Kapiteleinstieg
→ Wajda, Andrzej © akg-images / Album
→ Wilder, Billy © ullstein bild – Heinz Köster
→ Die Wirpszas © Renate von Mangoldt
→ Wiśniewski, Janusz Leon © EAST NEWS
→ Woron, Andrej © ullstein bild – Marianne Thiele

Wajda, Andrzej
→ S. 410 © Leitwerk. Büro für Kommunikation
→ S. 411 © akg-images / Album

Wilder, Billy
→ S. 412 © ullstein bild – Heinz Köster
→ S. 413 © Leitwerk. Büro für Kommunikation

Die Wirpszas
→ S. 414 © Renate von Mangoldt

Wirth, Andrzej
→ S. 415 © Leitwerk. Büro für Kommunikation

Wiśniewski, Janusz Leon
→ S. 416 © Leitwerk. Büro für Kommunikation

Wisniewski, Stefan
→ S. 417 © ullstein bild – dpa

Woron, Andrej
→ S. 418 © ullstein bild – Marianne Thiele

Wörterbücher
→ S. 419 © Archiv Deutsches Polen-Institut

Wortwanderungen
→ S. 420 © Leitwerk. Büro für Kommunikation
→ S. 421 © Anton Graff / commons.wikimedia

Wróbel, Walerian
→ S. 423 © Staatsarchiv Bremen

Z

Collage Kapiteleinstieg
→ Zagajewski, Adam © ullstein bild – B. Friedrich
→ Ziemiak, Paul © picture alliance / Sven Simon
→ Ziółkowska, Patrycia © dpa
→ Zwangsarbeiter aus Polen © akg-images / Tony Vaccaro

Zagajewski, Adam
→ S. 426 © Leitwerk. Büro für Kommunikation

Zanussi, Krzysztof
→ S. 427 © Leitwerk. Büro für Kommunikation

Ziemiak, Paul
→ S. 428 © Leitwerk. Büro für Kommunikation

Ziółkowska, Patrycia
→ S. 429 © dpa

Zwangsarbeiter aus Polen
→ S. 430 © akg-images / Tony Vaccaro
→ S. 432 © bpk / Josef Donderer
→ S. 434 © dpa – Report

Wir danken allen Lizenzgebern für die Abdruckgenehmigungen der Bilder.